屯溪年鉴

2012—2013

屯溪区人民政府主办

方志出版社
Publishing House of Local Records

图书在版编目（CIP）数据

屯溪年鉴.2012~2013 / 屯溪区地方志办公室编
-- 北京；方志出版社. 2014.12
ISBN 978-7-5144-1472-1

Ⅰ.①屯…Ⅱ.①屯…Ⅲ.①屯溪区 -2012~2013- 年鉴Ⅳ.①Z525.44
中国版本图书馆 CIP 数据核字（2014）第 282460 号

屯溪年鉴（2012~2013）

编　　者：屯溪区地方志编纂委员会办公室
责任编辑：冯　松
出 版 人：冀祥德
出 版 者：方志出版社
地　址　北京市朝阳区潘家园东里 9 号（国家方志馆 4 层）
邮　编　10021
网　址　http：//www.fzph.org
发　　行：方志出版社发行中心
电话（010）67110500
经　　销：各地新华书店
设计制作：安徽省同济数据调查分析研究中心
印　　刷：合肥精艺印刷有限公司
开　　本：889×1194　　1/16
印　　张：28.6
字　　数：500 千字
版　　次：2014 年 12 月第 1 版　　2014 年 12 月第 1 次印刷
印　　数：0001~2000 册
ISBN　978-7-5144-1586-5　　　　定价：300 元

《屯溪年鉴》编纂委员会

《屯溪年鉴》编纂办公室

序

屯溪又称昱城，因三国时期吴国大将贺齐屯兵于溪水之上而得名，是黄山市政治、经济、文化、交通、物流和信息中心，也是上海、杭州、黄山“名城名湖名山”和安徽省“两山一湖”黄金旅游线的重要节点和核心区域。屯溪人文荟萃，是徽州文化和“徽商”的发祥地，是朱熹、程大位和戴震等众多历史文化名人的故里，有“程朱阙里”、“东南邹鲁”美称。屯溪交通便捷，徽杭、合铜黄等 8 条高速公路与京福、黄杭、皖赣 3 条高铁和黄山屯溪国际机场构筑了现代屯溪与外界联系的立体交通网络。屯溪旅游资源丰富，境内有被誉为世界第九大奇迹的“花山谜窟”，有被誉为“活动着的《清明上河图》" 的屯溪老街，还有程氏三宅等各级重点文物保护单位 42 处、非物质文化遗产项目 18 个。

2012—2013 年，在区委、区政府的正确领导下，全区人民同心同德、奋力拼搏、合力攻坚，屯溪经济社会继续保持平稳较快发展，并荣获全国农村集体“三资”管理示范区（县）、全国平安铁路示范区、全国爱国卫生先进集体、全国社会主义新农村建设档案工作示范区、全省民营经济先进区、安徽省国家农村信息化建设示范区等众多荣誉称号。

读史可以明智，知古方能鉴今。《屯溪年鉴（2012—2013）》全面系统地记录了 2012—2013 年屯溪在政治、经济、文化、社会、生态等方面的发展情况。它的编印，对于社会各界进一步了解屯溪、支持屯溪、发展屯溪有着十分重要的意义。值此年鉴出版之际，表示热烈的祝贺，也谨向所有为《屯溪年鉴（2012—2013）》的编纂作出贡献的同志表示衷心感谢！

是为序。

屯溪区人民政府区长：

荣　誉

- 全国农村集体“三资”管理示范县（区）
- 安徽省国家农村信息化建设示范区
- 全省民营经济先进区
- 安徽省慢性病综合防控示范区
- 安徽省城市和流动人口计划生育先进区

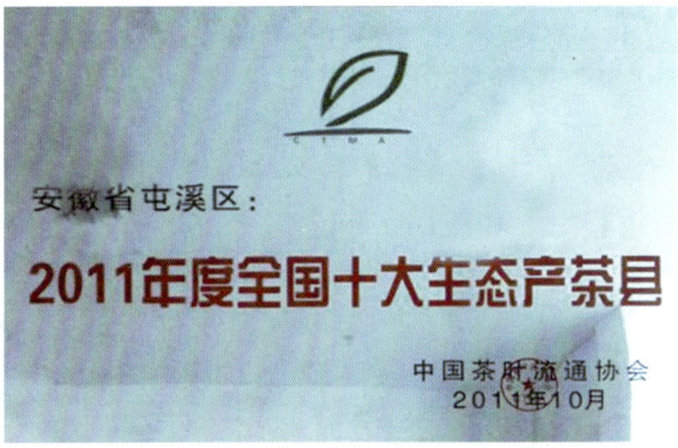

省委书记张宝顺（左二）到屯溪老街视察

时任安徽省省长李斌（左二）到屯溪视察

市委书记王福宏（中）到屯溪视察

市长任泽锋(中)到屯溪老街走访

时任黄山市市长宋国权(右二)到屯溪视察

三江烟霞

新安怀古

稽灵松涛

龙山禅月

老街问市

谜窟探奇

鬲山荷韵

华园思贤

文峰桥

锦江百浪空气能热水器生产车间

九龙大道和松涛路交叉口

屯溪实验茶厂——乌龙茶基地

区文化馆（外景）

区妇幼保健所（外景）

奕棋镇马鞍山防汛道路

滨江花园

区招商引资项目集体签约仪式

黄山河马文化产业园项目签约仪式

投放鱼苗——保护新安江渔业资源

屯溪老街

黎阳in巷

屯溪老街一马路

屯溪老街二马路

屯溪老街三马路

民俗表演——划旱船

民俗表演——舞龙

民俗表演——舞狮

民俗表演——舞和合

开展全民健身活动

2009-2013年地区生产总值（亿元）

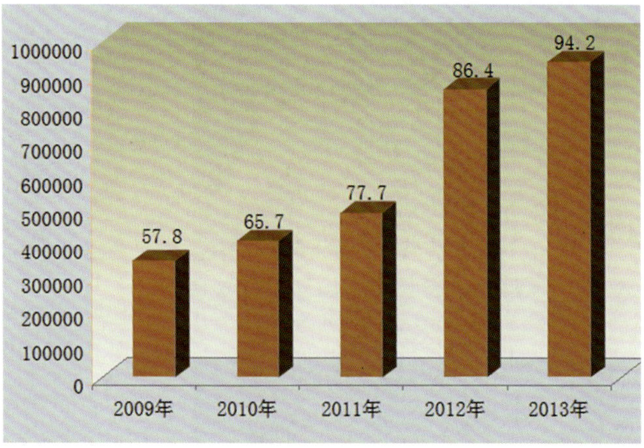

2013年地区生产总值构成

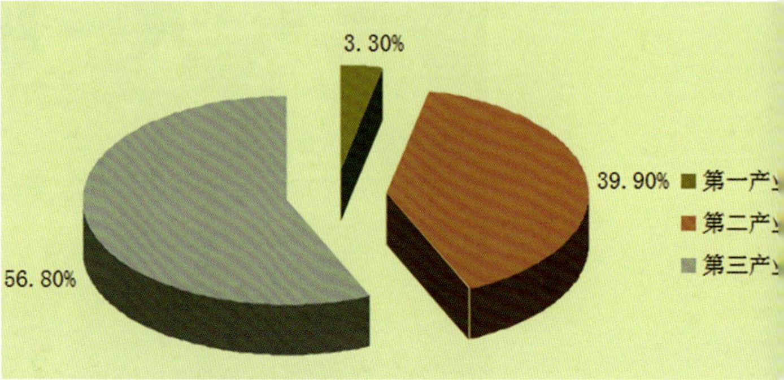

2009-2013年工业总产值（亿元）

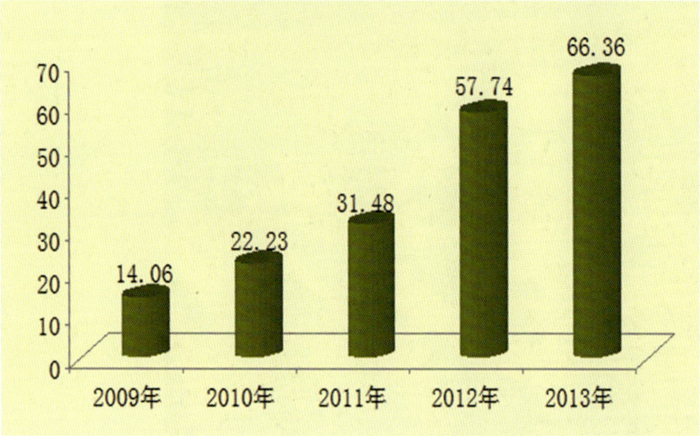

2009-2013年社会消费品零售总额（万元）

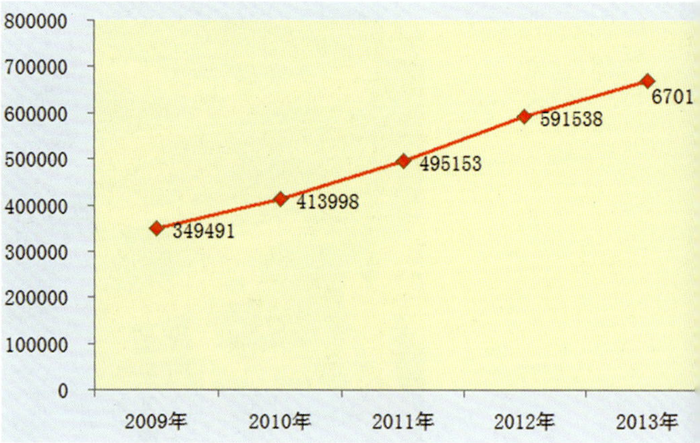

2009-2013年农民人均收入（元）

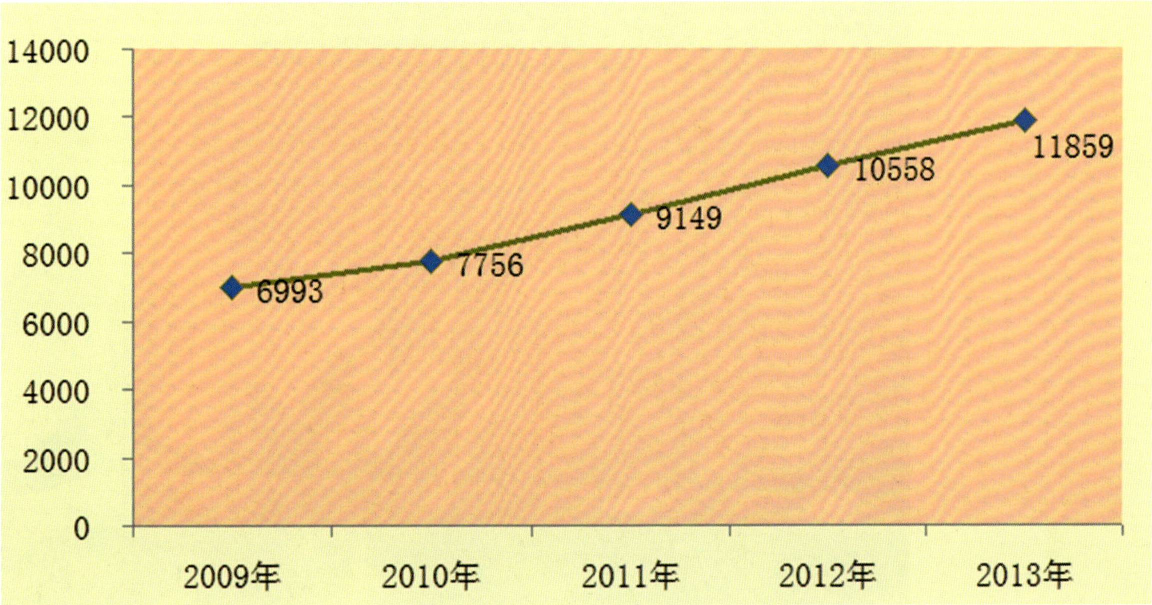

2009-2013年公共财政收入（万元）

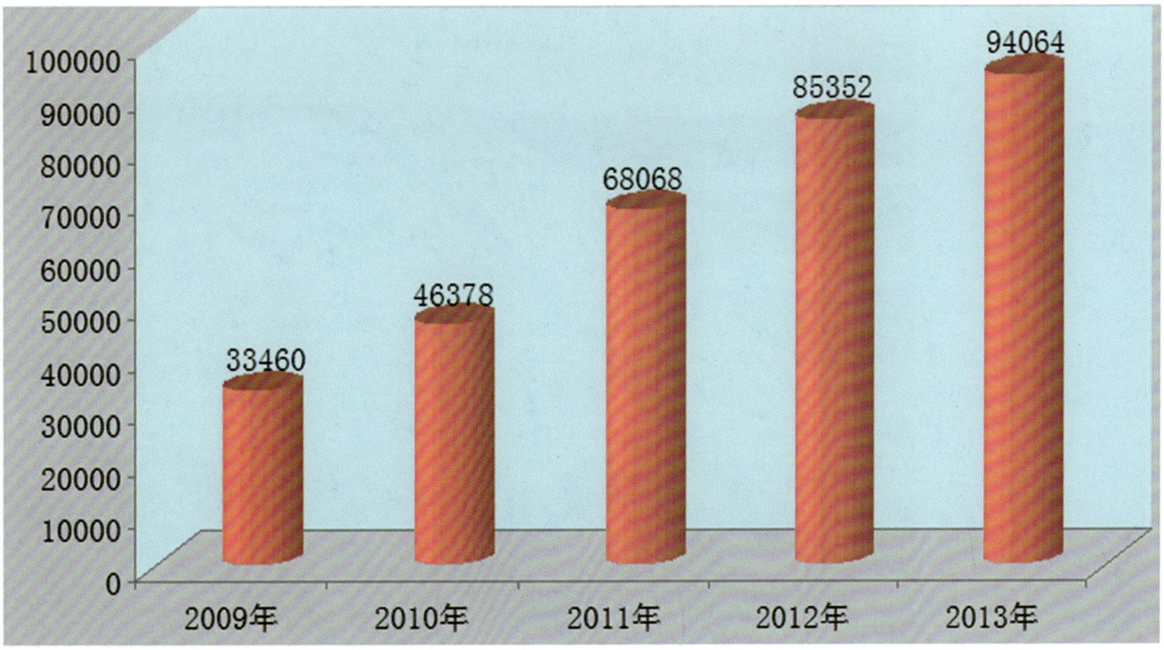

编辑说明

一.《屯溪年鉴（2012-2013）》是由屯溪区人民政府主办的综合性地方年鉴，由区地方志办公室负责编纂。

二.《屯溪年鉴(2012-2013)》主要记载2012-2013年屯溪区经济社会发展的基本情况。记述时间是2012年1月1日至2013年12月31日。因是首卷，【概况】条目大多录入单位的历史沿革。记述范围以屯溪区政域为主，在金融保险、交通信息等类目兼记政域范围外的内容。

三.《屯溪年鉴（2012-2013）》采用分类编辑法。设类目、分目、条目三个结构层次，以条目为表现内容的基本形式。全书条目的标题统一用黑体加【 】表示。全书共设30类目，160个分目，50万字。

四. 本年鉴刊登的内容均由各部门、各单位撰稿，区地方志办公室整理汇编，并经各自单位领导审阅。统计数据采用法定计量单位，主要统计数据均经撰稿单位与统计部门核对。彩版图片由各相关单位提供。

五. 本年鉴配备双重检索系统：书前刊有目录，书后配有索引。索引采用主题分析法，款目按汉语拼音字母顺序排列。

六. 本年鉴的编辑出版工作得到全区各部门、各单位及驻屯有关单位的大力支持，在此一并表示感谢。本年鉴是首次编纂，缺乏经验，记述内容难免存有疏漏和不足，敬请批评指正。

目　录

屯溪区人民代表大会

民主党派·工商联

人民团体

武装 · 法治

经济管理与监督

农村经济

工业 · 园区

商贸流通

旅　游

建设·环保

交通 · 信息

财政 · 税务

金融·保险

教育 · 科技

卫生 · 体育

文化·传媒

社会生活

镇（街）概览

屯溪区组织机构领导干部名录

大事记

荣誉榜

附录

索引

彩页

Main Contents

SPECIAL PUBLICATION

SUMMARY OF TUNXI DISTRICT SITUATION

TUNXI DISTRICT COMMISSION OF C.P.C

TUNXI DISTRICT PEOPLE'S CONGRESS

TUNXI DISTRICT PEOPLE'S GOVERNMENT

PEOPLE' S POLITICAL CONSULTATIVECOMMITTEE OF LUYUANG

DISCIPLINE INSPECTION

DEMOCRATIC PARTIES FEDREATION OF INDUSTRY AND COMMERCE

MASS ORGANIZATION

LEGAL SYSTEM MILITIA HEADQUARTERS

ECONOMY ADMINISTRATION AND SUPERVISION

RURAL ECONOMY

INDUSTRY ZONE

COMMERCE CIRCULATION

TOURISM

CONSTRUCTION ENVIRONMENTAL PROTECTION

TRANSPORTATION COMMUNICATIONS

FINANCE TAXATION

BANKING INSURANCE

EDUCATION, SCIENCE AND TECHNOLGY

HYGIENE SPORTS

CULTURE MEDIA

SOCIETY AND THE PEOPLE' S LIVELIHOOD

COUNTRY AND TOWN

TUNXI DISTRICT ORGANIZATIONS LEADERS LIST

CHRONOLOGICAL EVENTS

HONOR ROLL

APPENDIX

INDEX

COLOR PAGES

江南新城全景

区委五届五次全体（扩大）会议报告

立足实干 力促提升
为全面建成现代国际旅游城市“首善之区”而努力奋斗

(2012 年 12 月 9 日)

中共屯溪区区委书记 李高峰

各位委员、同志们：

现在，我受区委常委会委托，向全会作工作报告。

一. 工作回顾

即将过去的 2012 年，是屯溪发展史上极不寻常的一年。一年来，面对严峻复杂的国内外政治经济形势，尤其是持续加大的经济下行压力，区委常委会坚持以邓小平理论和“三个代表”重要思想为指导，以科学发展观为统揽，紧紧围绕市委、市政府掀起“六个高潮”、抓好“六个一百”决策部署和区委五届二次全会具体安排，团结带领全区广大干部群众，全力抓好“十五件大事”和九个方面重点工作，稳中求进、主动作为，扎实苦干、攻坚克难，经济社会平稳较快发展，人民生活水平显著提高，党的建设全面加强，圆满实现了“三年新跨越”。全年预计实现地区生产总值 55.3 亿元，增长 13.3 %；财政收入 8.31 亿元，增长 22%；规模以上工业增加值 8.1 亿元，增长 20 %；固定资产投资 75.6 亿元，增长 26 %；社会消费品零售总额 59.6 亿元，增长 20%；城镇居民人均可支配收入 21469 元，增长 15 %；农民人均纯收入 10796 元，增长 18 %。

（一）城市建设大手笔推进，形象品位持续提升。围绕“两个百幢”目标任务，强力推进江南新城建设，重点打造“一桥、七路、两片、三区”，加快实施元一大观、黎阳小镇、御泉湾、颐和观邸、岸上蓝山等重点项目，全年新开工高层建筑 40 幢、竣工 51 幢，超额完成市下达目标任务。城市路网更加完善，文峰桥顺利架通，珮琅河口综合整治全面完成，江南新城“一环、一园、五路、六点”成为绿色提升精品，亮化、硬化、美化同步推进，城市形象更加靓丽。推行精细化管理，规范城管执法，为我市争创全国文明城市做出积极贡献。高质量建设龙山花园、怡阳花园等 8 个安置区，建成安置房 1551 套、21.52 万平方米。强力推进“一控双拆”，完成拆迁 25.2 万平方米、征地 1587 亩，拆除历年违法建设 20675 平方米。深入推进重点村镇环境风貌整治，高质量完成改徽建徽 1380 幢，三年任务一年完成，羊角坞、南溪南改徽成为全市样板，“六个注重”做法被市委主要领导批示转发全市借鉴。

（二）工业经济稳步发展，园区效益不断提高。深入开展“园区大会战”，加快园区扩容，投入 1 亿元继续推进园区基础设施及配套项目建设。坚持扶优促强，东晶光电、日普电动车、锦江百浪等 12 个新入园重点项目扎实推进，13 户骨干企业技改扩能目标全面完成。着力突破要素瓶颈，清理低迷企业 4 户，整合工业用地 76.2 亩。加大企业扶持力度，出台《屯溪区工业发展扶持资金管理暂行办法》《鼓励投资工业企业入园暂行办法》，建立园区企业助保金制度，为 6 家企业提供贷款 2000 万元。新增规模以上工业企业 8 户，园区实现税收 8500 万元，增长 27.6%。

（三）文旅商贸深度融合，现代服务业亮点纷呈。以“国家服务业综合改革试点”为契机，积极推动文化旅游商贸“三位一体”融合发展。元一全景剧院、阳湖记忆被列为省服务业发展引导资金补助项目，希尔顿酒店、熙城国际酒店、华瑞汇君假日酒店等旅游基础设施建设加快推进，鬲山佛文化保护恢复工程成功获批并展开建设，屯溪老街三条横街业态打造全面完成，背街小巷改造提升有序推进，“数字老街”一期工程通过验收，深华时代广场全面建成并即将投入运营，江南文化产业投资有限公司成功组建，阳湖记忆一期工程动工建设，50 幢古民居保护利用工程任务超额完成。旅游营销高潮全面掀起，全年实现旅游接待量 720 万人次、增长 20.9 %，旅游总收入 80.5 亿元、增长 20.1 %。

（四）都市现代农业积极探索，农村城市化实现破题。全市首个集文化、旅游、生态、体验于一体的都市现代农业项目——鬲山市民开心菜园全面建设，留村农事体验园成功签约。4 家农业产业化企业商标被评为“安徽省著名商标”。新建篁墩、梅林等 4 个百亩以上苗木基地，超额完成 2000 亩绿化苗木基地建设任务，建成绿色质量提升点 43 处，徽杭高速 3 号口互通区成为全市亮点。美好乡村建设和“千万亩森林增长工程”全面启动、开局良好，世行贷款新农村示范项目稳步推进。扶贫帮困工作扎实开展，225 户 503 名贫困人口实现脱贫。针对中心城区农村城市相互交织、村居管理混乱、服务功能缺失等突出问题，创新提出“四化”思路，果断进行区划调整，在全省率先启动城市化区域村集体资产股份制改革试点，18 个改居村股改工作顺利完成，长期困扰我区的“城中村”与城市社区相互交织的突出矛盾得以有效破解。

（五）招商引资高位推动，发展后劲持续增强。主动承接“长三角”地区产业转移，提出“定任务、做规划、编项目、快招商、保投资、兴产业、促发展”的 21 字工作要求，持续加大力度，积极创新方式，招商引资高潮迭起，质量和效益再上台阶。预计全年新引进区外投资项目 400 个，到位市外内资（含续建）72.6 亿元，增长 30%，完成全年目标任务。其中 10 个亿元以上项目累计投资达 32 亿元。实际利用外资 3379.2 万美元，增长 31.2%；外贸进出口实现 6800 万美元，增长 40.5%。园区“腾笼换鸟”、二次招商效果明显，成功引进 6 户工业企业。

（六）项目建设克难而进，投资任务提前完成。严格落实“八个一”“日巡查周调度”和“插旗亮牌”等项目推进机制，不等不靠，主动作为，积极克服土地、资金等要素瓶颈，全力保障项目建设。固定资产投资和项目建设全市领先，34 个省“861”行动计划项目和 53 个市“十大工程”重点项目提前完成年度投资计划，11 个市级亮点项目和 22 个“两个一百”项目超额完成年度投资任务，176 个区“十大工程”项目和 89 个“651”经济类亮点项目快速推进，为全区发展提供了有力支撑。积极对上争取，到位资金 4.8 亿元，增长 28 %。

（七）社会事业协调发展，“大民生”工作格局初步构建。累计拨付资金 2.08 亿元全面完成 28 项省、市民生工程工作任务，同时自我加压排定一批区级民生工程项目，完成投资 7 亿元，惠及群众近 20 万人，成为历年来民生工作力度最大、投入最多、惠及最广的一年。投资 7900 万元建设“四小七园”，进一步促进教育均衡发展，教育督导考核首次荣获省优秀等次；投资 6400 万元建设总面积 2.1 万平方米的 10 个精品社区服务中心，建成设施齐全、功能完善的社区信息服务中心，社区规范化建设和管理水平显著提升；区文化馆、图书馆、老街社区博物馆升级改造相继完工，进一步满足了群众精神文化需求。人口计生工作继续保持全市领先位次。全面建成 1860 套保障性住房，城乡居民养老保险制度实现全覆盖。《黄山市屯溪区志》成功出版。

（八）民主政治扎实推进，社会大局和谐稳定。始终坚持人民代表大会制度、中国共产党领导的多党合作和政治协商制度，人大、政协的重要作用充分发挥。进一步加强对统战、民族、宗教、侨务、对台、工商联工作和工会、共青团、妇联、科协、残联、文联等人民团体的领导，广泛调动各方面的积极性和主动性。积极推进军民融合式发展，双拥工作扎实有效，人武部新营院正式启用。加强和创新社会管理，以群众工作统揽信访工作，全力化解省、市交办疑难信访事项，深入开展“五级书记带头大走访”活动，有效解决了一批久拖未决案件。大力加强治安防控网络建设，全面推行网格化管理，严厉打击各类违法犯罪活动，扎实做好防范处理邪教工作，认真落实安全生产责任制，强化食品药品监管，确保了社会和谐稳定，社会治安综合治理连续两年位居全市优秀行列。

（九）党的建设全面加强，党建工作科学化水平进一步提高。切实加强理论武装和舆论引导工作，围绕“喜迎十八大”和“三年新跨越”主题，坚持团结、稳定、鼓劲，外树形象、内聚人心，全面展示屯溪经济社会发展良好态势。社会主义核心价值体系深入人心，市民文明素质和社会文明程度明显提高。以“基层组织建设年”为契机，深入开展“基层组织建设大调研”，组织实施“九大工程”，积极开展城乡基层党组织结对共建活动，集中组建非公有制企业党组织 134 个，基层组织建设得到全面加强。人大、政府、政协和城市社区换届工作圆满完成，领导班子和干部队伍建设深入推进。始终坚持德才兼备、以德为先用人标准，注重在实践中“考德”“选才”，不断提高选人用人公信度。重视老干部工作，组织开展了区级离退休干部参观考察等活动。认真开展“保持党的纯洁性” 主题教育实践活动和廉政风险防控工作，惩治和预防腐败体系建设不断健全，严厉查处党员干部违法违纪案件。“阳光村务工程”建设扎实开展，被农业部认定为全国农村集体“三资”管理示范县（区）。

一年来，我们在面临宏观环境偏紧、经济持续下行、要素供应不足、维稳压力较大等诸多困难情况下，能够取得这样的成绩，确实来之不易，这是市委、市政府正确领导、亲切关怀的结果，是历届领导班子和老领导、老同志打下良好基础、长期关心支持的结果，是区四套班子团结协作、共同努力的结果，是全区各级党组织和广大党员干部群众真抓实干、艰苦奋斗的结果，更凝聚着全体区委委员、候补委员和在座各位同志的心血和汗水。在此，我代表区委常委会，向在座各位同志并通过你们向全区各级党组织和广大党员干部、向全区人民表示衷心的感谢，并致以崇高的敬意！

站在新的历史起点上，回首"一年打基础、两年上台阶、三年新跨越"的奋斗征程，我们以实际行动践行了区委四届十次全会向全区人民做出的庄严承诺，既感创业维艰，更感欣慰自豪。三年来，一串串跳动数字，谱写了跨越发展的华美乐章。我们坚持发展为上，用激情点燃跨越的雄心，用双脚丈量发展的热土，用汗水浇灌崛起的希望。今天的屯溪，地区生产总值是2009年的1.7倍，年均增长13.3 %；财政收入三年翻番，突破8亿元大关，可用财力净增4亿元；固定资产投资年均增长35.4%，总量和增速保持全市第一；工业经济发展和招商引资工作跻身全市先进，规上工业增加值增速名列全市前茅；园区投入累计3.5亿元，园区税收从2009年的2924万元增加到8500万元；城镇居民人均可支配收入、农民人均纯收入稳居全市首位数字折射变化，正是屯溪经济社会实现新跨越的最好印证。三年来，一幅幅壮美画卷，展现了美好江南的靓丽风景。我们坚持"现代、特色、活力、品质"的目标，以路为纲、以水为脉、以绿为魂，大处着眼，小处着手，统筹规划，单体雕琢，建筑、景观、道路、广场、水系、游园互为映衬、相得益彰，一座现代化的新城傲立新安江畔。今天的江南，"四纵七横"路网纵横舒展，文峰桥飞架南北，幢幢高楼拔地而起，滨江花园、徽州大道、稽灵山路翠环绕城，阳湖公园、南山公园、稽灵山景区宛如翡翠一幅大气秀美的江南新画卷正在徐徐展开。三年来，一件件为民实事，开创了和谐屯溪的生动局面。我们坚持一手抓发展、一手抓民生，从群众最关心、最直接、最迫切的问题入手，谋安民富民之策，行亲民利民之事，使建设成果与人民共享，建设成效由人民检验，努力实现"学有所教、劳有所得、病有所医、老有所养、住有所居"。小学、幼儿园加快建设，教育发展日益均衡；小街、小巷、小区积极改造，路更平、灯更明、水更畅；文化、体育、科技投入持续加大，群众休闲娱乐生活更加丰富；社保覆盖面进一步扩大，保障水平大幅提升一件件为民实事，犹如一缕缕灿烂阳光，温暖了千家万户。三年来，一滴滴辛勤汗水，铸就了"首善之区"新的辉煌。我们坚持四套班子齐上、党员干部齐心，广泛凝聚社会各层面加快发展的整体合力。"唯有实干，才能兴区；唯有拼搏，方能跨越"成为全区共识。为了"一控双拆"顺利推进，为了项目建设快速实施，为了目标任务圆满实现，我们的党员干部"5 + 2""白 + 黑"，舍小家为大家，顶酷暑冒严寒，废寝忘食，忘我奉献，苦干、实干、拼命干，以昂扬的斗志、坚实的脚步，奋力开创了屯溪历史上最好之一的发展时期，营造了最好之一的发展环境，创造了最好之一的发展业绩。

各位委员，同志们，三年的风雨征程，三年的辉煌成就，昭示了"一年打基础、两年上台阶、三年新跨越"的三步走战略和"做精一产、做强二产、做优三产"的发展思路契合屯溪实际，迎合发展趋势，是凝聚集体智慧、深受干群拥护的科学决策。实现屯溪跨越发展，我们深切体会到：改善民生是根本。发展为了人民，发展依靠人民。我们坚持"对党忠诚，服务人民"，常怀忧民之心，恪尽为民之责，发展成果惠及广大群众，获得了最广泛、最可靠、最坚实的群众基础和力量源泉。服务大局是前提。服务大局、发展自身是屯溪的必然选择，更是政治责任。我们坚持"市里的事就是区里的事"，自觉将工作置身于全市大局中考虑和推进，赢得了更为广阔的发展空间。

团结实干是关键。团结积聚力量，实干创造业绩。我们坚持“四套班子齐上，组织纪检随行”，全区上下思想合心、工作合拍、行动合力，“心齐、气顺、风正、劲足”，促进了屯溪事业发展。改革创新是动力。改革是加快发展的动力，创新是民族进步的灵魂。我们坚持改革创新，勇于探索并不断完善符合屯溪区情的发展战略、总体思路和具体举措，并持之以恒抓好落实，使屯溪的发展永葆生机与活力。组织会战是抓手。会战可以激发斗志，会战利于重点突破。我们坚持“一周一小结、一月一梳理、一季一部署”，扎实开展主题鲜明、重点突出的系列会战，掀起了屯溪发展一个又一个高潮。干部作风是保障。作风出形象，作风出战斗力。我们坚持“实干兴区”，切实改进工作作风，造就了一支善打硬仗、勇于拼搏的干部队伍，不断推动我们的事业开创新局面、再创新辉煌。

在肯定成绩的同时，我们也清醒地看到存在的困难和不足，主要是：经济总量偏小、综合实力不强、产业结构不优的基本区情没有发生根本变化；工业化、城市化、市场化快速推进过程中引发的社会矛盾导致信访维稳压力较大，加强和创新社会管理任务十分艰巨；一些基层党组织战斗力不强，少数党员干部缺乏责任心和执行力，等等。对此，必须引起高度重视，切实加以解决。

二. 关于 2013 年经济社会发展的主要任务

2013 年是深入贯彻党的十八大精神的开局之年，也是我区实现“四年大提升”目标的决胜之年。展望明年，世界经济形势严峻复杂，金融危机深层次影响还在不断显现；国内经济增速虽然趋稳并出现积极变化，但基础还不够牢固，经济运行正处于筑底企稳的关键时期，仍面临较大下行压力，保持平稳较快发展的难度超过以往。但我们也要以辩证思维和发展眼光来研判形势，既看到面临的艰巨挑战，更要看到蕴含的重大机遇。目前我区仍处于不可多得的重要战略机遇期和大有作为的黄金发展期。近年来我区紧抓在手的重点工作与国家和省、市政策导向高度契合，一系列“稳增长”政策举措的实施效果将逐步显现，中心城区独特区位条件所形成的错位发展优势日益彰显，三年持续高强度投入所蓄积的发展能量将加速释放，这些必将为大提升奠定坚实基础。特别是党的十八大胜利召开，新一届党中央做出的战略部署和重大决策，必将极大鼓舞屯溪科学发展的昂扬斗志，并催生新的不竭发展动力。为此，我们既要保持清醒头脑，增强忧患意识，把困难和问题估计得更充分一些；又要坚定发展信心，积极应对挑战，努力实现全区经济社会平稳较快发展。

基于以上考虑，2013 年全区经济社会发展的总体要求是：以邓小平理论、“三个代表”重要思想和科学发展观为指导，全面贯彻落实党的十八大、省第九次党代会及市第五次党代会精神，按照区第五次党代会的总体部署，紧扣建设现代国际旅游城市“首善之区”战略目标，坚持“做精一产、做强二产、做优三产”，加快“工业化、城市化、市场化”进程，持续掀起“六个高潮”，全力抓好“六个一百”，奋力实现“四年大提升”，争当全市科学发展排头兵。

根据这一总体要求，全区经济社会发展的主要预期目标是：地区生产总值增长 12% 以上，财政收入增长 17%，规模以上工业增加值增长 18%，固定资产投资增长 20% 以上，社会消费品零售总额增长 17%，城镇居民人均可支配收入增长 15% 以上，农民人均纯收入增长 15% 以上，人口自然增长率控制在 6‰以内，单位地区生产总值能耗与主要污染物排放总量控制在市下达指标以内。

上述目标要求，是大势所趋、发展所向，更是组织重托、人民期盼，我们一定要实现，也一定能够实现！

2013 年，我们要围绕“一条主线”（即学习宣传贯彻党的十八大精神），紧扣“两个重点”（即美好乡村建设、千万亩森林增长工程），突出“四区建设”（即江南新城区、九龙低碳经济园区、西部旅游休闲区、西溪湾总部经济区），力促“七大提升”（即城市建设、园区经济、服务业发展、“三农”工作、项目建设、综合环境、社会发展大提升），全面完成既定目标任务，为“五年大发展”奠定坚实基础。

（一）彰显特色，突出品质，力促城市建设大提升。城市是屯溪发展的重要载体，也是展示形象的重要窗口。要按照宜游宜居、怡人怡情要求，大手笔、高品位推进江南新城建设。紧扣“两个百幢”，加快元一大观、黎阳小镇、颐和观邸、御泉湾、景徽国际、优山美地等重点项目建设。不断完善基础设施，建成文峰桥、紫阜桥，推进党校南路、白石路、环城路、洽阳南路、阳湖西路、红星南路、珮琅西路延伸段建设，改造建设新安桥头公园，完善城市路网和地下管网，全面提升城市综合承载能力。高度重视资本运作，积极做好土地出让工作，切实提高经营城市的能力和水平。高标准建设安置区，启动建设文峰花园，建成怡阳花园、稽灵小区，建设安置房1265套、14.5万平方米。出台安置区管理细则，做到安置区物业管理规范化、常态化。要强力推进“一控双拆”。认真做好仙人洞南路、上草市二期等拆迁地块扫尾工作，稳步实施新潭梅林片区、阳湖西片区地块拆迁，力保完成40万平方米拆迁任务。对违法建设始终保持高压态势，规范农民建房，保障群众合法权益，确保不发生新的违建。要切实抓好城市管理，按照全覆盖、精细化的要求，强化对区管小区、道路及沿街灯箱广告、店招店牌等的管理，实现文明创建常态化、长效化。

（二）扶优促强，突破瓶颈，力促园区经济大提升。屯溪的未来在工业，工业的希望在园区。要努力做强特色。围绕“低碳、绿色、环保、高端”导向，大力发展战略性新兴产业，引导产业链上下游关联企业聚集，促进产业集群发展。要全力做强企业。加快东晶光电、兴乐电缆、日普电动车、耐特新能源等重点项目建设，引导黄山泵业、宝华、泰客等企业加强技术改造、技术创新和市场开拓。按照“城市化、精品化、生态型、花园式”的要求，全力推动工业化和信息化深度融合、工业化和城市化良性互动。继续全力推进低迷企业“腾笼换鸟”、二次招商，分类处置盘活存量工业用地，推动园区转型发展。新增规模以上工业企业7户。要着力创新机制。按照“体制新、机制活、功能全、服务好”要求，加快园区建设管理体制的改革创新步伐，提升统筹能力和服务水平。投入1亿元实施以园区公共服务设施为重点的基础设施配套建设，新增开发面积0.2平方公里，力争实现园区工业总产值30.8亿元、增长18.5%，园区税收增长40%以上，力争把园区建设成为全市低碳经济示范园区。

（三）用足优势，提速增效，力促服务业发展大提升。现代服务业是朝阳产业，也是我区的优势产业。要继续坚持文化、旅游、商贸“三位一体”融合发展，着力提升商贸服务业和休闲旅游业发展水平，实现旅游接待量871万人次、增长21%，旅游总收入97.4亿元、增长21%。抢抓“国家服务业综合改革试点”机遇，充分发挥中心城区区位优势，加快屯溪老街改造提升，基本完成元一大观、黎阳小镇、新徽天地等城市综合体建设，着手启动江南商务区、西溪湾总部经济区建设，加大招商力度，大力发展总部经济。提速综合服务业招商步伐，力争湖边大市场、合兴来仓储物流中心正式运营，建成万贯洲市场。高品位、快速度推进阳湖记忆项目，尽快形成品牌效应。积极申报省级非遗传习基地，深度挖掘非遗项目，深入推进“百村千幢”古民居保护利用工程。结合高山佛文化保护恢复，引进国际休闲养生项目，加快西部旅游休闲区建设。

（四）着眼配套，做强产业，力促“三农”工作大提升。解决好农业农村农民问题是我们工作的重头戏，建设美好乡村是解决“三农”问题的总抓手。要以“生态宜居村庄美、兴业富民生活美、文明和谐乡风美”为目标，以增加农民收入、提升农民生活品质为核心，以村庄建设、环境整治、农田整治和保护乡村自然资源、文化遗产、民风民俗为重点，深入开展“一节”“两园”“三清”“四改”“五林”“六化”，努力打造富有屯溪特色的农民幸福生活美好家园。全力实施首批5个村（凤霞村、东关村、云村、朱村、三充村）美好乡村建设，其余11个村围绕“一林、两园、三清”全面展开，力争走在全市前列。着力促进农民增收、保持农民收入持续较快增长，以发展都市现代农业为抓手，精心编制农业产业发展整体规划，推进农业结构调整，发展壮大特色产业，培育“一村一品”产业格局。坚持发展农民专业合作和股份合作，培育新型经营主体，发展多种形式规模经营，全面构建集约化、专业化、组织化、社会化相结合的新型农业经营体系。认真实施“菜篮子”工程，巩固发展新江村、徐村无公害蔬菜基地，加快鬲山市民开心菜园建设。全力推进九龙山现代旅游养生农业示范园、留村农事体验园建设，深度谋划城郊乡村休闲养生度假基地，着眼旅游“三进”，紧盯银发产业，积极发展“乡村旅馆”，努力实现“观光在黄山、休闲在屯溪”目标。全面完成留下路、瑶林路、东林路、三紫路及鬲山桥拓宽改造工程建设，着力推进农村公路网状化。深入开展新农村建设和扶贫开发，着眼农村设施配套，全面改善农村生产生活条件。加快实施东关村、三充村、朱村农村安全饮水工程，切实解决人民群众“饮水难”问题。加强农村“三资”管理，支持引导开发集体资源、盘活集体资产、完善经营管理，探索以入股、租赁等形式发展壮大农村集体经济实力。

（五）强化招商，科学调度，力促项目建设大提升。发展是硬道理、项目是硬支撑、招商是硬任务，必须以大招商促进大建设，以大建设促进大发展。要按照“21字”工作要求，在强力推进工业招商的同时，同步推进都市现代农业和现代服务业招商，积极发展楼宇经济“以商引税”，做到抓大不放小，既要顶天立地，又要铺天盖地，以今天的投资结构优化明天的产业结构。要结合产业政策和发展规划，认真编制一批现代服务业、美好乡村建设及“千万亩森林增长工程”等重大项目，做到“业主、投资、计划、开工”四落实，确保“可批、可谈、可实施”。要坚持“八个一”和“日巡查周调度”项目推进机制，严格落实“上工地、点人数，查问题、勤协调，高质量、快速度”的要求，力促签约项目快落地，落地项目快开工，开工项目快建设，在建项目快投产，力保年度固定资产投资任务超额完成。

（六）优化生态，提升效能，力促综合环境大提升。建设生态文明，关系人民福祉和未来；改善服务环境，关乎屯溪形象和发展。要本着对人民根本利益负责、对子孙后代负责的态度，坚持不懈地抓好“千万亩森林增长工程”和绿色质量提升行动，紧紧围绕“五线”“三区”“一谷”，牢牢把握四项重点任务，在主要交通干道沿线、景区周边布局建设苗木基地，精心打造结构合理、层次多样的森林长廊，结合美好乡村建设，全面开展绿化美化香化工程，积极创建森林村庄、森林城镇、森林城市，并通过见缝插绿、加密添彩，提升城市建成区绿化档次；积极编报新安江流域生态补偿机制项目，大力推进珮琅河、朱村河、占川河绿色食品城至花溪段、篁墩河羊角坞至篁墩桥段河流治理，使屯溪的山更绿、水更清、天更蓝、民更富、环境更优美。要加快“屯溪绿谷”项目编制和招商工作，并尽快启动建设。要将村镇环境风貌整治工作不断引向深入，持续抓好改徽建徽、环境整治等重点工作。深入开展文明创建活动，确保市容村容整洁、秩序井然、人际和谐。进一步加强机关效能建设，切实提高办事效率，努力形成科学完善、规范合理、运转高效的工作机制。

（七）服务民生，创新管理，力促社会发展大提升。民生问题是最大的政治，改善民生是最大的政绩。要精心实施40个“三小”改造项目，全面完成“四小七园”、10个精品社区服务中心和区计生服务站等民生项目建设，切实抓好省市下达的各项民生工程任务，继续在全市保持先进位次。按照“1+9+特色”模式，完善社区服务功能配置，抓好社区工作者队伍培训，积极构建集便民服务、社区事务、行政管理于一体的社区信息服务网络，全面提升社区为民服务的能力和水平。进一步加强社会保障工作，高度重视失地农民就业社会保障和贫困人口的脱贫解困问题，加大保障性住房建设力度，深入实施居民收入倍增计划，让全体人民共享改革发展成果。切实加强村（居）卫生服务设施建设，继续实施“科教兴区”战略，发展科技教育文化体育事业，满足群众精神文化需求。加强未成年人思想道德教育，重视妇女儿童、残疾人事业发展，进一步做好老年人工作。深化“村居为主”工作机制，强化和创新流动人口和特殊人群管理服务，确保人口计生工作继续走在全市前列。继续推进军民融合式发展，充分发挥民兵预备役作用，积极开展全民国防教育，巩固双拥工作成果。加强党对政法工作的领导，加强政法队伍建设，确保检察审判机关依法独立公正行使职权。加强和创新社会管理，深入推进“平安屯溪”建设。以群众工作统揽信访工作，加大社会矛盾排查化解和对违法犯罪的打击力度，建立健全重大决策社会稳定风险评估机制，不断完善社会治安防控体系，深入开展普法宣传，切实强化新兴媒体管理，认真做好防范处理邪教工作，全面提升群众满意度和安全感。深入开展安全生产隐患排查治理工作，强化食品药品监管，杜绝重特大安全生产事故发生。

各位委员，同志们，发展永无止境，实践永不停步。屯溪要在新一轮区域发展和竞争中赢得主动、抢占先机，就必须以提升科学发展水平为重点，促进发展方式转变；以提升破解发展难题能力为突破口，促进经济社会全面协调可持续发展；以提升机关效能和廉政水平为保障，促进发展环境进一步优化，在发展中促转变，在转变中谋发展。致力“大提升”，谋求大发展，既是时代呼唤，更是现实选择，我们深感重任在肩，必须勇于担当！

三. 全面提高党的建设科学化水平

“四年大提升”目标实现，关键在党，关键在人。要以学习宣传贯彻党的十八大精神为契机，以改革创新精神深入推进党的建设新的伟大工程，全面提高党的建设科学化水平。

（一）把握党的思想政治建设这一灵魂，迅速掀起学习宣传贯彻十八大精神热潮。思想政治建设是党的建设的灵魂，重视思想理论武装是我们党立于不败之地的根本所在。要把认真学习宣传和全面贯彻落实党的十八大精神作为当前和今后一个时期的首要政治任务，切实把全区干部群众的思想统一到党的十八大精神上来，把力量凝聚到实现党的十八大确定的各项任务上来。要切实抓好学习培训，组织广大党员干部认真研读党的十八大文件，原原本本学习党的十八大报告和党章，全面准确学习领会党的十八大精神，加深对党的十八大提出的一系列新思想、新观点、新论断的理解。要集中开展宣讲活动，推动党的十八大精神进企业、进农村、进机关、进校园、进社区。要精心组织新闻宣传，宣传广大干部群众对党的十八大的热烈反响和学习情况，宣传在学习贯彻党的十八大精神过程中解决实际问题的新成效新进展。要紧密联系实际，坚持学以致用、用以促学，深入开展“学习十八大，推动‘大提升’”系列学习实践活动，在工作实践中抓好党的十八大精神的贯彻落实。

（二）突出提高执政能力建设这一重点，大力加强各级领导班子和干部队伍建设。实现“四年大提升”，关键在于建设一支政治坚定、能力过硬、作风优良、奋发有为的干部队伍。要以提高素质、优化结构、改进作风和增强团结为重点，不断提高抢抓机遇、驾驭全局、统筹协调、依法行政、化解矛盾的能力，切实加强各级领导班子建设。要强化面向基层一线的用人导向，更加注重在基层一线考察和识别干部，加大竞争性选拔干部力度，提高选人用人公信度。继续把年轻干部、后备干部选派到美好乡村建设、重点项目推进、工业经济发展、“一控双拆”、信访维稳和难点村整治等一线岗位上去经受锻炼，增长才干。认真总结并不断完善组织纪检随行工作机制，把干部监督管理融入推进工作落实中，在真抓实干中检验干部的能力、水平和作风，让混事者失去市场，为干事者搭建平台。要坚持党管人才原则，加强人才队伍建设，通过组织开展培训、岗位实践历练等途径，加快提升我区现有党政干部、专业技术人员的素质，适度引进紧缺人才，努力为“首善之区”建设提供人才支撑。

（三）围绕夯实党的执政基础这一关键，不断创新基层党建工作。党的基层组织是团结带领群众贯彻党的理论和路线方针政策，落实党的任务的战斗堡垒。要从严落实党建工作责任制，基层党组织书记要强化“党要管党、从严治党”意识，不折不扣地落实好区委关于党建工作的决策部署，切实担负起党建工作责任。要全面推进全区各领域基层党建工作，深化和拓展“动车组工程”、“党心工程”，充分发挥推动发展、服务群众、凝聚人心、促进和谐的作用。要坚持以党旗引领美好乡村建设，以联户长制度、党员突击队、城乡基层联合党组织为载体，真正使广大农村党员、村“两委”干部发挥示范引领作用。要提升城市社区党建工作水平，彰显特色、打造亮点。以建设精品社区服务中心为契机，围绕为民、便民、利民目标，大力实施社区党建项目化管理，形成社区争亮点、街道创特色的局面，争创全省乃至全国社区党建工作品牌，不断提高社区党组织服务群众能力和社会管理能力。继续加强机关、学校和非公经济组织、新社会组织党建工作，努力扩大党的群众基础。以增强党性、提高素质为重点，加强和改进党员队伍教育管理，提高党员发展质量，优化党员队伍结构。高度重视老干部工作。

（四）强化改进工作作风这一保障，始终保持与人民群众的血肉联系。为人民服务是党的根本宗旨，以人为本、执政为民是检验党的一切执政活动的最高标准。围绕保持党的先进性和纯洁性，按照中央统一部署开展以为民务实清廉为主要内容的党的群众路线教育实践活动，巩固拓展“五级书记带头大走访”活动成果，促进大走访活动常态化、制度化，深入基层、深入群众，面对面问政于民、问需于民、问计于民，着力解决人民群众反映强烈的突出问题。全区各级干部要进一步提高做好新形势下群众工作的水平和狠抓工作落实的能力，真正把心思集中在“想干事”上，把胆识体现在“敢干事”上，把能力展现在“会干事”上，把目标落实在“干成事”上，对区委做出的各项决策部署，必须雷厉风行、一抓到底，争做求真务实、狠抓落实的表率。

（五）立足永葆共产党人政治本色这一要求，切实加强党风廉政建设。严于律己、公道正派、清正廉洁，是干部的立身之本、处世之道。反腐倡廉必须常抓不懈，拒腐防变必须警钟长鸣。要坚持标本兼治、综合治理、惩防并举、注重预防的方针，强化学习教育，注重源头治理，力求干部清正、政府清廉、政治清明。要深入推进基层党务公开、“阳光村务工程”以及基层纪检监察组织建设，重视解决发生在群众身边的腐败问题，进一步加强风险防控，强化监督管理，确保干部“干成事、不腐败”。要以创新实施“六要六让”工程为载体，坚持严格要求与关心爱护相统一，对干部作风上的苗头性、倾向性问题早提醒、早纠正，防止深陷泥潭、难以挽回。要严格落实党风廉政建设责任制，坚决查办违法违纪案件，做到有贪必反、有腐必惩、有乱必治。

（六）坚持党委总揽全局、协调各方这一原则，大力推进民主政治建设。从区委常委会自身抓起，带头加强党的建设。要模范执行民主集中制，按照集体领导、民主集中、个别酝酿、会议决定的原则，进一步完善议事决策机制，充分发挥班子的整体优势和成员的积极性，努力提高议事决策的科学性和民主性。要发展社会主义民主政治，持续加强民主法治建设，坚持和完善人民代表大会制度，支持人大及其常委会依法行使职权；坚持和完善中国共产党领导的多党合作和政治协商制度，支持人民政协履行政治协商、民主监督、参政议政职能，支持各民主党派加强自身建设；进一步巩固和壮大爱国统一战线，扎实推进民族、宗教、对台、外事、侨务等各项工作；充分发挥工会、共青团、妇联等群众团体的桥梁纽带作用，努力形成各司其职、各负其责而又团结合作、和谐统一的生动政治局面。

各位委员、同志们，屯溪的前景令人鼓舞，发展的任务催人奋进。让我们以党的十八大精神为指引，在市委、市政府的坚强领导下，紧紧团结依靠全区各级党组织和广大人民群众，进一步解放思想，求真务实，凝心聚力，扎实苦干，为全面实现“四年大提升”目标、早日建成现代国际旅游城市“首善之区”而努力奋斗！

名词解释

1.“六个高潮”：即招商引资高潮、项目推进高潮、旅游营销高潮、绿色提升高潮、重点村镇环境风貌整治高潮、扶贫开发与美好乡村建设高潮。

2.“六个一百”：即全市新签亿元以上重大项目100个以上、力争全市新开工亿元以上项目100个以上、建成竣工亿元以上项目100个以上、加快100个亮点建设、中心城区高层建筑新开工100幢以上、中心城区高层建筑建成竣工100幢以上。

3.“一桥、七路、两片、三区”：“一桥”，即文峰桥；“七路”，即党校南路、白石路、红星南路、洽阳南路、环城南路、珮琅西路、徽州大道与稽灵山路的改造提升；“两片”，即黎阳片区、阳湖片区；“三区”，即龙山花园、怡阳花园、稽灵小区。

4.“一环、一园、五路、六点”：“一环”，即环稽灵山景区景观；“一园”，即滨江花园；“五路”，即新安大道、稽灵山路、徽州大道、南滨江路、珮琅西路；“六点”，即老珮琅桥周边景观、珮琅西路与徽州大道交口、区政府十字路口、阳湖镇政府周边景观、黄山学院南区对面景观、文峰桥南侧文峰路周边景观。

5.“六个注重”：即注重拉高标杆、注重提升品位、注重规范建设、注重整体提效、注重长效控违、注重工作监督。

6.“四化”：即农民市民化、资金资产化、村民股东化、管理规范化。

7.“八个一”：即一个项目“一个责任领导、一个责任单位、一个工作班子、一套推进计划、一张项目效果图、一张工程进度横道图、一张周形象进度安排表、一个奖惩办法”。

8.“四小七园”:“四小”,即龙山小学、尤溪小学、江南实验小学、现代实验小学;“七园”,即屯溪示范幼儿园、龙山幼儿园、阳湖镇中心幼儿园、奕棋镇中心幼儿园、新潭镇中心幼儿园、新潭镇梅林幼儿园、屯光镇中心幼儿园。

9.“10个精品社区服务中心”:即珠塘、稽灵山、阜新、水心亭、社屋前、湖边、草市、徽山路、黎阳及龙山10个精品社区服务中心。

10.“九大工程”:即“责任”工程、“头雁”工程、“强基”工程、“堡垒”工程、“亮点”工程、“党心”工程、“创星”工程、“强村”工程、“共建”工程。

11.、“四纵七横”:“四纵”,即文峰路、新安大道、洽阳路、珮琅西路;“七横”,即南滨江大道、阳湖东路、徽州大道、兴昱路、八一大道、兖山路、怡阳路。

12.“两个重点”:即美好乡村建设、“千万亩森林增长工程”。

13.“四区建设”:即江南新城区、九龙低碳经济园区、鬲山西部休闲区、西溪湾总部经济区。

14.“七大提升”:即城市建设、园区经济、服务业发展、“三农”工作、项目建设、综合环境、社会发展七个方面大提升。

15.“两个百幢”:即开工一百幢高层建筑、竣工一百幢高层建筑。

16.“一节、两园、三清、四改、五林、六化”:“一节”,即节水器具推广使用;“两园”,即小果园、小竹园;“三清”,即清乱堆乱放、清乱搭乱建、清塘库沟渠;“四改”,即改徽、改厨、改厕、改水;“五林”,即围村林、护路护堤林、庭院林、水口林、游憩林;“六化”,即道路硬化、村庄绿化、路灯亮化、环境美化、乡村香化、公共设施配套化。

17.“21字工作要求”:即定任务、做规划、编项目、快招商、保投资、兴产业、促发展。

18.“五线”:即慈张线、合铜黄高速、徽杭高速、京福高铁、黄祁景高速。

19.“三区”:即鬲山周边西部旅游休闲区、花山谜窟周边农事体验休闲区、城市建成区。

20.“一谷”:即屯溪绿谷。

21.“1+9+特色”:“1”,即社区党组织、居委会和农民经济组织综合办公场所;“9”,即便民服务中心、综治维稳中心、劳动就业培训中心、计生服务中心、卫生服务中心、党员活动中心、文体活动中心、老年日间照料中心和绿色超市;“特色”,即在开展问卷调查广泛征求意见基础上,增设民情绿色通道、城市生活e站等特色服务项目。

22.“六要六让”工程:即一要大力表彰先进者,让勤廉兼优的人成为标杆;二要强力支持改革者,让干事创业的人施展才干;三要坚决惩治腐败者,让违纪违法的人无处藏身;四要耐心教育失误者,让改革受挫的人轻装上阵;五要真诚欢迎举报者,让正当监督的人受到鼓励;六要严肃追究诬告者,让蓄意陷害的人没有市场。

区委五届七次全体（扩大）会议报告

谋求新突破　实现大发展
加快建设现代国际旅游城市“首善之区”

中共屯溪区委书记　李高峰

（2014 年 1 月 9 日）

各位委员、同志们：

现在，我受区委常委会委托，向全会作工作报告。

一．2013 年工作回顾

2013 年，区委常委会团结带领全区广大党员和干部群众，认真学习贯彻党的十八大、十八届二中、三中全会精神，紧紧围绕市委、市政府各项决策部署和区委五届五次全会具体安排，攻坚克难，扎实苦干，基本实现了“四年大提升”目标。预计地区生产总值增长 11%（属地），财政收入增长 10.2%，规模以上工业增加值增长 18.8%，固定资产投资增长 20.7%，社会消费品零售总额增长 14%，旅游接待量、旅游总收入分别增长 3%、4.5%，城镇居民人均可支配收入增长 12%，农民人均纯收入增长 13%。

（一）城乡面貌日新月异。忆江南公园一期、徽州大道和新安大道景观带改造全面完成，文峰桥建成通车，珮琅河综合治理、紫阜桥和鬲山桥拓宽工程加快推进。“两个百幢”新开工高层建筑 23 幢、竣工 25 幢，元一大观、御泉湾等重点项目加快建设。阳湖西片区旧城改造全面启动，文峰鑫苑开工建设，稽灵小区、怡阳花园等 7 个安置区累计完成投资 2.4 亿元，建成安置房 850 套 9.58 万平方米。完成拆迁 14.5 万平方米，实施改徽建徽 1235 幢，拆除违法建设 427 处 3.3 万平方米，建成绿色质量提升点 49 个。累计完成投资 1.38 亿元，凤霞、三充美好乡村建设基本完成，朱村、云村、东关“一节、两园、三清、四改、五林、六化”工作全面推进。

（二）工业经济日益壮大。九龙园区成功列入省级服务业产业园区规划功能区，发展平台进一步拓展。新增规上企业 4 户，实现规上工业总产值 32 亿元，完成固定资产投资 12 亿元、税收 9500 万元。新引进入园工业项目 8 个，总投资 8.2 亿元，其中亿元以上项目 4 个。首次荣获全省民营经济先进县（区）荣誉称号。东晶光电一期、申格电子、金菱数码建成投产，兴乐电缆等 7 个项目加快建设，黄山泵业等 8 个项目完成技改扩能，拓达科技被认定为国家高新技术企业。“腾笼换鸟”工作进展顺利，新项目相继入驻。东晶光电项目在全市经济社会发展观摩活动中名列工业类第一名。

（三）农村经济提质增效。投资 5000 万元，建成鬲山市民“开心菜园”。新增高标准蔬菜基地 300 亩，巩固提升蔬菜基地 500 亩。培育无性系茶苗 200 万株，建成屯溪茶叶高新科技研发中心。完成“千万亩森林增长工程”人工造林 1438 亩，新建和改造提升苗木基地 2360 亩。14 家规模以上农产品加工企业实现产值 10.5 亿元，增长 20%。新组建农民专业合作组织 5 个，新增市级农业产业化龙头企业 8 家，众力食品获“省农业产业化龙头企业”称号。农村扶贫工作扎实推进，420

户 810 名贫困人口稳定脱贫。农村集体资产股份制改革基本完成，“三资”管理不断规范。

（四）现代服务业加快发展。省级现代服务业产业园获批，鬲山旅游休闲区概念性规划通过评审。鬲山佛文化保护恢复、新徽天地等 14 个“135”重大项目加速推进，完成年度投资 26.8 亿元。屯溪老街文化特色巷保护与开发项目被列入 2013 年省服务业引导资金支持项目，争取资金 300 万元。外边溪完成投资 5000 万元，一期古建修缮、重建及街巷基础设施改造基本完成。黎阳商街建成运营。总投资 12 亿元的河马产业园项目成功签约。

（五）项目建设强力推进。25 个省“861”行动计划项目提前三个月完成年度投资任务，全年完成投资 38.3 亿元，超年度目标 31.6 个百分点。60 个市“十大工程”重点项目完成投资 76.3 亿元，占年度目标的 104.3%；11 个市“百个亮点”项目完成投资 26.5 亿元，占年度目标 114.2%；21 个市“两个一百”重大项目完成年度投资计划。204 个区“十大工程”项目强力推进，累计完成投资 151 亿元。

（六）招商引资成效显著。坚持把招商引资放在经济工作的重中之重，严格按照“21 字”要求强力推进，全年新引进市外投资项目 160 个，到位市外内资（含续建）100.2 亿元，增长 37.8%，其中亿元以上项目 26 个，总投资 68 亿元，到位资金总量居全市第一。实际利用外资 4185 万美元，增长 23.8%；实现外贸进出口 9414 万美元，增长 32.4%。园区二次招商成效明显。

（七）社会事业协调发展。投入资金 3.26 亿元，全面完成 30 项省市民生工程任务。投入 3500 万元，建成屯溪示范幼儿园等 4 所幼儿园。投入 1960 万元，新建草市精品社区服务中心，完成稽灵山等 3 个社区服务中心功能布局。投入 1450 万元，实施 40 个“三小”改造项目。区级公共文化场馆全面建成并免费开放，全年累计服务市民 52 万人次。城镇新增就业 5900 人，城镇登记失业率控制在 3.82% 以内。城乡居民养老保险制度实现全覆盖，参续保 34623 人，占年度目标任务的 114.27%。体育事业蓬勃发展。人口计生工作继续保持全市领先位次。成功创建全国社会主义新农村建设档案工作示范区。

（八）民主政治扎实推进。始终坚持人民代表大会制度、中国共产党领导的多党合作和政治协商制度，人大、政协的重要作用充分发挥。主动听取党代表、人大代表、政协委员、各民主党派、工商联、无党派人士的意见和建议，重视发挥他们在经济社会发展中的作用。加强对工会、共青团、妇联、科协、残联、文联等群众团体的领导，高度重视对台及爱国统一战线工作，认真落实党的民族、宗教、侨务政策。扎实推进军民融合式发展，深入开展国防动员、民兵预备役、双拥共建工作。

（九）社会大局和谐稳定。全面加强社会管理综合治理，始终坚持以群众工作统揽信访工作，矛盾纠纷排查化解成效明显，社会治安保持良好。网络虚拟社会有效管控，网格化管理全面推行，防处邪教工作深入推进。安全生产隐患排查整治有力，食品药品监管进一步强化，全年无重特大安全生产事故发生。成为全市唯一荣获“全国平安铁路示范县（市、区）”和“2009–2012 年全省综治工作先进集体”区县。

（十）党的建设全面加强。始终按照马克思主义政治观加强区委常委会自身建设，努力打造市委放心、群众满意、求真务实、团结和谐、清正廉洁的坚强领导集体。强化党对宣传工作的领导，按照“唱响主旋律、传播正能量”要求加强意识形态工作，牢牢掌握领导权、管理权、话语权。加强基层服务型党组织建设，实施村级后备干部培养“百人计划”，选派机关事业单位改非干部担任农村党建特派员和非公企业党建指导员。奕棋镇博村荣获全省“五个好”村党组织荣誉称号。全区非公有制企业建立党组织 306 个，披云徽府菜馆有限公司党支部荣获省级优秀“双强六好”

非公企业党组织。改进干部初始提名方式，对全区69个区管领导班子成员进行约谈。党风廉政建设和反腐败斗争扎实推进，认真学习贯彻《廉政准则》，严格按照中央“八项规定”及省市区相关规定加强干部管理，深入开展干部作风专项整治。坚持依法依纪办案，共受理信访举报64件次，新立案件21件，审结19件。

各位委员、同志们，2013年，我区在困难多、压力大、任务重的情况下，能够取得这样的成绩，确实来之不易，这是市委市政府坚强领导、亲切关怀的结果，是四套班子同心协力、攻坚克难的结果，是全区广大干部群众团结拼搏、扎实苦干的结果。在此，我代表区委常委会，向在座的各位并通过你们向全区各级党组织和广大党员干部群众，表示衷心的感谢并致以崇高的敬意！

成绩让我们倍感自豪、深受鼓舞。但在看到成绩和发展的同时，区委常委会也清醒地认识到，我们的工作离市委市政府的要求、与人民群众的期盼相比，还有很大差距。主要表现在：经济结构性矛盾仍然突出，综合竞争力还不够强；城市化推进过程中历史遗留问题较多，统筹解决的难度和压力较大；社会管理创新任务艰巨，信访维稳形势比较严峻；极少数党员干部作风不实，主动服务意识还不够强等等。对上述问题，区委常委会将高度重视，在今后工作中采取更加有力的措施认真加以解决。

二. 2014年经济社会发展主要任务

2014年，是全面贯彻落实党的十八届三中全会精神、全面深化改革的第一年，也是实现“五年大发展”奋斗目标的决战之年。虽然宏观经济形势不确定因素较多、经济运行存在较大下行压力，但对屯溪而言，仍处于大有可为的黄金发展期和不可多得的战略机遇期。经过四年的凝心聚力、扎实苦干，我们形成了江南新城、九龙园区、behavior山片区、城市东区四大发展平台，支撑屯溪快发展、大发展的综合承载能力显著增强；经过四年的奋力拼搏、不懈努力，园区基础设施不断完善，引进了东晶光电、兴乐电缆等一批投资过亿的工业项目，尤其是省级现代服务业产业园的成功获批，支撑屯溪快发展、大发展的经济基础日渐稳固；经过四年的摸爬滚打、锤炼提升，各级党员干部引领科学发展的能力得到全面加强，凝心聚力干事业的氛围更加浓厚，支撑屯溪快发展、大发展的政治生态进一步优化。特别是通过对党的十八大和十八届三中全会精神的学习，全区上下加快发展、奋力崛起的信心更大、劲头更足。我们决不辜负市委市政府及20万屯溪人民的殷切期望，进一步强化进取意识、机遇意识、责任意识，趋利避害，顺势而为，以“五年大发展”的崭新业绩向全区人民交上一份满意答卷。

做好2014年工作，总体要求是全面贯彻落实党的十八大和十八届二中、三中全会精神以及省市委的决策部署，稳中求进、改革创新，提质增效、转型升级，着力“做精一产、做强二产、做优三产”，着力加快“工业化、城市化、市场化”进程，着力保障和改善民生，着力加强党的建设，促进经济持续健康较快发展和社会和谐稳定，在建设现代国际旅游城市“首善之区”的征程上迈出更加坚实的步伐。2014年，全区经济社会发展主要预期目标是：地区生产总值增长11%（属地），财政收入增长12%，固定资产投资增长20%（属地），城镇居民人均可支配收入增长11%，农民人均纯收入增长12%。

为确保实现上述目标，我们将贯穿“一条主线”（学习宣传贯彻党的十八届三中全会精神）、实施“两大会战”（现代服务业产业园建设、江南新城建设）、开展“三项活动”（党的群众路线教育实践活动、“提质增效、转型升级推进年”活动、招商引资年活动）、抓好“四大片区”（江南新城、九龙园区、奤山片区、城市东区）、推进“七项工作”（工业经济、服务业发展、现代农业、城乡建设管理、招商引资、民计民生、生态文明建设）。

（一）以提质增效转型升级为主题，全力保持经济持续健康较快发展。市委指出：“提质增效转型升级是今年工作的重头戏，也是经济行稳致远的必然要求。”要深入开展“提质增效、转型升级推进年”活动，在优化存量的同时，更加注重增量引进。提升产业素质，实现提质增效、转型升级，重点是要“做精一产、做强二产、做优三产”。做精一产的关键是，围绕市委确定的“七个方面工作重点”，在积极稳妥推进土地流转、加快培育新型经营主体的同时，坚持以“服务城市、服务旅游”为方向，按照农旅结合要求，积极谋划各村产业，重点发展蔬菜种植基地、花卉苗木基地、有机茶业基地、农事体验基地、自驾车营地建设和农家乐等都市现代农业，扩大奤山市民“开心菜园”规模，加快黄山国际茶文化体验园等农业示范园招商，力争全区农业增加值增长3%以上。做强二产的核心是，按照加快建立“结构优化、特色鲜明、绿色低碳、竞争力强”的工业优势产业体系要求，用好用足现代服务业产业园发展政策，抓好九龙园区扩区升级工作；推进园区经济提速增效工程，在贷款融资、产品配套、人才引进、市场开拓等方面给予企业最大支持；围绕绿色食品、机械电子两大重点，抓好产业招商；按照“做强龙头、强化配套、加快集聚、彰显特色”原则，扶持园区龙头企业完善产业链，尽快形成集聚效益；采取兼并重组、“腾笼换鸟”、引进嫁接等方式，切实提高企业效益和土地利用率。力争工业投资占全社会固定资产投资比重、工业税收占全区税收比重、高新技术企业总数和产值占全区规上工业总数和产值比重均有明显提升，规模以上工业增加值增长15%，新增规上工业企业6户、累计达54户，同时切实做好节能减排和安全生产工作。做优三产的重点是，依托国家服务业综合改革试点和皖南国际文化旅游示范区等战略平台，努力推进中心城区现代服务业发展提速、比重提高、水平提升，确保服务业增加值增长10%以上。按照旅游、文化、生态“三位一体”，围绕“四个打造”，加快现代服务业产业园规划编制，确保上半年获省政府批复，基础设施建设和项目招商同步展开；围绕“观光在黄山，休闲在屯溪”目标，持续推进旅游“六个转变”，因地制宜发展乡村旅游专业村和农家乐，尽快做实“新安江滨水休闲旅游联盟”，力争旅游接待量增长8%、旅游总收入增长10%；要充分利用区位优势，加快建设黎阳小镇商业集群、江南新城中央商务区，培育发展门类齐全、便民利民的社区服务业，合理布局农村连锁超市、放心店，力争社会消费品零售总额增长13%；要实施文化产业精品打造工程，强化对新兴文化产业的引导培育，重点抓好河马产业园、屯溪老街文化特色巷保护与开发等项目建设，力争文化产业增加值增长20%。

三次产业的提质增效、转型升级，关键要落实到项目建设上。要按照“建成一批、推进一批、新上一批、谋划一批、引进一批”要求，滚动推进212个、总投资854亿元、年度投资186亿元的区“十大工程”重点项目建设，其中省“861”行动计划、市“十大工程”项目占比要明显提升。要按照项目建设“八个一”要求，严格项目投资计划、开工时限、形象进度，坚持日巡周调、“插旗亮牌”，力促项目快落地、快开工、快建设、早见效。

（二）以重点领域和关键环节改革为动力，不断激发推动发展活力。改革是一切进步的活力源泉，是推动发展的永恒动力。深入推进行政体制改革。要扎实做好政府机构改革和事业单位分类改革工作，认真贯彻落实食品药品监管体制改革和工商、质监行政管理体制调整以及卫生和人口计生机构合并各项改革部署，进一步深化基层医药卫生体制综合改革，并严格控制机构和编制。

统筹推进“营改增”相关工作。稳妥推进农村综合改革。坚持和完善农村基本经营制度，大力培育新型农业经营主体，鼓励农村发展合作经济，开展农民以承包经营权入股发展农业产业化经营试点，加快构建新型农业经营体系。推进农村土地承包经营权确权登记颁证，以苗木基地周边、美好乡村周边、蔬菜基地周边、市民“开心菜园”周边等为重点，依法自愿有偿实施土地承包经营权流转。积极深化村集体资产股改成果，全面加快“四化”进程。推进林权制度改革。深化新安江经营管理体制改革。按照市委市政府的要求，积极参与新安江原有管理体制和运营机制改革，发挥“新安江滨水休闲旅游联盟”平台作用，尽快改变当前各项目点经营各自为战、管理模式单一、市场化程度不高的问题，确保实现资源整合、价值互补和效益最大化。全面加强政府债务管理。要将政府性债务纳入全口径预算管理，坚持存量化解、增量管控并举，健全并严格执行借、用、管、还规范化制度和机制，从源头上防范债务风险。积极创新招商引资模式。以全区资源全面摸排为基础，紧扣城乡规划和土地利用规划，扎实编报一批“可批、可谈、可实施”的项目，并做到屯溪行政区域项目编制全覆盖。要注重提升项目编报、信息捕捉、招商谈判、项目服务等方面的能力和水平，进一步提高招商引资质量和效益，把招商引资与产业转型升级更好地结合起来。在切实抓好现代农业、现代服务业、绿色食品、机械电子等主导产业招商的同时，注重做好产业链招商、以商招商等工作，力争签约项目300个、到位市外内资120亿元、外商直接投资4687万美元。

（三）以建设“美丽屯溪”为目标，进一步做好城乡建设管理和生态环境保护工作。建设生态文明事关人民福祉。要围绕建设“美丽屯溪”，提速城市建设，提升城乡管理，保护生态环境，不断提高屯溪的集聚力、辐射力和美誉度。要提速“四大片区”建设。完善各片区规划，彰显屯溪特色；强化要素保障，快速推进房屋征收、土地征用和土地出让工作；加大基础设施投入，完成珮琅西路等路网建设；启动中信旅游等一批重点项目，加快元一大观、怡阳花园等亮点项目建设。要提升城乡管理水平。抓好中心城区市容环卫管理下放后的各项工作，以推进城乡管理立体化、标准化、数字化、网络化和长效化为目标，加快构建“区级为主导、镇街为基础、社区（村）为支撑”的城市管理新格局。突出商业区、集贸市场、学校、医院、车站、建筑工地等区域环境治理，集中开展市容环卫“脏乱差”现象大整治。加强城管执法队伍建设，充分发挥网络监督、群众监督、舆论监督和社会监督作用。要加快建设美好乡村。坚持以“让居民望得见山、看得见水、记得住乡愁”为目标，借助新一轮市域城镇体系规划编修之机，抓好村庄规划调整，进一步优化村庄布局。认真总结美好乡村建设经验，深入研究最新政策，完善各项规划和推进措施，使之更加科学合理，更具可操作性。确保凤霞、三充通过省级验收，继续提升朱村等三个村的美好乡村建设，同步开展新江等四个村的环境整治和“三清”工作。要严格生态环境保护。加快污水管网建设，对园区工业污水、城区生活污水进行全收集，全力推进农村面源污染治理，加快减排项目实施，杜绝污染企业入园，确保生态环境质量显著提高、人居环境优美舒适。要自觉保护好徽文化。在“百村千幢”基础上，扎实做好“十古”保护与开发，重点实施好外边溪、篁墩古村落等古建筑保护工程，并积极对接市场、放大效益、强化保障，让珍贵的徽州古建筑重放光彩、重焕生机。高度重视非遗传承工作，重点打造黎阳商街非遗集中保护区。要抓好新安江流域综合治理。对照“江面清、岸线洁”标准，按照“五个全覆盖、四个强力推进”要求，坚持生态保护和生态修复并重，加快新安江综合整治，并将整治工作由主干河流向珮琅河、篁墩河、定邦河等支流拓展延伸，以确保新安江流域水质稳定、两岸人民生活环境不断改善。要抓实“千万亩森林增长工程”。继续围绕“三线、两区、一谷”实施绿色提升，强化162处已建成提升点的长效管护，确保绿化无盲区、植被全覆盖。要强化关键区域控制和环境风貌整治。按照市里统一要求，做好东关片区等12个重点区域的规划和管理。以“三线三边”为重点，按照“四整治一提升”要求，全面完成新安江、横江、率水“三江六岸”和皖赣铁路、205国道、103省道沿线的治理工作，力争实现凡路必畅、凡水必清、凡土必绿、凡村必洁目标。

（四）以保障和改善民生为重点，着力提升人民群众幸福指数。民计民生是我们一切工作的出发点和落脚点。要按照“守住底线、突出重点、完善制度、引导舆论”的要求，带着责任、怀着感情进一步做好各项民生工作，努力让改革发展的红利更多更公平地惠及全区人民。要实施好民生工程。认真组织实施省、市确定的民生工程，严格质量和进度要求，切实抓好农贸市场改造、增加蔬菜基地等民生工作，统筹做好建设、运营、维护等方面工作，确保继续走在全市前列。要落实就业扶持政策。重点做好高校毕业生、城镇就业困难人员、农村劳动者、退役军人等各类重点群体就业工作，力争城镇新增就业4000人以上、转移农村劳动力600人以上，城镇登记失业率控制在3.9%以内。要完善社会保障体系。坚持保基本、兜底线、促公平、可持续，推进城乡养老保险制度衔接、城乡居民大病保险等工作，巩固完善基层医疗卫生机构运行新机制，继续提高城乡低保标准、五保供养标准、重点优抚对象抚恤标准，健全农村留守儿童、留守妇女、留守老年人关爱服务体系，推进“七保”工作常态化、制度化。建成安置房1200套以上，完成农村危房改造700户。要提升公共服务水平。推进义务教育均衡发展，大力发展学前教育，着力提升办学水平和教学质量。推进基本公共卫生服务均等化，强化医疗机构监管，完善重大传染病防控体系。加强人口计生工作，人口自然增长率控制在8‰以内。深入开展送文化、送电影、送图书等公益性活动，满足群众精神文化需求。要建设和谐社区。深化精品社区服务中心建设成果，强化工作者队伍培训，推行“一站式”服务和网格化管理，努力把社区建设成为管理有序、服务完善、环境优美、生活便利、文明和谐的居民之家。要培育文明新风。大力弘扬民族精神和时代精神，加强社会公德、职业道德、家庭美德和个人品德建设，加强未成年人思想道德建设，开展“屯溪好人”“十星级文明户”等活动评选，进一步提高人民群众道德素质，提升城乡文明程度。

（五）以创新社会治理为抓手，切实维护社会和谐稳定。紧紧围绕建设平安和谐“首善之区”目标，深入实施“一推二化三包四提升五强化工程”，扎实推进“平安综治”建设，确保我区社会稳定和治安环境工作水平高于以往、走在全市前列。加强社会治安综合治理。严防敌对势力渗透破坏，扎实做好防范和处理邪教工作；深入开展打黑除恶、治爆缉枪等专项行动，严厉打击“两抢一盗”、电信诈骗等多发性侵财犯罪；加强对城中村、城郊地区和公共娱乐场所的滚动排查和常态整治，切实消除治安隐患和盲点；进一步加强社区矫正和刑释解教人员的安置帮教工作。全面推进社会稳定风险评估。对建设资金在500万元以上的项目，新启动的拆迁征地项目及其他涉及群众切身利益的重大事项在决策前都要进行社会稳定风险评估，严防因决策不当损害群众利益、引发或激化矛盾。扎实推进基层基础建设。依托精品社区建设，推广新潭镇、奕棋镇综治工作中心、为民服务中心和珠塘社区、上新社区综治工作站、为民服务站建设经验，在全区全面铺开“两个中心”“两个工作站”建设；完善基层应急处置机制，推进和谐社区建设和村居民主管理，开展民主法治示范村居创建活动。深入排查化解矛盾纠纷。学习“枫桥经验”，健全和完善矛盾纠纷排查、预警、化解、处置网络机制，推动社会矛盾及时就地化解；完善区、镇（街道）、村（社区）、组四级调解组织网络，实现矛盾纠纷联调联处。高度重视信访工作。坚持用群众工作统揽信访工作，落实领导接访下访包案各项规定，不断巩固“五级书记带头大走访”活动成果，扎实开展信访积案化解年活动；推行“阳光评议”制度，加快建立涉法涉诉信访事项导入司法程序机制。切实抓好公共安全。严格实行安全生产和重大安全生产事故风险“一票否决”，全面排查消除重点行业和领域的安全隐患，深入开展食品药品专项整治。提高应急应对能力和水平。进一步建立健全工作预案，强化队伍建设和应急演练，确保一旦有事能够发现得了、处置得快、控制得住、解决得好。

三．全面加强和改进党的建设

深入学习宣传贯彻习近平总书记系列讲话和十八届三中全会精神，以改革创新精神全面推进新形势下党的思想、组织、作风、制度和反腐倡廉建设，不断提高党的建设科学化水平。

（一）加强思想建设，大力提升党员干部的思想政治素质。各级党组织要把学习宣传贯彻习近平总书记系列讲话和党的十八届三中全会精神作为当前和今后一个时期最重要、最关键、最紧迫的政治任务。强化思想理论武装。推进学习型党组织建设，加强党委(党组)中心组理论学习制度化、规范化建设，切实发挥各级党组织中心组的带动作用。围绕“五年大发展”目标，开展“党的创新理论进基层”宣讲、“学习型党组织、学习型党员、学习型示范点”争创等活动，不断提高广大党员干部运用马克思主义立场、观点、方法观察和解决问题的能力。汇聚改革发展正能量。坚持团结稳定鼓劲、正面宣传为主，大力宣传区委、区政府重大决策部署，宣传“两大会战”“四大片区”建设的生动实践，宣传保障和改善民生的丰硕成果，以舆论引导凝聚发展力量、激发干事热情、促进社会和谐。各级党组织要牢牢把握意识形态工作的领导权、管理权、话语权，紧紧抓住网上舆论工作这个重中之重，努力建强网络新闻发言人等6支队伍，完善网站监管等10项制度，确保屯溪的网络空间正气充盈、更加清朗。始终坚持正确导向，不断提升宣传实效，努力构建各方协同、内外统筹的舆论引导新格局。

（二）加强作风建设，始终保持党同人民群众的血肉联系。要扎实开展党的群众路线教育实践活动，以“照镜子、正衣冠、洗洗澡、治治病”为总要求，把贯彻落实中央“八项规定”和省市委有关规定作为切入点，解决“四风”问题，抓好“三个环节”，做到“五个突出”，切实将活动开展好，不断提高群众工作本领。要在严格贯彻活动总要求的同时，针对党政机关、企事业单位和基层组织的不同情况，创设符合各自实际的活动载体和活动平台，增强活动的针对性和实效性，努力做到“规定动作落实到位、自选动作体现特色”。要把党的群众路线教育实践活动与贯彻落实党的十八大和十八届三中全会精神、与切实改进作风、与推进“七项工作”有效衔接，以发展成果检验活动成效。

（三）加强干部队伍建设，提升引领科学发展能力。紧扣“五年大发展”之需，围绕好干部“20字”标准，深入推进“阳光组工”建设。扩大干部工作民主，坚持党管干部与充分发扬民主相结合，出台干部选拔任用初始提名办法，拓宽干部选任渠道。树立注重基层工作经历、多岗位锻炼成长的用人导向，坚持以好的作风选作风好的人，鼓励干部到项目建设、维护稳定、服务群众的最前沿“接地气”“墩墩苗”，让在艰苦岗位、矛盾集中岗位工作的干部有更多机会。强化干部管理，完善制度建设，努力形成人人自觉接受监督、人人争当“好干部”的良好氛围。改进干部考核工作，加大治庸治懒力度，将单位干部管理情况纳入班子年度考核评价的重要内容，构建“干部分级管理、压力逐层传导”机制。坚持党管人才，建立一支素质优良、结构合理、动态管理的后备干部队伍，精心培养培训现有人才，适度引进紧缺人才，为“五年大发展”提供人才支撑。

（四）加强基层组织建设，进一步夯实执政之基。要始终把基层组织建设紧抓在手，扎实推进服务型党组织建设，不断增强基层党组织的创造力、凝聚力和战斗力。要以村“两委”换届为契机，选优配强村“两委”班子，加强换届后的村级组织建设，强化农村基层党组织功能，把新一届村“两委”班子建设成为“推动发展、服务群众、凝聚人心、促进和谐”的坚强领导集体。要以和谐社区构建为目标，坚持分类指导，强化党建创新项目对工作的推动作用，整合辖区党组织资源，搞好共驻共建，积极打造社区党建工作品牌。要以“双强六好”和规范化建设示范点创建活动为载体，以点带面，典型引领，提高非公企业和社会组织党建工作整体水平。要以“服务中心、建设队伍”为核心任务，进一步加强机关党员教育管理，不断增强机关党组织和党员服务中心、服务大局的本领。

（五）加强民主法治建设，巩固发展团结和谐的生动局面。发展社会主义民主政治关键是坚持党的领导、人民当家作主、依法治国有机统一。要加强和改进党对人大工作的领导，支持和保证区人大及其常委会依法履行职能，支持人大代表依法行使权利，保证人民依法实行民主选举、民主决策、民主管理、民主监督。坚持和完善中国共产党领导的多党合作和政治协商制度，重视和支持人民政协履行政治协商、民主监督、参政议政职能，更好地发挥其协调关系、汇集力量、建言献策、服务大局的作用。巩固和壮大最广泛的爱国统一战线，加强同各民主党派、工商联和无党派人士合作共事，支持各民主党派加强自身建设。认真做好民族、宗教、对台和侨务工作。支持工会、共青团、妇联、科协、残联、文联等人民团体依照法律和各自章程独立自主地开展工作。深入开展“六五”普法，加快依法治区进程。坚持党管武装，促进“八个融合”，进一步巩固和发展军政军民团结的良好局面。

（六）加强党风廉政建设，营造风清气正的政治生态。各级党组织要认真落实党风廉政建设责任制，坚持“标本兼治、综合治理、惩防并举、注重预防”的方针，巩固和扩大“教育、监督、改革、纠风、惩治”成果，扎实推进以“提升监督检查效率、提升作风效能满意指数、提升基层党风廉政建设水平”为主要内容的“清风纪检”建设，积极构建党员干部不愿腐、不能腐、不敢腐的惩戒机制。要不断完善纪委协助党委抓党风廉政建设、组织协调反腐败工作机制，加大对领导干部履行“一岗双责”监督检查和问责力度。各级党员干部在任何时候、任何情况下都要严守党的纪律特别是政治纪律，对党要有尊崇之心，对组织要有敬畏之心和感恩之心，在政治上思想上行动上始终与党中央保持高度一致，做到大是大非面前敢于亮剑、复杂局势面前敢于担当、矛盾困难面前敢于攻坚，坚决同一切歪风邪气做斗争，营造风清气正的干事氛围，为加快屯溪发展提供坚强的纪律保障。

（七）强化常委会自身建设，不断增强统揽全局、协调各方能力。区委常委会作为全区领导核心，面对新形势新任务，必须切实加强自身建设，不断提高领导科学发展的能力和水平。要坚定理想信念，坚决贯彻执行党的路线方针政策，始终做到政治坚定、头脑清醒。要倍加刻苦学习，全面学习中国特色社会主义理论体系，深刻领会“中国梦”的思想内涵，争做学习型、创新型的领导干部。要忠实践行党的宗旨，带头开展好党的群众路线教育实践活动，真正“身”入基层，“心”入群众，听民意，解民忧，努力为群众谋取更大福祉。要维护团结和谐，坚决贯彻民主集中制，相互理解信任，相互支持配合，不断增强班子的凝聚力、战斗力。要坚持勤政廉政，认真执行《廉政准则》，始终做到从政有品格、用权讲原则、做人重形象，以科学发展的实绩，让省市委放心，让全区人民满意。

各位委员、同志们，“生活总是充满希望的，成功总是属于积极进取、不懈追求的人们”。“五年大发展”的序幕已经开启，让我们更加紧密地团结在以习近平同志为总书记的党中央周围，在市委、市政府的坚强领导下，坚定信心，务实进取，为早日建成现代国际旅游城市“首善之区”而努力奋斗！

名词解释

1. 一节、两园、三清、四改、五林、六化：“一节”，即节水器具推广使用；“两园”，即小果园、小竹园；“三清”，即清乱堆乱放、清乱搭乱建、清塘库沟渠；“四改”，即改徽、改厨、改厕、改水；“五林”，即围村林、护路护堤林、庭院林、水口林、游憩林；“六化”，即道路硬化、村庄绿化、路灯亮化、环境美化、乡村香化、公共设施配套化。

2. “135”重大项目：“1”，即加快构建以高速公路、高速铁路和国际机场为重点的区域交通枢纽；“3”，即着力打造旅游观光服务、徽文化展示和现代会展“三个中心”；“5”，即重点建设休闲养生、影视拍摄和摄影演艺、乡村旅游、户外运动、商贸物流“五个基地”。

3. 双强六好：“双强”，即发展强、党建强；“六好”，即生产经营好、企业文化好、劳动关系好、党组织班子好、党员队伍好、社会反映好。

4. 七个方面工作重点：即积极稳妥推进土地流转、加快培育新型经营主体、做强做优主导产业、深入推进市场对接、促进农旅深度结合、强化科技支撑、完善社会化服务体系。

5. 四个打造：即创新培育现代服务业新业态，打造产业融合发展先导试验区；加快构建具有黄山特色、达到国际先进水平的旅游产业体系，打造高端旅游核心产业区；大力发展文化创意产业，打造徽州文化传承展示区；全面发展旅游信息服务、商贸物流服务，打造皖南旅游综合服务区。

6. 六个转变：即加快向山上、山下双带动型转变；加快向观光、休闲、养生等复合型转变；加快向旅游、文化、生态“三位一体”融合型转变；加快向资源、市场结合型转变；加快向徽文化与佛文化、道教文化、红色文化以及“海派文化”叠加联动型转变；加快向规模化、品牌化、网络化经营效益型转变。

7. 项目建设“八个一”要求：即一个项目“一个责任领导、一个责任单位、一个工作班子、一套推进计划、一张项目效果图、一张工程进度横道图、一张周形象进度安排表、一个奖惩办法”。

8. 四化：即农民市民化、资金资产化、村民股东化、管理规范化。

9. 十古：即古村落、古民居、古祠堂、古牌坊、古书院、古戏台、古水口、古桥（亭、榭）、古塔、古道。

10. 五个全覆盖、四个强力推进：“五个全覆盖”，即村级垃圾清洁全覆盖，重点河面打捞全覆盖，主要河流综合治理全覆盖，流域采砂治理全覆盖，重要支流水草治理全覆盖；“四个强力推进”，即新安江干流两岸改徽建徽强力推进，畜禽养殖等农业面源污染整治强力推进，工业企业转型发展强力推进，城乡污水处理能力强力推进。

11. 三线、两区、一谷：“三线”，即慈张线、合铜黄高速、徽杭高速；“两区”，即鬲山周边西部旅游休闲区、城市建成区；“一谷”，即屯溪绿谷。

12. 三线三边：“三线”，即铁路沿线、公路沿线、江河沿线；“三边”，即城市周边、省际周边、景区周边。

13.“一推二化三包四提升五强化”工程：“一推”，即全面推行社会稳定风险评估；“二化”，即全面实施社区管理网格化、矛盾纠纷排查网络化；“三包”，即全面落实综治、信访、维稳属地包保、职能单位包保和领导包案制度；“四提升”，即全面提升矛盾纠纷化解、信访积案处置、群众工作能力、突发事件应对水平；“五强化”，即全面强化平安综治体制和责任制建设、强化刑事犯罪专项打击行动、强化社会热点问题治理力度、强化治安乱点整治力度、强化数字化治安防控体系建设力度。

14. 枫桥经验：即浙江省诸暨市枫桥镇干部群众创造的“发动和依靠群众，坚持矛盾不上交，就地解决。实现捕人少，治安好”的群众工作方法。

15.6 支队伍：即网络新闻发言人队伍、网络评论员队伍、网络宣传员队伍、新闻阅评员队伍、舆情信息员队伍、网络安全员队伍。

16.10 项制度：即网络舆情监测报告制度、网络舆情会商研判制度、重大突发事件网上舆论引导制度、网络舆情联动处置制度、网站监管制度、网友约谈制度、网友留言办理反馈制度、网络违法犯罪及有害信息查处制度、学习培训制度、网络管理考核和评比表彰制度。

17. 四风：即官僚主义、形式主义、享乐主义和奢靡之风。

18. 三个环节：即学习教育、听取意见，查摆问题、开展批评，整改落实、建章立制。

19. 五个突出：即突出为民宗旨、突出问题意识、突出干事创业、突出领导带头、突出建章立制。

20.“20 字”标准：即信念坚定、为民服务、勤政务实、敢于担当、清正廉洁。

政府工作报告

屯溪区第十六届人民代表大会第二次会议

（2012 年 12 月 12 日）

区人民政府区长　胡黎明

各位代表：

现在，我代表区人民政府，向大会作工作报告，请予审议，并请政协委员和其他列席人员提出意见。

一．2012 年工作回顾

2012 年是新一届区政府任期的第一年，也是宏观环境复杂多变、发展任务艰巨繁重的一年。一年来，我们坚持以邓小平理论和“三个代表”重要思想为指导，深入贯彻落实科学发展观，在区委的坚强领导下，在区人大及其常委会和区政协的监督支持下，牢牢把握“稳中求进”的工作总基调，紧紧围绕市委、市政府掀起“六个高潮”、抓好“六个一百”的决策部署和区委五届二次全会的具体安排，全力抓好“十五件大事”和各项重点工作，全区经济社会平稳较快发展，奋力实现了“三年新跨越”目标和新一届政府工作的良好开局。预计，全年实现地区生产总值 55.3 亿元，增长 13.3%；财政收入 8.31 亿元，增长 22%；规模以上工业增加值 8.1 亿元，增长 20%；完成固定资产投资 75.6 亿元，增长 26%；社会消费品零售总额 59.6 亿元，增长 20%；到位市外内资 72.6 亿元，增长 30%；实际利用外资 3379.2 万美元，增长 31.2%；外贸进出口总额 6800 万美元，增长 40.5%；旅游接待量 720 万人次，增长 20.9%；旅游总收入 80.5 亿元，增长 20.1%；城镇居民人均可支配收入 21469 元，农民人均纯收入 10796 元，分别增长 15% 和 18%；单位地区生产总值能耗和主要污染物排放总量控制在市下达指标以内。在全市经济社会发展观摩综合考评中，我区以两个第一的名次分别获城乡建设和重点村镇风貌整治类、社会事业和民生工程类优胜区县，黎阳商街、龙山花园、珠塘社区服务中心、元一·大观公馆 4 个观摩点跻身全市最佳观摩点行列，个数居全市之首。

（一）产业结构继续优化

预计三次产业增加值由 5.6 ∶ 37.2 ∶ 57.2 调整为 3.4 ∶ 38.6 ∶ 58。工业经济稳步攀升。秉持“千方百计把屯溪工业搞上去”的理念，落实上级一揽子政策，首次对工业经济实行单列考核，出台《屯溪区工业发展扶持资金管理暂行办法》和园区企业助保金等制度，为 6 户企业发放助保金贷款 2000 万元。深入开展“园区大会战”，投入 1 亿元继续推进园区基础设施及配套项目建设，日普路、滨湖路全面建成，园区道路亮化绿化全面提升，完成环城西路增压水管铺设、高压供电杆线架设及环城西路南段排水箱涵和排污管道建设。园区一期监控系统投入使用。锦江百浪、鼎奇链传动全面投产，东晶光电一期、日普电动车一期基本建成，金菱数码一期、申格电子基本建成；13 户骨干企业技改扩能目标全面完成。着力突破要素瓶颈，新增用工 607 人，获批工业用地 380 亩，清理 4 户低迷企业，整合工业用地 76.2 亩。完成工业投资 10 亿元。新增规模以上工业企业 8 户。园区完成固定资产投资 10.5 亿元，实现税收 8500 万元，分别增长 21.8% 和 27.6%。现代服务业蓬勃发展。组建江南文化产业投资有限公司，阳湖记忆项目动工建设。"百村千幢"古民居保护利用工程完成投资 5307 万元，黎阳故邸基本建成。元一全景剧院、阳湖记忆被列为省服务业发展引导资金补助项目，希尔顿酒店、熙城国际酒店、华瑞汇君假日酒店加快建设，鬲山佛文化保护恢复工程成功获批并展开建设。"数字老街"一期工程通过验收，屯溪老街背街小巷改造提升有序推进，三条横街业态打造全面完成。深华时代广场全面建成并即将投入运营，黎阳商街基本建成，万贯洲市场加快建设。"家电下乡"产品购买量达 6.43 万台（件），居全市前列。完成 250 吨成品粮应急储备。"万村千乡"市场工程扎实推进。13 户企业成功办理进出口经营权备案。都市现代农业扎实推进。鬲山市民开心菜园全面建设，留村农事体验园成功签约。九龙园林蓝莓园建成标准化示范基地 500 亩。新建高标准蔬菜基地 260 亩，8 个蔬菜品种通过无公害认证。拓展生态茶园 3000 亩，培育茶苗 30 万株，茶叶综合产值达 8 亿元。新建篁墩、梅林等 4 个百亩以上苗木基地，超额完成 2000 亩绿化苗木基地建设任务。13 户规模以上农产品加工企业完成产值 9 亿元，增长 20%。4 户农业产业化企业商标被评为"安徽省著名商标"。"科技促进年"活动扎实开展，农业科技和农机装备水平不断提高。

（二）城乡面貌显著变化

城市建设快速推进。江南新城基础设施建设完成投资 9690 万元，文峰桥顺利架通，珮琅河口综合整治全面完成，改造提升徽州大道、新安大道等 7 条道路，交通网络日益完善，亮化、硬化、美化同步推进，城市形象全面提升。元一大观、黎阳小镇、御泉湾、颐和观邸、岸上蓝山等项目加快实施，"两个百幢"新开工高层建筑 40 幢、竣工 51 幢，超额完成市下达任务。高质量建设龙山花园、怡阳花园、稽灵小区等 8 个安置区，建成安置房 1551 套 21.52 万平方米。强力推进"一控双拆"，完成上草市、仙人洞南路等地块房屋征收 25.2 万平方米，征地 1587 亩，拆除历年违法建设 20675 平方米。围绕争创全国文明城市，积极开展"四大整治"，主要交通干线、园区和景区景点周边环境明显改观。投资 7046 万元，建成 43 处绿色质量提升点，精心打造了徽杭高速 3 号口互通区等一批精品绿色质量提升点。人工造林 725 亩，建设绿色长廊累计达 55.8 公里。农村面貌明显改观。全面启动美好乡村建设和千万亩森林增长工程。世行贷款新农村示范项目稳步推进。深入开展新安江农村面源污染治理，对 65 个自然村实施村庄保洁。建成南溪南垃圾中转站及污水处理工程。完成瑶源、银塘两座小（二）型水库除险加固，占川河生态治理工程和花山片水土保持工程主体完工，治理水土流失 5 平方公里。深入推进重点村镇环境风貌整治，高质量完成改徽建徽 1380 幢，三年任务一年完成，羊角坞、南溪南改徽成为全市样板。实施 11 个新安江流域生态补偿机制试点项目，建成村级公益事业"一事一议"财政奖补项目 36 个，受益群众 4 万余人。

（三）发展后劲持续增强

项目建设势头强劲。完善重点项目奖惩考核办法，严格落实"八个一""日巡查周调度"和"插旗亮牌"等项目推进机制，固定资产投资和项目建设全市领先。34 个省"861"行动计划项目和 53 个市"十大工程"重点项目分别完成投资 39.7 亿元和 65 亿元，占年度投资计划的 142.6% 和 111%。11 个市级亮点项目和 22 个"两个一百"项目超额完成年度投资任务，176 个区"十大工程"项目和 89 个"651"经济类亮点项目快速推进。招商引资成果丰硕。落实"定任务、做规划、编项目、快招商、保投资、兴产业、促发展"21 字要求，加大招商力度，新引进区外投资项目 400 个，总投资约62亿元。10个亿元以上项目累计投资达32亿元。园区“腾笼换鸟”、二次招商成效明显，引进入园企业6户，其中1亿元以上企业2户。财政金融保障有力。强化税源监控，依法落实征管措施，财政收入净增1.5亿元，实现三年翻番，税收收入占财政收入比重达75%。深入开展个体税收税源普查，创新管理方式，区个体经济发展服务中心征收税收2600万元。发放小额担保贴息贷款2800万元。扎实开展对上争取，到位各类专项补助资金4.8亿元，增长28%。银企对接落实资金23.5亿元。黄山屯溪农村商业银行开业。人才工作和科技创新得到强化。公开招聘15名专业技术人员和40名社区专职工作者，招募9名高校毕业生支农支教，培训高级工170人、新型农民608人。我区被列为安徽省国家农村信息化建设示范区。振州电子被认定为国家高新技术企业，黄山泵业纳入省高新技术产业骨干企业并获省“两化”融合企业称号，黄泵牌双螺杆泵获“安徽名牌产品”称号。中皇制药、派尼尔科技被认定为省民营科技企业。5个产品被认定为省高新技术产品。10家企业与复旦大学等高校达成产学研技术合作协议。专利授权量达98件，增长46%。

（四）社会事业全面进步

“大民生”格局初步构建，得到省、市肯定。累计拨付资金2.08亿元全面完成28项省、市民生工程。同时实施一批区级民生工程，完成投资7亿元，惠及群众近20万人。新增城镇就业5100人，下岗失业人员和就业困难人员再就业2452人，转移农业劳动力906人，城镇登记失业率控制在3.8%以内。落实社保补贴1087.3万元。“五险”覆盖面不断扩大，累计发放资金1.89亿元。城乡居民社会养老保险制度实现全覆盖。新农合参合率达104.6%，居全市首位。加快推进养老服务体系建设，为727名老人发放高龄补贴48.8万元。发放城乡医疗救助资金470.7万元。再次提高城乡低保和农村五保供养标准，发放城乡低保金2124.6万元。高质量完成20个“三小”改造项目。建成保障性住房1860套。出台《屯溪区美好乡村建设农民建房审批管理暂行办法》，规范农民建房，保障农民合法权益。发放涉农补贴资金2700万元。解决4000余农村人口饮水安全问题。隆阜公益性直销菜市场建成使用。城乡居民收入倍增计划扎实推进。225户503名贫困人口实现脱贫。黄山植物大观园、屯溪千亩乌龙茶基地分别获全国科普示范基地、全国农村科普示范基地称号。新建5家公共电子阅览室和9家农家书屋，区文化馆、图书馆、老街社区博物馆升级改造相继完工，新增4处省级文物保护单位和4项市级非遗目录。《黄山市屯溪区志》成功出版。全国社会主义新农村建设档案工作示范区创建活动扎实推进。建立学前教育资助和普惠性民办幼儿园奖励制度。龙山实验小学、龙山幼儿园、新潭镇中心幼儿园投入使用，完成现代实验小学、江南实验小学改建，屯光镇中心幼儿园、九龙幼儿园、江南幼儿园、梅林幼儿园基本建成。教育督导考核首次获省优秀等次。基层医药卫生体制综合改革不断深化。我区被全国爱卫会授予全国爱国卫生先进集体。卫生信息化建设获中国卫生信息学会首届“卫生信息化推进优秀奖”，为全省唯一；昱城社区卫生服务中心被评为省级首批示范社区卫生服务中心。改建启用区妇幼保健大楼。群众性体育健身活动蓬勃开展。在地统计和服务业统计取得成效。“七保”工作深入开展。物价、外事侨务、涉台事务、民族宗教、编制管理、老干部等工作稳步推进。妇女、儿童、残疾人事业不断进步。

（五）社会管理纵深推进

坚持用社会主义核心价值体系引领社会思潮，积极争创全国文明城市，朱五十、余紫嫣当选“中国好人”。扎实开展“社区建设推进年”活动，稳步实施城市社区布局调整，城市社区由13个调整为20个，并顺利完成“两委”换届。坚持“为民、便民、利民”原则，投资6400万元建设总面积2.1万平方米的10个精品社区服务中心，珠塘、龙山2个社区服务中心投入使用，建成社区信息服务中心。在全省率先启动城市化区域村集体资产股份制改革试点，18个改居村股改工作顺利完成。理顺农经管理体制，规范农村“三资”管理和村级小工程招标采购，跻身首批全国农村集体“三资”管理示范县（区）行列。强化人口计生“村（居）为主”，基层基础不断加强，全员人口数据库质量不断提升。荷花池社区城市生活e站在全省首批挂牌。“六五”普法深入开展，“法治屯溪”建设取得实效。全面完成社会治安综合治理向社会管理综合治理转型。狠抓社会治安突出问题整治，扎实开展“打四黑除四害”专项行动，强化对火车站、汽车站、学校周边及重点地区的整治，社会保持和谐安宁，社会治安综合治理连续两年位居全市优秀行列。坚持以群众工作统揽信访工作，深入排查矛盾纠纷，突出源头治理，全力化解省、市交办疑难信访事项，有效解决了一批久拖未决案件。高度重视网络舆情，引导公众合理表达诉求。全面推进社会稳定风险评估，完善应急预案，增强突发事件的应急处置能力。做好劳动维权和劳动争议仲裁，调解仲裁案件办结率达100%，清欠农民工工资2268.8万元。严格落实安全生产企业主体和政府监管责任，强化重点领域和行业安全隐患的排查整改，抓好消防、森林防火和防汛抗旱等工作，全区安全生产态势平稳。强化食品药品安全监管。国防建设、民兵预备役工作得到加强，人武部新营院正式启用，“双拥共建”活动深入开展。圆满完成征兵工作，实现连续41年无责任退兵。

（六）自身建设不断加强

持续解放思想，始终保持敢闯敢试、奋发有为的精神状态，着力化解改革发展稳定中的各类矛盾和困难。“保持党的纯洁性、迎接党的十八大”主题教育实践活动取得实效。巩固拓展“五级书记带头大走访”活动成果，保持党员干部深入基层服务群众的常态化。坚持“一周一小结、一月一梳理、一季一动员”，扎实推进各项工作。完善“三年新跨越”的工作导向、利益导向和考核导向，加强与兄弟区县的交流，进一步增强干事创业氛围。坚持区委领导，全面执行区人大及其常委会的各项决议，自觉接受区人大法律监督、工作监督和区政协的民主监督。办理人大代表建议130件、政协提案113件，办结率均为100%。进一步加强与各民主党派、工商联、无党派人士的联系，支持工会、共青团、妇联、科协、文联、残联等人民团体开展工作。坚持重大事项集体决策制度，全年政府常务会议研究事项82件。深入推进依法行政，制定行政处罚自由裁量权标准，审核清理规范性文件75件，办理行政复议案件13件。扎实推进政务公开和政府信息公开。认真受理政风行风热线、市民连线、区长热线反映事项，广泛听取人民群众的意见和建议。全面推进廉政风险防控，政府系统核定权力清单714项，编制职权目录213份，廉政风险点查找、风险等级评定、防控措施制定等工作扎实开展。强化对重点项目、民生工程、“一控双拆”等工作开展情况及政府专项资金管理使用情况的监督检查，工程建设领域突出问题专项治理取得实效。机关事务管理、公务接待及公车管理得到加强。完善国库集中支付和政府采购制度，全面启动公务卡制度改革。完成103项审计任务，核减固定资产投资项目决算3848.6万元，有力维护了财政经济秩序，提高了政府资金使用效益。

各位代表！近一年来，我们克难攻坚、苦干实干、砥砺奋进，到年底将圆满完成区十六届人大一次会议确定的各项目标任务。这些成绩的取得，是市委、市政府和区委正确领导的结果，是区人大、区政协监督支持的结果，是全区干群团结拼搏、努力奋斗的结果，也是社会各界关心、支持和帮助的结果。在此，我谨代表区人民政府，向全区广大工人、农民、知识分子、干部、驻屯部队指战员、武警官兵、政法干警，向对政府工作给予大力支持和帮助的人大代表、政协委员、各民主党派、工商联、无党派人士、各人民团体，向为屯溪发展呕心沥血的历任老领导、离退休老干部、老同志，向所有关心和支持屯溪发展的驻屯各单位、市直各部门，向在我区创业发展的广大投资者、建设者，表示崇高的敬意和衷心的感谢！

在肯定成绩的同时，我们也清醒地看到发展中存在的困难和问题。主要是：资源要素趋紧，部分企业生产经营困难，战略性新兴产业和现代服务业发展还不足，保持经济又好又快发展的基础还不够稳固；城市建设快速推进引发的社会矛盾仍然突出，影响社会和谐稳定的因素依然较多，社会管理和改善民生的任务还很艰巨；政府自身建设还不完全适应形势发展的需要，工作作风有待进一步改进，发展环境有待进一步优化，领导和推动科学发展的能力有待进一步提高。对此，我们一定高度重视，坚决采取有力措施，切实加以解决。

二．2013 年主要任务

2013 年，是深入贯彻落实党的十八大精神的开局之年，也是我区实现“四年大提升”目标的决胜之年。做好 2013 年政府各项工作，对于实现“十二五”规划目标意义十分重大。当前，全球经济增长放缓，国内经济企稳回升的积极因素虽正在形成，但基础还不够稳固，复杂严峻的经济环境不可避免对我区产生一定的影响。我们应该看到，我区仍处于不可多得的战略机遇期。党的十八大做出的“建设美丽中国”“四化同步”“五位一体”“两个翻番”等一系列重大决策部署，为今后一个时期的科学发展指明了方向；省委、省政府打造“三个强省”、加快建设美好安徽和市委、市政府“四级设计体系”战略布局，我区的发展思路和紧抓在手的重点工作与之高度契合，屯溪正朝着科学发展之路阔步前行。只要我们坚定信心、鼓足勇气、积极应对，一定会开创屯溪发展新局面。

根据区委五届五次全会精神，2013 年全区经济社会发展的总体要求是：以邓小平理论、“三个代表”重要思想和科学发展观为指导，全面贯彻党的十八大及中央、省、市经济工作会议和“两会”精神，围绕建设现代国际旅游城市“首善之区”战略目标，坚持“做精一产、做强二产、做优三产”，加快“工业化、城市化、市场化”进程，持续掀起“六个高潮”，全力抓好“六个一百”，奋力实现“四年大提升”，争当全市科学发展排头兵。

综合考虑，2013 年经济社会发展的主要预期目标是：地区生产总值增长 12% 以上；财政收入增长 17%；规模以上工业增加值增长 18%；固定资产投资增长 20% 以上；社会消费品零售总额增长 17%；引进市外内资增长 25%；实际利用外资增长 16%；外贸进出口总额增长 20%；旅游接待量增长 21%；旅游总收入增长 21%；城镇居民人均可支配收入增长 15% 以上；农民人均纯收入增长 15% 以上；城镇登记失业率控制在 3.9% 以内；人口自然增长率控制在 6‰以内；单位地区生产总值能耗和主要污染物排放总量控制在市下达指标以内。

根据上述目标，我们要围绕学习宣传贯彻党的十八大精神这一主线，紧扣美好乡村建设、千万亩森林增长工程“两个重点”，突出江南新城区、九龙低碳经济园区、西部旅游休闲区、西溪湾总部经济区“四区建设”，力促城市建设、园区经济、服务业发展、“三农”工作、项目建设、综合环境、社会发展“七大提升”，全面完成各项目标任务，为“五年大发展”奠定坚实基础。重点做好八个方面工作：

（一）着力强化城市建设管理

加快建设美好江南。修编《江南新城控制性详细规划》，启动实施徽杭高速公路以北、究山路以南城市建设规划。加快元一大观、黎阳小镇、颐和观邸、景徽国际、优山美地、御泉湾等项目建设。不断完善基础设施，建成文峰桥、紫阜桥，推进党校南路、白石路、环城路、洽阳南路、阳湖西路、红星南路、珮琅西路延伸段建设，完善城市路网和地下管网。适时出让相关地块，提高经营城市的能力和水平。改造建设新安桥头公园和公交站亭，配套建设区消防指挥中心暨江南新城消防站，完善城市功能。高标准建设安置区，启动建设文峰花园，建成怡阳花园、稽灵小区，建设安置房 1265 套 14.5 万平方米。

推进城市精细化管理。扎实做好征地工作。加大控违拆违力度，落实严格的问责机制，确保不发生新的违建。认真做好仙人洞南路、上草市二期等地块房屋征收扫尾工作，稳步实施新潭梅林片区、阳湖西片区房屋征收。组建江南新城市政专业养护队伍，加强道路、绿化等基础设施管护。出台安置区管理细则，做到安置区物业管理常态化、制度化。开展市容净化和环境美化提升行动，大力实施环境卫生整治，强化对区管小区、道路、街巷及沿街灯箱、门楼、广告的管理，推进江南新城沿街立面和重要节点建设亮化上水平，高档次扮靓城市夜景。

（二）着力扩大园区经济规模

不断筑牢工业平台。再投入 1 亿元，实施以园区公共服务设施为重点的基础设施配套建设，增强园区综合配套服务功能，新增开发面积 0.2 平方公里。推进凤山公园和龙山公园建设，加大帅鑫园基础设施建设力度，完善、提升园区水电、通信、网络等设施。加快园区工业用地和九龙嘴综合用地的组件报批工作，为园区持续发展积蓄后劲。改革创新园区建设管理体制，提升统筹能力和服务水平。

全面提升工业效益。围绕“低碳、绿色、环保、高端”导向，大力发展战略性新兴产业，引导产业链上下游关联企业聚集，促进产业集群发展。加快东晶光电、兴乐电缆、日普电动车、耐特新能源等重点项目建设，引导黄山泵业、宝华、泰客等企业加强技术改造、技术创新和市场开拓。按照“城市化、精品化、生态型、花园式”的要求，全力推动工业化和信息化深度融合、工业化和城市化良性互动。继续全力推进低迷企业“腾笼换鸟”和二次招商，分类处置盘活存量工业用地，新引进工业项目 5 个，其中亿元以上工业项目 2 个。新增规模以上工业企业 7 户，力争实现园区工业总产值 30.8 亿元，增长 18.5%；园区固定资产投资 14.3 亿元，增长 36.2%；园区税收增长 40% 以上。

扎实开展企业服务。充分发挥国家中小企业技术创新基金、省中小企业发展专项资金的引导作用，通过贴息和补助等方式，支持中小企业技术改造和节能减排。强化区域创新体系建设，提升科技创新能力，力争新增高新技术企业或创新型试点企业 2 户，省民营科技企业 2 户，工程技术研究中心 1 家，省高新技术产品 5 个。深入开展助保金贷款工作，缓解园区企业融资困难。加强对重点行业和重点企业运行监控，强化联系企业制度，为企业发展、项目建设构建“绿色通道”。高度重视小微企业存在的困难，认真落实扶持小微企业发展的政策措施，积极发挥财税扶持作用，并在经营管理、人才培训、市场营销等方面提升服务。

（三）着力提速现代服务业发展

发展特色文旅产业。以皖南国际旅游文化示范区建设为契机，促进文化与旅游的深度融合。开展“百村千幢”古民居保护利用工程、百佳摄影点业态打造和宣传营销工作。建成希尔顿、熙城国际等一批酒店和元一全景剧院。基本完成元一大观、黎阳小镇、新徽天地等城市综合体建设。深入推进阳湖记忆项目建设，加快屯溪老街改造提升。大力发展乡村旅游。结合夁山佛文化保护恢复，积极引进国际休闲养生项目，加快推进西部旅游休闲区建设。培植骨干旅游企业，创新旅游营销方式，强化旅游市场监管，实现旅游接待量871万人次、旅游总收入97.4亿元。

推进商贸业优化升级。启动江南商务区、西溪湾总部经济区建设，加大招商力度，大力发展总部经济。提速综合服务业招商步伐，力争湖边大市场、合兴来仓储物流中心正式运营。建成万贯洲市场，争取启动前园农贸市场二期建设。大力发展物流配送、电子商务、信息服务和中介服务等生产性服务业。积极培育限额以上商贸服务企业。加快构筑“新网工程”，建成5个综合服务社和1个日用消费品配送中心。推进家政服务业发展。抓好粮油储备。建设再生资源分拣中心。培植出口品牌，提升外向型经济质量，做大外贸进出口总量。

（四）着力提高三农工作水平

加快美好乡村建设。着眼整体提升新农村建设水平，以统筹城乡经济社会发展为方略，以增加农民收入、提升农民生活品质为核心，以村庄建设、环境整治、农田整治和保护乡村自然资源、文化遗产、民风民俗为重点，深入开展“一节”“两园”“三清”“四改”“五林”“六化”，全力实施首批凤霞、东关、云村、朱村、三充5个村美好乡村建设，其他11个村围绕“一林”、“两园”、“三清”全面开展工作。强化控违拆违，严格执行“一户一宅”和先审批后建设规定，规范农民建房。全面完成瑶林路、留下路、东林路、三紫路及鬲山桥拓宽改造工程建设，着力推进农村公路网状化。着眼设施配套，全面改善农村生产生活条件。发展农村特色产业，重点围绕蔬菜、花卉、苗木、茶叶等打造名优品牌。深度谋划城郊乡村休闲养生度假基地，积极发展乡村旅馆，努力实现“观光在黄山、休闲在屯溪”目标。加强农村“三资”管理，引导开发集体资源、盘活集体资产、完善经营管理，探索以入股、租赁等形式发展壮大农村集体经济实力。深入开展“讲文明，树新风”活动，倡导科学、健康、文明的生活方式。区财政按每年不少于3000万元设立专项资金，并通过积极争取、整合涉农资金、引导农民自筹、吸引社会资本参与等方式，确保美好乡村建设资金需求。

推进都市现代农业。实施农业产业发展整体规划，大力发展“一村一品”特色产业。加快鬲山市民开心菜园建设，全力推进九龙山现代旅游养生农业示范园、留村农事体验园建设。深入实施“菜篮子”工程，巩固发展标准化蔬菜基地1200亩，积极创建徐村、奕棋村省级蔬菜标准园。推进农社对接、农超对接、直采配送等农产品销售模式。着力发展农民专业合作和股份合作，培育新型经营主体，发展多种形式规模经营。实施土地整理，村集体对耕地进行集中流转，鼓励龙头企业和专业合作社开展规模经营。大力培育农业产业化龙头企业，力争新增市级以上农业产业化龙头企业2户。继续推进世行贷款新农村示范项目。

（五）着力增强可持续发展后劲

抓好重点项目建设。坚持把项目建设作为拉动经济增长的主抓手，调整结构的主引擎，促进发展的主动力，进一步扩大投资规模，夯实发展基础。千方百计协调规划、土地、融资等问题，力促意向项目快签约、签约项目快落地、落地项目快开工、开工项目快建设、在建项目快投产，全面掀起项目建设新高潮。不断完善项目推进机制，保持项目强力推进态势，全年区“十大工程”项目投资增长30%。结合产业政策和发展规划，认真编制一批现代服务业、美好乡村建设及千万亩森林增长工程等重大项目，做到“业主、投资、计划、开工”四落实，确保“可批、可谈、可实施”，力争重点项目储备达到100个。强化对上争取，确保争取各类政策性资金5亿元。

提升招商引资质量。落实“四个看、五个转变、六个把关”和“21字”要求，坚持招大引强，内资、外资并举，在强力开展工业招商同时，同步推进都市现代农业和现代服务业招商。坚持融入发展、顺势而为，完善楼宇经济发展扶持办法，积极发展楼宇经济"以商引税"，推进黎阳小镇、元一大观等大型商业楼宇招商。加快千万亩森林增长工程苗木基地招商和地块招商。加强高端对接，力争在引进知名央企、民企、国内500强和世界500强企业上实现新进展。瞄准已在屯投资的大企业和已达成投资意向的大企业开展好小分队招商。完善协同合作、信息沟通等机制，形成招商工作合力。全年引进区外投资项目超500个，其中亿元以上重大项目10个。

强化财政金融保障。健全税源动态监控体系，强化财源建设，把握财政运行方向，深入推进"营改增"工作，实现财政收入总量与质量双提升。发展镇域经济，壮大镇级财政实力，确保镇级税收增长25%以上。发挥政府资金的导向作用，加大对民生、基础设施、工业、"三农"等领域的投入力度，带动社会资金支持经济社会发展。加强政府性债务管理，优化债务结构，防范债务风险。强化对担保公司、小额贷款公司的监管。完善银政、银企合作机制，扎实开展银企对接，引导金融业支持地方健康发展。

（六）着力优化区域综合环境

扎实改善生态环境。将村镇环境风貌整治工作不断引向深入，持续抓好改徽建徽、环境整治等重点工作。加快发展水利事业，治理水土流失面积5平方公里。积极编报并深入实施一批新安江流域生态补偿机制项目，大力推进珮琅河、朱村河、占川河绿色食品城至花溪段、篁墩河羊角坞至篁墩桥段河流治理，完成马鞍山水库除险加固工程。严厉打击非法采砂行为。扎实做好新安江屯溪段水面保洁工作。强化地质灾害点的排查防治，完成螺蛳顶山体滑坡治理。分类制订市容环境整治标准，加强风貌管理，积极开展争创"示范小区""示范路（巷）"活动。全面落实节能减排目标责任制，加速淘汰落后产能，确保完成各项约束性指标。

重点推进千万亩森林增长工程。以"三线、二区、一谷"为重点，完成人工造林1300亩，新建、改造苗木基地2360亩，在"三线"沿途可视范围内的荒山、荒地、荒坡和鬲山桥至鬲山景区两侧建设森林长廊21公里，提升沿途绿色景观，构建中心城区绿色屏障。通过见缝插绿、加密添彩，提高城市建成区绿化水平，提升一批区管机关企事业单位、小区、安置区、公园广场、主次干道、背街小巷的绿化美化品位。加快"屯溪绿谷"项目的编制和招商，并尽快启动建设。大力营造"五林、两园"，创建5个省级森林村庄。稳步推进省级森林城镇和森林城市创建。

持续优化发展环境。用好用足国家和省市扶持经济社会发展相关政策。充分尊重群众的改革首创精神，宽容失败，鼓励基层大胆试验，激发创造活力。坚持以创新的思维和改革的办法破难题、攻难关，着力培植发展新优势。深化行政管理体制改革，努力为各类市场主体创造公平的发展环境，为人民群众提供良好的公共服务，维护社会公平正义。加强政务公开，推进政务集中服务，提高政府工作的透明度。深入推行"单位终身、职能部门全力"的保姆式服务机制，坚决兑现各项承诺，增强客商投资信心。围绕"四年大提升"，进一步完善考核奖惩机制，营造浓厚干事创业氛围。倍加珍惜屯溪又好又快的发展态势，努力把事关经济社会发展的各项工作做得更好。

（七）着力加快和谐屯溪进程

深入实施民生工程。认真组织实施省、市确定的各项民生工程，严格质量和进度要求，加强工程管护，确保建成群众满意的民心工程、廉政工程、德政工程。实施产业带动就业战略，落实各项创业扶持政策，帮助失地农民、下岗职工等就业困难群体实现就地就近就业。扩大"五险"覆盖面，进一步做好城乡居民社会养老保险、被征地农民养老保险等工作。统筹推进城乡低保、农村五保供养、医疗救助等工作。建设保障性住房1500套。实施东关、三充、朱村农村安全饮水工程，切实解决群众饮水难问题。完成40个“三小”改造项目。深入实施城乡居民收入倍增计划。扎实开展扶贫开发，实现农村贫困人口再脱贫160户300人。

大力发展社会事业。创新公民道德载体建设，深入开展道德教育实践活动。加强公民科学素质建设。积极做好招才引智工作，努力营造科技创新氛围。深入推进义务教育均衡发展。建成尤溪小学、区示范幼儿园，改造奕棋镇、新潭镇中心小学。规范民办幼儿园办学行为，提升学前教育整体水平。发挥文化设施服务功能，挖掘、扶植“一村一品”文化活动项目。实施5个农民体育健身工程。进一步加强区、镇、村卫生一体化建设，完成黎阳卫生院重建工程。巩固基层医药卫生体制综合改革成果，进一步推进基本公共卫生服务均等化，继续做好10类国家基本公共卫生服务项目，提高公共卫生防控能力。新建区计生服务站。进一步深化“村（居）为主”工作机制，完善人口计生利益导向机制，确保人口计生工作继续保持全市领先。认真开展第三次全国经济普查。大力发展残疾人事业和老年人事业。继续做好档案、地方志、涉台事务、外事侨务、民族宗教等工作，支持发展妇女儿童、关心下一代事业。

积极创新社会管理。完善以社区党组织为核心、社区居委会为基础、社区事务工作站为平台、各类社会组织共同参与的社区管理格局。全面完成10个精品社区服务中心建设。按照“1+9+特色”模式完善社区功能配置，抓好社区工作者队伍培训，积极构建集便民服务、社区事务、行政管理于一体的社区信息服务网络。推行社区网格化服务。突出重点行业、重点领域的安全监管，杜绝重特大安全生产事故。抓好防汛抗旱、森林防火及消防工作。加强食品药品监管，提高安全保障水平。完善应急体系和工作机制，提高应急处置能力。推动信访工作关口前移，抓好源头治理，创新接访模式，努力化解信访积案。完善“大调解”工作体系，着力化解社会矛盾。推进“六五”普法和“法治屯溪”建设，提高全民法制意识。强化流动人口、特殊人群的服务管理与综合治理。加强社会治安防控体系建设，严厉打击违法犯罪行为。全面实行社会稳定风险评估。完善劳动维权工作机制，维护劳动者合法权益。深入开展“双拥共建”活动，深化军民融合式发展。

（八）着力加强政府自身建设

努力建设服务政府。牢固树立群众观点，坚持群众路线，维护群众利益，把“问政于民、问需于民、问计于民”落到实处，始终把群众的呼声、意愿和诉求作为政府工作的出发点，决策依民而定，执行因民而为，绩效为民而求。充分发挥区长信箱、区长热线等载体作用，着力解决征地、房屋征收、劳务纠纷、环境保护等群众反映的突出问题，切实维护好群众合法权益，不断提升群众幸福指数。

努力建设法治政府。积极推进民主法制建设，坚持区委统一领导，自觉接受区人大及其常委会、区政协和社会各界的监督，认真听取民主党派、工商联、无党派人士和各人民团体的意见，支持法院、检察院依法行使审判权和检察权。进一步规范行政许可、行政处罚、行政复议等制度，严格按照法定权限和程序行使职权、履行职责，不断提高依法决策、依法行政、依法办事的能力和水平。完善重大事项集体决策、专家咨询、听证公示制度。

努力建设效能政府。坚持雷厉风行抓落实，凡是区委定了的事，集体决策的事，涉及群众利益的事，坚决办、认真办、马上办。突出把区委五届五次全会的工作部署项目化、指标化、责任化，所有工作时间倒推、进度倒排、任务倒逼，完善压力传导机制和督查督办机制，做到人人高效率，事事快节奏，件件求实效。加强作风建设，积极推行上门服务、限时服务、延时服务，扎实开展机关效能、政风和部分行业行风“三位一体”评议以及“百家企业评机关”活动。

努力建设清廉政府。加强先进性、纯洁性建设，深入落实党风廉政建设责任制，大力加强反腐倡廉建设，力求干部清正、政府清廉、政治清明。突出对重点单位、重点工程的行政监察和审计监督。强化编制、人事、财务、国有资产和非税收入等重点领域管理，规范程序，严肃纪律。认真抓好专项治理，重点围绕工程建设、公务用车管理、村集体资产招租、强农惠民政策落实开展监督检查。坚持勤俭节约，反对铺张浪费，严格控制“三公”支出。严肃查处违法违纪案件，坚决纠正损害人民群众利益的不正之风，以勤政为民、务实高效、清正廉明的政风，赢得群众的信赖和支持。

各位代表！时势日新，催人奋进；时不我待，只争朝夕。让我们高举中国特色社会主义伟大旗帜，在市委、市政府和区委的正确领导下，更加团结振奋，更加扎实苦干，更加创新进取，更加务实有为，为加快建设现代国际旅游城市“首善之区”，创造屯溪更加美好的明天而努力奋斗！

名词解释

1. 六个高潮：即招商引资高潮、项目推进高潮、旅游营销高潮、绿化提升高潮、重点村镇环境风貌整治高潮、扶贫开发与美好乡村建设高潮。

2. 六个一百：即全市新签亿元以上重大项目100个以上、力争全市新开工亿元以上项目100个以上、建成竣工亿元以上项目100个以上、加快100个亮点建设、中心城区高层建筑新开工100幢以上、中心城区高层建筑建成竣工100幢以上。

3. 助保金制度：由合作银行向“重点中小企业池”内企业发放贷款，在企业根据银行评定的信用等级、资产负债率，提供贷款额度一定比例担保的基础上，以助保金池资金作为增信手段的信贷业务。

4. 千万亩森林增长工程：是省委省政府做出的打造生态强省、建设美好安徽的重要举措，是安徽历史上最大的林业建设工程。根据规划，从2012年开始，省里每年将投入资金5亿元，力争到2016年，全省实现新增森林面积1000万亩、森林覆盖率达到33%左右；到2020年全省森林覆盖率提高到35%以上，林业总产值达2000亿元以上。

5. “两化”融合：指信息化和工业化的深度结合，以信息化带动工业化、以工业化促进信息化，走新型工业化道路。

6. 居民收入倍增计划：通过实施就业提升、创业富民、民生普惠、财富增值“四大工程”，力争到2015年，城乡居民收入比2010年翻一番，城镇居民人均可支配收入、农村居民人均纯收入分别达到3.27万元和1.56万元。

7. 在地统计：是指按照现行行政区域，对该行政区范围内的各类单位，除少数不宜按区域划分其生产经营活动的单位外，不论其行政隶属关系、所有制性质、经营方式，均由其所在地的区政府统计机构依法行使统计职能。

8. 城市生活e站：是新时期为加强和创新城市社会管理，提高人口和计生服务水平而构建的新型公共服务载体，由网络形态和实体形式两部分组成。

9. 公务卡制度：即以国库单一账户体系为基础，以公务卡及电子转账支付系统为媒介，以现代财政国库管理信息系统为支撑，逐步实现使用公务卡办理公务支出，最大程度地减少单位现金支付结算，规范单位财务管理，强化财政财务监控，提高政府公务支出透明度。

10. 四化同步：党的十八大报告提出，走中国特色新型工业化、信息化、城镇化、农业现代化道路，推动信息化和工业化深度融合、工业化和城镇化良性互动、城镇化和农业现代化相互协调，促进工业化、信息化、城镇化、农业现代化同步发展。

11. 五位一体：党的十八大报告提出，统筹推进经济建设、政治建设、文化建设、社会建设、生态文明建设五位一体。

12. 两个翻番：党的十八大报告提出，到2020年全面建成小康社会，实现国内生产总值和城乡居民人均收入比2010年翻一番。

13. 三个强省：省九次党代会提出，打造经济强省、文化强省、生态强省。

14. 四级设计体系：市委王福宏书记在庆祝中国共产党成立91周年党课报告中提出，要不断完善、持续推进“四级设计体系”，第一级为总体目标，第二级为战略平台，第三级为主要抓手，第四级为项目支撑。

15. 生产性服务业：指为保持工业生产过程的连续性、促进工业技术进步、产业升级和提高生产效率提供保障服务的行业。

16. 一节、两园、三清、四改、五林、六化：“一节”即节水器具推广使用，“两园”即小果园、小竹园，“三清”即清乱搭乱建、清乱堆乱放、清塘库沟渠，“四改”即改徽、改厨、改厕、改水，“五林”即围村林、护路护堤林、庭院林、水口林、游憩林，“六化”即道路硬化、村庄绿化、路灯亮化、环境美化、乡村香化、公共设施配套化。

17. 一林：指庭院林。

18. 四个看、五个转变、六个把关：市委王福宏书记在2012年9月4日全市重点项目建设推进会上提出，招商引资在客商选择上要看资信、看资质、看资历、看资本；在战略思想上要实现由招商引资向招商选资转变，由政策招商向服务招商转变，由政府招商向市场招商转变，由全面招商向重点招商转变，由项目招商向产业招商转变；在实施过程中要把好规划布局关、把好环境保护关、把好节能减排关、把好投资强度关、把好产出效益关、把好廉洁自律关。

19. 营改增：即把原来征收营业税的应税项目改为征收增值税，由原来地税部门征收改为国税部门征管，减少重复纳税环节。

20. 三线、二区、一谷：“三线”即合铜黄高速、慈张线、徽杭高速；“二区”即屯溪西部旅游休闲区、城市建成区；“一谷”即屯溪绿谷。

21. 1+9+特色：“1”，即社区党组织、居委会和农民经济组织综合办公场所；“9”，即便民服务中心、综治维稳中心、劳动就业培训中心、计生服务中心、卫生服务中心、党员活动中心、文体活动中心、老年日间照料中心和绿色超市；“特色”，即在开展问卷调查广泛征求意见基础上，增设了民情绿色通道、城市生活e站等特色服务项目。

22. 网格化：将城市管理辖区按照一定的标准划分成为单元网格。

政府工作报告

屯溪区第十六届人民代表大会第三次会议

区人民政府区长 胡黎明

（2014 年 1 月 13 日）

各位代表：

现在，我代表区人民政府，向大会作工作报告，请予审议，并请政协委员和其他列席人员提出意见。

一. 2013 年工作回顾

2013 年，面对错综复杂的宏观形势，我们坚持以邓小平理论、“三个代表”重要思想和科学发展观为指导，深入贯彻党的十八大和十八届二中、三中全会精神，牢牢把握“稳中求进”的工作总基调，在市委、市政府和区委的坚强领导下，紧紧围绕持续掀起“六个高潮”的决策部署和区委五届五次全会的具体安排，全力以赴稳增长、调结构、促改革、惠民生，全区经济社会继续保持平稳较快发展，较好地完成区十六届人大二次会议确定的主要任务，基本实现了“四年大提升”目标。全年完成财政收入 9.41 亿元，增长 10.2%；预计，实现地区生产总值 63 亿元、增长 11%（属地），完成固定资产投资 171.7 亿元、增长 20.7%，规模以上工业增加值 16.9 亿元、增长 18.8%，社会消费品零售总额 66.9 亿元、增长 14%，到位市外内资 100.2 亿元、增长 37.8%，实际利用外资 4185 万美元、增长 23.8%，外贸进出口总额 9414 万美元、增长 32.4%，旅游接待量 742 万人次、增长 3%，旅游总收入 84.1 亿元、增长 4.5%，城镇居民人均可支配收入 23753 元、农民人均纯收入 11930 元，分别增长 12% 和 13%；单位地区生产总值能耗和主要污染物排放总量控制在市下达指标以内。在全市经济社会发展观摩中，髙山市民开心菜园、东晶光电、屯溪示范幼儿园被评为最佳观摩点。

（一）城乡面貌显著提升

完成江南新城控制性详规局部用地规划调整，元一大观、御泉湾、优山美地、黎阳小镇、景徽国际等项目建设加速推进，阳湖西片区旧城改造全面启动，文峰鑫苑开工建设。“两个百幢”新开工高层建筑 23 幢、竣工 25 幢。投资 2.4 亿元，高标准建设怡阳花园、稽灵小区等 7 个安置区，建成安置房 850 套 9.58 万平方米。城市基础设施进一步完善，文峰桥建成通车，珮琅河综合治理、紫阜桥建设和髙山桥拓宽工程加快推进，忆江南公园一期、徽州大道和新安大道景观改造工程完工，完成江南新城 7 条道路建设准备工作，珮琅西路延伸段建设全面启动，龙山路、黎新路路基工程完工。阳湖垃圾中转站建成使用。全年征地 1300 亩；完成拆迁 14.5 万平方米，其中黎阳镇南方百合、下阜山两个地块全面完成。控违工作机制和责任机制进一步健全，拆除历年违法建设 3.3 万平方米。实行“横向到边、纵向到底、责任全覆盖、管理无缝隙”的文明创建网格化管理，省文明城区创建活动全面推进。整合资金 1.38 亿元投入 5 个美好乡村建设，实施村容村貌及环境整治项目 139 个，凤霞、三充美好乡村建设基本完成，朱村、云村、东关村“一节、两园、三清、四改、五林、六化”工作全面推进，农村基础设施和公共服务设施建设不断完善。凤霞村跻身全国“美丽乡村”创建试点。

留村、新江村新农村建设世行贷款项目成功获批并顺利启动。实施改徽建徽1235幢，农村危旧房改造2050户，规范预审农民建房165户。留下路、东林路、瑶林路路基贯通，屯浮公路改建基本完成。高品位实施千万亩森林增长工程，完成人工造林1438亩，新建和改造提升苗木基地2360亩，建成绿色质量提升点49处、森林长廊25.3公里，创建森林城镇1个、森林村庄10个。实施新安江流域综合治理，村级卫生保洁、重点河面打捞、主要河流综合治理、流域采砂治理和重要支流水草治理实现全覆盖。

（二）产业发展持续加快

更加重视实体经济发展，认真落实促进经济持续健康较快发展和加快民营经济发展等措施，推动经济转型和结构调整，首次获"全省民营经济先进区"荣誉称号。工业经济平稳发展。九龙园区成功列入省级服务业产业园规划功能区。围绕"做强龙头、强化配套、加快集聚、彰显特色"推进园区建设和工业发展。投资近亿元完善园区基础设施及配套工程，完成增压水管铺设及园区综合服务大楼规划设计，占飞路排水、乐山路雨污管网及东晶光电电力专线工程完工。东晶光电一期、申格电子、金菱数码建成投产，兴乐电缆等7个项目加快建设。黄山泵业、一品有机茶等8户企业完成技改扩能。引进工业项目14个，其中亿元以上项目5个。园区获批工业用地215亩。完成4户低迷低效企业"腾笼换鸟"，整合工业用地40亩，新项目相继入驻。落实"一企一档一策"服务机制，及时协调解决瓶颈制约，为企业发展营造良好环境。全年新增规模以上工业企业4户、战略性新兴产业企业3户，完成工业投资7亿元，实现规模以上工业总产值32亿元。园区完成固定资产投资12亿元，实现税收9500万元，分别增长12.2%和11.8%。现代服务业加快培育。安徽黄山现代服务业产业园获省政府批准设立，规划编制工作正式启动。鬲山旅游休闲区概念性规划通过评审。投资7500万元实施"百村千幢"古民居保护利用工程，对外边溪、黎阳老街等35幢古民居进行修缮和恢复重建，街巷基础设施改造基本完成。屯溪老街文化特色巷保护与开发项目进入省服务业引导资金支持项目，争取资金300万元。稽灵山公园成为市百佳摄影点。黎阳商街建成开街，金逸影城投入运营。醉温泉景区获服务业安徽名牌称号。元一全景剧院外立面落架，希尔顿酒店土建完工。鬲山佛文化保护恢复工程扎实推进，大雄宝殿全面封顶。14个市服务业"135"重大项目提前一个月完成年度投资计划。合兴来仓储物流中心正式运营。"双百"消费促进活动和名品"五进"工作扎实开展，"五位一体"放心工程深入推进。建成再生资源废旧物资回收站30个。都市农业扎实推进。投资5000万元，建成鬲山市民开心菜园。新增高标准蔬菜基地300亩，巩固提升蔬菜基地500亩。整治生态茶园600亩，培育无性系茶苗200万株，建成屯溪茶叶高新科技研发中心。引进友宝农产品加工项目。新组建农民专业合作组织5个，新增市级农业产业化龙头企业8户，众力食品获"省农业产业化龙头企业"称号。14户规模以上农产品加工企业实现产值10.5亿元、增长20%。农村土地承包经营权流转6871亩，引进推广农业新技术20项、农作物新品种121个，"草莓繁育及无公害生产技术研究"列入国家星火计划。落实农机购置补贴惠民政策，农机装备水平继续提升。全区村集体资产股份制改革基本完成，"三资"管理不断规范，村集体经营性总收入达1913.8万元，增长63.4%。

（三）发展活力不断增强

项目建设势头强劲。完善项目推进和考核奖惩机制，持续扩大有效投入。204个区"十大工程"项目完成投资151亿元，增长25%，其中25个省"861"行动计划项目完成投资38.3亿元，提前三个月完成年度投资任务；60 个市“十大工程”重点项目完成投资 76.3 亿元，增长 15.5%；11 个市“百个亮点”项目和 13 个中心城区基本建成项目分别完成年度投资计划的 114.2% 和 114.4%。强化项目库建设，全年谋划编制项目 230 个，总投资达 300 亿元。招商引资成效显著。坚持把招商引资作为经济工作的重中之重，着力招大引强。河马产业园、容宇五金等一批大项目、好项目相继签约落地。全年新引进市外投资项目 160 个，其中亿元以上项目 26 个，总投资 68 亿元，到位资金总量居全市第一。资金政策保障有力。中融小额贷款公司在省股权托管交易中心成功挂牌上市。银企对接落实资金 25.11 亿元，其中承诺贷款 14.89 亿元。落实园区助保金制度，为东晶光电等 9 户企业发放贷款 5060 万元。对上争取各类专项补助资金 5.5 亿元，增长 11.1%。调度重点项目建设保障资金 5 亿元。拨付工业发展扶持资金、招商引资优惠奖励、科技专项经费等各类扶持资金 2000 余万元。发放小额担保贴息贷款 2929 万元。落实“五缓两降三补贴”政策，助推中小企业健康发展。自主创新能力增强。高度重视人才工作，培训高级工 161 人、新型农民 674 人。持续推进科技创新，出台《增强自主创新能力促进区域创新体系建设实施办法》。拓达科技被认定为国家高新技术企业，黄山泵业跻身省级创新型试点企业，并获批设立安徽省博士后科研工作站，2 户企业成为省民营科技企业、6 个产品被认定为省高新技术产品。专利申请量和授权量均居全市前列。

（四）社会事业协调发展

全年民生支出 8.1 亿元，增长 8.5%，民生保障能力不断提高。全面完成 30 项省、市民生工程任务，累计投入资金 3.26 亿元，其中区级配套资金 5031 万元。着力改善办学条件，尤溪小学基本建成，屯溪示范幼儿园等 4 所公办幼儿园建成开园，从根本上解决了中心城区“入公办园难”的问题。素质教育稳步推进，教育督导考核再获全省优秀。科普工作扎实开展，荷花池社区获“全国科普示范社区”殊荣。区级公共文化场馆全面建成并免费开放，全年累计服务市民 52 万人次，区图书馆、老街社区博物馆完成改造提升并启用，区图书馆升格为国家一级公共图书馆。程大位故居入选第七批国家级文物保护单位，新增两个省级非物质文化遗产项目。喜剧《那村·那花·那人》获省 5 项大奖。青少年宫搬迁启用。基层医药卫生体制综合改革不断深化。获“安徽省慢性病综合防控示范区”称号。新农合参合率、筹资标准分别居全市、全省首位，受益农民 5 万余人次。区计生服务站、黎阳镇卫生院基本建成。计划生育优质服务得到巩固，人口自然增长率控制在 5.85‰以内。体育事业蓬勃发展，区代表团获市六运会金牌总数、团体总分、奖牌总数三个第一。“七保”工作深入开展。城乡居民养老保险制度实现全覆盖。发放城镇职工、城乡居民及被征地农民养老保险金 1.84 亿元。换发金融社保卡 2 万余张。城镇居民住院政策范围内费用报销比例达 70.3%。城乡低保和五保供养标准再次提标，全年发放城乡低保金 2493.5 万元。新建 5 个社区老年人日间照料中心。投资 1960 万元，新建草市精品社区服务中心，完成稽灵山等 3 个精品社区服务中心功能布局。“一卡通”发放涉农补贴 3531 万元。千方百计扩大就业，新增城镇就业 5900 人，下岗失业人员和就业困难人员再就业 2849 人，农村转移劳动力 820 人，城镇登记失业率控制在 3.82% 以内。投资 1450 万元，完成 40 个“三小”改造项目。建设保障性住房 1614 套，其中建成公租房 500 套、城市棚户区改造 1114 套。分配廉租房 763 套。投资 286 万元，实施 34 个村“一事一议”财政奖补项目。解决 6400 人农村饮水安全问题。420 户 810 名贫困人口稳定脱贫。完成储备粮轮换 2200 吨。成功创建全国社会主义新农村建设档案工作示范区。区政务中心顺利通过全国首批公共机构节能示范单位验收。第三次全国经济普查有序开展。物价、地方志、外事侨务、涉台事务、民族宗教、编制管理、老干部等工作稳步推进。妇女、未成年人、老年人、残疾人权益得到保障。

（五）社会管理有序推进

推进公民道德建设工程，开展群众性精神文明创建活动，6人被评为市首届道德模范，3人荣登“中国好人”榜。认真做好中心城区市容环卫下放的承接工作。扎实推进第二次全国和谐社区建设示范单位创建活动。深化“诚信计生”，夯实基层基础，稳步推进城市和流动人口“三项工程”建设。深入实施“六五”普法，加强“法治屯溪”建设。增强金融网点、宾旅馆、学校幼儿园等重点区域治安管控，社会治安保持良好。人民调解工作扎实开展，共排查调处各类矛盾纠纷1743起，调解率达100%。强化社区服刑人员监管安全，无脱管、漏管和重新犯罪。办结拖欠农民工工资案件20起，清欠金额达1147.3万元。完成屯溪第二百货商店和第三塑料厂改制，安置职工227名。坚持以群众工作统揽信访工作，畅通信访渠道，着力推动“事要解决”，实行“四位一体”责任包保机制和信访积案化解机制，有效化解一批重点信访案件。完善应急管理机制，做好网络舆情和情报信息的收集研判，应急处置能力不断增强。启动工商质监食品药品监管体制改革，全年无重大食品药品安全事件发生。组建屯溪老街、阳湖镇专职消防队，扎实抓好防火、防暑、防溺和抗旱工作，有效应对“6·27”特大洪灾，安全转移772人，灾后群众生产生活全面恢复。强化重点领域和行业安全隐患的排查整治，全区安全生产形势总体平稳。成为全市唯一荣获“全国平安铁路示范区”和“2009—2012年全省综治工作先进集体”区县。国防建设得到加强，“双拥共建”活动深入开展。圆满完成征兵任务，实现连续42年无责任退兵。

（六）自身建设全面加强

严格落实中央八项规定和省、市、区委关于改进作风、密切联系群众的各项规定，着力建设创新、廉洁、法治政府，努力实现“干部清正、政府清廉、政治清明”。区政务服务中心入驻市政务中心集中办公。政务公开和政府信息公开工作扎实推进。受理政风行风热线、市民连线、区长热线反映事项1394件，办结率达100%。制定发布规范性文件10件，办理行政诉讼案件5件。执行区委决策部署，接受区人大及其常委会的法律监督和工作监督以及区政协的民主监督，办理人大代表建议、批评和意见101件，政协提案128件，办结率均为100%。加强与各民主党派、工商联、无党派人士的联系，支持工会、共青团、妇联、科协、文联、残联等人民团体开展工作，民主法制建设得到加强。严格落实党风廉政建设责任制，扎实开展专项治理，认真解决损害群众利益的突出问题，严肃查处一批违纪违法案件。加强国有资产管理，开展资金资产清查工作。出台政府投资项目工程建设标后管理办法，进一步规范工程建设行为。加强重点领域、重点行业、重点环节审计监督，共完成审计项目140个，核减工程造价2724万元。扎实开展机关作风明察暗访活动和机关效能、政风、行风“三位一体”评议活动。严格落实涉企部门服务企业发展的12项推禁令，认真做好涉企服务。倡导勤俭节约风尚，“三公”经费下降23%。

各位代表！面对严峻挑战和经济下行压力，我们取得来之不易的成绩，是市委、市政府和区委正确领导的结果，是区人大、区政协监督支持的结果，是全区干部群众团结拼搏、努力奋斗的结果，也是社会各界关心、支持和帮助的结果。在此，我谨代表区人民政府，向全区广大工人、农民、知识分子、干部、驻屯部队指战员、武警消防官兵、政法干警，向对政府工作给予大力支持和帮助的人大代表、政协委员、各民主党派、工商联、无党派人士、各人民团体，向为屯溪发展呕心沥血的历任老领导、离退休老干部、老同志，向所有关心和支持屯溪发展的驻屯各单位、市直各部门，向在我区创业发展的广大投资者、建设者，表示崇高的敬意和衷心的感谢！

在肯定成绩的同时，我们也清醒地看到发展中存在的困难和问题。主要是：经济增长的动力仍显不足。社会资本投资意愿不强，经济增长的内生动力需要进一步培育；转型发展的任务仍然艰巨。产业配套不够完善，企业自主创新能力不够强，经济结构性矛盾依然突出；社会建设的力度仍需加大。城市化推进过程中遗留问题较多，公共服务与多样化民生需求还不相适应，一些涉及群众利益的突出问题有待进一步解决，维护社会稳定方面还存在较大压力；同时，政府职能有待进一步转变，自身建设有待进一步加强，等等。我们将高度重视并采取有力措施，切实加以解决。

二. 2014 年主要任务

2014年，是贯彻落实党的十八届三中全会精神、全面深化改革的第一年，也是我区完成“十二五”发展规划的攻坚之年和实现“五年大发展”奋斗目标的决战之年。尽管经济发展正处于深度转型调整期，我国经济结构性矛盾依然突出，发展过程中还面临着很多风险和挑战。但我们更应该看到，全国经济走势总体稳中向好，稳步增长、持续健康发展的条件具备，我区的发展将面临更多新机遇。从政策层面看，国家继续坚持稳中求进的工作总基调，保持政策的连续性和稳定性，新型城镇化、工业化发展道路以及扩大内需、创新驱动等战略叠加实施，为我区加速发展创造了有利条件；中央对全面深化改革做出了总体部署，把改革贯穿于经济社会发展各个领域、各个环节，必将进一步激发我区发展的内生动力和活力。从发展基础看，经过几年的奋力拼搏、苦干实干，我区转型发展步伐坚实，综合实力显著增强，江南新城、九龙园区、鬲山片区、城市东区“四大发展平台”的构筑，以及大批优质项目建成运营、相继落户和加快建设，特别是省级现代服务业产业园的成功获批，屯溪多极支撑、多点发力的发展格局初步形成。尤为重要的是，近年来，屯溪加快发展的生动实践培养铸就了一支干事创业的干部队伍，全区上下发展氛围浓厚，动力强劲，为我们战胜一个又一个困难、实现一个又一个目标提供了最可靠保障。我们坚信：只要全区上下坚定信心、团结奋进，勇于担当、扎实苦干，就一定能够实现区域经济和社会事业大发展！

2014 年全区经济社会发展的总体要求是：以邓小平理论、“三个代表”重要思想和科学发展观为指导，全面贯彻党的十八大和十八届二中、三中全会精神以及省、市、区委的决策部署，稳中求进、改革创新，提质增效、转型升级，着力“做精一产、做强二产、做优三产”，着力加快“工业化、城市化、市场化”进程，着力保障和改善民生，促进经济持续健康较快发展和社会和谐稳定，在建设现代国际旅游城市“首善之区”的征程上迈出更加坚实的步伐。

综合考虑，2014 年经济社会发展的主要预期目标是：地区生产总值增长 11%（属地），财政收入增长 12%，规模以上工业增加值增长 15%，固定资产投资增长 20%（属地），社会消费品零售总额增长 13%，引进市外内资增长 20%，实际利用外资增长 12%，外贸进出口总额增长 16%，旅游接待量增长 8%，旅游总收入增长 10%，城镇居民人均可支配收入增长 11%，农民人均纯收入增长 12%，城镇登记失业率控制在 3.9% 以内，人口自然增长率控制在 8‰以内，单位地区生产总值能耗和主要污染物排放总量控制在市下达指标以内。

为实现上述目标，根据区委五届七次全会部署，2014 年，我们将贯穿“一条主线”（学习宣传贯彻党的十八届三中全会精神）、实施“两大会战”（现代服务业产业园建设、江南新城建设）、开展“三项活动”（党的群众路线教育实践活动、“提质增效、转型升级推进年”活动、招商引资年活动）、抓好“四大片区”（江南新城、九龙园区、鬲山片区、城市东区）、推进“七项工作”（工业经济、服务业发展、现代农业、城乡建设管理、招商引资、民计民生、生态文明建设）。

（一）强化集聚配套，实现工业经济新突破

持续加快园区建设。完成九龙低碳经济园区总体规划修编。用足用好现代服务业产业园发展政策，抓好园区扩区升级工作。继续完善园区基础设施，启动环城西路延伸段和帅鑫园区泉水塘南路建设，完成凤翔山庄规划调整，扎实推进园区内部分农户异地迁建，园区新增开发面积0.3平方公里。积极争取土地指标，加大土地组件报批力度，为新项目入驻奠定基础。

推进工业提质增效。全力扶持黄山泵业、众力食品等龙头企业，发挥集聚效应，完善产业链。稳步实施园区提速增效工程，加快建设16个新建、续建工业项目，确保东晶光电、日普电动车、兴乐电缆、容宇五金等重大项目建成投产。加快友宝农产品加工等新签项目建设。采取兼并重组、“腾笼换鸟”、引进嫁接等方式，提高企业效益和土地利用率。抓好增量引进，加强与娃哈哈集团、品之味酒业、超汇食品等重点客商的对接，全年新签工业项目5个以上，其中超亿元项目2个以上。确保新增规模以上工业企业6户，园区完成固定资产投资14.4亿元、增长20%，实现税收1.2亿元、增长26.3%。

扶持企业发展壮大。安排工业发展扶持资金600万元，支持企业技术创新，提升产品竞争力。兑现技改贴息和设备补助政策，引导良业阀门、鼎奇链传动、派尼尔科技等企业加大技改和信息化、工业化融合力度。开展助保金贷款合作业务，为有资金需求的优质企业提供金融支持。分层次帮扶规模以下工业企业，引导科技含量高、市场前景好的小微企业围绕龙头企业配套发展。实施创新驱动发展战略，加强以企业为主体、市场为导向、产学研相结合的科技创新体系建设，支持企业争创自主品牌，力争新增高新技术企业或创新型企业2户，省民营科技企业1—2户，省高新技术产品5个。

（二）突出平台作用，打造服务业发展新亮点

加快现代服务业产业园建设。围绕“四个打造”发展定位，完成现代服务业产业园规划编制工作，确保上半年获省政府批复。坚持“边规划、边建设、边招商”，扎实开展产业园区基础设施建设，迅速构建产业园区框架，为招商引资和项目落地创造条件。依托九龙低碳经济园区，提速现有项目建设，以企业培育为切入点做大做强实体经济。编制一批以绿色食品、休闲养生为主体的服务业产业项目，加大招商力度，推动园区服务业快速发展。

加速旅游转型升级。完成《屯溪区休闲旅游发展规划（2013—2030）》编制。围绕“观光在黄山，休闲在屯溪”目标，尽快做实“新安江滨水休闲旅游联盟”，因地制宜发展乡村旅游专业村和农家乐，开展优秀旅游镇、旅游示范村、星级农家乐创建工作。启动建设中信旅游等重大项目。加快重点旅游项目推进，希尔顿酒店、栢景大酒店及悦泉庄酒店全面竣工。继续开展旅行社服务质量信用等级评定，规范旅游市场，加强旅游营销，实现旅游接待量800万人次、旅游总收入92.5亿元。

大力发展文化产业。继续推进鬲山佛文化保护恢复、屯溪老街文化特色巷保护与开发等项目建设，元一全景剧院建成运营。启动河马产业园建设，加快发展动漫、影视等文化创意产业和数字媒体、数字出版等新兴产业。扎实做好“十古”保护与开发，重点实施外边溪、篁墩古村落等古建筑保护工程。突出已修缮古民居的业态提升及经营推介，促进保护与利用相统一。打造黎阳商街非遗集中保护区，扶持非遗龙头企业延伸产业链，促进批量化、规模化、品牌化经营。力争文化产业

增加值增长20%。

提升流通消费层次。加快建设黎阳小镇商业集群、江南新城中央商务区，推进苏宁生活广场、华府商业中心等项目建设，建成启用万贯洲农贸市场。推进物流业、电子商务和连锁经营发展，培育商贸流通龙头企业，新增10户限额以上商贸企业。新建“新网工程”示范网点2个。落实外贸促进政策，培育1个茶叶出口基地和10户进出口经营权备案企业。推动业态创新，把握消费升级新趋势，大力发展信息、健康养老、摄影写生等新兴消费热点，促进文化、体育等相关产业融合发展。

（三）狠抓“三农”工作，促进农民生活新改善

推进美好乡村建设。开展美好乡村建设“回头看”活动，做好完善提升工作，确保凤霞、三充两个省级重点示范村通过验收，提升东关、云村、朱村美好乡村建设，同步建立完善美好乡村管护长效机制。围绕“干净整齐、产业发展、文明和谐”目标，优化留村、新江、傍霞、查塘等村村庄建设规划，继续开展环境综合整治。以“凤霞别苑”“三充乡村旅馆”“东关养生养老基地”建设为突破口，积极引导各村发展乡村产业，壮大村集体经济，实现美好乡村建设村集体经营性收入超10万元。着力构建“政府主导、农民主体、社会参与”的建设机制，为建设美好乡村打牢基础。

壮大都市现代农业。坚持以“服务城市、服务旅游”为方向，按照农旅结合的要求，重点发展蔬菜种植基地、花卉苗木基地、有机茶基地、农事体验基地、自驾车营地建设和农家乐等现代都市农业，力争农业增加值增长3%。深入实施“菜篮子”工程，扩大高山市民开心菜园规模，整合提升城郊3000亩无公害蔬菜基地，打造“高山”牌绿色无公害蔬菜品牌，努力创建省级现代农业示范区。加快黄山国际茶文化体验园等农业示范园招商。积极培育新型农业经营主体，流转农村土地承包经营权1500亩，推进农村土地集约经营，发展家庭农场、组建农民专业合作社各5个以上。

改善农村基础条件。加快农村基础设施建设，实施占飞路修复工程，完成高山桥拓宽改造及道路提升，建成瑶林路、留下路、东林路，推进农村道路网状化、农村班车公交化。大力发展农村水利事业，推进农村塘库沟渠清淤疏浚整治，开展山洪灾害普查工作，加强小型农田水利基础设施建设，改造机电灌站5座，新建水库自动水位站9个。进一步规范农民建房审批管理。

（四）加快城市建设，力促人居环境新提升

提高城市建设品质。实施江南新城建设大会战，完成元一大观、优山美地、景徽国际、御泉湾及黎阳小镇建设，加快中铁滨江名邸、文峰鑫苑、雍景园建设，启动花溪饭店整体改造。高品位建设安置区，文峰花园全面启动，怡阳花园、洽阳小区全面竣工，建成安置房1200套以上。忆江南公园、红星路公园建成使用。基本完成江南新城路网建设，建成珮琅西路延伸段、环城南路、龙山路、黎新路等道路。加快珮琅河综合治理。推进“三小”改造，开展城市内涝点及地质灾害点治理，改造城市公交站亭，配套建设其公共服务设施，提升城市综合承载力。

提升城市管理水平。根据市里统一要求，做好东关片区等12个重点区域的规划和管理。抓好中心城区市容环卫管理下放后的各项工作，突出商业区、集贸市场、学校、医院、车站、建筑工地等区域环境治理，集中开展市容环卫“脏乱差”现象大整治。推行城市立体化、标准化、数字化、网格化及长效化管理模式，加快构建“区级为主导、镇街为基础、社区（村）为支撑”的城市管理新格局。继续保持控违拆违高压态势，确保违法建设零发生、负增长。加强城管执法队伍建设，

充分发挥网络监督、群众监督、舆论监督和社会监督作用。

加强生态环境建设。以“三线三边”为重点，围绕“四整治一提升”，全面完成新安江、横江、率水“三江六岸”和皖赣铁路、205国道、103省道沿线的治理工作。深入实施千万亩森林增长工程，新建、改造提升苗木基地1400亩，完成人工造林1250亩，建设森林长廊5公里，创建森林城镇2个、森林村庄5个。按照“面上拓展、点上提升、创新机制、放大效益”的要求，持续开展绿色质量提升行动，建设绿色质量提升点19个，对已建成的162处提升点完善落实管护机制。加强公益林管护，增强林分蓄水保水功能。开展新安江流域综合治理，完善“河长制”管理机制，将整治工作由主干河流向珮琅河、篁墩河、定邦河等支流延伸。加强水资源管理，严控“三条红线”，严厉打击非法采砂取土行为。推进率水河新江段、占川河博村至瑶干段等中小河流治理，治理河道13公里，治理水土流失面积3平方公里。加快污水管网建设，对园区工业污水、城区生活污水进行全收集，全力推进农村面源污染治理。倡导绿色低碳生活，落实公共机构节能责任，全面完成节能减排任务。

（五）扩大有效投入，筑牢经济增长新支撑

狠抓招商引资。扎实开展“招商引资年”活动。围绕国家产业政策和投资导向，积极创新招商引资模式，以全区资源全面摸排为基础，紧扣城乡规划和土地利用规划，扎实编报一批“可批、可谈、可实施”的项目，切实做到屯溪行政区域项目编制全覆盖，力争新增储备项目200个以上，对上争取到位资金增长10%以上。明确部门招商任务，强化招商引资责任落实，完善信息沟通机制、激励奖惩机制。注重提升项目编报、信息捕捉、招商谈判、项目服务的能力和水平，进一步提高招商引资质量和效益。突出招大商、招好商，强化投资强度和税收贡献率，在切实抓好现代农业、现代服务业、绿色食品、机械电子等主导产业招商的同时，做好产业链招商、以商招商等工作。瞄准大企业、大集团，力争在引进优质项目上实现新突破。继续推进鬲山市民开心菜园、外边溪等业态招商和黎阳小镇、元一大观等大型商业楼宇招商。力争签约项目300个、到位市外内资120亿元、外商直接投资4687万美元。扎实、高效做好服务工作，兑现招商引资优惠政策，营造良好招商环境。

优化投资结构。突出投资的质量和效益，着力扩大能促进结构调整、转型升级的投入，能提供实实在在就业和税收的投入，强化经济增长支撑。安排区“十大工程”项目212个、年度投资186亿元，完善项目建设全过程、全方位的跟踪、督办、管理、服务和奖惩机制，确保一季度续建项目全面复工，力争新建项目开工率达50%。深入推进省“861”行动计划项目、市“十大工程”重点项目和市“百个亮点”项目建设，确保投资进度、建设品位居全市前列。从严控制政府投资类项目，规范政府投资类项目的决策，继续重视重大基础设施和民生工程投入，加快在建项目推进，力争早竣工、早见效。挖掘投资增长潜力，激发民间投资活力，吸引民间资本进入基础设施、基础产业、旅游、教育、医疗卫生、养老服务等领域。

强化要素保障。完善各片区规划，彰显屯溪特色。依法依规实施征地拆迁工作，加快推进阳湖片区、齐云大道片区、城市东区、奕棋片区、老城区等区域房屋征收，尽快完成上草市、大众、仙人洞南路等地块征收扫尾。完成江南新城区域362亩土地征收任务。强化土地节约集约利用，加强建设用地管理。高度重视财政金融工作，强化重点税源监控和实体财源培植，加大综合治税力度，保持财政收入平稳较快增长。增强财政预算约束，规范各项支出行为，提高财政资金使用效益。统筹管理政府性资金资产资源，做大做强融资平台，提升融资能力。强化政银企合作，引导金融机构优化服务、加大信贷投放，支持实体经济发展。加强创业创新人才培养和高技能人才队伍建设。

（六）稳步推进改革，增强区域发展新活力

着力深化行政体制改革。按照“使市场在资源配置中起决定性作用和更好地发挥政府作用”的要求，明确政府定位，加快职能转变，该由市场决定的，一律按市场规则办；可由企业、社会承担的事项，政府坚决不做。深化行政审批制度改革，承接落实好上级下放、取消的审批事项，进一步清理区级行政审批事项。扎实做好政府机构改革和事业单位分类改革各项工作。贯彻落实食品药品监管体制改革和工商、质监行政管理体制调整以及卫生和人口计生机构合并各项改革部署，严格控制机构和编制。

稳妥推进重点领域改革。坚持和完善农村基本经营制度，大力发展农村经营主体，鼓励农村发展合作经济，开展以承包经营权入股发展农业产业化经营试点，加快构建新型农业经营体系。推进农村土地承包经营权确权登记颁证，以苗木基地周边、美好乡村周边、蔬菜基地周边、市民开心菜园周边等为重点，依法自愿有偿实施土地承包经营权流转。积极深化村集体资产股份制改革成果，全面加快“四化”进程。推进林权制度改革，扶持培育市场主体，扩大林业抵押贷款和森林保险规模。深化财税体制改革，改进预算管理制度，加快部门预算公开步伐，统筹推进“营改增”工作。将政府性债务纳入全口径预算管理，健全并严格执行借、用、管、还规范化制度和机制，从源头上防范债务风险。继续抓好医药卫生体制综合改革、社区管理体制改革。按照市委、市政府要求，积极参与新安江原有管理体制和运营机制改革，发挥“新安江滨水休闲旅游联盟”平台作用，实现资源整合、价值互补和效益最大化。

（七）推进社会建设，开创和谐发展新局面

全力改善民生。认真组织实施省、市确定的36项民生工程，严格质量和进度要求，注重工程建后管护，确保各项工作继续保持全市前列。加强就业服务，发挥创业促就业的倍增效应，力争城镇新增就业4000人以上、转移农村劳动力600人以上。继续推进“金保工程”，进一步做好“五险”扩面、城乡居民社会养老保险、城镇居民基本医疗保险等工作。力争开通城市居民医疗救助“一站式”即时结算系统。强化最低生活保障与其他社会救助制度的有效衔接，推动社会救助由生存型向发展型转变。健全城乡低保、五保供养标准正常调整机制。开工建设保障性住房1890套，完成农村危旧房改造700户。有序推进扶贫开发，实现农村贫困人口再脱贫405户814人。深入落实“七保”工作，着力保障城乡困难群众生产生活。加强价格监管，开展民生价费专项整治。

发展社会事业。优先发展教育事业，扩建改造现代实验学校、江南实验小学，加大师资培训力度，完善优质教育资源在城区与农村之间调节流动机制，促进城乡义务教育均衡发展。重视学前教育，规范办园行为，确保适龄幼儿享受良好教育。继续开展科普进机关、进乡村、进校园、进社区活动，稳步提升全民科学素质。推进文化惠民工程，提高公共文化服务水平。加强文化遗产保护，完成戴震纪念馆展陈改造，修缮乐寿桥。新建新潭镇卫生院，改建区农村卫生应急急救中心大楼，争创“国家级慢性病综合防控示范区”和“省级卫生应急综合示范区”，提高基层医疗服务水平。继续稳定低生育水平，完善利益导向机制，强化流动人口服务均等化，确保人口计生工作继续保持全市领先。深入开展全民健身运动。抓好档案信息化建设。推动军民融合深度发展，抓好国防

教育和国防动员，深化民兵预备役体制改革，推进双拥工作。完成第三次全国经济普查。重视老龄工作，推动关心下一代事业发展，推进残疾人“两个体系”建设。继续做好外事侨务、涉台事务、民族宗教、粮食、审计、农机、地方志、编制管理、老干部等工作。

创新社会治理。大力弘扬民族精神和时代精神，凝聚加快屯溪发展的正能量。扎实做好社区调整后各项工作的衔接，巩固精品社区服务中心“1+9+特色”建设成果，创新服务载体，打造多元化社区服务团队，定期开展服务活动，不断提升服务居民水平。做好第九届村民委员会换届选举工作。强化安全生产责任制，突出重点行业、重点领域的安全监管，杜绝重特大安全生产事故发生。抓好防汛抗旱、森林防火及消防工作。实施“一推二化三包四提升五强化工程”，扎实推进“平安综治”建设。完善应急管理工作机制，提高应急处置能力。健全网络突发事件处置机制，形成正确引导和依法管理相结合的网络舆论工作格局。加大劳动保障维权力度，构建和谐稳定的劳动关系。以法制理念、思维和手段开展信访工作，推行“阳光评议”制度，全力化解信访积案。建立网上受理信访制度，健全及时就地解决群众合理诉求机制。推进“六五”普法和“法治屯溪”建设，提高全民法制意识。积极创建全省社区矫正示范区。完善综治维稳工作平台，全面铺开“两个中心”、“两个工作站”建设。健全“区、镇（街道）、村（社区）、组”四级调解组织网络，实现矛盾纠纷联调联处。强化社会治安重点区域排查整治，全面推进社区和农村警务建设，严厉打击各类刑事犯罪行为。

（八）加强自身建设，展现政府工作新气象

强化务实担当。以“七个凡是”和“五年大发展”的总体要求统筹经济社会发展，脚踏实地奋斗、勤勤恳恳做事，切实把功夫用到常思富民之策、常办富民之事、常兴富民之举上，凝心聚力做好打基础、利长远、惠民生的各项工作。牢记责任重于泰山，对困难和矛盾不回避、不推脱、不畏惧，关键时刻敢于负责、重大问题勇于担当、突出困难善于攻坚，在急难险重工作面前始终站在群众的最前头，以英勇无畏的精神、逢战必胜的决心负重任、解难题，保平安、促发展。

提升工作效能。对市委、市政府和区委决定的事项雷厉风行、速办速决，坚决杜绝推诿扯皮、敷衍塞责现象。强化干事创业、争先进位意识，始终保持工作的前瞻性、主动性和创造性。坚持问政于民、问需于民、问计于民，做到领导在一线垂范、干部在一线锻炼、工作在一线落实、问题在一线解决、成效在一线体现。深入开展机关效能、政风和部分行业行风“三位一体”评议活动。完善客观公正、权责明晰、注重实效的考核评价体系，坚持考核结果与奖优罚劣、行政问责相结合，推进政府工作目标实现。

坚持依法行政。自觉把政府工作置于区委领导之下，执行区人大及其常委会的决议、决定，支持区政协履行政治协商、民主监督、参政议政职能，主动接受区人大、区政协和社会各界的监督。全力支持法院、检察院依法行使审判权和检察权。积极支持群众团体开展工作。认真办理人大代表建议和政协委员提案。严格落实行政执法责任制和过错追究制，狠抓行政执法队伍建设，进一步规范行政执法行为。依法推进政务公开，抓好政务服务中心、政府网站、市民热线、区长信箱、区长热线等平台建设，坚决治理懒政怠政。

深化作风建设。扎实开展党的群众路线教育实践活动，围绕保持党的先进性和纯洁性，以为民务实清廉为主要内容，以严格执行中央八项规定及省、市、区委有关规定为切入点，认真落实“照镜子、正衣冠、洗洗澡、治治病”的总要求，坚决反对形式主义、官僚主义、享乐主义和奢靡之风，高度重视社情民意，始终保持同人民群众的血肉联系，为实现“五年大发展”提供制度保障和作风保障。认真落实党风廉政建设责任制和《建立健全惩治和预防腐败体系2013—2017年工作规划》。加强审计和监察工作，严肃查处各类违法违纪案件和政府工作人员以权谋私、渎职侵权行为，坚决纠正损害群众利益的不正之风，切实维护群众利益。大力发扬艰苦奋斗、勤俭节约的优良传统，加强“三公”经费管理，把有限的资金资源用在发展经济、改善民生上。

各位代表！屯溪正处在加快发展的关键时期。让我们更加紧密地团结在以习近平同志为总书记的党中央周围，在市委、市政府和区委的正确领导下，紧紧依靠全区人民，扎实工作，奋勇争先，为早日建成现代国际旅游城市“首善之区”而努力奋斗！

程氏三宅

坐落在黄山市屯溪区柏树街东里巷6号、7号、28号。为明代成化年间礼部右侍郎程敏政所建。因三处住宅皆为明代建筑，户主又皆姓程，故俗称“程氏三宅”。三宅均为五开间二层穿斗式楼房，前后厢房，中央天井，类似三合院。三宅结构严谨，装饰精美，古朴素雅。

三宅中以程梦周宅为典型。该宅五开间，二层楼房。进深16.1米，开间13.6米。两侧带厢房，中为院落。平面呈不明显凹字形。五架梁面上均施有图案彩画，色彩有明代风格，为徽州明代住宅中所罕见。楼上前檐垂莲柱装置飞来椅靠背，柱的断面四方抹角，柱侧上端插拱二挑，托住檐檩。屋顶形式为硬山，封火山墙高低错落，显得宅深院静。存有明天启元年（1621年）该宅卖房契约，契约为绵纸、墨书，计10行，落款有“天启元年闰二月十二日立卖契人程伯銶（押）”字样。

2001年6月25日，程氏三宅作为明代古建筑，被国务院批准列入第五批全国重点文物保护单位名单。

区情概览

自然地理

【地理位置】 屯溪区位于安徽省南端，新安江上游率水与横江交汇处，地处北纬 29° 39′ 34″ ~ 29° 47′ 22″、东经 118° 11′ 15″ ~ 118° 24′ 0 1″之间。境域东至屯光镇浯村，西至奕棋镇朱村，南至阳湖镇三充村，北至新潭镇东关村。东部与歙县相邻，西、南与休宁县接壤，北部与徽州区毗连。最东端为屯光镇浯村与歙县王村镇交界处之王村大桥，最西端是奕棋镇孙家村与休宁县洪里乡岭后村交界处之马鞍山南坡，最南端是阳湖镇白岭下村与休宁县东临溪镇三村交界处，最北端为新潭镇金山村与徽州区岩寺镇梅岭村交界处之金山尖西坡。距省会合肥市 260 公里。全区东西直线距离 20.7 公里，南北直线距离 14.5 公里，土地总面积 249 平方公里。其中陆地 227 平方公里，占 91.2%；水域 2 平方公里，占 8.8%。

【地势地貌】 屯溪区地处皖南丘陵中休屯盆地东部河谷，四面丘陵起伏，北有黄山支脉金竺山、黄罗山作屏障，中部为河流冲积盆地，西南、东南为白际山余脉尾端山丘。境内有海拔 500 米以下山丘数十座，最高点位于歙岭山脉黄罗尖文山背，海拔 424 米，最低点位于屯光镇浯村坝，海拔 113.8 米。率水、横江分别由西南、西北入境，于镇海桥下汇合为渐江（习惯称新安江），在浯村出境。境内长度 1 公里以上河流 29 条，均属钱塘江流域新安江水系。其中上游入境河流 19 条，境内发源河流 10 条。河流总长度 126.16 公里，河流密度为 0.8 公里 / 平方公里。受盆地地势影响，河流由四周丘陵向盆谷平原汇集，全部汇集渐江出境。率水、横江、渐江（新安江）3 条河流集水面积均在 900 平方公里以上，次为汊水河、洽阳河，集水面积 100 平方公里以上。

【自然资源】 屯溪区植物生长条件良好，物种丰富，有种子植物 143 科 539 属 890 种。其中，野生植物（包括栽培逸为野生的种类）562 种，原产地不为中国的外来物种 132 种。境内生态环境相对简单，常见的动物种类有兽类、鸟类、爬行类、两栖类、鱼类等。境内膨润土资源十分丰富，新潭膨润土矿查明资源储量 1.14 亿吨。占全省总储量 96%，全国总储量 6%。

【气候特征】 屯溪区属北亚热带湿润性季风气候，雨量充沛，光照充足，四季分明，且冬、夏长，春、秋短，春略长于秋。春季始于3月中旬，止于5月底，历时约71天，占全年天数19%；气温在10℃～22℃之间，冷暖变化大，多低温阴雨，光照不足。夏季始于5月底，止于9月中旬，历时约118天，占全年天数32%；气温高于22℃，梅雨季节降水多而集中，伏旱时高温少雨，易旱易涝。秋季始于9月中旬，止于11月下旬，历时约61天，占全年天数17%；气温在10℃～22℃之间，白天温度高，早晚气温低，常遇"夹秋旱"。冬季始于11月下旬，止于3月中旬，历时115天，占全年天数32%，气温低于10℃，天气寒冷，空气湿度小，多晴少雨。2012年屯溪区总的气候特点是：年平均气温偏高，年降水量偏多，且分布不均，日照偏少，蒸发量偏多。2013年屯溪区总体气候特点是：平均气温偏高，降水量偏少，且分布不均，日照偏多，蒸发量偏多，冬季低温雨雪危害大，梅雨期局地降水强度大，夏季高温为1961年来最强，伏旱影响重。

人口　社会

【人口】 2013年末，屯溪区户籍总人口数17.65万人，其中非农业人口13.75万人，农业人口3.9万人。城镇化率77.9%。另有流动人口16766人。总人口中：男性8.69万人，占49.2%；女性8.96万人，占50.8%；18岁以下2.88万人，占16.3%。

【民族】 屯溪区属少数民族散杂居地区，截止至2013年共有少数民族常住人口776人，其中回族411人，占少数民族总人数的52.96%。

全区共有25个少数民族，分别是蒙古族、回族、藏族、维吾尔族、苗族、彝族、壮族、布依族、朝鲜族、满族、侗族、瑶族、白族、土家族、哈尼族、黎族、傈僳族、畲族、纳西族、达斡尔族、仫佬族、羌族、仡佬族、锡伯族、裕固族。

【宗教】 屯溪区现有佛教、基督教、天主教、伊斯兰教四大宗教，其中龙山寺住持为释成中，教职人员3名，天主教堂为沈新远修女，教职人员1名，基督教堂为马建华牧师，教职人员3名，清真寺为黄诚仆阿訇，教职人员2名。

历史文化

【历史沿革】 1957年，在屯溪西郊修建飞机场时出土的青铜器、陶器等文物，证实屯溪境内2000多年前的春秋战国时期即有比较发达的古越文化。东汉建安十三年（208年），始设犁阳县，县治在现屯溪区黎阳镇。西晋太康元年（280年）改犁阳县为黎阳县，属新安郡。南宋大明八年（464年）黎阳县并入海宁县。隋开皇九年（589年）新安郡改为歙州，开皇十八年(598年)，海宁县改名休宁县。由此至1949年4月30日屯溪均属休宁县。1949年4月30日屯溪和平解放，5月13日成立屯溪市，隶属皖南区，7月12日，中共皖南区委、皖南区人民行政公署迁芜湖市，屯溪市划归徽州专区领导。1953年12月1日，屯溪市直属安徽省。1955年4月，屯溪市改属徽州专区。1956年1月12日，徽州专区并入芜湖专区，屯溪市为省辖市。1958年8月20日，屯溪市属芜湖专区和休宁县双重领导。1959年1月13日，屯溪市改属休宁县领导（5月16日正式划归休宁县）；2月，休宁县党政机关迁屯溪，屯溪市、休宁县党政机关合署办公。1961年1月25日，撤销屯溪市，改设屯溪镇。2月，休宁县党政机关迁回海阳镇。4月10日，重设徽州专区，驻地屯溪。8月16日，国务院第112次会议决定恢复屯溪市建制，由省人民委员会委托徽州专署领导。1963年5月20日，屯溪市改为休宁县屯溪镇。1965年1月1日起，屯溪镇由徽州专区直接领导，建制仍属休宁县。1975年12月19日，复设屯溪市，属徽州地区。1987年11月27日，国务院批复撤销徽州地区，设省辖地级黄山市；撤销屯溪市，设黄山市屯溪区。1988年4月，屯溪区人民政府成立。

【文物】 屯溪历史悠久，1958年在西郊动工兴建屯溪机场的施工过程中，发现一些古墓葬，随后由专家进行清理发掘，先后四次发掘8座屯溪土墩墓，共出土青铜器、原始青瓷器、几何印纹陶器、玉石器等总计500多件文物，绝大部分由省博物馆收藏。屯溪8座土墩墓的发掘，证明早在春秋和战国时期，屯溪境内就有比较发达的吴越文化。截至2013年年底，屯溪区有全国文物保护单位2处，全省文物保护单位6处，全市文物保护单位16处，全区文物保护单位18处。

位于老街168号的屯溪博物馆有藏品500多件，其中珍贵文物有："程氏三宅"六号楼明代契约、明版《谪仙楼集》、歙石砚板、程瑶田行书字幅、姚宋山水小册页。

【非物质文化遗产】 截至2013年年底，全区有18个项目列入各级非物质文化遗产名录，其中徽墨制作技艺、徽州漆器髹饰技艺、程大位珠算法、徽州毛笔制作技艺4项被列入国家级非物质文化遗产名录，黎阳仗鼓、隆阜抬阁、绿茶（屯溪绿茶）制作技艺、徽州竹编、徽州

屯溪老街（局部）

根雕、徽州顶市酥制作技艺、徽州烧饼制作技艺7个项目被列入省级非物质文化遗产名录，徽州馄饨制作技艺、徽州瓷艺、屯溪舞龙、屯溪舞狮、徽州臭鳜鱼制作技艺、徽州挞馃制作技艺、徽州寸金糖制作技艺7个项目被列入市级非物质文化遗产名录。为保护和传承好非物质文化，全区有市级以上非物质文化遗产代表性传承人77人，其中国家级传承人6人，省级传承人14人，市级传承人57人，并在全区建立10家非物质文化遗产传习基地，大位小学、黄山市徽漆工艺有限公司、黄山市王祖伟砚雕工艺研究所3处为省级非物质文化遗产传习基地，屯溪胡开文墨厂、甘而可漆器髹饰技艺工作室、黄山市一楼实业有限公司、黄山市一品有机茶有限公司、黄山市徽笔工艺研究所、屯溪龙山实验小学、黄山市救驾土特产商行7处为市级非物质文化遗产传习基地。

屯溪八景之一　稽灵松涛

万木葱茏的稽灵山，是一个天然的植物园，法定保护的名木就有水杉、金钱松、罗汉松、花榈木、银杏、香樟等十多种，新栽的紫薇、碧桃等也亭亭玉立。满山分布的松树，树干细高茂密，松林遮天蔽日，使整座山显得极其清幽。山顶有一座气势宏伟的文昌阁，在半山腰的望江亭和听涛亭，眺望江水东去，静听松涛起伏，实乃人生一大快事。

行政区划

【行政区划】 屯溪区辖屯光镇、黎阳镇、阳湖镇、奕棋镇、新潭镇5个镇和昱东、昱中、昱西、老街4个街道办事处，有36个村民委员会和30个社区居民委员会（其中，城市社区20个，村改居10个）。

屯溪区行政区划表

表1　　单位：个

街道、镇名称		辖区名称		居民委员会数	村民委员会数	居民（村民）小组数
		社区居民委员会	村民委员会			
街道	昱东街道办事处	荷花池社区、水心亭社区、阜上社区、上新社区		4	—	124
	昱中街道办事处	杨梅山社区、徽山路社区、柏树街社区、跃进路社区、前园社区		5	—	99
	昱西街道办事处	戴震路社区、黎阳街社区		2	—	12
	老街街道办事处	五福街社区、老街社区、珠塘社区		3	—	44
镇	屯光镇	草市社区、湖边社区、社屋前社区、尤溪社区、茶场社区	云村、上草市村、下草市村、篁墩村、富礼村、浯村、南溪南村、汉沙村、留村	5	9	95
	黎阳镇	隆阜三社区、隆阜四社区、龙山社区	隆阜一村、隆阜二村、傍霞村、闵口村、高枧村、凤霞村、三门呈村、新江村	3	8	103
	阳湖镇	稽灵山社区、柏山社区、阳湖社区、兖山社区、洽阳社区、黄口社区	兖溪村、三充村、紫阜村	6	3	49
	奕棋镇		徐村、奕棋村、博村、林塘村、查塘村、江村、占川村、瑶干村、朱村	/	9	45
	新潭镇	华资社区、引充社区	东关村、上资村、新潭村、汗山桥村、梅林村、竹林村、仙林村	2	7	70
合计				30	36	641

注：城市社区20个，村改居10个

国民经济和社会发展

【2012年经济社会发展情况】 全区实现生产总值（GDP）56.28亿元，比上年增长13.3%。其中，第一产业增加值2.93亿元，增长3.6%；第二产业增加值21.04亿元，增长15.8%；第三产业增加值32.31亿元，增长12.6%。三次产业比例由上年的5.6 ∶ 37.2 ∶ 57.2变化为5.2 ∶ 37.4 ∶ 57.4，其中，工业增加值占GDP的比重为26.5%，比上年提高0.7个百分点。年末全区从业人员11.09万人，比上年减少1.15万人，城镇年末登记失业率为3.82%。

全年农作物总播种面积5117公顷，比上年增加46公顷。实现全部工业增加值14.3亿元，增长19.3%，全年全社会建筑业实现增加值14.9亿元，增长5.7%。全年固定资产投资142.2亿元，增长15.9%。

全年社会消费品零售总额59.2亿元，比上年增长18.2%。其中限额以上企业零售额41亿元，增长39%；限额以下企业零售额17.6亿元，增长9%。当年实现外贸进出口总额7111万美元，增长46.9%；其中出口总额5622万美元，进口总额1489万美元。实际利用外资3379万美元，增长31.3%。

接待国内外游客720.8万人次，增长21%，实现旅游总收入80.5亿元，增长20.6%。全区境内公路里程174.2公里。邮电业务总收入7.6亿元，增长11%。

全年财政收入8.54亿元，比上年增长25.4%。全年财政支出11.3亿元，增长37.2%。全区金融机构各项存款余额257.4亿元，增长16.3%。

全区拥有小学17所，特殊教育1所、幼儿园29所。全年共申请专利292件；拥有高新技术企业5个。

2012年，全区人口自然增长率1.55‰，城镇居民人均可支配收入21208元，比上年增长13.6%。人均消费性支出14458元，增长10%。农村居民人均纯收入10558元，增长15.4%。农民人均生活消费支出9597元，增长9.6%。

年末全区参加城镇基本养老、医疗保险职工人数分别为38416人和19832人，参加失业保险人数为9389人。参保工伤和生育保险职工人数分别为10120人、9820人。农村低保提标扩面全面完成，年末保障人数1721人，全年发放低保金327.5万元；城市低保应保尽保，年末保障人数7508人，全年发放低保金2241万元。年末全区各类社会福利收养性单位床位数200张。

【2013年经济社会发展情况】 全区实现生产总值（GDP）94.2亿元，比上年增长8.1%。其中，第一产业增加值3.09亿元，增长2.7%；第二产业增加值37.6亿元，增长10%；第三产业增加值53.5亿元，增长7.1%。三次产业比例由上年的3.4∶40.1∶56.5变化为3.3∶39.9∶56.8，其中，工业增加值占GDP的比重为23.6%，比上年提高0.8个百分点。年末全区从业人员11.8万人，比上年增加0.73万人，城镇年末登记失业率为3.7%。

全年农作物总播种面积5098公顷，比上年减少19公顷。实现全部工业增加值16.8亿元，增长14.8%，全年全社会建筑业实现增加值15.59亿元，增长4.5%。全年固定资产投资171.2亿元，增长20.4%。

全年社会消费品零售总额67亿元，比上年增长14.3%。其中限额以上企业零售额47亿元，增长16.2%；限额以下企业零售额19.82亿元，增长8.7%。当年实现外贸进出口总额9603万美元，增长35%；其中出口总额8998万美元，进口总额605万美元。实际利用外资4184万美元，增长23.8%。

接待国内外游客746万人次，增长3.5%，实现旅游总收入83.8亿元，增长4.1%。全区境内公路里程188公里。邮电业务总收入2236.6万元，比上年下降15.2%。

全年财政收入9.41亿元，比上年增长10.2%。全年财政支出11.1亿元，比上年下降1.2%。全区金融机构各项存款余额278.1亿元，增长8%。

全区拥有小学16所，特殊教育1所、幼儿园33所。全年共申请专利312件。

2013年，城镇居民人均可支配收入23359元，比上年增长10.1%。人均消费性支出10788元。农村居民人均纯收入11859元，增长13.7%。

年末全区参加城镇基本养老、医疗保险职工人数分别为29438人和22384人，参加失业保险人数为10281人。参保工伤和生育保险职工人数分别为11810人、10953人。参加农村养老保险人数35822人，新型农村合作医疗参合人数40371人。年末全区各类社会福利收养性单位床位数 380 张。农村低保提标扩面全面完成，年末保障人数 1769 人，全年发放低保金 409.8 万元；城市低保应保尽保，年末保障人数 6771 人，全年发放低保金 2083.7 万元。

屯溪区领导名单

■中共屯溪区委员会

书　记：李高峰
副书记：胡黎明
　　　　叶建强（2012.1—2012.12）
　　　　江善良（2013.6—）
常　委：汪跃平 (—2012.12)
　　　　程绍毅（—2013.6）
　　　　朱乐华
　　　　胡梅元（女）
　　　　周永健
　　　　吴友训
　　　　时志远（挂职 2 年）
　　　　袁震宇
　　　　罗照奎（—2012.7）
　　　　沈洪潮（2012.7—）
　　　　江　健（2013.6—）

■屯溪区人民代表大会常务委员会

主　任：徐灶米
副主任：王国知
　　　　李坤念
　　　　王秀蓉（女）
　　　　许新生

■屯溪区人民政府

区　长：胡黎明
常务副区长：汪跃平（—2013.3）
　　　　　　吴友训（2013.6—）
副区长：吴友训（—2013.6）
　　　　袁震宇（2013.6—）
　　　　邢先梅（女）
　　　　邹剑海
　　　　汪长剑
　　　　王小明
　　　　陈志勇（2013.6—，挂职 2 年）

■政协屯溪区委员会

主　席：张旦星
副主席：李秀珠（女）
　　　　凌景生
　　　　戴玉英（女）
　　　　程　红（女）
　　　　傅颖兵（女）

屯溪八景之一　老街问市

依山傍水、前店后坊，马头墙、小青瓦鳞次栉比，青石路面散发出一股透彻心扉的朴雅气息。六百多年前程维宗在华山脚下建起 47 间囤聚货物的店屋，他不会想到一个永不衰老的市场传奇，一篇闻名遐迩的历史文化街区，将从过去走向未来，从黄山走向世界，最终停留在一代代人的心底，这是徽派古民居的独特魅力，这是文化的力量。

中共屯溪区委员会

综　述

【概况】　1931年，屯溪建立第一个中共党支部。1933年冬，中共皖南特委在屯溪建立。1938年4月，皖南特委在屯溪建立徽州中心县委。1949年4月30日屯溪和平解放，5月13日，成立中共屯溪市委员会。1956年5月24日—28日召开中共屯溪市第一次代表大会，选举产生第一届委员会。2011年6月12日–13日，召开中共屯溪区第五次代表大会，选举产生屯溪区第五届委员会委员、候补委员；选举产生区纪委委员和出席黄山市第五次党代会代表。截至2013年底，全区有中共党员代表225人，区委委员27名，候补委员5名，其中区委常委10人：李高峰、胡黎明、江善良、朱乐华、胡梅元、周永健、吴友训、袁震宇、沈洪潮、江健。

2012年，区委围绕建设现代国际旅游城市“首善之区”目标，按照“做精一产，做强二产，做优三产”思路，全力加快“工业化、城市化、市场化”进程，推进“十大工程”“四区建设”，掀起“六个高潮”，实施“471”行动，实现了“三年新跨越”。

2013年，区委围绕“一条主线”（即学习宣传贯彻党的十八大精神），紧扣“两个重点”（即美好乡村建设、千万亩森林增长工程），突出“四区建设”（即江南新城区、九龙低碳经济园区、西部旅游休闲区、西溪湾总部经济区），力促“七大提升”（即城市建设、园区经济、服务业发展、“三农”工作、项目建设、综合环境、社会发展大提升），经济社会持续平稳发展。

【区委五届二次全会】　2012年1月5日，中共黄山市屯溪区第五届委员会第二次全体（扩大）会议在区委区政府礼堂召开。会议的主要任务是，总结分析2011年全区经济社会发展情况，安排部署2012年工作任务，进一步动员全区各级党组织、广大党员干部群众，为实现“三年新跨越”、争当全市科学发展排头兵而努力奋斗。区委委员、区委候补委员出席会议，各镇、街道及区直各单位主要负责人列席会议。

【区委五届三次全会】　2012年1月19日，中共黄山市屯溪区第五届委员会第三次全体会议在区委区政府礼堂召开。会议推荐安徽省出席中共十八大代表人选。区委委员、区委候补委员出席会议。

【区委五届四次全会】 2012年3月23日，中共黄山市屯溪区第五届委员会第四次全体（扩大）会议在区委区政府礼堂召开。会议的主要任务是，进行“一报告两评议”工作。区委委员、区委候补委员出席会议，各镇、街道及区直单位主要负责人列席会议。

【区委五届五次全会】 2012年12月9日，中共黄山市屯溪区第五届委员会第五次全体（扩大）会议在区委区政府礼堂召开。会议的主要任务是，深入贯彻落实党的十八大以及省、市一系列会议精神，认真总结2012年工作，全面部署2013年工作。动员全区上下进一步认清形势、统一思想、振奋精神、扎实苦干，为全面实现“四年大提升”目标、早日建成现代国际旅游城市“首善之区”而努力奋斗。区委委员、区委候补委员出席会议，各镇、街道及区直单位主要负责人列席会议。

中共屯溪区委五届五次全体（扩大）会议

【区委五届六次全会】 2013年12月24日，中共黄山市屯溪区第五届委员会第六次全体（扩大）会议在区委区政府礼堂召开。会议的主要任务是，深入学习贯彻党的十八大、十八届三中全会和市委五届六次全会精神，听取2013年度全区干部选拔任用情况报告，部署岁末年初各项工作。与会人员对2013年度选人用人工作进行民主评议，对新选拔任用的领导干部进行民主测评。区委委员、候补委员出席会议，各镇、街道及区直单位主要负责人列席会议。

【区委常委会】 第22次常委会 2012年1月20日召开，传达学习市“两会”精神，听取2012年区“十大工程”续建和新开工项目开复工安排情况汇报，研究并原则通过《2012年屯溪区“十大工程”投资计划预安排》，听取2011年“651”亮点工程完成情况及2012年“651”亮点工程安排情况汇报，听取2011年控违拆违情况汇报，研究并原则通过2012年春节期间控违拆违工作安排。听取全市重点村镇环境风貌整治现场动员会议精神落实情况汇报，研究并原则通过《屯溪区2012年重点村镇环境风貌整治工作实施方案》。会议研究并原则通过《区领导包片联系镇、街道工作分工建议》及《“大干六十天，确保开门红”动员会安排方案》。

第23次常委会 2012年2月8日召开，研究并原则通过区委常委工作分工、区委常委会2012年工作要点，会议还研究了有关干部人事工作。

第24次常委会 2012年3月4日召开，研究并原则通过《屯溪区人大常委会2012年工作要点》《政协屯溪区委员会2012年工作要点》，研究并原则通过区纪委五届二次全会工作方案和工作报告。会议听取全区重点工作考核情况汇报，研究并原则通过征地拆迁、控违拆违、“十大工程”重点项目、“651”亮点工程、园区建设、民生工程、文明创建工作2011年度考核奖惩意见和2012年度考核办法。研究并原则通过《屯溪区关于加快培育和发展战略性新兴产业的实施意见》《屯溪区推进服务业发展实施意见》《关于全面掀起招商引资高潮的实施意见》。研究并原则通过全区对上争取工作2011年度考核奖惩意见和2012年度考核奖惩办法。会议听取2012年规上工业企业主要指标目标任务分解情况汇报。研究并原则通过《关于进一步做好企业用工服务的意见》。会议听取2011年度基层武装工作考核情况汇报，研究并原则通过相关表彰建议。会议还研究了有关干部人事工作，并对近期重点工作进行安排。

第26次常委会　2012年3月30日召开，听取区委区政府工作部署暨“大干二季度，确保双过半”动员会筹备情况的汇报，原则通过区政府二季度工作报告、组织工作报告、宣传思想文化工作报告、政法工作报告、统战工作报告、经济指标分析、财税、项目建设、园区建设工作报告。会议听取尤溪安置区二期扩征地块宅基地延期交付督查情况的汇报。研究并原则通过区公安分局先进集体和先进个人表彰报告。研究并原则通过2011年度招商引资先进单位和招商引资项目投资奖励名单。研究并原则通过2011年度社会治安综合治理、防范和处理邪教工作表彰奖励方案。研究并原则通过《关于加强全区应急处置力量建设的意见》。会议听取关于调整屯溪区国有资产投资运营有限公司领导班子的请示，任命高木火兼任区国有资产投资运营有限公司总经理。会议研究并原则通过成立区委区政府信息办公室和区房屋征收管理局事宜。研究并原则通过《关于农工总支、民建总支换届工作的汇报》。

第28次常委会　2012年4月21日召开，传达全省加强和创新社会管理工作会议主要精神，研究并原则通过屯溪区关于加强和创新社会管理的实施意见、关于规范和加强农村经营管理工作意见、黄山九龙低碳经济园区助保金贷款业务实施方案。研究并原则通过《关于进一步优化区镇农村经营管理体制的意见》《关于成立区政府经济研究室的意见》《关于设立屯溪区地震办公室的意见》《关于设立屯溪区节能监察中心的意见》《关于区经济和信息化委员会增设信息化科的意见》《关于明确区文明办领导职数的意见》和《关于补设屯溪区价格监督检查分局的意见》。

第29次常委会　2012年5月17日召开，研究并原则通过《区委党的建设工作领导小组2012年工作要点》《关于在创先争优活动中开展基层组织建设年的实施方案》。同意将社区党建活动经费由每名党员每年50元提高到100元。研究并原则通过《2012年基层组织建设年调研方案》《屯溪区2012年扶贫帮困高潮实施方案》《屯溪区加大农业科技创新力度加快推进农业现代化的意见》《2012年全区人口和计划生育工作会议筹备方案》《屯溪区推进城乡居民收入倍增规划实施意见》和《屯溪区党政机关事业单位公务用车编制管理制度》。

第30次常委会　2012年6月5日召开，研究《屯溪区农村集体资产产权改革试点工作实施意见》《屯溪区2012年度工业经济目标管理考核办法》《2012年屯溪区事业单位公开招聘工作方案》，同意九龙园区招聘4人、区教育局招聘5人、区卫生局招聘8人、区财政局采取政府购买服务形式聘用8人。会议还研究了有关干部人事工作。

第31次常委扩大会议　2012年6月11日召开，研究并原则通过《关于全面推进廉政风险防控工作的实施方案》，会议决定成立区廉政风险防控工作领导小组，召开全区全面推进廉政风险防控工作会议，并对近期重点工作进行部署。

第32次常委扩大会议　2012年7月9日召开，专题部署提高组织工作满意度工作。

第36次常委会　2012年8月3日召开，听取屯溪区政协工作情况汇报和区委关于进一步加强人民政协工作的意见的汇报，原则同意《区委关于进一步加强人民政协工作的意见》，以区委文件下发。研究并原则通过《关于进一步加强屯溪区行政事业单位公务接待费用管理的若干规定》《屯溪区入园企业管理暂行办法》。会议还研究了有关干部人事工作。

第48次常委会议　2012年9月24日召开，听取区人口和计划生育工作情况汇报，研究并原则通过《屯溪区区级预算单位公务卡制度改革实施意见》《屯溪区工业发展扶持资金管理暂行办法》。会议同意成立中共屯溪区委非公有制经济和社会组织工作委员会，作为区委的派出机构，挂靠区委组织部，同意配备一名专职副书记（副科级），同意召开屯溪区妇女第十五次代表大会，听取区司法局办公楼和黄山经济开发区法庭大楼建设调查情况的汇报。

第 49 次常委扩大会议　2012 年 10 月 6 日召开，专题研究九龙园区项目建设及“腾笼换鸟”工作。

第 51 次常委会议　2012 年 10 月 9 日召开，会议研究并原则通过区美好乡村建设组织机构，研究并原则通过表彰全区创先争优先进基层党组织、优秀共产党员的方案，研究并原则通过有关编制工作。研究并原则通过屯溪区人民政府 2012 年目标管理绩效考核办法，研究并原则通过九龙低碳经济园区领导班子成员调整的方案。

第 55 次常委扩大会议　2012 年 11 月 2 日召开，研究并原则通过区美好乡村建设和“千万亩森林增长工程”动员大会方案、区美好乡村建设和“千万亩森林增长工程”工作部署意见、区美好乡村建设实施方案、区美好乡村建设驻村工作组和巡回指导组人员名单和区“千万亩森林增长工程”规划。同意召开屯溪区残疾人联合会第六次代表大会进行换届选举；研究并原则通过九三学社屯溪支社换届工作方案。听取控违拆违工作有关处理意见的汇报，研究并原则通过增补区人大代表事宜。

第 59 次常委会议　2012 年 11 月 17 日召开，研究通过区委五届五次全体（扩大）会议方案，听取区第十六届人大二次会议筹备情况的汇报，听取区政协十二届二次会议筹备情况的汇报，研究并原则通过《屯溪区美好乡村建设农民建房审批管理暂行办法》、《屯溪区美好乡村建设违法建设处理工作意见》及《关于严明美好乡村建设驻村工作组工作纪律的意见》。会议还研究了有关干部人事工作。

第 62 次常委扩大会议　2012 年 11 月 24 日召开，研究并原则通过《区委五届五次全委会工作报告》。

第 63 次常委会议　2012 年 11 月 28 日召开，研究并原则通过《区政府工作报告》《区人大常委会工作报告》《区政协常委会工作报告》、《区法院工作报告》《区检察院工作报告》、《屯溪区 2012 年国民经济和社会发展计划执行情况及 2013 年计划草案的报告》和《屯溪区 2012 年财政预算执行情况和 2013 年财政预案草案的报告》，研究并原则通过区十六届人民代表大会第二次会议主席团、秘书长、议案审查委员会、计划预算审查委员会和列席人员等建议名单。研究通过区政协委员届中调整事宜。

第 64 次常委会议　2012 年 12 月 9 日召开，研究并通过《屯溪区提名选举出席市第六届人民代表大会代表候选人推荐人选名单》《屯溪区第六届市政协委员协商推荐人选名单》，并就做好区“两会”有关工作进行安排。

第 65 次常委会议　2012 年 12 月 18 日召开，研究并原则通过《屯溪区 2013 年“两节”送温暖慰问工作方案》，研究并原则通过屯溪区公务员调整津贴补贴工作意见。听取了屯溪区“人民满意政法干警”、“优秀政法单位”和“优秀政法干警”推荐情况汇报，原则同意区委政法委提出的建议名单。

第 66 次常委扩大会议　2012 年 12 月 24 日召开，听取近期控违拆违工作和控违值班情况汇报，听取近期美好乡村建设工作情况汇报。会议还对近期工作进行安排部署。

第 67 次常委会议　2012 年 12 月 29 日召开，研究并原则通过屯溪区 2013 年市区“十大工程”、市级亮点项目、1 月份开工项目和观摩点项目的安排意见。会议还研究了有关干部人事工作。

第68次常委扩大会议　2012年12月30日召开，专题研究美好乡村建设工作。

第69次常委会议　2013年1月18日召开，听取屯溪区2013年“六个高潮”情况的汇报，研究并原则通过屯溪区2013年美好乡村建设高潮和扶贫帮困高潮实施方案、招商引资高潮实施方案、重点村镇环境风貌整治高潮实施方案、“两个百幢”项目实施方案、旅游商贸地产营销高潮实施方案、绿色质量提升高潮实施方案。会议研究并原则通过《屯溪区人民政府关于实施千万亩森林增长工程的意见》《屯溪区实施千万亩森林增长工程和营造“五林两园”奖补办法》及《中共屯溪区委、屯溪区人民政府关于改进工作作风、密切联系群众的实施办法》。

第70次常委会议　2013年2月27日召开，研究并原则通过屯溪区“落实十八大、力促大提升”工作部署大会方案，组织、宣传思想文化、政法和统战工作报告，城乡建设大提升、园区经济大提升、服务业发展大提升、“三农”大提升、项目建设大提升、发展环境大提升和社会建设大提升实施方案。研究并原则通过区纪委五届三次全会工作方案和工作报告。研究并原则通过《区委常委会2013年工作要点》《区人大常委会2013年工作要点》和《政协屯溪区委员会2013年工作要点》。

第72次常委会议　2013年3月29日召开，研究并原则通过区委区政府“奋战二季度，实现双过半”动员大会方案。研究并原则通过2012年度招商引资、园区建设、工业经济、“651”亮点、民生工程、“十大工程”、文明创建、征地拆迁、控违拆违、综治和防邪工作考核奖惩结果意见及2013年度招商引资、园区建设、工业经济、民生工程、“十大工程”、文明创建、征地拆迁和控违拆违工作奖惩办法。研究并原则通过屯溪区2013年度美好乡村建设考核办法和屯溪区2013年度千万亩森林增长工程考核暂行办法。研究并原则通过区总工会召开第十五次代表大会的方案。研究并原则通过调整和规范政府编外聘用人员工资待遇的意见。研究并原则通过2012年度重点工作黄牌惩罚意见及2013年度黄牌惩罚办法。

第73次常委会议　2013年5月18日召开，听取区信访局2012年度信访工作目标管理考核情况的汇报。研究并同意2012年度区安全生产工作先进单位、先进企业和先进个人名单。听取区财政局2012年度对上争取完成情况和2013年度任务分解情况的汇报。听取区财政局2012年街居经济税收考核奖励和2013年度税收任务分解情况的汇报。研究并原则通过屯溪区2013年街居经济税收考核奖励办法。研究并原则通过屯溪区人民政府《关于贯彻<黄山市人民政府关于促进经济持续健康较快发展意见>实施办法》《关于大力发展民营经济实施办法》《黄山九龙低碳经济园区促进税收增长办法》及《关于增强自主创新能力促进区域创新体系建设实施办法》。研究并原则通过屯溪鬲山旅游休闲度假区投资有限公司的组建方案。会议听取有关编制工作汇报。同意根据工作需要，设立区美好乡村建设工作办公室、区新安江流域生态建设保护局、区服务业发展局、区社区信息服务中心和区政务服务中心；区法院增设审判管理办公室、区检察院增设监察室、区工会增设经审会主任岗位；明确政法专项编制和区公办幼儿园机构编制数。会议听取关于阳湖镇紫阜村违建调查处理情况的汇报。会议还研究了有关干部人事工作。

第74次常委会议　2013年6月22日召开，研究有关干部人事工作，并调整区委常委工作分工。

第75次常委会议　2013年7月2日召开，原则同意区委区政府“冲刺三季度，全面超时序”大会战活动动员大会方案、2013年全区人口和计划生育工作会议方案。研究并原则同意《关于进一步提升农村基本公共服务水平的实施意见》和《区法院、区检察院面向全国公开选调法官、检察官的工作方案》。

第76次常委扩大会议　2013年7月29日召开，听取阳湖镇充溪村破坏耕地、非法挖砂案件调查情况的汇报。会议研定对阳湖镇党委、政府进行全区通报批评；立即采取措施督促当事人恢复土地原貌；加大全区土地的巡查力度，保护耕地不受非法侵害。听取对阳湖镇三充村污水管网施工处理意见的情况汇报。责成阳湖镇、区美好办向区委做出深刻检查，并按要求进行整改。

第77次常委会议　2013年7月30日召开，研究并原则同意2013年“八一”期间开展走访慰问驻军和重点优抚对象活动的方案。研究并原则同意区2012年度机关、事业单位工作人员年度考核的方案。听取屯溪塑料三厂和第二百货商店企业改制进展情况的汇报。研究并原则同意《屯溪区2013年信访工作考核奖惩办法》《屯溪区争先进位奖惩办法》《关于在全区开展在编不在岗和违规领取财政资金人员专项清理工作的实施方案》。

第78次常委会议　2013年8月10日召开，听取全区纪检监察工作汇报。研究并原则同意2012年度党风廉政建设责任制工作考核情况的通报。听取全区农村基层组织建设工作汇报。研定区委每季度召开一次专题会听取农村基层组织建设情况汇报，各镇党委书记要进行述职。

第79次常委会议　2013年9月28日召开，听取区委区政府“决战四季度，实现大提升”大会战活动动员大会筹备情况的汇报，听取2012年度区政府目标管理考核情况的汇报。听取2012年度目标管理考核奖发放意见的汇报。研究并原则通过《屯溪区2013年度社会管理综合治理工作考核办法》。听取屯溪区2012年度机关效能、政风和部分行业行风“三位一体”评议情况的汇报。听取关于区委委员、黎阳镇党委书记方骅违纪案件调查情况的汇报。

第82次常委会议　2013年10月28日召开，研究并原则同意屯溪区2013年度防范和处理邪教工作考评办法，研究并原则通过屯溪区政府老街专职消防队组建方案，听取安徽日普投资股份有限公司借款建厂房有关工作的汇报。会议还研究了有关干部人事工作。

第84次常委会议　2013年12月25日召开，听取关于2014年“两节”送温暖慰问方案的汇报。听取四季度全区纪检监察工作汇报。听取四季度全区农村基层组织建设工作情况汇报。研究并原则同意《关于进一步规范干部借用和挂职工作的通知》《屯溪区政府投资项目工程建设标后管理暂行办法》和《屯溪区人民政府2013年目标管理绩效考核办法》。会议听取了有关编制工作汇报。研究并原则同意增补区政协常委人选。

第85次常委扩大会议　2013年12月31日召开，听取“四大片区”拆迁大会战开展以来工作情况的汇报，传达学习省委书记张宝顺、省长王学军在全省经济暨城镇化建设工作会议上的讲话精神，传达学习《中共黄山市委办公厅、黄山市人民政府办公厅关于进一步加强元旦春节期间廉洁自律和厉行节约工作的通知》精神，并重申中央“八项规定”、省纪委“十个严禁”和黄山市“十五项禁令”。听取中心城区城市管理工作下放有关情况的汇报，研究并原则同意区住建委和区城管执法局的意见。会议还研究了有关干部人事工作。

（江　琳）

【督查工作】　2012年，区委督查室采取跟踪督查、联合督查、专项督查等方式开展中心工作督查。将区委五届二次全会工作任务细化分解到各个单位，并按季度开展督查并通报。每周将区委工作例会决办事项负责分解到有关单位并督促落实，适时跟进专题会议决办事项的跟踪督办，累计下发《区委例会决办事项》反馈《区委例会决办事项落实情况》41期，联合相关部门对征地拆迁、项目建设、安置区建设和控违拆违等重点工作进行督查，累计60余次，下发《督查事项通知单》75件，《屯溪督查》12期。办理市委领导批示件74件，上报《督查专报》56期。办理区委领导批示件724件，下发《落实与反馈》13期，《领导批示》13期。每周通报全区重点工作完成情况，全年下发《督查通报》60期，亮“黄牌”1149个。在《黄山督查》上发表《屯溪区健全强化“八个一”项目工作机制强势推进重点项目建设》。

2013年，将区委五届五次全会工作任务细化分解到各个单位，并按季度督查通报。每周区委工作例会决办事项分解到有关单位并督促落实，适时跟进专题会议决办事项的跟踪督办，下发《区委例会决办事项》、反馈《区委例会决办事项落实情况》42期，联合相关部门对重点地块征地拆迁、项目建设、安置区建设和控违拆违等重点工作进行督查，累计50余次，下发《督查事项通知单》72件，《屯溪督查》9期。办理市委领导批示件76件，上报《督查专报》58期。办理区委领导批示件498件，下发《落实与反馈》9期，《领导批示》16期。办理政协提案15件。下发《督查通报》58期，亮“黄牌”1419个。

（周志萍）

李高峰、胡黎明调研幼儿园项目建设情况

【政研工作】 2012年，区委政研室围绕建设现代国际旅游城市“首善之区”战略目标和社会关注的热点、难点问题，牵头或会同有关部门，开展“做精一产、做强二产、做优三产”等专题调研，形成3篇调研报告。主持起草区委五届二次、五届五次全会报告、区“两会”及季度“会战”领导讲话120余篇。协助市“两会”信息简报组编发市“两会”简报5期。在市委机关刊物《黄山工作》发表理论文章3篇。

2013年，区委政研室紧紧围绕“首善之区”建设和“四年大提升”目标任务，结合美好乡村建设、改徽建徽、新安江流域综合治理、千万亩森林增长工程等重点工作，深入开展专题调研，形成综合性调研材料7篇，其中美好乡村建设、新安江流域综合治理等5篇被《黄山工作》刊发。主持起草季度“会战”动员会讲话4篇，全市经济社会发展观摩会汇报材料、市级重大会议汇报材料以及各类讲话材料110余篇。市“两会”上为屯溪代表团编发《简报》5期。

（刘学海）

【信息工作】 2012年4月整合党政信息、互联网宣传管理和网站建设工作，成立正科级行政单位区委区政府信息办，下设党政信息科、互联网宣传管理科及二级机构副科级事业单位信息资源管理中心，核定编制6人。

党政信息工作　2012年，累计向省、市委报送信息1200余条，其中市级刊物采用400余条，省级刊物采用近100条，获市级领导批示22期；编发《屯溪信息·要情快报》37期、《屯溪信息·综合通报》120期，区委、区政府主要领导批示35期。成绩位居全省优秀、全市首位。2013年累计向省、市委报送信息1120余条；向全区编发《屯溪信息·要情快报》48期、《屯溪信息·综合通报》69期、《每月全区经济社会发展态势》12期。其中被市级刊物采用

280余条，省级刊物采用24条，获市级领导批示11期，区委、区政府主要领导批示28期。

门户网站建设　发挥区政府门户网站问政、办事主渠道作用，健全完善网上办事、留言办理等工作制度。2013年共受理书记、区长信箱及网络投诉举报专栏留言329条，回复321条，回复率97.7%。由区信息办编制出台《屯溪区政府网站公众参与栏目留言办理反馈制度》《屯溪区政府网络信息监测管理制度》《屯溪区政府网站管理办法》《屯溪区网络信息安全应急预案》等网站建设及网络安全相关制度文件。完善网上办事服务工作制度及提升在线便民服务质量，2013年在网站共更新发布各项便民服务政策、公告等网上办事信息、链接8692条。

信息化建设　在全市率先完成市级电子政务外网基础网络建设任务，全区77家政府单位全部接入电子政务外网，完成电子政务平台试点测试工作，并配合市信息办完成开发完善，在全市首先实现运用电子政务外网开展网络化办公目标。2013年通过电子政务平台发文3323份、流转电子文档24000余份，相关文件内容、信息在平台内部实现无障碍实时共享、查询。建设"黄山乡村旅游信息化服务平台屯溪区子平台"，并完成相关旅游信息收集更新工作。

（汪晶晶）

【保密工作】　2012年，区国家保密局严格贯彻落实省、市"十二五"时期保密事业发展规划，组织全区涉密人员开展保密教育培训。开展保密系统建设年活动和"保密承诺书"签订工作。完善党政机关保密工作"三查"责任制，重点开展计算机信息系统保密技术管理和检查指导工作。

2013年，区国家保密局严格贯彻落实省、市"十二五"时期保密事业发展规划，组织全区涉密人员开展保密教育培训。积极做好全国保密普查工作，协助做好"三密"文件清退工作，认真开展计算机信息系统保密技术管理和检查指导工作。

（熊新鹏）

组织工作

【概况】　1949年5月成立中共屯溪市委组织部。1963年5月至1975年12月，设立屯溪镇委办公室总支，下设组织组。1977年3月复设屯溪市委组织部。1988年3月，徽州地区撤地建市，改设屯溪区委，相应更名屯溪区委组织部。2012年10月，设立区委非公有制经济和社会组织工作委员会，为区委派出机构，挂靠区委组织部。2013年12月，增设干部监督举报中心。区委组织部主要职责是根据党的路线、方针、政策和区委的安排部署，研究制定全区组织工作、干部工作和人才工作的政策、规划，提出具体措施并负责组织实施。区委组织部下设：办公室、组织科、干部科、青年干部科和干部监督科5个职能科（室）和3个直属事业单位—区党员干部教育培训中心、区党员电化教育中心、区人才工作领导小组办公室。截至2013年年底，全区共有基层党组织624个，党员8977名。

【换届工作】　2011年完成区委换届和镇党委、镇人大换届工作。2012年完成区人大、政府、政协换届工作。对区政府办公室及16个政府组成部门和6个直属机构主要负责人和区人大、

屯溪区纪念建党91周年党员奉献日捐赠活动现场

区政协内设机构负责人进行调整任命。新调整政府组成部门负责人5名，平均年龄较上届下降1.2岁。配齐区人大、区政协内设机构负责人。

【干部人事制度改革】 2012年，挑选19名优秀年轻干部到九龙园区、督查组、难点村、后进村挂职锻炼。从区直联系帮扶村单位选派32名优秀机关干部分赴16个第一批美好乡村建设村驻村工作。选派30名干部到市百个亮点项目挂职服务。全区副科级以上干部联系178个区“十大工程”项目，将项目推进情况与干部个人奖惩和使用挂钩。区委常委会研究提拔干部50人，其中具有基层一线及参与重点工作经历的干部40人，占提拔干部总数的80%。

2013年，抽调200余名干部到区委区政府督查组和园区建设、拆迁征地、重点项目建设等基层一线锻炼。区委常委会全年共研究干部3批106人次，其中提拔干部33名（正科级干部11名，副科级干部22名）。提拔女干部14名、非中共党员干部2名。提拔35岁以下年轻干部9名，占新任副科级干部的40.9%。加大镇、街和区直单位之间交流，全年交流科级干部30人次，占研究干部总数的28.3%。出台机关事业单位考勤管理和干部借用挂职工作有关规定，并不定期进行明察暗访。健全“12380”“四位一体”举报平台。会同相关部门出台区管领导干部离任经济责任事项交接办法。

【干部教育培训】 2012年创办“兴垦大讲堂”，邀请有关领导和专家做报告，全年举办6期，培训干部1700余人次。通过举办集中学习竞赛月活动、发放干部在线学习提醒卡、季度通报等方式，全区干部在线学习通过率达到100%。完成各类调学任务，全年调学干部20人次。开展干部选拔任用监督工作政策法规集中教育活动，组织全区500余名科级领导干部完成干部选拔任用监督工作政策法规测试。

2013年选调18名干部参加省、市各类培训班。区内举办各类专题培训班17场次，培训干部500余人次。开设“周二课堂”，对全区组工干部进行业务辅导。全区干部在线学习通过率100%。强化干部日常管理，对全区69个区管领导班子322名班子成员进行约谈。

【人才工作】 2012年，面向社会公开招聘社区工作者40人，招录事业工作人员15名，招募“三支一扶”高校毕业生9名（其中支教5名、支农4名）。安置军转干部10名。牵头抓好人才强市战略推进工程项目—龙山实验小学。邀请日本农业专家到屯溪区进行农业技术指导。黄山工业泵制造有限公司2G系列双螺杆泵研发团队获市第二批前沿技术创新团队称号。振洲科技有限公司董事长何平洲获“安徽省2012年度战略型新兴产业技术领军人才”称号。

2013年，6个省、市级美好乡村建设示范村与6名专家进行对接，开展百名专家服务美好乡村建设工作。做好清华大学博士研究生和黄山学院大学生社会实践联系服务工作。推荐黄山东晶电子科技公司高管罗建国参加国家“千人计划”和安徽省“百人计划”专家申报；黄山工业泵制造有限公司设博士后科研工作站，黄山振州电子科技有限公司何平洲、黄山工业泵制造有限公司的程爱华被授予“安徽省技术领军人才”称号；黄山市振州电子科技有限公司“耐高温启动电解电容器研发团队”被评为黄山市第三批“前沿技术创新”团队。公开招聘42名事业单位工作人员。实施社会工作师职称补贴制度。完成全市人才强市战略工程—屯溪示范幼儿园项目。

【基层党组织建设】 2012年，城市社区党委由13个增加为20个，社区党建工作经费由50元/人，增加到100元/人。党员数在50名以上的村党支部升格为党总支（15个），组建“3+2”

城乡基层联合党组织11个。新建非公企业党组织129个，覆盖企业1198户。全年共举办各类村（居）干部培训班8期，培训基层干部400余人次。举办全区村级集体经济发展观摩会，组织5个镇镇长和部分村书记参加全市发展村级集体经济培训班。选派11名第五批选派干部和选聘7名大学生村官到村任职。全区各级党员领导干部走进村（居）调研，召开座谈会60余场次，形成专题报告67个。开展基层党组织分类定级和晋位升级工作。开展农村基层党组织和党员星级创评工作，评出五星级基层党组织5个，五星级党员237名。组建32支党员突击队，推进16个美好乡村建设。开展纪念建党91周年系列活动。全年发展党员236名。拍摄完成4部电教片，其中1部获全省第十一届电教片评比三等奖。

2013年，将基层组织建设工作作为“一把手”工程，书记抓、抓书记，建立区委常委会每季度听取农村党建工作汇报制度。建立村情民情账、党建工作账、经济发展账和为民服务中心。组建18个城乡基层联合党组织，完成33个村的集体资产股份制改革。选派27名改非干部担任农村党建特派员和非公企业党建指导员。实施基层党建创新项目，“网格精细化服务暖民心”“七彩民情绿色通道”“柏山社区服务新干线”等社区服务品牌，分获市级创新项目一等奖、三等奖和优秀奖。推行社区党建网格化管理。成立非公有制经济和社会组织工委、党委，278名非公企业党建工作指导员到企业。全区940家非公有制企业建立党组织306个，同比增长172个，单独组建率提高10%。投入5万余元向50家非公有制企业党组织进行“五抓五送”。建成九龙园区党群活动中心。发挥机关单位党组织牵头作用，推进机关、村、社区、非公企业党组织的共联共建。选派15名村党组织书记到名村挂职、3名城市社区党委书记参加全省社区党组织书记示范培训班、7家非公企业出资人到复旦大学进行专题培训，公开选拔4名大学生村官任村党组织（第一）书记，选聘第六批8名大学生村官到村任职。实施村级后备干部培养“百人计划”（116名村级后备干部）。举办4期入党积极分子培训班，培训入党积极分子290名，全年发展党员221名。在5个镇、20个城市社区设立党代表工作室，先后接待走访党员群众800多人次，解决问题100余件。拍摄完成4部电教片，其中反映屯溪区股改工作的电视专题片《破冰之路》获中组部“2013年全国党员教育电视片观摩交流活动”评比三等奖。昱中街道先锋网和杨梅山社区先锋网分获“全省优秀街道党建网站”和“全省优秀社区党建网站”称号。

（刘莉莎）

宣传工作

【概况】 1949年5月，成立中共屯溪市委宣传部，1963年9月撤销。1977年3月复设市委宣传部，1988年3月改称区委宣传部。区委宣传部是区委主管意识形态方面工作的综合部门。内设办公室、理论教育科、新闻宣传科，区新闻宣传中心挂靠区委宣传部，截至2013年年底在岗职工14人。

2012–2013年，全区宣传思想文化工作按照“高举旗帜、围绕大局、服务人民、改革创新”总要求，以迎接和学习宣传贯彻党的十八大和十八届二中、三中全会精神为主线，坚持贴近实际、贴近生活、贴近群众，推进社会主义核心价值体系建设，不断壮大主流思想舆论，丰富人民精神文化生活，增强文化整体实力和竞争力，为全区经济社会发展实现“三年新跨越、四年大提升”目标营造良好舆论氛围。

【理论学习】 以区委中心组学习为龙头，发挥领导干部的引领带动作用，2012年和2013年组织区委中心组进行理论学习均超过10次，参学率均达到90%以上。督促指导基层中心组理论学习，完善学习制度，促进基层理论中心组学习规范化、制度化。开展党的十八大精神宣讲活动，集中宣讲15场，基层宣讲123场，受众近万人。开展“学习型党组织建设示范点”创建活动，2012年，命名13个党组织为第二批学习型党组织建设示范点，推荐区法院党总支等3个基层党组织为市级示范点。开展党的十七届六中全会暨省第九次党代会精神宣讲、“7.23”重要讲话宣讲活动。拓展理论宣传阵地，在社区设党报阅报栏。2013年，开展中国梦及党章主题巡回宣讲和十八届三中全会精神宣讲。

【新闻宣传】 党的十八大召开前，组织“科学发展 成就辉煌”主题宣传，开设“保持党的纯洁性，迎接党的十八大”、“喜迎十八大”新闻专题；召开期间，组织报道大会盛况，通过“大家看盛会”专栏宣传屯溪干部群众对党的十八大的反响；会后，推进集中报道、学习培训、逐级宣讲，掀起学习宣传贯彻的热潮。2012年3月，《屯溪新闻》在黄山电视台开播，填补屯溪区电视媒体的空白。围绕“三年跨越巡礼”主题，宣传三年来屯溪区经济社会的发展成就和良好态势。在《新安晚报》、《黄山日报》推出宣传专版。举办“三年跨越巡礼”图片展。组织稽灵山、外边溪主题笔会和鬲山荷花摄影大赛，策应“百个亮点”建设。

2013年，围绕“四年大提升”主题，开办“落实十八大，力促大提升”、“美好乡村行”等宣传专栏，宣传报道全区各条战线在党的十八大精神指引下各项重点工作取得的新进展新成效。全年播出《屯溪新闻》52期，编撰《时代屯溪》6期，重点推出“两项重点工作”、“七大提升”等系列报道。组织开展“屯溪八景”评选暨摄影大赛活动。

【外宣工作】 立足于拓展领域和加强交流合作，对外宣传工作取得新突破。2012年，共接待中央、省级媒体记者22批次。配合协调由中央电视台和安徽广播电视台联合出品的大型纪录片《大黄山》拍摄。建立健全党委、政府新闻发言人制度，全区58个单位确定新闻发言人及联络员。2013年，城市形象宣传片《屯溪》正式面世，《中国历史文化名街——屯溪老街》画册出版发行，成为展示屯溪区对外形象的重要外宣品。

【互联网宣传管理】 围绕学习宣传贯彻党的十八大精神、“深化文明办网、共建美好安徽”、“学雷锋、树新风”等主题活动，在“中国·屯溪”网站开设系列专题专栏，做好综治、民生、工业、农业、文明创建等网上宣传报道。2012年，全年编报《网络舆情》53期，通报涉舆单位舆情68起，建议关注网下活动26起。舆情网上答复率达42%，网下应对处置率达100%。全面展开网上舆论引导工作，全年引导舆情125次。围绕中央、省、市、区中心工作，开展好网上宣传工作。开设新闻专栏14个，综合新闻栏目发布稿件740条，要闻速递栏目发布新闻368条，转发、链接新闻930条。“中国·屯溪”网被评为全市互联网宣传管理工作先进网站。加强网络安全管理，全年共开展两次网络信息安全工作检查，严防涉密、敏感内容上网，杜绝虚假新闻信息的传播。鼓励区直机关、社会团体开办微博，全区开通政务微博15个，其中认证三个。参与“大兴网络文明风 喜迎党的十八大”演讲比赛，并获得1个第一名，1个第三名。

2013年，调整组建网络新闻发言人、网络评论员等6支队伍，加强对网络舆情的监控和引导。制定《屯溪区网络舆情应对处置工作预案》等制度，全年编发《网络舆情》40期，组织舆情会商3次，向涉舆单位报告舆情128次，给出建议近170条。组织编发、转载微博5245条，围绕涉区舆情组织舆情引导4次，主动发布敏感信息2次。全年共编发“中国·屯溪”综合新闻栏目新闻979篇，转发新闻热点栏目新闻1550篇，开辟新闻专栏20余个。“中国·屯溪”网站获得全市网络宣传管理优秀网站三等奖。开通屯溪手机报，全年编发手机报19期。全面清理网上违规新闻，色情淫秽、违法、违规信息，政治类有害信息，清查并关闭违规网站，共清理有关信息83条，警告有关网站4家。重点打击网络谣言，依法强制删除谣言帖文3篇。探索建立“文明上网”先进社区建设长效机制，倡导文明上网。

【省内外媒体看屯溪】 2012年，省级以上媒体发稿600余篇，其中在中央电视台和安徽新闻联播分别发稿4篇和16篇。先后获全省旅游好新闻优秀奖、全市“走基层、访民生、看发展，喜迎党的十八大”征文二等奖、“昱城杯”民生好新闻竞赛三等奖，屯溪区村集体资产股份制改革工作入选“2012年度黄山市十大新闻”。2013年，在市级以上媒体发稿2000余篇，安徽电视台发稿16篇。《屯溪区成立全省首家村级股份经济合作社》一文获全省2013年广播电视奖广播新闻类一等奖。

（汪子珺）

【《时代屯溪》杂志】 区级媒体《时代屯溪》杂志创刊于2011年4月，时任区委常委、宣传部长胡梅元为杂志首任主编，新闻中心主任方鹤影担任副主编。办刊宗旨为：“传递建设发展动态，展现开拓创新风采，品读赏自然人文魅力，感悟艺术人生真谛。”主要栏目有《卷首语》《决策前沿》《要闻集粹》《社会广角》《产业风景线》《文化和旅游》《关注民生》《兴昱论坛》《企业之星》《人物通讯》《三江口》。2013年下半年，杂志实行改版，新增专题栏目《本期关注》。截止2013年，在已出的17期中，专题《一路风尘一路歌——2011年新闻摄

《时代屯溪》杂志

影图片重览》、《在一线 在现场 在路上——区委书记和区长的特殊办公日志》、《唱响屯溪的承诺——庆祝中国共产党成立90周年红歌演唱会特别报道》、《“聚焦屯溪2011”摄影大赛佳作欣赏》、《文会稽灵山 诗吟外边溪》、《屯溪八景：一张闪亮的城市名片》、《文峰桥：中国第一廊桥》、《千年黎阳的嬗变与坚守》，年终特刊《奋勇跨越的屯溪2011》、《三年拼搏使命重 十大跨越铸辉煌——影像见证屯溪“三年新跨越”》、《为“五年大发展”奠定坚实基础——“四年大提升”年终特别报道》等，在社会引起较大反响。杂志成为屯溪对外宣传的重要载体。

（方鹤影）

统战工作

【概况】 1951年4月成立中共屯溪市委统一战线工作部，主要任务是宣传贯彻党的统战工作方针、政策，加强同各党派、工商联、无党派人士、少数民族、宗教界以及其他爱国人士的合作，做好统一战线工作。

2012–2013年，在区委领导下，全区统一战线领域以“推动发展、促进和谐”为主题，贯彻落实党的十八大、十八届三中全会精神，践行“同心”思想，全面提高“党外人士四种

能力”，以搭建平台、完善机制为手段，以“六大工程”建设为载体，开展理论调研创新和工作实践创新，在加强党派自身能力建设、“社区统战”试点、统一战线服务经济社会发展等方面开展工作。2013年，统一战线1名成员获全国优秀企业家称号，4人获省级优秀称号，1个单位获省级示范社区，1篇征文获省级三等奖，3人分别被评为市级道德模范、市优秀民营企业家、市“三八”红旗手。

【弘扬“同心”思想】 一是引导统一战线各方面成员深刻领会党的十八大精神，努力践行社会主义核心价值观，坚定共同理想信念，筑牢多党合作的思想政治基础。引导统一战线成员与区委、区政府工作思路同心同德、同心同向、同心同行。二是整合资源，调整充实，“屯溪同心网”成为省委统战部重点网站。三是指导民主党派调研、采编社情民意200多条，提交人大代表建议、政协委员提案220份，完成10篇统战论文和2篇工作实践创新成果上报省、市参评。四是组织收看《正道沧桑—社会主义500年》大型电视系列片，开展“美好屯溪·圆梦中国”主题教育。参与全省“我的同心情、我的中国梦”主题征文活动，收到征文15篇并选送8篇参评，《我心中的医学梦》获全省三等奖。

区委统战部部长戴玉英（右二）在凤霞村开展美好乡村调研

【民主政治协商制度建设】 一是调整完善区委、区政府领导与党外代表人士联系制度，建立联系党派等“三项制度”反馈机制，完善党派成员约谈制度，民主党派工商联双月联席会制度，推动区领导，区直部门、镇、街道对口联系党派以及“特约人员”聘任工作向纵深推进。二是指导各民主党派修改完善学习、成员发展、总支（支部）议事、活动开展、财务、社情民意编报等各项制度，加强党派基层组织制度化、规范化建设。

【党外代表人士队伍建设】 一是建立党派新成员发展报送汇总制度，深化党派后备队伍建设“关口前移”的工作机制，两年共发展新成员14人。二是协调帮助区民建、农工、九三3个党派换届，实现党派班子新老政治交接。三是开展非党人士调查，做好党外后备干部工作。四是开展社区统战工作试点。选择戴震路和上新2个社区，建立社区统一战线数据库，为做好新的社会阶层人士统战工作积累经验。

【服务经济社会发展】 一是先后组织各民主党派、工商联到留村、凤霞、朱村开展座谈，到胡开文墨厂、首康医院等民营企业进行调研，为美好乡村建设、民营企业发展把脉问诊，献计出力。二是建立民主党派、工商联对口支持美好乡村建设制度。开展调研20多次，制定帮扶计划，开展对口支持，争取资金5万元，给予技术指导。全区统一战线各方面共有80多人直接参与美好乡村建设、园区大会战、重点项目建设、一控双拆等重点工作。三是引导各党派开展送教育、送科技、送文化、送健康等社会服务活动20次，全区统一战线成员2年累计捐款捐物100万元以上。

【巩固统一战线领域的和谐稳定】 一是开展大走访活动，先后走访市、区统一战线各界人士共 150 多人次，解决各类困难 20 多件。二是协调工商联开展民营经济政策宣讲、民营经济发展调查问卷，解决“玻璃门”、“弹簧门”、“旋转门”难题，帮助企业化解困难。组织非公经济人士开展理想信念教育实践活动；开展“光彩事业行”系列活动。三是协调民宗局依法加强宗教场所、宗教活动以及外来宗教人士的管理，及时化解重大纠纷和宗教事件矛盾，确保民族宗教界和谐稳定。协调区台办举办“台海形势报告会”，开展台资企业“走访月”活动，帮助解决实际困难，切实做好台属的稳定工作。

（金跃鸣）

精神文明建设

【概况】 1988 年 11 月，成立屯溪区社会主义精神文明建设委员会办公室，1997 年改称屯溪区精神文明建设指导委员会办公室（简称区文明办），为区委宣传部的挂牌单位，是区精神文明建设指导委员会的办事机构，截至 2013 年底在岗职工 3 人。

2012—2013 年，全区精神文明建设工作围绕中心、服务大局，推进以志愿者活动为主导的道德实践活动，加强未成年人思想道德建设，提升市民综合素质和社会文明程度，为加快建设现代国际旅游城市“首善之区”营造和谐文明的社会环境。

【公民道德建设】 在机关、学校、窗口单位开展文明礼仪和道德规范宣传教育实践活动。开展“讲文明、树新风”、“中国梦”公益广告征集宣传活动，征集作品 12 幅，公益广告覆盖中心城区。区级以上文明单位、各社区、各村（居）均建立道德讲堂，每季度至少开展主题活动 1 次。开展“我推荐我评议身边好人”活动，6 人入选“中国好人榜”，51 人当选“屯溪好人”。组织开展屯溪区首届道德模范评选活动，叶香仂、洪秋芬获助人为乐类“道德模范”称号，余紫嫣、吴志祥、余松林获见义勇为类“道德模范”称号，胡长有、胡高峰获诚实守信类“道德模范”称号，殷玉婷、胡意空获敬业奉献类“道德模范”称号，李桂俭、郑伟国获孝老爱亲类“道德模范”称号；其中叶香仂、洪秋芬、余紫嫣、胡长有、殷玉婷、李桂俭等 6 人获“黄山市首届道德模范”称号，吴志祥、余松林获“黄山市首届道德模范提名奖”。

【志愿服务活动】 制定下发《关于深入开展学雷锋活动实施意见》、《关于开展“关爱他人、关爱社会、关爱自然”志愿服务活动的通知》；先后成立屯溪区志愿服务大队，各镇、各街道、各村（居）、各社会团体相应成立志愿服务站，荷花池公园、昱中花园探索建立社区志愿服务广场，各志愿服务阵地定期组织开展志愿服务活动。每年 3 月，均组织全区干部职工、党团员以及少先队员约 2 万人次开展“传承雷锋情 · 传递正能量”等学雷锋实践活动；开展文明交通、文明餐桌等文明劝导活动以及“三关爱”、环保宣传、便民服务、清洁家园、文体表演等志愿服务活动。召开网络文明传播志愿者培训会议，选拔一批优秀志愿者组建博客，开展网上舆论引导。屯溪老街志愿服务队获“优秀江淮志愿服务集体”称号，其先进经验和典型做法在全省志愿服务工作会议中被推广；志愿者郑紫珊、叶杭州获“优秀江淮志愿

区文明行业工作表彰暨庆“五一”职工歌手大赛

服务个人”称号。

【文明创建】 开展文明单位评选 2012年3月上旬,在全区范围内组织开展黄山市文明单位、文明村镇的申报考评工作,11月,区委办等37家单位获“第十届黄山市文明单位”称号;屯光镇等7家单位获“第二届黄山市文明村镇”称号。2012年9月-11月组织评选第九届屯溪区文明单位和首届屯溪区文明村镇,区委办等96家单位获“第九届屯溪区文明单位”称号,屯光镇等8家单位获“首届屯溪区文明村镇”称号。

开展文明餐桌示范单位、示范街评选 昱园食府、桥外桥餐厅等10家餐饮单位获“黄山市文明餐桌示范单位”称号;老街三马路美食一条街和奕棋美食街获“黄山市文明餐桌示范街”称号。

创建省级文明城区 2013年8月,启动安徽省首届文明城区创建活动。召开工作部署会议,对涉及的35个测评项目、96条测评标准进行责任分解,实施定领导、定部门、定任务、定进度的“四定”责任制。加强社区、“窗口”、文明单位、公园广场等实地考察点的培训、督查,做到“零死角”、“零失误”。10月30日-31日,全省文明城区创建测评组对本区开展实地暗访。

【未成年人思想道德建设】 实现学校少年宫全覆盖,全区6所城市小学、5所乡村小学均建立学校少年宫,其中,阳湖镇中心小学(屯溪江南实验学校)、龙山实验小学相继成为中央专项彩票公益金支持乡村学校少年宫项目单位。开展“网上祭英烈”、“向国旗敬礼”等“做一个有道德的人”主题实践活动,长干小学等8所学校成为全省首批“做一个有道德的人”主题活动联系点学校。组织开展首届屯溪区优秀童谣征集创作活动,共征集优秀作品70篇,并编印成册。

(许 晶)

政法工作

【概况】 1953年,中共屯溪市委设政法党组,指导全市政法工作;1955年,改称为政法部;1957年,复改为政法党组;其后至1983年4月,两度设立和撤销。1983年5月,成立中共屯溪市政法委员会(1988年改为区委政法委),区委政法委员会是区委领导政法工作的职能部门,负责指导、协调公安、检察、审判、司法各部门工作,管理政法干部和加强政法队伍政治思想建设。区委政法委员会机关(含区社会治安综合治理办公室)内设办公室、政工科、执法监督科3个职能科室,在岗12人。

全区政法工作在区委、区政府的领导下,2012年围绕建设“平安和谐优秀区”目标和现代国际旅游城市“首善之区”的战略定位,以政法“十项重点工作”为抓手,以政法干警核心价值观教育实践活动为保障,创新工作思路,政法各项工作取得明显成效,全区社会政治保持稳定,全年没有命案发生。2013年以“平安屯溪”、“法治屯溪”、“和谐屯溪”和政法队伍建设为抓手,依法履职尽责,政法各项工作继续走在全市前列。刑事发案连续多年下降,人民群众安全感和满意度位居省、市前列。

【队伍建设】 2012年3月,在全区政法系统开展以“忠诚、为民、公正、廉洁”为主要内容的政法干警核心价值观教育实践活动。屯溪区人民法院民一庭审判员汪琼被评为黄山市第二届“人民满意政法干警”。2012年12月18日,张文、金燕、程东来、徐建军、吴跃宏5人被评为屯溪区第三届“人民满意政法干警”,张文被评为市第三届“人民满意政法干警”。2013年开展作风整治活动,解决政法队伍中存在的“四风”问题,提高干警拒腐防变能力。区法院1人、区检察院2人被提拔为班子成员,同时还有6人得到区委提拔重用，广大干警的工作热情得到激发。2013年3月4日，区政法委被中华全国妇女联合会授予“全国维护妇女儿童权益先进集体”。

区委常委、政法委书记、综治委主任周永健陪同市综治办主任戴贤坤调研指导社区建设及服务管理工作

【法治建设】 2012年全面开展“法律七进”活动和“江淮普法行”活动。以“培养法治思维，建设法治屯溪”为主题，以“法律七进”为载体，组织开展“七个一”活动，建成3个法治广场（公园）。全面开展“法治景区（点）”、“法治行业”、“民主法治示范村”等法治创建活动。2012年10月，吴志祥、余松林2人，面对歹徒临危不惧，勇擒盗贼保护居民财产安全的行为获全省见义勇为第九届“安徽移动弘扬正气奖”三等奖，为黄山市唯一受省级表彰见义勇为先进人物。年仅18岁的学生余紫嫣不顾个人安危，以超凡的勇气和力量勇救坠楼女童，被评为“9月中国好人”。

【国安办实体化】 2012年9月，按照省国家安全领导小组的要求，挂牌成立屯溪区国家安全领导小组办公室，在全市率先完成基层国家安全领导小组办公室实体化工作。

（孙学锋）

编制管理

【概况】 1952年成立屯溪市编制委员会，主管干部编制工作。1959年5月撤销；1961年恢复；1965年1月再次撤销。1984年起，编制委员会办公室与人事局合署，为常设工作机构。2010年，屯溪区机构编制委员会办公室单独设置，既是区委的工作部门又是区政府工作部门，列区委机构序列，负责全区行政体制改革、机构改革和全区党政机关，人大、政协机关，法院、检察院机关，人民团体机关及事业单位的机构编制管理工作。

【机制体制保障】 2012年，为适应全区经济社会发展的需要，在区委办加挂“区委区政府信息办公室”牌子，成立“区委非公有制经济和社会组织工作委员会”，办公室设在区委组织部；成立“区政府经济研究室、区房屋征收管理局、地震办、区节能监察中心、区林业综合执法大队”等5个机构，在区卫生局卫生监督所、区普查中心分别加挂“区食品药品监督所、区服务业统计调查中心”牌子；重新确认各镇116名行政编制，补设区价格监督检查分局，明确区文明办领导职数，下达6名政法专项编制，调整5个镇林业站的编制5名，同时将“区社会治安综合治理委员会及其办公室、

机构编制管理暨事业单位法人登记业务培训会

区森林公安、区黎阳小学、阳湖镇中心小学”进行更名。撤销经信委、司法局、人社局下属机构乡企评估中心、城区法律服务所、金凤凰人才市场，将“科技培训中心、科技咨询中心”进行合并，保留科技咨询中心，“农业环保监测站、农业技术推广中心”合并，保留农业技术推广中心，“蔬菜技术推广站、蔬菜技术推广所”合并，成立“屯溪区蔬菜产销办公室”，“动物卫生监督所、动物疫病预防与控制中心、水产站”合并，成立“屯溪区畜牧水产局”加挂“动物卫生监督所”“动物疫病预防与控制中心”。2012年，成立区食品药品监督管理局，在区卫生局挂牌，核定2名行政编制。

2013年，成立屯溪区美好乡村建设工作领导小组办公室，增设区法院内设机构审判管理办公室、区检察院内设机构监察室和区工会经费审查委员会主任岗位；接收市下达军转干部专项编制2名、政法专项编制4名。

【事业单位分类改革】 2012年按照省模拟分类目录，对全区149家事业单位进行模拟分类，打造“一县一品”特色工作，制定《屯溪区事业法人绩效评估暂行办法》，依据《屯溪区事业单位法人绩效评估细则》，对东城实验学校、黎阳镇中心小学、新潭中心小学、江南实验小学、奕棋中心小学、柏树小学、长干小学、龙山实验小学、荷花池小学、大位小学、现代实验小学和幼儿园等12家事业单位进行法人绩效评估工作。

2013年，对全区149个事业单位进行分类，在规定时间内拟定、报送《屯溪区事业单位分类目录》，行政类事业单位编制比例按要求控制在事业编制总编的1%以内。

【行政管理体制改革】 2012年12月，黄山市人民政府同意屯溪区采取“市区共建、一步到位”的方式建立健全屯溪区政务服务体系，12月底，区政务服务项目正式进驻市政务服务中心办公。2013年5月，设立屯溪区人民政府政务服务中心。农村综合改革后，建立了联系和服务农民的以区为龙头、镇为主体、村为基础的三级联动为民服务体系。2012年初，区委区政府办公室下发《屯溪区各镇便民服务中心规范化建设实施意见》，要求各镇主要负责人要亲自抓、负总责，区纪委监察局要联合相关部门适时督查考核，确保各镇便民服务中心均达到规范化标准。

2011年底，区委区政府出台《关于加强和规范农村经营管理的意见》，区编办下发《关于进一步优化区镇农村经营管理体制的通知》等文件，将镇农经站统一划归区农委直接管理。农委对各镇农经站站长进行全面交流轮岗，对全体农经人员进行业务培训，农村“三资”管理及农村经营管理水平得到提升。

【机构编制管理】 *建立全区机构编制实名制数据库* 2012年3月，对全区所有单位的实名制信息进行收集、审核，6月，全区各单位再次上报经组织部、人社局审核盖章后的在编人员及其他人员信息，编办根据各单位上报的信息及时变更，做到实名制数据库真实而有效。2013年底，完成实名制全区横向联网维护工作。

清理在编不在岗和违规领取财政资金人员 2013年6月，开展在编不在岗和违规领取财政资金人员专项清理工作，对清理出的人员进行整改和处理。

落实财政供给人员只减不增 2013年以落实本届政府任期内财政供养人员只减不增的目标，将本区行政编制和事业编制控制在2012年年底总量以内。制定《屯溪区控编减编工作方案》，组织、编制、人社、财政等部门密切配合，严格执行“入口”和“出口”管理规定，控制区、镇级机关人员调动，实行行政不新招和空编分流。2013年，除下达政法专项编和军转安置外，本区未擅自增加或招录一名公务员，事业单位

招录的 44 人计划事先均经过严格审核。

【机构编制监督检查】 2012 年初，围绕上级机构编制工作考核标准，结合机构编制实名制人员信息采集、“三定”方案的执行情况等工作，对全区各级各部门进行检查指导，并制定下发《2012 年度屯溪区机构编制管理规定执行情况目标考核具体办法和考核细则》。年中，结合机构编制的核查工作，适时到有关部门开展监督检查，逐步规范机构编制的管理。

2013 年初，对全区各级各部门进行督查指导，对每个单位的情况进行点评和书面反馈，要求各单位针对存在的问题逐一整改，并将考核结果报区目考办。对全区干部在岗情况进行明查暗访，对有问题的单位和个人进行全区通报或诫勉谈话。联合纪检监察、组织、人社等部门对党委政府及所属部门超职数配备领导干部、条条干预等问题进行专项督查。

【事业单位登记管理】 事业单位年检。2012 年对全区 92 个事业单位法人进行年检，年检率 100%，合格率 100%。新设立 4 家，变更登记 12 家。并对 27 家事业单位进行年度报告公开，其中教育 14 家、卫生 13 家，同时对新设立和变更登记的 16 家单位进行现场核查。2013 年对全区 84 个事业单位法人进行年检，年检率 100%，合格率 100%。新设立 3 家，注销 8 家，变更登记 13 家。并对 52 家事业单位进行年度报告公开，同时对新设立和变更登记的 16 家单位进行现场核查。

机关工委“七一”专题党课

网上登记工作的培训和指导。2012 年开始实行事业单位法人年检工作在网上进行，3 月 2 日，召开培训会，区事业单位登记管理局工作人员就事业单位网上年检、设立登记、变更登记及注销登记等相关知识及网上年检具体操作进行讲解，全区事业单位法定代表人及经办人员参加培训。

（方长华）

机关党建

【概况】 1950 年 1 月，屯溪市设市直机关党总支，1977 年 3 月设市直机关委员会，2002 年机构改革后，区直机关工委为区委组织部挂牌单位，其职责是研究提出区直机关党的建设规则，指导机关党组织建设；负责对区直机关党员的教育管理和党费收缴工作；指导机关党组织实施对党员特别是党员领导干部的监督；负责区直党员领导干部民主生活会的检查、监督和管理；负责区属机关新党员发展工作。2012 年所属支部 51 个，党员 1050 名。2013 年所属支部 53 个，党员 1086 名。

【党组织分类定级】 采取“自查自评、党员群众评议、上级党组织评定”程序，对所属各支部进行分类定级，评出好的党（总）支部 17 个、较好的 28 个、一般的 4 个、较差的 1 个。

【开展“最佳党日”活动】 开展“用党旗引领机关，让党员大显身手——最佳党日”活动，丰富机关党员的组织生活，2012 年最佳党日活动被收入市直工委编印的《机关党建风采》图册，《黄山工作》（2012 年第 2 期）和《时代屯溪》（2012 年第 1 期）刊登了《用党旗引领机关，让党员大显身手》文章。

【发展党员工作】 制定《2012年度党员发展工作计划》，对机关中200余名非党人员（包括民主党派、聘用人员）全部进行摸底建档。举办2期入党积极分子培训班，培训300多名。2012年共发展预备党员18名，预备党员转正10名。同时，取消1名有重大违纪行为的预备党员的资格。2013年举办4批入党积极分子培训班，培训300余名；发展15名预备党员、预备党员转正15名。

【学习宣传党的十八大】 举办中共十八大精神支部宣讲员培训班，在53个支部开展宣讲活动。组织230名机关党员参加中组部、共产党员网联合开展的学习党的十八大报告和党章知识竞赛活动；组织400多名机关党员参加全市学习贯彻党的十八大精神和《机关基层组织工作条例》“工行”杯知识竞赛活动，其中有2人获优秀奖；组队代表屯溪区参加“江淮杯·安徽省学习党的十八大报告和党章知识竞赛活动”全市选拔赛。

【规范支部日常工作】 制定下发区直机关党建工作要点，并与各支部签订机关党建工作目标责任书。印发《屯溪区直机关党务工作手册》，指导各支部规范“三会一课”、组织生活会、民主评议党员、支部换届、党员发展、党费收缴、组织关系接转、党内统计年报等机关日常党务工作。

（金小弟）

区老干部考察屯溪经济发展

老干部工作

【概况】 1981年6月，中共屯溪市委组织部设老干部科，同年11月成立屯溪市老干部工作委员会。1984年1月，更名为中共屯溪市委老干部局。2002年机构改革后成为区委组织部挂牌单位。主要职责是贯彻执行中央关于老干部工作的方针政策和省市委的有关规定，负责协调处理离休老干部在政治和生活上存在的问题，督促、检查、指导老干部政策的落实，管理和服务好老干部。行政编制2人。截至2013年年底全区离休干部59人，其中抗日战争时期10人，解放战争时期49人。

【落实老干部政治待遇】 坚持向老干部通报工作制度，组织老干部参加一些重要会议、重大活动；坚持和完善离休干部走访探望制度，重大节日区领导上门慰问，平时老干部局经常性走访看望。每年组织安排老干部参观重大项目，了解经济社会发展及城市建设的成果。每年9月、10月定期组织老干部进行健康检查。每年为老干部订阅《江淮》《开心老年》《安徽日报》《黄山日报》等报刊杂志。

【落实老干部生活待遇】 建立健全离休费、医疗费保障机制和财政支持机制，全面落实离休干部特需经费、公用经费、交通费补贴、一次性生活补贴及护理费等待遇。区财政每年拨付200万元医疗支持资金，及时结报老干部医药费。2012年区财政划拨130万元，兑现离休干部的住房补贴。妥善处理好老干部丧葬及善后事宜。

【丰富老干部精神文化生活】 2004年成立屯溪区门球协会，截至2013年底全区有4个规范性的门球场，有11支球队98名会员。区老干部局每年在重阳节为老干部举行文艺联欢、健康讲座及形势报告会等活动，还组织老干部中的书法爱好者参与各类书画展，有的作品还入选全省老年书画展。

（朱晓静）

关心下一代工作

【概况】 1991年，屯溪区成立老干部关心下一代协会，1992年，改称为屯溪区老干部关心下一代工作委员会。1993年，更名为屯溪区关心下一代工作委员会（简称关工委）。关工委办公室设在区委老干部局。主要职责是指导、推动、协调、配合有关部门对青少年进行爱国主义、集体主义、社会主义和革命传统教育，引导他们树立正确的世界观、人生观、价值观，成为“四有社会主义新人”。截至2013年年底全区5个镇、4个街道、36个区直机关、13所学校、20个城市社居委、45个村居均先后建立关工组织，“五老”人员达697人。

【开展丰富多彩的活动】 组织“五老”人员到学校，进行革命先烈事迹、爱国主义和光荣传统教育；每年利用雷锋纪念日，“五四”“六一”等重大节日和纪念日，组织全区青少年开展小学生科技作品展，“中华魂”主题教育，“爱国、爱家乡”征文，演讲比赛，“放飞中国梦”等系列活动。同时加强未成年人思想道德教育，关心失足青少年，关注特殊群体，资助贫困儿童入学，维护未成年人的合法权益。

【开展“双创建”工作】 会同有关部门及工、青、妇等群众团体，以镇（街道）、村（社区）和中小学校为阵地，采取多种形式，对青少年及广大群众进行思想道德、法律法规、科技文化等方面的教育。通过“双创建”（创建五好关工委和创建关工先进村、社区）工作的开展，实现基层关工委组织网络体系化、工作制度规范化、“五老”作用有效化、教育活动常态化，场地资金保障化。截至2013年底，屯溪区昱中街道杨梅山社区被评为安徽省“关工先进社区”、屯光镇等5家单位被评为黄山市“五好”关工委，昱东街道上新社区等8家单位被评为黄山市“关工先进村（社区）”。

（朱晓静　汪晓明）

对台工作

【概况】 中共屯溪区委台湾工作办公室（台湾事务办公室）成立于1989年，是区委的工作机构，其主要职责是贯彻执行党和国家对台方针政策，组织、指导、管理、协调全区对台工作，指导、协调有关部门做好来屯台胞的接待、管理工作，处理在本区发生的重大涉台事件。截至2013年底，屯溪区有在台人员237人，台属1235人，台籍同胞7人。

屯溪区“两岸关系的形势与对台交流”报告会

【对台交流与宣传】 每年在春节、中秋节期间召开“茶话会”、“联谊会”增进与台胞台属之间的交流联系。2012年5月，开展与台湾嘉义县的“茶文化”交流活动。9月，特邀国台办交流局领导为全区副科以上领导干部作

"两岸关系发展的形势和对台交流"报告。

2013年，接待台湾"中国电视公司"《万里江山—大陆寻奇》摄制组，对"花山谜窟"、"屯溪老街"等地方进行摄制采访，宣传屯溪区。

【台胞台属工作】 走访慰问困难台胞台属。对台胞台属的诉求，做到有求必应，协调解决处理台胞资产、子女入学、修建祖屋以及为台胞寻亲等事宜。

（郑国璋）

党史工作

【概况】 1982年8月，中共屯溪市委党史资料征集领导组及办公室成立，1986年5月，改称党史工作委员会及办公室，1993年12月，并入区档案局，1997年3月，恢复成立。党史办是参公管理的正科级事业单位，核定编制4人。主要职责是贯彻落实中央、省、市委有关党史工作方针、政策，征集、整理、研究和编纂屯溪地方党史资料，出版屯溪地方党史书籍，指导和协调各级党组织的党史工作，开展党史宣传教育工作。

【党史宣传】 组织开展"全区领导干部党史教育日"活动，全区党员领导干部每年"七一"期间到中共皖南特委旧址纪念馆接受革命传统教育。2012年为庆祝中国共产党成立91周年，会同区委组织部在区政务中心举办"科学发展，成就辉煌，满怀信心迎接党的十八大"图片展。

中共党代表观看党史图片展

【党史研究】 2012年，收集、整理屯溪解放以来召开的历次党代会资料并汇集成册，共收录1956年5月至2011年6月召开的13次党代会情况。2013年根据省委党史研究室"一室一专题"要求，按照黄山市专题——《黄山市旅游事业的发展》的安排，完成区内国家AAAA以上景点、景区（花山谜窟、醉温泉）的建设过程以及发展成就、屯溪区旅游事业发展3个专题。2012年—2013年每月收集、整理全区发生的有关政治、经济、文化、社会建设等方面的重大事件，编辑《屯溪纪事》，每月一期，两年共编24期。

（陈国顺）

屯溪八景之一　龙山禅月

早在儒释道大融合的唐朝，小龙山前就建起了一座佛教寺庙。龙山寺于宋、明、清各朝都进行过大修或重建，历经一千多年香火绵延不绝。不算巍峨的小龙山，两块高数丈、周径数十米的"飞来石"，耸起一对高高的龙角，为山和寺增添几分天威和神秘。当白天的嘈杂平息下来，月亮随着悠扬的钟声洒下几许清辉，有着无法言尽的禅意。

屯溪区人民代表大会

综　述

【概况】 1949年9月—1954年7月，屯溪市实行各界人民代表会议制度。1954年7月起，实行人民代表大会制度，选举产生人民代表并依法选举政府领导人员，审议并通过政府工作报告等重要事项。“文化大革命”期间，人民代表大会制度中断。1981年5月，恢复人民代表大会制度，并始设常务委员会。截至2013年年底全区人大代表150名。区人大常委会设立办事机构1个，工作机构6个，分别是办公室、研究室、人事代表工作委员会、内务司法工作委员会、财政经济工作委员会、农业与农村工作委员会、教科文卫工作委员会，共有在编工作人员21人。

2012年—2013年，屯溪区人民代表大会常务委员会在中共屯溪区委的坚强领导下，坚持以邓小平理论、“三个代表”重要思想、科学发展观为指导，紧紧围绕全区发展大局，认真履行法定职责，为促进全区经济社会平稳较快发展、推进民主法制建设，发挥积极作用。先后召集举行区人民代表大会2次，做出会议决议12个。召开区人民代表大会常务委员会会议18次，区人民代表大会常务委员会主任会议39次，听取和审议“一府两院”专项工作报告23项，开展工作视察、执法检查7次，形成书面审议意见书15份，作出决议、决定18个。

【专项工作监督】 先后听取和审议区人民政府关于计划和预算执行、农业技术队伍建设、义务教育均衡发展、病险水库除险加固、基层医药卫生体制综合改革等专项工作报告。听取和审议区人民法院立案工作、人民法庭工作，区人民检察院监所检察工作、侦查监督工作专项工作报告。对群众关注的美好乡村建设、法院工作，开展专项视察。加强法律实施监督，先后对《中华人民共和国统计法》、《中华人民共和国动物防疫法》、《中华人民共和国审计法》、《中华人民共和国档案法》、《流动人口计划生育工作条例》贯彻实施情况开展执法检查，针对法律实施中存在的薄弱环节提出改进意见。按照规范性文件备案审查有关规定，对区人民政府20件规范性文件、各镇人大30份决议进行备案审查。依据司法工作监督有关规定，对区人民法院、区人民检察院办理的314件相关案件进行备案。2年共受理群众来信来访36件。

【优化代表工作】 建立健全代表集中学习、视察调研、列席会议和代表述职评议、评先评优等工作机制；围绕审议议题，组织各代表小组上下联动，开展工作视察、调研，建言献策；组织代表开展向选民述职，接受选民评议和选民监督；开展先进代表小组、优秀人大代表和代表优秀建议评选活动，激励代表认真履行职责。重视代表建议办理督办工作，建立重点建议主任会议领衔督办工作机制，2 年间收到的 243 件代表建议在规定时间内办结，促进一批涉及群众切身利益事项得到妥善解决。

重要决定

【决议决定】 围绕财政预决算，作出关于批准区人民政府 2011 年、2012 年财政决算的决议，关于批准屯溪区 2012 年、2013 年地方政府债券资金预算调整的决议和关于批准屯溪区 2013 年财政预算调整的决议。为全面推进美好乡村建设，审议区人民政府关于全区村庄布点规划编制情况的报告，作出关于同意屯溪区村庄布点规划的决议。根据全国人大关于完善人民陪审员制度规定，结合区人民法院工作需要，作出关于增加区人民法院人民陪审员名额的决定。

【人事任免】 严格法定程序先后补选和增选 8 名区十六届人民代表大会代表，补选 1 名黄山市第六届人民代表大会代表。接受 2 名区十六届人民代表大会代表辞去代表职务。对 2 名区十六届人民代表大会代表作出暂停执行代表职务的决定。先后任免区人民代表大会常务委员会工作机构负责人 8 人次、街道人大工作委员会负责人 7 人次，“一府两院”相关负责人 94 人次，接受区人民法院院长辞职 1 人，决定区人民法院代理院长 1 人。

重要会议

【区第十六届人大一次会议】 2012 年 1 月 10 日—13 日屯溪区第十六届人民代表大会第一次会议在区委区政府礼堂召开。会议听取和审议区长胡黎明作的《政府工作报告》、听取和审议区人大常委会副主任王国知所作的《屯溪区人大常委会工作报告》、区人民法院院长郑刚所作的《屯溪区人民法院工作报告》、区人民检察院副检察长吴大圣所作的《屯溪区人民检察院工作报告》、审议区发改委主任陈素玲、区财政局局长高木火书面作的《屯溪区 2011 年国民经济和社会发展计划执行情况及 2012 年计划草案的报告》《关于屯溪区 2011 年财政预算执行情况和 2012 年财政预算草案的报告》，会议选举产生屯溪区第十六届人大常委会组成人员（主任徐灶米，副主任王国知、李坤念、王秀蓉、许新生）、区人民政府领导人员（区长胡黎明、副区长汪跃平、吴友训、邢先梅、邹剑海、汪长剑、王小明）、区人民法院院长（郑刚）、区人民检察院检察长（吴大圣）。

【区第十六届人大二次会议】 2012 年 12 月 11 日—14 日屯溪区第十六届人民代表大会第二次会议在区委区政府礼堂召开。会议听取和

黄山市屯溪区第十六届人民代表大会二次会议

审议区长胡黎明所作的《政府工作报告》、区人大常委会主任徐灶米所作的《屯溪区人大常委会工作报告》、区人民法院院长郑刚所作的《屯溪区人民法院工作报告》、区人民检察院检察长吴大圣所作的《屯溪区人民检察院工作报告》、审议区发改委主任陈素玲、区财政局局长高木火书面作的《屯溪区2012年国民经济和社会发展计划执行情况及2013年计划草案的报告》《关于屯溪区2012年财政预算执行情况和2013年财政预算草案的报告》。会议选举产生屯溪区出席黄山市第六届人民代表大会代表40名。会议还表彰2012年度代表优秀建议。

【区人大常委会会议】 2012年—2013年，区十六届人大常委会共召开了18次会议。

第1次常委会会议 2012年2月15日召开，任命人大常委会5个工委主任，免去1名法院副院长职务；做出《关于设立黄山市屯溪区第十六届人大常委会代表资格审查委员会的决定》。

第2次常委会会议 2012年3月7日召开，任命屯溪区新一届政府17个组成部门主要负责人，对昱西街道人大工委副主任进行任免；审议通过《黄山市屯溪区人大常委会2012年工作要点(草案)》。区委书记李高峰，区委副书记、区长胡黎明列席会议。

第3次常委会会议 2012年4月27日召开，会议听取和审议区人民政府《关于农业技术人员队伍建设情况的报告》。做出《关于批准孙健等同志为街道人大工作委员会委员的决定》；审议通过《黄山市屯溪区人大常委会议事规则》等九项工作制度。

第4次常委会会议 2012年6月29日召开，听取和审议区人民政府《关于推进义务教育均衡发展情况的报告》，听取和审议区人民政府《关于绿色质量提升工作情况的报告》。

第5次常委会会议 2012年8月29日召开，听取和审议区人民政府《关于黄山市屯溪区2012年上半年国民经济和社会发展计划执行情况的报告》《关于黄山市屯溪区2011年财政决算（草案）和2012年上半年财政预算执行情况的报告》《关于黄山市屯溪区2011年度本级预算执行和其他财政收支审计情况的报告》和《关于黄山市屯溪区2012年地方政府债券资金预算调整方案的报告》。做出“关于批准黄山市屯溪区2011年区级财政决算的决议”和“关于批准黄山市屯溪区2012年地方政府债券资金预算调整方案的决议”。会议进行了有关人事任免。

第6次常委会会议 2012年10月30日召开，听取和审议区人民法院《关于黄山市屯溪区人民法院立案工作的报告》，听取和审议区人民检察院关于《黄山市屯溪区人民检察院监所检察工作报告》，听取和审议区人民政府《关于黄山市屯溪区社区文化建设情况的报告》。

第7次常委会会议 2012年11月22日召开，听取和审议区人民政府《关于屯溪区2012年民生工程实施情况的报告》，听取和审议区人民政府《关于区十六届人大一次会议代表建议办理工作的报告》，听取和审议区人大常委会代表资格审查委员会的《关于代表资格审查情况的报告》，会议确认11月20日增选的沈洪潮、吴大圣为区十六届人民代表大会代表。做出《关于召开区第十六届人大二次会议的决定》（2012年12月11日-14日召开）。

第8次常委会会议 2012年11月30日召开，听取和审议区旅游局局长张健所作的《关于调整屯溪区2012年旅游四项经济指标的报告》，做出关于批准调整屯溪区2012年旅游四项经济指标的决议。会议研究讨论区第十六届人民代表大会第二次会议主席团和秘书长名单草案，议案审查委员会、计划预算审查委员会名单草案，会议日程草案、主席团常务主席名单草案、执行主席分组名单草案、副秘书长名单草案，以及列席人员名单草案和区人大常委会工作报告送审稿等有关事项。会议进行了有关人事任免。

第 9 次常委会会议　2012 年 12 月 28 日召开，听取和审议区人大常委会主任会议《关于许可屯溪区人民检察院对周秋桂采取强制措施的议案》，做出《关于许可屯溪区人民检察院对周秋桂采取相应强制措施并停止其执行代表职务的定》。

第 10 次常委会会议　2013 年 3 月 29 日召开，补选任泽锋为黄山市第六届人民代表大会代表；审议通过《屯溪区村庄布点规划》，做出《关于＜屯溪区村庄布点规划＞的决议》；审议通过《屯溪区人大常委会 2013 年工作要点（草案）》。会议通过免去汪跃平的区人民政府副区长职务建议。

第 11 次常委会会议　2013 年 4 月 26 日召开，听取和审议区计生委主任方红雨作的《关于＜流动人口计划生育工作条例＞贯彻实施情况的报告》；审议通过《黄山市屯溪区人民代表大会常务委员会关于开展满意度测评工作的暂行办法》；审议区人大常委会主任会议《关于提请接受汪跃平同志辞去黄山市屯溪区人大代表职务的议案》，做出《关于接受汪跃平辞去黄山市屯溪区人大代表职务的决定》。

第 12 次常委会会议　2013 年 5 月 7 日召开，审议区人大常委会主任会议《关于提请许可黄山市屯溪区人民检察院对任新志采取强制措施的议案》，做出《关于许可黄山市屯溪区人民检察院对任新志采取相应强制措施并停止其执行代表职务的决定》。

第 13 次常委会会议　2013 年 6 月 28 日召开，听取和审议区水利局局长江宏作的《关于病险水库除险加固工作情况的报告》，经满意度测评予以通过。会议审议区人大常委会主任会议“关于提请接受钱代林同志辞去黄山市屯溪区人大代表职务的议案”，做出“关于接受钱代林同志辞去黄山市屯溪区人大代表职务的决定”。任命袁震宇、陈志勇为区人民政府副区长。会议还进行了其他有关人事任免。

第 14 次常委会会议　2013 年 8 月 20 日召开，听取和审议区人民政府《关于屯溪区 2013 年上半年国民经济和社会发展计划执行情况的报告》《关于屯溪区 2012 年财政决算（草案）及 2013 年上半年财政预算执行情况的报告》和《关于屯溪区 2012 年度本级预算执行和其他财政收支情况的审计工作报告》，经满意度测评予以通过。会议做出《关于批准 2012 年区级财政决算的决议》《关于接受郑刚同志辞去黄山市屯溪区人民法院院长等职务请求的决定》《关于由黄山市屯溪区人民法院副院长朱继全代理院长的决定》。会议还进行了其他有关人事任免。

第 15 次常委会会议　2013 年 10 月 30 日召开，听取和审议区人民政府《关于项目建设情况的报告》、区人民法院《关于人民法庭工作情况的报告》、区人民检察院《关于侦查监督工作情况的报告》，经满意度测评予以通过。会议审议通过《关于开展代表述职及选民评议代表活动实施方案》。会议进行了有关人事任免。

第 16 次常委会会议　2013 年 11 月 28 日召开，听取和审议区人民政府《关于黄山市屯溪区基层医药卫生体制综合改革工作情况的报告》《关于黄山市屯溪区第十六届人民代表大会第二次会议人大代表建议办理工作情况的报告》，经满意度测评予以通过。会议听取和审议区人民法院《关于申请增加黄山市屯溪区人民法院人民陪审员名额的报告》，做出《关于增加黄山市屯溪区人民法院人民陪审员名额的决定》，人民陪审员名额总数为 37 名。会议听取和审议区十六届人大常委会代表资格审查委员会《关于代表资格审查情况的报告》，会议确认 2013 年 11 月 27 日分别补选、增选产生的江善良、朱继全、张纯、余巍、胡发强、洪洁 6 人为区十六届人民代表大会代表。会议研究关于昱中街道人大工委委员调整事项。会议还进行了其他有关人事任免。

第 17 次常委会会议　2013 年 12 月 26 日

召开，做出了《关于召开屯溪区第十六届人民代表大会第三次会议的决定》(2014年1月13日—15日召开)。听取和审议区人民政府《关于屯溪区2013年地方政府债券资金预算调整方案的报告》，做出《关于批准屯溪区2013年地方政府债券资金预算调整方案的决议》。同意将省转贷我区地方政府债券资金1500万元列入2013年区本级财政预算，用于城市棚户区改造项目。任命徐道全等20人为区人民法院人民陪审员。会议还进行了其他有关人事任免。

第18次常委会会议　2013年12月31日召开，听取和审议区人民政府《关于2013年黄山市屯溪区财政预算调整方案的报告》，做出了《关于批准2013年黄山市屯溪区财政预算调整的决议》。同意将2013年全区公共财政收入预算任务由9.72亿元调整为9.376亿元，并相应调整其他支出预算。会议进行了有关人事任免。

重要活动

【开展宪法纪念活动】　2012年8月—12月在全区集中开展纪念现行宪法公布施行30周年系列活动。一是8月24日—9月11日，组织全区各级干部职工共5000余人参加全省宪法报刊知识竞赛。二是8月27日—29日，组织全区930余名安徽干部教育在线学习人员上线参加宪法、法律知识在线学习测试，通过率达98%以上。三是组建屯溪区竞赛代表队参加黄山市纪念现行宪法公布施行30周年宪法电视知识竞赛，获全市宪法电视知识竞赛三等奖。四是2012年9月27日下午在区委区政府礼堂举办宪法学习专题报告会，邀请黄山学院教授刘铁红做报告，共400余人参加。五是2012年9月10日—11月20日在全区范围内开展“纪念现行宪法公布施行30周年”征文活动，收到20篇。六是12月4日在徽州大剧院门前广场集中开展宪法和法律法规大型宣传咨询活动。

【开展满意度测评】　2013年4月26日，人大常委会审议通过《黄山市屯溪区人民代表大会常务委员会关于开展满意度测评工作的暂行办法》，规定对纳入常委会审议议题的“一府两院”专项工作报告进行满意度测评。满意和基本满意票之和达常委会组成人员50%以上（不含50%），测评事项予以通过。对测评事项未通过的，有关部门根据常委会审议意见进行整改，并重做报告，并再次进行满意度测评。对仍未获通过的，有关部门主要负责人要向常委会主任会议做出说明，主任会议可以责成有关部门限期整改并报告整改结果；可以决定采取专题询问、质询或特定问题调查等方式进行跟踪监督；必要时由常委会做出相应的决议。

【开展代表述职，接受选民评议活动】　2013年10月—12月，区人大常委会组织代表开展向选民述职、接受选民评议活动。25名区人大代表在各自代表小组召开的选民代表会上报告履职情况，选民代表对各位人大代表依法履行职责进行评议和满意度测评。同时，各代表小组通过走访选民和召开选民座谈会等形式，广泛征求选民对代表履职的意见和建议，督促代表履职工作，提高履职绩效。

【开展代表优秀建议、先进代表小组、优秀人大代表评选活动】　2012年4月和2013年4月，区人大常委会先后出台《黄山市屯溪区第十六届人大代表优秀建议评选办法》、《黄山市屯溪区第十六届人大先进代表小组、优秀人大代表评选办法》。2012年11月、2013年11月，分别组织开展2012年度、2013年度代表优秀建议评选活动，共评选出2012年度代表优秀建议11件、2013年度代表优秀建议11件，在召开的区人民代表大会上予以通报表彰。2013年11月—12月，组织开展两年一次的先进代表小组、优秀人大代表评选活动，共评选出先进代表小组3个，优秀人大代表12名，在召开的区人民代表大会上予以通报表彰。

执法检查

【开展执法检查】 2012年7月18日—7月26日，区人大常委会组成执法检查组通过发放调查问卷、走访统计专业人员、召开座谈会及到昱东街道、阳湖镇实地调研等方式，对全区贯彻实施《中华人民共和国统计法》情况开展执法检查。

2013年4月9日—19日，区人大常委会组成执法检查组到市生猪定点屠宰场、阳湖小鹰养殖场、新潭东关养猪场、奕棋徽海生态农业有限公司和黎阳镇傍霞养猪场，对畜禽防疫措施落实情况进行实地调查，并召开由工商分局、区农委、财政、卫生等相关单位负责人及市定点屠宰场负责人参加的座谈会，听取动物防疫工作情况汇报，听取和审议区人民政府《关于<动物防疫法>贯彻实施情况的报告》，对全区贯彻实施《中华人民共和国动物防疫法》情况开展执法检查。

2013年4月15日—19日，区人大常委会组成执法检查组采取个别走访、听取审计部门工作汇报、召开座谈会，以及听取和审议区人民政府《关于审计法贯彻实施情况的报告》等形式，对全区贯彻实施《中华人民共和国审计法》情况开展执法检查。

2013年4月11日—26日，区人大常委会组成执法检查组到昱东街道上新社区、老街街道珠塘社区了解流动人口计划生育服务管理工作情况，查看基层计生工作机构宣传资料、网络信息平台及档案台账，并召开由相关部门参加的座谈会，以及听取和审议区人民政府《关于<流动人口计划生育工作条例>贯彻实施情况的报告》，对全区贯彻实施《流动人口计划生育工作条例》情况开展执法检查。

2013年5月28日—7月19日，区人大常委会组成执法检查组先后查看区档案馆建设和管理工作，集中听取区档案局工作汇报，到区社保管理中心、区旅游局等单位实地查看档案室建设和档案资料建档管理情况，并召开档案工作座谈会，听取和审议区人民政府《关于贯彻实施档案法情况的报告》，对全区贯彻实施《中华人民共和国档案法》情况开展执法检查。

【开展“六五”普法中期督查】 2013年6月26日—7月19日，区人大常委会组成督查组，到昱东街道上新社区、黎阳镇凤霞村、区城市管理行政执法局等单位，实地检查“六五”普法工作开展情况，听取区司法局关于全区“六五”普法工作开展情况汇报，召开“六五”普法工作座谈会，听取和审议区人民政府《关于“六五”普法工作情况的报告》，对全区“六五”普法工作开展中期督查。

【开展工作视察】 开展美好乡村工作视察。按照省、市统一部署，屯溪区围绕“三宜三美”建设目标，在5个中心村全力推进美好乡村建设，形成“规划先行示范引路、深入发动营造氛围、创新机制挂牌督战、整合项目加强监管、优化产业做强支撑”的特色做法。2013年11月13日，区人大常委会组成视察组，到全区第一批五个中心村走访当地村干部及村民，实地察看美好乡村建设情况，集中听取区美好办关于“美好乡村建设情况汇报”，并与镇、区直有关部门进行座谈，全面了解全区美好乡村建设情况。

开展法院工作视察。2013年12月4日，区人大常委会全体组成人员到区人民法院开展工作视察。实地察看区人民法院立案大厅、信访接待室、审管办、审判庭和文化陈列室，并召开座谈会，听取区人民法院主要负责人关于该院机构设置、各机构工作职能、队伍建设、审判流程管理、绩效考评等工作情况介绍。

（吴宝权）

屯溪区人民政府

综　述

【概况】 1949年5月13日成立屯溪市人民政府；1956年5月，市人民政府改称市人民委员会；1963年9月，市人民委员会改为镇人民委员会；1968年7月10日成立屯溪镇革命委员会；1976年1月，镇革命委员会改为市革命委员会；1981年5月，市革委会改称市人民政府；1988年3月，屯溪市人民政府正式改称为黄山市屯溪区人民政府。截至2013年底，屯溪区设立工作机构22个，其中组成部门16个，直属机构6个。

2012年屯溪：地区生产总值86.24亿元（在地），增长9.9%；全社会固定资产投资142.24亿元（在地），增长15.9%；财政一般预算收入8.54亿元，增长25.4%；城镇居民人均可支配收入21208元，增长13.6%；农民人均纯收入10558元，增长15.4%。

2013年屯溪：地区生产总值94.2亿元，同比增长8.1%；全社会固定资产投资171.2亿元，增长20.4%；财政收入9.41亿元，增长10.2%；城镇居民人均可支配收入23359元，增长10.1%；农民人均纯收入11859元，增长13.7%。

重要会议

【区政府第一次全体会议暨廉政建设工作会议】 2012年6月29日，区政府召开第一次全体会议暨廉政建设工作会议。会议通报2012年上半年政府系统廉政工作情况，部署2012年下半年廉政建设工作任务。区政府组成人员，各镇人民政府镇长、各街道办事处主任，区政府办副主任，区政府各直属机构、区政府工作机构主要负责人，九龙园区管委会各处主要负责人出席会议。邀请区委各部门、区人大办、区政协办、区人武部、区法院、区检察院、屯溪公安分局、区委区政府各督查小组、屯溪农

区政府第一次全体暨廉政建设工作会议

村商业银行负责人，区各民主党派、工商联、各群众团体负责人参加会议。区委副书记、区长胡黎明出席会议并讲话。

【区政府第二次全体会议暨廉政建设工作会议】 2013年11月10日，区政府召开第二次全体会议暨廉政建设工作会议。区政府组成人员，各镇人民政府镇长、各街道办事处主任，区政府办副主任，区政府各直属机构、区政府工作机构主要负责人，九龙园区管委会各处主要负责人出席会议。邀请区委各部门、区人大办、区政协办、区人武部、区法院、区检察院、屯溪公安分局、区委区政府各督查小组、屯溪农村商业银行负责人，区各民主党派、工商联、各群众团体负责人参加会议。区委副书记、区政府区长胡黎明出席并作讲话。监察局、财政局、住建委、阳湖镇政府、昱中街道办事处分别就做好反腐倡廉工作作表态发言。

【区政府常务会议】 第1次常务会议 2012年2月16日下午召开，研究并原则通过《屯溪区2012年招商引资工作实施意见》《屯溪区2011年对上争取考核奖惩方案和2012年考核奖惩办法》《屯溪区关于加快培育和发展战略性新兴产业的实施意见》《屯溪区推进服务业发展实施意见》《关于进一步做好企业用工服务的意见》和征地拆迁、控违拆违、十大工程、“651”亮点（经济类）项目、民生工程、园区建设等六个方面重点工作2011年考核奖惩方案及2012年考核奖惩办法。听取区其他事业单位实施绩效工资工作情况和军转干部随调家属自谋职业补助资金情况的汇报。

第2次常务会议 2012年3月28日晚召开，研究并原则通过《仙人洞南路及安置区地块房屋征收补偿方案》《屯溪区2011年度招商引资考核奖励方案》《关于加强全区应急处置力量建设的意见》《屯溪区人民政府2012年度依法行政工作要点》《屯溪区人民政府特邀行政执法监督员工作规则》《屯溪区人民政府法律顾问组工作规则》。听取屯溪区工人文化宫实施整体拆迁有关情况的汇报、公安系统先进集体和先进个人表彰情况汇报、屯溪区2011年度社会治安综合治理及防范和处理邪教工作表彰情况汇报，以及将江南新城、黎阳老街安置区资产财务移交区国投公司管理的汇报和调整屯溪区国有资产投资运营有限公司领导班子的情况汇报。

第3次常务会议 2012年4月15日上午召开，研究并原则同意《屯溪区关于加大农业科技创新力度加快推进农业现代化的意见》《关于规范和加强农村经营管理工作的意见》和《黄山九龙低碳经济园区助保金贷款业务实施方案》。传达贯彻全省加强和创新社会管理工作和省、市人口和计划生育工作会议精神，研究并原则通过《关于加强和创新社会管理的实施意见》《屯溪区建立完善人口和计划生育利益导向机制实施办法》和《屯溪区推进城乡居民收入倍增规划实施意见》。听取屯溪区2011年度安全生产先进集体和先进个人评选情况和关于拟表彰2007–2011年度建议提案办理先进集体和先进工作者的情况汇报。

第4次常务会议 2012年5月3日上午召开，学习《办理申请人民法院强制执行国有土地上房屋征收补偿决定案件若干问题的规定》和《国有土地上房屋征收评估办法》。研究并原则通过《仙人洞南路改造项目房屋征收决定》。研究并原则同意《屯溪区2012年扶贫帮困高潮实施意见》《黄山市屯溪区社区信息化建设实施意见》和《屯溪区党政机关事业单位公务用车编制管理制度》。听取关于化解陈海荣信访问题的汇报和2012年全区人口和计划生育工作会议筹备情况汇报。

第5次常务会议 2012年5月27日上午召开，研究并原则通过《屯溪区农村集体资产产权改革试点工作实施意见》《屯溪区2012年度工业经济目标管理考核办法》《部分事业单位人员参加养老保险个人缴费解决方案》和《2012年屯溪区事业单位公开招聘工作方案》。听取提高村级动物防疫员劳务报酬的汇报。听取关于原8023部队退役人员上访诉求情况处理汇报。

第6次常务会议　2012年6月10日上午召开，研究并原则通过《屯溪区应对流感大流行应急预案》《屯溪区2012年街居经济税收考核奖励办法》《屯溪工业园区招商引资优惠办法》《屯溪区工业发展扶持资金管理暂行办法》和《进一步加强屯溪区行政事业单位公务接待费用管理的若干规定》。听取屯溪区2011年度机关效能、政风和部分行业行风“三位一体”评议情况的汇报。

第7次常务会议　2012年6月24日上午召开，研究并原则通过《阳湖西片区房屋征收决定》。听取关于解决屯溪水泥厂破产改制遗留问题的情况汇报。听取屯溪区2011年机关、事业单位工作人员年度考核基本情况的汇报。

第8次常务会议　2012年7月8日上午召开，研究并原则通过《屯溪区加快养老服务体系建设实施办法》。听取屯溪区城市社区党组织委员会和居民委员会统一换届选举工作安排情况汇报。听取2012年“八一”期间开展走访慰问驻军和重点优抚对象活动情况的汇报。听取2011年度区政府目标管理考核情况的汇报。

第9次常务会议　2012年8月11日上午召开，研究并原则通过《屯溪区普惠性民办幼儿园奖励实施办法（试行）》《屯溪区学前教育资助实施办法（试行）》《屯溪区区级预算单位公务卡制度改革实施意见》《屯溪区区级预算单位公务卡使用管理暂行办法》和《屯溪区文化产业投资有限责任公司组建方案》。

第10次常务会议　2012年9月8日上午召开，审议并原则通过《屯溪区妇女发展纲要（2011–2020年）》《屯溪区儿童发展纲要（2011–2020年）》《屯溪区事业法人绩效评估暂行办法》和黄山市江南文化产业投资有限公司董事会、监事会成员名单。听取屯溪区关闭破产集体企业内退人员参加城镇职工基本医疗保险情况、关于申报第七批省级文物保护单位情况、关于屯溪区新农合基金运行工作情况、关于对区司法局办公楼和黄山经济开发区法庭大楼建设调查情况和关于人口与计划生育工作有关情况的汇报。

第11次常务会议　2012年10月5日上午召开，审议并原则通过《屯溪区科学技术奖励实施办法》和《屯溪区突发粮食事件应急预案》。听取关于提高本区城乡居民最低生活保障和农村五保供养标准情况的汇报。研究并原则通过《屯溪区人民政府2012年目标管理绩效考核办法》。

第12次常务会议　2012年11月10日下午召开，学习《关于规范城乡规划行政处罚裁量权的指导意见》和《最高人民法院关于审理涉及农村集体土地行政案件若干问题的规定》。研究并原则通过《屯溪区美好乡村农民建房审批管理暂行办法》《屯溪区村庄违法建设整治暂行办法》。听取关于推进屯溪区政务集中服务工作的报告。

第13次常务会议　2012年11月25日上午召开，审议并原则通过《屯溪区促进外贸进出口奖励办法》《屯溪区2013年新型农村合作医疗统筹补偿方案》《屯溪区人民政府工作报告（送审稿）》《屯溪区2012年经济社会发展计划执行情况与2013年计划草案的报告（送审稿）》和《屯溪区2012年财政预算执行情况与2013年财政预算草案的报告（送审稿）》。研究并原则通过《屯溪区2013年度“千万亩森林增长工程”实施方案》。研究并原则同意区住建委关于立即启动阳湖西片区屯溪二中宿舍区和党校路上一幢民宅的房屋征收工作方案。

第14次常务会议　2012年12月15日上午召开，审议并原则通过《屯溪区行政规范性文件管理规定》《屯溪区重大林业生态破坏事故应急预案》《屯溪区重大外来林业有害生物灾害预防和除治工作应急预案》《屯溪区政府投资项目跟踪审计办法》《屯溪区审计结果公告办法》《屯溪区烟花爆竹重大事故应急救援预案》《屯溪区危险化学品事故应急救援预案》《屯溪区区级政府非税收入收缴管理办法》《黄山市屯溪区人民政府信访事项复查办法》《黄山市屯溪区涉外突发事件应急预案》和《屯溪区卷烟零售点合理化布局管理规定》等规范性文件。研究并原则通过《屯溪区食品安全违法行为举报奖励暂行办法》《关于2013年“两节”送温暖慰问建议方案》和《屯溪区公务员津贴补贴标准调整方案》。

第15次常务会议　2013年1月13日下午召开，审议并原则通过《屯溪区被征地农民就业培训和基本养老保险实施办法》。听取屯溪区2011年冬季退役士兵安置计划、2013年招商引资高潮安排情况、2013年旅游宣传营销高潮安排情况、2013年重点村镇环境风貌整治高潮安排情况、2013年“两个百幢”项目安排情况、2013年“美好乡村建设”及“扶贫帮困”高潮安排情况及2013年绿色提升高潮安排情况的汇报。研究并原则通过《屯溪区人民政府关于实施“千万亩森林增长工程”的意见》和《屯溪区实施“千万亩森林增长工程”和营造“五林两园”奖补办法》。研究了关于对离退休人员发放房改补贴事宜。

第16次常务会议　2013年2月26日晚召开，研究并原则通过《屯溪区2012年重点工作黄牌惩罚的建议》及《屯溪区2013年重点工作黄牌惩罚方案》。听取城乡建设大提升实施方案、园区经济大提升实施方案、服务业发展大提升实施方案、项目建设大提升实施方案和发展环境大提升实施方案的汇报。

第17次常务会议　2013年3月26日晚召开，研究并原则通过关于调整和规范政府编外聘用人员工资待遇的意见。研究并原则通过招商引资、园区建设、民生工程、“十大工程”、工业经济、文明创建、征地拆迁、拆违控违等8项工作2012年度考核奖惩情况及2013年度考核奖惩办法和“651”亮点工作、综治和防处邪教工作2012年度考核奖惩情况。研究并原则通过2012年度重点工作黄牌惩罚的建议及2013年度黄牌惩罚办法。研究并原则通过2013年度美好乡村建设考核办法及千万亩森林增长工程考核暂行办法。

第18次常务会议　2013年4月13日晚召开，听取屯溪区拟公布第四批区级文物保护单位情况、2012年度信访工作目标管理考核情况和外边溪30号、32号房屋使用情况的汇报。听取关于表彰2012年度区安全生产先进单位、先进企业和先进个人的汇报。审议并原则通过《屯溪区突发地质灾害应急预案》《屯溪区加强殡葬基本公共服务实施办法》《屯溪区解决进城务工随迁子女入园办法》及《屯溪区鼓励企事业单位办园奖励实施办法》。听取并原则同意《关于2012年度对上争取完成实绩和2013年度任务分解情况的报告》和《关于2012年街居经济税收考核奖励和2013年度任务分解情况的报告》。研究并原则同意《屯溪区休闲农业投资有限责任公司组建方案》和《黄山九龙低碳经济园区促进税收增长的意见》。

第19次常务会议　2013年4月28日下午召开，听取屯溪区2013年度确定优待金评定（兑现）标准情况。听取屯溪区拟公布第四批区级非物质文化遗产名录情况的汇报。研究并原则同意《屯溪区2013年街居经济税收考核奖励办法》《关于增强自主创新能力，促进区域创新体系建设实施办法》《屯溪区关于大力发展民营经济的实施办法》和《关于贯彻黄山市人民政府关于促进经济持续健康较快发展意见的实施办法》。

第20次常务会议 2013年6月24日晚召开，听取2013年全区人口和计划生育工作会议筹备情况和黄山市屯溪塑料三厂改制有关工作情况的汇报。研究了《关于进一步提升农村基本公共服务水平的实施方案》。组织学习《中华人民共和国旅游法》。

第21次常务会议 2013年7月18日晚召开，听取屯溪区2012年度机关、事业单位工作人员年度考核基本情况的汇报。听取关于2013年“八一”期间走访慰问驻军和重点优抚对象活动情况的汇报。研究《元一代建工程项目工程款结算方案（草案）》。研究区政府领导分工调整有关事宜。

第22次常务会议 2013年7月28日下午召开，听取关于区属集体企业第二百货商店改制有关工作的情况汇报。研究并原则同意《关于在全区开展在编不在岗和违规领取财政资金人员专项清理工作的实施方案》《屯溪区争先进位奖励办法》和《2013年信访工作考核奖惩办法》。

第23次常务会议 2013年9月27日晚召开，听取屯溪区2012年冬季退役士兵安置方案的汇报。研究并原则同意《屯溪区促进外贸进出口奖励办法》《屯溪区2013年度社会管理综合治理工作考核办法》。听取屯溪区2012年度机关效能、政风和部分行业行风“三位一体”评议情况的汇报。听取关于2012年度区政府目标管理考核情况的汇报。研究2012年度目考奖发放有关事宜。

第24次常务会议 2013年10月27日下午召开，听取关于提高屯溪区城乡居民最低生活保障和农村五保供养标准情况的汇报。研究并原则同意《关于发放社区专职工作人员职称津贴的方案》《屯溪区政府老街专职消防队组建方案》《屯溪区2013年度防范和处理邪教工作考评办法》和《屯溪区2013年度目标管理绩效考核办法》。听取关于日普投资股份有限公司借款建厂房有关事宜的汇报。

第25次常务会议 2013年12月14日下午召开，研究并原则同意《屯溪区人民政府安全生产职责规定》《屯溪区农村党建特派员驻村工作补贴及奖励暂行办法》《屯溪区政府投资项目工程建设标后管理规定》《屯溪区进一步完善人口和计划生育利益导向机制实施办法》和《屯溪区生活必需品市场供应突发事件应急预案》。听取2014年“两节”送温暖慰问活动方案的汇报。听取融资担保和资产处置工作情况汇报。听取原屯溪酒厂、二塑信访问题解决意见的汇报。

政府办公室工作

【概况】 区人民政府办公室是协助区政府领导处理区政府日常工作的综合办事机构，具有审核把关、督查落实、提供信息、跟踪调研、指导政务公开等职能。2010年区政府机构改革，政府办公室设秘书科、综合一科、综合二科、区政府督查室、区政府应急管理办公室（区政府总值班室）、行政科6个内设机构。区政府办公室（含挂牌机构）机关行政编制17名。区政府办公室在区政府的直接领导下，履行参谋、助手、协调、保障等职能。

【文秘、综合文稿工作】 负责区政府、区政府办公室文件的拟稿、审稿，起草各种会议材料和专题材料。2012—2013年，共起草、审核、校对以区政府或区政府办名义形成的文稿、领导讲话材料800多份（篇），为部门、镇（街道）修改各类材料180多篇，制发政府各类文件280多件，下发A、B类和C类批示1260份、阅知件2618份。

【政务督查】 2012年，区政府督查室围绕十大工程建设、重点工程建设、园区建设、亮点建设、节假日值班情况、经济观摩点建设等重点事项开展督查督办。全年编写《政务督查专报》35期，办理区政府主要负责人A、B类批示93件，编发《领导批示办理报告单》93份，协助、协调、组织和参与较大的督查活动2次，协调督查反馈区委交办事项16起。

2013年，区政府督查室围绕十大工程建设、重点工程建设、园区建设、亮点建设、经济观摩点建设、千万亩森林增长工程、美好乡村建设等重点事项开展督查督办工作。全年编写《政务督查专报》35期，办理区政府主要负责人A、B类批示73件，编发《领导批示办理报告单》73份，协助、协调、组织和参与较大的督查活动2次，协调督查反馈市政协交办事项8起、区委交办事项8起。

区长胡黎明到硕客家居调研

【建议、提案办理】 2012年区政府督查室：共办理区人大建议130件，办理政协提案113件，办复率、见面率100%，满意和基本满意率98.5%。撰写完成区政府系统区人大建议、政协提案办理情况报告，提交区人大常委会和区政协十二届一次会议备案和通报。

2013年，区政府督查室：共办理区人大建议101件，办理政协提案128件，办复率、见面率100%，满意和基本满意率99.2%。撰写完成区政府系统区人大建议、政协提案办理情况报告，提交区人大常委会和区政协十二届二次会议备案和通报。

【目标管理考核】 2012年，区政府督查室根据市政府目标管理绩效考核办法的内容，对市政府42项考核任务进行分解，明确牵头单位及协办单位，调整各镇、各街道及32个区直单位具体考核指标，经区政府第11次常务会议研究审议通过。全年召开目标管理绩效考核形势分析汇报会4次。2012年，屯溪区获全市目标管理绩效考核综合奖（全市第二）和社会建设、民生改善2单项奖，争取到以奖代补项目建设资金100万元。区政府分别对全区获优秀奖、先进奖、进位奖、贡献奖、工作创新奖的单位给予表彰。

2013年，区政府督查室根据市政府目标管理绩效考核办法的内容，对市政府51项考核任务进行分解，明确牵头单位及协办单位，调整各镇、各街道及32个区直单位考核指标，经区政府第24次常务会议研究审议通过。围绕“保二争一”的目标，全年召开目标管理绩效考形势分析汇报会5次。

【应急管理】 区应急办于2006年5月成立，与政府总值班室合署办公，办公室主任高配副科级，全面指导和协调全区应急管理工作，负责应急值守、信息汇总、综合协调工作，接收办理向市、区政府报送的紧急重要事项，组织编制全区突发公共事件总体应急预案，督促检查各镇（街道）、区直各部门应急组织机构和应急处理措施的落实，协助政府领导处置重大突发公共事件，履行全区应急综合协调职能。2012年，在5个镇、4个街道及区直有关部门设立突发公共事件信息报告员，建立健全应急信息网络体系。2013年，修订完善突发事件信息报送制度。2012年—2013年，累计组织参加各类应急演练32次，协调处置突发公共事件20多起。

【政务公开】 2012年—2013年，区政府信息公开网共发布财政预决算、保障性住房、食品安全、环境保护、生产安全事故、征地拆迁、招投标、价格和收费等各类信息11500多条。同时，在区政府网站公布投诉受理电话、信箱，设立“区长热线”和“区长信箱”，接受处理群众反映事项。2012—2013年，共受理区长热线300多条，区长信箱77件，市民连线2404件。通过政风行风热线受理群众反映事件90多件，答复率100%。

【政务服务】 区政务服务中心于2013年5月成立，共设置6个独立窗口和1个综合窗口，涉及16个窗口单位。办理审批服务事项10项（含收费项目1项）。区政务服务中心采取“市区共建”模式在市政务服务中心集中办公，与市政务服务中心共享硬软件资源，实现项目优势互补，方便中心城区群众办事，提高便民服务效率。2013年区政务服务中心共受理事项2153件，办结率100%，服务群众近4000人次。

（桂 林）

法制工作

【概况】 屯溪区人民政府法制办公室是负责区政府办理法制工作事项的办事机构，其前身是1990年成立的屯溪区人民政府法制局（区政府行政复议办公室），2002年改为现名。主要职责是负责区政府规范性文件的制定与实施；承办区政府交办的法律、法规、规章草案的征求意见工作；协调部门之间在法律、法规、规章执行中的矛盾和争议；研究涉及政府行为共同规范的法律、法规、规章实施以及行政执法中带普遍性的问题；依法办理行政复议事项等。

【加强规范性文件管理】 注意从源头上把好规范性文件质量关，年初开展编报规范性文件立项计划工作。对未征求意见和未经单位集体讨论的文件，一律不予审查。2012年度，立项35项，涉及公共卫生、劳动保障、财务管理、安全生产等领域。2013年度立项9项，涉及计生、住建、卫生等领域。对规范性文件采取事前指导、事中审查、事后监督方式进行审查。2012年度召开规范性文件征求意见会12次，网上征求意见35件，共审查规范性文件35件。2013年度召开规范性文件征求意见会8次，网上征求意见8件，共审查规范性文件8件。做好规范性文件的备案工作，制定的政府规范性文件，均及时报送市政府和区人大常委会备案，报备率达100%。2012年度对现行有效规范性文件进行清理，保留42件，废止9件，拟修改21件。

【法律顾问组和特邀行政执法监督员建设】 为提高依法行政水平和工作效能，结合本区实际，2012年4月21日印发《屯溪区人民政府法顾问组工作规则》和《屯溪区人民政府特邀行政执法监督员工作规则》。聘请6位政府法律顾问和12位政府特邀行政执法监督员。同时将“区政府法律顾问列席区政府常务会议，研究区级重大行政决策议题；镇政府法律顾问参与党政负责人有关会议，研究镇级重大行政决策事项”作为本区依法行政特色创建工作。开展特邀行政执法监督员参与执法单位案卷评查、依法行政考核等依法行政监督活动。

屯溪区行政执法人员培训班

【行政执法监督】 2012年度办理行政复议申请9件。2013年共办理行政复议案件11件，共办理行政诉讼案件6件。2013年倡导阳光执政，推进政府信息公开。抓好财政资金使用、集体资产资源处置、征地补偿、涉农经费、救灾救济资金分配使用以及基层民主选举、民主决策、民主管理、民主监督制度等事关基层群众切身利益事项的公开。

【行政执法人员证件管理】 加大行政执法人员信息管理系统的推广力度，督促各单位通过系统办理行政执法证件。将证件年审与培训考试相挂钩，每年对行政执法人员进行专项培训，对于不参加考试或者考试不合格的，不予证件年审，取消执法资格。2012年度全区139名行政执法人员通过年审，2013年度全区102名行政执法人员通过年审。

【依法行政示范创建工作】 2013年，首次在全区开展依法行政示范单位创建工作。根据区直部门和镇政府的不同职能，引导执法部门申报示范创建单位，加强对与群众利益密切相关部门的示范创建工作指导，引导其规范执法行为，突出工作亮点，通过优化重点执法部门的依法行政能力和水平，提升屯溪区依法行政水平。

【学习与宣传】 2012年度，围绕项目建设、房屋征收、森林防火、维稳包保等中心工作和重点任务，编发"六五"普法系列读本。在各镇（街）、村（居）设立并定期更新普法宣传栏、普法板报。开展"法律进基层"主题活动。2013年建立屯溪区法治文化公园、首创法治影院，播放法制栏目和电影20余次，受教育人群400余人次。开通短信普法平台，发送法制信息12000条；建立多处法律图书角或普法书籍专柜，形成"电台有声、荧屏有像、网络有依据、报纸有文章、基层有专栏"的立体化法制宣传格局。组织全区700多名公务员参加学习考试，组织召开房屋征收补偿条例专项培训会。

（凌小平）

外事侨务

【概况】 屯溪区外事（侨务）办公室成立于1988年3月，属区政府直属机构，1997年3月改设为区政府办内设挂牌的机关管理正科级行政单位。主要职责是负责区政府外事、侨务工作；贯彻执行外事和侨务工作方针政策，检查和监督外事纪律和保密制度；负责官方外宾和华侨接待工作，促进民间交往；办理对外事务和对外友协工作；保护归侨及侨眷的合法权益，做好华侨捐赠等工作；负责对外宣传工作，做好海外侨胞的联络工作。截至2013年年底，登记在册的屯溪区归侨6人，侨眷320余户，侨眷侨属1000余人。外事办在岗人员3人。

韩国大邱东区中学生来屯溪区交流

【外事侨务工作】 做好屯溪区党政干部因公出国（境）计划申报和区领导出访服务工作，落实服务省市外事接待工作。完善侨眷、贫困归侨基本信息库，建立联系和社区志愿者"一对一"帮扶制度，走访华侨、归侨和侨眷，提供上门服务，帮扶困难归侨侨眷生产生活。

2012年–2013年，开展“凝侨心、送温暖”活动，60人次华侨、归侨和侨眷受到扶助，受助款物达3万余元。2013年3月，开展“爱心助学”活动，共有16名贫困学生受到马来西亚《星洲日报》助养，捐助款达1.152万元。2013年9月，共有10名贫困学生收到助学款7000元。

【社区侨务】 开展社区《侨法》宣传和大讲堂活动，普及《侨法》、侨规及有关知识。2012年–2013年，在昱中花园举办侨法宣传活动；开展争创《侨法》宣传角活动，参与活动3000余人次，昱中街道柏树社区被国侨办设为“侨法宣传角”；在全区开展“创建全国社区侨务工作示范点”活动。2013年8月，珠塘社区被国务院中侨办确定为全国社区侨务工作示范点。

（张刚勇）

信访工作

【概况】 1957年8月，设立中共屯溪市委人民来信来访办公室。1982年6月成立中共屯溪市委、市政府信访办公室。1988年改称区委区政府来信来访办公室，2002年改为屯溪区委区政府信访局。中共屯溪区委区政府信访局是区委办公室主管区委区政府信访工作的挂牌机构，其主要职责是贯彻落实党和国家有关信访工作的方针、政策、法律、法规，处理群众给区委、区政府的来信以及上级交办的信访件，接待群众来访，直接查处信访自立案件，协调处理涉及几个部门的信访问题，协助有关部门处理重大疑难信访问题，负责全区信访工作业务的指导、培训，组织实施全区信访工作目标管理的考核奖惩，建立健全信访网络。截至2013年底区信访局在编5人。

【接待群众来信来访】 2012年，受理人民来信280件次，接待群众来访777件人次。区党政领导干部公开接访103次，接待群众来访106批件次482人次，化解信访问题93件次。2013年，受理人民来信和接待群众来访254件次759件人次。区党政领导干部开门接访116次，接待群众来访107件次348人次，化解信访问题97件次。

【建立信访接待中心】 2012年1月，建成160平方米信访联合接待中心并投入使用，配置无障碍通道、电子显示屏、30个座椅、饮水机等便民设施。2013年10月，投入2.5万元采购设备，对接待大厅、调解室、会议室的电子屏、监控等设施进行完善。

信访大厅

【化解信访积案】 2012年，在全区开展“信访积案化解推进年”活动和市“百日攻坚”活动，化解省交办的6件信访积案，化解结案率100%；办结市交办的24件疑难信访积案，化解16件，化解率66.67%。2012年5月，开展信访积案评查听证，成立6个信访积案专项评查小组，由公、检、法、司主要负责人担任小组组长，对12件信访积案进行评查听证。

2013年，省交办的1件信访积案和市交办的23件信访积案全部按时办结，结案率100%。2013年12月，开展信访事项阳光评议，成立“屯溪区信访事项阳光评议团”，通过公开、公正、公平的方式对疑难复杂信访事项进行阳光评议。

（程秀春）

接待工作

【概况】 屯溪区委区政府接待处成立于2002年4月，是区政府管理的全额拨款事业参公单位，其主要职责是规范区委区政府接待程序，提高接待质量，严格接待标准，发挥接待工作作为经济发展的桥梁、纽带作用，为屯溪区的两个文明建设服务。在岗3人。

【工作情况】 2012年共完成接待615批，8261人次。其中，中央级来宾接待9批次，接待人数为201人。主要有：接待农业部“百乡万户”调研组；国家发改委、交通运输到屯溪区就国省干线公路进行专题调研；国家发改委到屯溪区听取全国人大代表意见暨服务业发展调研；国台到屯溪区作台情报告会等。省级来宾接待31批次，接待人数为337人。主要有：省委宣传部来到屯溪区进行徽文化发展暨古民居保护利用专题调研；甘肃省白银市白银区到屯溪区学习市容环境卫生管理和垃圾中转站建设方面取得的经验等。

2013年共完成接待505批次，接待人数为4629人。其中，中央级来宾接待是11批次，接待人数为120余人，主要有：全国社会主义新农村建设档案工作示范县活动领导小组到区验收屯溪区创建全国社会主义新农村建设档案工作示范区等。省级来宾接待是20余批次，接待人数为100余人，主要有：省国安办到屯溪区检查工作；青海省西宁市委政法委到屯溪区学习考察社会管理创新暨平安建设工作先进经验；华阴市到屯溪区考察发展旅游产业方面的经验等。

（刘艳东）

招商引资

【概况】 2001年6月成立屯溪区招商局，核定事业编制5名，2008年列入参照公务员法管理单位。主要职能是贯彻执行党和国家有关对外和利用外资的方针、政策，做好招商引资的宣传工作，为外来客商提供各类投资咨询和政策解答工作；编制印发招商材料，发布招商信息，组织经贸洽谈，建立区级招商网络；牵头组织乡镇和区直部门做好项目申报工作。

【招商政策】 2012年初，成立区招商引资工作领导组，制定《屯溪区掀起招商引资高潮实施意见》、《黄山市屯溪区鼓励投资工业企业入园暂行办法》。实施“区四套班子主抓工业招商，各镇、各街道主抓一产、三产招商，区直主要综合经济部门围绕各自职能抓招商”的招商策略，注重楼宇招商，开展以商招商，以小分队招商、节会招商、网络招商、委托招商、二次招商等多种招商方式，调动各方力量，挖掘各种潜力，全方位招商引资。推进项目周报告制度。

2013年，把招商引资作为经济发展的重中之重，强化督查和考核，突出工业招商和现代服务业招商。编制《屯溪区招商引资政策汇编》、

屯溪区招商引资项目集体签约仪式

《屯溪区招商引资推介项目手册》，实时更新《屯溪区楼宇招商手册》，编辑制作《黄山现代服务业产业园投资指南》。更新制作屯溪招商网站。实施项目第一引荐人制度及在谈项目备案制度。

【招商活动】 2012年，全年共接待来屯考察洽谈的客商69批次约300余人，小分队赴北京、杭州、厦门、南京、乐清等地外出招商约30批次。参加第六届中国（合肥）国际家用电器博览会和第十六届中国国际投资贸易洽谈会，集中推出重点招商项目20余个，发放《投资指南》、《屯溪区楼宇招商手册》等宣传资料共计300余份。

2013年，加大对“长三角”、“珠三角”等经济发达、产业转移意向明显地区的招商力度，强化对福建厦门、晋江等资金集中度相对较高地区的招商。利用皖台科技论坛，围绕屯溪区农业、电子等优势产业，引入一批关联度高的项目。与娃哈哈集团、苏果集团、东方商厦、台湾台塑集团等一批500强企业、央企、知名企业对接。全区累计小分队招商40余批次，对接拜访客商100多位，累计接待客商500余人次。累计发放招商宣传册2000余册。

【招商成果】 2012年，全区累计到位区外内资（含续建）74亿元，市外内资（含续建）73亿元，全区新引进100万元以上投资规模的区外项目593个，其中，纳入市招商局统计的市外投资项目125个，到位资金同期增长31.7%。全区投资总规模千万以上项目有70个，5000万以上22个，亿元以上18个。全年共引进9个工业项目，其中入园项目7个，总投资规模9亿元，到位内资2.4亿元，占新引进项目到位市外内资总量的10%。2012年，以商引商项目4个，分别为金逸国际影城项目、冰果师项目、申格电子、容宇五金。

2013年，全区累计到位区外内资（含续建）108亿元，市外内资（含续建）91.1亿元，全区新引进100万元以上投资规模的区外项目633个，其中，纳入市招商局统计的市外投资项目129个，到位资金同期增长25.4%。全区投资总规模千万以上项目有87个，5000万以上32个，亿元以上26个。全年共引进14个工业项目，其中入园项目14个，总投资规模19.1亿元，到位内资3.6亿元，占新引进项目到位市外内资总量的12.3%。

（陈　慧）

机关事务管理

【概况】 屯溪区机关事务管理局成立于2009年11月，设办公室、公车管理办公室、公共机构节能管理科、物业管理科、安全保卫科5个科室，事业编制4名，自聘后勤工作人员44名。属区政府直属全额预算事业单位。主要职责是负责区委、区政府机关事务管理；指导各镇、街道、区直各机关事业单位事务管理工作；负责指导监督公共机构节能工作。2011年12月以来，会同区纪委负责区党政机关、事业单位的公务用车管理工作。

【公共机构节能工作】 每年6月开展公共机构节能宣传周活动，普及节能知识。2012年对区政务中心进行能源审计，10月被安徽省发展和改革委员会、财政厅授予安徽省2012年度节

区政务中心创建国家级节约型公共机构示范单位汇报会

能示范单位。2013 年 9 月，区政务中心加入合同能源管理单位。开展创建国家第一批节约型公共机构示范单位工作，2013 年 12 月通过国务院机关事务管理局、国家发展和改革委员会、国家财政部联合评价验收。

【公务用车管理】 推进全区公务用车专项治理，查清全区党政机关事业单位公务用车配备情况；对全区党政机关事业单位 195 辆公车进行备案登记，建立公务车辆档案资料库，规范全区公务车辆档案管理；按照《屯溪区党政机关事业单位公务用车编制管理制度》等文件要求，对全区所有党政机关事业单位、团体组织的公务车辆编制进行重新核定，并对违规超编车辆进行清理纠正；严格执行公车更新购置、车辆报废制度。

【创建园林式绿化单位】 屯溪区政务中心占地面积 42.5 亩，规划绿地面积 17.1 亩。2010 年种植树种花木 50 多种 15.74 万株。2011 年将区政务中心绿地及苗木树种划分 33 个认建认养责任区，区直单位每年开展 1 至 2 次认建认养活动，抚育管理林木生长。2012 年 4 月，屯溪区政务中心被黄山市绿色质量提升行动领导组授予市级园林式绿化单位。

【机关服务和后勤保障】 围绕在服务中实施管理，在管理中实现服务这一核心，做好机关服务和后勤保障工作。2012 年屯溪区委、区政府在大礼堂召开各种类型会议 61 次；在视频会议室召开全国、安徽省、黄山市、屯溪区等层级的电视电话会议和其他类型会议 71 次；在大礼堂举办的纪念、文化、竞赛及商务活动 4 次。2013 年屯溪区委、区政府在大礼堂召开各种类型会议 40 次；在视频会议室召开全国、安徽省、黄山市、屯溪区等层级的电视电话和其他各类会议 71 次。加强办公楼区建筑物及其配套设施设备维护保养和检修，加强环卫保洁工作，确保区政务中心的运转和环境的整洁卫生。

（邓　咏）

扶贫工作

2012年成立屯溪区扶贫帮困工作领导小组，下设办公室（设在区农委）。经农村贫困监测核定，屯溪区 2011 年贫困人口为 1075 户，2127 人。按照“一户一策”帮扶工程的要求，全面走访贫困户，摸清其基本情况，完成“户有卡、村有册、镇有簿、区录入”扶贫档案工作。2012 年全区投入政府补助资金和争取社会帮扶资金共 372.952 万元，实现 225 户 500 名贫困人员脱贫。

全区 981 户、1721 人享受农村低保。发放春荒款、农村医疗等救助 192.53 万元。群团组织资助 14.8 万余元的助学金和物品。发放贫困重度残疾人生活特别救助、贫困精神残疾人药费补助等 17.682 万元。

屯溪区 2012 年贫困人口为 821 户、1560 人，贫困户人均纯收入 1897 元，贫困发生率为 3.91%。2013 年全区实现 420 户 810 名贫困人员脱贫。组织近 40 万元物品慰问 620 户困难群众。通过农村低保、医疗救助、救灾补助和残疾救助共发放 700 万元，其中 1034 户 1769 人享受农村居民最低生活保障金。对 60 户计生困难家庭和贫困母亲进行帮扶救助，发放 3 万元；对 27 户计生困难家庭大学生进行慰问，发放资助金 5.4 万元。向社会和企业筹集资金慰问贫困儿童和妇女，团区委筹集 13.48 万元，资助了 34 名农村学生。

（程诗韨）

政协屯溪区委员会

综　述

【概况】　1955 年 2 月，中国人民政治协商会议屯溪市委员会（简称“政协屯溪市委员会”或“屯溪市政协”）成立。1960 年 2 月，政协屯溪市委员会改称为政协休宁县委员会（此前休宁县未设政协）。次年 8 月，政协屯溪市委员会恢复。1963 年 5 月并入政协休宁县委员会。“文化大革命”期间，政协工作陷于瘫痪。1980 年 11 月，政协屯溪市委员会恢复。1988 年 3 月，改称政协黄山市屯溪区委员会。政协屯溪区委员会是中国人民政治协商会议地方组织，是中国共产党领导的多党合作和政治协商的重要机构，是屯溪区具有广泛代表性的爱国统一战线组织，是全区政治生活中发扬社会主义民主的重要形式。屯溪区政协的主要职能是政治协商、民主监督和参政议政。截至 2013 年年底，全区有政协委员 155 人。

2012 年—2013 年是屯溪区实现“三年新跨越”“四年大提升”战略目标的两年。区政协常委会主要工作：一是紧扣全区中心，协商议政；二是把民主监督寓于委员提案、社情民意、视察评议等各项工作之中，积极主动作为，履行民主监督职能；三是助推科学发展，参政议政；四是坚持团结民主，凝心聚力；五是紧密结合工作实际，不断加强政协专委会、委员队伍和政协机关作风建设，健全完善各项规章制度，提升履行职能的能力和水平。

重要会议

【区政协十二届一次会议】　2012 年 1 月 9 日 –12 日区政协十二届一次会议在区委区政府礼堂召开。会议应出席委员 155 人，实到 150 人。会议审议通过张旦星作的常委会工作报告和凌景生作的关于提案工作情况的报告，听取和讨论区政府工作报告及区法院、区检察院工作报告，表彰区政协十一届五次会议以来 14 名优秀政协委员和 9 件优秀提案，会议选举产生十二届区政协领导班子，主席张旦星，副主席凌景生、李秀珠（女）、戴玉英（女）、程红（女）、傅颖兵（女）；秘书长：吴凤英（女）。区委书记李高峰在闭幕会上讲话。

【区政协十二届二次会议】　2012 年 12 月 10 日—13 日区政协十二届二次会议在区委区政府礼堂召开。会议应出席委员 155 人，实到 151 人。

大会审议通过张旦星作的常委会工作报告和凌景生作的提案工作情况的报告，听取和讨论政府工作报告及区法院、区检察院工作报告，表彰区政协十二届一次会议以来10名优秀政协委员和10件优秀提案，区委书记李高峰在闭幕会上讲话。

【区政协常委会会议】 2012年3月1日下午召开第一次常委会议，学习《政协章程》和省、市、区有关会议精神，审议通过区政协2012年工作要点、区政协十二届专委会组成人员名单及区政协十二届委员界别活动组分组名单。

2012年6月18日下午召开第二次常委会议，视察九龙低碳经济园区建设情况和泰客轨道、龙潭水带、派尼尔、日普电动车等部分工业企业经营生产情况；听取区政府关于全区园区建设和工业发展情况的通报；讨论通过区政协专委会组织通则、工作简则及提案工作条例。

2012年9月7日下午召开第三次常委会议，区委常委、副区长吴友训通报全区上半年经济发展情况和下半年工作打算。政协各常委就经济发展中遇到的问题提出意见建议。

2012年11月29日下午召开第四次常委会议，通报2012年度委员“双述职”情况，协商通过区政协十二届一次会议以来优秀委员表彰名单和优秀提案表彰名单，协商通过委员届中调整有关事宜，讨论通过区政协十二届常委会工作报告和提案工作报告，研究通过关于召开区政协十二届二次会议有关事项。

2012年12月12日晚召开第五次常委会议，审议通过《区政协十二届二次会议提案审查情况的报告》（草案）和《区政协十二届二次会议决议》（草案）；部署区政协十二届二次会议期间的有关工作。

2013年3月14日下午召开第六次常委会议，学习全国政协主席俞正声在政协第十二届全国委员会第一次会议闭幕会上的讲话、安徽省委关于推进人民政协政治协商制度建设的意见和区委书记李高峰在“落实十八大、力促大提升”工作部署会上的讲话，审议通过区政协2013年工作要点、区政协2013年各专门委员会活动计划和区政协专委会人员增补名单。

2013年6月20日下午召开第七次常委会议，区政府副区长汪长剑通报全区美好乡村建设情况，区政协各位常委就下一步推进美好乡村建设提出意见和建议。

2013年8月15日下午召开第八次常委会议，听取区委常委、常务副区长吴友训关于全区2013年上半年经济社会发展情况的通报，协商通过有关人事任免。

2013年12月30日下午召开第九次常委会议，审议通过关于召开区政协十二届三次会议的决定、议程（草案）、日程、会议执行主席名单、大会秘书长和副秘书长名单、各次会议主持人、出列席及邀请人员范围、会议分组情况及召集人名单；审议区政协十二届委员会常委会工作报告和区政协十二届委员会常委会关于提案工作情况的报告，并提请区政协十二届三次会议审议通过；审议通过2013年度优秀委员、优秀提案名单和部分政协委员调整名单；会议还听取了2013年度委员“双述职”情况汇报。

重点工作

【服务科学发展】 2012年—2013年，区政协围绕“十大工程”“六个高潮”“四区建设”和“七大提升”等全区重点工作，进行调研，建言献策；落实领导干部联系重点项目制度，一位副主席兼任九龙园区管委会常务副主任；牵头鬲山佛文化遗址恢复性保护工程项目建设，鬲山寺复建工程主体建筑大雄宝殿2013年底封顶。组织委员先后开展13个专题调研，报送关于“我区非物质文化遗产保护和利用”“屯溪区休闲旅游发展情况”“屯溪区社区居家养老服务”“中心城区非公医疗机构发展状况”“台资大润发公司成功落户屯溪”等13篇调研报告，区委、区政府主要领导做出批示。区政协十二届一次及二次全会期间，各民主党派和工商联及医卫、宗教界共18名委员，围绕美好乡村建设、人口老龄化对策、教师编制与配置、发展社区卫生服务、构建高新技术产业集群等议题作发言，区委、区政府主要领导在8件大会发言材料上作批示。整理并提交区政协委员建议摘要（9个方面57条建议）。先后举办“加强和创新社会管理”“加强中心城区社会治安”和“加快屯溪工业发展”3个专题议政建言座谈会，共提出67条建议。

【服务民生改善】 2012年—2013年，区政协重点开展“政协委员进村居”活动，共征集社情民意信息470多条，报市政协210余条，编报《社情民意》专刊35期，其中“完善公共租赁住房保障体系”“中心城区交通拥堵成因及治理对策”等建议分别得到省、市领导批示，“城市规划要充分考虑公共厕所建设”“关于整治荷花池小学附近‘小食堂’的建议”“关于徽山路社区老旧小区危房问题”等20余条社情民意得到区委、区政府主要领导批示。探索社情民意反馈机制，组织开展部分重点社情民意办理落实情况“回头看”活动。区政协社情民意信息工作连续2年获全市政协信息宣传年度工作先进单位，4位委员和信息员获先进个人。

市、区政协委员视察徽州糕饼博物馆

【开展民主监督】 区政协十二届一次、二次会议以来，共征集提案259件，立案253件，全部办结，提案办理满意率达99.2%。委员们提出的《政府主动支持，企业苦练内功，打破园区融资瓶颈》《关于更好地促进屯溪区民营中小企业发展的建议》《关于完善农村集体资产股份制改革试点工作的建议》和《关于屯溪区直学校教师编制与配备情况的分析及建议》等一批关乎民生和发展的提案，对全区经济和社会发展发挥促进作用。在2013年全省政协提案协商工作专题研讨会上，区政协关于“贯彻协商民主精神，创新提案办理协商”的工作经验在会上作交流发言。围绕“三农”、社区建设、工业经济、教育卫生、重点项目、民生工程等工作，组织委员开展专项视察40余次，提出各类意见建议110余条。30名委员担任政风行风评议员、执法执纪部门特约监督员。

【开展团结联谊】 2012年—2013年，举办屯溪区“欢度中秋喜迎国庆”茶话会；认真落实《屯溪区党政部门与政协专门委员会对口联系协商制度》，召开对口联席会议，开展工作协作；加强与市政协工作联动，协助配合省、市政协到屯溪开展现代服务业发展、美好乡村建设、社区矫正工作等多项调研活动，完成全市政协工作经验交流会的协助筹备和会议服务工作。区政协先后接待南昌市青云谱区、广州市萝岗区、湖南安仁县、成都双流县及颍上、岳西、石台等30多批省内外政协的来访，与市内兄弟区县政协开展互动交流。参加七省（市）部分区县政协工作研讨会第二十一次会议，进行经验交流；组织委员参加全市政协系统摄影大赛，1人获一等奖，15人获优秀奖，区政协获先进组织奖。在《人民政协报》《江淮时报》《黄山日报》等市级以上新闻媒体发表宣传稿件40余篇；建立特邀文史联络员队伍，完成《屯溪文史》第11辑、12辑及增刊《高山专辑》的编发工作。

纪检监察

综　述

【概况】　1950年4月，中共屯溪市委纪律检查委员会成立。1956年5月，经中共屯溪市第一次代表大会选举产生屯溪市监察委员会。1977年3月，在市委组织部设纪检小组。1979年6月，恢复设立市委纪律检查委员会。1984年1月，纪律检查委员会升格为副县级建制，1993年7月，与区监察局合署办公。中共屯溪区纪律检查委员会由同级党代会选举产生，由纪律检查委员会召开全体委员会议，选举产生常务委员会和书记、副书记。闭会期间，由党委按照管理权限任命。至2013年底，全区建立基层纪（工）委15个，派驻纪检监察组6个，纪检组2个，共有专、兼职纪检监察干部90余人。

2012年区委、区政府把反腐倡廉建设摆上重要议事日程，完成惩防体系2008－2012年工作规划确定的任务，积极进行实践创新，创新房屋征收工作全程监管机制、探索村集体财产股份制改革等做法，相继被中央纪委和省、市纪委予以推广。区“阳光村务工程”建设工作获全市通报表彰，13个单位、15名纪检监察干部受到省、市、区表彰。

2013年，以服务发展为目标、以惩防体系建设为主线、以改革创新为动力，先后就廉洁从政、转变作风、严格监督、惩治腐败、源头治理、队伍建设等方面推出一系列新举措。区四套班子成员发挥示范作用，带头执行改进作风、厉行节约各项规定。

重要会议

【区纪委五届二次全会】　2012年3月23日召开中共屯溪区纪委五届二次全会，出席会议共180余人。会议传达学习十七届中央纪委七次全会、省纪委九届二次全会和市纪委五届二次全会精神，审议通过区委常委、区纪委书记朱乐华所作的《深入推进反腐倡廉建设，为奋力实现“三年新跨越”提供坚强保证》的报告。区委书记李高峰在会上讲话。会议回顾总结2011年全区党风廉政建设和反腐败工作，研究部署2012年工作任务。

【区纪委五届三次全会】　2013年3月3日召开区纪委五届三次全会，出席会议共180余人。会议传达学习中纪委十八届二次全会、省纪委九届三次全会和市纪委五届三次全会精神，审议通过区委常委、区纪委书记朱乐华所作的《深入推进反腐倡廉建设，为奋力实现“四年大提升”提供坚强保障》的报告。区委书记李高峰在会上讲话。会议回顾总结2012年全区党风廉政建设和反腐败工作，研究部署2013年工作任务。

重要工作

【监督检查】 2012年，对“六个一百”、“十五件大事”和“亮点工程”等155个重点项目以及省、市28项民生工程落实情况进行监督检查。落实“纪检在一线监督”制度，抽调9名纪检监察干部到各征地拆迁地块进行监督，对政府采购和建设项目招投标进行监督管理。

2013年，对市级亮点、“十大工程”和“十大关节点”项目以及省市民生工程落实情况、中小学开学收费、学生就餐问题和治理公路“三乱”情况进行督查。开展农民负担和涉农惠农资金专项检查。加大《涉企部门服务企业发展十二项推禁令》落实力度，开展监督检查41次。开展投资发展环境监测，走访企业20余户，解决影响发展环境问题15个。开展行政处罚实施工作“回头看”监督检查。全年受理“政风行风热线”“市民连线”听众反映问题1284个，办结率100%。督促相关部门、单位及时答复黄山市政风行风热线网络版反映的热点问题15件，办结率100%。

【党风廉政建设责任制落实】 2012年，区委与各党委、党组签订《党风廉政建设责任书》，下发《屯溪区2012年党风廉政建设和反腐败主要工作暨惩防体系建设任务分解表》，将107项工作任务，分解到16位主管领导、44个主要责任单位和45位主要责任人。出台《屯溪区落实党风廉政建设责任制报告制度》，落实季度报告、半年检查、年终考核制度。对5个镇、

中共黄山市屯溪区纪委五届二次全会

4个街道和20家重点单位实施半年查，对镇、街道和区直重点单位党政领导班子及成员执行党风廉政建设责任制情况进行考核，对考核末位且未达到优秀等次的单位主要负责人进行谈话。对村（居）干部存在违纪违法问题的，实行责任上追一级，由区纪委对履行“一岗双责”不力的镇联系村领导予以“三卡”预警，共发放提醒卡2张。

2013年，区委与各党委、党组签订《党风廉政建设责任书》，下发《屯溪区2013年党风廉政建设和反腐败主要工作暨惩防体系建设任务分解表》，将全年反腐倡廉工作任务细化分解为6个大项104个小项，向13位区牵头领导递交《责任分工报告书》、向48家主要责任单位下发《牵头任务函告书》。对全区5个镇、4个街道和24家重点单位进行半年督查，对镇、街道和区直11家重点单位党政领导班子及成员执行党风廉政建设责任制情况进行考核，对考核末位且未达到优秀等次的单位主要负责人进行谈话；对村（居）主要负责人存在违纪违法问题的，实行责任上追一级，对2名镇分管负责人发放“提醒卡”，予以“三卡”预警。

【机关作风建设】 2012年，制定下发《屯溪区2012年机关作风整治巩固提升工作意见》。对尤溪安置区二期扩征地块宅基地延期交付、

瑶源水库除险加固工程施工缓慢和万贯家园物业管理不到位问题进行督查，对项目责任人进行诫勉谈话，对项目单位予以全区通报批评。对中小学收费、治理公路“三乱”情况、农民减负政策落实情况进行督查。开展“三位一体”评议和政风行风暗访活动，发放“政风行风评议结果反馈书”76份、“问题提醒单”10份。组织协调政府有关部门上线收听政风行风热线节目4次，受理、解决群众反映问题40件次，政风行风热线网络版受理、解决群众来信13件次，办结率100%。

2013年，围绕推进厉行节约、转变作风、廉洁从政各项规定的落实开展明察暗访32次，批评教育15家单位主要领导，行政警告处分1人，通报批评19名控违值班不到岗的区、镇干部。屏蔽区政务大楼工作时间游戏、炒股、电影及网购等网站，规范机关人员的上网行为。对电话举报的3名私驾公车领导干部发放“提醒卡”，并进行诫勉谈话。对违反会风会纪的2名科级领导干部和2家单位分别进行诫勉谈话和全区通报批评，并责令向区委、区政府作书面检讨。

【查办违纪违法】 从信访和网络举报渠道捕捉案件线索，以工程建设领域、“征地拆迁”“小金库”和违规处置集体资产等问题为重点，加大违纪违法案件查处力度。2012年共受理信访举报46件次，办结42件次。全区新立案6件，审结案件5件，给予5人党纪政纪处分，挽回直接经济损失120余万元。对7名受处分党员干部进行回访教育。

2013年共受理信访举报67件次，办结62件次。发出信访通知书9件次，信访约谈7人次，为15名受到不实举报的党员干部澄清问题。全区新立案21件，审结案件20件，给予20人党纪政纪处分。追缴违纪款197万元，挽回直接经济损失430余万元。对14名受处分党员干部进行回访教育。

【廉政风险防控工作】 2012年，全区68家单位核定权力清单714项，编制职权目录213份，绘制权力运行流程图445张；排查廉政风险点4854个，制定防控措施4854条，初步形成一级对一级负责的廉政风险分级管理监督工作体系。下发《屯溪区工程建设中挂靠借用资质投标违规出借资质问题专项清理工作实施方案》，查处违规串标2起。加强对党务、政务、村（居）务和事务公开情况的监督检查。

2013年，严格执行《关于干部提任前听取纪检监察机关意见的实施办法》，对37名拟提拔任用干部提出意见。对评先评优对象进行审核，对5家单位、3名干部提出否决建议。下发《屯溪区领导干部报告个人有关事项核查办法（试行）》。落实“三卡”预警监督、“三谈两述”机制。制定高等级廉政风险点监督管理办法，完善防控措施970条，编印《屯溪区廉政风险防控教育手册》。为全区536名科级干部建立廉政电子档案。开展清退会员卡、违规发放通信补贴、党员领导干部违规经商办企业、党政干部违规建房和多占住房、党政机关停止新建楼堂馆所和超标准使用办公用房等专项治理活动。

【基层党风廉政建设】 2012年，以“阳光村务工程”常态化管理为目标，在全区5个镇开展“勤廉示范村（居）”创建活动。完善《屯溪区农村集体“三资”管理制度》，完成18个改居村集体资产股份制改革工作。出台《屯溪区村级小工程招标采购管理办法》和《进一步加强村级投资项目审计监督实施意见》。编发《屯溪区农村党员干部廉洁履职实用手册》。

2013年，深化“阳光村务”工程建设，每季度开展农村集体“三资”使用管理情况检查。实行村级“四重”事项请示报告制度，由镇党委政府提前介入村级重大事务的审核，监督关口前移。加强村（居）两委干部教育和管理，严格落实村干部“一诺双述双评”制度。落实社居事务流程化管理，推动“阳光村务”工程向街道社区等基层单位延伸。推进党务公开、政务公开、村（居）务公开等各项工作。完善资产管理体制，完成51个村（居）集体资产股份制改革工作。

【反腐倡廉宣传教育】 2012年，开展“保持党的纯洁性、迎接党的十八大”主题教育实践活动，成功举办廉政文化专场演出和廉政书画展活动。组织200余名党员干部到杨业功纪念馆接受教育；组织新提拔的科级领导干部参观“黄山市反腐倡廉预防职务犯罪警示教育基地”，接受警示教育，并进行廉政谈话。全区482名领导干部按规定报告个人有关事项，400余名领导干部按规定进行述职述廉。开展廉政文化“六进”活动，创建省级廉政教育基地1个，省级廉政文化示范点5个，市级廉政文化示范点10个。开展廉政宣讲10余场，向省、市纪委及媒体报送稿件180余条。在重大节假日发送廉政短信1000余条。

2013年，在全区开展以“珍惜岗位、拒绝诱惑、廉洁履职”为主题的岗位廉政教育情景案例征集评选、廉政小小说征文和情景剧（小品）创作系列活动，3篇廉政小小说获全市二等奖。成功举办廉政文化专场演出。组织65名新提任科级领导干部进行廉政考试、开展廉政谈话并参观警示教育基地。全区308名领导干部按规定进行述职述廉。820名党员干部参观杨业功纪念馆。组织100余名镇村干部旁听案件庭审，接受警示教育。建立网络舆情联席会议制度，处置网络舆情9起，组织网上跟帖60条。扎实开展廉政文化“六进”活动，创建省级廉政教育基地1个、省级廉政文化示范点7个、市级廉政文化示范点10个。纪检监察信息工作位于全省先进行列。

廉政文艺汇演

【自身建设】 2012年，选派5名纪检监察干部赴北京大学参加综合业务学习，组织8名纪检监察干部参加省、市举办的业务培训。实行纪委常委会成员对口联系镇（街道）纪（工）委工作制度，加强对派驻机构的统一管理，完善《关于加强乡镇纪检组织建设的实施办法》。

2013年，选派5名纪检监察干部赴中国纪检监察学院参加综合业务学习，组织4名纪检监察干部参加省、市举办的业务培训。开设机关学习讲堂，由纪委常委及各室主任轮流主讲，培训基层纪检监察干部240人次。加强区纪委的办案力量，调整充实区、镇（街道）纪（工）委干部9人，7名纪检监察干部得到提拔或重用，3名不履职或自我要求不严的基层纪检监察干部调离纪检岗位。开展纪检监察系统会员卡专项清理工作，全区90名纪检监察干部实行“零持有、零报告”。

【八项规定落实情况】 2013年，区委区政府下发《关于改进工作作风、密切联系群众的实施办法》，提出30条贯彻意见。抓住元旦、春节、“五一”等重要时间节点，通过文件、短信、网络、电子屏幕宣传中央八项规定和市委市政府“十五项禁令”。开展违规建房和多占住房问题专项清理以及党政机关停止新建楼堂馆所和办公用房专项清理工作，并积极做好纠正处理。开展会员卡和干部及其子女、亲属违规经商办企业专项清理工作，经核实无违规问题。下发《关于重申严禁党员领导干部公车私用私驾的紧急通知》，对被举报的3名私驾公车的领导干部发放“提醒卡”。下发《关于严肃机关事业单位考勤纪律的通知》，对全区96家单位上下班迟到早退、擅自脱岗、离岗办私事，上班时间违规使用电脑等违反工作纪律情况进行专项督查。下发《关于印发<屯溪区党政机关国内公务考察及其接待管理暂行办法>的通知》，建立重要事项请示报告反馈制度。制定下发《关于严格控制年终各类检查评比考核活动的通知》，全面清理和规范各类检查评比考核活动。严控经费支出，区“两会”经费同比节约30%，全区“三公”经费下降23%。

（汪　怡）

屯溪舞龙

屯溪舞龙又称舞龙灯。屯溪人所舞之龙有布龙、板龙和草龙之分。布龙，屯溪人也称之为软龙或滚龙。用竹篾扎成龙头、龙尾和若干段龙身，外罩纱布，并饰以彩绘连接而成。旧时布龙颜色往往有黄、青、白、赤、黑五色，代表着金、木、水、火、土五行。表演时，每段一人举把随着龙头连续大幅度按半圆形左右挥舞，追逐“龙珠”前进。若在夜晚，则内燃红烛，更显辉煌。“板龙”，顾名思义，接板成龙。其每块板长约六尺，宽约八寸，上面安放彩绘好的龙身，内有3只红烛。板一端凿一圆孔，另一端安一木柄，相邻两板用木柄插入圆孔，前后再接上龙头、龙尾，就形成一条板龙。其龙头、龙身亦用青篾为骨，薄纱为纸，外描彩绘，内放红烛。旧时舞板龙，常以一族或一村为单位，龙的长度则以族、村中男性居民的多少来决定，俗称“一丁一板”。平日，龙头、龙尾由族、村集体保管，龙身则散存于各家，形成“聚时成龙，散之为板”的特征。表演时，沿途只游不舞，行动较为缓慢；来到街头广场，迅速盘拢、伸展、再盘旋，煞是壮观。屯溪板龙，旧时在奕棋水碓巷、新潭的资口亭、屯溪的河街等地都很盛行，以黎阳新江村的最为著名，每年正月十五元宵夜都有游到屯溪街的习俗。1956年国庆节之夜，出现在屯溪街的板龙竟有198板，浩浩荡荡的队伍长达500米。“草龙”，除龙头、龙身由绑扎、彩绘制成外，龙身则由稻草裹扎而成，外用粗草绳一圈圈缠实扎紧，每隔八尺竖一撑扛，便于舞者把玩。龙须亦用长达3尺草绳编就，龙额正中贴有斗大“王”字。由于草龙舞动时，在龙脊上插满点燃的棒香，所以又名“香龙”，而且专在农历八月庆贺丰收时舞动，以至“八月十五舞香龙”成为屯溪四乡农村的传统习俗。

民主党派·工商联

民主党派

【中国国民党革命委员会屯溪区总支部委员会】 中国国民党革命委员会（简称民革）于1948年1月1日成立。1951年8月12日，建立民革安徽省分部直属屯溪小组，1953年3月成立民革屯溪市支部筹备委员会，1957年6月成立民革屯溪市委员会。“文化大革命”期间组织活动停止。1979年10月恢复活动。1988年3月民革屯溪市委员会改称为民革黄山市委员会。1990年1月成立民革屯溪区支部委员会，1993年6月成立民革屯溪区总支部委员会。截至2013年年底，民革屯溪区总支共有党员34人，主委张国凤。

民革组织支部党员学习

2012年，民革屯溪区总支在区人大、政协“两会”期间，共提交建议、提案8件，其中《实施文化创新工程，建设一流文化强区》受到重视。共报送社情民意信息25条，被区政协评为信息宣传工作先进集体。

2013年，严格贯彻执行民革市委下发的《黄山市民革基础组织建设的基本要求与年度考核办法》《黄山市民革党员基本要求与年度考核办法》等九项制度，加强组织建设、思想建设、作风建设。民革党员积极建言献策，参与美好乡村建设，与屯光镇云村结为帮扶对象，开展“同心”活动。

（张国凤）

【中国民主同盟屯溪区总支部委员会】 中国民主同盟（简称民盟）于1941年3月19日在重庆成立，主要由从事文化教育以及科学技术的高、中级知识分子组成。1951年8月成立民盟屯溪临时小组，1952年10月，成立民盟屯溪市分部工作委员会，1953年2月成立民盟屯溪市分部筹备委员会，1956年10月成立民盟屯溪市委员会。“文化大革命”期间停止活动，1979年恢复。1988年3月撤销民盟屯溪市委员

民盟组织学习中共“十八大”精神

会。1990年1月20日成立民盟屯溪区总支部委员会，截至2013年底，共有盟员30人，主委王秀蓉。

参政议政。2012–2013年，民盟屯溪区总支在“两会”期间，共提交市、区两级政协提案、代表建议41件，其中总支党派提案《尽快扩建屯溪幼儿园，切实发挥公办园骨干示范作用》为区委书记督办提案，《关于破解企业用工难题，助推园区经济发展的建议》得到区委书记重要批示，有3名盟员提案获区政协优秀提案奖。两年共向市报送社情民意84篇，采用13篇，市领导批示1篇，向区政协报送社情民意110余篇，区领导批示3篇。完成统战论文2篇。开展专题调研，进行党派提案“回头看”活动。

社会服务。有6名盟员受聘区政府，担任特约监督员、审议员、教育督导员、执法监督员、卫生监督员等，12名盟员成为民盟省委社会志愿者。坚持慰问探访制度，开展教师节岗位慰问和走访盟员单位、对口联系单位活动。组织盟员文化、科技下乡活动，发挥自身优势，参加美好乡村建设。

自身建设。民盟屯溪区总支加强理论学习，提高政治素养；举办纪念民盟黄山组织成立60周年，深化对中国共产党领导的多党合作制度的认识，坚定走中国特色社会主义道路的政治信念。新建盟员列席总支委会议制度、总支加强信息宣传工作制度。2012年获民盟“黄山市信息工作先进组织”称号，盟员汪素秋入选珠算国家级非遗传承人、省优秀珠算教练。

（胡　慧）

【中国民主建国会屯溪区总支部委员会】 中国民主建国会（简称民建）于1945年12月16日在重庆成立，主要由经济界人士组成。1957年2月25日，成立民建屯溪小组，“文化大革命”期间停止活动，1979年10月恢复。1983年4月15日成立民建屯溪市支部委员会，1987年7月成立民建屯溪市委员会，1988年初，改为民建黄山市委员会。1990年1月20日成立民建屯溪区总支委员会。截至2013年年底，共有会员37人，主委吴云飞。

参政议政。民建屯溪总支于2012年“两会”期间，共提交人大建议5件、政协提案4件，内容涉及城市建设、经济发展、教育改善、新农村建设等；其中杨剑敏《创新机制，确保楼宇经济招商取得新突破》政协会议发言获区委书记李高峰批示，被列为部门重点办理议案；其他8件建议和提案分别得到市、区政府和相关部门重视。在2013年“两会”期间，共提交人大建议6篇、政协提案2篇、政协大会发言1篇，完成统战论文3篇。民建屯溪总支积极反映社情民意，2012年共报送宣传信

民建屯溪总支会员活动

息、社情民意 21 篇，撰写理论研究及调研文章 3 篇，被民建省市委、区政协多次采用；其中《关于进一步提升黄山公交吸引力的建议》《全国重点文物单位“程氏三宅”何去何从》《关于优化青少年成长环境的建议》等稿件得到区委、区政府重视。2013 年，累计报送各类社情民意 24 篇，其中《关于建立健全我市公共租赁住房保障体系的几点建议》获省委常委陈树隆批示。

社会服务。2012—2013 年，民建屯溪总支先后到阳湖镇柏山社区开展公益志愿服务，到阳湖镇三充村、新潭镇东关村调研美好乡村建设情况，派员参加黄山市党外中青年干部培训班，5 人担任“特约社会监察员”。

（王莺燕）

【中国民主促进会屯溪区支部委员会】 中国民主促进会（简称民进）是以从事教育文化出版工作的高中级知识分子为主、具有政治联盟性质、致力于建设中国特色社会主义事业的政党，是同中国共产党通力合作的参政党。中国民主促进会于 1945 年 12 月 30 日在上海成立。2002 年 11 月，民进屯溪区支部成立。截至 2013 年年底，民进屯溪区支部共有会员 12 人，主委赵谊翔。

2012 年，民进屯溪区支部在区人大、政协会议期间，共提交建议提案 6 件，其中《完善中心城区新安江河道整治工作》提案得到好评，受到市电视台专题采访。民进负责人参加省民进第七次代表大会、民进黄山市委会学习考察团活动。民进会员赴徽州区潜口镇开展葡萄种植基地调研，赴休宁县考察企业和农庄建设，参加黄山市民进组织开展的“春风送雨”活动，民进黄山市委员会向陈霞乡迴岭村捐赠 2 万元。

2013 年，民进屯溪区支部在区人大、政协会议期间，共提交建议、提案 7 件，其中《加强中心城区公厕布局管理》提案获政协当年优秀

民进支部“三下乡”活动

提案。民进屯溪区支部组织承办区委统战部“党派双月”联系会议，考察美好乡村建设活动，和市环保局在老街共同开展环保宣传活动。组织民进会员先后到黄山区猴坑有限公司茶博物馆、黄山区甘棠镇庄里村、屯溪区新江村、歙县街口乡调研，赴江苏省无锡市开展民进学习交流活动。

（赵谊翔）

【中国农工民主党屯溪区总支部委员会】 中国农工民主党（简称农工党）是以医药卫生、人口资源和生态环境领域高中级知识分子为主，具有政治联盟特点，致力于中国特色社会主义事业的政党，是同中国共产党通力合作的参政党。1951 年 8 月成立农工党屯溪市临时小组，1953 年 5 月成立农工党屯溪支部，“文化大革命”期间停止活动，1979 年年底恢复组织活动。1981 年 10 月成立农工党屯溪市委员会，1988 年 1 月撤销。1990 年 1 月成立农工党屯溪

农公党支部组织宣传“世界睡眠日公益活动”

区支部委员会。1996年9月，成立农工党屯溪区总支部委员会。截至2013年年底共有党员36人，主委张谧。

参政议政。农工党屯溪区总支于2012年“两会”期间，提交人大建议3件、政协提案6件，其中1件分别得到市、区政府和相关部门重视。在2013年“两会”期间，共提交人大建议3件、政协提案6件；其中1件党派提案获区长批示。农工党屯溪总支积极反映社情民意，2012年共报送社情民意9篇，撰写理论研究及调研文章1篇。2013年，累计报送各类社情民意23篇，其中2篇获区长胡黎明批示。

社会服务。2012–2013年，农工党屯溪区总支相继到奕棋镇朱村、屯光镇留村、黎阳镇凤霞村调研美好乡村建设情况，支援朱村美好乡村建设，参与农工党市委会专题调研非物质文化遗产保护、屯溪区水资源环境保护工作，参加市农工党委举办“国际睡眠日”和“六·五”世界环境日宣传活动。1名党员获2012年全国卫生信息化推进优秀奖，1名党员获黄山市“三八”红旗手称号。

（张　谧）

【中国致公党屯溪区支部委员会】 中国致公党由归侨、侨眷中的中上层人士和其他有海外关系的人士组成，由华侨社团美洲致公堂发起，于1925年10月在美国旧金山成立。1990年1月20日成立致公党黄山市支部屯溪小组，1995年6月成立致公党屯溪支部。截至2013年底，共有党员24人，大专以上学历24人，中高级以上职称21人，市区两级人大代表、政协委员8人，特邀监督员4人，涉及卫生、旅游、农业、国土、物价、教育、保险等专业。主委邢先梅。

参政议政。2012年在区政协会议上交提案9篇，其中章锡飞《迎接大交通带来的挑战，坚持走精品旅游发展道路》被评为优秀提案、《关于新安江中心城区段试行季节性休渔的建议》被列为区政协集体督办案，徐红芳《提高村医待遇，稳定村医队伍》入选区政协重点提案。2013年在区“两会”上交建议1份、提案9份，其中吴虹《以建设美好乡村为契机，推动屯溪乡村旅游跨越发展》获区委书记批示，被列为书记领衔督办提案，为区政协撰写的《关于屯溪区休闲旅游发展情况的调研报告》获区委书记批示。2012—2013年共撰写社情民意信息62篇，其中有15篇分别被致公党中央、省政协、市政协采纳。

致公党支部传达省五代会精神，学习“同心”思想

社会服务。赴祁门县、徽州区、屯光镇留村开展乡村旅游专题调研活动。赴徽州区洽舍村开展义诊活动。与阳湖镇卫生院、新潭镇卫生院共同开展“爱心义诊进农村”、“关爱儿童、呵护健康”、“送医、送药、送文化三下乡”等多项活动。向雅安地震灾区捐款2250元。

组织建设。2012年支部获区政协信息宣传工作先进集体二等奖。党员中有4篇文章分获省级不同奖项。党员殷玉婷入选黄山市首届道德模范（敬业奉献类），徐红芳获省优秀乡镇卫生院骨干医师和优秀乡镇卫生院院长称号。

（吴　虹）

【九三学社屯溪区支社】 九三学社主要是以科技界、医卫界高中级知识分子组成的具有政治联盟特点的参政党。其前身为抗日战争后期一批进步学者发扬五四运动的反帝爱国精神，

九三学社在屯光镇开展送科技送医疗下乡活动

以民主、科学为宗旨，在重庆组织的“民主科学座谈会”，后为纪念1945年9月3日抗日战争和世界反法西斯战争的胜利,定名为“九三学社”,并于1946年5月4日正式成立。九三学社屯溪市支社成立于1983年9月。1985年1月成立九三学社屯溪市委员会，1988年撤销。1990年1月20日成立九三学社屯溪支社。截至2013年年底共有社员22人，主委俞惠林。

2012年，九三学社屯溪区支社在区人大、政协“两会”期间，共提交党派提案1件、个人提案5件，其中“政府主动支持，企业苦练内功，打破园区企业融资瓶颈”获得党派优秀提案。报送社情民意信息27条。开展“基层组织建设年”活动。11月完成支社换届工作，选举产生新一届支社领导班子。

2013年，九三学社屯溪区支社在区人大、政协“两会”期间，共提交党派提案1件，个人提案5件，其中“屯溪区基层医疗机构实行基本药物制度存在的问题和改进建议”获个人优秀提案，报送社情民意信息38条，在屯溪区各党派中排名第一。先后开展“参政议政质量提升年”活动、“同心”活动。与阳湖镇三充村开展“美好乡村建设”对口联系活动，在绿化美化、水土保持、农田水利和安全饮用水工程建设等方面给以技术指导,三充村美好乡村建设通过省级验收。

（俞惠林）

工商联

【概况】 1939年12月屯溪镇商会成立，1949年9月14日成立屯溪市工商业联合会筹备委员会，1950年7月16日正式成立。“文化大革命”期间停止活动。1980年10月成立屯溪市工商联筹备领导小组，1983年4月成立屯溪市工商联。屯溪区工商业联合会（民间商会）是中华全国工商业联合会的地方组织，是在中共屯溪区委领导下以统战性为主，兼有经济性、民间性的人民团体和民间商会，是党和政府联系非公有制经济人士的桥梁和纽带，是政府管理非公有制经济的助手。内设办公室、会员服务部、经济联络部。截至2013年，共有企业会员240个、个人会员192名；其中企业副主席11人、企业执委37人，拥有市区人大代表、政协委员40余人。

区工商业联合会（总商会）第十五次会员代表大会

【为社会服务】 2012—2013年“两会”期间，屯溪区工商联共提交提案10余件。在招商引资工作中，2012年共引资4050万元，有2个企业入驻；2013年引进5个项目落地。区工商联会员企业积极参与光彩事业，向特困家庭献爱心；2013年7月向黄山市洪涝灾区捐款10万元。在2011年度黄山市民营企业百名排序活动中，共有15个民营企业单位入选，屯溪区工商联获2012年度省工商联系统服务非公经济发展综合好评。2012年8月，区工商联党支部正式单独成立，开展机关党员主题教育活动。

人民团体

总工会

【概况】 1949年5月屯溪市成立工会筹备委员会,1950年7月，屯溪市总工会成立，1953年9月，更名屯溪市工会联合会。“文化大革命”开始后，工会组织瘫痪。1976年1月，复设市总工会。屯溪区总工会机关设组织宣传部、女工法律部、经济劳保部、财务部、办公室，在编人员6人。下属事业单位工人文化宫。截至2013年底，屯溪区共有职工3.42万人，拥有基层工会委员会826个、工会会员3.24万人。屯溪区有全国劳动模范2人，省部级劳动模范、先进工作者27人，市级劳动模范、先进工作者13人，区级劳动模范、先进工作者20人。

【屯溪区工会第十五次代表大会】 2013年5月28日，屯溪区工会召开第十五次代表大会，正式代表120人，离退休老工会工作者、劳动模范及党政群团体组织负责人等特邀代表40人出席大会。屯溪区总工会主席程秉国作《贯彻落实党的十八大精神，努力争当科学发展排头兵，为实干兴区，建功立业，争创新业绩而努力奋斗》工作报告，大会审议通过屯溪区工会第十四届委员会工作报告和经费审查委员会工作报告，选举产生十五届委员会委员17人、常委会委员7人，程秉国当选十五届工会主席，汪国安当选十五届工会副主席，王艳当选十五届工会经审会主任。大会表彰屯溪区工会工作先进单位和优秀工会工作者。区委书记李高峰、黄山市总工会主席周毅华出席开幕式并讲话。

屯溪区工会第十五次代表大会

【基层工会组织建设】 2011年，全国总工会提出用3年时间，实现企业普遍建立工会组织，普遍签订劳动集体合同“两个普遍”目标任务。2012年组建180个基层工会委员会，发展1500名会员。2013年组建95个基层工会委员会，发展1972名会员。到2013年，屯溪区基层工会已达 826 个，会员达到 3.24 万人，分别比 2010 年增加 242.7% 和 70.2%。

【开展企业活动】 2012 年，区总工会在全区非公企业中开展“工会组织亮牌子，工会主席亮身份”活动。在全区企业推行厂务公开民主管理，在非公企业建立“职代会”制度。在全区规模以上企业开展党建带工建，党员技术能手传、帮、带活动，积极提升企业职工技能素质，促进规模以上企业发展。

2013 年，开展“创新筑梦、劳动圆梦”系列活动，评选表彰黄山工业泵制造有限公司工会、黄山良业阀门有限公司工会、黄山市广远光电科技有限公司工会、黄山顺隆时装有限公司工会、黄山百大商厦有限公司工会 5 个“优胜企业工会”和 28 名“技术能手”、45 名“优秀职工”。

【困难职工帮扶和救助】 屯溪区总工会加强困难职工帮扶中心建设。2012 年，帮扶救助人数达 991 人，各类救助资金共计 41.47 万元，其中大病救助 13 人 1.66 万元，女职工健康救助 330 人 1 万元，日常生活救助 10 人 0.4 万元，金秋助学救助 58 人 12.65 万元，元旦、春节“送温暖”救助 418 人 20.9 万元，就业培训 162 人 4.86 万元。

2013 年帮扶救助人数达 817 人，各类救助资金共计 36.065 万元，其中大病救助 17 人 2.3 万元，女职工健康救助 300 人 0.975 万元，日常生活救助 2 人 0.14 万元，金秋助学救助 35 人 9.5 万元，元旦、春节“送温暖”救助 463 人 23.15 万元。

（汪国安）

团区委

【概况】 1949 年 9 月，新民主主义青年团屯溪市工作委员会成立，1950 年 5 月，新民主主义青年团屯溪市第一届代表大会召开，选举产生团市委。1957 年 5 月，新民主主义青年团改为共产主义青年团（简称共青团）。1959 年 5 月之后，团市委隶属关系几次随屯溪体制改变而变动。1975 年 12 月，恢复成立共青团屯溪市委员会。1988 年 3 月，改为共青团屯溪区委员会（简称团区委）。团区委是屯溪区先进青年的群众组织。主要职责是贯彻执行党的基本路线、方针和政策，组织和带领广大团员青年积极投身改革开放和现代化建设，负责全区团的组织建设，加强青少年活动阵地建设；做好青少年权益保护工作等。团区委机关下设办公室、区未成年人保护委员会办公室、少先队屯溪区工作委员会办公室、区预防青少年违法犯罪工作领导小组办公室，下辖屯溪区青少年宫。截至 2013 年年底，全区共有：5 个镇团委 4 个街道团工委和 54 个村级团组织，镇直属团组织 101 个，非公企业团组织 31 个。

【共青团屯溪区第十九次代表大会】 2012 年 9 月 15 日，共青团屯溪区第十九次代表大会召开，110 名代表出席。会议听取和审议汪媛代表共青团第十八届屯溪区委员会所作的《凝聚青年力量，奏响青春华章，为建设现代国际旅游城市“首善之区”而努力奋斗》工作报告。大会依照法定程序选举产生共青团屯溪区第十九届委员会常委、副书记、书记，汪媛为团区委书记，李星为团区委副书记；选举王金奎、叶丹等 21 人为委员，王诚成、毕鸣等 10 人为候补委员。中共屯溪区委书记李高峰、区人大常委会主任徐灶米、区委副书记、区长胡黎明、区政协主席张旦星等出席闭幕式，区委书记李高峰发表讲话。

【青少年思想教育】 2012 年 11 月 17 日，承办“远洋桃花岛杯”黄山市第三届少儿才艺大赛屯溪预选赛，300 余名小选手参加舞蹈、声乐、表演、器乐四个类别的比赛。12月24日，会同黄山百大举办圣诞小天使选拔比赛，40多名少年儿童参赛。

2013年4月，组织全区6557名少先队员参与“学习党的十八大报告和党章知识竞赛活动”网上答题活动。组织2811名少先队员参加“黄山市中小学生交通知识网络竞赛”，团区委获优秀组织奖。承办“六一”全市红领巾主题大队会。8月，组织长干小学20余名少先队员到区法院旁听一起盗窃罪的公开庭审。9月，组织开展“少年梦 中国梦—法伴成长”法治文化宣传主题活动。以各校少先队组织为单位，组织少先队员集中开展“六个一”系列活动（一次法制主题班队会；一次法治书画、板报展；给家长一封信；一堂以安全教育知识为主题的法制课；一次赴稽灵山的区法治文化公园参观体验活动；一次模拟法庭和中小学生旁听法院庭审活动）。12月，在全区各中小学中开展少先队基本知识教育活动课。组织开展主题为“加强法律保护，保障未成年人安全和身心健康”的“共青团与人大代表、政协委员面对面”暨“两法两例”督查活动。

【团队干部培训】 2012年7月，组织参加2012年度全国少先队辅导员远程培训会议。7月31日，团区委组织各镇、街道团（工）委负责人、区直机关团组织负责人及部分企业团组织负责人等20余人参加屯溪区基层团组织换届工作业务培训会。会上，重点讲授区级团组织换届选举相关要求、政策规定、业务知识、选举工作程序及主要任务。10月19日，组织开展“共青团与人大代表、政协委员面对面”主题活动。10月26日，与区少工委、区教育局、区人社局共同举办“屯溪区2011-2012学年度少先队辅导员培训班”。

2013年1月9日，召开共青团学习贯彻党的十八大精神宣讲会，各镇、街道、区直机关和企业团组织负责人40余人参加。7月4日，举办屯溪区共青团传达团的十七大精神学习会。各镇、各街道、区直机关和企业团组织负责人等60余人参加。11月20日，团区委组织基层团干部及委机关全体干部会议，传达贯彻党的十八届三中全会精神。组织各镇直属团组织、村团组织、农村专业合作组织及2013年新建团组织负责人及团员青年观看《我们走在小康路上（2）—农村青年“我的中国梦”》专题片。12月6日，组织全区大队辅导员12人随区少工委一行前往歙县桂林江村小学及歙县新安小学进行交流培训。

【基层团建】 2012年7月3日，到黄山市怡居装饰有限公司团支部走访调研团建工作。10月26日，屯光镇成立首家乡镇实体化“大团委”直属团组织——中国共产主义青年团安徽中瑞达税务师事务所有限公司支部委员会。

2013年推动非公企业建团，在汉釜轩、世联毛衣、星艺装饰等5家企业建立非公企业团组织。9月16日，成立屯溪区大学生村官团工委，使30名大学生村官拥有属于自己的“青年之家”。2013年，屯光镇、黎阳镇、新潭镇相继被评为黄山市乡镇实体化“大团委”建设工作先进集体。

【新媒体工作】 2012年3月31日，团区委在新浪网开通屯溪共青团微博。

2013年“五四”前夕启动“青春岁月”主题系列微博活动。5月25日，推出“屯溪团讯”安卓手机1.8版，这是全国共青团系统首个安卓手机应用。12月31日，开通“屯溪共青团”微信公众平台。

【志愿者服务工作】 2012年3月2日，团区委组织阳湖镇团委、区法院团支部、区卫生局团总支、区司法局团支部及黄山学院信息工程学院团总支等团员青年及志愿者近20人开展“弘扬雷锋精神 服务重点项目”—共青团赴重点项目志愿服务活动，为他们提供法律咨询、医疗义诊、家电维修等服务，还为项目点青年免费办理读书卡。3月3日，团区委组织10余名志愿者参与中心城区“学雷锋”志愿服务活动，提供家电维修、自行车修理及法律咨询服务。3月31日，团区委组织100名青年志愿者参加中心城区森林防火志愿者队伍成立暨授旗仪式。7月10日，团区委组织黎阳镇20余名青年志愿者到区福利院开展暑期敬老助残志愿服务活动。“十一”黄金周期间组织10余名青年志愿者在屯溪2号高速路口设立志愿服务台，为游客提供义务指路、宣传推介、景点介绍等志愿服务，两节期间共服务中外游客300余人次。

2013年1月4日，团区委组织区直机关青年志愿者在阳湖镇珮琅西路路段清除积雪。2月1日，组织团员青年、志愿者在屯溪老街及中心城区主干道开展“扮靓美丽中国先行区·屯溪青年志愿者在行动”共青团员奉献日系列活动，30余名青年志愿者参加。2月2日，组织青年志愿者赴阳湖镇三充村送知识、送文化、送法律“三下乡”，助力美好乡村建设。2月6日，组织青少年宫书画兴趣班的20余名学生在昱中花园为市民义写春联，共计1000余幅。3月3日，举办屯溪青年“学雷锋进社区”活动，100余名青年志愿者，免费为居民提供预防青少年违法犯罪、创业咨询、法律服务、医疗义诊、家电维修等便民服务。5月4日，组织青年志愿者在昱中花园开展共青团员奉献日“五四”公益活动。免费提供30余类服务，共发放各类资料3000余份，接受群众咨询1500余次，修理家用电器50余件。“十一”期间，团区委在老街设立志愿服务台，组织志愿者为游客提供义务指路、旅游推介、法律咨询等服务，接待200余人次，发放旅游手册、地图等数百份。

“学雷锋·进社区”活动现场

【保护母亲河活动】 2013年2月18日，组织团员、青年志愿者共100余人，到实验茶场第二工区“青年林”基地进行植树造林活动，种植苗木1000余棵。3月15日，组织屯光镇、黎阳镇团委及徽商国际团总支青年志愿者30余人，在屯溪区屯光镇篁墩村苗木基地开展共建“青年林”植树活动，种植苗木600余棵。6月29日，在徽骆驼广场新安江河道沿岸，组织共青团员、青年志愿者80余人开展“保护母亲河”环保志愿服务活动。9月7日，团区委组织大学生村官、青年志愿者100余人参加全区河道清洁大会战。

【希望工程】 2012年5月14日—17日，为屯溪区10名贫困小学生发放2011—2012学年第二学期助学金，共计5000元。本次资助采取一对一帮扶的形式，由省市两级社会各界爱心人士与贫困学生结成爱心帮扶对子，捐助款项全部由安徽省青少年发展基金会划拨。8月31日，举行“屯溪农合行爱心助学圆梦计划”暨2012年度“爱心圆梦大学”助学金发放仪式，共发放爱心圆梦助学金45000元，资助16名贫困大学生。

2013年3月27日举行希望工程助学金发放仪式，发放人数为6人，金额2800元。通过多方筹措共募集到近14万元的善款，为31名大学贫困新生每人提供5000元或3000元的助学金。8月27日，举办2013年度希望工程—“爱心圆梦大学”助学金发放仪式。

【青年就业创业】 2012年7月4日，团区委组织大学毕业生、待业青年等30余人实地参观黄山市怡居装饰有限公司团支部，并现场举办青年创业就业培训沙龙。

2013年2月6日，在昱中花园举办外出务工返乡青年现场招聘会，有30余家企业参加。2月9日，在昱中花园广场与区人社局联合举办春季“服务企业用工、引导返乡就业”大型招聘会，40余家企业参加。3月4日，组织九龙园区20多家企业参加昱中花园广场招聘会，提供约300个岗位。为37位青年争取到285万元的小额贷款，带动110人就业。通过微博等网络新兴媒体形式，建立青年创业QQ工作群。

【关爱青少年】 2012年1月17日，赴阳湖镇兖溪村下窑组看望已完成骨髓移植的白血病患儿周婉婷，并走访慰问三充村下充组一户父母离异贫困青少年家庭。6月20日，团区委带领奕棋镇青年志愿者到奕棋镇中心小学开展“大手拉小手，一起过端午”关爱慰问农民工子女活动。

2013年1月21日，联合黄山市建材商会爱心企业举办情系农民工子女爱心捐赠活动，奕棋镇中心小学40名农民工子女受益。5月30日，组织青年志愿者、爱心企业家10余人赴“脑瘫儿童之家”为残障儿童送去儿童节礼物，并陪伴儿童做复健、做游戏、画图画等。12月，对屯溪区五类重点青少年群体进行摸底，实行“一人一档”，开展“五型”帮扶（针对不良行为青少年，开展“矫正型帮扶”；针对闲散青少年，开展“辅导型帮扶”；针对服刑在教人员未成年子女，开展“关爱型帮扶”；针对农村留守儿童，开展“呵护型帮扶”；针对流浪乞讨儿童，开展“疏导型帮扶”）建立“一对一”帮扶对子25对，举办闲散青少年专题培训3期，开展法制宣传9次，举办闲散青少年技能培训2期，培训闲散青少年75人次，联合区人社局举办就业招聘会5期。

【未成年人保护】 2012年2月28日，团区委组织20余名青年志愿者到由市、区综治委联合举办的中心城区社会治安综合治理集中宣传活动现场，发放未成年人保护法、预防青少年违法犯罪法及各类场所两法两例运用宣传单等近1000份。6月26日联合区禁毒办开展以“珍惜生命·远离毒品”为主题的禁毒宣传活动。组织20余名禁毒志愿者在老街口照壁广场发放禁毒宣传资料。7月26日，邀请区政协委员走进昱中街道柏树街社区，开展主题为“关爱青少年暑期生活”的“政协委员与少先队员、共青团员面对面活动”。8月30日，召开屯溪区2012年预防青少年违法犯罪及社会关爱工作会议。12月4日，团区委组织30余名青年法制宣传志愿者在昱中花园第十二个法制宣传日法制宣传活动现场发放“两法两例”五色宣传材料1000余份。

2013年8月29日，召开2013年未成年人保护暨预防青少年违法犯罪工作会议，明确各成员单位职责和任务。9月6日，联合区综治办、教育局、昱东街道、城管执法局、公安分局、工商分局等多家单位联合对中心城区校园周边地区进行集中整治。11月20日，召开重点青少年服务管理和预防犯罪工作推进会，明确各成员单位的职责和分工，提高预防青少年违法犯罪工作整体水平。12月4日，参与在昱中花园联合举办的“12·4”法制宣传日活动，组织20余名法制宣传青年志愿者发放“两法两例”五色宣传材料1000余份，发放12355服务卡片近200张，并解答社区居民咨询的维护青少年合法权益的相关法律问题。屯溪区2013年青少年犯罪率明显下降，18周岁以下未成年人违法犯罪人数为4

人，犯罪率为 1.2%，与 2012 年分别下降 55.6% 和 53.8%，18—25 周岁青少年犯罪人数为 12 人，犯罪率为 3.6%，相比 2012 年分别下降 53.6% 和 52.6%。

【青少年宫】 2012 年 3 月 25 日，屯溪区青少年宫与日本广岛县书道教育协会友好书法交流大会在屯溪区美丽苑大酒店举行。2013 年，为配合中心城区江心洲广场建设，原屯溪区青少年宫拆除，搬迁至杨业功纪念馆 C 区，6 月 1 日，屯溪区青少年宫新址正式启用。区青少年宫组织开展 2013 年度社会艺术水平考级。12 月 7 日，屯溪区青少年法制教育基地在区青少年宫正式揭牌，屯溪区青少年宫现有学生 1000 余人。

【青年文化活动】 2012 年 5 月 3 日，由区委组织部、区委宣传部、区文广新局及团区委联合举办以"青春 · 激情 · 跨越"为主题的庆祝"五四"青年节文艺会演。5 月 19 日，第二个中国旅游日之际，来自屯溪区现代实验小学 16 名红领巾小导游在新安江延伸段旅游景点进行实地专业讲解培训。

2013 年 6 月 11 日，举办"今夏有约，缘来有你"大型青年广场联谊活动，120 多名青年参加。7 月 12 日，举办"廉洁心 中国梦 青春行"演讲比赛，15 名选手参加。8 月 8 日，团区委组织返乡大学生、镇街道及村居基层青年代表 100 余人开展"畅游新安江 · 体验山水美"活动，乘坐"黄山号"画舫游览新安江。11 月 9 日，在新安江畔举办"屯溪青年单身 party"联谊活动，来自中心城区 50 名各行各业的青年参加。

（周　静）

妇　联

【概况】 1950 年 6 月，屯溪市妇女联合会成立。1959 年 5 月之后，随着行政建制变更，妇联机构曾数次变动。1975 年 12 月，恢复成立屯溪市妇女联合会；1988 年，改为屯溪区妇女联合会，妇联是党领导下的社会群众团体，是党和政府联系妇女群众的桥梁和纽带，其基本职能是代表和维护妇女利益，促进男女平等。下设组宣部、权益部、发展部、巾帼建功办、双学双比办、妇儿工委办、平安家庭办。截至 2013 年底，全区有区直机关妇女委员会 1 个，以系统（口）为单位的妇女委员会 5 个，镇、街道妇联组织 9 个，农村妇代会 36 个，社区妇代会 37 个，非公有制企业妇女组织 76 个，妇女联谊组织 2 个。

区妇女第十五次代表大会

【区妇女第十五次代表大会】 2012 年 12 月 2 日在阳光酒店召开，毛志英向大会作《锐意进取团结奋进带领全区广大妇女为早日建成现代国际旅游城市"首善之区"而努力奋斗》的工作报告。大会选举产生区妇联新一届领导班子，选举产生第十五届区妇联执行委员 9 人。全区 200 多名妇女代表和特邀代表出席大会。区委书记李高峰、区长胡黎明等应邀出席。

【"三八"节纪念活动】 2012 年 3 月 5 日以庆祝"三八"国际劳动妇女节 102 周年为契机，开展平安家庭示范户、五好文明家庭示范户、未成年人思想道德示范家庭、学习型家庭等特色家庭评选，表彰先进典型，在区委礼堂举办“三年新跨越巾帼展风采”诗歌朗诵赛，引导广大妇女投身现代国际旅游城市“首善之区”建设，为和谐社会作出贡献。

2013年3月6日，为纪念“三八”国际劳动妇女节103周年，宣传“全民健身”理念，在屯溪人民广场举办“巾帼风采舞动昱城”全民健身广场舞展示活动，13支代表队参与广场舞展示。

【开展“六一”慰问】 2012年5月31日，区委书记李高峰率四大班子领导到东城实验小学、柏树小学、宇隆幼儿园、大位小学开展“六一”慰问；2013年5月29日区妇儿工委办到龙山小学、宇隆幼儿园开展“六一”慰问，赠送慰问品、慰问金。

【编制“两纲”】 区妇儿工委办依据国家、省、市2011--2020年《妇女发展纲要》和《儿童发展纲要》要求，于2012年5月制定《编制2011–2020年〈屯溪区妇女儿童发展纲要〉工作方案》，7月18日召开编制新“两纲”工作会议，妇儿工委33家成员单位分管领导和联络员参加，会上妇儿工委办公室对纲要初稿需修改的55处向各成员单位以书面形式提出并征求意见。2012年9月《屯溪区妇女发展纲要（2011–2020）》和《屯溪区儿童发展纲要（2011–2020）》经区政府第10次常务会议审议通过，以屯政秘〔2012〕25号文下发。

【项目建设】 2012年，向中国妇基会争取“母亲健康快车”一辆落户区人民医院，全年利用“母亲健康快车”进村入户为400余名妇女进行免费健康体检，举办各类健康教育讲座37次，义诊咨询14次，听健康教育课2606人次，个性化健康教育28056人次。2013年，向中国妇基会争取超早期宫颈癌筛查项目落户区人民医院，该项目在黄山市是首家，也是国内最先进的宫颈癌检查技术，检查准确率由传统液基薄层技术46%提高到细胞dna定量分析的95%，并且可以提早3–5年诊断宫颈癌及癌前病变。

2013年度，安徽省妇联实施妇女创业扶持专项资金项目，区妇联申报珠塘社区“妇女之家”、朱村美丽家园、红星大院“徽姑娘”农家乐3个项目，争取资金13万元。红星大院“徽姑娘”在2013年9月25日举办的全市“徽姑娘”农家乐大赛上获“最具魅力奖”。

【“平安家庭”创建】 2012年，“平安家庭”建设在“平安屯溪”建设考核指标中的分值由原来的8分提高到15分。区妇联围绕区委区政府“平安屯溪”建设总体部署和考核指标，出台“平安家庭创建活动实施方案”，与各镇、街道妇联、成员单位签订“平安家庭”创建责任书，开展综治宣传月、禁毒宣传月、“12·4”法制宣传日、反邪防艾等活动，利用电视、广播、报纸、网络等媒体，加大宣传力度，提高知晓率。2012年8月30日，召开全区“平安家庭”创建暨留守流动儿童活动室建设工作推进会，表彰昱中街道、阳湖镇、黎阳镇3个“平安家庭”创建先进集体。2013年10月29日，在老街街道珠塘社区召开全区“平安家庭”创建工作推进会，表彰凤霞村、朱村、珠塘社区3个“平安家庭”创建先进集体。两年来，全区“平安家庭”达90%以上。

【信访维权】 2012年3月22日，举办以“百万妇女学法律，户户家庭创平安”为主题的黄山市暨屯溪区“妇女之家”巾帼维权志愿者法制讲座，并到居民小区发放《法律援助指南》《反对家庭暴力，共建幸福家园倡议书》等宣传资料。

2013年3月5日，联合区法院女子法庭在新潭镇东关村举行巾帼维权进乡村活动，开展“巡回法庭”村居行“以案析法”活动。完善信访接待制度，增设每月15日为主席接访日，开通12338妇女信访热线，为妇女群众排忧解难，提供法律援助。2年来，区妇联本级共接待信访85件，均已结案。全区各村居均建立妇女儿童维权工作站。

【“廉洁家庭、廉内助”主题活动】 2013年5月在区直机关干部家庭中开展“廉洁家庭”“廉内助”评选活动，召开“廉洁家庭”“廉内助”座谈会，组织他们参观廉政教育警示基地，做到“反腐倡廉 警钟长鸣”，表彰10个“廉洁家庭”、3名“廉内助”。

【妇女创业就业】 2012–2013年度，联合区人社局在昱中花园举办“迎三八·促就业”女性就业专场招聘会，现场设置就业咨询台，提供劳动保障法律法规咨询和妇女权益法律援助服务，30余家企业提供操作工、家政、设计、文秘、财会等1000余个岗位。为广大妇女创业就业提供资金保障，加大女性创业就业扶持力度，小额信贷由原来的5万元提高到8万元。

【关爱留守儿童】 2012年在黎阳镇傍霞村、阳湖镇兖山社区、新潭镇新潭社区、奕棋镇瑶干村建立留守儿童活动室，实现全覆盖。2013年5月31日，区妇联联系驻屯部队女兵共同看望慰问傍霞村留守儿童，和留守儿童结对帮扶，为孩子们送上帮扶金，同庆“六一”。2013年7月30日，区妇联与区消防大队官兵一行为傍霞村的留守儿童送清凉，和孩子们共度“八一”。

【扶贫帮困】 2012年，联系社会各界人士关爱贫困妇女儿童,共募集“春蕾助学”款36000元，结对贫困儿童28名。2013年募集“春蕾助学”款43000元，结对贫困儿童32名。争取法律援助项目资金4000元。大病救助款4000元。

（凌薇薇）

残　联

【概况】 1984年，屯溪市盲人、聋哑人协会成立，由民政局管理。1990年11月，成立屯溪区残疾人联合会。区残联为参照公务员管理事业单位，其主要职能是维护残疾人合法权益，发展残疾人事业。区残联内设办公室、劳动就业科、康复科、教育扶贫科、宣传文体科5个职能科室，在职8人。截至2013年底全区有各类残疾人8273人，占全区总人口的4.73%。其中视力残疾2554人、听力残疾2411人、言语残疾99人、智力残疾326人、肢体残疾2068人、精神残疾600人、多重残疾215人。

【组织建设】 全区64个村（社区）配备残疾人专（兼）职委员，组建率达100%。2012年11月30日，屯溪区残疾人联合会第六次代表大会在黄山阳光酒店召开，推举通过汪海雷为区残联第六届执行理事会理事长，金克俭、邵莉娟为副理事长。

2013年举办业务知识培训，各镇、街道残联理事长、各村（社区）残疾人专兼职委员参加培训。成立区创建“全省残疾人工作示范区”工作领导小组，开展创建工作。

【民生工程】 2012年为全区968名贫困残疾人实施贫困残疾人生活特别救助，救助资金

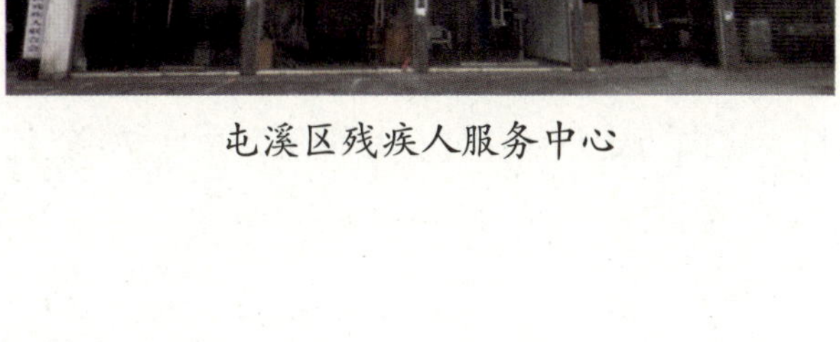

屯溪区残疾人服务中心

63.89万元；为204名精神残疾人实施药费补助，救助资金10.2万元；实施白内障免费复明手术30例；为21名残疾儿童实施贫困残疾儿童抢救性康复项目。

2013年为全区1265名贫困残疾人实施贫困残疾人生活特别救助，救助资金82.28万元；为227名精神残疾人实施药费补助，救助资金11.35万元；实施白内障免费复明手术30例；为21名残疾儿童实施贫困残疾儿童抢救性康复项目。

【帮贫助残】 2012年对全区20户残疾人家庭实施无障碍改造项目，改造资金12万元；对10户农村贫困残疾人实施危房改造项目，投入资金6万元；对300名肢体残疾人发放燃油补贴资金共计7.8万元；对2名贫困残疾大学生进行救助，救助资金0.3万元。

2013年对全区14户残疾人家庭实施无障碍改造项目，改造资金6.73万元；对6户农村贫困残疾人实施危房改造项目，投入资金3.6万元；对300名肢体残疾人发放燃油补贴资金共计7.8万元；对2名贫困残疾大学生进行救助，救助资金0.3万元。

【康复工作】 建立健全区、街道、社区三级残疾人康复指导网络，充分利用城区8个社区卫生服务站的资源，开展残疾人康复进社区服务工作，建立全区残疾人康复档案，指导残疾人进行有效康复。2012年为7名精神病患者实施住院补助，培训聋儿语训3人，发放聋人助听器4人（1.6万元/人）；低视力助视器适配17人；智力儿童及家长训练5人；免费赠送轮椅41辆；免费装配假肢5人。

2013年为7名精神病患者实施住院补助，培训聋儿语训3人，发放助听器2人（1.6万元/人）；智力儿童及家长训练5人；免费赠送轮椅45辆；免费装配假肢4人。在全市率先举办盲人定向行走训练指导员培训班，全区70余名残疾人康复指导员参加培训。

【就业及职业培训】 2012年举办2期残疾人专场招聘会，为残疾人提供多种就业岗位；举办2期残疾人就业培训班，提高残疾人的就业技能；实施“万人就业”项目，扶持33名残疾人创业，扶持资金6.6万元；实施残疾人康复扶贫贴息贷款项目，发放贴息资金8.57万元。征收残疾人就业保障金70万元。

2013年组织3名残疾人参加全市残疾人计算机操作提高班；实施“万人就业”项目，扶持40名残疾人创业，扶持资金8万元；实施残疾人康复扶贫贴息贷款项目，发放贴息资金7.7万元。征收残疾人就业保障金70万元。

【文体及宣传】 2012年开展了一系列助残日活动，联合有关部门开展惠残民生工程、扶残助残优惠政策、残疾预防与康复、按比例安排残疾人就业政策、法律援助等内容现场咨询活动；开展残疾人回报社会活动；组织志愿者开展志愿者助残活动；开展走访慰问特困残疾人活动。组织残疾人参观黄山市博物馆；开展惠残民生工程宣传活动，印制民生工程宣传材料，让广大群众了解残联民生工程政策。

2013年举行心连心—心智障碍人士救援服务系统黄手环发放仪式；组织残疾人在蓝天医院进行免费体检；结合爱耳日的活动主题“健康听力、幸福人生”，与黄山惠耳听力技术服务中心合作，帮助老年听力残疾人免费义诊；开展一系列助残日活动；组队参加2013年第二届全市残运会，共获得7块金牌、12块银牌、6块铜牌。

【信访与维权】 2012年接待残疾人来访70余人次、电话咨询140余件，通过法律援助中心为残疾人解答法律咨询65人次，办理法律援助案件18人次。

2013年接待残疾人来访60余人次、电话咨询120余件，通过法律援助中心为残疾人解答法律咨询58人次,办理法律援助案件15人次。妥善处理涉及残疾人生活和工作等问题，所有信访件全部得到解决，满意率达100%。

（邵丽娟）

科　协

【概况】　1956年成立屯溪市科学技术普及协会，1963年撤销。1978年6月建立屯溪市科学技术协会，与市科委“一套班子，两块牌子”，1981年4月分列。1988年3月改为屯溪区科学技术协会,它是屯溪区科技工作者的群众组织，是党领导下的人民团体，是党和政府联系科学技术工作者的桥梁和纽带，是国家推动科学技术事业的重要力量，其主要职责是贯彻落实《公民科学素质行动计划纲要》、《中华人民共和国科学技术普及法》,发挥科普工作主力军作用，送科技下乡，搞好科学技术普及，科普示范基地建设，学术交流、专业技术人员继续教育及开展青少年科普工作。现在职6人。至2013年底，全区建有5个镇、4个街道科学技术协会，1个科技咨询中心。全区各类示范基地18处，其中国家级4处，省级4处，市级10处。

【科协全委会】　2012年4月和2013年5月分别召开屯溪区科学技术协会第四届第六次、第七次全委会议，会议主要议题是总结上年度工作，表彰先进集体和先进个人，部署本年度工作。

有机茶生产关键技术培训班

【科学技术普及】　2012年–2013年，利用各种形式开展科学技术普及工作。组织全区5个镇、4个街道的科协开展科学普及宣传活动，制作展板28块，推介农业新技术项目、新产品、新品种30多个，发放各类宣传材料5000余份。组织5个镇种养户45人，参加省、市、区举办的实用技术培训班。在屯溪区政务网上开设“屯溪科普”网页。开展“保护生态环境、保护新安江”科普宣传活动，印发科普挂图5000套，制作展板20块进行巡展，共计12场。

【送科技下乡】　开展送科技下乡活动，全区共开展科技下乡活动18次，受益农户8960户，举办实用技术培训22次，培训9786人次，普及推广实用技术17项，举办各类培训、讲座班36个，培训27650人次。组织教育系统所辖中小学学生参加全市青少年科技创新大赛并取得优异成绩。

【学会和学术交流】　加强学会建设，按照社团管理要求组织开展学会调研工作。指导学会开展社会中介、科技咨询等服务。到2013年底区属学会4个，成为开展科普宣传重要民间力量。积极组织学术活动，与区农委等部门联合开展“屯溪区调整农业结构、增加农民收入、全面建设农村小康社会”调研，形成3篇调研报告。

【对外科技交流】　邀请区外专家学者先后来屯溪区讲学、作报告，培训各类技术人员269人次。加强舆论宣传和信息交流工作，在区政务网、区科协网页上发布农村实用技术，科技致富项目等信息，宣传屯溪的科协工作，密切与广大科技工作者的联系。

（余新民）

文　联

【概况】　屯溪区文学艺术界联合会（简称文联）成立于2009年，是党和政府联系文艺家的桥梁和纽带。其主要职能是团结带领全区文艺工作者，贯彻落实党的文艺方针，组织、引导文艺工作者学习党的文艺理论，使全区文艺事业健康持续发展；加强与文化和群团之间密切合作，共同繁荣全区文化艺术事业；组织、鼓励文艺工作者深入生活，勤奋创作，出人才、出优秀作品；开展民间文化交流活动；维护文艺工作者和文艺团体的合法权益。区文联为正科级全额拨款事业单位，事业编制1名。全区现有5个协会，即屯溪区作家协会，屯溪区书法家协会，屯溪区音、舞、戏、曲文艺家协会，屯溪区摄影家协会和屯溪区美术家协会。

首届美术双年展

【主要工作】　2011年成立屯溪区发展摄影产业领导小组。2012年举办“中国·屯溪老街摄影作品大赛”和聚焦“中国屯溪”摄影展。2013年举办“屯溪八景”摄影大赛。开展《纪实新安江写生与探索》系列美术活动，举办《新安江流域美术写生作品展》和新安江流域美术写生作品研讨会。9名会员入选国家级协会会员。全区17个点被授予“黄山市百佳摄影点”称号。

【摄影项目建设】　共争取到百佳摄影点项目资金198万元，螺蛳顶、鬲山和外边溪摄影村项目被列入黄山市百佳摄影点项目资金支持。

（汪　琳）

黎阳仗鼓

黎阳仗鼓是徽州人为祭祀公元七世纪初（隋末）保境安民的英雄汪华开展的一项大型民俗活动，流传至今已有1000多年。相传汪华血战沙场时，就用“仗鼓”以壮军威，得胜之日也用“仗鼓”欢庆胜利。因此，“仗鼓”又叫“战鼓”，也称“得胜鼓”。在古徽州久负盛名，为了祭祀先祖，黎阳人每年都要在汪华当年秋操练兵的八月隆重举办大型庙会，叫作“八月靖阳”。庙会的正日是农历八月十三，到了庙会的前一夜菩萨出游时，24位武士打扮的后生同时上街“打仗鼓”出游。那雄壮威武的鼓点，缓时声声如雷、九天回响，急时排山倒海、气势如虹。再加上悠扬的曲笛、清脆的云锣，大有当年汪华“沙场秋点兵”的遗韵。

黎阳仗鼓有乐队曲，是以中国传统的工尺谱的记谱法记述。仗鼓曲雄浑、威严、有力，具有浓厚的地方色彩和鲜明的民族风格，是中国传统民间舞蹈的典型代表，2006年入选安徽省非物质文化遗产名录。

武装·法治

人民武装

【概况】 1949年8月，屯溪市人民武装部成立，属地方建制。1952年2月，划归军队建制，属徽州军分区、中共屯溪市委双重领导。1955年1月，成立市兵役局（属政府工作部门），与人民武装部合署。1959年5月，市兵役局撤销。是年，屯溪市人民武装部并入休宁县人民武装部。1961年5月，恢复屯溪市人民武装部。1963年8月，改称休宁县屯溪镇人民武装部。1976年1月，恢复屯溪市人民武装部。1986年6月，人民武装部改为地方建制，属中共屯溪市委、市人民政府和徽州军分区双重领导。1988年3月，改称屯溪区人民武装部。1996年3月，人民武装部收归军队建制。

【思想政治建设】 突出理论学习的指导地位，采取集中读书和个人自学相结合的方式抓好党的十八大和十八届三中全会精神的学习。突出思想教育的引领作用，抓好"讲政治、顾大局、守纪律"专题教育和"赞颂科学发展成就、忠实履行历史使命"主题教育，开展强军目标学习实践活动，引导干部职工为实干兴部作出贡献。突出教育活动的固本效果，完成武装文化体系建设。

【开展"全民国防教育日"活动】 组织区国防教育委员会及成员单位领导干部参加国防形势报告会，协助长干小学组织"9·18"纪念日主题活动，2012年9月15日，在昱中花园举办"第十九届国防教育、双拥和人防工作板报展"，共组织市、区两级147家双拥合格单位参展，驻军部队、学校和社会群众5000余人次参观，发放宣传材料3000余份，活动情况相继在《中国国防报》《法制日报》《黄山日报》和中央人民广播电台获得报道。2013年9月15日，在昱中花园举办"第二十届国防教育、双拥和人防工作板报展"。

【应急战备建设】 组织修订非战争军事行动方案计划，组织抗洪抢险和森林灭火演练；投入2万余元补充完善战备器材库部分应急、防火和防汛抢险器材；规范军民通用器材征集程序和方法；优化民兵信息员队伍建设，把信息员队伍拓展到高校师生和出租车司机领域。抓民兵整组，贯彻落实中央《关于加强和改进新形势下民兵工作的意见》，推进民兵队伍由应急能用向应战能胜转变，编实基干民兵队伍，在市直相关部门编建民兵网络分队，在安钢特玻组建企业民兵连，接受省军区、军分区的拉动点验和检查验收。展开各类训练，完成专武干部、民兵营长和基干民兵训练任务。加强国动委办公室自身建设，展开武装动员、政治动员潜力的调查，加大基层规范化建设力度；完成2012年、2013年新兵征集任务，连续42年无责任退兵。2012年9月22日，组织参加黄山市“新安2012”综合演练，完成指挥所开设、水上救援、道路抢通、按图行进、电力设备搬运、开设防火带等6个项目的比武竞赛，获水上救援和电力设备搬运2个项目的第一名，综合评分获第三名。

【党管武装工作】 协调区委区政府抓好中发9号、皖发4号及省军区、军分区两级党委全会精神的学习贯彻，协调区委将国防教育内容列入中心组理论学习计划。下发《民兵预备役和国动委工作意见》，把民兵预备役工作列入区委年度重点工作实施方案和区“落实十八大，力促大提升”工作内容。

【民兵抢险救灾】 每年平均组织所属民兵及协调驻军1500余人次参与除冰扫雪、森林灭火、抗洪抢险和大项活动保障等任务。2013年6月，出动民兵330余人次，协调驻军90人参与转移群众、封堵决口、搜救打捞等任务，投入车辆6台次、冲锋舟6台次、橡皮艇1艘、编织袋2000余个、土木工具及救生器材100余件，动用经费29700余元。其中，6月27日，共转移梦园郇小区受淹群众53户400余人，被黄山市评为“抗洪抢险先进集体”。《屯溪区关于深化推进军民融合式发展的措施》所列8个方面21项具体任务基本得到落实。组织民兵参加“美好乡村”和“千万亩森林增长工程”建设，累计参与清乱堆乱放100余处、清乱搭乱建300余户、清塘库沟渠20余处，参加全区“千万亩森林增长工程”植树造林活动，建成“八一林”1处，截至2013年底共栽种树苗800余株。

在梦园村进行抗洪抢险

（吴　翔）

人民防空

【概况】 1938年12月，成立屯溪防空会，组织人力修筑防空壕，1942年撤销。1940年8月，成立屯溪防护团，1945年撤销。建国后，防空工作由市公安局兼管。1961年，在云村、兖山等地建9个对空监视瞭望哨。1969年，徽州地区成立人民防空领导小组，下设人民防空办公室。1972年4月，屯溪镇人民防空领导小组办公室成立。1981年9月，防空机构和对空监视瞭望哨撤销。2002年12月，成立黄山市人民防空领导组及办公室。人防办内设工程、指通、综合3个部门，下属2家事业单位，即市人民防空工程质量监督管理站、市人防指挥信息保障中心。2011年6月，在屯溪区昱中街道办事处、黄山学院、黄山经济开发区成立基层人防工作站。在杨梅山社区、屯溪五中建立人防工作示范点。

【人防工程建设管理】 落实《人防法》“人民防空与经济建设协调发展、与城市建设相结合”的原则，开展人防工程建设工作。全市所有人防工程全部按照人防工程建设管理制度规范执行，实行人防工程质量全程监管，落实人防工程竣工验收备案制度。

【人防指挥通信及应急准备】 参加全省“9·18”警报试鸣。结合警报试鸣，开展指挥通信能力及居民、学生等人员的综合疏散演练。完成多处疏散地域建设，组建人防应急专业队伍及民防志愿者队伍，开展专业训练、演练及点验拉动。建成覆盖全市的人防警报通信网，保证全市三区四县防空警报同时鸣放。

【人防宣传教育】 开展人防宣传教育进学校、进机关、进企业、进社区、进网络“五进”活动。市直初级中学人防知识开课率100%。屯溪五中被设立为市防空防灾教育基地。在杨梅山社区多次开展人防宣传及疏散活动，人防固定宣传栏覆盖社区辖内。结合“9·18”警报试鸣开展居民及学生疏散演练4次。开展人防宣传活动40余次，发放宣传材料上万册。建立黄山人防门户网站。

（许　峥）

消　防

【概况】 屯溪区消防大队位于戴震路11号，大队前身是屯溪区公安局消防科，2007年体制调整改称屯溪区公安消防大队，副团职单位，隶属于武警黄山市消防支队。大队下设一个执勤消防中队和大队部，大队部主要负责辖区内机关、团体、企事业单位的防火监督、建筑工程消防审核验收、开业前消防检查、消防知识普及、消防业务培训和对所属中队的管理等业务；所属中队主要担负着辖区内的灭火救援、社会救助等任务。大队有执勤车辆3台，其中水罐车2台、抢险救援车1台。现有装备器材共240件（套），其中主要有个人防护装备、特种防护装备、破拆器材、堵漏套件、排烟照明器材、侦检器材、警戒器材、通信器材、灭火器材、救生器材等。

【消防工作】 2012年以来，大队先后开展“三节两会”消防安全大检查、“除火患、保平安”冬春专项行动、高层建筑大排查大整治大执法活动、建筑消防设施专项整治、“江淮安宁”消防安全专项行动、夏季消防安全百日攻坚、秋季开学校园安全保卫工作、“清剿火患”战役等专项行动，共办理建筑消防设计备案134件，竣工验收消防备案120件，检查单位、场所2149家，发现火灾隐患2740余处，下发“责令限期改正通知书”1349份，办理行政案件92起，罚款46万余元，责令停产停业10家，实施查封56家。消防监督执法再上新台阶。两年来，大队共处置火灾、车祸等各类灾害警情1722起，出动警力14604人，抢救被困人员315人，疏散被困人员962人，挽回财产损失近1734.5万元。2013年，大队党委被评为“武警安徽省消防总队先进基层党组织”。

【消防宣传】 立足实际，创新宣传方式，提高人民群众消防安全意识。一是设立流动宣传站，利用消防流动宣传车，深入乡镇、农村、学校和施工工地，对老人、留守儿童、学校师生及建筑施工工人开展有针对性的宣传培训；二是开展现场知识培训，将消防宣传与日常消防监督检查相结合，通过检查发现问题，对各单位场所开展“四个能力”建设知识培训，使其增强自我救助、自我排查整改火灾隐患、组织疏散逃生能力；三是开展灭火演练工作。消防大队先后在各街道、乡镇和企事业单位组织开展灭火演练，传授初期火灾扑救、消防装备器材使用方法和火灾扑救及逃生自救的方法，现场演示液化气火灾的扑救方法。两年来，大队共开展消防安全知识宣传活动182次，直接培训教育群众3.8万人次，发放宣传资料3万余份。

（胡水华）

公　安

【概况】 1949年4月成立屯溪市公安部，5月改为屯溪市人民政府公安局。1959年屯溪市与休宁县合署办公，本局撤销。1961年8月恢复屯溪市公安局。1963年5月改为休宁县公安局屯溪分局，1965年1月改称徽州行署公安处屯溪分局，1968年更名为中国人民解放军徽州专区屯溪公检法军管小组。1975年12月更名为屯溪市公安局。1988年3月改称黄山市公安局屯溪分局，行政关系隶属屯溪区政府。1993年8月行政关系隶属市公安局，为市公安局二级机构。分局民警编制为208人，内设机构21个，其中综合管理机构3个，执法勤务机构9个，派出所9个（荷花池派出所、中市派出所、老街派出所、屯光派出所、阳湖派出所、黎阳派出所、新潭派出所、奕棋派出所、黄口派出所）。

【维护稳定】 2012年，开展矛盾纠纷滚动排查和源头化解，调解民间纠纷4022起，排查不稳定因素186起。妥善处置突发事件，全年未发生影响社会稳定的事件。推进互联网依法公开管理，强化虚拟社会管控，加强舆情网络监管，全年共编报互联网信息113期，上报境内异地有害信息9375条，上报情报809条，侦办网络案件37起，协办21起。做好信访工作，领导接访183次，信访室处理来信来访21件。

2013年，加强信报信息的收集，及时准确掌握各类矛盾纠纷信息并开展化解工作，共调解民间纠纷5964起，排查不稳定因素225起。加强对突发事件的应急处置，有效预防群体性事件的发生，共处置劳资纠纷、医患纠纷、非正常死亡等各类纠纷引发的突发事件412起。完善网站、论坛、网吧管理，加强舆情网络监管，实行24小时网上巡查工作机制，全面收集涉稳舆情，共编报互联信息107期，上报互联网有害信息6368条，异地删除有害信息5768条，全年落地调查涉帖人员28人。加强网络案件的侦办，共侦办网络案件84起，协办58起，协助抓获违法犯罪嫌疑人20名。从源头上预防和减少公安信访问题，坚持领导接访和包案处理工作机制，加强重点案件办理，局领导共接访110次，信访室处理群众来信来访26件。

【打击刑事犯罪】 2012年，以深入开展“春霆行动”等专项行动为载体，严厉打击刑事犯罪活动，共破获刑事案件878起，与2011年持平。抓获刑事作案成员330人，比2011年427人下降22.7%，抓获网上逃犯107人，比2011年下降17.1%。开展“命案积案”侦破攻坚战，抓获潜逃20年之久的命案逃犯1名，侦破“1992.07.26”强奸杀人案。强化对严重暴力犯罪打击力度，八大类严重暴力案件破案率达80%。推进“打黑除恶”专项斗争，打掉恶势力犯罪团伙1个，抓获违法犯罪人员17名。严厉打击“两抢一盗”等多发性侵财犯罪，坚持破案与追赃并重，破获各类多发性侵财性案件663起，追缴赃款赃物折款300余万元。建立各警种协作机制，对毒品违法犯罪进行精确打击，破获毒品案件30起。2012年11月份破获的“8.25”特大团伙诈骗案，被中央电视台、安徽省电视台相关栏目相继报道。

2013年，共破获刑事案件924起，比2012年上升5.2%。抓获刑事作案成员368人，比2012年上升11.5%，抓获网上逃犯130人，比2012年上升21.5%。破获“4.25”故意伤害致死案。开展“夏秋社会治安整治”等专项行动，打击暴力犯罪、多发性侵财犯罪和毒品犯罪，成功侦破一系列有广泛社会影响的案件。严重刑事犯罪案件破案率达91.2%，破获毒品案件34起，破获侵财性案件759起，追缴赃款赃物折款310万元。加大对经济案件的侦办力度，破获部级挂牌督办的特大销售假药案、涉嫌侵犯音乐作品著作权案。

【社会治安管理】 2012年，共受理各类行政案件6995起，比2011年下降2%，查处6776起，比2011年上升2.5%。处理违法人员6860人，比2011年下降3.1%。开展安全大检查，严格危爆物品监管检查，未发生严重火灾事故、危化物品泄漏、爆炸事故，全年火灾事故发生37起，无死伤人员，损失金额为464700元。开展物流寄递业综合整治，对全区61家物流寄递企业落实内部单位管理模式。强化宾旅馆、留宿洗浴、美容厅、游戏厅、棋牌室等行业场所管理，查处“黄、赌、毒”案件489起。检查登记出租房屋15965间，对不按规定登记承租人信息的99户出租人，依法予以治安处罚。加强境外人员的动态管理，查获“三非”案件4起，行政处罚3人。

2013年，受理各类行政案件8374起，比2012年上升2%，查处8258起，比2012年上升2.2%，处理违法人员8718人，比2012年上升2.7%。开展“打四黑除四害”、扫黄扫赌“无声风暴”、缉枪治爆等专项行动，查处“四黑四害”案件593起，“黄、赌、毒”案件553起，查处销售仿真枪案件2起，非法携带管理器具案件14起。加强对汽油销售企业、加油站、烟花爆竹等危爆单位、场所的检查，逐户落实安全管理措施，全年火灾事故发生62起，无死伤人员，损失金额为391801元。开展“护校安园”行动，深入各中小学、幼儿园开展安全检查318次，督促整改安全隐患75处，指导校园开展各种防护演练32次。探索创新外管工作，查获“三非”案件12起，行政处罚10人，处罚单位1家。

节前消防安全检查

【安全保卫】 2012年，分局结合旅游城市特点，完善警卫安保工作措施。全年共完成各类警卫、安保任务167批次，其中一级警卫任务1批次、二级警卫任务2批次、一般警卫任务122批次，大型活动安保任务10批次，一般活动安保任务32批次。确保全国政协副主席孙家正、莫桑比克总理阿里等党和国家领导人及重要外宾在黄山市视察、访问期间的安全；圆满完成第五届世界传统武术锦标赛、第十六届中国黄山国际旅游节暨徽文化节、中国（黄山）首届非物质文化遗产传统技艺大展及新安江龙舟赛等各项大型活动的安全保卫任务。

2013年，共完成各类警卫安保任务74批次，其中一级警卫加强任务2批次，二级警卫任务14批次，一般警卫任务17批次，大型活动及重要会议等安保任务41批次。确保原中共中央总书记胡锦涛，原全国政协主席贾庆林，中共中央政治局委员、军委副主席许其亮，全国人大常委会副委员长吉炳轩，国民党荣誉主席吴伯雄，澳门特别行政区行政长官崔世安，纳米比亚全国委员会副主席蒙萨等党和国家领导人及重要外宾在黄山市视察、访问期间的安全；圆满完成2013年全国游泳锦标赛等各项大型活动的安全保卫任务。

（喻　萍）

检 察

【概况】 1951年6月，成立屯溪市人民检察署。1955年1月更名为屯溪市人民检察院。1958年后因屯溪建制变化机构随之变更。文化大革命期间被撤销。1979年2月恢复屯溪市人民检察院，1988年4月更名为屯溪区人民检察院。内设政治处、办公室、反贪污贿赂局、反渎职侵权局、侦查监督科、公诉科、控告申诉检察科（举报中心）、监所检察科、民事行政检察科、检察技术科等16个职能科室，在编40人。先后获得“全省先进基层检察院”“全省检察机关先进集体”“全国检察机关司法警察编队管理示范单位”“档案管理省特级单位”“全市先进基层检察院”“全市巾帼文明岗”“全市青少年维权岗”“市级文明单位”等称号。

【批捕起诉】 2012年，深化打黑除恶专项斗争，维护人民群众生命财产安全和社会管理秩序。至11月25日受理审查逮捕案件145件198人。经审查，批准逮捕107件151人，决定逮捕3件3人，因事实不清、证据不足或是无逮捕必要的不批捕32件41人，在办案件3件3人。受理移送审查起诉的各类刑事案件292件414人（含2011年未结53件81人），审查后提起公诉211件309人，不起诉15件15人，移送其他院1件1人，期末未结65件89人。

2013年，受理审查批准逮捕案件150件196人，依法批准逮捕153人，不批准逮捕34人，决定逮捕4件4人，追捕1人，在办案件3件4人。受理移送审查起诉案件240件356人（不含2012年未结65人），审查后提起公诉323人，不起诉17人，公安机关撤案、撤回5人，退回补充侦查7人，移送他院审查起诉5件9人，期末未结36件60人。

预防农村职务犯罪讲座

【法律监督】 2012年，对应当立案而不立案的，督促侦查机关立案1件；对不应当立案而立案的，督促撤案1件。对应当逮捕而未提请逮捕、应当起诉而未移送起诉的，决定追加逮捕3人、追加起诉2人。对侦查中的违法情况提出纠正意见3件次。加强民事行政检察工作，对认为确有错误的民事行政裁判提出抗诉1件。至11月底，屯溪区实有社区矫正人员157人，其中，缓刑140人，管制10人，假释1人，暂予监外执行3人，剥夺政治权利3人。矫正人员被收监执行3人，迁居外地矫正3人。

2013年，立案监督案件11件，其中应当立案而未立案5件。办理民事行政案件5件，其中不支持监督申请3件，并做好申诉人的息诉服判工作。向法院提出再审检察建议2件，法院启动再审程序并依法改判。对287名社区矫正人员建立监督台账，开展专项监督检查，发出纠正违法通知书和口头检察建议27次。向执行机关提出撤销缓刑、建议收监执行4人。

【查办和预防职务犯罪】 2012年，至11月25日，立案侦查职务犯罪案件6件9人，其中贪污贿赂案件5件8人、渎职侵权案件1件1人，通过办案挽回直接经济损失75万余元。结合办案剖析职务犯罪发案原因，向有关单位提出预防建议11件。加强警示教育基地建设，对党政机关企事业单位工作人员进行反腐倡廉教育1300余人次。实现行贿犯罪档案查询系统全国联网，向社会提供查询400余次。

2013年，立案侦查职务犯罪13人。其中，贪污贿赂犯罪立案12人，渎职犯罪立案1人。通过办案挽回直接经济损失250余万元。针对重点行业开展预防和警示教育，举办职务犯罪预防专题讲座、警示教育和法制宣传5次，受教育干部300余人次。开展“百场讲座进乡村”活动，实现全区五个镇及村居主要干部预防职务犯罪全覆盖。开展预防调查6件，进行案例剖析8次，发出检察建议书10份。

【接受监督】 主动接受社会各界的监督。2012年向区人大及其常委会专题报告监所检察法律监督工作情况，配合区人大及其常委会开展专题调研和执法检查。加强与人大代表的联系，争取监督支持。重视区政协组织的专题视察调研工作。邀请部分政协委员开展专题座谈，通报检察工作情况，接受民主监督。加强与各民主党派、工商联和无党派人士的联系。发挥特约检察员和人民监督员的咨询、监督作用。加强检察网站建设，自觉接受舆论监督。

2013年，主动向人大及其常委会报告工作，向人大代表、政协委员通报检察工作，邀请人大代表、政协委员视察20余人次。邀请人大代表、政协委员参与检察开放日等活动。就侦查监督工作向区人大常委会作专项工作报告，并根据审议情况进行整改。深化人民监督员制度改革，完善特约检察员制度，在检察决策和执法办案过程中接受监督。组织人大代表、政协委员、人民监督员和特约检察员参加职务犯罪案件庭审活动。

【队伍建设】 开展“保持党的纯洁性、迎接党的十八大”和“忠诚、为民、公正、廉洁”的政法干警核心价值观主题教育实践活动，开展新录用人员培训、初任检察官培训、领导素能培训以及专项业务岗位技能培训，2012年，共组织干警参加素能培训29次，干警参训206人次，其中参加国家级培训5次，省级培训9次。干警撰写的信息、法制宣传及调研文章被中央、省、市报刊采用或媒体发表124篇。干警汪少飞在全省检察机关第三届侦查监督业务竞赛中获“优秀侦查监督检察官”称号。

2013年，组织干警参加高检院、省院和市院组织的各项业务培训共计108人次。组织干警积极参加全市、全省各项岗位练兵和竞赛活动，预防科长潘凌云在全省检察机关预防职务犯罪岗位素能大比武活动中取得第一名，3名干警分别被授予“全省检察系统优秀共产党员”、“全省关心维护妇女儿童权益先进个人”、“全市全区人民满意政法干警”称号。

（吴良泉）

法　院

【概况】 1949年5月屯溪市人民法庭成立，随后，法庭与市人民政府司法科合署。1950年2月，更名为市人民法院。1959年后机构随屯溪建制变更而变化。1968年4月，屯溪人民法庭撤销，实行军事管制。1973年3月，恢复成立屯溪人民法庭。1976年3月，恢复成立屯溪市人民法院。1981年5月，市人民法院从政府序列中划出，成为独立机关。1988年3月，改名为屯溪区人民法院。内设纪检组、政治处、办公室、研究室、立案庭、刑庭、民一庭、民二庭、行政庭、审判监督庭、执行庭、法警大队、司法技术办公室、审判管理办公室、计划行政财务装备科等15个部门，下设1个派出法庭，即黄山经济开发区人民法庭。2013年在编61人。

2012年-2013年，受理各类案件5136件，审执结5135件。先后获全国法院“两评查”活动先进单位、全国法院网络宣传先进单位、第二届全省优秀政法单位、全省廉政文化建设示范点、全省司法公开示范法院、全省法院党建工作先进单位、全省法院信息工作先进单位、全省法院新闻宣传先进集体、全省无执行积案先进法院、全省集中清理执行积案活动先进集体等称号。黄山经济开发区人民法庭被评为全国和全省法院先进集体。

【刑事审判】 2012年，受理刑事案件232件，审结234件，判处罪犯320人，同比分别上升17.17%、16.42%和11.5%。其中判处十年以上（含十年）有期徒刑5人，判处五年以上十年以下有期徒刑18人。依法审结交通肇事、危险驾驶等危害公共安全犯罪案件39件39人，组织、领导传销活动等破坏社会主义市场经济秩序犯罪案件15件34人，故意伤害等侵犯公民人身权利、民主权利犯罪案件26件31人，“两抢一盗”等侵犯财产犯罪案件95件133人，走私、贩卖、运输、制造毒品等妨害社会管理秩序犯罪案件40件79人。依法审结贪污贿赂犯罪案件4件4人。适用量刑规范化审结案件151件。为未成年被告人指定辩护人8人次，审结未成年人犯罪案件14件18人。依法对管制、缓刑犯适用禁止令。加强刑事附带民事和刑事自诉案件和解工作，受理23起此类案件，20件达成调解协议并全部履行完毕。完善审判工作与社区矫正衔接机制，创新建立非监禁刑庭前调查制度，对可能判处非监禁刑的40件69人委托司法矫正机构进行庭前调查，避免脱管漏管现象发生。

2013年，受理刑事案件223件，审结223件，判处犯罪分子332人，其中依法审结“两抢一盗”犯罪案件74件100人，审结涉毒犯罪案件24件26人。参与反腐败斗争，审结贪污贿赂等职务犯罪案件8件13人。依法审结未成年人犯罪案件19件24人，为未成年被告人指定辩护人7人次。加强刑事附带民事诉讼案件调解工作，27件刑附民案件全部调撤。

【民商事审判】 2012年，受理民商事案件1595件，审结1614件，同比分别上升1.14%和3%。开展农民工维权讨薪专项活动，在全市创设首个“维护妇女儿童老人权益女子合议庭”，建立婚姻家庭案件回访制度。坚持“调解优先，调判结合”，全年共调撤民商事案件1058件，调撤率为65.55%，同比提高1.67个百分点。加强简易案件速裁工作，全年审结206件，调撤率达100%。在各村（居）委会建立司法调解和人民调解的联合调解室，创设“逢四说法”服务台和“逢事说法”茶吧，做到“小矛盾不出社区，大纠纷不出法庭”。开展巡回审判等便民服务。

2013年，受理民商事案件1807件，审结1788件，同比分别上升13.29%和10.78%。其中受理民事案件1604件，审结1590件；受理商事案件203件，审结198件。建立重大疑难复杂案件研讨机制，探索小额诉讼工作，适用小额诉讼程序审结38件；审结金融借款纠纷48件，民间借贷纠纷258件。成立人身安全保护专业合议庭。全年立案调撤114件，诉讼调撤1007件，调撤率为61.59%。在法院挂牌成立人民调解工作室，全年诉前调解矛盾纠纷300多起。

【行政审判】 2012年，受理行政案件30件，同比上升150%。其中行政诉讼案件16件，行政赔偿案件2件，审查行政非诉执行案件12件，全部审结。畅通行政诉讼渠道，依法受理不服公安机关处罚、城建处罚、工商管理处罚、商标管理处罚、工伤认定等行政争议案件，依法审理行政相对人诉行政机关不作为以及要求公开政府信息等新类型案件。把协调解决行政争议作为处理行政案件的最佳方法，通过协调和解方式化解行政争议3件，和解撤诉率达23.08%。

2013年，受理行政诉讼案件17件，审结15件；受理并审结行政非诉执行案件7件。将行政审判工作关口前移，主动为征地拆迁、美好乡村建设等重点工作提供法律服务。为全市公安机关讲授办理行政案件注意事项的法制讲座，邀请公安、税务等部门旁听案件庭审。加强行政案件协调，协调撤诉率为26.67%。推动行政首长出庭应诉，行政首长出庭应诉率为21.43%。

【执行工作】 2012年，全年受理执行案件487件，同比上升1.88%，执结485件，执结标的1804.98万元，裁判自动履行率达63.24%。开展创建“无执行积案先进法院”、公权力机关不执行法院裁判专项清理、反规避执行等活动，强化执行工作力度。全年实际执行率为88.8%，执行标的到位率为86.5%。发挥司法协理员、执行联络员的优势和作用，对一些疑难复杂执行案件开展“突击执行”活动，组织干警利用节假日、夜晚寻找被执行人，执结40多起“骨头”执行案。

2013年，受理执行案件703件，执结704件，同比分别上升44.35%和45.15%。利用周末、夜晚等时段开展集中执行、突击执行活动，同时开展清理涉党政机关执行积案专项活动，全年裁判自动履行率为73.30%，实际执行率为92.58%，执结标的1.15亿元，执行标的到位率为89.31%，执行干警加班加点526人次，通过加班执结80多起案件。将4名被执行人纳入全国失信被执行人名单。

【涉诉信访】 2012年，开展涉诉信访积案清理工作，中央、市、区政法委交办的19件涉诉信访案件全部化解。成立6名法官组成的案件审查组，协助屯光镇做好区委交办的9起不稳

开展法律知识宣传

定信访案件的审查工作。坚持院领导接访、法官带案下访、判后回访等做法，全年累计接待群众咨询1万多人次，办理群众来信78件次，院领导带头接访和参与政法部门联合接访41人次。完善审判监督工作，5起审判监督诉讼案件和申诉审查案件审结3件。加强案件质量评查，全年评查各类案件1136件。

2013年，全年院领导接访52人次，法官累计接待群众咨询6000多人次。上级机关交办6件涉诉信访案件、16件不稳定因素以及76件一般来信全部办结。

【司法为民】 2012年，开发区法庭启用，法庭标识建设被市中院确定为全市法院法庭统一标识建设样板。开发区法庭坚持“办一件连一片”的巡回办案方式，强化调解职能作用，调撤率高达87.04%，同时坚持审执兼顾，当事人自动履行率达96.39%。举办“公众开放日”活动，改版升级中国法院网屯溪频道，新设视频点播、庭审直播、电子杂志等功能，完善司法公开，裁判文书上网等制度。

2013年，创新审判方式，到新潭镇竹林村、东关村等镇村街道开展“巡回法庭走乡村”等巡回审判活动。发挥速裁法庭、村居联合调解室、“逢事说法”茶吧、“逢四说法”服务台的作用。创新设立“假日法庭”，实行“错时送达”工作制，方便“上班族”和外出务工等

人员参与诉讼，全年“假日法庭”化解矛盾纠纷100多起。加强司法救助，为困难当事人缓减免诉讼费13.7万元。举办以“千名群众进法院见证公正公平”为内容的“法院开放日”活动，全年举办12次，受邀群众达600多人次。

【队伍建设】 2012年，开展社会主义法治理念教育、创先争优、“基层组织建设年”、政法干警核心价值观、“保持党的纯洁性，迎接党的十八大”等一系列主题教育实践活动，开展“模范责任区”、“党员先锋岗”、“办案标兵”评选工作。组织开展庭审评查和裁判文书评查为内容的“两评查”活动，全年共开展庭审评查93件，评查裁判文书110篇。组织开展法官、法警、书记员等岗位练兵活动，对中青年干警开展“一对一”传帮带活动。选派27批68人次参加省级以上业务培训。认真落实党风廉政建设责任制和“一岗双责”，严格遵守“五个严禁”和防止法院内部人员干扰办案制度，坚持执法执纪监督员、审务督察员和廉政监察员巡查督察等制度，促进公正廉洁司法。

2013年，坚持中心组理论学习和“周一学习日”制度。完成党总支和三个党支部的换届选举工作，成立第四党支部。开展新春集训、书记员、助理审判员岗位技能培训，组织40人次参加上级法院举办的业务培训，选派2名法官到市中院挂职锻炼一年，开展调解能手竞赛、办案能手评比等10多项岗位练兵活动，汇编学习教材7本。法官编写的案例入选《安徽法院案例选》占全市法院50%以上。开展司法廉洁教育、改进司法作风教育、作风专项整治等活动。

（注：以上受理案件数不包括上年度旧存，审结、执结或审执结案件数包括上年度旧存）。

（王　茜）

司法行政

【概况】 新中国成立后，司法行政工作由人民法院管理。1954年，成立屯溪市公证室，开始办理公证业务。1956年12月，改称屯溪市人民法院公证室。1956年7月，屯溪市人民法院成立法律顾问处。1961年，公证机关被撤销。1981年1月，成立屯溪市司法局，同时逐步重建律师、公证机构。1988年3月，屯溪市司法局改称屯溪区司法局。现内设办公室、政工科、法律宣传科、基层工作管理科、社区矫正工作管理科、律师管理科6个职能科室，下设法律援助中心及9个派出机构（副科建制司法所），在岗40人。

【司法行政基层基础工作】 2012年–2013年，先后投入40多万元用于改善各司法所办公设施、装备器材和完成社区矫正中心基础设施建设。深化社会管理创新，依托司法业务用房建设，推进“1335”工程，即一站（归正驿站）、三室（定位监控室、心理矫治室、远程探监室）、三基地（回归人员过渡安置基地、归正人员技能培训基地、防处邪教警示教育基地）、五中心（矛盾纠纷疏解中心、法律援助救济中心、法治文化宣教中心、法律咨询服务中心、业务管理信息中心）。2013年9月18日，屯溪区社区矫正中心投入使用。

【“六五”普法】 贯彻落实“六五”普法规划，推进法治屯溪建设。将普法依法治区工作纳入区政府目考。不断加强领导干部、公务员、青少年、农民、企业经管人员等重点对象的普法教育活动。2012年至2013年，利用综治宣传月、“八一”建军节、九月开学季、国庆旅游黄金周等重要节点节日开展“法律九进”活动100余场，发放宣传资料15000余份、解答

"六五"普法宣传

法律咨询1000余人次；依托"少年梦 中国梦——法伴成长"法治文化宣传月、"江淮普法行"、《旅游法》专题宣传、"12·4"全国法制宣传日等专项活动载体，在全区范围内开展法制宣传教育活动。首创社区法治影院，播放法制栏目和电影20余次，受教育人群400余人次；在全市首先建立青少年法制教育基地；建立区法治文化公园、多处法律图书角及农村法律书屋，形成"电台有声、荧屏有像、网络有信息、报刊有文章、基层有专栏"的立体化法制宣传格局。开展民主法治示范村（社区）创建活动，奕棋镇江村等被评为市级"民主法治示范村"、昱东街道上新社区等被评为市级"民主法治示范社区"。

【人民调解】 2012年，开展矛盾纠纷"大排查、大调解"专项活动和"司法行政基层基础建设巩固提升年活动"，共开展矛盾纠纷排查167次，排查各类矛盾纠纷1171起，调处1171起，调处成功1158起，调处成功率达98.88%，为当事人达成并履行协议金额达1070.85万元。

2013年，开展"人民调解防护网工程"活动，制定《关于推行屯溪区"两代表一委员"参与人民调解工作的意见》，利用党代表、人大代表、政协委员的特殊身份和特殊职能，加强社会矛盾纠纷排查调处工作。全区共开展各类矛盾纠纷排查活动121次，排查调处各类矛盾纠纷1743起，调解成功1719起，调解率达98.62%，为受害人争取到各项经济赔偿金达1217万元。

【基层法律服务】 加强对基层法律服务所日常业务监督与指导，组织全区基层法律服务所和基层法律服务工作者参加市、省的基层法律服务年检注册。通过向群众发放"法律服务一封信"、"法律服务、法律援助便民连心卡"，引导基层法律服务所面向乡村、社区、群众，以服务"三农"为重点，开展法律服务。2012年3月，全国法工委组织的"保证不同层次法律规范化协调统一制度比较研究国际研讨会"的代表来屯溪区考察基层法律服务工作，全年全区各基层法律服务所共担任法律顾问37家，基层法律工作者提供法律咨询620余人次，办理非诉讼案件35件。2013年，开展全区基层法律服务队伍职业道德和执业纪律教育整顿活动，全年全区各基层法律服务者为基层政府、村居委会、各类企业担任法律顾问40家，协助基层政府调解各类纠纷112件，代写法律文书110份，解答法律咨询550人次，办理诉讼案件18起。

【社区矫正】 2012年，对130余名社区矫正对象进行集中法制教育，走访社区矫正对象300余人次。矫正对象获得行政表扬13人次，12人受到警告的行政惩处，1人因逃避监管被法院裁定收监执行。开展社区矫正社区影响评估工作，评估32人次，建议监禁刑6人，建议非监禁刑26人，评估建议采信率达95%以上。在昱西司法所建立社区矫正视频教育室，组织社区矫正对象在视频教育室集中收看中央电视台12频道的《忏悔录》、《普法栏目剧》等法制节目。探索开展社区矫正心理矫治工作，昱西街道与黄山市第二人民医院签订心理矫治工作共建协议，合作开展心理矫治。

2013年，开展社区影响评估20人次，评估

社区矫正人员集中法治教育

建议均被审判机关采信，无弄虚作假和收费现象。截至2013年年底，全区共列管社区矫正人员206人，目前在矫人数为141人，社区矫正人员无脱管、漏管和重新犯罪情况发生。

【安置帮教】 按照静态“九清”和动态“五明”的要求开展刑释解教人员排查走访活动，2012年共走访刑释解教人员256人次，除一名刑释解教人员被强制戒毒外，未发现重新犯罪现象发生。鼓励刑释解教人员通过灵活多样的形式实现就业，全年组织11名有培训意向的刑释解教人员参加就业技能培训和创业培训，共推荐刑释解教人员就业29人次。建立远程帮教探视系统，为屯溪籍在监服刑人员家属预约提供远程帮教探视服务。2013年，共走访刑释解教人员400余人次，未发现重新犯罪现象发生。对20名刑释解教人员进行就业技能培训和创业培训。推荐刑释解教人员就业22人次，现有过渡性安置基地7个，安置刑释解教人员1人。

【律师管理】 2012年制订《屯溪区律师事务所联系基层服务为民制度》，推进全区律师事务所档案管理达标升级。2013年制定《屯溪区法律援助中心社会律师值班制度》、《律师解答法律咨询制度》等，建立“公开”工作制度，把律师联系方式公开、照片公开、工作规范公开，方便有需要的群众获得法律服务。把律师进社区活动与“规范执业、诚信服务”为主题的“律师行风提升年”活动结合起来，与“为残疾人提供法律服务”、“为未成年人提供法律服务”、“律师行业创先争优活动”、“春节送法下乡”和“三八维权月”等活动结合。全区2家律师事务所11名律师共担任法律顾问68家，代理民事案件85件，刑事辩护案件13件，非诉案件19件，法律援助案件40件，接待各类咨询2370余人次。

【法律援助】 开展“法律援助为民服务创先争优年”活动，加强对农民工、下岗失业人员、残疾人、妇女儿童等特定群体的援助力度，把工伤、交通、医疗、人身损害赔偿事故、伪劣种子、化肥、农药以及环境污染等与民生密切相关的事项纳入法律援助范围。2012年共办理法律援助案件88件，免费代写各类法律文书40份，解答法律咨询356人次。2013年共办理法律援助案件91件，其中刑事案件12件，民事案件79件。提供咨询197人次。

（韩燕、程琳、徐建军、查宜宝）

社会管理

【概况】 屯溪区社会治安综合治理委员会（简称区综治委）成立于1991年。2012年更名为区社会管理综合治理委员会，是协助区委、区政府领导全区社会治安综合治理工作的常设议事机构，其办公室与区政法委机关合署办公。其主要职责是组织协调、指导全区社会治安综合治理工作，维护社会稳定。区综治委办公室下设综合协调科、督查指导科2个科。屯溪区社会管理综合治理工作，以保障和改善民生为重点，以社会管理项目化为抓手，不断转变观念、创新思路、完善机制、落实举措，有效保障经济平稳较快发展、民生工作全面推进、人民群众安居乐业、治安秩序平安稳定。2013年12月2日，被省综治委、省委组织部授予“全省社会管理综合治理先进集体”。

【社会管理创新】 2012年，区委、区政府将“新建巷四无小区改造”、“区级反邪教警示教育基地”、“农民工及外来人员服务中心”、“区信访联合接待中心”、“青少年警示教育基地建设”、社区矫正对象监控管理中心、“大调解工作中心”“福利中心”、“10个社区综治维稳工作站”“公办幼儿园建设”等10个社会管理创新项目纳入2012年十大工程和区直单位“651”非经济类亮点工程，与经济建设同部署、同落实。2012年12月12日，为进一步规范社会管理综合治理各重点工作，区综治委根据上级统一部署，成立特殊人群、预防青少年犯罪、

区委常委、政法委书记、综治委主任周永健主持召开社会管理创新项目建设汇报会

护路护线、两新组织、校园及周边治安综合治理、法律政策、社会治安、实有人口8个综治专项组，并明确一名综治委主任或副主任牵头联系一个专项组，进一步强化综治专项工作。

建立政协加强和创新社会管理议政建言机制。2013年8月9日，区综治委与区政协联合召开“加强中心城区社会治安”专题政协委员议政建言座谈会。区政协8个界别委员对流动人口服务管理、网吧管理、禁吸戒毒、治安管理、小区平安创建、打击犯罪、社会矛盾预防化解和犬类管理等社会治安工作提出思考和建议，并将各委员议政建言内容汇编报请区委研究，提供决策建议。

区综治委结合老街商居混杂、驿站林立、游客众多等特色，把拓展平安创建领域作为加强老街景区旅游服务管理的切入点，在老街景区开展“平安商铺”、“平安驿站”创建活动，以此为抓手打造老街诚信经营体系。该做法受到市委书记王福宏的批示肯定，并被《省综治动态》22期刊发。

【平安创建】 根据中央、省、市平安建设的统一部署和要求，区综治委结合实际，将中心城区的平安创建活动向单位、向行业、向家庭推进，按照“条块结合”的方式，由区各牵头单位负责开展各类平安创建活动，同时坚持开展创“星级平安单位”活动，并严格实行动态管理。

2012年11月，完成新建巷老旧居民小区的“四无”小区改造工程，推进老旧小区的人防物防技防建设，净化小区治安、卫生和生活环境，提升人民群众安全感和满意度。2012年2月，黎阳镇、屯光镇、昱西街道办、昱中街道办、老街街道办被保留全市平安乡镇（街道）称号。铁路护路联防工作获全省“平安铁路示范市县（市、区）”称号，为黄山市唯一。7月，“逢四说事解烦恼”被评为全省综治好新闻报刊类一等奖。

以“社工＋志愿者”的模式，引导党员、居民骨干参与社区“邻里聊吧”、“睦邻点”、“说事点”等小区服务站点管理，引导1.3万余名社区志愿者组成164支服务队伍自觉服务和谐社区建设和基层平安建设。加强应急处置，建立全区、乡镇（街道）、村（居）三级应急队伍，处置突发事件69起。2013年4月2日屯溪区被中央综治委铁路护路联防工作领导小组授予“2009–2011年度全国平安铁路示范市、

县”。2012年屯溪区社会管理综合治理工作在全市综治年度考核中被评为二等奖。

【网格化管理】 建设统一规范的精品社区综治工作站，并搭建社区网格化信息平台。珠塘社区、徽山路社区结合辖区特色，依托网格内信息员、居民小组长、楼栋长等基层力量，实现“人进户、户进房、房进网格、网格进图”的基础信息收集，实现网格化管理。珠塘社区建设及服务管理工作在全市经济社会观摩会考核评比中获民生类第一名，并同荷花池社区被市综治委作为全市社区服务管理工作现场会观摩点。屯溪区社区服务管理工作经验被《中央综治动态》和《省综治动态》信息专报刊发。

【矛盾化解】 在全区范围内开展“人民调解防护网工程”活动。全区共建立人民调解组织101个，配备调解员450名，矛盾纠纷信息员600余名，其中专业性行业性调委会4个、镇和街道调委会9个、村及社区调委会66个、企事业单位调委会8个、区域性调委会6个、个人调解室1个，其他调委会7个。同时，区法、检、公、司等职能部门均相互成立联合调解室（庭），实现人民调解与诉调、检调、公调对接的多元化纠纷解决机制协调运行，并充分发挥医患矛盾、劳动争议、安全生产、道路交通事故损害赔偿等专业性调委会优势，将人民调解、行政调解和司法调解有机衔接。同时，在全区推进“两代表一委员”参与人民调解工作，利用“党代表、人大代表、政协委员”的特殊身份和特殊职能，更好地做好人民调解工作，两年来，全区各级调解组织共排查调处各类矛盾纠纷2927起，调处成功2925起，调处成功率达99%，协议履行率达100%。推进社会稳定风险评估，全年开展重大事项社会稳定风险评估10项。

【治安防控体系】 2013年，中心城区45家金融网点、26家三星级以上宾馆、重要企事业单位及36所学校幼儿园的监控点完成整合和建设；大力推进公安视频专网、社会视频网“二张网”建设。现已布局500个公安专网，社会网建设除了对市、区100多家重点单位，按照公安机关监督企事业单位要求建设外，还对一些社会单位等做了一些要求，共建成社会监控18000多个，“二网”监控达18500个，中心城区各主要干道、重点部位、场所、路段以及校园基本实现全覆盖。另按照一、二、三级城市远程监控中心布局要求，建成城市远程监控中心17个。此外，公安巡防大队与街道平安巡防队、派出所巡逻队和义务巡逻队四级联动。同时治安中心户长、邻里守望队伍、小喇叭巡逻队、老街“七彩护街队”、平安志愿者等群防群治队伍逐步构建了农村、社区小街小巷、居民小区治安巡防网络。广泛开展农村技防建设，农村治安保险承保10817户。实施“社区矫正规范化工程”，做好刑释解教人员安置帮教工作。

【基层组织建设】 在镇（街道）和村（社区）按照规范建设要求，推进镇（街道）综治维稳信访工作站中心、为民服务中心和村（社区）综治维稳信访工作站、为民服务全程代理工作站建设，做到组织形式、名称标识、职责任务、运行机制、规章制度“五个统一”，实行矛盾纠纷联调、社会治安联防、应急处置联动、突出问题联治、平安建设联创、服务管理联抓、工作业绩联考“七联”运行机制，形成化解矛盾纠纷、基层平安创建、重点人口管理、社会治安防控和维稳信访的合力。

（许志坚）

经济管理与监督

经济管理

【概况】 屯溪区发展和改革委员会成立于2005年，是区政府组成部门，是全区国民经济和社会发展的综合管理部门，内设办公室、综合计划科、投资科、工贸科、重点项目办公室等职能科室，下设区服务业发展局、移民办公室、节能监察中心3个事业单位，其主要职能是研究并提出全区国民经济和社会发展战略、中长期规划和年度计划；负责全区国民经济发展态势和运行情况监测及分析并提出报告和建议；牵头做好项目谋划工作、服务业发展工作，负责移民资金的管理和使用以及全区节能监察工作等。

【地区生产总值】 2012年地区生产总值完成56.3亿元，按可比价格计算，比2011年增长13.3%，增幅比全市高1.7个百分点，列全市第二位。分产业看，第一产业增加值2.93亿元，增长3.6%；第二产业增加值21亿元，增长15.8%；第三产业增加值32.37亿元，增长12.6%。从产业结构看，三次产业比例由上年5.6 ∶ 37.2 ∶ 57.2变化为5.2 ∶ 37.4 ∶ 57.4，其中全部工业增加值占GDP比重为26.5%，比上年提高0.7个百分点。总体平稳较快发展。

2013年地区生产总值94.2亿元（按在地口径），按可比价计算，同比增长8.1%，增幅比2012年低1.2个百分点，比全市低1.2个百分点。其中第一产业增加值3.1亿元，增长2.7%；第二产业增加值37.9亿元，增长10%；第三产业增加值53.2亿元，增长7.1%，三次产业分别比上年回落0.9个、1.4个和1.8个百分点。三次产业结构由上年3.4 ∶ 40.1 ∶ 56.5调整为3.3 ∶ 40.2 ∶ 56.5。总体增长放缓（统计口径发生变化）。

【固定资产投资】 2012年累计完成固定资产投资79.8亿元，超年度目标5.5个百分点，增长32.9%，高于黄山市平均水平12.6个百分点，列全市第一位。分产业看，第一产业投资4182万元，比上年增长240%；第二产业投资10.8亿元，增长48.8%；第三产业投资68.6亿元，增长45.9%。

2013年完成固定资产投资171.2亿元（按在地口径），超年度目标0.7个百分点，同比增长20.4%，比黄山市平均水平高2.5个百分点，投资总量及增幅列全市第一位。分产业看，第一产业投资1.29亿元，比上年增长209.1%；第二产业投资22.1亿元，比上年增长104.6%；第三产业投资147.8亿元，增长115.5%，总体趋势增长加快。

【重点项目建设】 2012年，34个省“861”行动计划项目完成投资39.7亿元，占年计划的142.6%，超年度目标42.6个百分点。53个市“十大工程”重点项目完成投资66亿元，增长17.4%，占年计划的112.8%，超年度目标12.8个百分点。

2013年，全区“861”项目完成投资38.3亿元，60个市“十大工程”重点项目完成投资76.33亿元，均超额完成年度投资计划，区“十大工程”完成投资151亿元，增长25%。全年谋划项目200个以上，其中已编制项目可研报告30个，总投资规模300亿元以上。

【“135”工程服务业重大项目建设】 2013年，阳湖记忆、鬲山佛文化、鬲山市民开心菜园、黄山国际中心、新徽天地、黄山香茗中心等14个重大服务业项目列入市“135”工程，总投资182.5亿元，年度计划26.6亿元，完成投资28.26亿元，占年度计划的106%。黎阳商街正式开街并投入运营，建成以黎阳商街为核心的集旅游、文化、商贸、休闲等为一体的旅游商贸综合体；万贯洲市场基本建成；黄山香茗中心黄山门文化旅游景区建成并运营。

【节能降耗工作】 2012年成立屯溪区节能监察中心，向上申请监察机构能力建设资金，获得中央预算内资金80万元、省级专项资金20万元。加大推进节能监察工作力度。2012年受理节能审查项目57个，项目涉及工业、环保、贸易与服务业、基础产业等六大类别。2013年5月，通过市级2012年节能目标考核，单位地区生产总值能耗0.38吨标煤，同比下降2.04%，

区委书记李高峰、区长胡黎明在汇金国际广场工地查看项目调度进展情况

达到黄山市下达的节能目标任务。2013年审批节能项目53个，涉及工业、环保产业、贸易与服务业、基础产业等六大类别。2013年围绕“践行节能低碳，建设美丽家园”主题，开展节能宣传周活动。

【移民工作】 2012年度全区移民人口数1844人，下发后扶直补资金55.92万元，省水库移民局下达2012年后扶项目资金40万元。2013年度全区移民人口数为1829人。及时发放移民直补资金，发放2012年10月–2013年9月四个季度的水库移民直补资金109.965万元。结合美好乡村建设，实施奕棋镇朱村、黎阳镇凤霞村、屯光镇南溪南村、新潭镇东关村道路及亮化等基础设施建设项目。项目总投资129万元，建设全长1400米，宽2–4米道路一条，亮化村庄道路2500米，受益村组12个，受益群众4000余人。

【向上争资】 2012年向上争资项目24个，争取资金7442.36万元（中央预算内资金6105.92万元，省级资金1240万元，市级资金96.44万元），其中：棚户区改造、政法及城市基础设施建设项目6个，争取中央预算内资金3898万元；农村基础设施建设项目6个，争取中央预算内资金1803.25万元，省级资金536

万元；社会事业类项目5个，争取中央预算内资金212万元，省级资金277万元；省水库移民项目4个，水库移民后扶资金123.67万元；商贸与服务业项目6个，争取中央预算内资金69万元，省级资金427万元，市级资金96.44万元；超额完成全年争资任务。

2013年向上争资项目21个，争取资金3528.55万元，其中：保障性安居工程配套设施建设项目2个，争取中央预算内资金605万元；棚户区改造项目1个，争取中央资金282万元；服务业综合改革试点项目2个，争取上级资金545.9万元；卫生、教育等社会事业项目6个，争取上级资金611万元；农村饮水及水土保持项目2个，争取上级资金316万元；省水库移民直补及后期扶持项目资金454.9万元；中小企业技改项目1个，争取中央预算内资金106万元；政法基础建设项目1个，争取上级资金102万元；节能监察中心机构能力建设项目1个，争取中央预算内资金80万元；市“十大工程”民间投资奖励等项目2个，争取上级奖励资金52万元；其他项目资金373.8万元。

（胡秋媛）

物价管理

【概况】 1962年屯溪市设立物价管理委员会，由政府各部门派员组成。1980年在屯溪市计委内设物价科，1984年3月成立屯溪市物价局，5月增设物价检查所，局所联合办公。1997年3月区物价局与区技术监督局合并，更名为屯溪区物价技术监督局。2000年1月技术监督职能、人员上划黄山市，恢复设置屯溪区物价局。2002年，将物价检查所更名为价格监督检查分局。屯溪区物价局的主要职能是贯彻执行国家价格法律、法规和方针、政策，负责国家和省市价格行政主管部门制定的商品和服务价格的贯彻和实施，管理市委托区级管理的商品和服务价格；综合运用经济、法律和必要的行政手段，调控市场价格，实施收费许可证、收费年审和行政事业性收费统计报告制度，组织开展价格监督检查。区物价局内设价费科、价格认证中心和办公室3个职能机构，在职8人。

【价费管理】 黄山市殡仪馆基本殡仪服务（指遗体接送、遗体冷藏、遗体火化、骨灰寄存）实行政府定价，延伸服务（遗体整容、遗体防腐、吊唁设施及设备租赁等）实行政府指导价，骨灰盒及相关殡葬用品实行市场调节价，进销差率控制在50%-100%。2012年取消市殡仪馆礼厅空调费（50-60元/场）。调整屯溪静颐城公墓公司部分墓穴价格及相关服务项目收费标准。屯溪区5个乡镇7个公益性公墓，实行政府定价。根据黄山市物价局黄价字〔2008〕127号《关于调整液化气作价综合差率的通知》精神，核定屯溪区瓶装液化气价格。对7个公办幼儿园按等级核定保教费收费标准，民办幼儿园保教费收费标准执行备案程序，已经报备的有20家。屯溪区2个社区卫生服务中心、5个乡镇卫生院、12个（2个私人办）社区卫生服务站，25个一体化村卫生室，执行一般诊疗费政策，实施药品零差率。屯溪区各药店执行明码标价。2012年完成屯溪区现有5个游览参观点价格信息收集上报工作。根据2011年5月1日出台的《安徽省价格条例》，实施“价格服务登记证”制度，取消“经营性收费许可证核发”，统一核发“价格服务登记证”，2012年办理15个。建立经营性服务收费统计报告制度，完成60家行政事业性收费单位和21家经营服务单位的收费信息统计上报工作。开展行政事业性收费年审工作，2012年，共审验66个行政事业性收费单位，年审面达100%，审查收费金额2980万元（其中涉企收费371.49万元）。换发收费许可证26个，注销收费许可证7个，取消收费项目1项。2013年，共审验60个行

明码实价示范店价格诚信经营户授牌仪式

政事业性收费单位，年审面达95%，审查收费金额3128万元（其中涉企收费379.36万元）。换发收费许可证16个，注销收费许可证5个。2013年，核批2个停车场机动车停放服务收费。

【价格监督检查】 2012年，开展元旦、春节期间市场价格监管，出动检查人员36人次，发放《关于规范中心城区节日市场价格行为的通知》320份，检查商场、超市、景点、农贸市场13家。开展短途客运票价检查。开展旅游市场价格秩序专项整治月活动，发放《致经营者的一封信》近130份。开展涉农收费、教育收费专项检查，检查单位15家，评出10家价格诚信经营户和13家明码实价示范店。利用“12358”价格举报平台处理群众投诉举报，共受理价格咨询举报21件，依法查处13件，实施经济制裁0.718万元，答复率和办结率达100%。

2013年，开展元旦、春节、“五一”“十一”等重要节假日期间市场价格检查，共出动检查人员56人次，检查单位53家。联合交通运管部门，开展客运票价检查，出动检查人员36人次，检查短途客运班车和出租车26辆，依法查处价格违法案件3起，处罚金额0.25万元。开展涉农收费、教育收费、农村医疗价格、旅游价格专项检查。全年受理群众价格举报咨询37件，依法查处4件，实施经济制裁0.41万元，答复率和办结率达100%。

【价格服务】 开展价格监测预警工作。监测日常生活必需品、燃料、农资、建材共50个品种，每月出一期《屯溪价格信息》，在局网站公布。开展价格认证工作，受公检法委托，2012年完成涉案物品价格鉴证75起，鉴证标的额350多万元。2013年完成涉案物品价格鉴证98起，鉴证标的额620多万元。协助做好国有资产处置工作，2012年，受区财政局委托，受理2起，鉴定标的额2万多元。2013年，受区政府委托，受理2起，鉴定标的额10万多元。2012年，在屯溪中心城区建立3家农副产品平价商店，履行稳价惠民义务。

（詹丹丹）

审计监督

【概况】 1984年1月成立屯溪市审计局，1988年3月改称屯溪区审计局。区审计局是主管全区审计工作的政府组成部门，实行双重领导体制，对本级人民政府和上级审计机关负责并报告工作，审计业务以上级审计机关领导为主。内设办公室、综合科（审计信息技术应用科）、财政金融审计科（固定资产投资审计科）、行政事业审计科、经济责任审计局，在岗人员10人。

2012－2013年共完成238项审计任务，审计查出违规金额3437万元、管理不规范金额42868万元，审计核减固定资产投资项目结算额6521万元。同时，提出审计建议37条，被采纳审计建议29条，促进被审计单位制定整改措施10项。提交审计专题、综合性报告4篇，信息76篇，被党委、政府和上级有关部门指示、采用37篇。

【预算执行审计】 2012年，完成区本级预算执行审计1项、部门（区农委）预算执行审计1项、乡镇（阳湖镇）财政决算审计1项。

2013年，完成本级财政预算执行审计1项、下级（黎阳镇）财政决算审计1项。审计中突出对财政预算执行过程中影响财政运行质量和效益的重大事项的监督检查，从制度机制和管理方面提出审计意见和建议，促进财政预算的规范管理。

【固定资产投资审计】 组织实施固定资产投资类建设项目审计，重点审计基建程序执行和建设管理情况、资金管理情况、工程价款结算、支付和工程造价控制情况，严肃查处偷工减料、高估冒算、虚增成本等违纪违规问题。2012年完成固定资产投资审计93项。审计核减固定资产投资项目结算额973.9万元。2013年完成九龙低碳经济园管委会办公楼工程、洽阳南苑安置区、区司法局业务办公用房工程等110项固定资产投资审计项目，审计投资总额14918万元，审计核减投资额（工程款）2672万元，核减率达18%。

【专项资金审计】 按照"财政资金运用到哪里，审计就跟进到哪里"的要求，加大专项资金审计（审计调查）力度，突出专项资金管理使用的规范性、安全性和效益性，组织对社保基金、新安江生态补偿资金、服务业综合改革试点资金、政府性债务、社保基金优惠利率执行情况、镇村（居）资金资产管理情况、龙山花园建设管理和资金使用情况、农村清洁工程等开展专项审计及调查。同时，配合有关部门对救灾捐赠资金、各项涉农资金等进行检查。2012年，全区社会保障资金审计1项、黎阳老街改造项目审计1项。2013年，专项资金审计（审计调查）8项。

区审计局与前园社区结对共建

【经济责任审计】 以强化对领导干部权力的制约和监督为目标，按照经济责任审计的"十六字"方针，重点突出对重大经济和社会发展决策事项、执行国家财经政策法规情况、政府性资金管理使用情况等开展审计，促进"问责"制和责任追究制的落实。2012年，领导干部（区旅游局）经济责任审计1项。2013年，领导干部经济责任审计4项。

【信息化建设】 组织人员参加省、市计算机审计知识培训学习，利用审计管理系统进行非涉密公文运转，探索利用计算机系统开展审计的方法和途径，在预算执行审计等项目上，对采集的数据进行初步转换、分析、处理。

（张佩忠）

统计管理

【概况】 1952年7月，屯溪市计划统计科成立，1955年并入计委。1956年复设计划统计科，次年3月又并入计委。1958年11月设综合统计办公室。1961年6月成立统计局。1963年5月撤销。1968年7月，屯溪镇革命委员会生产指挥组内设计划小组，负责计划、统计工作。1979年3月，计委内设统计科。1983年6月，统计科从计委划出，改设统计局。1988年3月改称屯溪区统计局。区统计局是主管全区统计和国民经济核算工作的政府直属行政机构，内设办公室（法规教育科）、国民经济核算综合统计科、工贸统计科、服务业和农村统计科4个科室，在职6人。下属副科级全额拨款事业单位屯溪区农村经济调查队，加挂普查中心和服务业统计调查中心牌子，在职4人。

【统计服务】 2012年，围绕区委、区政府中心工作，提升统计服务水平。一是加强经济预警动态监测。对全区220家“三上”企业进行总量、效益、投入和企业规模变化的定期监测，准确反映企业经营情况及规模以上企业整体运营情况。二是加大统计分析、信息撰写力度。全年共撰写统计分析、统计信息142篇；三是按照“快、精、准”的要求，印发屯溪区《统计月报》12期、《统计信息》21期、《企业一套表统计简报》18期、《统计专刊》1期，并编辑发行《2012年屯溪统计年鉴》和《屯溪区2010年人口普查资料》。发挥统计信息咨询服务职能，为党政领导和社会各界提供及时、准确的统计信息和决策咨询建议。

2013年，认真把握经济发展走势，强化运行情况实时监测，拓展工作和服务领域，全面提高统计服务质量和水平。广泛收集、整理、提供各类社会指标和经济指标，及时发布《屯溪区2012年国民经济和社会发展统计公报》，继续完善《屯溪统计月报》、《屯溪统计信息》等统计资料，编辑出版《屯溪统计年鉴－2013》。

【统计改革】 2012年，推进统计改革。一是落实“企业一套表制度”。全区所有“三上”企业全部安装数据采集处理软件系统与管理监测程序，举办5期“企业一套表”数据处理程序及业务培训会，所有“三上”企业的200多名统计人员参加培训，上报率达100%，杜绝代报、漏报、谎报、瞒报现象。二是加强基本单位名录库建设。按照“先进库、再有数”原则，凡没有进入由基本单位名录生成的调查单位库的企业，均不能作为企业一套表年报、定报统计调查单位。同时加大与相关部门沟通协调力度，确保全区基本单位名录库准确、及时、动态更新。三是落实在地统计工作。制定《屯溪区在地统计工作实施方案》，明确在地统计工作实施步骤、在地统计后工作职责和在地统计的区域及专业划分，严格按在地统计的原则进行统计管理，屯溪地区所有基本统计单位均按要求报送统计资料。四是进行服务业普查工作。成立屯溪区服务业普查工作领导组，并根据《黄山市服务业普查方案》的要求，选聘普查员200多人，按在地原则上门登记。五是实施城乡住户一体化调查工作。根据国家城乡一体化改革总体方案安排，在全区10个社区居（村）委会中抽取10个小区1200多户进行摸底调查，并根据摸底情况选定100户开户记账。

2013年，推进统计进社区工作。根据《安徽省乡级统计基础工作规范》要求，为全面推进“在地统计”工作，在4个街道开展“统计进社区”工作。以政府购买服务的方式，聘14人为4个街道所辖的各社区统计员（兼职），并对其进行统计业务岗前培训，明确社区统计员工作职责及业务管理等制度。

农业普查宣传

【统计法制建设】 2012年，对82家企业进行统计执法检查，立案6宗，实现统计执法检查数量、查处的违法行为、查处的统计专业和统计执法检查方法上的新突破。

2013年，加强统计法制队伍建设，开展统计普法宣传，把违反“四条红线”和干预企业独立真实上报数据作为统计执法检查重点，全年共完成对93家单位的执法检查，立案查处10家，确保源头统计数据真实可靠。

【统计基础建设】 2012年，贯彻落实《关于进一步加强统计工作的意见》，加强基层基础工作。一是严抓镇街道统计工作。多次深入镇街道检查统计“六有”情况，推进镇街道统计工作规范化建设进程。建立健全屯溪区镇街道统计岗位制度、统计工作质量控制制度、统计档案管理制度、统计资料保密制度。二是强化首席统计员管理。2012年9月下发《关于进一步加强首席统计员管理的通知》，进一步规范首席统计员的选调、任用和管理工作。三是强化部门统计工作。每月召开“部门统计工作协调会”，传达国家、省、市相关会议精神、文件要求，介绍现行的统计方法制度，以及分析经济运行走势，提高对部门统计工作的重视程度，数据质量得到提高。

2013年，加强统计档案管理工作，完善各项档案管理规章制度。按有关规定及时收集、记录、编辑整理具有保存价值的资料，做好档案信息资源的开发利用。2013年10月，通过黄山市档案局的综合评定，得95.8分，达到档案工作管理省一级标准。

【第三次全国经济普查】 2013年，根据《国务院关于开展第三次全国经济普查的通知》和《全国经济普查条例》要求，开展第三次全国经济普查。作为五年一次的重大国情国力调查，此次普查首次使用掌上电脑(PDA)现代信息技术采集数据，其要求高、难度大、任务重，对普查组织实施、人员素质、物资保障、软硬件设施、信息安全等提出了更高要求。屯溪区先后完成普查机构、经费、人员“三落实”，组建区普查办，选拔、抽调普查工作人员集中办公，负责全区普查工作的组织实施，同时督促各镇、街道完成普查机构的组建和人员配备。选聘普查员和普查指导员，做好“两员”业务培训与管理工作，并按上级部署认真开展第三次全国经济普查单位核查，普查将于2014年1月1日入户登记。

（张　凡）

工商行政管理

【概况】 1949年5月成立屯溪市工商局，1955年4月撤销工商局。1957年9月成立市场管理委员会，1968年2月撤销市场管理委员会，设屯溪镇打击投机倒把办公室。1975年12月恢复屯溪市建制，保留打击投机倒把办公室。1977年3月恢复屯溪市工商行政管理局，1988年4月更名为屯溪区工商局，1993年8月屯溪区工商局撤销，并入黄山市工商局。1998年4月，黄山市工商局下设屯溪区分局，属市局派出机构，内设综合、市场监督、注册登记股以及荷花池、阳湖、柏树、沙洲、老街、公园6个工商所。截至2013年底在职职工63人。

【工商登记及商标注册】 2012年，共登记个体工商户11649户，从业人员26225人，资金数额65863.10万元；新开业2066户，从业人员4961人，资金数额19079.53万元。新开业个人独资企业11户，雇工51人，出资额193万元；实有合伙企业25户，投资人数71人，雇工86人，出资额1161.00元。农民合作社新增2户，实有数54户，资金458.52万元。共培育注册商标76件，申报省著名商标5件，申报市著名商标13件。办理动产抵押登记45件，为企业融资贷款2.53亿元。比去年同期增长50%。

2013年，共登记个体工商户13024户，从业人员29685人，资金数额85097.71万元；新开业登记1876户，从业人员5003人，资金数额21246.12万元。现有个人独资企业202户，雇工885人，出资额7660.90万元；实有合伙企业24户，合伙人数62人，雇工104人，注册资金697万元。农民合作社新增4户，实有数59户，资金609.72万元，成员总数623人，其中农民成员人数达612人。引导企业注册商标30件。帮扶申报省著名商标6个，其中再认定省著名商标2个。申报市级著名商标8个。办理动产抵押登记40件，为企业融资贷款2.3033亿元。同时加强对小额贷款公司动产抵押的行政指导工作，为企业融资拓展渠道。

【查处取缔无照经营】 2012年，共查处无证无照经营案件67件，案件总值29.11万元，没收金额7.84万元，罚款金额13.15万元。向屯溪区药监局、区住建委、区交通局、市质监局和安监局等成员单位抄告无证经营信息119件。

2013年，共查处无证无照经营案件46件，案件总值1.87万元，没收金额1.2万元，罚款金额4.33万元。向屯溪区药监局、区住建委、区交通局、市质监局和安监局等成员单位抄告无证经营133件。

【依法行政】 2012年，共查处各类违法经营案件401余件，结案389余件，案值82.9万元，罚没款109.4万元，较2011年同期增加100%。开展“打四黑除四害”专项执法行动、开展“打虚假、铸诚信”专项执法行动、开展酒类市场专项整治行动、开展清理整顿大型零售企业向供应商违规收费专项行动、开展短信群发设备专项整治等一系列活动，规范市场经济秩序，维护经营者的合法权益。

2013年，共查处各类违法经营案件246件，结案232件（其中罚没万元以上案件16件），案值30.3万元，罚没款72.9万元。

【流通领域食品安全】 2012年，对1813家申请单位的1833名食品安全管理人员和技术人员进行问卷调查，共发放食品流通许可证2567个。开展“奋斗六十天，基础再提升”食品安全攻坚战，共清查食品经营户596户，清查问题97个，立案5起。

2013年，对2450家申请单位的2450名食品安全管理人员和技术人员进行问卷调查。督促食品经营者实施进货查验、索证索票、购销台账、不合格食品退市制度，完善食品流通环节追根溯源制度。在食品批发(批零)经营户中推广使用食品安全监管“票证通”电子备案系统，已开通“票证通”经营户336户，出票936521张。

【打击传销】 2012年，出动执法人员200余人次，执法车辆25台次，共捣毁传销窝点4个，教育遣散传销人员48人次。登记直销企业销售活动19次。

2013年，共出动执法人员430人，车辆65台次，解救人员45人，遣返传销人员37人，取缔传销窝点6个。发放“打击传销、共创和谐”“谨防受骗、远离传销”宣传手册2600余份，受教育群众达2万余人。2013年8月，在中心城区联合开展打传公益短信发放工作，向市民发送18000条短信。

【打击侵权和制售假假】 2012年，共出动执法人员2862人次，执法车辆527台次，检查经营主体4710户，受理和处理消费者申诉、举报82件，商品案值55.97万元，查处侵犯知识产权和制售假冒伪劣商品案件161件，罚没款

52.05万元。

2013年，开展洋酒、办公耗材、苹果商标专用权保护等21次针对性的专项整治行动，行动中共立案126件，案值5.5万余元，罚没款26万余元。

【合同监管】 2012年，已申报、认定省级“守合同重信用”企业2户，市级“守合同重信用”企业10户，区级“守合同重信用”企业22户。整治广告市场秩序，共查办广告类案件3件，罚没款1.28万元。

【消费者权益保护】 2012年，在4个街道5个乡镇共新建9个“12315”消费维权服务站，同时推进“12315”消费维权服务站“进超市、进商场、进市场、进企业、进景区”。通过“12315”共接到各类消费者咨询224个，受理消费者申诉举报602件（其中市局12315转来266件，自行受理134余件，各类市民连线、网络留言202件），已调解成功599件，立案调查4件，结案4件，罚没款3.9万元，为消费者挽回经济损失24.8万元。办结率100%，满意率100%。“3·15”当日共接到咨询400余人次，接到投诉12件。活动结束后对一批假冒伪劣商品进行集中销毁，金额共计约10万余元。开展一次性消毒餐具专项整治“回头看”行动。在用餐高峰时段共出动执法人员156人次，检查经营主体86户次，共立案查处该类案件3起。在本区先行推行实施无理由退（换）货制度，大润发超市、百大商厦等4个试点单位为消费者办理400余次无理由退换货。

2013年度接到各类消费者咨询856人次，受理消费者申诉举报446件，已调解成功431件，立案调查2件，结案2件，罚没款1.15万元，为消费者挽回经济损失24.1万元。开展“让消费者更有力量”为主题的“3·15”国际消费者权益日纪念活动。当日共接到咨询400余人次，接到投诉6件。活动结束后对一批假冒伪劣商品进行集中销毁，共销毁假冒伪劣食品26公斤、假冒五粮液2瓶、其他假冒伪劣物资约10公斤，金额共计约3万余元。

【流通领域商品监测】 2013年，开展4次流通领域商品监测活动，共抽取27户被监测单位的45组商品进行监测，涉及板材、儿童玩具、鞋类、消防产品，监测结果共有26组不合格，对销售不合格产品的商家进行立案查处，共立案20件，结案19件，案值8.09万元，罚没款10.85万元。

【队伍建设】 开展民主评议工商所暨工商所述职述廉活动，发放征求意见表300余份，召开政风行风评议座谈会6次，走访有关单位和经营户200余家。组织召开案件研讨会42次，参加人员190余人次，请市法制办主任、市公检法司人员、市局法制科指导10余次。

【法制宣传】 在“3·15”、“4·26”及“12·4”等重要纪念日和“江淮普法行”活动中开展工商系统“六五”普法和法律“六进”活动，共面向系统内外宣传培训36次，印发普法宣传资料近万份，参训人员1000余人次。

2013年3月14日、16日在黄山百大商厦及合家福超市，举办“3·15”宣传活动—消费者权益保护和食品安全专题”讲座，3月15日，柏树工商所在杨梅山社区为商户代表做以3.15为主题的培训。

【猪肉市场整治】 2012年，成立2个猪肉市场整治小组，执法人员每天早上6点50至9点，到辖区内8个猪肉市场，针对195户猪肉经营户进行拉网式检查，督促鲜肉和肉制品经营者落实检验检疫上市制度。共出动执法人员652人次、车辆151台次，检查肉类经营者6000余户次，受理消费者投诉3起，共查扣猪肉经营户“白肉”232公斤，立案查处案件13件，罚没款4.37万元。

（吴海芳）

质量技术监督

【概况】 1978年10月，成立屯溪市标准计量所，隶属屯溪市科委。1985年5月，组建屯溪市标准计量局，隶属市经济委员会。1992年更名为屯溪区技术监督局，1997年与物价局合并组成屯溪区物价技术监督局。1999年7月分设；2000年1月撤销，人员、业务由黄山市质量技术监督局直接管理。2002年设市质监局直属分局，其职能是食品监管和特种设备安全监察。

【综合管理】 开展安徽名牌推荐申报工作和黄山名牌申报工作。2012年联合区经信委、区旅游局，推荐黄山市新徽投资有限公司、黄山一品有机茶业有限公司为安徽名牌申报单位。新徽投资有限公司获安徽名牌称号。推荐13家单位为黄山名牌申报企业，黄山派尼尔电子公司等7家单位通过黄山名牌审查组的现场审查。

2013年，推荐黄山一品有机茶业有限公司和黄山美森新材料科技有限公司为安徽名牌申报单位，开展黄山奥菲家具有限公司等4家企业安徽名牌的复审工作，推荐黄山众拓工业泵制造有限公司和黄山中鼎信息技术有限公司为安徽省卓越绩效奖申报单位。广远光电科技有限公司、黄山金箭照明科技有限公司、黄山市春天家用纺织品有限公司3家企业的产品被授予黄山名牌产品称号。黄山良业阀门有限公司、黄山一品有机茶业有限公司等7家单位通过黄山名牌产品复评。

【食品安全监管】 2012年，一是严把食品安全市场准入关，加强证后监管。按照“两级发证，三级操作”的模式实施生产许可证管理。重心前移，对前往咨询办证的企业，从厂房合理布局开始介入，督促企业严格生产条件，完善一家受理一家。办理生产许可证企业4家、生产许可证期满换证企业4家，注销2家获证企业2张食品生产许可证。二是落实食品企业主体责任，加强企业安全意识。4月20日，召开屯溪区食品生产加工企业安全（培训）工作会议，学习传达省政府《关于进一步加强食品安全工作的意见》等文件精神，学习《预包装食品标签通则》及《预包装食品营养标签通则》2个食品安全国家标准，分析2011年屯溪区食品安全的现状，部署2012年食品安全监管工作，就进一步督促落实食品生产企业主体责任提出明确要求。与全区食品生产加工企业签订食品及食品添加剂生产企业质量安全责任承诺书。三是加大定期和不定期监管检查的力度。按照《安徽省食品生产加工企业落实质量安全主体责任监督检查实施细则》实行检查，督促企业建立并严格执行原辅料进货查验记录制度、食品添加剂使用和产品出厂检验记录制度，通过上门指导、集中培训等多种形式进行食品安全知识、法律知识的培训教育，强化企业主体责任意识。全年共计出动食品安全监管人员90多人次，对所有获证食品生产企业、小作坊进行检查，共抽样100多组，合格率为95.6%。

2013年，严格食品生产证后管理，清理整顿不符合食品安全条件的生产企业和小作坊；抓好《食品营养标签》新标准的落实，加强食品包装、标签标识等方面的检查，打击虚假标注；完善食品退市、召回、销毁的监管制度。建立企业信用档案，强化企业主体责任意识。继续把非法添加和滥用食品添加剂作为监管重点。督促食品生产单位落实配备专、兼职食品安全管理人员；督促食品从业人员落实先培训后上岗制度；督促食品企业落实食品安全情况报告制度。开展洪灾后食品专项检查，重点检查屯光镇、新城区、梦园邨周边的食品生产加工企业7家，没有发现加工场所被水浸泡情况。全年抽样150余组，合格率超98%。

【开展食品安全专项整治】 2012年，开展严打非法使用工业明胶加工食品工作。对辖区内的添加剂生产企业进行专项检查。经检查，屯溪没有生产食用明胶的企业。为确保安全，分局对原料中注明是100%猪皮提炼胶质物的产品进行抽样检验，检验结论为合格。开展蜜饯生产企业专项检查。针对媒体连续报道的“蜜饯添加剂超标”的食品安全问题，对辖区内的4家获证蜜饯企业进行检查，没有发现违规行为。开展酒类专项整治工作。加强对黄酒生产企业监督，针对可能存在的超范围使用甜味剂、防腐剂等问题，随机抽取企业生产的产品检验，结果为合格。

2013年，在“假羊肉”等事件后，对辖区内的2家肉制品企业进行监督检查，从原料索证，到最后的产品销售，通过省市专项抽查。办理食品举报投诉7起。

【安全知识宣传】 2012年，在新安广场开展食品安全广场咨询活动，现场解答群众提出的问题，分发宣传资料近200份。开展特种设备和食品安全知识进校园活动，联合区安监局、区教委，在屯溪长干小学开展安全知识普及教育活动。

2013年，开展“食品安全宣传周”等各类宣传科普活动，6月中旬，参加主题为“社会共治，同心携手维护食品安全”启动仪式，并安排辖区内2家企业参加集中宣誓活动。开展特种设备知识进校园、进社区、进万企活动。在颐和观邸小区、华美达酒店、黄山百大实施电梯应急救援演练。

【特种设备安全监察】 2012年，与区安监、旅游、消防、教育等部门联合开展特种设备安全大检查和专项整治活动。6月1日，召开屯溪地区特种设备安全监察工作会议，全区有220余家单位到会，部署2012年屯溪地区特种设备安全工作，会议讲解《特种设备使用安全管理一般要求》，并就特种设备办事指南做了说明。与参会单位签订2012年度特种设备使用单位安全责任书。按照“三落实、两有证、一检验、一预案”要求，检查135家，出动检查人员285次，现场检查记录75份，下发特种设备安全监察指令书3份。6月21日，为加强市中心城区电梯事故应急救援工作，联合区安监局、区政府办，在市局特设科和市特检院的指导下，在深华小商品市场联合开展电梯困人事故应急救援演练活动，并组织黄山百大、家得利超市、台客隆超市、金太阳家具城及黄山市医院等中心城区人员密集场所单位观摩。

2013年6月20日，召开屯溪地区特种设备安全管理工作会议，共有240余家单位参加，部署2013年特种设备安全管理主要工作，会议还进行特种设备业务知识培训。签订2013年度特种设备使用单位安全责任书。按照特种设备安全监察“三落实、两有证、一检验、一预案”要求，突出使用环节监管。共检查单位87家，提出68条整改意见，发放特种设备安全监察指令书3份。开展冬季安全大检查，重点是人员密集场所、学校医院、休闲娱乐场所及浴室。加强防汛期间特种设备安全监管。开展特种设备生产使用单位及“三类机构”监督抽查。聘请特种设备新安全监察协管员。

【“打非治违”专项活动】 开展危化品介质的压力容器和压力管道专项整治，重点检查使用单位使用登记、定期检验、作业人员持证、安全保护装置的灵敏可靠、监控措施落实、应急预案制定等内容。组织对非法、违规违章行为整治工作，针对无证、证照不全或过期、超许可范围从事生产经营的检查。针对违法使用不符合安全技术规范要求、无证使用、超期未检、作业人员无证、应急预案未制定行为，责令整改。对3家超期未检单位下达特种设备安全监察指令书，依法给予处理。

【开展小型锅炉、场（厂）内专用机动车辆专项整治】 2012年与区安监局联合下发《关于开展小型锅炉安全专项整治工作的通知》、《屯溪区场（厂）内专用机动车辆普查整治工作方案》对区内使用小型锅炉和场（厂）内专用机动车辆进行调查摸底工作，对发现的问题，加强安全监察，督促使用单位和用户办理检验、使用登记、作业人员培训取证。

开展屯溪地区电梯安全专项整治工作。按照市局统一部署，年初分局下发专项整治文件，有步骤实施。年中为全面落实电梯安全各环节的主体责任，实现电梯安全监管工作标准化、制度化、规范化，联合区住建委、商务局和安监局下发《全区电梯安全专项整治工作方案》,集中检查，形成合力，齐抓共管，全方位整治。

（吴志坚）

人力资源管理

【概况】 2010年屯溪区人社局与劳动和社会保障局合并设立区人力资源和社会保障局（简称人社局），是政府工作部门，综合管理全区人力资源和社会保障工作。其主要职能是贯彻执行国家、省、市人力资源和社会保障工作方针政策和法律法规，起草有关规范性文件，拟订本区人力资源和社会保障事业发展规划、政策并组织实施和监督检查；承担全区机关事业单位管理、行政事业单位人员的调配、综合管理全区的养老、失业、医疗、工伤、生育等社会保险工作，全力做好促进就业、劳动监察维权，构建和谐劳动关系等职责。内设办公室、法规科、事业单位人事管理科（区军队转业干部安置工作小组办公室、专业技术人员管理科、区引进国外智力领导小组办公室）、公务员局、人力资源市场科、工资福利科、社会保险科、调解仲裁管理科8个机构。下属区人才交流服务中心、区就业管理局、区医疗保险管理中心、区社会保险管理中心、区社会保险征缴管理中心、区城乡居民养老保险管理中心、区劳动监察大队7个二级机构。在职职工54人。截至2013年底全区建立65个人力资源社会保障事务所（服务站），工作人员144人。

【干部人事管理】 2012年完成政府系统67名科级干部和52名中层干部人事任免工作。对全区机关工作人员751人、事业单位1359人进行年度考核。

2013年完成政府系统45名科级干部和15名中层干部人事任免工作；对全区事业单位1332人进行年度考核。完成全区126家事业单位第二轮岗位聘用和合同签订工作，并严格按照程序办理续聘，合同签订率100%。

【公务员录用】 2012年招录公务员9名（党群系统5名;政府系统4名,其中1人系委培生）、分配选调生3名。同时按省市工作安排向市人社局申报2013年公务员招录计划（4名）。向市局申报登记公务员21名（含参公登记9名），其中：选调生登记4名，录用1名，军转人员登记6名，事业单位调任登记2名，参公登记9名。

2013年政府系统招录公务员4名、分配选调生4名。同时按省市工作安排向市人社局申报2014年公务员招录计划（8名）。向市局申报登记公务员15名，其中：选调生登记3名，录用4名，军转人员登记8名。

【“三支一扶”情况】 通过公开招募、自愿报名、组织选拔、统一派遣的方式，招募高校毕业生，安排到乡镇从事支教、支农、支医和扶贫工作。2012年，招募9名高校毕业生从事“三支一扶”工作（其中5人支教和4人支农）。

2013年招募8名高校毕业生（其中支教3人、支农5人），根据相关规定，录用5名服务期满两年的“三支一扶”高校毕业生。

【高校毕业生见习】 2012年办理安排45名高校毕业生参加就业见习。2013年办理安排45名高校毕业生参加就业见习。

【事业单位招聘】 根据《安徽省事业单位公开招聘人员暂行办法》，按照公开、公平、公正的原则，面向社会公开招聘事业单位工作人员。2012年，为屯溪区九龙工业园区、卫生局、教育局等部分事业单位招聘工作人员15名。2013年为教育、交通、人社、水利、团区委、组织、编办、科技局、发改委等部门招聘工作人员42名。

【军转安置】 执行安置政策，有效落实安置计划，2012年接收安置转业干部10名。2013年接收安置转业干部12名。

【工资福利】 2012年办理机关考核晋升级别工资档次晋升人员779人，事业单位正常晋升薪级工资晋升1323人，机关工作人员滚动晋升工资779人，审批46人职务变动工资，审批7人浮动转固定工资，新录聘人员转正定级55人，审批遗属补助108人，军转干部10名。

2013年办理机关考核晋升级别工资档次晋升人员788人，事业单位正常晋升薪级工资晋升1348人，机关工作人员滚动晋升工资788人，审批机关事业40人职务变动工资，审批浮动转固定工资5人，新录聘人员转正定级20人，审批遗属补助109人，军转干部12名。

【职称管理】 组织开展专业技术人员各类培训，继续深化职称制度改革，认真做好专业技术人员的职称资格认定和委托评审工作。建立职称申报诚信承诺体系。将诚信承诺书作为职称申报要件，申报人对个人信息和证明材料真实性进行承诺，2013年事业单位新增高级职称专业技术人员5人、中级职称专业技术人员9人、初级职称专业技术人员6人。

【劳动人事争议仲裁】 2012年受理劳动争议案件70件，结案70起，其中39起案件为仲裁裁决，不予受理案件14起，调解案件11起，撤诉6起，在时限内结案率100%。

2013年经审查立案处理的劳动争议案81起，已结案81起，其中37起案件为仲裁裁决；不予受理案件13起，调解案件31起。案件时限内案件结案率为100%。

【劳动监察】 2012年对屯溪区170户用人单位进行劳动保障年审和诚信评价工作；依法受理投诉、举报案件106起，其中受理拖欠农民工工资案件22起，结案22起，涉及农民工1627人，追欠农民工工资2268.8万元，结案率达100%。依法受理工伤认定案件62起，认定为工伤59起。

2013年依法受理投诉、举报、市民热线转办案件175起，其中受理拖欠农民工工资案件21起，结案21起，涉及农民工1249人，追欠农民工工资1317.34万元，结案率达100%。依法受理工伤认定案件102起，认定为工伤102起。

【就业再就业】 2012年，全区城镇新增就业实名制8400人，完成年目标任务的204.87%；下岗失业人员再就业2552人，完成年目标任务的139.45%；就业困难人员再就业645人，完成年目标任务的150%；转移农业劳动力910人，完成年目标任务的151.67%；全区城镇登记失业率控制在 3.83% 以内。

2013 年，全区城镇新增就业实名制 5900 人，完成目标任务的 169.05%；下岗失业人员再就业 2849 人，完成目标任务的 129.5%，就业困难人员再就业 808 人，完成目标任务的 149.63%，转移农业劳动力 820 人，完成目标任务的 136.7%。全区城镇登记失业率控制在 3.7 % 以内。

【就业援助活动】 为“4050”人员、高校毕业生、农民工、退役军人等就业困难人员提供税费减免认定、小额贷款、社保补贴、公益性岗位补贴、职业介绍补贴、培训补贴等各项优惠政策扶持。2012 年 –2013 年，全区共为灵活就业人员发放社保补贴 2341.01 万元，发放公益性岗位补贴 299.88 万元。

2012 年开展“春风行动”，做好企业用工摸底对接，加强对重点企业用工服务跟踪，选择 4 家重点用工企业作为监测企业。先后举办各类招聘会 11 场，提供各类岗位 16600 余个，服务各类劳动者 12800 余人，达成就业意向 1649 人，其中工业企业达成就业意向 1156 人。

2013 年实施公共就业服务进校园活动和离校未就业高校毕业生实名制就业服务，开展“2013 春风行动”“高校毕业生就业服务月”等专项服务活动。发放就业宣传资料 70000 余份，先后举办 16 场专场招聘会，提供各类岗位

“回乡创业，建设美好家园”招聘会现场

9645 个，服务各类劳动者 4 万余人次，达成就业意向 1776 人。

【就业失业登记】 为符合条件的人员办理“就业失业登记证”。2012 年办理发放“就业失业登记证”25345 份。2013 年办理发放“就业失业登记证”29400 份。

【创业培训】 2012 年举办创业培训班 4 期，培训 180 人，完成年目标任务的 100%；创业意识培训 900 人，创业模拟实训 90 人，其中 487 人成功创业，带动 600 余名各类失业人员实现就业。

2013 年举办“创办你的企业”培训班 4 期，培训 120 人，创业模拟实训 120 人，创业意识培训 290 人，其中 135 人成功创业，带动 300 余名各类失业人员实现就业。

【就业技能培训】 2012 年开办各类就业技能培训班 17 期，培训 1408 人，其中 1359 人培训合格并取得职业资格证书（专项能力证书），完成年目标任务的 108.3%；拨付培训补贴资金 78.65 万元。全年培训技师 22 人，高级工 170 人，开展职业技能鉴定 1551 人。

2013 年，开办就业技能培训班 18 期，培训 1519 人，完成年目标任务的 108.5%。其中培训合格并通过职业技能鉴定 1459 人，合格率和鉴定率均为 96.1%；拨付培训补贴资金 97.53 万元。培养技师 21 人、高级工 161 人，开展职业技能鉴定 1641 人。

【扶持民营经济发展】 2012 年为全区 533 户企业降低医疗保险费 230.12 万元、515 户企业降低失业保险费 116.72 万元、510 户企业降低生育保险费 57.59 万元、531 户企业降低工伤保险 89.41 万元。补贴 15 家企业培训补贴资金 37.93 万元，共计培训结业 1143 人。为 41 家困难企业发放稳岗补贴 175.8 万元，涉及职工 1465 人。

43家企业享受特定就业政策补助资金，发放补助资金100.15万元，涉及企业职工2003人。

2013年，减收569家企业7234名参加失业保险人员失业保险48.66万元、减收565家企业7050名参保人员生育保险23.72万元。使用失业保险基金发放黄山广远光电、黄山顺昌汽车电器有限公司等28家困难企业稳岗补贴91.3万元，涉及职工1268人。有2家困难企业申请办理缓交五险，缓交期限6个月，缓缴五险金额16.58万元。开展企业新录用人员培训542人，在岗职工岗位技能提升培训182人，为263名个体工商户办理申贷1828万元。

【小额担保贴息贷款】 2012年发放小额担保贴息贷款2618万元，完成年目标任务的117.4%。2 013年发放小额担保贴息贷款2992万元，完成年目标任务的114.9%。

【基本养老保险】 2012年城镇职工基本养老保险全区参保人员38416人，其中：缴费人员17150人，征收养老保险费15319万元，养老金待遇支出14007万元。城乡居民社会养老保险，全区参续保人员35298人，完成全年目标任务3.3万人的106.96%，民生工程目标任务3.03万人的116.50%。为9941名符合待遇领取条件的人员发放养老金708.96万元。2012年，为4350名符合待遇领取条件的被征地农民发放养老金778.64万元。完成全区8804名企业退休人员养老金调待工作，补发1—3月份养老金439.9万元。

2013年，城镇职工养老保险，全区参保人员39318人，征收养老保险费13257万元，养老金待遇支出16628万元；城乡居民社会养老保险参续保34623人，完成全年目标任务3.3万人的104.92%，民生工程目标任务3.03万人的114.27%。为10372名符合待遇领取条件的人员发放养老金736.11万元。2013年，为5170名符合待遇领取条件的被征地农民发放养老金1072.44万元。调整全区9315名企业退休人员养老金待遇，补发养老金待遇546万元；退管服务市、区两级企业退休人员18000余名。

【基本医疗保险】 2012年全区职工医疗保险参保19832人，完成年目标任务的124%，征缴职工医疗保险费2835.84万元。医疗保险支出2726.87万元。全区城镇居民基本医疗保险参保63990人，完成年目标任务的103.9%，筹集资金2354.97万元。城镇居民享受待遇6600人次，统筹基金支付1834.5万元，其中住院病人政策范围内费用2590万元，基金支付1815.5万元，报销比例70.1%。

2013年全区职工医疗保险参保22384人，完成年目标任务的127.91%，征缴职工医疗保险费3864.88万元。医疗保险支出3470.68万元。全区城镇居民医保参保缴费64178人，完成年目标任务的100.59%，筹集资金2532.84万元。城镇居民医保住院受益10983人次，统筹基金支付2141.76万元，其中住院病人政策范围内费用2987.8万元，基金支付2098.95万元，报销比例70.25%。

【失业保险】 2012年失业保险参保9389人，完成年目标任务的113%，征缴失业保险费520.75万元。按时足额发放失业保险金233人50.91万元。

2013年失业保险参保10281人，完成年目标任务的123.87%，征缴失业保险费为729.72万元。按时足额发放失业保险金386人100.53万元。

【工伤保险】 2012年工伤保险参保10120人，完成年目标任务的100%，征缴工伤保险费216.52万元，工伤保险基金支出92.99万元。

2013年工伤保险参保11810人，完成年目标任务的 114.66%，征缴工伤保险费 347.40 万元，工伤保险基金支出 227.14 万元。

【生育保险】 2012 年生育保险参保 9820 人，完成年目标任务的 104.4%，征缴生育保险费 143.75 万元，生育保险基金支出 173.24 万元。

2013 年生育保险参保 10953 人，完成年目标任务的 111.77%，征缴生育保险费 209.96 万元，生育保险基金支出 233.05 万元。

（杨岩峰、唐德宏、黄敏）

国土资源管理

【概况】 1989年1月，成立屯溪区土地管理局。1993 年 7 月，上划并入黄山市土地矿产管理局。1997 年 7 月，成立黄山市土地管理局屯溪分局（为黄山市土地管理局派出机构，2002 年 6 月撤销）。2002 年 2 月，设立屯溪乡镇土地所，为副科级事业单位，核定编制 5 人。2006 年 5 月设立黎阳镇国土资源管理所（中心所，编制 5 人，管辖黎阳镇、奕棋镇、新潭镇）、阳湖镇国土资源管理所（编制 2 人，管辖阳湖镇、黄山旅游度假区）、屯光镇国土资源管理所（编制 2 人，管辖屯光镇），为市国土资源局派出机构、副科级事业单位。2012 年设立黄山市国土资源局屯溪分局，为市国土资源局派出机构，正科级全额拨款事业单位，核定事业编制 5 名，其主要职责是依法履行辖区内土地、矿产资源和测绘等管理工作。

【土地管理】 一是征收土地。2013 年为市中心城区的基础设施建设和市重点项目建设，征收土地面积 1409.71193 亩，支付征地补偿费用 6513.0229 万元。其中，新安江上游景观带、仙人洞南路扩建、梅林坝南侧地块、梅林横江一号路建设、市污水处理工程项目和其他道路建设等征地 551.4565 亩，征地补偿款 2344.4195 万元。市花鸟市场、鬲山禅寺、安置区及棚户区改造项目、九龙工业园区等项目征地 55.80 公顷，征地补偿款 4083.7443 万元。二是做好土地征收报批工作，完成 8 个批次报件，取得省政府批准建设用地 94.46 公顷。

【矿政管理】 2012 年 5 月—11 月，开展非煤矿山“打非治违”专项行动和对标检查工作，完成 2011 年度 1 个疑似矿产开采违法图斑的调查和处理工作。

2013 年 4 月 18 日 –19 日，在屯溪区召开皖南地区金及多金属矿找矿研讨会。中国工程院院士陈毓川，中国科学院、中国工程院院士常印佛以及省国土资源厅、省地矿局、华东冶金地勘局、南京地调中心、中国科学技术大学、合肥工业大学、武警黄金部队、安徽黄金局及部分地勘单位等共百余名专家、学者、地质工作者参加会议。2013 年 11 月，安徽省休宁—歙县金多金属矿整装勘查区被国土资源部列入第三批整装勘查区，勘查区地跨休宁、屯溪、徽州区和歙县 4 个区县，面积 928.05 平方公里。

【地环管理】 2012 年完成 2 处地质灾害治理工程并通过验收。一处是老虎山崩塌地质灾害治理工程。该点于 2011 年发生险情，威胁 12 户 39 人的生命财产，经市国土局组织专家进行现场勘查后，区住建委组织开展工程治理，市国土局拨付专项补助资金 10 万元，通过治理地质灾害威胁消除，并于 2012 年 5 月 11 日通过验收。是一处军分区干休所滑坡治理工程，2012 年 4 月 24 日，军分区干休所发生滑坡地质灾害，市国土局、区住建委多次与 332 地质队的专家前往现场调研勘查，制定应急治理方案，7 月中旬完成边坡治理工程。市国土局拨付 5 万元补助资金，7 月 27 日，验收通过。该工程为军民共建的示范工程。配合省国土资源厅在屯溪区组织水文地质、工程地质等方面专家开展“黄山城市地质调查”项目，为屯溪区规划提供地质结构、建筑基础的工程地质条件等地质环境基础数据。屯溪区 1 ∶ 50000 地质灾害调查工作于 2013 年 2 月获省国土资源厅、财政厅批准。2012 年 7 月，举办地质灾害防治群测群防员培训班，提高群测群防水平。2013 年 5 月 10 日，屯溪区组织开展突发地质灾害应急大演练，举办地质灾害防治群测群防员培训班。

【测绘管理】 2012 年 9 月，黄山市获全国数字城市建设示范市—数字黄山地理空间框架项目通过部级验收并在屯溪区投入使用。屯溪区 9 家测绘持证单位通过初审，完成年度注册任务。完成奕棋镇京台高速公路东片 1 ∶ 500 数字地形图 10 万平方公里测绘项目。完成屯溪区 2007 年第一批建设用地置换项目拟置换地块复垦地块（三）和奕棋镇朱村、江村孝塘片（A 地块）其他草地开发项目的规划设计变更和预算编制。完成屯溪区低丘缓坡地的外业调查及数据库建设。完成屯溪区农村地籍测绘数据库建设。库体面积 14 平方公里，入库宗地 9646 宗，虚宗 8163 宗、界址点 118893 个、界址线 121930 条；扫描土地登记档案 2752 份 104093 页，权属调查表 9646 份；属性录入 9646 宗，其中发证档案 5968 宗；地形整理转换约 14 平方公里。

2013 年，屯溪区 9 家测绘持证单位通过初审，完成年度注册任务。完成奕棋合铜黄高速以西片修、扩测任务，面积约 10 平方公里。针对中心城区新建小区和新修道路的实际情况，安排外业核查，共查图 122 张，主要修测草市安置区、桑园安置区、花上园安置小区等，修测面积约 0.68 平方公里，涉及新潭镇、阳湖镇、屯光镇 3 个地籍区的 10 个地籍子区。

做好 2013 年水毁地复垦区的统计调查。对 5 个乡镇 16 个村 23 个地块进行外业调查、现场拍照和调绘，涉及面积约 64 公顷，编制 9 张标准分幅图和面积统计成果表。完成高山禅寺复建项目用地的复垦报告、项目估算和相关图件制作，复垦面积约 2.85 公顷。编制 2013 年补充耕地的可行性研究、规划报告设计和勘测定界工作报告。该项目涉及 3 镇 5 村，建设规模为 7.89 公顷，预计可新增耕地 7.73 公顷，总投资约 310 万元。

【权属调查工作】 2012 年，为配合农村集体土地、宅基地和建设用地确权登记发证，完成奕棋镇、屯光镇、黎阳镇 3 个镇 15 个行政村 45 个自然村的权属调查工作，共调查宗地 7019 宗。

【永久基本农田划定】 屯溪区划定永久基本农田面积 1285.02 公顷，分布于屯溪区 5 镇 28 个村 286 个片块，并与村签订永久基本农田保护责任书。根据划定的基本农田成果，建立永久基本农田数据库。编制区标准分幅基本农田保护图 10 幅、镇级基本农田保护图 5 幅、区基本农田保护区分布图和基本农田调整划定分析图。

（江新政）

【耕地保护】 2012 年耕地保护目标任务为：基本农田保护面积不少于 1.81 万亩；耕地保有量不少于 4.03 万亩；新增耕地面积 6.6 公顷。顺利完成耕地保护、基本农田保护和新增耕地任务。

2013 年耕地保护目标任务为：基本农田保护面积不少于 1.81 万亩；耕地保有量不少于 4.03 万亩；新增耕地面积 13.3 公顷，顺利完成耕地保护、基本农田保护和新增耕地任务。

【地质灾害防治】 2012 年，全区有地质灾害隐患点 22 处。对辖区内的地质灾害隐患点进行排查，做好突发地质灾害应急防治及防震减灾工作，避免或最大程度地减轻地质灾害造成的损失。对黄口安置区滑坡（螺蛳顶）、杨梅山社区建工宿舍后滑坡、福林嘉园滑坡、屯光镇雀山路旁崩塌4个危险点进行加固或妥善处置。

2013年，全区有地质灾害隐患点30处，完成雀山路滑坡和螺蛳顶山体滑坡2个灾害点的治理。2013年汛期，因强降雨新发生山体滑坡险情9处，受威胁住户28户75人，总滑坡量为274立方。汛期来临之前，发放防灾工作明白卡、防灾避险明白卡及防灾、减灾宣传手册300余份，建设手机短信平台，并在屯光镇云村后头山地质灾害点进行地质灾害应急演练。汛期期间，组织转移群众68户，200余人，实现汛期地质灾害零伤亡。

（方锦文）

安全生产监督

【概况】 屯溪区安全生产监督管理局（简称区安监局），成立于2005年7月，是区政府直属职能部门，主要职能是依法行使非煤矿山安全监察职权，负责综合监督管理危险化学品和烟花爆竹安全生产工作，依法监督检查生产经营单位作业场所职业卫生情况和重大危险源监控、重大事故隐患的整改工作，依法查处不具备安全生产条件的生产经营单位。内设办公室、综合监管科，并承担区安全生产委员会办公室职责，在职7人。

【安全生产责任制】 屯溪区政府每年年初与5个镇、4个街道办事处、17个部门（单位）签订安全生产责任状，落实年度工作目标任务，实行安全生产“一岗双责”，全区基本形成区、镇（街道办事处）、村（社区）、企业四级安全生产责任网络，建起横向到边、纵向到底的责任体系。实施安全生产年度目标管理考核，把考核结果作为各镇（街道办事处）及相关部门（单位）党政领导班子和领导干部绩效考核管理的重要内容，推行安全生产“一票否决制”。

【安全生产监督检查】 2012年—2013年，围绕安全生产大检查，在全区重点行业（领域）及重要时段开展安全生产执法行动，严厉打击和严肃查处危险化学品和烟花爆竹非法经营等行为。2012年全年出动监督检查人员522人次，检查单位1196家，发现隐患1003处，督促整改1000处，提出防范建议1211件，下发整改指令书6份，安办下发督办通知函10份，行政处罚4家，取缔违法经营户2家，制止涉嫌违法经营1家。2013年大检查期间，动员企业自查723家，自查隐患228处，自纠222处，区政府组织督查、检查组23个，参加120人次，检查单位162家，发现隐患170处，督促整改160处，各镇、部门组织检查组153个，参加404人次，检查单位723家，发现隐患1122处，督促整改1046处，下发执法文书77份，取缔关闭9家，责令停业整改8家，责令限期整改371家。密切配合公安、交警、消防、工商、交通等职能部门，严肃查处道路交通超载、超速、超员与酒后驾驶以及人员密集场所不执行消防安全法规等行为。

副区长邹剑海到花山谜窟督查春节安全生产

【重点隐患整治】 对重点隐患点进行挂牌整

改。2012 年，挂牌隐患点一项，为 G56 杭瑞高速汤屯段屯五立交桥下 205Km+500m 处桥下安全隐患（茶山农庄）。2013 年挂牌整改的隐患点除茶山农庄继续整改外，另有石油储存、运输的安全隐患整改；黄山市城东农贸市场有限责任公司和黄山之友实业有限公司黄山华辰大酒店分公司消防安全隐患整改，已落实到位。

【安全生产宣传教育行动】 2012 年，举办以“科学发展，安全发展”为主题的宣传咨询讲座，同时利用信息、广播电视新闻、网络、特殊时期印发传单等形式进行宣传。组织安康杯知识竞赛活动。“安全生产月”活动期间，区安委办牵头组织安监、公安、经信、总工会、司法、交通运输等单位设置宣传咨询服务台，展出展板 20 余块，发放资料 6000 余份，接受群众咨询 20 余人次。各镇、街道和有关部门也分别在人员集中场所开展现场咨询活动。发放《安全手册》300 余份，宣传资料 5800 余份，张贴宣传画、标语 2050 余张，展出板报 28 余块，悬挂条幅 68 条，接受群众咨询 160 余人次。区安委办组织开展 2012 年职业卫生法规知识网上竞赛、科学发展安全发展有奖知识竞赛、“神华杯”全国危险化学品安全法规知识竞赛答题卡活动。

2013 年，开展以“强化安全基础，推动安全发展”为主题的安全生产宣传月活动，举办规模以上企业安全管理人员、黄山市电工作业人员、危险化学品、烟花爆竹经营负责人和特种作业人员安全技术培训班，与市质监屯溪分局联合举办特种设备安全监察工作暨培训会议，举办全区职业健康培训。组织开展安全生产文化建设、“安康杯”知识竞赛活动。

【安全生产应急救援】 2012 年，区安监局修订和完善安全生产事故应急救援预案，并指导镇、街道和部门修订安全生产应急预案。区政府、各镇、街道、部门组织开展不同类型、不同规模的应急救援演练 10 次，参演人数近 3000 人。

2013 年，区安监局进一步修订《屯溪区 2013 年安全生产事故应急预案演练计划》及各专项安全生产应急救援预案，区政府、各镇、街道、部门组织开展不同类型、不同规模的应急救援演练 13 次，参演人数约 2600 余人。

【事故调查处理及预警分析】 区安监局完善事故举报制度、重特大事故报告制度，加大安全生产信息报告和事故调查处理的力度。2012 年处理各类隐患举报 5 项，2013 年处理各类隐患举报 3 项，对举报处理情况跟踪督办并及时答复举报人。

（何　瑢）

屯溪八景之一　华山思贤

位于三江口东面的华山公园，层峦叠翠，曲径通幽，修竹侵道，丹桂满山。一泓丽水静静泊在山坳之间，桃柳夹岸，绿草如茵，“无市声乱耳”，是城市清新雅致沁人心脾的后花园。园内有一座近代思想启蒙先驱、中国文化巨人戴震的塑像。哲人端坐于青山碧水间，双眼凝视东方，似在期待一轮新世界的火红朝阳顷刻间磅礴生气。

农村经济

综 述

【概况】 1954年7月成立中共屯溪市委农村工作部，1955年8月成立农业科，1961年9月改为农业局。1987年5月成立市农村经济委员会，2002年8月29日成立屯溪区农业委员会，是区政府组成部门，设有办公室、政策法规科、农村经营管理科、农产品质量安全监管科、项目信息科，行政编制6名。下属屯溪区农业技术推广中心、屯溪区蔬菜产销办公室、屯溪区畜牧水产局、屯溪区种子管理站、屯溪区农业广播电视学校、屯溪区农业综合执法大队、屯溪区农村能源办公室、屯光镇畜牧兽医站、黎阳镇畜牧兽医站、阳湖镇畜牧兽医站、新潭镇畜牧兽医站、奕棋镇畜牧兽医站12个事业单位。其主要职责是贯彻执行国家、省、市农业农村经济发展的方针政策和法律法规；完善农村经营管理体制，指导主要农产品生产，组织实施农业产业化经营和促进农产品加工业发展，承担农产品质量安全监管，负责农作物重大病虫害防治和重大动物疫病防控，承担农业防灾减灾的责任，拟订农业科技、技术推广的规划和相关政策措施并实施农业生态建设规划。

2012年，屯溪区农业增加值28345万元，比2011年增长3.6%；农民人均纯收入10558元，比2011年增长15.4%。2013年，农业增加值30138万元，比2012年增长3.0%。农民人均纯收入达到11859元，比2012年增长13.7%，全市综合排名第一。

（孙 倩）

【农村改革】 2012年5月屯溪区农经机构改革，五个镇农经站统一上划由区农委管理。农经管理模式由原来的条块结合以块为主，转变为条块结合以条为主。2012年，屯溪区实施农村集体财产股份制改革。按照“农民市民化、资金资产化、村民股东化、管理规范化”的思路，确定18个改居村为改革试点单位，明确清产核资、股权界定、资产运营、收益分配等政策，把集体资产折股量化到人，组建村级股份经济合作社。7月31日，安徽省首家村级股份经济合作社在屯光镇社屋前社区挂牌成立，按公司模式规范化管理，选举产生董事会、监事会。2012年底，完成18个改居村股改工作。2013年，在全区全面推行集体资产股份制改革，到年底完成51个行政村股改工作。清产核资总资产6.8亿元；净资产5.73亿元；股东数59742人；股东代表数 1866 人；董事会成员 243 人；监事会成员 163 人；股份量化分为以户籍人口、承包土地、承包土地与人口结合等三种股权量化模式，拆股量化股数 24.731 万股。

（孙欣平）

【新农村建设】 屯溪区按照“生产发展、生活宽裕、乡风文明、村容整洁、管理民主”的要求，以农业增效、农民增收为目标，按照“一村一品”的要求，建设宜居宜业宜游的新农村。2012 年奕棋镇的江村、查塘村、占川村；屯光镇的云村；黎阳镇的傍霞村、隆阜一村通过黄山市新农村建设领导组的检查验收，达到市新农村建设“十有”标准。11 月 3 日，召开屯溪区“美好乡村建设暨千万亩森林增长工程动员大会”，全面启动美好乡村建设。编制《屯溪区村庄布点规划》，凤霞村、新江村、傍霞村、朱村、占川村、瑶干村、徐村、奕棋村、林塘村、查塘村、三充村、云村、留村、东关村、仙林村、上资村等 16 个村被列入美好乡村创建村。

2013 年凤霞村、朱村、三充村、云村和东关村、留村等 6 个村被列入首批黄山市 106 个市级美好乡村试点，凤霞村、三充村被列入安徽省首批美好乡村创建重点示范村。凤霞村入选全国“美丽乡村”创建试点。完成凤霞村、朱村、三充村、云村和东关村五个村的《村庄建设规划》。全年累计完成投资 1.38 亿元(其中省级重点示范村 0.68 亿元，其他中心村 0.7 亿元), 区财政设立预算内 1000 万元美好乡村建设专项资金，整合全区 18 个部门 50 多个项目涉农资金 5415 万元，引导村民自主开展环境整治、污水自来水铺设、支路硬化、文化活动广场、停车场等村级公益性服务设施建设项目 60 余个、投工投劳折资 600 多万元。建成东关、云村、三充、朱村公共服务中心主体工程。清理乱堆乱放 923 处，拆除规整 4511 处 3.6 万平方米，清理塘库 17 座、沟渠近 40 条；栽植苗木 96 万株；改徽 368 幢、改厕 276 处、改圈 130 处、改水 8000 余米；硬化道路 2.8 万平方米，铺设雨污水管 9200 米，建设雨水明渠 2160 米。5 个太阳能微动力污水处理设施建成启用。评选出“十星级文明家庭”69 户，“特色家庭”123 户，“绿色家庭”100 户，“廉洁家庭”10 户，“卫生清洁户”487 户。

（程诗稹）

【农村能源】 2002 年 6 月，屯溪区第一口户用沼气池在屯光镇富礼村郑仕伦户产气点火。2008 年将农村沼气建设和农村沼气后续管护纳入民生工程。2012 年，初步建立农村沼气后续管护长效机制，安排农村沼气后续管护专项资金 10.2 万元，并纳入区财政预算。

2013 年初，首次开展屯溪区农村户用沼气池普查工作。截止 2013 年 9 月，屯溪区共有 798 户农户使用沼气，现存沼气池 1086 口。全区申报乡村服务网点项目 4 个，项目总投资 30 万元。

（崔　杰）

农业产业化

【概况】 屯溪区以推进农业结构调整，发展壮大特色产业，培育“一村一品”。2012 年，13 家规模以上农产品加工企业总产值达 8.76 亿元，同比增长 22.7%。鬲山市民开心菜园建设启动；“龙山园”“屯绿”“徽珍”“黄山佬”4 家农业产业化龙头企业商标获得“安徽省著名商标”；黄山徽珍食品有限公司的徽珍牌干制食用菌被评为“黄山市名牌产品”；黄山蓝莓生态园被评为 2012 年 –2013 年度省级农业科技示范园；奕棋镇博村被评为省级一村一品专业示范村，至此省级“一村一品”专业示范村达 3 个。

2013 年，14 家规模以上农产品加工企业总产值达 10.8 亿元，同比增长 20.8%，黄山众力实业有限公司和黄山市金竹竹业有限公司获

“安徽省农业产业化龙头企业”称号，新增8家市级农业产业化龙头企业（全区市级以上农业产业化龙头企业共17家）。蔬菜、花卉、苗木产业进一步发展，继续实施菜篮子民生工程，新增高标准蔬菜基地20公顷，改造提升33.33公顷；新建苗木基地66.6公顷，改造提升84公顷。农民专业合作组织新增5个（全区共60个），“一村一品”村8个，其中省级“一村一品”专业示范村4个（朱村、新江村、博村、东关村），市级“一村一品”专业示范村4个（云村、凤霞村、留村、三充村）。

（汪　婷）

【鬲山市民开心菜园】 位于屯溪区黎阳镇鬲山，占地89.8公顷，规划投资1.4亿元。核心建设区44.5公顷，是屯溪区2013年重点实施的民生工程之一，项目按“一轴六区”建设。“一轴”即东原河及两侧景观走廊；“六区”即市民中心（包括1741平方米服务大楼及门楼等配套设施）、市民种植体验区（总面积22.6公顷，其中新江蔬菜基地12.6公顷，廊道东西两侧面积10公顷，东侧有15个种植区，西侧有11个种植区，现已建成2700畦，每畦30平方米，主要为市民提供认领土地租种服务）、智能化温室大棚（总面积7321平方米，分工厂化育苗区、蔬菜新品种展示观赏区、现代农业生产技术展示区、城市“一米阳光”展示区4个区域）、植物园（总面积3840平方米，园内种植各种热带和亚热带名贵植物）、苗木观赏区（东边是梅园，西边是桂园。尽头是一面东原河徽派景墙，高7.7米，宽9.7米，石材为黟县青，全景立体浮雕《鬲山行乐图》，为国家非物质文化遗产传承人冯有进的作品）、百果园（园内种有杨梅、桃、李、枇杷等优质果树。内设有茶吧、垂钓中心等休闲观光场所）。打造市民农事体验、休闲养生、周末度假的理想去处，引导周边农民运用现代农业生产技术，走优质、生态、高产、高效农业发展道路，实现农业增效、农民增收。在2013年的全市经济社会观摩会中排名第二，农业类排名第一。

（孙　倩）

【蔬菜生产】 到2013年底屯溪区专业蔬菜基地面积291公顷，其中大棚设施基地199公顷，一般蔬菜基地92公顷，另屯溪区有季节性菜地（一稻一菜或一稻两菜）约433公顷。屯溪区蔬菜播种面积2.293万亩，总产量5.22万吨；共有蔬菜生产合作社9家，蔬菜销售合作社2家，注册有“鬲山”“黎绿”“昱农”“徽跃”等蔬菜商标。333公顷蔬菜生产基地通过无公害蔬菜基地认证，8个大宗生产品种通过无公害蔬菜产品认证；屯溪区共有蔬菜农药残留检测中心1个，农药残留检测站7个。

2012年屯溪区新建高标准蔬菜基地17.3公顷；伏缺菜生产22.6公顷；巩固提升基地40公顷。资金总投入528万元，其中财政资金投

鬲山市民开心菜园

圣女果

入238.4万元。推行标准化基地建设，制定12种蔬菜标准化生产技术操作规程；大部分专业基地安装太阳能杀虫灯；辣椒、南瓜、小青菜等8个品种蔬菜获无公害产品认证，新江蔬菜基地注册“鬲山牌”蔬菜商标，富礼蔬菜基地申报省级蔬菜示范标准园；共引进推广皖粉系

皖椒18

列西红柿、水果黄瓜、丽兰、秀丽小西瓜、绿箭12号辣椒等蔬菜新品种12个，推广节水灌溉、测土施肥、穴盘育苗、遮阳网、病虫害物理防治等新技术。

2013年屯溪区新建高标准蔬菜基地20公顷；伏缺菜生产20公顷；巩固提升基地33.3公顷，共投入资金523万元，其中财政补贴252万元。建设完成“鬲山市民开心菜园”项目（建成7321平方米阳光温室大棚，建有蔬菜工厂化育苗区、蔬菜新品种展示区、农艺新科园和蔬菜家庭园艺展示区）。继续加强与安徽省农科院合作，推广有机基质育苗、水肥一体化灌溉、设施蔬菜重茬障碍防治、病虫害绿色防治技术；水果黄瓜、西甜瓜无害化立体栽培、茄果类蔬菜无害化栽培等生产技术；试验、引进蔬菜新品种洛椒、南螺2号、樱桃西红柿、优质西甜瓜等20多个。

（方晓静）

【茶叶生产】 屯溪区从“打造特色产业、提升综合效益、抓好重点环节、提高发展能力”四个方面，抓好生态茶园建设，提升茶叶品质，塑造茶叶品牌，推进茶产业发展。2012年，屯溪区茶园面积592公顷，茶叶总产量476吨，比上年减产10.2%；产值2201.2万元，增长22.1%；其中名优茶产量56吨，产值1447.2万元。4家（一品有机茶有限公司、海盛绿茶厂、胡氏茶厂、辛峰福利茶厂）规模以上茶叶加工企业年产值2.22亿元。综合产值10.52万亿元。茶农人均纯收入9712元，增长6%。连续4年被评为中国茶叶流通协会颁布的全国重点产茶县。

2013年，屯溪区茶园面积583公顷，茶叶总产量527.4吨，比上年增长10.8%；产值2413.8万元，增长9.7%；其中名优茶产量60.7吨，产值1045万元；4家规模以上茶叶加工企业年产值2.61亿元。综合产值11.07亿元。茶农人均纯收入10198元，增长5%。位列中国茶叶流通协会颁布的全国重点产茶县25名，排名居黄山市之首，连续5年进入全国百强产茶县。

（汪　婷）

市人大常委会主任程迎峰（右二）视察屯溪区实验茶场

粮油生产

【粮食作物】 屯溪区粮食作物种类有水稻、玉米、甘薯（山芋）、大豆等，还有少量的绿豆和其他杂豆。以水稻生产为主，全部为一季中籼稻，均为杂交水稻品种。水田全区都有分布，面积分布较大的是奕棋镇、新潭镇和屯光镇。大部分采用育苗抛、插秧种植方式，水稻机械收割占95%以上。

2012年，粮食作物播种面积26788.5亩，总产量11670吨，其中，水稻播种面积17467.5亩，占粮食作物播种面积65%，水稻总产量8906吨，占粮食作物总产量76.3%。水稻平均亩产510公斤。2013年屯溪区粮食作物播种面积26385亩，与上年基本持平，总产量11420吨，其中，水稻播种面积16635亩，占粮食作物播种面积63%以上，水稻总产量8457吨，占粮食作物总产量74.1%。水稻平均亩产508公斤。

【油料作物】 屯溪区油料作物有油菜、芝麻、花生等，以油菜籽生产为主。2012年，油料作物总产量1329吨，其中油菜籽产量1302吨，油菜播种面积11083.5亩，平均亩产117公斤；2013年，油料作物总产量1395吨，其中油菜籽产量1370吨，油菜播种面积11355亩，平均亩产121公斤。

（邓新文）

【种子管理】 2012年引进杂交稻丰乐种业丰两优4号、隆平高科Y两优1号等新品种20余个，屯溪的水稻良种覆盖率达98%，杂交率达98%，油菜良种覆盖率达95%，杂交率达90%。加强种子管理，下发《屯溪区2012年种子执法年活动实施方案》，定期不定期检查5次，发出整改通知书8份，办理种子质量纠纷4起，为农民挽回直接损失5万余元，间接损失10余万元。

2013年，水稻上重点引进武汉国英种业有限责任公司超级稻两优234、合肥丰乐种业丰两优4号、丰两优9号、袁隆平农业高科技公司的深两优5183等10余个品种，油菜重点推广秦优十号、沣油737、中双11号、蓉油18等高产、抗病双低油菜；蔬菜上重点推广绿剑15、辛香16、湘辣14辣椒品种以及伏缺菜359快菜等；加强种子市场管理，处理种子纠纷3起，为农民挽回直接损失6万余元。

（方全文）

农机管理

【概况】 1973年5月，成立屯溪镇农林水利局农机管理供应站。1976年4月，市委农业学大寨办公室后勤组改为农业机械办公室。1978年5月，撤销农机管理供应站，成立农业机械管理局，1983年8月，撤销农业机械管理局，成立农机管理站，与农机公司合署办公，1985年9月，恢复农业机械管理局（二级局）。1988年改为屯溪区农业机械管理局（简称区农机局），为区财政全额拨款参公事业单位，区政府直属事业局、农机行政执法单位。下辖安全监理站、农机手培训班、技术推广站3个职能站所。截至2013年底，全区农机总动力35180千瓦，其中柴油动力28178千瓦；联合收割机3台165千瓦，小四轮拖拉机445台3921千瓦，手扶拖拉机235台2069千瓦；域内有三级农机维修点2家，专项维修点16家，从业人员39人。乡村农机从业人员1853人，其中拖拉机驾驶从业人员640人、联合收割机从业人员3人、农机维修人员35人，获得农机职业技能鉴定人员12人。2013年农业运输作业量260万吨公里；机耕作业面积1.36千公顷，机收面积0.68千公顷，机电灌溉面积1.73千公顷，机械植保面积0.06千公顷。

【农机购置补贴】 2012年度争取到中央财政

农机购置补贴资金 120 万元，全年共受理农户购机补贴申请 63 份、发放购机补贴指标确认通知书 63 份，购机 70 台，受益群众 53 户，使用补贴资金 22.795 万元；2013 年度争取中央财政两批农机购置补贴资金共 34 万，抗旱机具设备（农机）购置补贴叠加补助 20 万元，特大抗旱经费 20 万元，共受理农户购机补贴申请 130 份、发放指标确认通知书 130 份、购置各类农业机械 136 台，受益农户 116 户、使用补贴资金 22.193 万。

【农机阳光工程】 2012 年，分别在黎阳镇隆阜一村、凤霞村举办农机手和农机大户培训班，参训人员 119 名；2013 年分别在新潭镇仙林村、金溪饭店共举办三期阳光工程（农机手、农机大户及农机专业合作社成员）培训班，共培训 160 人。

【农机安全监理】 2012 年度共审验拖拉机及变拖 240 台次，发放牌照 140 副，新训农机驾驶员 60 人。联合市交警大队开展“利剑行动”农机行政执法。2013 年度审验拖拉机及变拖 264 台次，新训农机驾驶员 19 人，到期换证 19 人。

【平安农机建设】 与操作手签订安全工作责任承诺书，配合区安监部门部署开展安全生产督查活动，发放普法宣传材料、交通安全生产知识材料、《致农民群众及农机驾驶员一封信》和《农机安全监督管理条例》、短信平台发短信等，加大对农机驾驶员的安全意识、法律法规的宣传教育和养成；每逢重大节假日联合市公安交警大队开展道路和田间工地执法检查，2012、2013 年均没有发生农机安全生产事故。

【农机技术推广】 在服务城郊农业方面，推广蔬菜大棚微型耕作机；在农田基本建设方面，推广并引导农民加大农用挖掘机的购置投入；在绿色农业方面，推广静电喷雾器和太阳能杀

农机安全监理政策法规宣传

虫灯，减少农业面源污染。启动农业动力机械和茶叶加工机械的更新购置。2013 年 12 月，全市设施农业技术推广现场会在开心菜园召开，全市区（县）两级农机局领导和推广、管理技术人员与会。开展基层农技人员科技服务促春管包村联系科技示范户活动，2012 年 4 名农机技术和管理人员各联系 10 名农机手进行政策咨询和技术指导；2013 年 6 名农机技术和管理人员各联系 10 名农机手进行政策咨询和技术指导。

【农机服务】 2012 年开展农机技术推广体系改革与建设情况调研，形成报告上报省农机推广总站；2013 年进行农机化情况调研和农机化公共服务能力调研，形成调研报告报送省市农机局。

【农机通工程】 2013 年 3 月，省农机局和省联通公司基于 3G 通信技术的“农机通”信息服务平台启动，为农机管理人员和部分农机手提供农机跨区作业服务、天气预报等动态信息服务。

【回收企业认定】 2013 年 5 月联合区商务局对黄山市物资再生利用有限责任公司提出的“报废农机回收企业认定”申请材料进行初审和现场实地察看，7 月 15 日，黄山市农机局、

黄山市商务局联合发文批复同意黄山市物资再生利用有限公司为报废农机回收企业。

（章锡飞）

畜牧水产

【畜牧养殖】 2012年屯溪区共养殖生猪10.88万头、家禽41.2万羽、牛1745头，全年肉类总产8644吨，禽蛋总产1746吨；2013年屯溪区共养殖生猪11.2万头、家禽42.7万羽、牛1688头，全年肉类总产8760吨，禽蛋总产1762吨。

2012年和2013年屯溪区实施春秋两季重大动物疫病防控工作，分别对全区存栏应免畜禽开展生猪口蹄疫、猪瘟、猪高致病性蓝耳病以及家禽禽流感进行强制免疫，免疫率达100%，全区动物疫情形势平稳，未发生重大动物疫情。实施生猪定点屠宰检疫，2012年和2013年分别检疫黄山市定点屠宰生猪25648头和25608头。

2013年屯溪区实施50头以上生猪规模养殖场病死生猪无害化处理补贴工作，补贴标准为每头80元，共补贴无害化处理生猪933头。

（李建华）

【渔业生产】 2012年养殖总面积2190亩，其中池塘1395亩，水库795亩。全年渔业经济总产值1311万元，其中：第一产业为936万元，第三产业（只统计休闲渔业）为375万元。全年渔业增加值820万元。水产品总产量1019吨，其中养殖产量880吨，捕捞产量139吨。养殖产量中鱼类809吨；青虾等甲壳类32吨；螺蛳等贝类22吨；鳖、蛙等其他类17吨。加强水产品质量安全监管，东原湖休闲渔业基地通过安徽省省级休闲渔业示范基地的命名。

2013年养殖总面积2130亩，其中池塘1335亩，水库795亩。全年渔业经济总产值1650万元，其中：第一产业为1050万元，第三产业（只统计休闲渔业）为600万元。全年渔业增加值为1035万元。水产品总产量1017吨，其中养殖产量875吨，捕捞产量142吨。养殖产量中：鱼类805吨；青虾等甲壳类35吨；螺蛳等贝类25吨；鳖、蛙等其他类10吨。加强水产品质量安全监管，东原湖休闲渔业基地通过农业部国家级休闲渔业示范基地的命名。

【渔政监管】 为改善渔业生态，实施增殖放流。2012年投入资金22万元，分别于2月14日、6月29日在新安江投放大规格冬片鱼种13万尾、夏花鱼苗24万尾。2013年6月6日，在新安大桥段水域投放优质夏花鱼苗35万尾，共使用资金15万元。实施禁渔期制度，每年的4月1日0时至5月31日24时，在新安江中心城区水域（横江桥、率水桥以下，湖边水利枢纽以上）禁止一切捕捞作业。采用印发《禁渔通告》《致全区捕捞户的一封公开信》《关于禁止电鱼、炸鱼、毒鱼、地笼捕鱼的通告》及悬挂横幅等方式，宣传渔业法律法规。

开展常态化渔政执法巡查，开展“禁渔期专项执法行动”“新安江夏季捕捞秩序专项整治月活动”“湖边水利枢纽放水、蓄水期间渔政执法专项行动”以及国家农业部部署开展的全国性的“清理整治违规渔具专项行动”，2012年共出动执法人员330人次，执法用车64车次，执法用船7台次，缴获并销毁电鱼机组17组，缴获并销毁违规渔具地笼320副。2013年共出动执法人员410人次，执法用车83车次，执法用船14台次，缴获并销毁电鱼机组21组，缴获并销毁违规渔具地笼450副，并督促引导近20位捕捞户主动收回违规网具190余副。

（刘群星）

林　业

【概况】 1949年5月屯溪市人民政府设建设科兼管林业。1955年8月成立农业科，农、林机构合一，兼管林业。1973年5月成立屯溪镇农林水利局；1975年4月屯溪市农林水利局内设林业工作站。1987年5月农林水利局改为农牧渔业局，分设林业局（二级局）。1988年3月改称屯溪区林业局，2010年11月为区政府直属机构。其主要职能是贯彻执行国家、省森林生态环境建设、森林资源保护和国土绿化的法律、法规和方针政策，拟定全区森林生态环境建设和林业发展战略中长期发展规划及区政府确定的重大林业工程建设的年度计划并组织实施；管理区级林业资金，组织开展生态环境建设和国土绿化工作，负责全区森林资源的管理，组织、指导陆生野生动植物资源的保护和合理开发利用，组织协调、指导监督全区森林防火工作等。区林业局内设办公室、植树造林科（区绿化委员会办公室）、森林资源管理科（行政审批服务科）、森林公安分局（区森林防火指挥部办公室），下属事业单位：区造林经营站、区森防站、镇林业工作站5个、屯溪区苗圃、区林业勘察规划设计队（2007年成立）、区林业综合执法大队。在职35人。

篁墩苗木基地

【植树造林】 2012年，完成人工造林1756亩，其中退耕还林专项规划125亩、一般社会造林1631亩（含油茶造林601亩）；退耕还林补植补造1259亩，其中坡耕地补植补造880亩、荒山荒地补植补造379亩；完成森林抚育11375亩，其中现有林培育1375亩、森林抚育补贴试点1万亩；封山育林7000亩；完成绿色长廊建设55.8公里；建设生物防火隔离带40.6公里；义务植树18万株；四旁植树9万株。

【绿色质量提升】 2012年，以“一城一园”（江南新城、九龙低碳经济园区）为重点，以“景点景区、百家摄影点、农民新村、交通干道沿线和城镇绿化”为建设内容，完成绿色质量提升点建设43处，面积4108亩，完成投资7046万元，建成精品亮点14处。完成申报创建优质生态村8个，发展林下经济示范点14个。对江南新城绿化景观进行再次提升，全力打造“一环一园四路六节点”绿色提升精品亮点。通过乔、灌、花、草合理布局，带、网、片、点相互交融，形成“绿化点、绿化线、绿化面”的立体绿化网络。

【苗木基地建设】 2012年，按照市委、市政府“增加数量、增加面积、增加密度”的苗木基地建设要求，组织实施“138”工程。在慈张公路、旅游干道、高速公路出入口、景区景点、百佳摄影点等附近区域，完成苗木基地建设2300亩，其中新建绿化苗木基地1100亩，改造提升老绿化苗木基地1200亩。栽植桂花、香樟、紫薇、红豆杉、银杏等主要树种共计190余万株。

【林业工程建设】 2012年，投资28万元，加强退耕还林质量管护，确保2002年退耕还林坡耕地造林保存面积10923亩不减少。投资38万元，管护新安江流域4.01万亩公益林。

森林防火技术指导

通过加强森林防火、林病防控和打击非法滥伐盗伐破坏森林资源的违法行为，加强公益林保护，提高公益林的林分质量，增强林分蓄水保水功能，发挥森林的生态效益。2012年完成林业贴息贷款2977万元，其中林业龙头企业贷款1600万元，林业企业贷款900万元，林业小额贷款477万元。

【森林防火】 2012年全区无森林火灾发生，无林木损失，森林受灾率均严格控制在0.04‰以下。3月15日召开2012年春季森林防火工作会议，通报2011年森林防火工作情况，部署2012年工作；区防火办和市直有林单位、各镇、各街道签订森林防火责任制。3月31日，成立由森林武警官兵、黄山学院学生、屯溪区镇村两级基干民兵组成的180名全市首支森林防火志愿者队伍。在森林防火紧要期（清明、冬至），全区共出动巡山管护、看守人员、护林员及巡查督查人员达10000余人次（含区直联系村单位、镇及村人员）进行严防死守。发放防火宣传单（一封信）计4万份；在主要路口地段张贴防火宣传标语计3500余条；悬挂横幅共计800余条；出动宣传车120余台次；投资10.7万余元，购买扑火装备。

2013年4月10日阳湖镇紫阜村发生森林火灾，过火面积2.1亩，有林地0.3亩，林木损失0.4立方米，其余为杂灌。4月10日和4月13日奕棋镇瑶干村博村林场马鞍山工区火灾（属市博村林场山场），累计过火面积超过100亩。森林防火工作重点强化“组织、队伍、点验、演练、督查”环节，在进一步加大防火宣传力度，强化责任落实的同时，对全区重点人群（痴、呆、聋、哑、精神病）进行重新梳理登记，全区共登记重点人群147人，明确其监护人和责任人。对全区各森林防火卡点进行梳理，共梳理出森林防火防控卡点151个，在森林防火期内，每天派2名工作人员在卡点上严防死守。对区、镇（街道办事处）、村的扑火应急队伍进行整合。组建区级扑火应急队伍13个班130人、镇（街道）应急队伍23个班230人、47个有林村（社区）分别组建20人的村级扑火应急队伍。制定完善森林防火行动方案，强化区域指挥系统和信息平台建设，加强三级联防协防互动机制实施。

【林病防控】 2012年，林业有害生物成灾率严格控制在3.3‰以下，松材线虫病监测覆盖率达100%。2012年发生松毛虫轻度危害2400亩，各镇及有林单位在区森防站的指导下及时进行防治，共进行白僵菌和噻虫啉防治松毛虫2400亩，防治天牛300亩，并在重点山场安装11台太阳能黑光灯诱杀松褐天牛，实行全面防治。4月和9月，对辖区内4.5万亩松林山场进行松材线虫普查，普查率达100%，未发现松材线虫病。

2013年，年初对容易出现的林木、种苗病虫害情况进行调查、分析和预测。春季和秋季对4.5万亩松林进行松材线虫普查，在重点区域开展松毛虫生物防治。全年全区无公害防治率达86%以上，测报准确率达86.5%以上，种苗产地检疫率达97%以上，松材线虫病监测率到达100%。4月—10月开展“绿盾2013”林业植物检疫执法检查行动。组织17次专项行动，对辖区内木材生产、加工、经营、销售企业和市场进行整治，对中心城区的物流公司、电力、通信、建筑工地等工程建设中存储、使用的松木及电缆盘、光缆盘、包装箱等木制品进行检查，重点检查53家木材加工企业、48家物流公司。对检查中发现的违法案件进行查处。共立案查处违章调运案件20起，集中清理烧毁违章调入的松木包装材料220件。

【林业资源保护和管理】 2012年全区未发生破坏国家重点保护野生动植物资源的案件，林业刑事案件的发案率为零。2011年10月至2012年9月，共受理林业行政案件52起，查处52起，查处率100%，行政处罚52人次，行政罚款6.255万元，挽回直接经济损失10余万元。

2013年共受理林业行政案件32起，查处32起，查处率100%，行政处罚32人次，行政罚款4.2万元，挽回直接经济损失10余万元。办理木材经营加工、林木种子生产、经营等行政许可申请及延续75起，没有因执法问题而造成不良影响或上访事件发生。全区共上报征占用林地6起，面积17.5625公顷，审批3起，面积2.8079公顷。

2013年开展全区森林资源规划设计调查工作。2013年原木消耗量1682立方米，占省下达本区年采伐限额7936立方米的21.2%；森林蓄积量达23.8万立方米。

【义务植树】 2012年3月12日，组织开展义务植树造林大会战活动，区四套班子领导和各机关部门、街道工作人员共300余人参加在黎阳镇闵口苗木基地的义务植树活动。共计栽植地径10厘米、高2米的优质苗木500余株，完成栽植面积10余亩。

2013年2月18日，区四大班子领导，区直各部门、街道办共1000余名干部职工，在合铜黄高速公路沿线开展义务植树大会战活动，共建九大主题林35余亩，栽植苗木4000余株。同时在慈张线、徽杭高速公路沿线开展分会场大会战活动，共栽植苗木75亩、5900株。

【千万亩森林增长工程建设和绿色提升】 2013年，实施千万亩森林增长工程，主要突出“三线、二区、一谷”，重点完成建设：一是人工造林1483亩，退耕还林补植补造1259亩，退耕还林封山育林4000亩，森林抚育10375亩，义务植树25万株。二是绿色提升点49处，投资10300万元，建设面积4500亩。三是建设苗木基地2360亩，其中新建苗木基地1100亩，改造提升1260亩。四是以合铜黄高速路、慈张线、徽杭高速路、新安江延伸段为重点创建森林长廊25.3公里。五是重点建设省级森林城镇阳湖镇和屯光镇云村、黎阳镇凤霞村、新潭镇东关村、奕棋镇朱村、阳湖镇三充村5个森林村庄。六是推进中心城区立体绿化，完成投资2600元，提升建成7个区管企事业单位、13个小区、9个安置区、3处公园广场、8条主次干道、11条背街小巷的绿化美化。

【公益林投保】 2013年5月29日，国元农业保险黄山中心支公司与屯溪区农险办签约全市公益林保险第一单，签约投保面积40100亩，投保率达到100%，屯溪区在全市率先完成公益林投保工作。

【项目建设】 2012年，鬲山市民开心菜园绿化建设：一是驳岸绿化建设。用红砂岩对护岸加高，并对护岸两侧进行绿化。二是湿地公园建设。完成水面面积2000平方米的水生植物栽植和景观带的植物栽植。三是百果园建设。完成百果园山场的杂灌清理，场地的回填土和平整工作，果园建设面积约10000平方米，栽植经果林板栗、柿树、李树、桃树、杏树、枣树、山楂树等20个树种70余个品种。四是苗圃地建设。在完成场地的回填土和平整工作的基础上，对苗圃地进行苗木栽植。2013 年完成市民开心菜园项目建设投资额 800 万元。建成东原河驳岸绿化提升、桂花种植区建设、梅花种植区建设、东原路口绿化提升、东原湖周边景观提升等。

（程海峰）

水　利

【概况】 1950 年 12 月成立屯溪市水利委员会，1955 年 1 月屯溪市人民政府设立水利科，8 月并入农业科；1956 年 5 月复设水利科，1958 年 12 月撤销；1961 年 9 月成立屯溪市水利电力局；1963 年休宁、屯溪合并，设休宁县水利电力局屯光区水利管理站；1973 年 3 月，成立屯溪镇农林水利局，1975 年 12 月，改称屯溪市农林水利局；1987 年 12 月，成立屯溪区水利局(二级局)。2010 年 11 月区水利局为区政府直属行政机构，其主要职责是贯彻执行有关法律、法规和上级水行政主管部门制定的规章制度，制定本辖区水利发展中长期规划和年度水利建设计划；统一管理本辖区水资源（含空中水、地下水、地表水），组织和实施对水利工程水域、河道及其岸线的保护和管理，负责全区农田水利基本建设和农村供水工作，组织全区水土保持工作，组织协调和监督指导全区防洪抗旱工作。区水利局内设办公室、水利建设科、水政水资源科、水保科 4 个职能科室，在岗 23 人。下属：区水政水资源管理站、区水利建设管理站、区水政监察大队、区防汛抗旱指挥部办公室、区水土保持委员会办公室（区水土保持监督站）、区抗旱服务队、区水利勘测设计室 7 个事业单位。截至 2013 年底，全区有小（二）型水库（蓄水量 10 万 ~ 100 万立方米）14 座，山塘 694 口，堨坝 65 处，电灌站 40 处，有效灌溉面积 1320 公顷。

【农田水利基本建设】 2012 年，完成投资 4782 万元，投入工日 12.1 万个，完成土石方 22.3 万立方米，修复水毁工程 120 处，清淤渠道 11.2 公里，清淤扩容山塘 300 座，除险加固水库 2 座，新增蓄水能力 45 万立方米，新增旱涝保收面积 2000 亩，改善灌溉面积 4000 亩，新增节水灌溉面积 1000 亩。

2013 年，完成投资 5942 万元，投入工日 28 万个，完成土石方 50 万立方米，堤防建设 5.1 公里，疏浚河道 7.5 公里，清淤渠道 12 公里，加固山塘水库 47 座，新增蓄水能力 46 万立方米，新增旱涝保收面积 1600 亩，改善灌溉面积 3800 亩，新增节水灌溉面积 1100 亩。

【农村饮水安全工程】 2012 年，解决饮水不安全人数 4000 人，屯光镇富礼村 1525 人、浯村 1214 人；阳湖镇紫阜村长湖头、武蓉 580 人；黎阳镇黎山村小龙山 681 人。工程总投资 199 万元，其中中央补助 119 万元，省级投资 40 万元，市级配套 12 万元，区级配套 28 万元。

2013 年，解决饮水不安全人数 6400 人，包括奕棋镇查塘村 681 人、朱村 777 人、徐村 1519 人、奕棋村 1535 人；阳湖镇三充村 802 人；新潭镇东关村 1086 人。工程总投资 320 万元，其中中央补助 192 万元，省级投资 64 万元，市级配套 19.2 万元，区级配套 44.8 万元。

【水利工程建设】 珮琅河河口水环境治理工

开展禁磷工作专项检查

程 2012年10月开工建设，项目总投资666万元，建设成1处拦水坝，新建护岸31米，河道清淤249米。

浙江珮琅段治理工程 2012年12月开工建设，2014年7月完工。完成西溪堨坝改造任务，雨水口下移工程，完成护岸2310米。总投资1880万元。

横江重点河段治理一期工程 2013年，一级堤防梅林桥至梅林坝段完成建设长度2654米，完成投资1170万元，已通过完工验收。二级堤防计划建设长度2972.5米，清淤河道长度2500米，总投资2460万元。截至目前，清淤工作完成，二级堤防渗墙完成1132米，另有55米正在浇筑，100米正在开挖；防浪墙完成410米。累计完成投资990万元。一级堤防梅林坝以下段计划建设长度400余米，目前基槽已开挖90米并完成浇筑，完成投资60万元。

病险水库除险加固工程 2012年，完成银塘水库、瑶源水库（二期）2座重点小（二）型水库的除险加固工程（2011年11月开工建设），建设内容为大坝防渗，修建溢洪道，新建管理房、防汛道路，水库动态观测系统安装等，9月底完成竣工验收，总投资228.25万元。2013年，完成马鞍山水库（二期）重点小（二）型水库除险加固工程，建设内容为溢洪道下游加固、外坡排水棱体改建、新建水库信息动态观测系统、新建水库管理房、新建从屏风山拱桥到大坝的防汛道路。2012年11月开工建设，2013年完成主体工程，9月底完成竣工验收。总投资159.92万元。

占川河生态治理工程 2012年3月开工，2013年5月竣工。总投资606万元。新建防洪护岸549米、拱桥一座，改造碣坝一座，清淤515米。

三村河清淤工程 新安江率水至黎阳段和干流王村段三村河清淤工程由屯溪区三村河河段清淤工程建设管理处承担建设管理任务，2013年6月26日通过公开招标选定安徽锦辉水利建筑安装有限公司，施工图由黄山市水电勘测设计院设计。省水利厅批复工程初步设计，批复的概算投资545万元，其中省级资金安排272.5万元，地方配套272.5万元。工程于8月10日开工建设，12月11日完工。河道清淤长1688米，主要完成工程量土方3.84万立方米，石方0.11万立方米，砼350立方米。工程实际完成投资120.4万元，其中施工单位施工费用78.35万元，工程前期费用（勘测设计、建设管理、检测等）42.06万元。

三村河两座滚水坝改造工程 工程由屯溪区三村河河段清淤工程建设管理处承担建设管理任务，工程于2013年6月26日通过公开招标选定安徽锦辉水利建筑安装有限公司，施工图由黄山市水电勘测设计院完成。区发改委批复的概算投资102.2万元。工程于8月10日开工建设，12月11日完工。对元一滚水坝和花上园滚水坝分别进行加高加固改造，主要完成工程量土方0.11万立方米，石方0.03万立方米，砼590立方米。工程实际完成投资120.4万元，其中施工单位施工费用49.14万元，工程前期费用（勘测设计、建设管理、检测等）17.01万元。

【水土保持】 2012年，完成小流域水土保持综合治理，治理水土流失面积5平方公里。工程由黄山市利水工程咨询有限公司设计，阜阳市水利工程公司负责施工，安徽省恒信工程监理有限公司负责监理。批复概算总投资150万元，其中中央投资105万元，地方配套资金45万元。2012年4月开工，12月完工，2014年5月完成竣工验收。该工程治理水土流失面积4平方公里，新建石坎梯地0.8公顷，配套坡面排水沟390米，修筑梯地生产便道260米，配套蓄水池2座、沉沙池6座，建设以桂花、银杏为主的水保经济林2公顷，种草0.05公顷，实施封禁治理397.95公顷。

【防汛抗旱工作】 制作小（二）型水库、重要屋顶塘、城中内涝点、沿河低洼村庄、学校等防汛公示牌，加大防汛抢险工作宣传。汛前进行摸排与检查，组建区、镇（街道）、村三级防汛抢险队66支，队员1275人。进入主汛期以后加强汛中检查、督查。

区委书记李高峰（前右一）督查防汛工作

【水利普查】 根据《国务院关于开展第一次全国水利普查的通知》通知精神，屯溪区为做好水利普查工作，成立区水利普查领导组及普查办公室，并开展业务培训。2010年12月–2013年12月，查清区内江河湖泊的基本情况、水利工程基本情况、经济社会用水状况、江河湖泊开发治理保护情况、水土保持情况、水利行业能力建设情况等，并建立水利普查档案（2013年2月4日通过黄山市水利普查档案验收专家组的检查验收）。水利工程普查185处，经济社会用水普查171处，河湖开发、治理35处，行业能力建设单位14个，灌区70处，地下水取水井269处。

【水资源管理】 2012年，开展创建节水型社会宣传活动，强化用水定额和用水计划管理。根据全区自备水源取水单位的取用水申请，经核定对取水单位下达年度取水计划指标并对取水户开展用水情况监督检查。按照《安徽省取水许可和水资源费征收管理实施办法》的规定，对全区办理取水许可有效期已届满的单位进行延续办理行政取水许可手续。

2013年8月，印发《关于全面建立“河长制”加强屯溪区新安江流域管理工作的实施办法》，成立屯溪区新安江流域“河长制”管理工作领导小组。9月，开展“屯溪区河道清洁大会战活动”，5支力量共计1120人参加河道清洁行动。

【水行政执法】 2013年9月，印发《屯溪区河道采砂及砂石加工场所综合整治方案》，成立区河道砂石管理整治领导小组。11月，依法立案查处新潭镇梅林片4家砂石加工场非法取水，向河道直排污浊浑泥水，影响当地水生态环境案。

（程奇伟）

屯溪八景之一　三江烟霞

率水横江从绮丽而原始的山脉深处涌流而来，清澈的新安江是屯溪的母亲河，也是山城一道壮丽的美景。每当春雨霏霏、夏雾迷蒙，江上的轻舟飞虹和两岸的高楼民居，影影绰绰、若有若无，构成了一幅典型的江南水乡图；落日飞霞、霓虹闪烁之时，水面摇荡万花筒般的波光，歌声从游船里悠悠飘出，三江如同一个似近似远的梦境。

工 业

【概况】 1984年2月成立屯溪市经济委员会，1997年3月与计委、招商局、经济协作办公室合并，成立计划经济贸易委员会。2002年8月，计划经济贸易委员会分设发展计划委员会、经济贸易委员会。2005年7月，撤销经济贸易委员会，乡镇企业局（民营企业服务局），设中小企业发展局（挂牌工业发展局）。2007年5月，撤销中小企业发展局，成立屯溪区经济委员会。2010年5月，组建区经济和信息化委员会，为区政府组成部门。主要职责是贯彻执行国家和省、市有关工业经济、信息化的方针政策和法律法规；研究并组织实施全区工业经济运行和工业、信息化发展的政策措施；拟订并组织实施全区工业经济和信息化的发展规划；监测、分析全区工业经济运行态势，调节工业经济日常运行；协调解决工业经济运行中的较大问题并提出解决工业经济运行中重大问题的意见和建议；负责协调安排工业经济发展和中小企业发展专项资金；组织实施企业技术进步的政策措施，组织推动企业技术创新；负责中小企业和非公有制经济发展的宏观指导；负责园区的工业经济运行调度和投资管理及行业管理的协调工作等。内设办公室、规划运行科、企业指导科、信息化科4个职能科室。

2012年，全区46家规模以上工业，累计完成工业总产值33亿元，比上年增长25.5%，实现工业增加值8.4亿元，比上年增长26.6%，增幅比全市高8.7个百分点，列全市第一位。其中轻工业增加值3.8亿元，增长21.2%，增幅低于上年29个百分点；重工业增加值4.6亿元，增长31.4%，增幅高于上年9.2个百分点。2013年新增规上企业数4户（退规1户），（以下数据含市直）全区规模以上工业增加值16.8亿元，增长14.8%，增幅比上年低4.5个百分点，比全市高0.8个百分点，居全市第2位。轻工业增加值10.05亿元，增长22.22%，重工业增加值6.7亿元，增长5.7%。

【产业发展】 2013年底，全区规上工业企业49户，规上工业企业实现总产值32.18亿元（产值过亿元企业11户），完成主营业务收入27.81亿元，利润总额7054.2万元，税收总额4309.1万元（税收超百万元企业16家，其中，超500万元1家）。按照市七大优势产业划分标准，其中：食品及农副产品产业7户，实现总产值5.86亿元，主营业务收入4.95亿元，利润1147.9万元，税收735.1万元。主要产品：绿茶、休闲食品、竹木制品的生产和销售，绿茶主要供外销。新材料产业7户，实现总产值2.85亿元，主营业务收入2.60亿元，利润663.2万元，税收769.9万元。主要产品：包装材料、粉末涂料、橡塑制品的生产和销售。机械制造产业8户，实现总产值3.21亿元，主营业务收入2.40亿元，利润1409.9万元，税收550.8万元。主要产品：螺杆泵、真空泵、阀门、链输送的生产和销售。电子信息产业15户，实现总产值11.87亿元，主营业务收入10.77亿元，利润2271.7万元，税收1550.5万元。主要产品：LED照明、电容器、汽摩配件、电器配件的生产和销售。纺织服装产业5户，实现总产值2.86亿元，主营业务收入2.05亿元，利润168万元，税收337.8万元。主要产品：棉纱、丝绸、服装的生产和销售。生物医药产业3户实现总产值2.17亿元，主营业务收入2.02亿元，利润573.7万元，税收122.2万元。主要产品：薄荷、中西药、驱鸟剂的生产和销售。旅游工艺品产业无年度主营业务收入达2000万元以上企业。

【行业布局】 食品药品产业　依托众力实业、一品有机茶业、海盛绿茶、龙山园、徽珍食品等企业，重点发展各类中高档旅游休闲食品和农副产品深加工，加快食品产业园的开工建设。以中皇制药新药和仿制药、天目薄荷配料为重点，重点发展生物制药、现代中药和生物农业等。

机械电子产业　机械产业以黄山工业泵螺杆泵、良业阀门智能电动装置、派尼尔配电智能终端装置为依托，促进装备制造业向上游高端核心技术延伸。电子产业依托北川电子智能模糊控制器、安特普电器光电开关等产品，重点发展光电开关和智能家电模糊控制器等。

低碳环保产业　重点发展以绿色、低碳、循环为标志的新能源电动车、节能产品和节能环保装备，加速形成具有竞争优势的产业链。依托东晶电子、广远光电、锦江百浪、金箭照明等企业，优先发展LED外延片和芯片及配套器件、电动汽车控制系统、LED显示照明和发光二极管、空气源热泵热水器、绿色照明产品等。

新型材料产业　大力培育兴乐电缆高导铝合金电缆、振州电子铝基耐高温起动电解电容器、申格电子高温金属化安全膜电容器、格瑞氟环保耐强腐蚀聚四氟乙烯纤维材料、金菱新材料高档环保新型装饰纸、容宇五金不锈钢耐腐蚀钢管等重点企业和项目。

【经济运行】 2012年全区工业产销率为94.7%，同比回落3个百分点，全年工业销售产值完成31.3亿元，比2011年增长21.7%，主营业务收入27.6亿元，比2011年增长1.4%。实现利税总额1.09亿元，比2011年下降16.8%，利润总额5276万元，下降34.4%。亏损企业亏损额大幅攀升。全年规模以上工业亏损企业亏损总额达3338万元，比2011年增长628.8%，同比上升了341.3个百分点。（以下数据含市直）2013年全区规模以上工业销售产值65.1亿元，同比增长19.9%；完成主营业务收入62亿元，增长18.2%；实现利润总额3.38亿元，增长76.6%，增幅比2011年提高53.3个百分点。

【项目建设】 2012年，东晶电子仓库及配电房建设完成，车间一和倒班宿舍交付使用。日普电动车1#厂房10月底完成组装调试，2#厂房、广场和研发楼内部装饰工程进行中；浙江兴乐集团有限公司投资25亿元在九龙园区建设兴乐电缆，项目一期占地30公顷，2号、4号厂房动工建设；杭州锦江百浪新能源有限公司投资2.3亿元在九龙园区建设黄山锦江百浪新能源有限公司，项目主体基本建成。

2013年，投资2000万元的黄山申格电子

派尼尔铜排加工车间

项目于6月建成，7月份开始投产。总投资5000万元的盛得利汽摩配7月份投产。黄山金菱数码新型装饰材料项目1号厂房设备调试试生产，2号厂房设备安装。投资6000万元的年产50万套不锈钢制品项目容宇五金制品入驻九龙园区。

【技术创新】 2012年，黄山工业泵制造有限公司被评为第三批安徽省信息化与工业化融合示范企业，成为屯溪区首家“两化融合”示范企业；全年新增1家高新技术企业（黄山振州电子科技有限公司），并有2家企业入选高新技术培育企业（黄山泰客轨道电气有限公司和黄山拓达科技有限公司）。

2013年，黄山工业泵制造有限公司入选省第五批创新型试点企业，成为屯溪区首家省级创新型试点企业；全年新增1家高新技术企业（黄山拓达科技有限公司），并有2家企业入选高新技术培育企业（黄山金箭照明科技有限公司和黄山天目薄荷药业有限公司）。

【振兴计划】 鼓励一品有机茶、众力食品等绿色食品企业采用先进适用的新技术、新工艺、新设备对原有设施和工艺进行技术改造，进一步提升企业的规模效益和品牌效应；鼓励、督促东晶光电、日普电动车、锦江百浪等节能环保企业加强与浙江大学等高等院校的联系，进一步提升企业的生产能力和技术水平；支持和引导黄山泵业、兴乐电缆、派尼尔科技等企业建立技术研发中心，加快创新步伐，增强竞争优势，力争到2015年，市级以上工程技术研究中心达5家，战略性新兴产业工业增加值占全社会工业增加值比重达67%以上。

【工业主导产业】 实施龙头带动战略，推进在建重点项目建设，扶持龙头企业做大做强，同时鼓励和引导小微企业围绕龙头企业配套发展，延伸产业链条，壮大产业规模，逐步形成“机械电子、绿色食品、节能环保”三大主导产业，力争到2015年，三大主导产业占全社会工业增加值的比重达63%。

（刘　毅）

九龙低碳经济园区

【概况】 2001年建立奕棋镇九龙经济技术开发区，2004年7月成立屯溪区九龙新区管委会，2006年11月经黄山市人民政府批准纳入黄山经济开发区管理，并定名为黄山经济开发区九龙机械电子园。2010年6月，成立中共黄山九龙低碳经济园区委员会和黄山九龙低碳经济园区管理委员会，内设综合处、投资管理处、招商处、经贸发展处和规划建设处5个机构。园区按照“山水林城、天地人和”的理念和“城

广远光电测试车间

市化、精品化、生态化、花园式”的要求进行建设。园区面积约为3.3平方公里。截至2013年底，入园工业企业67户，其中规上企业26户。

2012年，完成园区税收8500万元，完成工业总产值26亿元，其中规模以上工业企业完成产值24.24亿元。完成工业投资10.77亿元，完成固定资产投资11亿元（其中：基础设施投资1亿元，工业投资10亿元），新增规上企业数9户；完成工业技改投入11.3亿元，引进入园工业项目8个（其中帅鑫工业园区4个），投资总规模8.8亿元，到位资金9.61亿元（含续建），其中亿元以上工业项目3个，投资总规模8亿元，到位资金1亿元。

2013年，完成园区税收9500万元，完成工业总产值30.75亿元，固定资产投资12亿元（其中：基础设施投资1亿元，工业投资11亿元），新增规上企业数4户，引进入园工业项目14个，其中亿元以上项目3个，总投资规模19.08亿元，完成招商引资项目到位资金3.64亿元。

【入园企业】 2012年重点项目。东晶电子由浙江东晶电子股份有限公司投资12亿元兴建，从事275万毫米LED蓝宝石晶棒及LED高效节能日光灯、光电产品的研发、设计、生产和销售。2012年完成东晶光电仓库及配电房建设，车间一和倒班宿舍交付使用。日普电动车由浙江金华日普电动车有限公司投资近2亿元兴建，主要生产老年代步车等系列产品，2012年完成1#厂房设备组装调试，2#厂房和研发楼内部装饰工程。兴乐电缆由浙江兴乐集团有限公司投资25亿元兴建，项目一期占地30.6公顷，主要产品为500kV超高压交联电力电缆、500kV超高压阻燃环保型交联电力电缆、中压交联电力电缆、低压电力电缆、复合材料节能输电导线、高压（超高压）输电导线等。锦江百浪由杭州锦江百浪新能源有限公司投资2.3亿元兴建，主要从事空气源热水器、帅旗地暖板的研发、生产、销售。

黄山工业泵车间

2013年重点项目。工业泵技改，主要以提供三螺杆泵、双螺杆泵和单螺杆泵三大类产品的黄山工业泵投入1500多万元引进一台意大利生产的螺杆磨床，使公司的装备水平达到国际先进水平。2013年完成工业产值9240万元，税收1112多万元。投资2000万元的黄山申格电子项目于2013年6月建成，7月投产。盛得利汽摩配总投资5000万元，主要从事研发、生产、销售汽车旋压皮带轮。2013年7月投产。金菱数码由杭州金菱印花有限公司投资1.2亿元兴建，年产5000万米高档环保新型装饰纸生产线的黄山金菱数码新型装饰材料项目1号厂房设备调试试生产，2号厂房设备安装。还有投资4亿元的年产50万套不锈钢制品项目容宇五金制品、投资1.3亿元的好迈达电器入驻园区。

【基础设施建设】 2012年，完成园区损毁道路设施整修。完成环城西路南段700米箱涵工程，完成日普路、滨湖路的道路建设。完成环城西路、日普路及凤山路延伸3条道路的路灯安装及配电工作；完成9条道路的绿化、九龙大道与松涛路交口景观建设、凤山公园的苗木种植。安装51个监控探头，完成园区3.3平方公里范围的路网交口及重点企业入口监控的基本覆盖。园区办公大楼改造完成并投入使用。

2013年，继续推进基础设施及配套工程建设。完成园区雨污排水施工的竣工图和园区路网质量的检测验收工作。完成东晶专线和东晶内部的电力设施工程、环城西路段的增压水管及占飞路到增压站之间的管道铺设。完成乐山路、占飞路排水工程施工。做好园区绿化管护，完成九龙大道南侧排水系统的施工图设计、园区综合服务大楼的规划设计完善工作和《黄山市现代服务业产业园概规》编制工作，完成凤翔山庄、九龙园区规划调整工作。

（夏建芬）

帅鑫园区

【概况】 园区总规划面积120公顷，分三期进行。现一期占地13.3公顷，落户企业12家，其中租赁企业3家，规模以上工业4家。二期占地26.6公顷，已落户企业13家，其中租赁2家，规模以上工业企业4家。入园企业主要以机械、电子制造业、食品、服装为主。

2012年度，园区工业增加值1.8亿元；固定资产投资1.11亿元，累计完成投资6.945亿元；完成税收收入2035万元。2013年度，园区工业增加值2.45亿元，同比增长35.9%；固定资产投资1.4亿元，同比增长25%，累计完成投资8.015亿元；完成税收收入1413万元；解决就业800余人。

【入园企业建设】 良业阀门，2012年11月底建成投产，建成后主要用于新产品LK智能型阀门电动装置的生产；大自然食品：新厂房于2012年10月中旬投入使用；金箭照明：完成办公楼和食堂的装饰。

金箭照明投资340万元用于技术改造，2013年8月完成LED生产线的设备订购、安装调试，并投入批量生产；良业阀门投资500万元用于技术改造，2013年8月完成设备订购、安装调试，并投入批量生产；众力食品投资800万元用于技术改造。2013年8月完成茶油生产设备订购、安装调试，并投入批量生产；宏达商标投资300万元，新建综合楼一幢，总面积1400平方米。2013年2月投入使用；环华工贸投资360万元，新建综合楼一幢，总面积1500平方米。2013年3月投入使用。金竹竹业投资2000万元进行技改，2013年12月完成脱硫除尘、微机控制的竹胶板热压机等生产线的设备订购、安装调试，并投入批量生产。

【基础设施建设】 园区基础设施建设总投资8570万元。园区共建5条道路，其中帅鑫大道为主干道，总长1400米，路幅宽10米，车行道7米，人行道2×1.5米；腾川路全长199.3米，路幅14米，主车道11米，人行道2×1.5米。泉水塘路全长300米，车行道12米，南侧人行道3米。园区共建2座桥梁，其中帅鑫一桥全长50米，桥面宽8米；帅鑫二桥全长100米，桥面宽12米。还有600平方米的二期景观带“众力园”。

（方　露）

帅鑫园区

商贸流通

商务发展

【概况】 屯溪区商务局成立于2005年8月，为区政府组成部门。其主要职责是贯彻执行国家和省、市有关国内外贸易、外商投资、对外援助、对外投资和对外经济合作工作方针政策和法律法规，负责推进流通产业结构调整，指导流通企业改革及商贸服务业和社区商业发展，指导商业体系建设，组织实施重要消费品市场调控和重要生产资料流通管理，规范市场运行；指导、协调全区商品进出口工作；指导企业进行对外贸易经营者备案登记工作；指导全区外商投资工作；管理全区对外经济合作等工作。内设办公室、外经外贸科、综合科3个职能科室，在职7人。

【社会消费品零售总额】 2012年，实现社会消费品零售总额58.65亿元，同比增长18.2%。总量和增幅均列全市第1位，新增限上商贸流通企业12家，引进商贸企业4家，其中央企1家。

2013年，完成社会消费品零售总额66.78亿元，增幅13.9%，总量和增幅分别位于全市第1位和第5位。综合排名第2位。全年新增限上企业15家。

【外贸进出口总值】 2012年，全区新增进出口经营权企业18家，新发生实绩的企业8家；区外贸进出口总额7110.81万美元，同比增长46.9%。总额和增幅居于全市第4位和第2位，综合排名第2位。

2013年，新增进出口经营权的企业14家，新发生实绩的企业5家。产品涉及茶叶、机电产品、家具、电缆、机械设备、纺织服装、竹木制品等，主要销往韩国、日本、欧美、中东、非洲等国家及我国香港地区。外贸进出口总额达9602.78万美元，同比增长35%，其中出口增长60.1%，达8997.83万美元，总量和增幅分别居于全市第4位和第3位。

【外商投资】 2012年，围绕“做精一产、做强二产、做优三产”发展思路，组织人员编制对外招商项目，结合中博会、投洽会及网上招商等平台，推介全区优势产业项目，加大引进外商投资力度。协调解决外商投资方面的难点问题，引导外商企业增资扩股和以商引商工作。全年完成外商直接投资达3379.35万美元，增长31.3%，居全市第2位。新引进外商投资企业2家。

2013年，编制对外招商项目，在皖港经贸会、西洽会、中博会等境外招商平台进行推荐。新设立2家外商投资企业，合同外资3980万美元。引导13家外商企业通过增资扩股和再投资等方式，全年累计完成外商直接投资4183.8万美元，同比增长23.8%。总量和增幅分别居全市第2位和第3位，综合排名第3位。

【“五位一体”放心工作】 2012年完成新建改建隆阜公益性菜市场1个，完成万贯洲农贸市场建设任务；新建改建城乡“便利店”10个、“放心早餐”网点12个。2013年完成“放心店”建设任务10家，占全年任务数的125%；“放心家政”龙头企业培育1家，完成任务100%；“放心早餐”示范网点建设10个，完成年度目标任务100%；“放心菜”社区蔬菜便民店建设13家，完成年度目标任务130%；完成标准化农贸市场改造建设1家；“放心肉”建设试点工作通过省厅验收。2012年在全市民生工程考核中获得第2名。

【家电下乡】 截至2012年11月30日，全区累计销售家电下乡产品134693台（件），共计销售额3.68亿元，财政补贴金额4374.42万元，总量在全市位列第二；每万户购买量达66026（件），在全市位列第一，财政补贴兑付率达100%。

【再生资源回收体系建设】 根据《黄山市人民政府办公厅关于印发黄山市再生资源回收体系建设实施方案的通知》统一部署，屯溪区所承担体系建设任务是：新建改建镇（村）、街道（社区）回收站点33个，专业分拣加工中心1个。按照政府推动、政策支持、市场运作、企业管理、社会服务的原则，该项目由黄山华昱再生资源有限公司负责具体实施，33个回收站点已新建改建完毕，并对从业人员进行业务培训。分拣中心正在建设之中。

中心城区“金九银十”消费促进月活动启动仪式

【开拓国际市场】 2012年组织全区21家外向型企业参加省市外贸最新政策宣讲培训，2家企业参加省外贸出口财会培训；组织7家茶叶企业参加全国茶叶出口质量研讨培训会；组织3家企业参加美国拉斯维加斯、土耳其伊斯坦布尔TUYAP国际、德国科隆展览馆（Messe Koln）、印度新德里等境外展，组织2家企业参加第111届、112届广交会及华交会等会展。

2013年组织8家企业26次参加境内外展会，7家企业12人次参加省市组织的专业技能培训，有效拓宽进出口企业的营销渠道。

（吕伟英）

供销合作经济

【概况】 1949年6月屯溪市供销社成立，次年并入徽州专区合作办事处，之后成立职工、劳动人民2个消费合作社，1953年1月成立市供销合作总社。1958年6月并入市商业局。1977年成立屯溪市供销合作社，1988年改称区供销合作社，是隶属区政府参照公务员管理的全额拨款事业单位，其工作职责是宣传贯彻党中央、国务院有关农村经济工作的方针政策；完成国家委托的经营业务和社会服务任务；组织协调管理重要农业生产资料、农副产品经营，促进城乡物资交流；指导全区供销合作社的发展和改革，维护其合法权益。区供销社设有财务科、基层业务科和办公室3个职能科室，现在岗职工9人。截至2013年年底全区供销社系统共有职工405人，有社有企业2个，社涉企业5个，网点104个，涵盖农资、农副产品、日用消费品、烟花爆竹、再生资源回收利用五大新农村现代流通服务网络工程（简称“新网工程”）。

供销社凤霞村综合服务中心（外景）

【现代流通网络建设】 全区供销社系统围绕“改造自我，服务农民”的总要求，以建设“新网工程”示范网点暨美好乡村综合服务中心为工作重点，2012年争取省级财政资金20万元，用于城东农贸市场批发零售中心升级改造。

2013年，争取省级财政资金25万元用于黄山市龙山园茶业公司黄山乌龙茶供销网络升级改造建设，争取市级财政资金23万元用于黎阳镇凤霞村、阳湖镇三充村“新网工程”示范网点暨美好乡村综合服务中心建设。

【供销经济】 2012年全系统实现销售总额3164万元，利润37.9万元；2013年全系统实现销售收入3606万元，利润42万元，比2012年分别增长14%和12%。

【企业改制】 位于屯溪区戴震路59号隆阜供销社于2013年1月改制完成，至此隶属区社29家社有企业全部改制。

（汪凤凰）

粮油经营

【概况】 1951年1月成立中国粮食公司屯溪支公司，次年与徽州专属粮食局合并，1953年7月成立屯溪市粮食公司，1954年2月成立屯溪市粮食局。1963年9月设屯溪镇粮油管理站，1976年1月复设屯溪市粮食局。1988年3月改为屯溪区粮食局。屯溪区粮食局为区政府直属机构，主要职责是贯彻执行国家关于粮食流通和储备粮管理的方针政策和法律法规，负责全区粮食流通行业管理，负责地方储备粮管理、市场调控、应急供应，推进粮食流通体制改革、现代粮食流通产业发展和粮食市场体系建设，依法履行对全社会粮食流通的监督检查。下设办公室、调控与行业管理科，在岗职工9人。直属企业粮食收储有限公司。

【粮食储备与管理】 2012年向农户发放500套科学储粮仓，指导农民科学储粮。2012年度完成粮食订单面积4110亩，粮食订单预购量210吨，到户签单数1145户，完成订单实际收购量中晚籼稻211吨，订单履约率达106%，总体收购量800吨。完成当年省、市级储备粮轮换任务。开展2012年度春季粮油安全普查，共查站点3个，仓房11幢，仓容16800吨。建立市级成品粮油储备（成品粮和食用植物油），完成

省级粮食储备库（外景）

成品粮冬季临时应急储备。投资260万元，新建仓容5000吨的高大平房仓。

2013年向农户发放500套科学储粮仓，完成粮食订单面积4138亩，粮食订单交售量1025吨。完成区级储备粮轮换任务。开展春季粮油安全普查工作，共查站点3个，仓房11幢，仓容16800吨。2013年，5000吨仓容高大平房仓建成并投入使用，采用机械通风、环流熏蒸和双底密闭等方法，科学保粮率达到100%。建设国有应急供应粮店1处，营业面积100平方米。

【安全生产监管】 2012年初落实辖区粮食仓储单位及储粮熏蒸报备工作。对中储粮黄山直属库、市级储备粮库和屯溪省级储备粮库组织开展清仓查库的专项检查。开展涉粮活动的专项检查，检查秋粮收购情况2次，出动执法人员5人次。开展粮食经营者统计制度检查，检查企业80多家，出动执法人员26人次，帮助指导建立统计台账23家。与工商、物价、卫生、质监等部门联合执法2次，检查企业43家，出动执法人员21人次，检查粮、油近300吨；开展大专院校用粮情况专项检查，检查院校9所，涉及粮、油150吨，当场责令销毁变质花生米13公斤。

2013年元旦、春节、中秋节期间开展粮油市场专项检查，开展粮食清仓查库，对粮油经营企业监督检查信息档案进行更新。

【粮食法规宣传】 2012年，围绕"5·26"国务院《粮食流通管理条例》颁布实施纪念日，在中心城区设置展台开展粮食安全法律法规宣传，讲解科学用粮储粮知识和散发合理膳食宣传材料，接受群众咨询，散发宣传材料800多份，咨询群众近300人次。指导18家企业建立统计台账，培训人员25人。对执法队伍进行业务培训，组织参加省、市、区组织的执法人员培训，参加人数14人次，聘请4位区人大代表、政协委员为粮食行政执法监督员。

2013年，在市局军供站门口举办《粮食流通管理条例》颁布实施九周年暨粮油科技活动周活动，开展粮油科技知识进农村、进社区活动，接受宣传的农民及社区群众730多人次，散发宣传科普知识资料1850多份，发放储粮小册子700多本。

（戴　斌）

食盐专卖

【概况】 安徽盐业黄山市公司按照"主营保稳定、非盐有推进、网络求实绩、管理再创新"的工作思路，2012年在屯溪区营业收入1930万元，实现利润总额23万元；食盐销售2435吨，小包装食盐总量2061吨，小工业盐完成销售1361吨，多品种盐完成销售21吨，非盐商品销售190万元。

省盐业总公司（局）总经理、局长詹先豪（右一）来黄山市调研指导工作

2013年，全年营业收入2170万元，实现利润21万元；全年食盐销售2477吨；小包装食盐销量2014吨；小工业盐销售127吨；非盐商品销售298万元，比2012年增长60%；国有资产保值增值率接近110%，在岗职工人均收入增长10%。

【食盐专营】 2012年，全力推进销售配送网络建设工作，探索专营体制下的市场经营模式，构建食盐现代化流通体系；积极调整盐品销售结构，完善食品加工用盐的合理供应，全力推广多品种盐销售，以保障碘盐质量为抓手，2012年经黄山市卫生部门检测，全市碘盐三率均达98%以上。

2013年，在屯溪区完成绿色品种盐销售1910吨，占小包装食盐销售的94.9%，完成年度计划110%；利用国家产业发展的积极举措，主动申报食盐配送价格；加大配送基础设施投入，积极申报建设“配送中心”项目；严格配送流程、路线、费用管理，着力降低流通成本，发挥配送中心运转流畅的配送效率；加强碘盐质量各经营环节的管理，2013年，经卫生部门检测，全市碘盐三率均达98%以上。

【盐政执法】 2012年，组织开展“5·15”宣传及食品安全周宣传，开展盐业市场集中整治行动。出动盐政人员708人次，328车次，行程20340公里，发放宣传材料4318份，多种媒体宣传7次，检查客户2923户，居民631余户。共查处涉盐案件8起，盐品0.4625吨，罚没款200元。

2013年，打击各类盐业违法活动，全年检查经营户2016余户，居民633余户。共查处涉盐案件10起，盐品0.99吨，罚没款650元。

（谢国旺）

烟草专卖

【概况】 黄山市烟草专卖局屯溪分局成立于2004年6月，2012年2月，与屯溪区营销部合署办公，成立屯溪分局（营销部）。主要负责屯溪区卷烟市场的管理工作及营销服务工作。内设综合管理办公室、专卖管理办公室和市场服务部3个职能部门，现有职工32人。截至2013年底，持证经营卷烟零售户1344户。

【专卖管理】 2012年，以全面推进“管稽一体”为依托，不断调整完善方案，通过对零售户的培训，强化零售客户的守法经营理念；通过开展卷烟打假进社区工作，营造全民参与卷烟打假工作的良好社会氛围；以专项行动为契机，联合公安、工商等部门开展一系列的专项打假打私和无证取缔行动，查处各类违法案件50起，查获各类卷烟878.7条，案值25.027万元，罚没款1.0531万元。已判结省标网络案件2起，判刑5人，拘役2人。按照《行政许可法》《烟草专卖许可证管理办法》规定，依据《屯溪区卷烟零售户合理化布局方案》，公开行政许可的受理、勘验、复核、审批过程。共受理许可证申请222户，准予行政许可110户，不予行政许可112户。

2013年，开展零售户信息核查，实时掌握辖区零售户真实状况。开展市场专项清理整治。开展“金龙二号”、严防“天价烟”反弹、“雷霆–13”、“金秋行动”、“雪茄烟”治理等专项行动，专项打假打私和无证取缔行动。查处各类违法案件52起，查获各类卷烟651.9条，案值21.579万元，罚没款2.2053万元。已判结省标网络案件1起，判刑1人。共受理许可证申请243户，准予行政许可130户，不予行政许可113户。

烟草公司开展3·15法制宣传活动

【队伍建设】 2012年，开展硬笔书法大赛、摄影比赛、团队拓展等活动，营造团队文化氛围，增强零售客户和企业员工对企业核心价值、理念、使命、目标的认同。同时将“充分发挥党员客户在零售终端建设工作的先进模范作用”作为工作的出发点和落脚点，将黄山烟草的队伍建设、工作机制、文化理念向党员客户延伸，实现基层党组织建设与零售终端建设协同共进。

2013年，认真学习党的十八大、中央八项规定以及省、市局（公司）及地方政府相关规定，开展作风专项整治工作，领导干部“深入一线抓落实，服务基层解难题”，在10月底的满意度调查中获得100%的满意率。主动邀请党员客户参加组织生活和党务活动，并在日常走访中多措并举，让党员客户在规范经营和自律中“唱主角”、当示范，带动其他零售终端。

【主题实践活动】 2012年开展“235”教育实践活动。以“突出实践特色”基本要求，以“十个一”活动为实践载体，推动“党组、党员、群众”、“企业、部门、员工”和“专卖、营销、客户”之间的内部互动、内外互动和交叉互动。以“圆融客我、共同成长”为载体和落脚点，关心、关爱、关怀员工与零售客户终端的成长。

2013年开展“亲情帮扶，徽映你我”主题实践活动，通过爱心捐款、生活关爱、技能帮扶等一系列措施，着力为帮扶客户解决实际困难，不断提升弱势客户群体的经营能力和生活水平，努力实现发展成果共同分享、企业客户共同成长。

（汪佳莹）

隆阜抬阁

据《休宁县志》记载：明万历二十七年（1599）间，各地迎春共有台戏109台，是以“童子扮故事，饰以金珠绘彩，竞斗靡丽，美观也。”这里说的台戏，即是指自宋元以来，流传于徽州的一种民间游艺。由于台戏是由隆阜的徽商从外地最早引进的，故而隆阜的台戏最为精彩。台戏后改称台阁、抬搁，因为在屯溪方言里“阁”、“角”同音，亦叫台角、抬角。“抬阁”，即为抬着的小戏楼。抬阁由基阁、中盘架、上盘架三部分组成。基阁是一米见方的木制平台，四周用竹编、剪纸、彩帛、细木等材料装饰成由龙、凤、云、鹤图案组织成的雕栏，俨然一座微型戏台。阁正中央竖一圆形金属柱，上扎中盘架和上盘架，上盘架为马鞍形坐架，还可调节高度。一架抬阁一般有二三位童男童女扮成戏剧人物，分别“捆扎”在盘架上，或坐或立，由4位力士抬着游走。抬阁两侧各有一人手持长叉，为其开路护卫。抬阁出游时最少要有4架，少则没有气势，多则不限，而且还有一班细乐跟随。整体抬阁，很是新颖奇巧。传统人物造型涉及的剧目有《西游记》、《白蛇传》、《刘海戏金蟾》、《打渔杀家》等。1984年国庆节期间，隆阜百姓为纪念先贤还特意创作出《戴震还乡》造型。2006年入选安徽省非物质文化遗产名录。

旅 游

综 述

【概况】 屯溪区旅游局成立于1987年，是区政府管理旅游经济和旅游行业发展的职能部门，其主要职责是贯彻执行国家、省、市有关旅游业发展的方针政策、法规；拟定全区旅游业发展规划，指导全区旅游客源市场的开发；组织全区旅游整体形象的宣传和重大促销活动，组织、指导旅游产品的开发；组织和指导全区旅游教育、培训工作等。内设办公室和计划财务科，行政编制5名。下属副科级全额拨款事业单位旅游质量监督管理所（2006年成立），编制3人，依法承担监督检查旅游市场秩序和服务质量，受理旅游者投诉，依法维护旅游者的合法权益。

2012年，按照区委、区政府“做优三产”的要求，围绕“项目推进”“营销高潮”和“管理提升”三大主题，打响“徽商故里，新安胜境”城市形象主题口号，推进旅游业项目建设，拓展境内外旅游市场，提升旅游业整体发展水平。全年实现旅游接待量720万人次，同比增长20.88%，旅游总收入80.5亿元，同比增长20.07%。

2013年，围绕“观光在黄山，休闲在屯溪”这条主线，以“把旅游业培育成为国民经济的战略性支柱产业和人民群众更加满意的现代服务业”为统领，以旅游项目为依托，以“六大转变”为突破口，以“旅游三化”为抓手，转变旅游发展方式、构建囊括旅游“吃、住、行、游、购、娱”六要素的多功能、多层次的现代旅游产业体系。全年实现旅游接待量763万人次，同比增长5.85%，旅游总收入86.85亿元，同比增长7.89%。

【旅游节庆活动】 2012年，黄山茶博园投资有限公司（黄山自驾营地）主办“黄山自驾营地媒体沟通会暨黄山门文化旅游景区信息发布会”、“全国自驾旅游联盟黄山高峰论坛”“市自驾车旅游服务中心成立暨黄山门文化旅游景区开业揭牌仪式”。黄山松柏高尔夫乡村俱乐部举行“安徽省首届名人高尔夫巡回赛决赛”。醉温泉景区举办第五届温泉文化旅游节、与黄山学院合作举办“第六届醉温泉杯女生节”。黄山醉温泉度假城获“2012网民最关注的安徽旅游景区十大新品牌”并被列入第二届网媒安徽旅游行大型采风活动采风点。

2013年6月8日，“2013中国（黄山大观）首届自驾游俱乐部发展峰会”在元一黄山大观举行。“黄山茶，别样香”2013年万人品茶暨广场文化系列活动在老街举办。组织区属旅游企业参加第二届安徽旅游商品展示交易总汇。参与“游新安江，逛古村落”和“畅游新安江，体验山水美”主题活动。举办“安徽威萨自驾护照培训签约会”和“屯溪区徽姑娘农家乐培训班”。精心策划“第六届中国黄山国际温泉文化旅游节”品牌节庆活动。参加黄山市开展的“黄山冬游优惠月”“新春自驾大酬宾”“安徽人游黄山”“春满黄山”，幸福家庭赏花游”百辆大巴”“春暖花开”“美丽黄山”、旅游直通车、旅游专列、航空旅游产品促销等主题活动。

【旅游行业管理】 全区旅游产业初具规模，现有宾旅馆、快捷酒店、招待所、精品客栈、农家旅舍共318家，其中星级饭店24家（五星3家、四星8家、三星10家、二星3家）；A级以上旅游景区点7家，其中国家AAAA级旅游景区3家、AA级旅游景区4家；国际国内旅行社89家；中国历史文化名街1处；全国工业旅游示范点2家；全国农业旅游示范点1家；省级最佳旅游乡镇1家、优秀旅游乡镇2家；省级旅游餐馆9家；省级特色乡村酒店1家；省级旅游示范村3家；省级农家乐16家；自驾车旅游服务中心1处；旅游集散中心1处；旅游咨询服务中心6处。

【宣传营销】 2012年，配合做好黄山市精品节点360度全景展示推进工作中的屯溪旅游类项目（旅游新业态、A级旅游景区、高星旅游饭店、农家乐、特色乡村酒店）实景拍摄和《黄山市自驾旅游手册》。制作《屯溪区旅游导览图》和《屯溪区旅游手册》。在徽杭高速设立屯溪形象、老街2座高架双面广告，更新花山谜窟、醉温泉、高尔夫雨润和香茗酒店的原有画面广告。成功运作“上海—黄山旅游直通车”天天发新产品。通过屯溪旅游网、平面媒体、知名旅行社营销合作等平台宣传推介屯溪旅游资源和精品旅游线路。组织区属旅游企业参加由国家、省、市旅游主管部门举办的各类旅游交易会、宣传推介会、博览会等营销活动。

2013年，组织区属旅游企业参加在合肥、上海、南京、铜陵、厦门、福建等地举办的“大美黄山，宜游宜居”黄山旅游暨旅游地产推介展示会。参加中国旅游新闻网“2013年安徽旅游局长大拜年专题活动”，发布新春贺词和屯溪旅游推介词。继续在徽杭高速和合铜黄高速投放大型户外广告。通过屯溪旅游网、“三进”营销结对子单位、旅行社门市、公交车车身等平台，继续做好旅游进学校、进社区、进企业“三进”活动。及时更新中国屯溪网站中的旅游项目招商、旅游频道中的旅游信息、旅游景点、旅游线路。接待台湾雄狮集团旅游采风摄制组中国国际广播电台（CRI）中外记者一行来屯溪区进行拍摄活动。

乡村旅游

【概况】 2012年，以“生态观光、农事体验”为功能定位，围绕“七园一点”建设，形成环屯溪农事体验、自驾车营地、绿色产业经济等旅游休闲产业集群。引导和培育以“浯村天池山庄、花山谜窟游、留村”为载体的屯光镇农事体验休闲游；以“小龙山、鬲山佛教文化景观”为载体的黎阳镇佛文化体验休闲游，以“农家乐徽菜美食一条街、朱村植物大观园”为载体的奕棋镇美食体验游。

2013年，以“美好乡村”建设为契机，结合新农村建设、百村千幢古民居保护、绿色质量提升、百家摄影点和改徽建徽等重点工作，将云村、凤霞村、三充村、东关村、朱村等五个重点美好乡村按“五统一”旅游示范村标准打造，指导发展农家旅馆、农家餐厅、乡村特色旅游项目，形成一批乡村旅游特色村镇，使乡村旅游成为兴村富民的支柱产业。

【天池山庄】 位于屯光镇富墩，集餐饮、住宿、垂钓、农家园地休闲观光为一体。经营房屋面积1200平方米，占地面积近100亩，山庄周边种有多种果树和观赏树木，并栽种大片蔬菜园地，放养大量鸡、鸭、鹅、鸽子和多种家禽，垂钓鱼塘水域面积近5亩。2006年3月26日开业，被评为“全省星级农家乐旅游接待示范基地”。

【百鸟亭酒家】 位于阳湖镇百鸟亭5号，经营面积1000平方米，可同时容纳300人就餐。2006年4月开业，主要经营土菜、农家菜、徽菜，是“徽文化教学基地”，经营理念是保持自然食品的原汁原味。

【黄山植物大观园】 位于奕棋镇朱村，是集苗木培植、储备和观赏于一体的绿色基地和旅游休闲景点。占地面积4000亩，种植苗木3000余亩，300多个品种，400余万株苗木，其中名贵花木有龙柏、松柏、黄杨、桂花、石榴红、香樟、雪松、珊瑚、红枫、红帽子月季、晒金柏、火腊梅、金叶女贞、四季桂、银边黄杨、海桐、楠木、木槿、紫薇等。该园培育的杂交马褂木、改良紫薇为2008年北京奥运会的指定树种之一。先后获“全国农业旅游示范点”、“安徽省现代农业科技示范园”、“安徽省科普示范基地”、“市级农业产业化龙头企业”、“退耕还林示范基地”、“屯溪区青少年科普教育基地”等称号。

特色旅游——体验采茶

假日旅游

利用黄金周、小长假、暑假、周末等节假日，各景区点与携程网、同程网、艺龙网、驴妈妈网等各大知名网站推出情侣、自由行套票等各种特色优惠活动。牵头联合安监、卫生、消防等部门专门对旅游景区点、旅行社和旅游饭店的接待设施设备、消防器材、食品卫生、警示标牌、安全应急措施等方面进行检查。以“游客满意度测评”为抓手，加强旅游安全监管，规范旅游企业从业行为，强化管理培训，提升旅游服务质量，培植骨干旅游企业。建立旅游行业诚信公约、服务标准以及节假日的值班制、受理投诉制、信息报送制和安全事故报告制。

黄山高尔夫球场

景区景点

【概况】 屯溪历史悠久，人文荟萃，景色秀丽。自然景观有“中国十大历史文化名街”—老街、江泽民亲笔题名的“花山谜窟”“船在江上行，人在画中游”意境的新安江、明建屯溪老大桥、戴震公园、稽灵山公园、鬲山、小龙山、文峰桥等；人文古迹有珠算宗师程大位故居、程氏三宅、戴震纪念馆、程朱阙里、徽州文化博物馆、黄山黄梅戏会馆、徽州糕饼博物馆、黎阳in巷、阳湖记忆、黎阳故邸等；旅游新业态有“中国十大温泉休闲基地”—黄山新徽天地醉温泉、大型多媒体现代歌舞《徽韵》、黄山高尔夫乡村旅游俱乐部、元一大观环球影院、黄山门文化旅游景区、花山谜窟激光秀、市民开心菜园、乐街等。

【花山谜窟——渐江风景名胜区】　2002年5月，被列为第四批国家重点风景名胜区,2005年12月，被全国旅游景区质量等级评定委员会授予国家AAAA级旅游景区。2006年3月被安徽省旅游局评为全省“最值得外国人去的十个地方”。2006年4月，被安徽省文明办、建设厅、旅游局联合授予安徽省首批文明风景旅游区。2010年被列为黄山市百佳摄影点。景区坐落于屯溪区篁墩至歙县雄村的新安江两岸，面积80.6平方公里，核心景区面积45平方公里。景区集青山、绿水、田园、谜窟、奇峰、怪石、摩崖石刻、庙宇、古建筑等自然和人文景观为一体，景区以石窟为特色，已探明石窟有36处，开发的有5个。石窟为古代人工开凿而成，堪称“中华一绝”，被誉为“世界第九大奇观”。经专家初步考证，石窟的年代至少有1700年的历史。景区内的悬崖峭壁上有大量诗词题刻。

古徽州石窟遗址——花山谜窟

【新安江滨水旅游区】　国家4A级旅游景区，包含林廊清影、屯浦归帆、屯溪码头、坝址广场、

新安江夜景

湖边古村落、照壁怀古、湿地栈道、摩崖石刻、徽风水街、山阁远眺等十大景点，是都市与田园的完美融合，现代与历史的相互交替，体现出浓郁的徽风古韵，成为新安江山水画廊一道美丽的风景线。游船上还可以体验包括徽州民歌、黄梅戏、京剧、徽剧、乐器演奏等文艺表演，了解新安江母亲河、古徽州及屯溪历史典故，游客既坐船看戏观景，又尽情领略山水风光。

【醉温泉景区】　位于屯溪区屯光镇，占地400公顷，建筑面积120万平方米，总投资额为34亿元。2008年12月被批准为AAA级国家旅游景区。2011年被批准为AAAA级国家旅游景区。醉温泉属于偏硅酸多元复合型的露天山地温泉，占地面积24万平方米，耗资3.8亿元。泉水引自地下1196米深处，水温为44.4℃，水质中性温和，pH值为6.6。富含偏硅酸、钾、钠、镁、溴、铁等多种微量元素，可促进血液循环，活化细胞组织，快速消除疲劳，并对治疗肌肤色素沉着、风湿及类风湿、关节炎、神经衰弱

醉温泉景区

中国历史文化保护街区－屯溪老街

等有特殊功效。池区共分7大主题，分别为水疗区、动感区、养颜区、美食区、温泉广场区、微粹区与木屋区，共有50多种系列60多个温泉池，最高峰时可接待1500位宾客同时沐浴，日最高接待量可达5000余人。同时拥有各式文化休闲保健项目30余种，配套客房800余间。

【屯溪老街】 是中国十大历史文化保护街区，是目前国内保存最完整、具有宋明清时代建筑风格的步行商业街，著名的有百年老字号同德仁药铺、戴震纪念馆、万粹楼博物馆等。老街正街店铺鳞次栉比，有土特产、文房四宝、工艺品、服装等各类店铺外，还设有茶楼、酒肆、书场、墨庄，古趣盎然；小吃一条街、休闲一条街和古玩一条街三条特色街，尽显徽风徽韵，被称为“活动着的清明上河图”。

【万粹楼博物馆】 是国内罕见的一座徽派古建和私人徽文化艺术博物馆，一楼为大厅，厅堂中央掘有一状若中国版图的鱼池，窗棂及石刻扶梯，均仿徽派园林庭院，用明清时期建筑的传统木雕构件翻新组装而成。“九百砚堂”展列砚台数百方，其中有一照壁砚《文王魂》，长2.38米，重1.25吨，可称歙砚之最。二楼展示馆主收藏的历代文物和其他艺术品，如7500万年前的恐龙化石；7000多万年的龟群化石；北宋磁州窑虎枕、铜官窑釉下彩绘梅花瓶、元代龙泉窑青釉三足香炉及清代慈禧山西行宫香花梨木雕就的凤龙双飞龙椅等，都属国家级保护的文化瑰宝。三楼为楼主家庭起居。四楼为屋顶花园，徽式园林庭院。

【黎阳 in 巷】 位于新安江、横江、率水三江交汇之处，全长1200米，保持原街道的机理，并对黎阳老街上保存较为完好的古民居贾宅、石宅、梁宅以及李氏医寓进行维护修缮，给众多的新建房子安装了商字门、石雕漏窗和抱鼓石等传统装饰，大面积的白墙与少量的木质店面相对应，让游客走进黎阳 in 巷就能体味千年古镇的厚重历史。率水南岸的娱乐休闲区则在保持具有传统建筑特征的基础上加入现代的建筑元素，如纯钢架玻璃建筑等，体现时尚都市的时代特征。黎阳 in 巷引进金逸国际影城、银蝶咖啡等重要的休闲品牌；甘而可、蔡永江、方见尘等徽州非遗传承人在这里建立工作室，徽州特色美食等众多品牌进驻，黎阳 in 巷成为集滨江休闲吧、特色美食餐饮、徽文化体验为主的文化休闲旅游商业街。

（吴　虹）

城乡建设

【概况】 2010年成立屯溪区住房和城乡建设委员会，为区政府组成部门，其主要职责是规范全区住房和城乡建设管理秩序，保障全区城镇低收入家庭住房，推进全区住房制度改革，参与做好城市房屋拆迁管理工作；参与中心城区城乡规划管理，并组织实施本区村镇规划建设等。内设综合科、财务室、城乡建设科、房产环保科、江南新城建设科、国土规划科、房屋征收科7个科室，挂牌单位地震办、房管局。在职职工30人。

【编制村庄规划】 2013年，编制完成全区村庄布点规划和5个美好乡村（屯光镇云村、黎阳镇凤霞村、阳湖镇三充村、新潭镇东关村及奕棋镇朱村）建设规划，并会同各镇完成道路雨污水管网、村部公共服务中心及污水处理设施的建设工作。

【关键区域控制】 2012年按照兼顾当前建设、留足备好长远发展空间的原则，在全区范围内选择一些立地条件好、资源禀赋优、邻近重要景区景点、交通条件便利、外在市场需求高、长远开发潜力大的特色区域，进行科学规划并严格控制，适时有效开发，为未来发展奠定基础，推进可持续发展。经过认真摸排、充分论证，确定关键区域共7个，分别为“一核，两山，四片区”。“一核”即东关片区绿核；“两山”为鬲山、花山；“四片区”为兖溪、紫阜片区；富礼、浯村片区；朱村、瑶干片区；徐村、珠里片区。共计26100亩。

2013年，确定全区关键区域共10个：傍霞片区，江村孝塘片区，上资片区，富礼、浯村片区，花山，鬲山，东关片区绿核，兖溪、紫阜片区，朱村、瑶干片区，徐村、珠里片区共计36658亩。

【重点村镇环境风貌整治】 2012年排定967幢改徽建徽风貌整治任务（市里下达任务为356幢）。全年完工1376幢，完工率为142%。

2013年重点围绕“一路”（篁花公路篁墩至浯村段）、“一江”（新安江花山坝至湖边水利枢纽段，横江奕棋段）、“一场”（机场周边）、“五村”（首批建设的5个美好乡村，即屯光镇云村，黎阳镇凤霞村，阳湖镇三充村，新潭镇东关村，奕棋镇朱村）及新增的鬲山桥周边、珮琅河沿线区域，实施改徽建徽1235幢，10月底全面完成。

【"三小"改造工程】 2012年，完成"三小"改造投资约1200万元，改造20个项目。在6月份的强降雨过程中已改造完成的项目未发生内涝灾情，特别是尖山路粮食加工厂宿舍、横江新村、上塘百货公司宿舍、平民巷等中心城区内涝点，通过"三小改造"实施，根据各点的实际情况，采取不同的防治策略，变"治标"为"标本兼治"，获得群众好评。

2013年，实施"三小"改造40个项目点。实际改造路面面积约为28081平方米，对下水管网进行雨污分流改造，改造雨水管道6651米，改造污水管道4872米；新增绿化面积3250平方米；安装路灯设施121套。

【保障性住房建设】 2012年，累计建成（含购买）廉租住房和公租住房1104套，已入住875套，入住率达79%，保障住房覆盖率32%，提前完成中央提出的至"十二五"末城镇居民保障性住房覆盖率达到20%的目标。

2013年，各类保障性住房已经开工建设1614套，开工率107.6%；已累计完成投资2.72亿元，占年度投资计划的136%；已基本建成1614套。

【城乡建设管理提升工程】 2012年，城乡建设管理提升工程项目64个，年计划投资66.5亿元，其中，新开工项目37个，年计划投资25.2亿元，续建项目27个，年计划投资41.3亿元；2012年全年完成投资66.8亿元。

2013年，城乡建设管理提升工程项目56个，年计划投资81亿元，其中，新建项目32个，年计划投资40.55亿元；续建项目24个，年计划投资40.45亿元；2013年全年完成投资73亿元。

【房屋土地征收】 2012年累计完成房屋征收1207户25.2万平方米，完成土地征收1564.9亩。

2013年累计完成房屋征收377户15.3万平方米，完成土地征收1997.68亩。

【安置区建设】 2012年，共建设安置区8个（其中续建5个，新建3个），投资规模11.22亿元，总建筑规模53.09万平方米（3577套），其中全年计划投资5.32亿元，计划年底建成安置房1759套、25.14万平方米。实际年底共完成投资4.98亿元，建成安置房1599套、21.55万平方米。

2013年，共建设安置区7个（其中续建4个：溪东花园、怡阳小区、稽灵小区、田塝下安置区，新建3个：隆阜安置区、文峰花园、洽阳小区6号楼），计划投资3.9亿元，建设安置房1265套、

风貌整治—朱村改徽建徽

14.5 万平方米。实际完成投资 4.8 亿元，建成安置房 1265 套、14.5 万平方米。

【危房改造】 2012 年，中央和省级补助资金 1615 万元，完成危房改造总任务 1700 户。

2013 年，中央和省级补助 1947.5 万元，完成危房改造总任务 2050 户。对所有危房按照农户申请、村委评议、镇审批、区级审核程序进行申报，并按一卡通形式对改造户进行资金补助，并按照一户一档进行档案整理，对改造质量和进度进行把关。

基础设施建设

【文峰桥】 2011 年开工建设、2012 年完成文峰桥桥面道路，人行廊、观光亭的建设任务。2013 年 8 月 31 日竣工通车。

【怡阳小区】 2012 年完成 1 号 -11 号楼以及社区服务中心楼主体结构施工任务。2013 年建成。怡阳小区共有住宅楼 11 栋(安置房 1013 套)，社区服务楼 1 栋。

【稽灵小区】 2012 年完成稽灵小区 2 号楼十二层主体结构施工，2013 年建成商住楼 2 栋（安置房 252 套）。

【城市道路建设】 2013 年完成环城南路、洽阳南路、红星路北延段排水管网项目招标完成招标，红星路南段进入招标程序。人行道改造：洽阳小区 10# 楼南侧、珮琅西路兖山路至高速路段（沿珮琅河一侧）、兖山路南山公园一侧人行道进行改造完工。

（方锦文）

环境保护

【环境质量】 2012—2013 年，屯溪地区环境质量继续保持稳定。环境空气质量，屯溪区辖区设置 2 个空气质量监测点位，监测项目为二氧化硫、二氧化氮和可吸入颗粒物（PM10）。

空气质量 2012 年屯溪区二氧化硫、二氧化氮和可吸入颗粒物（PM10）年均值全部达到国家二级标准，其中二氧化硫、二氧化氮年均值达到国家一级标准。空气质量总体良好。空气质量优良率 100%，空气质量达一级标准的天数为 173 天，占全年总天数的 47.6%。空气质量保持相对稳定。

2013 年屯溪区二氧化硫、二氧化氮和可吸入颗粒物（PM10）年均值全部达到国家二级标准，其中二氧化硫、二氧化氮年均值达到国家一级标准。空气质量总体良好。空气质量优良率达 99.4%, 全年有 193 天空气质量为优，占总天数的 52.87%。空气质量保持相对稳定。

水环境质量 屯溪区主要河流为新安江。干流和支流共设 4 个监测断面，分别是率水大桥、横江大桥、黄口、篁墩。2012–2013 年，各断面各项监测指标年均值达到地表水环境质量标准Ⅱ类水质标准，水质状况优。每月对屯溪一水厂、二水厂两个集中式饮用水源地进行水质监测，各集中饮用水源地水质良好，水质达标率均为 100%。

声环境质量 全区区域环境噪声监测点位 91 个，2012 年昼间平均等效声级 50.3 分贝，环境噪声总体水平为二级，声环境质量等级为较好。2013 年昼间平均等效声级 52.6 分贝；环境噪声总体水平为二级，声环境质量等级为较好。

道路交通噪声监测路段 18 个，2012 年昼间平均等效声级为64.6分贝，道路交通噪声强度等级均为一级，交通噪声状况为好。2013年昼间平均等效声级为65.7分贝；道路交通噪声强度等级均为一级，交通噪声状况为好。

【生态环境文明建设】 2012年屯溪区建成2个市级生态村，截至2013年底，屯溪区建成市级以上生态村16个，5个乡镇全部建成市级以上生态乡镇，建成省级绿色社区2个。

【环境监管与专项执法】 2012—2013年度，黄山市环保局制定并严格执行环保专项行动实施方案，集中开展对屯溪地区的市经济开发区、九龙、帅鑫三个工业园区及市污水处理厂等重点行业加强环境监管及“回头看”活动，巩固企业环境整治成果。继续加大重点减排企业的监管力度，督促企业实现搬迁入园。对中心城区集中饮用水水源地加强环境监察。两年间，在屯溪地区环保专项行动中共出动执法检查人员758人次，检查企业364家次，立案查处环境违法企业3家，责令停产整治4家，实现3家企业搬迁入园，依法取缔关闭1家。同时，结合大气污染源清单编制工作，加强对燃煤锅炉及有毒有害粉尘、工艺废气产生企业监督检查，共检查废气排放企业13家，重点检查废气治理设施运行、维护情况及废气达标排放情况，对3家废气治理设施擅自停运以及运行不正常的企业下达限期改正通知书。2012—2013年，环境信访工作成效显著，通过“12369”、“三方在线互动”、“政风行风热线”和局长大接访等平台，促进环境矛盾纠纷排查及化解工作；及时排查处理餐饮服务业油烟机噪声污染扰民。两年间，屯溪区范围内共受理各渠道投诉和信访1368件（次），共出动执法人员4736人次，所有信访件均按照规定受理，受理率100%，办结率98%以上。

（赵建林）

市容管理

【概况】 屯溪区城市管理行政执法局成立于2004年10月，与区市容管理办公室是一个机构两块牌子，既是负责城市市容和环境卫生管理的区政府直属机构，又是城市管理领域相对集中行使行政处罚权的行政机关。主要承担研究制定及组织实施城市市容和环境卫生管理的规划、方案和工作计划，并负责组织实施；执行国家、规章和政策，组织起草规范性文件，制定相关的管理办法、措施，经批准后组织实施；负责管辖范围内户外广告、灯饰设置审批和管理工作；负责行使城市市容环境卫生管理、城市规划管理、绿化管理、市政管理、环境保护管理、工商行政管理、公安交通管理等法律、法规、规章规定部分行政处罚权。内设办公室、市容环卫管理科（行政审批服务科）、综合执法科等3个职能机构。下设2个城市管理行政执法大队（一大队、二大队）。截至2013年年底，全局共有干部职工165人，其中机关行政编制2人，事业编制30人，协管人员133人。先后被授予“黄山市第十届文明单位”、“2012年度扫黄打非先进集体”、“全市城管系统2012年度依法行政工作先进单位”、“2012年度全区信访工作责任目标管理优秀单位”，“安徽省六·五普法先进集体”、“黄山市依法行政示范单位称号”。

【城市市容管理】 2012年，区城管执法局全面疏理文明创建网络，对重点管辖路段加大清扫保洁工作力度，延长清扫保洁时间，着重加强“两薄”区域的巡查和管理。加大对店外店、占道经营、流动摊点的整治工作，努力做到不脏、不乱、不堵。集中开展安置区环境、主要交通干线、旅游道路和重点景区景点周边村庄环境整治，清除垃圾、杂物乱堆乱放、乱贴乱画、乱晒乱挂等违章行为。推进城市形象工程，全年依法拆除、取缔违规设置的店牌店招273块，在稽灵山路设置以“纳税大户”和“中国好人”为内容的公益灯箱广告75块，在文峰北路制作以励志名言、赞美家乡、宣传徽州名人等为内容的公益灯箱广告41块，在江南新城片主要交叉路口高标准设置道路指示牌8个116片。

2013年，区城管执法局相继开展违章摊点治理、车辆漏撒专项治理、户外广告综合整治、农村“两清”专项整治、江南新城市容环境整治、新安江水草治理、屯溪区环境综合整治大会战等工作，同时全面接管稽灵山公园、文峰桥和鬲山开心菜园的日常管理工作。全年共取缔占道经营131起，清理取缔各类摊点3540处（次），完成农村“两清”工作303处，整改、拆除不符合容貌标准的店招店牌72处，查处渣土车抛洒84车(次)。城区面貌得到进一步提升。

【新安江河道治理】 2012年，按照“保护第一、科学规划、城乡统筹、加快治理、永续利用、富裕百姓”的总体要求，开展新安江流域生态补偿机制试点工作，通过健全新安江城区水域及其上游支流的保洁机制，从源头上遏制对新安江河道的污染。成立新安江水上管理中队，组建30人的日常管理和打捞队伍，配备各类船只4艘，全天候对城区7500亩水域进行巡查和保洁工作，全年共投入各类专项资金近100万元，累计出动人员共3056人（次），开展专项整治行动30次，打捞水草垃圾共计6312吨。实施“户集、村收、镇集中、区处理”的环卫管理模式，对全区5个镇、4个街道，以及流入新安江的20条支流、沿线65个自然村配备清扫员75人，修建垃圾池88个、垃圾中转站3座，基本实现每个行政村不少于2名清扫员，每个自然村不少于1名清扫员。

2013年，按照新安江流域“河长制”领导小组的相关要求以及河道清洁专项整治行动实施方案的具体工作部署，参与“新安江河道治理大会战”、“同饮一江水，共护母亲河”等重大活动。采取“巡、查、堵、罚”等方式，及时制止游客、居民倾倒垃圾、丢弃废弃物、沿河洗涤衣物等行为。开展新安江流域（中心城区）河道集中整治，通过以新安江干流为重点，各支流源头为经纬，“清淤泥、捞水草，清垃圾、扫岸线”，基本实现“江面清、岸线洁”的总体目标。全年共投入专项资金100多万元，河道打捞保洁人员5223人（次），动用各类打捞船只1500艘(次)，清理打捞垃圾共计8302吨。

【依法行政】 全面规范案件查处，使用全市统一的行政执法文书，设立法制审查员和法制联络员，严把案件审查关。2012年共受理行政处罚案卷6件，办结6件；2013年共受理行政处罚案件19件，其中一般程序7件，简易程序12件，办结19件，行政许可案件14件，办结14件，无重大行政复议和诉讼，案件办结率和满意率100%。2013年，通过设立监督投诉举报热线，全面建立内部督查和外部监督相结合的监督机制，促进行政执法工作顺利开展，全年接办来信、来访、来电80人次，接收区领导批示30件、市民连线20件、信访局信访件7件，办结率100%。

【控违拆违工作】 严格执行拆违控违、文明创建、建设管理三位一体管理模式，成立村庄建设管理办公室，与镇联系村干部、村两委干部实行责任挂钩，推行网格化管理，实行区、镇（街道）、村（居）三级管控。建立有奖举报制度，设立举报电话，向全社会公布。在每个自然村秘密布点信息员，负责暗巡和日报告，对举报属实的信息每条奖励100元。按照“谁主管、谁负责”原则，完善控违拆违目标考核制度和责任追究制度，层层签订责任状，将控违拆违工作纳入目标管理考核，列入干部的年度考核。镇（街道）全面履行辖区内违法建设的监管职责，镇街干部分片包干到村（居），坚持常态化值班，加强对重点区域、重点人群、重点时段的监控，各镇在每个行政村（居）安排1名执法队员实行常态化值班巡查，区城管执法局同时派驻巡查组、纠察组坚持日巡查，日通报、周“插旗挂牌”及月换防换岗巡查机制，确保违法建设发现率达100%，并做到第一时间拆除。同时，全面落实区直单位、镇（街道）、村（居）节假日驻村值班制度，摸排历年违法建筑，倒排拆除计划，严抓源头治理，坚持疏堵结合、违建必查，强化拆违促控违。2012年，全区共依法拆除历史违法建设309处、18190平方米；2013年，全区共依法拆除历年违法建设427处、33414平方米。

【市容环卫体制改革】 2013年，根据中共黄山市委、市人民政府下发的《中心城区城市管理和市容卫生管理体制改革方案》的要求，屯溪区认真分析中心城区管理体制和运作机制方面存在问题，积极跟进，与市直有关部门对接协调，研究制定接管后的工作方案，确保2014年1月1日后的顺利交接。

（陈伟　王建辉）

程维宗开创屯溪街

八家栈位于镇海桥东头，是屯溪老街的发祥地。明洪武十八年(1385)，休宁率东（今尤溪）人程维宗，为繁荣市面，方便南来北往商客，始在此造店房4所，共屋47间，用于商贾居住和屯货。先后设有储用栈房8家之多，八家栈之名实由此始。因地处横江、率水交汇水陆交通的要冲，这里成为休宁、祁门、黟县及婺源北乡等地木材放运杭州一带的集散地。肩挑驮运日盛，骡马牲口麇集，航运日臻扩展，饭棚宿店争先搭建，摊贩店铺增多，屯溪街因之形成。明弘治《休宁县志》载：“屯溪街在县东南三十里”。嘉靖十五年（1536）屯溪石桥建成，黎阳、屯溪连为一体，楼棚店肆逐渐沿江下延。明天启年间，屯溪为休宁县“一邑总市”。清嘉庆前后，屯溪街开设的店铺有“彩章墨店”、婺源“俞德昌”茶号和休宁汪家粮店等。继之又有婺源、歙县、黟县等地茶商到屯溪设茶号，制作洋庄绿茶。“屯绿”兴起，京、广洋货亦应时而至。屯溪街市店、庄、铺、坊日益兴旺。

交通·信息

交通运输与管理

【概况】 1956年成立屯溪市政府交通科，1961年成立屯溪市交通局，1971年改称交通建设局，1977年复称交通局。1988年，更名屯溪区交通局，设立运输管理所。2010年更名为屯溪区交通运输局。其主要职能是贯彻执行国家、省、市关于交通行业的发展战略、方针政策，研究拟定全区公路、水路交通行业的发展战略、规划、办法并监督执行；负责全区公路、水路交通运输行业管理；组织、监管交通运输行业行政执法工作；负责汽车出入境运输的管理；对关系国计民生的重点物资运输和紧急物资运输进行调控；负责全区交通基础设施建设、维护、管理等。内设办公室（财务科）、运输管理科（区交通战备办公室）、县乡公路管理科、法规科4个科室，在职12人。下属机构道路运输管理所（在编27人）、县乡公路管理所（在编1人）、运输公司（属集体企业，目前正在改制）。

【交通项目建设】 2012年—2013年，区交通运输局完成屯瑶路、尤溪至留村至下四村公路、东关至仙林道路等3条县乡公路升级改造工程；完成10公里通村公路建设；完成12公里村村通路肩硬化项目及10公里安保工程项目；完成屯浮路3公里改建任务；并在全区较大的自然村启动小项目建设16个，改造村组道路15公里；完成屯溪区第一座农村公路危桥加固民生工程改造项目傍霞桥（鬲山桥）改造任务；完成市民开心菜园5条道路计6公里，车行桥2座，景观桥3座的建设任务；建设珮琅西路延伸段（含紫阜桥及徽杭高速公路下穿工程）和环城南路工程，加快江南新城片区基础设施建设。

尤溪至留村至下四村公路 尤溪至留村至下四村公路起于尤溪、留村，终点位于屯光镇花山谜窟西门，全长4.816公里，按三级公路标准设计，路基宽8米，主车道宽6米，总投资800万元。2012年7月开工。

东林路 位于新潭镇，起于东关村村口至仙林村呈子塘，东西走向，道路长1.2公里，路基宽度8米，路面宽度6米。2012年8月开工。

瑶林路 屯溪至瑶干公路查塘至瑶干段（简称瑶林路）位于奕棋镇，起于查塘村，终于瑶干村，是本区农村公路网络化建设重点建设项目之一，也是九龙园区交通基础设施建设的重要组成部分。道路全长2.6公里，路基宽

度8米，路面宽度6米，总投资800万元。解决查塘村、瑶干村与县道X045的连接问题。2012年10月开工。

珮琅西路延伸段工程　含紫阜桥及徽杭高速公路下穿工程，位于阳湖镇珮琅河西侧。总长约3.2公里，设计起点穿徽杭高速与珮琅西路相接，终点在紫阜村。路幅宽21米，行车道宽15米，双向4车道，按市政道路标准建设。是本区规划路网中的城市次干道，是江南新城片区基础设施建设的重要组成部分。紫阜桥于2013年4月开工，12月主体结构完成。

屯溪区农村公路危桥加固改造民生工程傍霞桥（高山桥）　傍霞桥位于黎阳镇境内，横跨率水，是通往黎阳镇新江村、傍霞村的唯一桥梁。桥梁全长188.18米，宽8米，共5跨，每跨净跨径为30米。项目于2013年5月开工建设，总投资1000万元，是屯溪区第一座农村公路危桥加固改造民生工程项目。改造后由原来8米单幅桥面增加到16米双幅桥面，由原来单幅双向改为双幅单向通行。

【道路运输监管】　2012年，做好特殊时期道路运输应急保障工作。春运期间，中心城区共投放客车19469辆，安全运送旅客92万人，无旅客滞留现象，无重大服务质量投诉，无重特大交通责任事故发生。清明、“五一”“十一”和“双考”期间，搞好运力调控，安排专人监控，道路运输井然有序。

2013年，春运和“十一”期间运送旅客人数74.9万人次和14.51万人次；无滞留现象，无重大服务质量投诉，无重特大交通责任事故发生。其他节假日期间，及时搞好运力调控，安排专人监控，道路运输井然有序。多次开展运输市场秩序专项整治活动，加大安全监管，严厉打击“黑车”“异地经营”等违法违规经营行为。

强化安全生产事故责任追究制，坚持每季度安全工作例会制度和每月安全检查制度，加大道路运输企业安全监管力度。发挥各镇安全管理工作站作用，强化农村道路交通安全管理。认真开展“安全生产月”活动，确保道路运输和水上交通安全。

【队伍建设】　开展“双十佳”创建工作，提高窗口单位和服务行业服务意识，打造群众满意的窗口单位和服务行业。开展春季执法队伍大练兵活动，通过行政执法研讨、案卷评查、

2012年—2013年交通运输业基本情况表

表2　　单位：公里、辆、±%

指　标	2012年（绝对数）	2013年（绝对数）	比上年增长
公路里程	142.262	157.025	0.104
等级公路里程	142.262	157.025	0.104
高速公路	15	15	0
二级公路	6	12.5	1.083
三级公路	18.247	19.247	0.05
四级公路	103.015	110.278	0.07
晴雨通车里程	142.262	157.025	0.104
客运汽车	1062	1047	–0.014（停开15）
载货汽车	3461	3480	0.005

昺山大道提升改造工程

执法文书制作评比、军训等形式，提高执法人员的执法能力和水平。

（李延伟）

公 路

【概况】 1973年11月，成立屯溪镇公路管理站革命委员会，1975年12月改为屯溪市公路管理站革命委员会。1980年3月，更名屯溪市公路管理站。1988年1月，改称屯溪区公路管理站，隶属黄山市公路管理分局（党务归属屯溪区交通局管理），1999年，更名为黄山市公路管理局屯溪分局。内设工会、办公室、政工、征稽、路政、计财、工养等7个科室，下属昱通养护公司。下设草市中心道班（分草市片和博村片两个作业组），管养屯溪区境内国道10.713公里、省道16.327公里、专用线5.375公里及县乡道4.45公里，共计36.865公里，在职职工47人。

【公路养护】 2012年，加强辖区内各条线路养护，特别注重国省道干线及旅游路线的全面养护，利用洒水车18台次，投入到路面保洁中，冲洗路面污染，为"十八大"及黄山旅游节提供"畅、洁、美、绿、安"的道路保障。组织班组间开展"清沟疏涵养护突击月"和"十条重点保障线路养护劳动竞赛"活动，累计修补路面坑槽等360平方米、疏理涵洞33道.次、清理边沟21公里，清理垃圾渣土等约35立方米、清除高草154.4平方公里、修剪行道树9750余株、油路面灌缝养护1.5公里、道路标线8.97公里、出新桥梁9座，出新公里碑31块、百米桩286根、刷白行道树4200余株；完成S220线、X001线的绿化补植工作，绿化、补植各种树木370余株。加强专业应急队伍建设，完成草市道班应急设备、物资储备库建设。

2013年，加强辖区内各条线路养护，特别注重加强公路保洁和路域整治工作。利用洒水车26台次，投入到路面保洁中，冲洗路面污染。购置融雪材料7吨及相关除雪防滑材料，组织5次除雪保畅。组织班组间开展"清沟疏涵养护突击月"和"十条重点保障线路养护劳动竞赛"活动，累计修补路面坑槽等426平方米、疏理涵洞43道.次、清理边沟27.8公里，清理垃圾渣土等约44立方米、清除高草159平方公里、修剪行道树12450余株，修复百米桩8根，新建排水边沟65米。多次清除边坡小型塌方。

2012年—2013年，强化公路安全生产工作，加大公路养护隐患排查和整治力度，开展安全隐患排查和地质灾害隐患点的整治，加强汛期桥梁安全检查，确保辖区内国省干线及重要县道安全畅通。

【工程建设管理】 2012年，完成开心菜园绿寓山庄至洪水河路面工程及K0＋126小桥工程。做好G205线干线公路改造示范工程。该示范工程是交通运输部部署的全国路网结构"五射六纵四横"等15条国道重点干线公路优化升级的改造示范工程段。2013年，完成屯溪开心菜园红水河路面平石工程。

【路政执法】 2012年，按照法定程序，依法办事，并聘请行风监督员。按照路政巡查计划开展巡查工作。及时清理路面堆放建材、垃圾堆、抛洒物等，消除道路安全隐患；对违章建筑、搭接道口等涉路违法行为做到早发现、早制止、早查处，共制止、查处污染路面、悬挂横幅、乱堆乱放、倾倒垃圾违法案件30多起；清理路肩堆积物30多处，清理非标28块，清障20多立方米。加强路政管理信息综合平台中路政巡查日志的输入管理。全年共发布路政信息报道2篇，在《安徽法制报》《黄山日报》《黄山广播电视报》等报刊共发表路政新闻13篇，预警信息150处，整改150处，行政许可涉路工程评价案卷8卷，完成率超过100%；做好涉路工程事中监管数据的收集和事后监管的验收报告，及时输入新增减路产、非公路设施档案登记和其他网上审批相关工作。

2013年，共制止、查处污染路面、悬挂横幅、乱堆乱放、倾倒垃圾违法案件41起；清理路肩堆积物23处，计15立方米。全年在省路政信息网发布B类预警70条，在《黄山日报》《黄山广播电视报》《工商导报》等报刊共发表路政新闻13篇。

【治超专项行动】 2012年，开展“2012年联合治超一号、二号行动”。与公安交警、交运局成立联合执法组，采用流动设点，对本区超限超载严重路段，开展联合治超行动。共出动执法人员60多人次，共查处车辆23辆，卸载车辆23辆，查处超限吨位95吨，卸载超载吨位95吨。同时，还开展对过往车辆驾乘人员广泛宣传《安徽省治理货物车辆超限超载办法》。

2013年，开展“雷霆治超专项行动”，开展2013年度联合治超1号行动。与公安交警、区交运局联合执法，采用流动设点，在本区超限超载严重路段，开展联合治超行动，重点查处四轴以上，车货总重超过40吨的大型超限超载运输车辆，出动50多人次，共查处车辆10余辆。

（郭　勇）

铁　路

【概况】 1984年5月建屯溪站，1990年9月报经铁道部批准更名为黄山站。铁路黄山站位于皖赣线237公里处，地处屯溪区站前路4号，隶属于上海铁路局芜湖车务段，是一个办理铁路客货运输的二等营业站。拥有标准客运站台2座，货运专业装卸线路2条，并有一台20吨门式起重机装卸货物，还设有石油专用线和机场卸油线各一条。截至2013年年底，共有职工150人，日均办理客货列车29对，其中客车11对、货车18对，客车直达站为北京、福州、广州、厦门、深圳、东莞东、上海、昆明、扬州、南京、青岛、合肥、淮北、南昌、鹰潭、景德镇、绩溪。

【营运情况】 2012年，车间共完成卸车12018辆；其中黄山站卸车8652辆，休宁站卸车3362辆。货运装车1035辆，货发57014吨，完成货运收入491.9万元，实现建设基金121.2万元。客运完成旅客发送99.8万人，实现客运收入9361.3万元。

2013年，车间共完成卸车4718辆；其中黄山站卸车4541辆，休宁站卸车177辆，货运装车375辆，货发20670吨，完成货运收入280.1万元，客运完成旅客发送97.7万人，实现客运收入9439.7万元。

【重点工作落实】 贯彻党的十八届三中全会精神，开展党的群众路线教育实践活动。深化安全风险管理，强化班组文化建设和安全文化建设。围绕芜湖车务段“讲诚信、守责任、创和谐、争一流”的工作目标，按照“规范管理、强化基础、盯控关键”的工作要求，抓住“安全、经营、稳定”三项工作核心，牢固树立“三点共识”和“三个重中之重”。增强安全工作的责任意识、忧患意识和风险意识，把确保运输安全稳定作为最基本最核心的任务抓实抓牢。牢固树立“以服务为宗旨，待旅客如亲人”的理念，为旅客货主提供服务。

【职工队伍建设】 严格执行“持证上岗”的硬性规定，结合季节性安全工作重点，组织防寒、防暑、防洪、防火及劳动安全知识培训，提高行车主要工种人员的业务技能和应急处置能力。推进管内各站设备、环境、管理、作业标准化建设。加强自控型班组建设工作；实行车间、班组二级管理，组织职工开展各项安全专项整治和立功竞赛活动。

（邵　群）

民　航

【概况】 屯溪机场始建于1958年，1959年10月各项工程基本完工，10月20日，举行试航典礼，11月12日，合肥—芜湖—屯溪航线通航。经1966年、1980年、1987年、2000年四次扩建。2003年11月，民航黄山站由国家民航总局移交安徽省人民政府。次年，成立安徽民航机场管理有限责任公司黄山机场分公司。

2012年，旅客吞吐量547703人次，比2011年增长17.7%；完成换算旅客吞吐量670269人次，比2011年增长20.3%；完成货邮吞吐量4465.2吨，比2011年增长22.8%；实现总收入3987万元，比2011年增长64%。共保证各类飞行6175架次，其中正班5818架次、加班包机93架次、专机等重要任务飞行2架次、通用航空飞行136架次、军航飞行4架次、其他飞行122架次。共检查旅客238176人，监护飞机2991架次，检查行李714532件，检查货邮63005件，限制物品81743件。贵宾室共保障VIP300批次，礼遇客人880批次，无人陪伴儿童409次，未发生不安全事件和有效投诉。全年黄山机场累计飞行国际和地区航班842架次，出入境83768人次，比2011年航班增长119.8%，出入境人次增长82.8%，平均客座率71.2%。入境旅客中台湾籍11780人次，外国籍37215人次。其中：黄山首尔航线完成500架次，出入境47607人次；黄山台北航线完成296架次，出入境31252人次；黄山釜山航线包机共执行36架次，出入境4819人次。全年共组织和销售本地从黄山机场进出港团队463个，15703人次，比2011年增长11.2%，其中组织和销售台北和韩国航班团队56个，人数达到3080人次，有效促进国际航线客座率的提高。

2013年，黄山机场完成旅客吞吐量552359人次，比2012年增长0.85%；完成货邮吞吐量2520.7吨，比2012年增长33.73%；完成换算旅客吞吐量58万人次，同比增长2.06%。保障各类飞行安全起降6632架次，其中正班6352架次，加班包机82架次，专机、重要飞行任务7架次，通用飞行88架次，军航11架次，其他飞行84架次。检查旅客223555人、货邮251747件、行李782443件，办理限制随身携带物品49134件，监护飞机3244架次，查获违禁物品125件，冒用证件1起，查获旅客故意藏匿事件29起。全年未发生不安全事件和有效投诉事件。2013年，黄山机场组织10班黄山至武汉国内包机；黄山至釜山新增26班国际包机；黄山至首尔新增8班临时包机。全年新开长沙—黄山—青岛、呼和浩特—郑州—黄山、合肥—黄山—福州、天津—黄山—海口等4条新航线，完成旅客吞吐量76519人次，占全年总吞吐量的13.85%，为黄山市新增5个通航城市。全年航班量比2012年增长9.71%，其中9月、10月，航班量比2012年增长25.34%和25.59%，10月进出港客流量达67150人次，比2012年增长11.1%，创下单月旅客吞吐量历史新高。黄山机场有7家国内航空公司和2家韩国公司及台湾长荣航空公司共10家航空公司执飞黄山至北京、广州、上海等国内通航城市17

个，台北、首尔、釜山等国际及地区通航城市3个。每周航班量最高峰分别为夏秋季每周102班，冬春季每周65班。黄山机场获全省交通运输行业文明单位称号、安徽省“安康杯”竞赛优胜单位称号，空管站获得民航安徽安全监督管理局颁发的专机保障工作先进集体，客货公司售票处、候管部贵宾服务室在全省交通运输行业创建“微笑服务，温馨交通”活动中被评为文明示范窗口，航务部塔台管制室获黄山市“工人先锋号”称号。

【安全保障】 2012年，坚持“安全第一，预防为主、综合治理”的方针，与各保障部门签订“安全责任书”，落实安全责任制。推进机场安全管理体系（SMS）建设，把SMS十要素融入分公司各项安全管理工作中。完成《机场使用手册》、《黄山机场分公司空中交通管理站安全管理手册》和《地勤部安全管理体系手册》的修订。根据《民用机场运行安全管理规定》，调整运行安全风险评估委员会及风险评估小组成员，从5个因素开展安全风险评估工作。加强业务技能培训和员工队伍建设，增强干部员工安全责任意识和风险忧患意识。制定《分公司2012年度培训教育计划》，新建1.3万余题的考核题库系统，外派学习人员23人次，举办学习培训25场次，培训人员768人次，共计238人次取得内部岗位证书。严格执行安全检查标准。新建“防爆检查工作制度”，完善雨雪等复杂天气运行保障预案和新配除冰车的除冰雪预案。做好机坪防碰撞、危险品查控、鸟害防治、机场净空和电磁环境保护与整治工作。开展“安康杯”、“安全生产月”和“安全生产教育整顿”、“安全生产大检查”、“打非治违”，“净空专项整治”、“人员资质排查”、“安全月应急演练周”等活动。开展净空专项整治活动，督促超高障碍物所属单位拆降各自超高障碍物13处。在“安全月应急演练周”活动中，开展14场各类应急处置演练，11月2日，首次联合市公安、消防、医疗救援等部门共同组织“机场利剑5号”反恐综合演练。

2013年，与各保障单位签订“安全目标管理责任书”。围绕阶段性安全工作，开展专项检查活动。4月，围绕机场使用许可证换发和安全审计工作，对民航华东地区管理局查出的29条必改项和29条建议项，逐条布置落实整改任务。6月，在安全大检查活动中，自查出存在问题51项，完成整改44项。9月中旬民航安徽监管局督查，查出问题9条，其中必改项5条，已整改4条；建议项4条，已整改3条；无挂牌督办项。在9月中旬和11月上旬，完成原国家主席胡锦涛、原全国政协主席贾庆林抵离黄山的一级专机警卫工作。组织突发事件应急救援桌面演练，保障黄山市首次直升机空中救助应急演练，在“安全月应急演练周”开展

黄山机场（外景）

离港故障转人工办票应急实战演练、飞行区道面除冰雪预案演练、集中配载远程模拟演练等多项单科演练。促成市政府通过《黄山屯溪机场净空保护区范围的公告》和《黄山屯溪机场净空环境保护管理规定》。

【完善航线】 2012年，开通黄山直航台北地区航线、黄山至韩国釜山国际航线，新辟黄山至长沙航线。恢复黄山至天津航线，加密黄山至首尔、黄山至广州等航线；冬春航季实现所有运营航线不停航的目标。争取市政府2000万元航空旅游专项资金补贴，省政府967万元补贴资金。协助市航空办出台7份有利于机场发展的奖励措施，全年共使用奖励资金近130万元。成立航线营销小组，动态管理新航线。牵头与7家具有组团资质的旅游企业成立黄山市航空出境旅游联盟。在每个新通航城市召开黄山航空旅游恳谈会，在通航城市媒体和公交车身上投放广告，选择1～2家当地主要旅游企业作为战略合作单位并给予相应的广告费支持。出台《关于本市部分及周边地市散客和团队从黄山机场进出港的奖励办法》。加强黄山周边地区机票销售代理渠道建设，机票销售代理人数量增加到12家。

2013年，争取市政府2000万元专项资金。机场协助市政府出台一系列扶持政策，下发《关于持续推进旅游、旅游文化、旅游地产营销工作高潮实施意见》，出台《黄山市提振当前旅游市场十条措施的通知》，规范航线航班补贴上限标准、整合旅游景区景点对航空游客实施优惠政策、对航空旅游产品宣传广告进行政策性补贴等。制订适合黄山航空旅游的团队和散客运价，吸引团队和散客从黄山机场进出港。促成市委市政府组织小分队分赴韩国和台湾开展宣传推广活动。对部分新航线和冬春航线，通过采取邀请旅行商和新闻媒体踩线、在通航城市加大宣传广告投放力度等措施扩大宣传。在原有宣传手段的基础上，利用职工QQ群、微信、微博等宣传。同重点航空旅游企业保持联系，根据黄山机场航线网络调整航空旅游产品，6月、11月举办首届和第二届全市航空旅游产品展销活动。在一些重点航线和重点时间段，与陆联体、华苑、康辉等旅行社联手推出航空旅游产品。

（孙春平）

邮 政

【概况】 1949年成立屯溪市邮政局，1951年9月，屯溪邮政、电信合并成立邮电部屯溪邮电局。1963年5月，屯溪市改为镇，市邮电局撤销。1988年，成立黄山市邮电局。1998年9月，邮政、电信分营，黄山市邮政局成立，下辖歙县、休宁、祁门、黟县、黄山区、徽州区、黄山风景区7个邮政局。内设机构有机要科、集邮公司、商函广告公司、发行投递公司、封发转运科、储汇分局（下设前南、水心亭、长跃、隆阜、阳湖、黄山东路储蓄专柜和延安路储汇中心）、中心支局（下设前南支局、长跃支局、隆阜所、阳湖所、高枧所、社屋前所、水心亭所、篁墩所、营业处）。屯溪辖区内投递段道为30条。

2012年，全市邮政实现业务总收入9140万元，同比增长7.58%，完成预算目标的100.07%。2013年，实现业务总收入1.03亿元，完成预算目标的100.79%，增长率12.58%。首次完成省公司下达的利润目标。

【邮务类业务创新】 2012年，主动服务第五届世界传统武术锦标赛，开发赛事纪念邮资封、明信片，提供临时邮局服务，取得较好的社会效益。成功运作黄山新国线明信片车票、“把黄山寄给全世界”、“大润发”数据库商函、“太空邮品”、旅游护照等一批在全省知名的创新型项目。创办翡翠谷爱情邮局、西递慢递邮局，宏村未来邮局三个主题邮局，特别是翡翠谷爱情邮局的开办，受到中央电视台、人民日报等国家级媒体报道，并获“中国最美邮政局所”优秀奖。开发《中国休闲养生之都》《百年休中》《龙腾黄山》《黄山大全册》《巾帼风采》《情满翡翠》及爱情题材系列邮品，基层集邮组织建设进一步加强，会员数实现每年递增10%的目标，黄山市集邮协会获“全省集邮协会优胜单位”称号，屯溪六中被授予“全省青少年集邮活动示范基地”称号。

2013年，成功运作“黄山再邀全世界”、黄山爱情邮局新浪示爱季、地税账单挂号寄递、邮政编码牌等项目。创新开发4款“印象徽州”文化套装。开办国内小包业务，实现逐月递增发展。“把黄山寄给全世界”明信片邮寄活动入选央视纪录片《美在黄山》。举办《桃花》和《金铜佛造像》两个邮票首发式，开发中国首套徽雕红木邮票及“大美黄山”金币邮票册。

【报刊发行】 2012年，《安徽日报》全面回归邮政发行，完成2013年度重点党报党刊发行工作征订任务，长期报刊款缴款率列全省第一位，重点突破、潜力发展、重点畅销、校园报刊、都市类报刊的增长率均居全省前列。

2013年，完成2014年度重点党报党刊发行工作征订任务，2014年度一次性报刊流转额列全省第8位，长期报刊款缴款率列全省第1位，形象期刊完成率列全省第3位，重点突破、畅销报刊、新华社、都市类报刊的增长率均居全省前列。

【电子商务】 2012年，代售汽车客票继续保持全省首创领先优势，全年出票量3.3万张，同比增长21.5%，销量在全省名列第三位。

2013年，代售汽车客票继续保持全省首创领先优势，全年出票量4万张，同比增长200%，销量在全省名列第三位。首次开办代理车险业务。

【强化服务质量管理】 2012年开展“邮件时限达标回头看”、平常邮件寄递专项治理等活动，提高普邮时限达标率；在营业、投递、分拣、运输等环节实行承诺服务制度，加强邮件收寄验视工作，制定“通信质量管理岗和监控岗履职考评办法”、“11185受理投诉处理流程”，确保十八大期间邮政服务质量，杜绝重大的用户有理由投诉、新闻媒体曝光、违规经营事件和通信质量问题。全市机要通信质量22年全红。

2013年，出台“普邮时限管理考核办法”，对逾限邮件实行零容忍，开展投递质量专项检查和以查代训活动，加强第三方神秘人测评、社会监督员监督，健全投诉闭环管理，杜绝重大的用户有理由投诉、新闻媒体曝光、违规经营事件和通信质量问题，获2013年度“全国邮政用户满意企业”。机要通信连续23年质量全红。

（张　瑛）

电　信

【概况】 1998年9月黄山市电信局成立，2001年8月，更名安徽省电信公司黄山分公司，2004年更名为安徽省电信有限公司黄山市分公司。公司辖徽州区、歙县、休宁县、祁门县、黟县、黄山风景区、黄山区7个区县分公司。2012–2013年，推进有线光网、无线宽带网络、3G智能应用建设，推进新兴、绿色、生态、低碳城市化发展。

【优质网络】 持续投入、引进最新技术，加快移动和宽带光缆网络升级改造。截至2013年底，CDMA网络基站覆盖率提升7倍，覆盖全市境内所有乡镇和行政村；城域网出口带宽达80G，占本地总出口带宽的85%以上。覆盖率和稳定性均达到同业先进水平。

【智慧城市】 聚焦“8＋8”信息化应用，

推进智慧政务、智慧旅游、智慧产业等几大领域信息化发展，提高阳光政务、旅游产业、信息服务、电子商务等信息服务能力。先后助力新建全市社会治安视频监控项目、黄山市电子政务外网建设项目、黄山风景区指挥调度系统、黄山市应急指挥平台项目、黄山市政府视频会议系统，以及全市松材线虫病防治应急指挥系统、徽州区智慧景区信息化项目等，为打造“平安黄山”、“智慧黄山”发挥作用。

【智慧民生】 构建智慧生活综合应用服务平台，打造全方位、多屏幕、多方式展示的生活服务综合门户。聚合“衣、食、住、用、行、教、医”等10大类信息内容与应用，提供预约挂号、电影在线选座、水电煤缴费、违章查询、Q币充值等众多核心生活类、支付类服务。其中，翼支付业务已全面覆盖全省水电煤缴费、加油、公交、购物等6大类民生项目，线上应用接入96个，线下发展超过3000个网点。翼支付用户专享折扣及优惠。

移　动

【概况】 1999年7月，移动通信业务从黄山市电信局分营，重组后独立经营移动通信业务，8月24日，成立安徽移动通信公司黄山市分公司。2002年7月，更名为安徽省移动通信有限责任公司黄山分公司。辖歙县、休宁县、黟县、祁门县、黄山区、黄山风景区6个分公司和徽州区营销中心。截至2013年底，建成基站2200余座，客户总数突破72万户，城市、乡镇和主要交通干线、旅游景点覆盖率98%以上，资产总额7.7亿元。截至2013年底，在屯溪设新安北路、黄山东路两处营业厅和新安北路黄山手机大世界连锁卖场，并在百大、大润发、合家福等核心商圈区域建设12处加盟店。

【提升服务能力】 2012年，贯彻集团公司“战略转型、改革创新、反腐倡廉”三篇文章及省公司的战略部署，主动服务地方经济社会发展大局，继续保持平稳较快发展态势，实现客户规模、运营效益、网络质量、企业管理的提升目标。大力推进“智慧黄山·无线城市”建设运营，无线城市用户数达3.4万户，平台体验率和手机支付体验率达90%以上。开展“为民服务 创先争优”倾听客户之声活动，提高营业窗口服务水平，加大网络基础设施建设力度，全面推进专项网络优化，进一步夯实网络基础、提升服务效能。

2013年，加快渠道转型，推进乡镇营销部职能转型落地，完成县以上营业厅、5家自有营业厅卖场化建设、30家乡镇营业部标准化改造建设、76家核心社会渠道标准化改造及43家加盟渠道建设工作。聚焦数据流量、家庭宽带等新兴业务，开展服务质量提升，推进投诉集中受理，强化垃圾短信治理，月均万人投诉比下降21.51%，努力改善客户服务感知度和满意度。

【加强发展优势】 2012年，以终端销售为核心、渠道建设为抓手、流量经营为目标，抓好增量客户的拓展与存量客户的深度经营，推进农村市场开发，加强中高端客户保有。开展“微笑服务10分满意”、“将心比心”等系列服务主题活动，解决客户关心的热点难点问题，增强客户感知。加大基础服务质量监控，规范客户投诉管理，不断提升客户整体满意度。快速推进汇聚节点、城镇用户光缆网建设，实现全市乡镇用户光缆网全覆盖；完善全业务维护流程，提升装维能力，切实提高装维响应能力及专线、宽带业务质量。

2013年，开展移动光纤宽带和互联网电视宣传营销。拓展手机阅读、手机视频、手机游戏等6项规模型业务，推进移动信息化建设和应用，建成黄山风景区二维码电子导览等20个重大信息化项目，推进“智慧黄山·无线城市”深度运营，无线城市用户数达5.04万户，平台在线交易额超过37.1万元。在无线网方面，新建GSM宏基站近100个、新建TD宏基站超200个，新增近100个城区基站站址，开通5个LTE演示网。在传送网方面，新增自建GPON接入小区151个，自建家庭宽带新增覆盖5.1万户，AB类集团客户光纤接入预覆盖率达81%。在网络优化方面，开展打击伪基站垃圾短信专项行动及各项网络优化、光缆线路整治优化，深化四网协同发展，着力提升网络利用率。在支撑能力方面，创新建设集团客户端到端监控平台，开展集团专线建设能力及家庭宽带装维质量专项提升。

【优化人才队伍】 完善中层管理人员管理制度，调整中层干部比例，加大干部竞争性选拔力度。引导优秀人员向生产建设一线流动。推进量化绩效薪酬改革，提振员工工作热情和队伍凝聚力。2012年，引进全日制院校毕业生48人、社会招聘人员5人；完成员工职位双选工作，网络、市场条线重要岗位人员同比增加5.21%。2013年，引进院校毕业生16人、社会招聘人员3人、录用安置退伍军人1名。实施“琢玉计划”和“精英计划”，加大转型期的员工培养，进一步扩大职业技能认证和岗位胜任力评估在员工群体的覆盖范围。

【提升管理效能】 推进精益管理，完善工作规则，加大制度建设与工作督办力度，促进组织执行力的提升。2012年，强化企业各领域的风险防控，落实安全生产责任制，实现市、县公司消防安全“四个能力”建设4A达标，全年未发生安全生产责任事故和重大法律纠纷。汇聚基层智慧，激发创新激情，注册创新项目18项、QC活动小组56个，其中2个创新项目分获全省管理创新项目一、三等奖，3个QC小组分获全省优秀QC活动小组二、三等奖。黄山移动公司本部搬迁至黄山经济开发区移动综合楼。开展节支增效系列活动，公司可控成本支出增幅均低于全省平均增幅。

2013年，开展“为基层减负增效”活动，基层报表“瘦身”比例超过30%。持续推进低成本高效运营，单位载频电费、单位车辆费用、人均行政管理费用等重点成本得到有效控制。实施办公用品、耗材、物业安保等集中化采购，创新开展暂存点“人、账、物、地”管理，提高库存运营健康度。强化全员、全过程、全区域的安全管理责任和风险防控，加大合同补签管控力度，抓好企业危机事件应对和信访维稳工作，全年未发生安全生产责任事故、重大法律纠纷和重大负面新闻报道。

【创建和谐企业】 2012年，开展创先争优和基层党组织建设年活动，加强企业文化示范点、示范县、示范班组的三级标杆体系建设。总结提炼并传播黄山移动人“精细·智慧·坚韧·进取”的“精韧”工作精神。开展“双深入 双促进”主题活动。投入4300万元、完成238个目标村的村通工程建设任务；完成黄山国际旅游节等重大活动的通信保障任务。

2013年，开展“五强”党组织、争做“五先”党员活动及党的群众路线教育实践活动；开展“最美移动人”主题宣传，推进“精韧”文化建设。加强企业民主管理，积极打造班组品牌文化，围绕生产经营广泛开展劳动竞赛、评先树优，公司凝聚力进一步增强。全面做好应急通信保障工作，并在促进社会信息化、开展节能减排等公益事业方面发挥作用。公司获“全国模范职工之家”、“安徽省示范书屋”、“黄山市行风整治先进单位”等称号。

（余萍萍）

联 通

【概况】 1999年10月，中国联通黄山分公司成立，系中国联通有限公司在黄山的分支机构，安徽省国信寻呼黄山分公司(1998年6月，黄山市邮电局所属无线寻呼业务、资产、人员从市邮电局剥离成立)成建制划入。辖屯溪区营业部和歙县、徽州区、休宁县、祁门县、黟县、汤口、黄山区7个分公司，实现对接区、主要交通干道所有景区及绝大部分乡镇和重点行政村、城区室内的全面覆盖，屯溪城区覆盖率为100%，乡镇覆盖率96%。

【信息化建设】 2012年，积极参与数字黄山信息化推进工作，承担“数字旅游”“数字交通”“数字医疗”“数字城管”等多个领域的数字信息工程项目建设，8月安徽省联通公司与市政府签署“数字黄山、智慧城市”战略框架合作协议。

2013年，以3G高速网络为基础，参与“智慧黄山，无线城市”建设，推广行业信息化应用项目，为市城管局开发“城管通”执法平台系统；与安徽格力集团就其全省销售网点视频监控提供解决方案，协议总额达500万元；与建委、农机局、市容等单位的合作已经延伸到区县层面，同时在其他政要、旅游、交通、金融行业的各项业务也都取得突破。

【增强服务能力】 2012年，围绕养护服务到达率、保有率、投诉满意率等关键指标，在用户入网等关键服务点上，通过短信、回访等多种形式做好精细化服务。同时，发挥自有厅主渠道作用，以渠道达标升级为抓手，开展窗口靓化，提升服务水平，9个自有营业厅和42个合作渠道实现达标升级，达标率100%。全面改善服务短板，全年共治理服务短板16个。积极开展“3·15”消费权益日系列宣传活动，组织“兵临城下”、3G玩家俱乐部活动等大客户预选赛活动，提升联通3G品牌价值和社会认知度。

2013年，调整客服人员结构，加强日常工作规范，加强营服人员培训，加强服务质量监督。开展“自评自愈”工作，提升客户服务能力。共治理服务短板20件，申诉投诉处理规范率及升级投诉回访解决率均达到100%。

【增强网络保障能力】 2012年新建3G基站155个，2G基站24个、室分系统24套、WLAN热点13个、宽带端口4万线，新增数据端口2856线、FTTH端口1522线、语音端口1072线，城区3G深度覆盖大幅提升，2G全网开通EDGE，3G全网升级至HSPA+，保持网络领先服务。城区、重要景区、重要公共的3G网络得到全面覆盖。完成各类重要活动的通信保障任务。

2013年，推进精品化网络建设，3G全网开通HSPA+功能，网速最高提升至21M。新建市区和县城基站29个，4A及以上景区19个，高校2个，全年网络运行总体平稳，无重大故障，完成网络管理及维护的各项工作，完成各类重要通信保障任务。在全市范围内共新建8家卖场合作厅，40家专营店。推进固网业务发展，深化社会资源合作模式，全年社会资源合作商增加12家，合作区域涉及全市重点乡镇和城区，2013年公司与安广网络签订战略合作协议，联手打造高清“沃TV”。

（张　雪）

财政·税务

财 政

【概况】 1949年5月，屯溪市人民政府设财政科。1956年10月，财政科改为财政局。1959年，撤销财政局。1971年10月成立屯溪镇财税局。1975年12月改称屯溪市财税局。1978年8月，财政、税务机构单设，恢复屯溪市财政局。1988年3月改称屯溪区财政局。区财政局设11个内设科室及6个二级事业机构{含办公室、预算科、国库科、教科文行政政法科、经济建设科（企业科）、国有资产管理办公室、农业科、农业综合开发办公室、农村财政管理局、社会保障科、财政监督检查局（会计科）；新安江流域生态建设保护局、国库支付中心、个体经济发展服务中心、农村综合改革领导小组办公室、政府采购服务中心、非税收入征收管理局}，在编在岗职工47人。

【财政收支】 2012年，财政总收入完成10.7亿元，占预算数9.66亿元的111%，同比增长27.9%。其中：公共财政收入完成8.54亿元，占预算数8.31亿元的102.7%，增长25.4%；基金预算收入完成2.2亿元，占预算数1.35亿元的163%，同比增长39.4%。财政总支出完成14.8亿元，占预算数8.7亿元的170.1%，同比增长7.2%。其中：公共财政支出完成11.27亿元，占预算数7.35亿元的153.3%，比2011年增长37.2%；基金预算支出完成3.6亿元，占预算数1.35亿元的263%，比2011年下降36.7%。

2013年，财政总收入完成11.57亿元，较2012年增收0.85亿元，同比增长8%。其中：公共财政收入完成9.4亿元，占调整后预算数9.38亿元的100.2%，同比增长10.2%；基金预算收入完成2.17亿元，占年初预算数1.83亿元的118.6%，同比下降0.9%，主要是社保养老基金以前年度收入2012年入库4000万元。财政总支出完成17.36亿元，较上年增支2.5亿元，同比增长16.9%。其中：公共财政支出完成11.13亿元，占调整后预算数11.15亿元的99.8%，同比下降0.3%；基金预算支出完成6.23亿元，占调整后预算数6.23亿元的100%，比2012年增长75.4%。

【财政运行特点】 2012年，一是财政收入持续增长。继2010年财政总收入首次突破5亿元大关后，2012年财政总收入超过10亿元。一季度、上半年、前三季度、全年财政总收入累计增幅分别为51.2%、36.7%、33.4%和27.9%，全年有3个月收入规模保持在亿元以上。二是抓征管促增收。全年完成非税收入22800万元，同比增收5143万元，增长29.2%。区个体经济发展服务中心在全市率先实行国地税个体税收联合征管。全年征收个体税收2762万元，其中，房屋租赁税收入库税款943.2万元，同比增收557.2万元。三是筹资金保重点。对上争取各类专项补助资金4.94亿元，增长31.2%。2300余万元扶持重点企业；2.8亿元用于黎阳老街、江南新城、九龙园区等政府重点项目基础设施建设；投入九龙园区助保金担保1000万元，扶持园区中小企业发展，为6户企业发放助保金贷款2000万元。银企对接落实资金23.48亿元。四是强保障惠民生。全区民生支出74724万元，同比增长50.5%。教育投入8744万元，同比增长48.8%。医疗卫生支出6924万元，同比增长10.3%，城乡基本医疗保障制度实现全覆盖。城乡居民基本养老保险制度全面建立，社会保障体系进一步完善。总投资300多万元建设36个村级公益事业项目。发放20项涉农补贴资金2769万元；累计补贴各类家电下乡产品2161万元，家电下乡补贴兑付率为100%；在全市范围内率先完成政策性农业保险投保工作，参保率97%；全区水稻、棉花投保率分别为92%、96%；投保金额542万元，保费33万元。完成2011年国家农业综合开发项目并通过省、市验收。投资2.25亿元完成全区28项民生工程，占年度计划的119%。城乡居民收入稳步提升。五是严管理重创新。区直106家预算单位全部纳入国库集中支付，预算单位支付平台一体化系统全覆盖。财政预决算和区级部门预决算实行网上公开。加强地方政府性债务管理动态监管。推进财政绩效评价，对区级预算部门实施项目重点评价，涉及财政资金1.2亿元。成立会计服务中心，对区级没有正式会计人员的37家单位统一进行财务核算。组织开展会计信息质量检查、粮食综补、粮食直补资金发放情况等专项资金和转移支付监督检查，促进资金使用的规范透明。

2013年，一是促增长。加强个体经济发展服务中心管控力度，实行“以票管税”。对各药品零售店2011年—2013年医保刷卡消费情况进行清理，共清理欠税33户，全年共补缴税款140万元。二是保民生。公共财政民生支出82253万元，同比增长10.1%，占财政支出比重73.9%，30项民生工程累计拨付资金2.91亿元，资金拨付率128.99%，完成投资3.26亿，投资完成率143.46%。全区村级公益事业一事一议建设项目34个，项目实施农民参与面达94%。教育支出5142万元，占财政支出比重4.6%。共拨付企业离退休职工基本养老金、被征地农民养老保险金、城乡居民养老保险、城乡低保金、新农合及城镇居民医疗保险、城镇职工医疗保险、再就业资金、基层医疗卫生体制综合改革、民政优抚等资金35933万元；通过“一卡通”平台，累计发放粮食直补、良种补贴等23项涉农补贴资金3531万元。投入就业专项资金2211万元，其中发放社保补贴1041万元；拨付就业技能培训补贴资金11.8万元；拨付小额担保贷款财政贴息资金228.7万元，发放小额担保贷款2992万元。全区“三公”经费支出855万元，2012年同期1050万元，

区委书记李高峰（中）开展民生工程调研

同比减少195万元，下降23%，实现负增长。三是促发展。支持重点企业发展，落实重点企业税收优惠政策，及时兑现有关政策资金。全年共兑现工业产业扶持资金、招商引资优惠奖励、科技专项经费等各2000余万元。结合国家产业政策和本区的文化产业基础，对上争取文化产业专项资金185万元。2013年全区对上争取完成到位资金5.5亿元，增长11.1%。调度5亿元资金用于黎阳老街、江南新城、九龙园区、文峰桥、精品社区等项目建设。银企对接资金25.11亿元。开展九龙园区企业助保金贷款业务，审核发放锦江百浪、东晶光电、鼎奇链条9家企业5060万元流动资金贷款。投入资金1.98亿元，做好新安江流域综合治理工作。做好美好乡村建设资金整合各项工作，已到位各级财政专项资金1560万元；整合农村危房改造资金、农村公路建设资金、新安江流域保护资金、国家农业综合开发资金、农村饮水安全工程资金、村级公益事业一事一议奖补资金以及农业、林业等涉农专项资金3897万元集中投入美好乡村建设。四是强管理。完善部门预算编制，强化预算约束，履行财政审核职能，严格控制行政支出。规范政府非税收入票据管理。推行公务卡制度改革。进一步提升国库集中支付管理，撤销镇级收入支出账户，预算资金全部纳入国库集中支付系统，财政直接支付比例占95%。加强财政监管，对154家行政事业单位开展财政监督检查。对区大位小学等9家教育行业和行政事业单位开展会计监督检查。通过检查，发现违规问题金额7.41万元。组织开展2010年—2012年涉企资金、2012年度财政支农资金和项目、全区涉农资金、镇级财政财务大检查、民生工程管护资金、财政支出绩效评价、2012年度票据年检等专项检查。其中涉企、涉农资金检查面达100%。推进防治“小金库”长效机制建设，规范公务员津贴补贴发放；做好工程建设领域突出问题专项治理、防止教育医疗乱收费、保障性住房分配不公、民生专项资金使用中的“跑、冒、滴、漏”等工作。

【国有资产管理】 2012年完成对各行政事业单位、镇、街道的行政事业单位资产管理信息系统数据统计工作；资产出租收益达450万元；对江心洲广场的区体育局原办公楼等5处国有房产（共计7418平方米）通过房产评估和招投标方式确定拆除费用和工程实施单位，完成拆除任务，收缴国有资产拆除收益40余万元；共接收江南片房屋资产6大块221处，面积21412.14平方米。利用资产管理信息平台，对日常基础性工作实行“动态”监管。

2013年，办理资产配置采购审核164份，办理资产处置核销批复54份。严格“收支两条线”管理，全年共收缴资产处置收入305万元，国有经营性资产收益473.5万元。完成全区行政事业单位资产管理信息系统数据统计填报工作，核定全区检、法、司部门执法执勤用车编制；完成花山园南苑小区店面房等国有经营性资产移交代管工作；对屯溪江北区域部分国有资产（共计4间店面房157.8平方米）依法依规通过房产评估和招投标公开拍卖方式取得238.5万元资产处置收益，在评估价基础上增幅110%。接收万贯家园166个车库房产，面积约5400平方米。

【招投标监管】 2012年，完善监管机制，规范招标采购行为。一是加强招标采购制度建设。下发《屯溪区村级（社区）小工程招标采购管理办法》，完善《政府采购招投标纪律》《政府采购工作流程》以及招标采购审查、诚信档案管理等有关规定，规范招标采购行为。二是规范招标采购人员行为。出台《屯溪区招标采购代理机构管理办法（试行）》，完善“政府采购中心职责”“政府采购服务承诺制度”“政府采购工作流程”，坚持“公开、公平、公正、择优”的原则组织招标采购活动；对不符合规定的，坚持原则不予办理。确保招标采购单位满意，落标投标人和供应商服气。三是严把招标采购前期审查关。每次招标采购项目由业主单位提出申请，经项目立项部门、资金拨付单位和主管部门审核，由监察局和财政局主要负责人审批。严格审查制度。对各种审批手续及有关资料不健全的建设项目不予招标，防止规避招标、肢解发包、中标后违法转包等违法违规行为的发生。同时，严格执行政府集中采购目录和限额标准，对办公设备采购实行每月集中采购一次，并要求单位递交申请前须经区国资办签字审核同意后方可。四是充分发挥纪检监察的职能作用。成立由纪检监察、审计、采购单位、财监等部门人员和专家组成的评标委员会，按规定的程序和要求组织每次招标采购活动；每次开标时区直单位派驻纪检监察组人员、特邀监察员都到场监督。五是建立健全诚信档案。制定《屯溪区政府招标采购不良行为记录和黑名单制度》。每一项招标采购活动结束后，由评标委员会进行评定记录，对那些资信差、违约的施工单位或供应商规定期限不准进入本区政府采购市场，不准其参与投标活动。全年完成政府采购350项，实现政府采购额8921万元，比预算节约资金1228万元，资金节约率12.1%。全年邀请监督员280人次，整理归档项目档案600余卷。

2013年，制定《屯溪区电子化政府采购管理应用系统建设实施方案》，对全区各镇、各街道和区直各单位80余名采购经办人员进行培训，建立屯溪区政府采购网并与省政府采购网实现联网。全年共完成政府采购业务326批次，采购资金7169万元，资金节约率11.6%。

（鲍秀芳　祝政）

国　税

【概况】 1949年5月，成立皖南区税务局屯溪市局，1950年4月，改称屯溪市人民政府税务局，1959年6月，撤销屯溪市税务局。1961年8月，恢复屯溪市税务局建制。1963年，改设休宁县税务局屯溪税务所。1965年，屯溪税务所改为徽州专署税务局屯溪分局。1971年10月，设立屯溪镇革命委员会财税局。1978年财政、税务两局单设，设立屯溪市革命委员会税务局，1981年5月，复称屯溪市税务局。1988年4月，改为屯溪区税务局，1993年7月，屯溪区税务局与黄山市税务机构合并，成立黄山市税务局第四分局。1994年8月，分设黄山市国家税务局和地方税务局。2005年10月设立屯溪区国家税务局，主要负责区属范围内国家税收的征收和管理工作。税收种类有增值税、企业所得税、消费税、个人利息所得税。

【税收收入】 2012年，夯实征管基础，严格实地巡查，加强重点税源管理（重点监控年纳税10万元以上的84户重点税源企业），强化税收分析预测，发挥“四位一体”的联动作用。全年累计入库税收收入19732.1万元，比2011年同期增收1466.6万元，增长8%；政府口径累计入库税收收入18947.3万元，比2011年同期增收1463.3万元，增长8.4%。

2013年，累计入库各项税收收入2.25亿元，比2012年同期增收2784.07万元，增长14.1%。税收收入中“两税”收入1.43亿元，企业所得税8191万元，利息所得税2.7万元，完成年度税收任务。税收收入主要呈现以下特点：一是国内增值税收入仍占主导地位，全年收入实现1.4亿元，占总收入比重62.3%。二是第三产业发展态势较好，入库税收1.76亿元，同比增收3738.4万元，增长27.1%，占总收入

78%。三是50万元以上重点税源企业34户，增值税收入贡献率较大，入库税收6685.9万元，占总收入的30%。四是企业所得税增长较快，入库8191.2万元，比2012年增收2961.8万元，增长56.6%。

【税收法治】 2012年，一是全面落实税收政策，享受增值税优惠政策41户，企业所得税优惠政策45户，小微企业优惠政策969户。二是严格规范税收执法，加大税收执法过错追究力度和提醒服务，全年共发生执法过错10人次，比2011年同期下降60%。三是大力加强执法督察，防范税收执法风险，对月核定营业额在15000元以上20000元以下的102户个体户进行核查。

2013年，一是大力规范税收执法行为，对日常税收工作中可能出现的税收管理风险进行动态预警和即时提醒。加大税收执法过错追究力度，全年发生执法过错较去年同期下降30%。二是贯彻落实各项税收优惠政策，免征小微企业增值税29.34万元，固定资产抵扣进项税额3006.85万元，资源综合利用企业享受退税149.67万元，办理出口退税1276.99万元。三是树立“公正透明”的行政理念，重点围绕着税收优惠政策、“营改增”扩围和征管改革后科室职责划分等内容抓好政务公开工作的贯彻落实。

【税种管理】 2012年，一是把好增值税一般纳税人申请认定和注销审核关，共认定一般纳税人69户。对355户小规模企业进行征收方式的调整。二是完成企业所得税汇算清缴1004户，汇算清缴面达到100%。核定征收类企业114户，查账征收类企业1045户。三是完成3493户个体户的信息采集、定额核定和3445户个体户的分月汇总申报工作。新办1255户，提醒发票核销11595户次，超定额补税19.5万元。四是着力抓好“营改增”试点工作，共有737户企业和个体户纳入区局管理，实现并入库税款170.5万元。

2013年，根据市国税局《进一步深化税收征管改革实施方案》，对区局所属管理对象进行科学分类。完成内设机构职能和职责调整，取消税收管理员固定管户制，税收征管由管户向管事转变。获第十届安徽省“文明单位”称号。

【纳税服务】 2012年，一是开展税法宣传，在老街口举办全国第21个税收宣传月启动仪式，发动税务干部到园区、乡镇等场所宣传税法。二是优化纳税服务。加强纳税辅导交流，设立QQ群，开展短信提醒，做好综合征管软件运行维护工作，推行网上办税一体化。三是保护纳税人权益。推进效能建设和政风、行风建设，完善纳税服务规范，强化社会和舆论监督。

2013年，以全国第22个税收宣传月活动为载体，举办税收业务知识讲座，宣讲税收业务知识和营改增相关政策。围绕“尊重纳税人、相信纳税人、还权纳税人、服务纳税人”的工作重点，简化办税程序，落实一次性告知制、限时办结制等工作制度，进一步提高纳税人满意度。推进财税库银一体化管理模式，利用电子缴税系统和网上办税一体化平台，共推行实现网上办税一体化840户。

【税收征管】 2012年，一是加强纳税评估工作，对企业进行风险提醒。共评估30户，查补入库税款31.95万元，冲减留抵增值税9.12万元，调增应纳税所得税额95.50万元。风险提醒198户，入库税款72.6万元，核减期末留抵0.11万元，调整应纳税所得额13.39万元。二是深化税源监控。对税源监控分析平台推送的问题及时纠错，对平台定期扫描发现的一般风险事项深入核查。共对个体发票连续超定额的387户进行调整。

2013年，一是深化税收征管改革，取消固定管理员制度，税收征管由管户向管事转变。二是完善户籍管理，加强日常巡查，做好注销户的清算工作，夯实征管基础。三是组建评估保障团队，推进纳税评估，全年完成评估83户，移送稽查3户，其中被公安机关立案查处2户，共查补入库税款16.24万元，加收滞纳金2.88万元。四是开展风险核查和风险提醒，全年共核查1669户，补税1.46万元，加收滞纳金0.04万元。督促纳税人开展自查自纠，全年完成税收风险提醒442户，补税23.24万元，加收滞纳金3.35万元，核减留抵税款0.63万元，调减应纳税所得额37.42万元。

【教育培训】 2012年，开展职业道德、社会公德、家庭美德和个人品德教育，建立规范化教育培训工作机制，重视干部学历教育，鼓励干部参加各类资格（质）考试。开展岗位练兵活动，有2人获市级“岗位能手”称号、人获省级“岗位能手”称号。

2013年，建立规范化教育培训工作机制，抓好政治理论教育，提高干部道德水平。重视干部学历教育，鼓励干部参加各类资格（质）考试。开展岗位练兵活动，有1人获市级“岗位能手”称号、1人获省级“岗位能手”称号。

【纪检监察】 2012年，一是开展“保持党的纯洁性”主题教育实践活动，组织党员评诺、承诺和践诺工作。二是抓党风廉政建设。坚持民主集中制，健全领导干部述职述廉、个人有关事项报告、“一把手”工作周报等制度。抓住教育、制度、监督三个关键环节，筑牢防腐防线。开展多种形式的正反面教育；落实党风廉政建设责任制；完善内控机制建设，强化与检察院的联席会议制度、组织税收管理员述勤述廉，实现监督的广泛化与社会化。

2013年，加强廉政教育，落实党风廉政建设责任制。严格执行中央“八项规定”等相关规定，开展机关作风专项整治。组织开展支部书记上党课、参观廉政教育基地、向国税干部邮寄家庭助廉倡议书等活动。

【税务文化】 2012年，一是以树立良好国税形象为宗旨，开展各类群众性文体活动，营造团结和谐、积极向上、充满活力的工作环境。二是通过设立宣传栏、标语牌营造创建氛围，积极参加“网络文明传播志愿者”活动。“七一”组织党员捐款1800元扶助共建村贫困户。

2013年，开展文明创建活动，建立并及时刷新“文明创建大展台”网页。组织干部参与“保护母亲河”“文明交通”“美化黄山”等各类志愿者服务活动，全方位树立良好的屯溪国税形象，获第十届省级精神文明先进单位和黄山市青年文明号称号。

（潘铮　丁然）

地　税

【概况】 1949年5月，成立皖南区税务局屯溪市局，1950年4月，改称屯溪市人民政府税务局，1959年6月，撤销屯溪市税务局。1961年8月，恢复屯溪市税务局建制。1963年，改设休宁县税务局屯溪税务所。1965年，屯溪税务所改为徽州专署税务局屯溪分局。1971年10月，设立屯溪镇革命委员会财税局。1978年财政、税务两局单设，设立屯溪市革命委员会税务局，1981年5月，复称屯溪市税务局。1988年4月，改为屯溪区税务局，1993年7月，屯溪区税务局与黄山市税务机构合并。1994年8月，分设黄山市国家税务局、地方税务局。2002年4月，市地税局调整内设机构，设立屯溪分局，负责屯溪中心城区地税征管，设郊区分局，负责屯溪区屯光、黎阳、阳湖、新潭、奕棋5个镇地税征管。税收种类有：营业税、企业所得税、个人所得税、房产税、车船税、印花税、资源税、城镇土地使用税、土地增值税、城市维护建设税、烟叶税、教育费附加、耕地占用税、契税。基金费有基本养老保险费、基本医疗保险费、失业保险费、工伤保险费、生育保险费。

【地方税收入】 2012年，完成地方税收入48468万元，其中营业税22881万元、企业所得税8929万元、城建税2057万元、土地增值税5624万元。从行业结构看：房地产行业入库地方税21332万元(分行业数据不含教育费附加，下同)，占比44.8%；建筑业入库地方税9078万元，占比19.1%；金融业入库地方税2690万元，占比5.6%；住宿餐饮业入库地方税3914万元，占比8.2%。

2013年，完成地方税收入50904万元，其中营业税21490万元、企业所得税5326万元、城建税2241万元、土地增值税11028万元。从行业结构看：房地产行业入库地方税23429万元，占比46.9%；建筑业入库地方税6647万元，占比13.3%；金融业入库地方税3193万元，占比6.4%；住宿餐饮业入库地方税3353万元，占比6.7%。

【基金费收入】 2012年，完成社会保险费和其他基金费收入共计21154万元。其中基本养老保险费15322万元、基本医疗保险费3053万元、失业保险费521万元、城镇居民医疗保险费782万元。

2013年，完成社会保险费和其他基金费收入共计20569万元。其中基本养老保险费13297万元、基本医疗保险费4027万元、失业保险费730万元、城镇居民医疗保险费771万元。

【纳税服务】 按照行政审批“简约化”、办税服务“集聚化”、服务手段“多元化”、沟通渠道“多样化”要求，提升办税服务水平。落实市委、市政府《十二项推禁令》要求，编写办税指南30条，服务承诺10条，服务地方经济发展。

【税收法制】 清理税收规范性文件，健全税收执法风险防范工作机制，制定《税收执法行为监控管理办法》，建立对执法行为岗位自我监控、分局常规监控和市局重点监控三级内部监督体系，主动接受外部监督并及时反馈；完善税务行政处罚标准和“裁量基准”，降低征管差错率和执法随意性。

【税收征管】 推进税收专业化管理，按照“行业+规模”方式，将税源划分为重点税源、一般税源和个体零散税源，对重点税源实行专业化管理，一般税源实行属地管理，个体税收实行社会化管理，不断提升税源精细化、科学化管理水平。

【信息化建设】 推广网上申报，实现正常纳税企业网上申报全覆盖。深化政府综合治税平台信息应用，实现税收征管由“单一管税”向“综合治税”转变、由“节点式”征管向“全程式”治税转变。推进安徽地方税收综合管理信息系统上线工作，实现征管信息数据由市级集中向省级集中的飞跃。

（陈　刚）

金融·保险

综　述

【银企对接】　2012年银企对接会，银企双方对接项目113个，对接资金23.48亿元，其中：承诺贷款7.94亿元，意向贷款15.54亿元。6月上旬，组织区内8家项目业主参加全省金融对接会，元一柏庄投资发展有限公司在会上与中国银行黄山市分行签订2.5亿元承诺贷款合同。

2013年银企对接会，银企双方对接项目129个，对接资金25.11亿元，其中承诺贷款14.89亿元，意向贷款10.22亿元。

【规范融资环境】　2012年按省、市金融办的统一部署，全区融资性担保公司制作统一标识、标牌。协助上级金融监管部门对本区融资机构进行现场检查，共抽查贷款业务143笔，金额17957万元，提出整改意见9条；并与市金融办共同对辖区内4家融资性担保公司进行保证金收取情况调查，未发现以收取咨询费等名义变相提高担保费等违规行为。

2013年3月，从区发改委、经信委、财政局抽调专人，并邀请屯溪公安分局、工商分局等部门组成联合检查组，开展2013年度小额贷款公司运营情况现场检查，共抽查贷款业务114笔，金额14575万元，提出整改意见15条。检查中未发现抽逃资本金、非法吸收存款、高息放贷等重大违规行为。

2013年加大企业直接融资步伐，根据市金融办关于推进企业利用“新三板”等场外市场上市融资的通知精神，对有意愿上市融资的中小企业进行培育，推荐上市，2013年11月24日黄山市中融小额贷款股份有限在公司在省股权托管交易中心挂牌上市，成为全省第一家创新试点挂牌托管的小额贷款公司。

（胡秋媛）

人行黄山市中心支行

【概况】　1987年8月，组建人民银行屯溪市支行，1998年，人行屯溪区支行并入人行黄山市分行。2012年年末，全区金融机构人民币存款余额257亿元，较年初增加36亿元，增长16.3%；全区金融机构人民币贷款余额176亿元，较年初增加18亿元，增长11.4%。2013年末，全区金融机构人民币存款余额278亿元，较年初增加21亿元，增长8.2%；全区金融机构人民币贷款余额181亿元，较年初增加5亿元，增长 2.8%。

【促进地方经济平稳发展】 综合分析屯溪区经济发展特点和现状，引导金融机构主动适应稳健货币政策的转向和调整，着力优化信贷结构，用好增量，盘活存量，支持旅游产业、特色农业、中小企业和弱势群体，引导金融机构加强和改进对文化产业的金融服务。搭建政银企合作平台，加大金融对实体经济的支持力度。推进金融创新，引导金融机构在担保物、担保方式及信贷管理环节加快创新步伐，为小微企业的发展提供专业化的金融服务。如扩大景点经营权质押、林权抵押、商标权质押、股权质押、“非物质文化遗产贷”“手艺保”“徽艺贷”等新型信贷产品，发挥中小企业接续贷款和助保金贷款对园区企业的支撑作用。

【维护辖区金融稳定】 开展金融业日常风险监测，强化银行业法人机构风险监测分析，做好风险提示与预警。开展金融生态环境与社会信用体系建设，完善个人信用体系、企业信用体系和农村信用体系，启动农村信用体系建设试验区创建工作。

【金融服务】 制定《金融消费者权益保护暂行办法》，设立金融消费权益保护中心，处理金融消费者的咨询投诉。优化支付结算环境，推进银行卡助农取款服务。至 2013 年末，银行业金融机构在全区所有行政村设立助农取款点，为农村消费者提供取款服务、反假货币知识、征信知识、维权知识宣传等，推动普惠金融的发展。发行金融 IC 卡。提高人民币流通管理水平，人民币冠字号码查询工作全面展开，全区已基本实现取款机、存取款一体机、柜台渠道的冠字号码查询工作。

【金融 IC 卡搭载公交支付业务】 经黄山市公交公司和各银行业金融机构的共同努力，金融 IC 卡于 2013 年 9 月 28 日正式搭载公交支付业务。金融 IC 卡在公交行业的应用，为广大市民和游客带来的便捷、安全、优质、新颖的金融支付服务，标志着屯溪区金融 IC 卡应用推广工作迈上新台阶。

【国库会计数据集中系统投入使用】 《国库会计数据集中系统》（简称 TCBS）2013 年 9 月 2 日成功上线，实现国库业务全程计算机自动处理，实现财政资金“零在途”。有效降低区政府预算收支执行成本，提高财政资金划转效率，提高区政府对财政资金的管理能力。

（俞青飞）

中行黄山分行

【概况】 1987 年 12 月中国银行屯溪支行成立，隶属中国银行合肥分行，系外汇专业银行，因中行系统向有以冠地名为行名的惯例，故中行屯溪支行实为徽州地区（后为黄山市）支行，1988 年 5 月，更名为中国银行黄山分行，2005 年 3 月，改制为中国银行股份有限公司黄山分行，辖滨江路、荷东、老街、跃进、东市、阜新、丰华、长干东路 8 个分理处。

【经营利润】 2012 年，完成本外币净收入 26585 万元，同比增加 4906 万元，增幅 22.63%，完成省行下达年任务的 103.05%，超序时进度 3.05 个百分点。实现拨备前利润 16242 万元，同比增幅 21.95%，贡献率 3.48%，较 2011 年上升 0.08 个百分点。成本收入比 17.25%，同比下降 1.76 个百分点。存贷净利差 4.75%，净息差 2.88%，分别比 2011 年提高 0.19 和 0.14 个百分点。

2013 年，完成本外币净收入 22207 万元，同比减少 288 万元，降幅 1.28%，完成省行下达年任务的83.34%;实现拨备前利润12527万元,完成省行下达年任务的78.29%;实现净利润8161万元,完成省行下达年任务的79.41 %;成本收入比收入36.11%,较2012年末下降0.09个百分点。费用利润率48.96%,较2012年末上升8.3个百分点;存贷款净利差4.25%,净息差2.29%,分别比2012年下降0.5和0.14个百分点。

【资产质量】 2012年,本外币授信不良资产余额947万元,较2011年年末增加831万元,其中公司贷款不良余额843万元,人民币零售不良贷款余额104万元。本外币授信不良率0.26%,较2011年年末上升0.22百分点。其中,公司授信不良率0.58 %,较2011年年末上升0.58个百分点;人民币零售贷款不良率0.05 %,较上年末下降0.01个百分点。关注类贷款余额1232万元,较2011年年末下降91万元;关注率0.33%,较2011年下降0.08个百分点。

2013年,本外币授信不良资产(不含卡,下同)余额3344万元,较2011年年末增加2397万元,其中人民币公司贷款不良余额2697万元,较2011年上升1854万元;人民币零售不良贷款余额647万元,较2011年上升543万元。本外币授信不良率0.89%,较上年末上升0.63个百分点。其中,人民币公司贷款不良率1.4%,较2011年上升1.4个百分点;人民币零售贷款不良率0.28%,较2011年年末上升0.23个百分点。关注类贷款余额4983万元,较2011年增加3751万元。关注率1.33%,较2011年上升0.99个百分点。

【存款业务】 2012年,本外币各项存款余额794871万元,比2011年年末新增126610万元,增幅18.94%。增幅排四行第2位,本外币存款总量在17家单位中排名12位,与年初持平。其中,人民币各项存款余额784376万元,较2011年年末新增128968万元,增幅19.67%。人民币企业存款余额465843万元,较2011年年末新增73602万元,完成省行下达年任务的113.23%;人民币储蓄存款余额314249万元,较2011年年末新增53756万元,完成省行下达年度目标的107.51%;同业存款余额9284万元,较2011年年末增加1610万元。各项外汇存款余额1670万美元,较2011年年末下降370万美元。

2013年,本外币各项存款余额783454万元,比2012年年末减少12142万元,降幅1.53%。增幅排四行第4位,本外币存款总量在16家单位中排名12位,与2012年年末持平。其中,人民币各项存款余额772162万元,较2012年年末减少13106万元,降幅1.67%。人民币企业存款余额430900万元,较2012年年末减少34943万元,完成省行下达年任务的-58.24%;人民币储蓄存款余额339291万元,较2012年年末新增24150万元,完成省行下达年度目标的43.13%;同业存款余额1971万元,较2012年年末减少2313万元。各项外汇存款余额1852万美元,较2012年年末增加180万美元。

【贷款业务】 2012年,本外币贷款余额365925万元,较2011年年末增加46530万元,增幅14.57%。其中,人民币公司贷款余额143699万元,较2011年年末增加31315万元,增幅24.86%;其中中小企业贷款新增5145万元,增幅28.05%;人民币零售贷款余额221268万元,较2011年年末增加17993万元,增幅8.85%;票据贴现余额2678万元,较2011年年末减少1790万元。各项外汇贷款余额为1638万美元,较2011年年末减少367万美元。

2013年,本外币贷款(含卡透)余额395729万元,较2011年年末增加16627万元,增幅4.39%。其中,人民币纯公司贷款(不含中小企业贷款)余额104838万元,较2011年年末减少12698万元,降幅10.8%;中小企业贷款余额30447万元，新增6962万元，增幅29.64%；人民币零售贷款余额233565万元，较2011年年末增加12297万元，增幅5.56%；票据贴现余额2365万元，较2011年年末减少313万元。各项外汇贷款余额为789万美元，较2011年年末增加634万美元。

【存贷款市场份额】 2012年，本外币各项存款余额市场占有率21.91%，较2011年年末上升1.3个百分点，新增市场占有率32.89%，较2011年年末上升17.33个百分点，列四行第2位；企业存款余额市场占有率25.52%，较2011年年末上升1.05个百分点；企业存款新增市场占有率32.37%，较2011年年末上升2.99个百分点；储蓄存款余额市场占有率17.81%，较2011年年末上升0.35个百分点；储蓄存款新增市场占有率19.75%，较2011年年末上升5.03个百分点。本外币贷款余额市场占有率16.96%，较2011年年末上升0.3个百分点，新增市场占有率19.39%，较2011年年末上升1.61个百分点，新增额列四行第4位；公司贷款（含贴现）余额市场占有率11.03%，较2011年年末上升0.93个百分点，新增市场占有率16.5%，较2011年年末上升3.61个百分点；零售贷款余额市场占有率26.06%，较2011年年末上升0.32个百分点，新增市场占有率30.27%，较2011年年末上升7.59个百分点，排四行第3位。

2013年，本外币各项存款余额市场占有率20.2%，较2011年年末下降1.71个百分点，新增市场占有率–4.87%，较2011年年末下降36.06个百分点，列四行第4位；企业存款余额市场占有率23.14%，较2011年年末下降2.39个百分点；企业存款新增市场占有率–93.32%，较2011年年末下降125.69个百分点；储蓄存款余额市场占有率17.24%，较2011年年末下降0.57个百分点；储蓄存款新增市场占有率11.94%，较2011年年末下降6.39个百分点。本外币贷款余额市场占有率16.63%，较2011年年末下降0.32个百分点，新增市场占有率7.99%，较2011年年末下降11.4个百分点，新增额列四行第4位；公司贷款（含贴现）余额市场占有率9.78%，较2011年年末下降1.26个百分点，新增市场占有率0.43%，较2011年年末下降16.08个百分点；零售贷款余额市场占有率25.11%，较2011年年末下降0.95个百分点，新增市场占有率15.18%，较2011年年末下降15.09个百分点，排四行第3位。

【客户发展】 2012年，基础客户3193户，较2011年新增357户；公司有效客户746户，较2011年减少3户；有效户占基础客户28.15%，较2011年下降3.94个百分点。新增养老金运营账户440户，完成省行下达年任务125.71%；新增养老金托管金额2510万元。中小企业客户较上年增加27户，完成省行下达年度任务的108%；新增个人有效客户26832户，完成省行下达年度任务的50.06%；新增个人中高端客户1490户，完成省行年度任务的43.82%；中高端金融资产新增25566.11万元，完成省行下达年度任务的67.28%。电子银行业务方面，对公基础客户中开通网银客户为1881户，较年初增长1276户；对公基础客户网银覆盖率为58.91%，较年初提升15.22个百分点；新增企业网银交易总量（含现金管理平台）198.47亿元，完成全年计划指标的180.42%，全省排名第四，新增企业网银交易笔数10.3909万笔，完成全年计划指标的196.05%，全省排名第八；个人网银新增33193个，个人有效客户网银覆盖率40.29%，完成省行下达年任务数93.70%；手机银行新增21189户，完成省行任务84.76%；电子商务新增商户数1个，完成省行下达年任务数100%。

2013年，新增公司基础有效客户19户，完成省行下达年任务14.07%；新增中型授信客户

8户，完成省行下达年任务62.5%；新增养老金帐户428户，完成省行下达年任务67.9%。新模式中小企业客户较上年增加25户，完成省行下达年度计划的100%；新增个人有效客户13138户，完成省行下达年任务33.18%；新增个人中高端客户1397户，完成省行下达年任务的54.57%，新增中高端客户金融资产18289万元；代发薪个人客户较上年新增2401户（11月），完成省行下达年任务48.02%。企业网银交易客户894户，完成省行下达年度任务89.4%。新增个人网银交易客户17792户，完成省行任务77.36%；手机银行交易客户4280户，完成省行任务225.26%。

【中间业务】 2012年，中间业务净收入5060.29万元，同比增加630.37万元，同比增幅14.23%。中间业务收入完成省行下达全年目标任务的117.16%，超序时进度17.16个百分点。中间业务收入占比达到19.54%，较上年末下降0.91个百分点。中间业务收入四行占比21.36%，较上年末上升0.66个百分点。

2013年，中间业务净收入4644.18万元，同比减少22.75万元，同比降幅0.49%，完成省行下达年任务79.81%。中间业务收入占比20.91%，较上年末上升0.17个百分点。中间业务收入四行占比19.27%，较上年末下降2.09个百分点。

（邓永军）

工行屯溪支行

【概况】 1984年1月，成立工商银行屯溪市支行。4月16日，改设人行徽州地区中心支行营业部。1985年1月，人民银行、工商银行机构分设。8月，徽州地区工商银行营业部改称工商银行屯溪市支行，1988年，更名中国工商银行黄山市分行屯溪区支行。1993年，强化黄山市分行经营职能，屯溪区支行名称不变，部分经营管理权上收，财务实行二级核算。2001年9月，屯溪城区的会计和储蓄专业的事后监督业务上收黄山市分行。至2013年底辖属有延安路营业部、阳湖支行、牡丹支行、钟楼支行4个网点，现有员工71人。

【存款贷款】 至2013年年底主要业务指标存款贷款业务居全市行业前列，各项存款平均年增长19.7%；贷款平均年增长9.9%；利润实现3786万元，年平均增长10.9%。

【服务区域经济】 紧抓本地旅游城市的特点，紧跟市场发展的步伐，加大对中小企业的贷款投放，资产经营规模得到大幅提升。

【客户服务】 树立“以服务树形象、靠服务争市场”的经营理念。聘请省级服务礼仪讲师来支行对全体员工进行服务礼仪培训，并实行“行长坐班”制，提升客户的满意度，2012年被黄山市授予“市第十届文明单位”称号。

（朱春雷）

建行屯溪支行

【概况】 1962年，中国人民建设银行徽州专区支行成立（1968年8月撤销，1974年12月恢复），1987年11月，成立黄山市建行屯溪办事处，翌年，屯溪办事处升格为建行屯溪支行，2003年初，建行市分行在屯溪地区实行扁平化管理和人事制度改革，城区营业机构由原来的分行——支行——分理处、储蓄所三级管理模式改为市分行——网点二级管理。2004年实施股份制改造，改称中国建设银行股份有限公司黄山市分行屯溪区支行。现有员工17人。

【存款】 2012年一般性存款余额6.27亿元，

对公存款比年初新增7738万元，个人存款新增6265万元。中间业务净收入1229万元，其中对公1134万元，对私95万元。营销公务卡430张，全年完成800余张信用卡，超额完成全年任务。

2013年末一般性存款余额5.29万元，比年初减少3498万元，其中企业存款余额为1.84亿元，比年初减少9000万元，个人存款余额3.45亿元，比年初新增5532万元。个人存款新增完成全年目标任务，完成率达100.6%。保本理财新增2212万元，对公保本新增1400万元，个人保本新增812万元。中间业务收入年末账面余额达108.56万元，比去年同期新增13.54万元。

【服务地方经济】 主动调整经营策略和产品结构，加大对区域地方经济的金融支持力度。2011年–2013年共为黄山盛华物房地产开发有限公司、黄山市汉高精品酒店有限公司等60多家各类规模企业累计发放贷款近20亿元，涉及房地产、旅游酒店住宿、批发及零售业等多行业门类。2011年–2013年，为屯溪区实现地方税收分别为97万元、235.7万元和193.3万元。

【营销对公账户】 2013年，积极营销对公客户，全年共新开立对公账户228户，积极营销各类配套产品。二季度支付密码器营销工作全市排名第一。

【电子银行】 2012年，E动终端进驻校园，深入黄山学院做好学生个人电子产品的营销工作。主动营销电子银行，使电子银行交易量比达65%，全市电子银行交易量比排名第一。2013年，企业网银新增76户，比年初增长53.15%；个人网银新增2849户，比年初增长45.43%；手机银行新增2987户，比年初新增93.08%；短信全年净新增2758户。电子银行同步率，个人网银达65.8%、短信通72.03%、手机银行65.3%。联系黄山学院办理“学生惠”近2000户。善融商务活跃客户新增1户。网银账务性交易量比全市排名靠前。

【客户服务】 2012年，坚持“以客户为中心”的服务理念，进行网点转型，提升服务效率和服务质量，在2012年4个季度的网点服务质量考核中获得优秀。2013年，通过制定执行力考核办法和采取录像回放点评等方式，改变员工服务理念，培养员工“以客户为中心”及做事先做人的服务理念，柜面服务得到提升，全省网点服务考评中4个季度均为优秀。

【队伍建设】 2012年，做好员工培训工作，包括操作和营销技能的培训。在2012年柜面业务知识中获团体一等奖和团体擂台赛一等奖，个人单项4项奖项。

2013年，落实关爱员工的各项措施，看望因病住院的员工家属、开展员工送祝福活动、高峰期为员工送工作餐、落实员工休假制度。举行青山湖一日游及夜游新安江活动。还开展多种形式的提升服务，转变观念活动。

（王　虹）

农行黄山昱城支行

【概况】 1981年12月1日，中国农业银行屯溪市支行成立，1988年4月，更名农行黄山市屯溪区支行。2001年3月，农行黄山市分行营业部、农行黄山市分行府前分理处、农行黄山市分行屯溪区支行合并为农行黄山市分行营业部。2004年6月，农行黄山市分行将原农行营业部翻牌为农行黄山昱城支行，支行本部地处商贸城入口处，现有员工117名。支行设有客户部、财务运营部、综合管理部等部室；下辖支行营业室、屯溪支行营业部、昱安分理处、屯光分理处、上新分理处、府前分理处、阳湖分理处、黎阳分理处、前园分理处共9个营业网点。

【存款】 截至2013年年末，支行本外币各项存款达309576万元，比2011年增56936万元，年均增幅18%。其中个人存款余额149195万元，比2011年增33444万元，年均增幅27%；对公存款160381万元，比2011年增23492万元，年均增幅18%。

【贷款】 2013年，本外币自营各项贷款余额260797万元，比2011年增17694万元，年均增幅6.27%。其中公司类贷款221047万元，比2011年增12854万元，年均增幅5.97%；个人贷款39750万元，比2011年增4839万元，年均增幅8.02%。

【经营情况】 不良贷款双降。2013年期末不良贷款余额683.88万元，比2011年下降863万元；不良贷款率0.26%，比2011年下降0.37个百分点，年均降幅达54.69%。

财务状况持续向好。全年实现拨备后利润8455万元，比2011年多969万元，年均增幅12.50%；实现全口径拔备前利润8431万元，比2011年多1624万元，年均增幅23%。实现各项收入17754万元，各项业务支出9322万元。

【中间业务】 全年实现全口径中间业务收入1358万元，中间业务收入占收入比7.64%，年均增幅2.62%。2013年，支行全年新增个人网银6424户，完成年度计划的121%；新增个人电话银行6268台，完成年度计划的482%；新增企业网银311台，完成年度计划的389%；企业网银对账324户，完成年度计划的405%。

【国际业务】 发展态势良好。2013年全年完成国际结算总量10252万美元，比2011年增63万美元，完成省行下达全年目标任务的133.1%。2013年，办理结售汇6787万美元，完成省行下达计划任务的104.4%，实现外汇中间业务收入207万元，完成省行下达计划任务的103.5%。

【金融服务】 拓宽客户服务渠道，改造客户服务流程，加大产品创新力度，优化服务模式，改善客户体验环境，提升客户满意度。推进网点转型，按照规范化管理要求，在全行进行“网点文明服务标准”导入，至2013年末，全行已经有8个网点按照总行标准化要求进行装修改造，实现高低柜业务分离。

【信息化建设】 推进信息化建设，发展自助设备，以提升全行科技水平，提高经营效率。支行现有24小时自助银行14家、自助设备46台、280家POS特约商户，并提供电话银行、手机银行、网上银行、专业理财等一体化网络服务。

（吴小明）

屯溪农村商业银行

【概况】 由原黄山屯溪农村合作银行改制组建，2012年12月17日安徽省银监局下发同意开业批复，2012年12月28日挂牌开业。下辖1个总行营业部、6个支行、7个分理处，现有职工152人，2013年末，共14个营业网点，自助设备14台，补登折机8台，网银自助体验区6个，“助农取款点”36个。

【主要经营指标】 2012年末，资产总额221019万元，较年初增加34965万元；负债总额200245万元，较年初增加27731万元。所有者权益20774万元，较年初增加7234万元；各项存款余额达195249万元，较年初增加26566

万元，增幅15.75%；各项贷款余额达137723万元，较年初增加27058万元，增幅24.45%；不良贷款余额655万元，较年初上升227万元，不良贷款率0.48%，较年初上升0.09个百分点。实现总收入14064万元，同比增加3044万元，增幅27.63%；实现利润总额4222万元，同比增加367万元，增幅9.53%。贷款损失准备余额4632万元，贷款专项损失准备充足率135%，贷款拨备覆盖率706.72%，资本充足率16.51%。全年缴纳各类税款2342万元，其中上缴国税1416万、地税926万。

2013年末，全行资产总额26.77亿元，负债总额24.49亿元，所有者权益2.28亿元。各项存款余额23.77亿元，贷款余额15.83亿元，不良贷款余额1139万元，不良贷款率为0.72%。贷款拨备覆盖率468.09%，资本充足率15.25%，主要审慎指标保持优良。全年实现总收入16384万元，同比增幅16.62%，实现账面利润4615万元。

【服务经济社会发展】 2012年末，全行小微企业贷款余额52570万元，占比38.17%，比年初增加12968万元，增幅32.75%，与去年同期相比多增5555万元，实现小微企业贷款增速高于全部贷款增速，增量高于上年同期增量的双项目标。2012年共对接企业30家、金额21130万元，其中承诺贷款金额17430万元、意向贷款金额3700万元，均已全部落实到位。并对全市“十大工程”项目之一的荷花池宾馆地块“深华时代广场”项目，以银团贷款方式提供授信6500万元。率先在全省农合系统开发出“中小企业助保金”贷款新产品，全年共为7户企业提供“助保金”贷款授信3400万元。推出开办汽车合格证质押贷款，截止2012年末，累计向黄山市凯兴汽车贸易有限公司等5户汽车经销商提供汽车合格证质押授信605万元。实施“阳光信贷”工程，悬挂信贷流程图，公布利率定价表，公开贷款利率定价标准、优惠政策以及特定对象的减费让利相关规定。推行限时办结制，完善服务监督机制，总行设立阳光信贷服务承诺公示牌，接受村民和社区居民的监督，指定专人及时处理投诉，保证阳光信贷服务质量。

2013年，向九龙园区、帅鑫工业园及市经济开发区的35户入园企业，投入信贷资金18726万元。投入5470万元信贷资金，支持地方旅游业发展。开展“小微企业宣传月”、“三大工程”等主题宣传活动。实行小微企业差异化利率定价，为39户小微企业减少融资成本185万元。稳步推进“六项机制”建设，建立小微企业授信业务管理台账，完善授信业务激励约束机制。成立微贷事业部，配备专职微贷客户经理11名。2013年末，全行小微企业贷款余额11.98亿元，较年初增加1.8亿元，增幅18.59%，实现“两个不低于”目标。2013年末，全行涉农贷款余额13.75亿元，较年初增加2.21亿元，同比多增0.12万元，增幅19.22%。创新产品支持区域经济，推出“易贷卡”、经营性物业抵押贷款、助保金贷款等新产品，发放“易贷卡”327张，贷款余额7483万元，办理“经营性物业抵押贷款”授信8000万元，为12户园区企业提供“助保金”贷款授信5449万元。联合区妇联开办“巾帼创业”妇女小额担保贷款，全年累计发放贷款706万元，帮助92名妇女成功创业。开展农村青年信用示范户创建工作，全年累计向84户农村青年信用示范户发放贷款665万元，扶助农村青年创业发展。开展生源地助学贷款，累计为36名贫困学子办理助学贷款18万元。

【金融服务】 以“金农便民宝”、“贷款96669直通车”电子银行产品的推广应用为抓手，拓宽服务渠道。截止2012年末，已发展“金农便民宝”43户，覆盖屯溪地区所有行政村及部分人口居住密集的自然村，使农民足不出户就能办理各项金融业务。改进贷款审批模式，推行独立审批人制度，设立办贷中心专营授信业务，专业营销人员已占全行员工的25%。搭建贷款业务办理新平台，专门设置“96669贷款直通车”业务受理中心，让客户实现足不出户，通过电话、网络全程办贷。

2013年，宣传普及金融知识，全年开展金融知识“三进”活动56场，发放宣传折页3万余份，受众面达1万多人。建立健全消费者权益保护制度，在网点公布投诉处理流程、服务收费标准等。柜面员工发现并制止2起金融诈骗案件。举办消费者权益知识竞赛。

【风险防控】 2012年，推进“内控强化年”工作。明确风险合规部为内控强化年责任部门，全行配备11名兼职合规督导员，完善内控制度建设，开展合规培训和测试。全年开展包括电子银行业务、金农易贷·福农卡、96669贷款直通车、特约商户POS业务、企业客户评级系统、机构信用代码证系统操作、文明规范服务礼仪、流程与合规风险管理系统操作、POS收单业务风险、合规系统标准行社考核等共17场，参加培训人员675人次。11月份，总行组织开展全员合规测试，以及各岗位条线业务技能竞赛。实行客户经理例会制度，严格落实尽职调查要求和执行客户面谈面签制度，严格抵押物抵押登记顺序的审核，落实客户有效身份核查手续。审慎评估抵押物价值，重新确定合理的授信额度，控制房地产市场风险。严格执行银监会贷款“七不准”和业务收费“四公开”规定。

2013年，依法清收不良贷款150万元，化解风险信贷资金500万元。实行贷款按月收息制度，加强客户准入风险管控。组织开展业务操作、风险管控、安全保卫等重点领域专项检查。开展合规建设年活动。举行全员合规知识测试，取得全市银行业合规知识测试第二名。开展12项案件风险排查。

【公益慈善】 2012年，继续资助10名贫困大学生完成学业。发动员工为身患白血病的方志鹏儿童捐款14020元。屯溪农商行简朴开业，将节约10万元全部捐给屯溪区慈善协会，用于为特困群众解决生活困难。

2013年，开展“义卖玫瑰”和“捐赠雅安灾区”活动。捐款3万元，助10名寒门学子圆梦大学。参加“春蕾计划”，自发捐款资助孤困儿童重返校园。

（胡 丹）

徽商银行黄山分行

【概况】 徽商银行黄山分行于2007年1月16日正式对外营业，下辖分行营业部、歙县支行、黄山天都支行、黄山徽州支行、休宁支行、黟县支行、黄山延安路小微支行及老街自助银行、大润发自助银行、合家福自助银行、黄山学院自助银行、黎阳in巷自助银行、黄山职业技术学院自助银行。截至2013年年末，分行的资产总额达到43.7亿元。

【经营情况】 2012年，各项存款余额32.35亿元，其中对公存款余额28.67亿元，储蓄存款余额3.68亿元。各项贷款余额24.01亿元，其中公司贷款余额9.49亿元，小企业贷款余额5.57亿元，个人贷款余额5.18亿元。全行表内外信贷不良贷款余额43万元，不良率为0.018%。中间业务收入635万元，其中对公中间业务收入509万元，零售中间业务收入126万元。国际结算总量4850万美元，结售汇4259万美元。完成国内贸易融资业务量3亿元。个人网银3376户，企业网银249户，银信通4130户，电子银行账务类交易占比53.94%。黄山卡发卡25050张，卡存款余额19729万元。实现利润0.65亿元。

2013年，各项存款余额43.7亿元，实现经营利润0.8亿元，不良贷款余额441万元，不良贷款率0.14%。各项存款余额40.97亿元，比年初增加8.63亿元，增长26.67%。其中：对公存款余额34.9亿元，增加6.24亿元，增长21.76%；储蓄存款余额6.07亿元，增加2.39亿元，增长64.84%。各项贷款（含贴现）余额31.31亿元，增加7.3亿元，增长30.43%。其中：公司贷款余额10.96亿元，增加1.47亿元，增长15.5%；小企业贷款余额8.42亿元，增加2.85亿元，增长51.14%；零售贷款余额7.55亿元，增加2.37亿元，增长45.82%。

【网点转型】 2012年，制定网点转型固化督导方案，推进网点转型。将分行营业部改制为全功能支行，配备专职大堂经理和理财经理，进行厅堂维护与贵宾客户专职服务；增设市场部门，配备个贷经理进行零售和资产业务营销。实现网点经营向个人业务转型、网点功能向产品营销转型、客户服务向差异化转型、网点文化以员工为中心转型、服务手段向电子渠道转型、网点环境向标准化管理转型。实现集中运营平台上线。调整2012年机构发展战略规划，扩大网点布局，实现歙县支行挂牌开业。

【业务营销】 开展“存款三十亿、创利六千万”竞赛活动。召开黄山市旅游行业银企对接会，推广网上支付业务、专门针对旅行社设计的一套增值方案以及适合于旅游行业的零售产品和小企业产品。做好重点项目、重点客户授信营销和重点企业集团、上市公司客户营销工作。开展“旺季营销活动”“贵宾客户真情回馈活动”、个贷进市场活动、零售业务产品宣传月活动、系列刷卡消费活动、普及金融知识万里行活动、个贷业务竞赛活动、代理保险竞赛活动、批量代发业务活动等零售业务营销。召开“2012提升服务、助力小微”专项推介会，与徽州区政府签订战略合作协议；开展“加快小微企业信贷投放、促进业务全面发展”竞赛活动。

【风险管控】 2012年，按照“总体稳健、调节有度、结构优化”的要求做好授信业务，推进信贷业务转型和结构调整，制定信贷转授权方案，优化审批流程，提高个贷审批权限，增设小企业双签审批业务。累计授信1026笔，授信总金额30.18亿元（不包括担保公司合作、按揭合作间接授信以及贸易融资间接授信业务）。其中对公授信475笔，授信总金额28.5亿元，零售551笔，授信总金额1.6亿元，累计投放贷款21.3亿元，其中对公19.2亿元，个贷2.1亿元，新发生信贷业务未出现不良贷款。

2013年，完善授信审批业务。开展“平行作业”和“绿色通道”工作，对存量授信客户提前做好授信期届满的授信申报、审批工作，提高授信评审工作与市场衔接度。提升风险管控水平，加强风险预警，定期向业务部门发出到期贷款清单，监控贷款到期偿还情况；指导和监督前台部门开展贷后检查工作，组织资产质量风险分类工作，开展授信客户信用评级工作。组织开展重点客户贷款、年内到期贷款风险排查、化工行业授信专项检查、抵押担保风险排查及抵押物重估、负债和票据业务风险及内控专项检查。做好不良贷款责任认定，加大不良贷款消收化解。加强多点经营架构模式下的内控风险管理机制建设，深入推进“内控强化年”活动。

（陈佩剑）

人保财险屯溪支公司

【概况】 1950年1月，中国人民保险公司屯溪办事处成立；11月改为中国人民保险公司屯溪支公司，1959年2月机构被撤销。1981年6月，重新设立中国人民保险公司屯溪支公司，1996

年5月，分设为中国人民财产保险有限公司屯溪支公司、中保人寿保险有限公司屯溪支公司。2003年后，更名为中国人民财产保险股份有限公司屯溪支公司。

【经营情况】 2012年，实现保费收入3622万元，比2011年同期增长22.04%；净增保费654.3万元；实现实收保费3740万元，较2011年同期增长26%；赔付支出2117.5万元，较2011年增长8.01%，净增赔付157万元，简单赔付率55.91%；综合成本率83.58%，综合费用率27.6%，报表利润528.1万元，上缴地方税收424万元。

2013年，实现保费收入3302万元，比2012年同期增长8.6%；净增保费261.5；实现实收保费3566.2万元，较去年同期增长28.47%；赔付支出2009.4万元，较2012年下降5.11%，净减赔付108.1万元，简单赔付率56.05%综合成本率82.25%,综合费用率26.2%，报表损益546.3万元，上缴地方税收388万元。

【业务营销】 坚持“以市场为导向，以客户为中心”的经营理念，细分市场，满足不同渠道、不同客户群体的产品和服务需求。按照差异化的承保政策，加强渠道建设，稳定营销代理中介业务，开拓电子商务渠道销售模式，全面推动交叉互动销售管理，建立专管专营队伍，实施标杆团队建设和“金牌服务窗口”，全面提升服务水平。

【合规经营】 遵守保监局合规增效“三项制度”、总公司“六项禁令”以及各项监管规定，增强合规意识，提高合法经营的自觉性，带头执行行业自律公约，杜绝违规行为，“反欺诈”、“反洗钱”，推动公司健康有序发展。

（汪　翔）

中国人寿屯溪支公司

【概况】 中国人寿保险股份有限公司屯溪支公司成立于1996年11月25日，前身为中国人民保险公司。1950年1月，中国人民保险公司屯溪办事处成立；11月改为中国人民保险公司屯溪支公司；1959年2月机构被撤销。1981年6月，重设中国人民保险公司屯溪支公司。1996年5月，分设中保人寿保险有限公司屯溪支公司。2003年后，更名为中国人寿保险股份有限公司屯溪支公司，内设银保部、理财中心，在职员工4人。2013全年实现保费收入2900万元，占全区寿险市场份额的近40%。

【启动银保业务】 围绕发展提升渠道代理市场份额和银保理财中心的队伍发展这两个基本方向，一是加大对银行、邮政代理渠道的攻关力度，巩固原有的并加大市场份额，积极拓展新业务；二是壮大银保理财中心队伍，树立公司“效益第一”意识，增强销售人员主动性、创新性，提高业务发展质量，增强盈利能力，以最快速度和最优的质量占领屯溪区银保自营业务市场。

【满期给付】 本着“客户至上”的宗旨，加强和代理渠道及客户的沟通、联系。2013年全年共办理满期给付2276件，支付满期金5100多万元。满期工作坚守住底线，没有发生群体性事件，并且得到客户认可。

【队伍建设】 多次与黄山学院等大、中院校共同举办就职招聘会，招聘应届毕业生，公司自身队伍得到发展，实现中国人寿的“成已为人、成人达已”的经营理念。开展“诚信我为先”、“防销售误导”等多种方法和形式的专题教育活动，强化销售人员的诚信经营意识，规范销售行为。引导员工转变经营观念，树立依法合规经营意识。

（刘雪艳）

平安产险黄山中心支公司

【概况】 中国平安财产保险股份有限公司黄山中心支公司成立于1996年3月。主营业务包括企业财产损失保险、家庭财产损失保险、建筑工程保险、安装工程保险、货物运输保险、机动车辆保险、船舶保险、能源保险、一般责任保险、法定责任保险、保证保险（出口信用保险除外）、种植保险、养殖保险、短期健康保险、意外伤害保险、代理国内外保险机构检验理赔、追偿及其委托的其他有关事宜，中国保监会批准的其他保险业务。

【经营情况】 2011年—2013年，平安产险黄山中支财产险共计赔付674笔，总计金额计576.9万元，其中2013年赔付197笔，计201.8万元；意健险共计赔付420笔，总计金额236万元，其中2013年赔付170笔，计55万元；车险共计赔付19975笔，总计金额1.064亿元，其中2013年赔付7151笔，计3960万元。

【社会责任】 通过承接黄山乡镇道路改造及园林建设工程保险，服务黄山新城乡建设；通过拓展企业年金保险，促进黄山社会保障体系的进一步完善；通过发展学校、酒店和旅游责任保险，对黄山教育事业、旅游业的快速发展起到保驾护航的作用；另外公司参与黄山市抗洪抢险、贫困山区捐助和公益献血活动。

（张　翔）

平安人寿黄山中心支公司

【概况】中国平安人寿保险股份有限公司黄山中心支公司于1996年2月经中国人民银行批准成立。公司营业地址位于屯溪区黄山东路140号黄山地质科技大厦1、3、4楼，经营办公面积1822平方米。截至2013年底，公司共下设歙县、黟县、休宁、黄山区、祁门5家四级机构，拥有正式员工54人，保险代理人467人。

【经营情况】2012年，平安人寿黄山中心支公司实现保费收入9813万元。理赔案件972件，理赔金额（包含满期保险给付）2749万元。全年缴纳税金210万元，其中营业税与附加36万元，个人所得税172万元，其他税种2万元。

2013年，实现保费收入13374.45万元，同比增长28.82%。理赔金额（含满期保险给付）1940.6万元。承保高保额新契约（人身险保额单件≥50万元）503件，占全年新契约比例6.8%，最高保额达912万。全年缴纳税金192.63万元，其中营业税与附加48.41万元，个人所得税144.02万元，其他税种0.2万元。

【自身建设】公司秉承“执善心、筑大业”的慈善理念，对内，以《弟子规》为抓手，用“行有不得，反求诸已”、“己所不欲勿施于人”等传统文化提升自己；对外，用“简单便捷 友善安心”的服务打造最佳的客户体验。公司努力建设学习型组织，通过提供专业的培训、辅导以及方便的线上学习平台，让每个人随时随地可以自我提升，伴随组织发展实现自身成长。

教育·科技

教　育

【概况】 1949年5月13日屯溪市人民政府成立，设教育科主管教育等方面工作。1968年8月成立教育革命领导小组，下设办公室。1971年9月改设教育局。1987年3月，改称屯溪市教育委员会。1988年3月，更名为屯溪区教育委员会。1993年7月，并入黄山市教育委员会。1997年，恢复设立屯溪区教育委员会。2002年，改为屯溪区教育局。教育局内设办公室、教育科、计财科等3个职能科室，在职19人。截止至2013年底，全区共有小学21所（含业务代管学校5所），在校生12407人；初中2所，在校生122人。幼儿园33所，幼儿看护点23个，在园幼儿7120人。2012年—2013学年度学前三年毛入学率、小学学龄儿童入学率、初中适龄人口入学率分别为153.6%、101.42%、117.96%。

2012年制定《关于印发屯溪区深入推进义务教育均衡发展改革实施意见的通知》，通过校安民生工程、学校标准化建设、教师继续教育培训等一系列政策措施，促进教育布局调整，加强教育现代化建设，提高教师队伍素质等，全面推进全区义务教育均衡发展。2012年度被省政府授予全省“两基”工作先进单位称号，被市教育局授予教育民生工程优秀单位称号。2012年度、2013年度获区县党政领导干部督导考核优秀等次。

【教育经费投入】 2012年，全区教育经费投入总额11472.2万元，预算内教育拨款10709.2万元。财政性教育经费占国民生产总值比例为2.21%；全口径预算内教育经费支出占财政支出总额的10.18%。全年争取中央、省级资金1110万元。

2013年，全区教育经费投入总额10275.7万元，预算内教育拨款6681.2万元。财政性教育经费占国民生产总值比例为1.63%；全口径预算内教育经费支出占财政支出总额的6.83%。全年争取中央、省级资金1330万元。

【公办幼儿园】 2012—2013年投资3700万元，新建龙山幼儿园、屯光镇中心幼儿园、阳湖镇中心幼儿园、奕棋镇中心幼儿园、梅林幼儿园、区示范幼儿园6所公办幼儿园（其中新潭镇中心幼儿园为公建民营），新增建筑面积19338平方米，新增54个班。截止至2013年底，全区共有公办幼儿园10所（其中公建民营幼儿园1所），在园幼儿2155人。2012年，屯溪区教

开学工作会议

育局获市级“2012年度学前教育重点工作目标管理先进单位”；2013年屯溪区获“2013年度安徽省学前教育工作先进地区”称号。

【学校标准化建设】 2012年，安排专项资金为长干小学、东城实验小学和黎阳镇中心小学添置电脑教室设备，为柏树小学、现代实验学校和东城实验小学添置多媒体教室设备，为学校统一配置4500余套学生课桌椅。2012年投入资金525万元，按照学校标准化建设需要进行中小学校设备配置。启动各校“交互式触摸一体机”信息化教学设备配置项目，分别为长干小学、新潭镇中心小学和奕棋镇中心小学添置55座的电脑室设备，按照学校标准化建设需要，还为各校补充音体美等教学设备。截至2013年年底，全区共完成12所学校的达标任务，义务教育标准化覆盖率为80%。

【留守儿童之家】 建成留守儿童之家14个，安装免费亲情电话14部，全部配备电脑和文体器材。进一步完善进城务工人员随迁子女就地接受教育和升学政策，2012—2013学年共接收外来务工子女2615人。

【素质教育】 全区继续开展阳光体育运动，保证中小学生每天一小时校园体育活动时间。组织开展小学生运动会和小学生棋类比赛2项赛事。在全区开展学校特色文化建设，初步建成“一校一品”特色校园文化，如大位小学的珠心算、荷花池小学的徽剧、柏树小学的陶研文化、长干小学的艺术教育、龙山实验小学的黎阳仗鼓、东城实验小学的太极拳等。荷花池小学的徽剧、东城实验小学的太极拳、大位小学的珠心算传习在央视《探秘徽州》《大美黄山》系列节目中播出，长干小学的声乐节目《库斯克邮车》《爸爸妈妈听我说》获全国第四届中小学生艺术展演小学组声乐类二等奖。全区组织开展“建设幸福中国”爱国主义读书教育活动、中小学学生暑期读一本好书征文活动、“学雷锋宣传月”活动、“我们的节日”传统教育活动、“童心向党”主题教育活动、中小学科技创新大赛等素质教育活动。

【教师队伍建设】 2012年，制定出台《中小学校长管理办法（试行）》和《全区教师交流办法（试行）》，提拔和调整的4名校长、3名副校长，分流、交流、挂职、选聘教师70余名，进一步提升城镇学校的教育教学管理水平。同时评选出区“学科骨干教师”29名，“学科带头人”6名；推荐、评选市、区“优秀教师”、优秀教育工作者共38名，并选派9名教师参加国家级培训；组织全区643名中小学教师参加远程培训和分学科集中培训，并组织全区466名幼儿教师参加屯溪区幼儿教师集中培训。全区共有10余名教师的课堂教学（录像课）分别获省、市一、二、三等奖。全区共有12名教师被评为市优秀教师、3名教师被评为市优秀教育工作者、20名教师被评为区优秀教师、3名教师被评为区优秀教育工作者。开展“向优秀教师叶志平同志学习”主题教育活动、“教育在我心中、我为教育树清风”大讨论活动，将师德师风教育活动与校园文化建设相结合，提高教师的政治思想素质和职业道德水平。

2013年，制定下发《屯溪区教育局关于改进工作作风、密切联系群众的实施办法》、《屯溪区教育系统关于建立健全重要事项请示报告制度的通知》、《屯溪区在职教师从事有偿家教处理暂行办法》，进一步规范教师作风、教学行为及师德行为。转发《关于印发<黄山市中职中小学教师职业道德考核实施办法（试行）的通知>》，按照市教育局工作要求，开展全区教师师德考核活动，将师德考核结果作为教师绩效考核、教师资格定期登记、职务评审、岗位聘任、表彰奖励等的先决条件，实行师德问题“一票否决”。加强教师提高培训，选派2名优秀中青年骨干教师参加市教育局组织的高校挂职培训学习，分别参加华东师范大学研究生单科进修学习和安徽师范大学在职教育硕士的学习。7月份向社会进行公开招考小学教师12名，幼儿园教师12名。

【城乡义务教育经费保障改革】 2012年，继续免除城乡义务教育阶段学校学生学杂费，免费为农村义务教育阶段学校学生提供国家课程教科书。执行城区小学义务教育阶段学校生均公用经费补助264元标准，将农村义务教育阶段学校生均公用经费补助标准提高到小学525元、初中725元。全年共投入义务教育保障资金352.2万元，惠及城乡义务教育阶段9367名在校学生。

2013年，继续免除城乡义务教育阶段学校学生学杂费，免费为农村义务教育阶段学校学生提供国家课程教科书。执行城区小学义务教育阶段学校生均公用经费补助264元标准，将农村义务教育阶段学校生均公用经费补助标准提高到小学585元、初中785元。全年共投入义务教育保障资金368.8万元，惠及城乡义务教育阶段9468名在校学生。

【学生安全工作】 2012年，加大校园安保投入，为区属学校23名专职安保人员配备防割手套、钢叉、橡胶警棍等防暴器械70余件(套)，举办专职保安业务知识和实战技能培训会、校园防暴演练现场观摩会；协同综治、工商、文化、公安、城管、卫生等部门，对学校周边排查出的81项安全隐患进行集中整治;会同交警、公安、安监等开展全区校车专项整治。共有10所学校被评为“无邪教示范校园”、1所学校被评为市“十佳平安校园”，2所学校被评为市“平安校园”。

2013年，围绕“构建平安和谐校园，办好人民满意教育”，夯实中小学幼儿园安全基层和基础工作。召开2013年学校及周边治安综合治理联席会议、防溺水工作、校车安全工作、卫生防病工作专项会议,着重从工作过程和细节入手，强化监管，促进落实，突出重点，防范事故，推进中小学幼儿园安全工作制度化、日常化、精细化、规范化、科学化。同时结合安全生产月，加强校园安全教育宣传，加强学校后勤保障管理，确保校园无公共安全事件发生。

【中小学校舍安全工程】 2012年加固、重建改造面积8461平方米，超计划数101.60%。全年投入资金1870万元，用于校舍维修改造；投入资金207万元，用于学校标准化达标设备配置。

2013年，落实教育附加、中央和省级专项等改善学校办学条件资金1815万元，安排中小学校新建和维修改造项目15个，投入资金1290万元，重点实施尤溪小学新建工程、长干小学、现代实验学校、黎阳镇中心小学等维修改造工程和阳湖镇中心小学专变配电工程。

【规范办学行为】 通过公布招生方案、学区范围、工作日程安排、咨询及监督电话，确保全区适龄儿童及外来务工人员子女平等接受义务教育权利。严格按照省教育厅学籍管理的统一规定，在规定的班额数内招收新生。加强中小学生减负工作，相继印发《屯溪区中小学办学行为规范的通知》、《关于进一步规范办学行为严禁违规补课的通知》、《屯溪区规范中小学办学行为减轻课业负担实施方案》、《关于进一步严格执行安徽省义务教育课程安排表、规范教学时间和作息时间的通知》等文件，建立规范办学行为工作月报制度，要求区属各校每月开展一次自查自纠活动，对发现的问题及时要求其整改，确保工作落到实处。

【民办教育】 民办幼儿园23所，在园幼儿3784人（其中普惠性民办幼儿园16所，在园幼儿2618人）。各级各类幼儿看护点23个，其中A类4个、B类19个，在园幼儿1181人。屯溪区制定下发《屯溪区普惠性民办幼儿园奖励实施办法（试行）》《屯溪区学前教育资助实施办法（试行）》《屯溪区解决进城务工人员随迁子女入园办法（试行）》3个政策性文件，2012年度共发放上级普惠性民办幼儿园发展奖补资金100万元；发放扶持城市学前教育发展奖补资金33万元；发放区级家庭经济困难儿童、孤儿和残疾儿童入园资助资金1.98万元。2013年度共发放上级普惠性民办幼儿园发展奖补资金42万元，区级普惠性民办幼儿园发展奖补资金10万元，共计52万元，受惠幼儿2618人；发放区级家庭经济困难儿童、孤儿和残疾儿童入园资助资金9万元，救助经济困难儿童、孤儿和残疾儿童共36人；发放上级解决进城务工人员随迁子女入园奖补资金13万元。

【项目建设】 2012年，教育重点项目建设投入资金1870万元，实施龙山小学8461平方米的教学楼及附属、江南实验小学运动场和校园绿化、现代实验小学运动场、围墙和教学楼出新、新潭镇梅林小学道路硬化和校园绿化等工程项目。学校教学设备配备投入资金207万元，进行当年标准化达标学校龙山小学、柏山小学和梅林小学音体美和电脑等设备配置，为区属各校添置课桌椅2200套和部分餐桌椅及办公桌椅、多媒体、图书等教学设备。

2013年，教育项目建设投资1100万元，重点实施尤溪小学新建工程、长干小学、现代实验学校、黎阳镇中心小学等维修改造工程和阳湖镇中心小学专变配电工程。安排525万元进行中小学校设备配置，启动各校“交互式触摸一体机”信息化教学设备配置项目，分别为长干小学、新潭镇中心小学和奕棋镇中心小学添置55座的电脑室设备，按照学校标准化建设需要，还为各校补充音体美等教学设备。

（叶　丹）

科　技

【概况】 1961年，成立屯溪市科学技术委员会，1963年5月屯溪市改为休宁县屯溪镇，机构随之撤销。1977年3月，成立屯溪市科学技术局，1978年5月，恢复屯溪市科学技术委员会。1988年3月，改称屯溪区科学技术委员会，2002年10月，更名为屯溪区科学技术局，下辖区知识产权局，现有在编人员11人。截至2013年，屯溪区共有国家高新技术企业6家，省、市创新型试点企业6家，省民营科技企业25家，省、市企业工程技术研究中心7个，省级生产力促进中心1个。屯溪区连续6届通过国家科技部两年一度科技进步考核，其中3次获得“全国科技进步先进区”称号；先后入选“安徽省知识产权工作示范区”“安徽省国家农村信息化示范省建设示范区”“科技强警示范区”。

【科技强区】 出台科技创新政策　为进一步调动全区科技创新积极性，2012年修订出台《屯溪区科学技术奖励办法》，共设立科学技术奖四个等次，采取每两年评审一次，最高奖励金额调整到10万元。2013年制定出台《关于增强自主创新能力 加快区域创新体系建设的实施办法》，加大对企业自主创新能力建设扶持力度。

加大科技投入　2012年、2013年区本级财政科技投入分别达1993万元和2130万元，占本级财政支出的1.77%和2.1%。

科技项目管理　2012年—2013年，全区共承担市级以上科技项目20项，其中国家中小企业创新基金项目4项、国家星火计划项目1项、国家支撑计划项目（子项目）2项、省科技计划项目10项、市科技计划项目3项，共获得科技专项扶持资金800多万元，实施区级重点科技计划项目32项。

科技服务体系建设　全区以企业为主体，市场为导向，建立健全产学研合作机制。2012年—2013年，促成9家企业与高校院所合作，签订产学研技术合作协议12项。注重企业技术研发机构建设，新组建市级企业工程技术研究中心3个。继续实施“科技三员”制度，建立健全科技特派员、联络员和特聘员队伍，推进企业科技进步和科技推广。加强科技中介机构建设，黄山市新科苑生产力促进中心积极为中小企业提供技术服务、信息咨询、培训交流，连续两年在省绩效考核中排名靠前。

科技宣传。先后举办“携手建设创新型屯溪”“科技创新·美好生活”为主题的科技活动周活动，开展“知识产权宣传周”“科技四进”“科普日”“法制宣传日”等科技宣传活动，通过政策宣传、咨询服务、科技成果展示以及举办培训班等方式，在全社会营造良好科技创新氛围。

【科技成果与奖励】 2012年—2013年，全区分别认定省级高新技术产品5个和6个，其中黄山工业泵制造有限公司的“适用于高温、高粘介质条件下的双吸双螺杆泵”、黄山良业阀门有限公司的“LK智能型阀门电动装置”两项产品分别入选2012年和2013年安徽省重点新产品计划；共有6项科技成果通过鉴定，其中黄山良业阀门有限公司“阀门气动装置启闭转扭矩连续测试装置”、黄山市振州电子科技有限公司“耐高压长寿命制冷压缩机用电解电容器”2项科技成果获得2011—2012年度黄山市科学技术三等奖。

【高新技术产业】 2012年—2013年，黄山市振州电子科技有限公司、黄山拓达科技有限公司分别入选国家高新技术企业，黄山工业泵制造有限公司入选安徽省高新技术产业基地骨干企业、“十二五”时期安徽省制造业信息化科

工业企业科技业务培训会现场

技工程试点企业和安徽省第五批创新型试点企业，泰客轨道、派尼尔科技入选黄山市创新型试点企业，另有4家企业入选省高新技术培育企业，4家企业入选省民营科技企业。

【农业与社会领域科技创新】 全区围绕城郊特色农业，推广应用一批农业集成技术和新品种，建立实验茶场、蓝莓生态园、新潭草莓基地等一批科技示范园。其中2012年—2013年，新认定市级农业科技专家大院2个、市级农业科技型企业1家、农业科技示范基地1个，蓝莓生态园“南方蓝莓高效栽培科技专家大院”、实验茶场“安徽省茶树良种科技专家大院”先后在黄山市、安徽省农业科技服务平台考评中获得优秀等次，屯溪区入选安徽省国家农村信息化示范省建设示范区。全区积极推进“百村千幢”保护工程、旅游信息化建设以及医疗卫生领域科技研发和成果运用，承担“徽派古建筑群落保护利用和传承关键技术研究与示范”“阀门智能控制装置的研发以及工程应用和验证”两个国家支撑计划项目研究课题。

2012-2013年屯溪区入选省高新技术产品一览表

表3

年 度	承担单位	产品名称
2012	黄山顺昌汽车电器有限公司	SC-3防水型起动熄火控制器
	黄山工业泵制造有限公司	HAS系列筒式三螺杆泵
	黄山金箭照明科技有限公司	面光源LED照明灯具
	黄山拓达科技有限公司	不停机排液罗茨真空机组
	黄山良业阀门有限公司	阀门气动装置启闭转矩连续测试装置
2013	黄山良业阀门有限公司	LK智能型阀门电动装置
	黄山工业泵制造有限公司	适用于输送具有润滑性介质的三螺杆泵
	黄山市振州电子科技有限公司	耐高压长寿命制冷压缩机用电解电容器
	黄山派尼尔科技发展有限公司	YB-12/0.4-630型高压/低压预装式变电站
	黄山泰客轨道电气有限公司	DC600V客车专用TKDSS系列新型接线装置
	黄山顺昌汽车电器有限公司	SC-2新型高精度长寿命燃油传感器

【知识产权】 2012年，全区专利申请292件，比上年增长75.9%；其中发明专利申请67件，增长86.1%；专利授权106件，增长58.2%；发明专利授权9件，增长50%。2013年，全区专利申请312件，增长7%；其中发明专利申请54件，专利授权量196件，增长85%；发明专利授权16件，居全市首位。全区继续开展打击侵犯知识产权和制售假冒伪劣商品专项行动、专利执法专项行动，通过开展科技下乡、“4·26”知识产权宣传周活动，举办专利知识培训以及走访企业等形式，宣传普及知识产权相关知识和政策法规工作。

（项柏林）

气 象

【概况】 黄山市气象局成立于1953年1月，主要负责全市气象监测、预报工作，及时提出气象灾害防御措施，为本级人民政府组织防御气象灾害提供决策依据。内设3个职能科室，在编61人。

【年度气候】 2012年屯溪区年平均气温17.0℃，比历年平均值16.7℃偏高0.3℃。2月、9月、11月平均气温不同程度偏低，1月、3–8月、10月、12月平均气温不同程度偏高，其中7月平均气温30.1℃为历年同期最高值。年极端最高气温38.2℃，出现在7月29日；年极端最低气温–5.4℃，出现在12月31日。终霜在3月11日，比历年平均值（3月20日）早9天；初霜在11月12日，比历年平均值（11月15日）早3天，年无霜期日数245天。年降水量2088.9毫米，比历年平均值1739.2毫米偏多20%。全年雨水分布不均，1–4月、6月、8–9月、11–12月的降水量不同程度偏多，其中12月的降水量135.0毫米，比常年偏多207%，5月、7月、10月的降水量偏少。全年出现暴雨7场。年日照总时数1649.1小时，比历年平均值偏少。年蒸发量876.8毫米，比历年平均值偏多。2012年屯溪区先后遭遇大雾、低温雨雪、倒春寒、高温、干旱、强降水、强对流等极端天气气候事件。但总体来说，气象灾害发生频率不大，影响程度不重。

2013年屯溪区年平均气温为17.4℃，较常年偏高0.7℃。1月、4月、12月平均气温不同程度偏低，2–3月、5–11月平均气温不同程度偏高，8月平均气温30.0℃为历年同期最高值。年极端最高气温40.7℃，出现在8月11日，也是历年同期最高值；年极端最低气温–7.0℃，出现在12月28日。终霜在3月4日，比历年平均值早16天；初霜在11月18日，比历年平均值迟3天，年无霜期日数258天。年降水量为1647.9毫米，接近常年略少。全年雨水分布不均，3月、6月、9月、12月的降水量不同程度偏多，其中6月的降水量偏多102%，1–2月、4–5月、7–8月、10–11月的降水量偏少，其中1月降水量仅25.2毫米，为历年同期最少值。全年共出现暴雨4场，分别出现在4月30日、6月7日、6月20日、6月27日。年日照总时数为1931小时，较历年均值明显偏多。年蒸发量926毫米，比历年均值偏多。2013年屯溪区先后遭遇大雾、低温雨雪、倒春寒、高温、干旱、强降水、强对流等极端天气气候事件。各种气象灾害中，以洪涝灾害出现次数最多，暴雨、高温及伏旱影响最重，全年发生灾害的次数，造成的灾害损失较往年有较大的增加。

【主要气象灾害】 2012年1月2日—3月9日，屯溪区出现长期低温连阴雨天气，旅游和农作物生长造成不利影响。4月24日，屯溪区出现140.6毫米的大暴雨，造成局部的洪涝灾害。全区受灾人口5000人，紧急转移安置人口4人，农作物受灾164.7公顷，其中成灾120公顷，绝收30公顷，直接经济损失320万元，其中农业损失70万元。

2013年1月4日—5日，屯溪区遭受强雨雪侵袭，造成部分蔬菜大棚倒塌，道路中断，民房受损。全区受灾人口13300人，因灾转移人口6人，农作物受灾面积423公顷，成灾面积297公顷，绝收15公顷，损坏房屋6间，全区因灾经济损失966.5万元，其中农业经济损失701万元。2月7日—9日，全区普降大雪，部分山区暴雪，截至9日最大积雪深度8厘米，对春运造成较大影响。6月27日，出现189.8毫米的大暴雨，造成严重的洪涝灾害。全区受灾人口46470人，紧急转移安置人口772人，农作物受灾598公顷，其中成灾334公顷，绝收222公顷，毁坏耕地2公顷，损坏房屋17间，直接经济损失8260万元，其中农业损失1800万元。屯溪区夏季降水异常偏少，尤其是7月23日到8月19日，降水只有9.2毫米，同时高温日数多、强度大、持续时间长，8月平均气温30.0℃，极端最高气温40.7℃，创历史同期纪录；农作物轻旱0.8万亩，重旱1.3万亩，干枯0.2万亩，出现饮水困难人口730人。气象部门组织实施多次人工增雨火箭作业。

【气象服务】 汛期气象服务 针对每次暴雨天气过程，均提前制作《重要气象信息专报》，及时向公众发布“暴雨预报”、“暴雨预警信号”。2013年主汛期（5—7月），通过电视、短信、电子显示屏、微博等多种渠道发布信息，共发布手机短信81200人次，发布预警信息8000条。市气象局被黄山市委、市政府授予“抗洪抢险救灾先进集体”称号。

应对高温干旱天气 2013年7—8月，黄山市出现罕见连续高温天气，高温天数达38天，超同期均值一倍，全市最高气温达到42.7℃。为应对高温干旱天气，市气象局准确预报，及时预警，共组织实施39次人工增雨火箭作业，发射增雨火箭弹71枚。

地质灾害气象预报 2013年6月份，市气象局、市国土局联合加强汛期地质灾害预测预警服务，当灾害预警等级达到三级（含）以上时，通过电台、电视台、网站、手机短信、电子显示屏等向社会和特定对象发布。对全市常发灾害的山洪沟和主要中小河流进行地理信息、自然灾害信息普查。

【气象探测】 2013年1月25—28日，屯溪基准气候站完成新型自动气象站的安装工作；1月—10月，地面测报、太阳辐射错情率均为零。自动站、太阳辐射报表全部合格。VP报传输及时率达99.83%；闪电定位仪运行正常，传输及时率较高；GPS水汽观测传输及时率99.87%。按照《安徽省气象物资装备信息管理系统》的要求，完成全市168套区域站、15套国家自动站的装备信息采集、区域站二维码标签粘贴和巡检工作，加强对区域站的监控，保证区域站的数据传输率高于99%。

（韩俊荣 张杰 孙蓓蓓 陈建春）

防震减灾

【防震减灾】 2012年对黄口安置区滑坡（螺蛳顶）、杨梅山社区建工宿舍后滑坡、福林嘉园滑坡、屯光镇雀山路旁崩塌4个危险点进行加固或妥善处置，完善防震减灾预案。

2013年，选定扁尾水库、种蜂场作为地震群测群防工作的宏观观测点。已完成组织领导、人员配置、制度建设等各项工作，初步建立起地震群测群防观测系统，切实做到及时发现提早预防地震对人民群众造成的损失。

（方锦文）

阳湖旱船蚌壳舞

旱船蚌壳舞由蚌精、老渔翁、渔女等角色组成，每逢庙会和重大节日，都要表演旱船蚌壳舞以助兴，后来成为一种风俗。

旱船蚌壳舞乐曲旋律流畅、节奏欢快，舞姿优美。边歌边舞，雅趣十足。蚌精手握蚌壳外沿，随着舞步一张一合，在老渔翁的引逗下，边舞边行，走着不断变化的队形，不时作出诙谐、滑稽的动作；渔女在船中碎步行进，如同行船于水上。

旱船与蚌壳同台结合，相得益彰，加上适当的表演和伴奏乐的烘托，更是生动活泼，情趣盎然，深得广大群众的喜爱。

卫生·体育

卫　生

【概况】 1953年8月，屯溪市人民政府设卫生科。1961年10月，改设卫生局。1963年9月，屯溪改市为镇，设立卫生股。1965年1月，与文教股合并成立文教卫生股。“文化大革命”初期，行政管理机构陷于瘫痪。1971年9月，成立屯溪镇卫生局；1976年1月，改为屯溪市卫生局；1988年3月，改称屯溪区卫生局。其主要职责是为居民提供基本医疗和特色医疗服务；为居民提供公共卫生服务，推进和实施基本公共卫生服务均等化项目、重大公共卫生项目，为群众提供疾病预防控制和各种保健等服务；依法对全区医疗卫生机构、餐饮业、药店等实施监管，承担食品药品安全、地方病及重大疾病防控监测和妇幼保健工作；开展其他各项卫生工作，包括组织开展红会捐助、突发公共卫生事件应急处置、重大活动医疗保障和食品安全牵头协调等。卫生局共有下属二级法人机构13个：区疾病预防控制中心、区卫生监督所、区血吸虫病防治站、区妇幼保健所、昱城社区卫生服务中心、昱西社区卫生服务中心、区牙科医院、区新农合管理局及5个镇卫生院，2010年5月成立区食品药品监督管理局，为区卫生局挂牌机构。截至2013年年底全区卫生系统在岗人员260人。

【基层医疗卫生服务体系】 全区共有2所社区卫生服务中心、12家社区卫生服务站、5所镇卫生院、25家村卫生室建设，实现社区卫生服务中心、服务站、镇卫生院、村卫生室全覆盖，形成以昱城社区卫生服务中心、昱西社区卫生服务中心（站）及镇卫生院和村卫生室为基础的城乡医疗卫生三级服务网络，形成城区20分钟、镇村30分钟医疗卫生服务圈。

【项目建设】 区域卫生系统信息平台项目建设　项目于2011年8月启动，2012年3月投入使用。共投入资金约200万元。项目覆盖屯溪区医院、所有社区卫生服务中心、镇卫生院、村卫生室和社区卫生服务站。平台涵盖1个居民健康门户网站和居民健康档案及电子病历2个数据中心，集公共卫生、医疗服务、新农合和城镇居民职工医保、基本药物制度、综合管理五项业务为一体的高度集成应用系统，一个信息展示中心，并与市级卫生信息平台无缝对接、与各相关业务管理系统互联互通的区域卫生信息平台；开发了适合区县基层应用的、较为先进的区域医院信息管理系统（HIS）、电子病历系统（EMR）、检验科信息管理系统（LIS）、影像归档和通信系统（PACS）和决策分析系统软件，建立居民健康自助小屋、市内医院双向转诊系统、远程心电诊疗系统、卫生应急视频系统、卫生监督无线监管系统。

区妇幼保健所大楼改建工程项目　项目于2012年3月份开始施工，2012年10月投入使用，共投入资金300万元。该项目是2012年安徽省“提高妇女儿童健康水平”民生工程项目，包括加固工程和装饰装修工程两个子项目，由原区粮食局大楼改造而成，改扩建面积1600平方米，中央财政补助170万元，省财政补助100万元。工程按照“安徽省妇幼保健标识系统”进行设计和改造，在保健所原来的科室配置基础上，新增加产后康复、儿童游泳与抚触、儿童视力筛查等新项目，达到一级妇幼保健所标准。

奕棋镇中心卫生院建设项目　工程于2011年5月施工，2012年5月正式投入使用。属中央第四批扩大内需建设项目。项目占地面积5.3亩，建筑面积2070平方米，为六层框架结构，项目总投资380万元，其中中央投资90万元、地方配套290万元。

黎阳镇卫生院改扩建项目　该项目于2012年列为中央扩大内需预算内投资计划建设项目，2013年6月开始施工，占地0.7亩，总投资167万元（其中，中央扩大内需投资100万元，地方政府配套67万元）；包括原址新建和旧楼改造两个子项目，原址新建三层框架结构，建筑面积591平方米。

【基层医改】　根据全省统一部署，屯溪区基层医药卫生体制改革于2010年8月启动，7家医改单位按时间节点顺利实现药品零差率销售，完成院长（主任）竞聘、全员竞聘、人员分流工作，兑现医改单位人员绩效工资，取得

老年人免费体检

阶段性成果。一是政府举办的基层医疗卫生机构实现回归公益性目标；二是建立竞争上岗、全员聘用的用人机制；三是全面落实国家基本药物制度，实行零差率销售。整个医改推进过程中，多次获得省市医改部门的充分肯定。2011年9月，按照省政府医改“30条”文件要求，通过做好基层医改的巩固完善工作，使全区基层医疗卫生机构运行补偿机制得到健全，激励约束机制得到完善，人才队伍建设得到加强，医务人员服务意识、服务水平得到提高，医疗单位服务能力提升明显。

2012年4月，出台《屯溪区村医养老保险政策具体实施方案》，对基层医改前或医改后，连续从事村医工作10年以上、改革前到龄退出的村医，按每月不低于300元的标准发放生活补助，补助资金由区财政统筹解决；对城乡居民养老保险制度实施时已到龄退出的村医，允许其个人按规定一次性补交15年养老保险费后，按月领取养老金。2012年5月，全区第一批共11名村医被确定为养老补助政策享受对象，每人每月享受300元生活补助。至2013年底，全区享受养老补助的村医为15人。

【新农合筹资及使用】　2012年，全区共有40183人参加新型农村合作医疗制度，参合率

为 104.63%，筹资标准为 308 元 / 人（中央配套 132 元 / 人，省配套 81 元 / 人，区镇配套 45 元 / 人，农民个人缴纳 50 元 / 人），应筹集资金 1237.64 万元，实际到位资金 1235.74 万元。9 月，针对新农合资金超序时进度的实际情况，为确保参合农民个人利益，区政府召开会议决定，由区、镇两级按照参合人员 50 元 / 人标准增加配套资金 200.915 万元。全区参合农民共有 42839 人享受补偿，共支付补偿款 1323.04 万元。其中：住院补偿 3628 人次、住院率 9.03%、补偿金额 971.10 万元、次均费用 4861.32 元、实际补偿比为 55.06%；意外伤害补偿 365 人次，补偿金额 116.65 万元；特病补偿 1395 人次，补偿金额 136.26 万元；住院分娩补偿 329 人次，补偿金额 16.45 万元；门诊统筹 36708 人次，补偿金额 64.44 万元；慢性病门诊补偿 414 人次，补偿金额 18.13 万元。

2013 年，全区共有 40371 人参保，参合率为 104.86%，全区参合农民按 446 元 / 人标准筹资（中央配套 156 元 / 人，省配套 93 元 / 人，区镇配套 97 元 / 人，农民个人缴纳 100 元 / 人），比省定标准高出 106 元。应筹集资金 1800.54 万元，实际到位资金 1816.30 万元。全年全区参合农民享受补偿 50215 人次，共支付补偿款 1500.45 万元，基金使用进度 83.33%，与 2012 年同期相比下降 8.64 个百分点，占累计基金的 70.95%；实际补偿比为 56.94%，上升 1.88 个百分点。其中区外、区级、镇级住院实际补偿比分别为：54.81%、65.78%、81.35%；次均住院费用为 5255 元，上涨 394 元，涨幅为 8.11%，其中区外、区级、镇级次均住院费用分别为：5806 元、3072 元、899 元，涨幅分别为 6.36%、10.98%、3.21%。全年门诊 43949 人次，门诊次均费用 32 元（其中镇级、村级次均费用分别为 35 元、30 元）；门诊就诊人次占总参合人口数比例为 108.86%，上涨 17.51 个百分点，其中村级门诊就诊人次占总参合人口数比例为 67.21%，上涨 13.12 个百分点。

【新农合工作】 *推进支付方式改革及按病种付费工作* 支付方式从后付制向预付制改变。通过与财政精心测算，全面开展门诊统筹总额预算工作，对基金主要流向定点机构（黄山市人民医院、黄山首康医院、黄山昌仁医院）实行住院费用总额预算管理。对新农合重大疾病实行按病种付费工作，对在区外医院治疗的白血病、先天性心脏病、甲状腺癌、胃癌、急性肾小球肾炎等 30 余个病种实行按病种付费，大幅提高报销比例，最高达 85%。2012 年 5 月，新潭镇 12 岁白血病患者方志鹏在安徽省立医院实行异基因造血干细胞移植治疗，出院时，方志鹏从区新农合资金中得到补偿 19.6 万元。这是屯溪区自 2008 年实行新型农村合作医疗制度以来首例补偿超过 10 万元的患者。2013 年，全年实行按病种共计 1209 人次，总费用 190.71 万元，基金补偿 123.37 万元（其中透析 1136 人次，总费用 59.19 万元，基金补偿 50.04 万元；住院单病种 73 人次，总费用 131.52 万元，基金补偿 73.33 万元），实际补偿比达 64.69%。

启动大病保险试点工作 2013 年 7 月制定出台《屯溪区新农合大病保险统筹补偿实施方案（试行）》，全区按照年度每人 15 元标准从新农合基金中切块安排，资金总额为 60.5 万元。共补偿 47 人次，补偿金额 28.09 万元。

开展慢病年审及鉴定工作 2013 年，增加帕金森氏病、慢性溃疡性结肠炎 2 个慢性病种，扩大用药目录及检查范围。全区慢性病病人共 537 人，较上年增加 133 人，补偿金额 133.38 万元。

【基本公共卫生服务项目】 *重大传染病人医疗救治项目* 2012 年共救治贫困肺结核病人 33 人，完成年度任务的 110%；使用资金 2.7 万元，完成年度任务的 100%；共开展抗结核化疗 52 人。艾滋病病人抗感染治疗 4 人，完成年度任务的 133.33%；使用资金 1.5 万元，完成年度任务的 100%。2013 年共救治贫困肺结核病人 32 人，完成年度任务的 106.67%；使用资金 2.7 万元，资金使用率 100%；纳入免费治疗管理 91 人。共救治艾滋病病人及感染者 10 人，完成年度任务的 250%；使用资金 1.9 万元，资金使用率 100%。

扩大国家免疫规划项目　2012 年累计接种 42524 剂次，完成年度任务的 137.77 %；使用资金 21.262 万元，资金使用率 137.77%。2013 年累计接种 51536 剂次,完成年度任务的 124.59 %;使用资金 25.768 万元，资金使用率 124.59%。

基本公共卫生服务均等化工作　2012 年，举办健康教育咨询、讲座 206 次，参与居民人数 19150 人次；印发宣传材料 157460 份。新管理高血压患者 3574 人，累计管理高血压患者 15079 人，其中规范管理 14451 人；新管理糖尿病患者 1020 人,累计管理糖尿病患者 3093 人，其中规范管理 3058 人。新管理老年人 3313 人，累计管理 18006 人，其中规范管理 17329 人。共培训上岗专（兼）职协管员 45 人次，管理相对人 8001 人次；巡查 528 次，信息报告 181 人次。2013 年，新管理高血压患者 3054 人，累计管理高血压患者 16707 人，其中规范管理 12786 人，规范管理率 43.2%；新管理糖尿病患者 929 人，累计管理糖尿病患者 3618 人，其中规范管理 2866 人，规范管理率 57.68%；新管理老年人 2216 人，累计管理 21107 人，其中规范管理 16932 人，规范管理率 63.72%。

慢病示范区创建工作　2012 年 5 月开始开展省级慢病综合防控示范区创建工作。通过开展慢性病社区诊断、慢病监测工作、全民健康生活方式行动、落实各项保障措施、健康教育、健康促进、及早发现慢性病高危人群、强化慢性病患者管理等措施，10 月以区政府名义向省卫生厅申报省级慢病综合防控示范区验收；11 月接受省厅专家组的材料初审和现场综合评审工作。2013 年 5 月通过省级专家组的现场复审，被省卫生厅授予第三批“安徽省慢性病综合防控示范区（县）”称号。

手足口病防控　2012 年手足口病报告发病 260 例，比 2011 年下降 57.93%，均为轻症病例，无重症病例、危重病例和死亡病例；对 6 所幼儿园 12 个班级分别采取停课措施；完成手足口病例病原监测 66 人。2013 年手足口病共报告发病 704 例（其中本地病例 347 例），比 2012 年上升 13.18%，所有病例均为轻症病例，无重症病例、危重病例和死亡病例。完成手足口病例病原监测 66 人（本地监测 42 人），其中 EV71 监测出 25 例，阳性检出率为 37.88%（本地 EV71 监测出 12 例，阳性检出率为 28.57%）；CV-16 监测出 1 例，为本地病例，阳性检出率为 1.52%；其他肠道病毒感染监测出 9 例，阳性检出率 13.64%（本地其他肠道病毒监测出 5 例，阳性检出率为 11.90%）。对 6 个学校（幼儿园）的 6 个班级建议进行停课并进行相关指导。

【疾病预防控制】　传染病防治工作　2012 年全区未报告甲类传染病，共报告乙丙类传染病 15 种 1188 例，其中乙类传染病 9 种 486 例、丙类传染病 6 种 702 例，2012 年甲乙类传染病报告发病率为 278.87/10 万。对 17 例疑似麻疹、1 例狂犬病、1 例 AFP 病例、3 例疑似乙脑、1 例流行性出血热、1 例疟疾、47 例腮腺炎、66 例手足口病、10 起共 22 人的毒蘑菇中毒及 1 起 3 人的胃肠型食物中毒进行流行病学调查处理。2013 年，全区共报告乙丙类传染病 14 种 1175 例，年报告发病率 665.61/10 万，其中乙类传染病 7 种 467 例、丙类传染病 7 种 708 例（甲乙类传染病报告发病率 264.54/10 万）。全年无甲类传染病报告。共报告性病 6 种 1039 例（其中本地病例 6 种 357 例），同时对 5 例 AFP 病例，65 例手足口病病例，20 例疑似麻疹病例及 1 例疑似 H7N9 禽流感病例进行流行病学调查处理。

腹泻病防治工作 2012年5月—10月，共报告腹泻病人1353例，培养423例，报告培养率31.26%，其中，区级以上医院报告腹泻病人1070例，培养385例，报告培养率35.98%；镇级报告腹泻病人283例，培养38例，报告培养率13.48%。外环境水源检测90份、食品检测90份样品，结果均为阴性。2013年全区共报告腹泻病例1361例，培养421例，培养率为30.93%，其中区级以上医院报告腹泻病例1122例，培养385例，培养率为34.30%；卫生院报告腹泻病例239例，培养36例，培养率为15.10%，外环境水源检测90份、食品检测90份样品，结果均为阴性。

艾滋病防治工作 2012年，区疾控中心、区妇幼保健所、首康医院VCT门诊规范开展工作，共接受自愿咨询检测434人次，其中医院转介后确诊1例艾滋病病毒感染者；开展高危行为干预11次，覆盖1410人次，发放宣传材料1323份、安全套13230只；国家级监测点娱乐场所高危人群监测共400人。开展CD4检测41人次，病毒载量检测7人次，对7例艾滋病病人和5例感染者随访44人次。2013年，规范开展艾滋病自愿咨询检测（VCT）工作，全年共完成426人的HIV、梅毒免费咨询和初筛检测工作，完成年度任务的106.5%，其中首康医院完成免费咨询150人，区保健所完成免费咨询60人，区疾控中心完成免费咨询216人；开展高危人群行为干预工作，完成高危人群干预807人次，HIV检测638人次；国家级监测点娱乐场所高危人群监测共完成哨点调查400人，包括现场问卷调查、HIV抗体、梅毒抗体、HCV抗体检测及感染状态判定，此次未检测出HIV阳性，共检出梅毒阳性7人，梅毒感染率1.75%；丙肝阳性3人，丙肝感染率0.75%；管理艾滋病病人/感染者14人，其中艾滋病病人9人、感染者5人，免费抗病毒治疗13人。艾滋病人/感染者共随访54人次，CD4检测52人次，病毒载量检测11人。

免疫规划工作 2012年，建卡2513人，其中本地建卡1894人，共接种45742剂次。5月开展屯溪区6岁以下儿童查漏补种活动，共查验10514人次，补种1582人次，补种率97.06%。9月对小学、托幼机构入学入托儿童预防接种证查验工作进行检查，共查验入学入托新生3347人，查验率100%，无证人数8人，已补证人数7人，完成补证率为87.5%；需补种1988人次，已补种全1938人次，完成补种率为97.48%。12月开展脊灰疫苗强化免疫活动，第一轮接种脊灰疫苗6550人次，接种率99.02%。2013年，实行预防接种信息化管理人数2257人（其中本地儿童2124人），一类疫苗预防接种50764剂次。2013年，建卡2144人，其中本地建卡1908人，共接种50764剂次。3月开展屯溪区4岁以下儿童麻疹查漏补种活动，共查验6868人次，应补种228人次，已补种219人，补种率96.05%；9月—10月开展屯溪区12周岁以下儿童麻疹查漏补种工作，共查验21952人次，应补种3245人次，已补种3167人次，补种率97.60%；9月—12月开展小学、幼儿园查验证工作，共查验18649人，应补种3655人次，已补种3559人次，补种率97.38%，应补证93人，已补证93人，补证率100%。3—12月6家有产科的医院共出生4131个婴儿，共接种乙肝3830人，及时接种率为92.72%；接种卡介苗2903人，及时接种率为70.28%。

结核病防治工作 2012年，初诊197人次，诊断结核病人52人，纳入免费治疗管理52人，治疗管理率100%；结核病人追踪119人，到位107人；登记密接筛查50人，密接筛查率100%。2013年，专科门诊共就诊211例病人，其中因症就诊104人，医疗机构转诊19人，追踪88人。全年累计发现、登记肺结核病人91人，纳入免费治疗管理91人，治疗管理率为

100%。非结防机构网络报告结核病人 95 例，追踪到位 95 人，追踪到位率 100%。初诊 154 人次，诊断结核病人 66 人，纳入免费治疗管理 66 人，治疗管理率 100%；结核病人追踪 62 人，到位 58 人，追踪到位率为 93.55%；登记密接筛查 46 人，密接筛查率 100 %。

医疗机构消毒监测工作　2012 年，对 65 家医疗机构进行采样监测，采样 410 份，合格 348 份，合格率为 84.88%。2013 年，对 75 家医疗机构进行采样监测，消毒效果监测覆盖率 100%，共采样 390 份，合格 338 份，合格率 86.67%。

人感染 H7N9 禽流感防控工作　2013 年，实行不明原因肺炎病人、流感样病人监测日报、零报制度，共报告流感样病例 567 例，流感监测 A 未分型病例 1 例，无重症肺炎病例；印制预防人感染 H7N9 禽流感宣传材料 4 万份、病死禽畜无害化处理技术 5000 份；指导农业和林业部门相关人员做好自我防护，对病死禽畜进行无害化处理；妥善处置 1 起 H7N9 禽流感监测病例，指导农业部门对 6000 余只家禽进行无害化处理，妥善处置 3 起不明原因死亡飞禽、家禽事件。共采购 15 万元的治疗、防护、消毒储备物资。

儿童口腔疾病综合干预项目　2013 年，屯溪区被纳入国家中西部地区儿童口腔疾病综合干预项目，于 11 月选派人员参加安徽省儿童口腔疾病综合干预项目的培训，12 月完成项目的准备工作并召开项目启动会，截至 2014 年 1 月 21 日，已完成 10 所幼儿园（学前班）1032 名儿童的牙齿局部涂氟及涂氟的电脑录入、上报工作，完成 2 所小学 6 个班级 181 名小学生 609 颗牙的窝沟封闭工作。

【卫生监督】　食品安全和卫生监督检查　2012 年，共组织开展 16 次专项整治行动，出动卫生监督员和卫生监督协管员 1158 人次，检查各类生产经营单位 2523 户次；审核检测公共场所经营单位 312 家，抽检样品 331 份，不合格 6 份，合格率 98.1%；检查 1784 个项目，不合格 24 项，合格率 98.1%。

打击无证行医和非法采供血　开展 4 次集中检查行动，共出动执法人员 182 人次，查处无证游医 5 起，没收医疗器械和药品价值 2800 元；依法取缔黑诊所 1 家。

公共场所卫生信誉度量化分级和检查监测　2012 年出动卫生执法人员 352 人次，共检查公共场所 510 家，初步评议 419 家单位分别为 2012 年度卫生信誉度 A、B、C 等级，公共场所住宿业、美容美发业、沐浴业、歌舞厅以及游泳场馆卫生信誉度量化分级管理覆盖率 100%。审核检测公共场所经营单位 312 家，抽检样品 331 份，不合格 6 份，合格率 98.1%；住宿业、沐浴场所以及美容美发等公共场所经营单位经常性卫生监督覆盖率达到 100%。

文明城市文明指数测评和省卫生城市复核　2012 年共开展 4 次专项检查，抽调卫生监督员、卫生监督协管员以及卫生工作人员 48 人分成 24 个小组，对区“五小”经营单位逐街逐巷进行拉网式监督检查。全区出动卫生监督员及卫生监督协管员 920 多人次，发放创建文明城市文明程度指数测评标准、餐饮业和公共场所各行业卫生城市标准、预防四害等宣传材料 5000 余份。

中华人民共和国卫生行政许可和卫生行政处罚　严格按照《行政许可法》要求实施行政许可，累计发放许可证 883 户。餐饮服务许可证 593 户（长期许可证 336 户、临时许可证 257 户），变更 11 户；公共场所卫生许可证 290 户，变更 9 户；不予许可 31 户（其中餐饮 29 户，公共场所 2 户）。共立案查处 6 起卫生行政违法案件，罚没款 11023.8 元。

公共场所卫生监督　2013 年，对全区所有公共场所经营单位进行全面检查，共出动执法人员 150 余人次，下达整改意见书 313 份，并对 619 家公共场所经营单位进行量化评分工作，住宿场所、沐浴场所、美容美发场所、歌舞厅量化分级管理率达100%。其中，住宿业A级单位1家，B级单位14家，C级单位175家；美容美发业B级单位1家，C级单位263家；洗浴业B级单位3家，C级单位150家；歌舞厅B级单位2家，C级单位9家；游泳场馆B级单位1家。

医疗机构卫生监督　2013年对辖区内113家医疗机构开展4次执法检查。开展乡（镇）、村极医疗机构卫生信誉度量化分级监督管理工作。对36家镇卫生院（中心）和村卫生室（服务站）进行现场卫生监督检查评分，经考核审议，评定医疗机构卫生信誉度A级4家、B级11家、C级21家。

开展消毒产品专项检查　共检查单位142家，其中消毒产品经营部6家、药店53家、医疗机构83家，涉及产品21种，没收不合格产品14盒，处罚2家，罚款2900元。

放射卫生监督　全区持有放射诊疗许可证的单位11家，开展放射诊疗活动的6家，从业人员9人，均按要求对放射工作人员进行健康体检，建立有个人剂量和健康检查档案；设置有辐射警示标识，配备有符合要求的工作人员、受检者防护用品。2012年全区放射诊疗17125人次。

【妇幼保健工作】　2012年，完成免费婚检1530对，结婚登记1867对，婚检率81.95%，检出疾病697人，疾病检出率为22.78%。3月22日起将艾滋病检测纳入婚检项目。农村孕产妇住院分娩补助612人，共发放补助资金18.36万元，补助率132.18%。艾滋病孕期检测2338人，住院检测3898人，产时检测677人，阳性0人；梅毒孕期检测2627人，住院检测3654人，产时检测1029人，梅毒感染产妇30人，梅毒感染产妇活产30人；乙肝孕期检测2686人，阳性113人，住院检测3557人，产时检测1159人，阳性264人，乙肝阳性产妇新生儿264人，注射免疫球蛋白265人（包括丙肝1人）。叶酸发放990人，2813瓶，目标人群的服用率达95.25%，叶酸服用依从率达88.2%。未发现神经管畸形新生儿。将4—6岁儿童纳入免费管理范围，由社区卫生服务中心和各镇卫生院组织体检小组对全区4-6岁儿童进行年度健康体检，共计为全区54家幼儿园所和小学学前班6651余名儿童进行健康体检并进行评估分析。将外来常住人口纳入免费服务范围，以屯溪区出生人口1763人计算，儿童建卡率为104.25%、孕产妇保健服务覆盖率为106.24%。完成儿童听力筛查1319人，筛查率74.83%。新生儿疾病筛查纳入免费服务范围，为960名新生儿报销新筛费用。

2013年，完成免费婚检1455.5对，结婚登记1690对，婚检率86.12%，比2012年提高3个百分点。检出疾病318人，疾病检出率为10.92%。农村孕产妇住院分娩补助578人，共发放补助资金17.34万元，补助率100%。艾滋病孕期检测2746人，住院检测4328人，产时检测586人，阳性0人；梅毒孕期检测3028人，感染人数6人，住院检测4191人，产时检测874人，梅毒感染产妇35人，梅毒感染产妇活产34人；乙肝孕期检测3005人，阳性81人，住院检测4333人，产时检测624人，阳性248人，乙肝阳性产妇新生儿248人，注射免疫球蛋白248人。叶酸发放1046人，3147瓶，目标人群的服用率达89.25%，叶酸服用依从率达85.2%。未发现神经管畸形新生儿。将4—6岁儿童纳入免费管理范围，由社区卫生服务中心和各镇卫生院组织体检小组对全区4—6岁儿童进行年度健康体检，体检7215人。以屯溪区2013年孕产妇人数1697人计算，孕产妇保健覆盖率为108.84%，儿童保健建卡率为119.27%。完成儿童听力筛查1371人，筛查率80.41%，为1193名新生儿报销新筛费用。

【地方病防治工作】　血吸虫病、寄生虫病监测工作　2012年，春秋两季重点开展阳湖镇、屯光镇、新潭镇、市区共44个行政村2076个环境的螺情监测，实际完成222万平方米，未发现残存钉螺。全年接村民报螺3起，经现场复核均为非钉螺。人群查病实际完成5735人，查出输入性现症慢性血吸虫病人1人。其中流动人群黄山学院新生查病4353人，省级疫情监测村查病840人，中小学生390人，年初返乡人员查病15人，门诊监测查病137人，未发现当地感染血吸虫病人。农业部门人畜同步监测，对当年开展血防工作的屯光镇、阳湖镇进行耕牛查病，23个行政村共查耕牛260头，未发现感染血吸虫病病牛。完成土源线虫调查649人，其中阳湖镇兖溪村村民533人，小学生106人，门诊10人，查出感染土源线虫4人（钩虫2人，蛔虫1人，鞭虫1人），平均感染率为0.62%。开展大型项目工程卫生学评价和血防执法活动，12月组织水利、卫生、血防等有关人员开展奕棋镇占川河河道博村段二期工程综合治理现场卫生学评价，该项目投资概算近660万元，项目覆盖博村桥以上525米右护岸，河道拓宽10米—12米，清淤525米，计2800立方米，淤泥就地填埋，护岸加高。工程建设区域内历史有螺面积约48175平方米，现场指导截弯取直，开新填旧等历史有螺环境清淤处理工作。2013年，春秋两季开展对阳湖镇、黎阳镇、奕棋镇、市区共42个行政村的2056个环境的螺情监测，完成200万平方米，未发现残存钉螺。全年接村民报螺3起，经现场复核均为非钉螺。人群查病实际完成5166人，其中流动人群黄山学院新生查病4427人，省级疫情监测村查病602人，晚血病人血检90人，年初返乡人员查病12人，门诊监测查病35人，共血检阳性2人，粪检查出输入性现症慢性血吸虫病人1人，及时给予吡喹酮免费药物治疗，未发现当地感染血吸虫病人。农业部门人畜同步监测，对当年开展血防工作的黎阳镇、奕棋镇7个行政村进行耕牛查病，共查耕牛260头，未发现感染血吸虫病病牛。开展黎阳镇傍霞村村民土源线虫调查602人，查出阳性52人，总感染率为8.64%。检出虫种5种，分别为蛔虫、钩虫、鞭虫、蛲虫和姜片虫。以蛔虫感染率最高，达6.65%。开展大型项目工程卫生学评价活动，11月组织水利、卫生、血防等有关人员开展奕棋镇占川河河道西海路至花溪饭店出口段工程综合治理现场卫生学评价，该项目投资概算近300万元，工程建设区域内历史有螺面积约2.04万平方米，现场指导截弯取直，开新填旧等历史有螺环境清淤处理工作。

晚期血吸虫病救助工作　2012年度晚血救治任务95人，实际救治95人，项目经费支出47.5万元，于当年12月底全部完成。组织开展晚血病人回访和满意度调查，满意度100%。2013年度晚血救治任务80人，实际救治90人，项目经费支出40万元，于当年9月底全部完成。组织开展晚血病人回访和满意度调查，满意度100%。

碘盐和病情监测　2012年，居民户碘盐监测任务270份，专业人员入户采集270份，检测结果有4份不合格，其余均符合国家碘含量最新标准。全区居民食用碘盐覆盖率100%，碘盐合格率98.5%。碘缺乏病病情监测任务8—10岁学生200人，5所学校实际完成调查200人，甲状腺肿大率为0。尿碘监测任务8—10岁学生100人份，实际完成采样100份，经检验尿碘中位数为255ug/L，尿碘含量＜50ug/L为0。采集孕妇尿液100份，孕妇尿碘中位数为275.4ug/L，尿碘含量＜100ug/L为1%。继续保持全区消除碘缺乏病目标。2013年，居民户碘盐监测任务285份，专业人员入户采集285份，检测结果有5份不合格，其余均符合国家碘含量最新标准。全区居民食用碘盐覆盖率100%，碘盐合格率98.25%。碘缺乏病病情监测任务8—10岁学生200人，阳湖镇中心小学、奕棋镇中心小学、龙山小学、新潭镇中心小学、荷花池小学五所学校共完成调查200人，甲状腺肿大率为零。尿碘监测任务8—10岁学生100人份，实际完成采样100份，经检验尿碘中位数为234.5ug/L，尿碘含量＜50ug/L为0。采集孕妇尿液100份，孕妇尿碘中位数为157.9ug/L。尿碘频数分布≥100ug/L为77%，＜20ug/L为0。继续保持全区消除碘缺乏病目标。

重性精神疾病管理项目　2012年，建立重性精神疾病管理档案722人份，其中死亡10人。2013年，新建档2人，全区建档724人份，死亡25人。全年督查指导4次。

（程利忠、朱春霞）

体　育

【概况】　1955年成立屯溪市体育运动委员会，2003年2月，更名为屯溪区体育局，是区政府直属事业单位，行政编制3人。下设业余体校，事业编制8人。主要职能是贯彻《中华人民共和国体育法》，全面推行和实施全民健身计划纲要，指导和检查全区学校、机关、乡镇、街道及企事业单位开展体育工作，培养优秀体育后备人才，组队参加上级体育部门的体育竞赛项目等。

【开展全民健身活动】　2012年9月10日，颁布《黄山市屯溪区全民健身实施计划（2011-2015）》。一是推进全民健身工程，建设屯溪区第一个村级全民健身广场——安东安置小区健身广场，建成37个农民体育健身工程、3个社区体育俱乐部、8个全民健身苑，24个示范晨晚练点。二是组织开展全民健身活动，迎新春健康跑、“绿色黄山·低碳先行”万名妇女自行车骑行、2013年“南京·黄山”千人迎青奥健身走活动、“美丽黄山·幸福安康”中国万人登山休闲大会暨第九届黄山国际登山大会；举办“喜迎十八大·舞动大观街”全民健身展示月活动、“全民健身活动日”优秀节目展示表演、“巾帼风采·舞动昱城”广场舞展示表演、“五一”劳动节拔河比赛、全区“美好乡村杯”农民篮球赛（2013年代表黄山市参加安徽省“美好乡村杯”农民篮球赛，获二等奖），举办各级各类群众性体育活动20余次。三是建立健全全民健身服务体系。成立屯溪区体育总会、屯溪区柔力球协会、屯溪区太极拳协会，参加社会体育指导培训78人，其中国家级2人。四是组织参加全市国民体质监测，指导国民体质监测工作方案并组织实施。

“美好乡村杯”农民篮球赛

【民俗体育项目】　2012年1月，为全面了解徽州民俗体育生存状况，有效保护徽州民俗体育文化、发展体育旅游、促进体育产业发展，安徽省体育局组织“徽州民俗体育流变研究项目调查组”大型专家调查团到黄山市调查徽州民俗体育项目，屯光镇的舞狮、黎阳镇的仗鼓、阳湖镇的蚌壳舞、划旱船、新潭镇的布龙、奕棋镇的舞和合成为屯溪区的代表项目。

【青少年体育】　2012年10月，在龙山小学举办秋季全区小学生田径运动会；2013年，举办全区青少年象（围）棋比赛；2013年6月，成立屯溪区少儿门球培训基地，并在东城实验小学举行揭牌及器材捐赠仪式。

【体育赛事】　2013年9月组队参加黄山市第六届运动会全部项目，取得青少年组金牌总数、团体总分和奖牌总数3个第一、成年组团体总分第2的成绩。同月参加黄山市新安江龙舟赛。

文　化

【概况】 1949年5月13日屯溪市人民政府成立，文化工作由教育科兼管。1952年7月改设文教科。1956年7月，市政府专设文化科，1957年10月，文化科与教育科合并成立文教局。1963年9月，屯溪由市改镇，文教局改为文教股。1965年1月，文教股与卫生股合并为文教卫生股。1968年7月，屯溪镇革命委员会成立，8月撤销文教卫生股，文化工作由教育革命领导小组办公室负责。1971年9月起改由教育局管理。1975年1月，成立屯溪镇文化局。1976年1月，屯溪恢复设市，文化工作由教育局兼管。1977年2月，设立屯溪市文化局。1988年改称区文化局。2011年改称屯溪区文化广电新闻出版局（简称文广新局）。内设办公室、文化产业科、广电管理科和非遗科4个职能科室，在岗10人。下属二级机构区图书馆、区文化馆、区博物馆、戴震纪念馆4个。

【公共文化设施建设】 2012年，投入资金800余万元，对图书馆，文化馆及博物馆进行改造。

屯溪区图书馆改造工程　2012年全区十五件大事之一。2012年7月动工，2013年，完成改扩建，建筑面积扩大为1620平方米。馆内设有第一、第二、第三借书处、报刊阅览室、综合阅览室、电子阅览室（同时为“全国文化信息资源共享工程”县级支中心）、咨询辅导室、资料室等服务窗口以及采编室等业务部门。新增图书近万册，藏书量增加到10万余册；新增电子图书50万册，盲文图书近200册，报纸20余种，期刊80余种，读者座席200个，日均接待读者400余人次。11月区图书馆被文化部命名为国家“一级图书馆”。

屯溪区文化馆改造工程　2012年全区十五件大事之一，2012年7月动工，2013年7月正式对外开放。馆内设有编导、群艺、文学、美术、书法、音乐等艺术门类，面积达2500余平方米。

“屯溪老街社区博物馆”文物信息展示中心展陈改造　2012年5月工程启动，召开专家论证会讨论、编制、修改《屯溪老街发展史》陈列大纲，整理展览文字及宣传册页内容；走访居民、学者，搜集老街店号旧物（账簿、票据、广告等）；利用媒体刊登展品征集公告，共征集展品300件、旧照片65张，遴选约100

件馆藏文物用于展览；整理、清洁，修复家具10件。屯溪老街社区博物馆核心展示馆集中展示徽商文化、徽派建筑、徽州四雕、新安医学、徽墨歙砚等与徽州普通民众息息相关的徽州文化精华部分，使游客和社区居民加深对徽州文化体系的了解和研究。博物馆面积800平方米，超过国家设定区县三级场馆标准。2013年5月份正式对外开放，共接待观众32万人次，其中青少年观众3.2万人次。

【文化惠民】 2012年，全区共投入资金60万元新建9家“农家书屋”和5家公共文化服务信息化建设（公共电子阅览室）。制定区文化类民生工程使用状况绩效评估考核办法，通过检查、抽查、调查等手段，加大考核通报力度，提高文化站、农家书屋及公共电子阅览室的使用率。

2013年6月底，阳湖镇、新潭镇公共文化服务信息化建设（公共电子阅览室）建成并对外免费开放，至此全区5个镇实现公共电子阅览室全覆盖。为农家书屋更新图书8970余册。区文化馆开展葫芦丝、二胡、拉丁舞等培训班，免费培训市民逾2000人次。聘请专业教师举办2期广场舞培训，共培训镇（街道）文艺骨干近100人。

【“百村千幢”工程】 2012年，投入资金5304.3万元，完成19幢古民居的修复工作。对南溪南古民居情况进行系统调查，做好古民居价值的测算，对吴中明坊、吴蔚起坊进行修复。

徽州古建筑保护工程建设之一——黎阳故邸廊桥

2013年，共投入资金7500万元，完成35幢古民居的维修利用。重点建设阳湖外边溪古民居、黎阳商街古民居原地保护利用工程、黎阳故邸异地集中保护利用续建工程，黎阳故邸、黎阳商街、老街古民居保护利用全面完工。

【文化遗产保护】 2012年，镇海桥、南溪南村牌坊和中共皖南特委机关旧址被确定为安徽省第六批文物保护单位。戴震纪念馆成为全省首个社会科学知识普及基地。顶市酥、寸金糖等4个非遗项目被确定为第四批市级非物质文化遗产保护项目，并积极做好16个非遗项目31个非遗传承人的市级申报工作。徽墨制作技艺传承人汪培坤获“中华非遗传承人薪传奖”，是安徽省唯一获此殊荣的传承人。开展全区28处文物保护单位的“四有”记录档案编制工作。联合区消防大队开展文物保护单位安全联合检查专项行动，举办古建筑安全用电暨消防安全工作培训会。开展“走近戴震 了解戴震 学习戴震”的“戴震文化进校园”活动，1600余名师生参加。开展“戴震文化杯”写作比赛活动，评选出36篇优秀作品 。对戴震藏书楼进行维修，组织区内非遗传承人参加首届中国（黄山）非物质文化遗产传统技艺大展。

2013年，程大位故居入选全国第七批文物保护单位，同德仁药店入选省级第七批文物保护单位。新增胡开文墨厂等14处区级文物保护单位。国家非物质文化遗产（木雕）代表性传承人蒯正华获“第二届中华非物质文化遗产传承人薪传奖”。协助国家文化资源共享摄制组、台湾“中国电视公司”《万里江山—大陆寻奇》摄制组拍摄采访漆器、程大位珠算法、徽墨、歙砚、徽菜制作等非遗项目。开展全区可移动文物普查工作，共发放调查登记表108份，回收调查登记表108份，实际回收率达100%。对程大位故居、戴震纪念馆进行维修加固。加大文物保护单位巡查力度，对全区文物保护单位进行安全检查，共巡查文物保护单位32次，发现安全隐患20处，已整改20处。举办“全区文物保护单位大型图片展”，发放防火、防汛宣传资料1000余份。

【文化活动】 2012年举办以欢庆元旦、新春、元宵节、劳动节、八一建军节、国庆节等节庆为主题的系列文化活动。开展文化惠民活动，组织送演出“三下乡”“四进社区”“美好屯溪——民生政策宣传巡演”等专业演出40余场次；组织实施农村公益电影放映工程，共放映公益电影500余部。文化馆、图书馆、博物馆、戴震纪念馆以及全区所有农家书屋和乡镇综合文化站全部实行免费开放，同时各乡镇、街道依托乡镇综合文化站和文化活动室的平台，广泛开展形式多样的文化活动，共开展农民、居民文化活动30余场。

2013年，举办庆祝“文化遗产日”活动，开展非遗项目展演、非遗项目展示等；举办“屯溪区庆祝‘5·18’国际博物馆日暨屯溪老街社区博物馆志愿者宣誓仪式”；举办“读者选书，图书馆买单”世界读书日大型荐书公益活动。举办以欢庆元旦、新春、元宵节、劳动节、八一建军节、国庆节等节庆为主题的系列文化活动。开展文化惠民活动，组织送演出“三下乡”“四进社区”、社区广场舞大赛等专业演出30余场次，放映电影600余部，

【文化产业】 2013年，加快屯溪老街、阳湖记忆、髙山佛文化保护恢复等一批具有示范效应和产业拉动作用的重大文化产业项目推进力度。文化产业精品打造工程共完成投资3.5亿元。发挥区位优势和徽文化资源丰厚、文化旅游景点集中的优势，加大徽墨、歙砚、徽漆等产业扶持力度，引进现代工艺、创新生产方式，走批量化、规模化、品牌化生产之路。金逸影院建设完成，发展动漫游戏、文化创意等新兴文化产业，黄山河马文化产业园项目落户屯溪。

【文艺作品】 区文化馆创作的喜剧小品《那村·那花·那人》获第六届安徽省小戏小品大赛组织奖、剧目奖、编剧奖、导演奖、表演奖5项大奖；广场舞《美丽的屯溪》获市委宣传部、市文化委联合主办的“中国梦黄山情新律动”广场舞大赛一等奖；区文化馆姜少华被收录入《安徽省当代书画家暨工艺美术师大典》；郑天君油画作品《冬韵》获安徽省第四届美术大展油画展优秀奖；国画作品《寒潮平复落、幽鸟去还来》、《新安江上》入选由安徽省委宣传部、安徽省文联主办的《首届皖籍书法美术（中国画）工艺美术名家精品邀请展》赴北京展出。

（许　兴）

档案工作

【概况】 1958年12月成立屯溪市档案资料馆，1959年与休宁县档案馆合并，1961年1月撤销，同年8月恢复，1963年9月再度撤销，1975年4月恢复成立屯溪镇档案馆。1976年1月，镇档案馆改称屯溪市档案馆，1981年7月成立市档案局，与市档案馆合署办公。1988年3月改称屯溪区档案局（馆）。区档案局与区档案馆一个机构、两块牌子，为区委、区政府直属事业单位，履行档案事业行政管理和档案保管利用两种职能。内设办公室、业务指导科、档案管理科、档案编研科4个科室，事业编制8名。截至2013年底馆藏全宗113个，档案数量161626卷（件）。2011年11月区档案馆被授予市爱国主义教育基地。全区有1家省特级先进档案室单位，20家省一级档案先进单位，65家省二级档案先进单位。

【档案征集利用】 2012年，屯溪区档案馆共接收婚姻档案、企业档案、文书档案约31016卷（件），征集道光年间的余氏族谱2套、民国期间的徽州珍贵书函数十张、五十年代人民公社的社员证、社员工作手册10余本，全年接待查档人员1000余次，提供利用档案1623卷。

2013年，共接收独生子女父母光荣证档案182卷、再生育审批档案1201卷、士兵退伍安置档案1333卷、农村低保档案407卷、农村能源工程档案93卷，馆藏涉农档案达80151卷（件），征集民国休宁县屯溪镇茶叶公会档案4000余卷、徽州老中医医药处方400余件、1951年至1971年屯溪各学校的学习、教育档案资料20余件，征购一批民国时期的文书档案，其中一份股票是民国七年屯溪科学书馆有限公司发出，总股票金3000银币，设30股，每股100银币，这批徽州文书档案对研究民国时期徽商经济具有较高的价值。全年共接待档案利用者约1854人次，提供利用档案2465卷。

【电子文件利用中心暨区政府信息公开查阅点建设】 2013年，屯溪区政务公开办和档案局联合申请专项资金5万元，购置5台电脑、1台电子触摸屏、5排桌椅，在区档案局二楼设立面积50余平方米的政府信息公开查阅点，为社会各界提供查询服务。

【档案展示厅建设】 从省有关部门争取资金40万元，在档案局三楼建设面积140平方米的档案展示厅。展厅汇集各类图片资料200余张，分领导关怀、历史沿革、烽火岁月、古韵遗风、工商掠影等13个板块，反映屯溪区在不同历史时期的政治、经济、文化建设等方面取得的成就。2013年7月建成并免费对外开放，截至年底共接待参观访客30批次。

【档案信息化建设】 加快档案数字化建设步

区人大常委会主任徐灶米（右二）检查档案工作

伐，2012年，屯溪区档案局完成5万条的档案目录著录任务，2013年，对利用率较高的馆藏重点档案进行扫描，完成5万条档案目录著录和80万幅档案扫描工作，安装WEB档案查询系统，提高档案保护力度和档案利用效果，完善馆藏档案目录数据库。加快档案管理现代化步伐，截至2013年年底，全区共有61个区直部门配置科怡档案管理软件，实现档案的管理、利用和服务计算机化。

【档案工作创新】 一是将档案工作纳入美好乡村建设验收考核体系，凡是档案工作未达规范化要求的乡村不得通过美好乡村验收。二是创新档案工作指导方式。建立区新农村档案工作QQ群，全区共有60位专职档案业务员加入，借助共享空间，进行工作部署、解答难题。三是在档案信息网上开辟“三农档案”专栏，公开涉农开放档案目录约60批，畅通农业农村信息渠道，为民解惑释疑、排忧解难。四是全面收集归档股改档案。屯溪区在改居村开展集体财产股份制改革试点工作，区农委、区档案局组织人员上门指导股改档案收集整理，共整理股改档案1206件。五是建立徽文化纪念馆。屯光镇篁墩村创建黄山市首个社会主义新农村省一级综合档案室，建造特色档案展厅“程朱阙里纪念馆”。六是建立抗洪救灾档案。老街街道珠塘社区开展地质灾害档案工作，多方收集抗洪救灾档案资料，为做好防治地质灾害工作提供借鉴。

【创建全国社会主义新农村建设档案工作示范区】 2012年–2013年，在全国社会主义新农村建设档案工作示范区争创工作中，屯溪区档案工作围绕“全国领先、全面领先”的工作目标，贯彻落实《中华人民共和国档案法》《安徽省档案条例》，加强数字档案馆、规范化档案室建设，档案资源建设，信息化安全建设，数字档案信息利用以及政府信息公开等。2013年12月27日，屯溪区通过国家新农村建设档案工作验收组验收，被国家档案局、民政部、农业部评为全国社会主义新农村建设档案工作示范区。

（金风华）

地方志工作

【概况】 1982年成立屯溪市地方志编纂委员会办公室。1993年12月，地方志编纂委员会办公室并入档案局。1997年3月，区地方志办公室分设，为区政府内设挂牌单位。2005年7月，屯溪区政府调整机构，区地方志编纂委员会办公室属区政府直属事业单位，参照公务员法管理。其主要职能是制定全区地方志编纂长期规划及年度实施计划，组织编纂屯溪区志和综合年鉴，对乡镇和区直部门专业志进行业务指导和审定，组织整理旧志，收集、整理、保管和开发利用地情资料等。内设办公室、编纂科2个科室，在岗3人。

【《黄山市屯溪区志》编纂出版】 新修的通纪体志书《黄山市屯溪区志》于2012年12月正式出版发行。上限追溯至事物发端，下限为2005年（大事记编至2011年12月）。志书为分章小篇结构，设36章201节741个条目，前置卷首，包括序言、凡例、概述、大事记，后殿

黄山市屯溪区志

附录、索引，专志框架按先自然，后社会；先经济基础，后上层建筑的顺序排列。全书共230万字。志书前部设有“屯溪区对外交通示意图”、“屯溪区行政区划图”、“屯溪区城区图”和154幅彩色图片，志书随内文附黑白图片460幅。《黄山市屯溪区志》与1990版《屯溪市志》比较，增设人口、屯溪老街、房地产、旅游、传媒、社会生活、艺文等12章内容，增加140万字，其中90多万字为增加现代部分，40多万字为挖掘历史部分。

【地情工作】 利用“屯溪史志网”介绍屯溪历史、风土人情以及二轮修志成果，资政、资商、资业；为《志苑》《安徽年鉴》《黄山年鉴》《徽州社会科学》《屯溪文史》《黄山日报》等提供地情资料；向国家、省、市方志馆报送地方志书和地情书，完成编纂《安徽省政府志屯溪篇》志稿任务；利用地情资料，配合有关部门宣传屯溪，服务屯溪经济和社会发展。

（何丽华）

安广网络黄山市公司

【概况】 安广网络黄山市分公司成立于2001年12月，是从事有线电视网络规划、建设、运营的省属国有企业。公司主营三大业务，分别是广播电视业务（提供标清、高清数字电视、

VOD 点播、3D 电视、数字音乐广播、互动游戏娱乐等服务）、电视工程业务（提供有线电视的工程设计、建设、运营维护等服务）、数据业务（提供信息专网、互联网接入、网络会议电视服务、线路出租、新媒体广告等业务）。截至 2013 年年底，市公司本部数字电视总用户为 68558 户，副端 20269 户。

【队伍建设】 通过“走下去，选上来”机制培育人才，加强人才队伍建设。先后选派 5 人到区县分公司管理层交流锻炼，加强和充实区县分公司经营班子建设。提拔 1 名区县分公司经理到市公司交流任职，调配 3 名区县公司员工到市公司相关部门工作。通过每月定期轮流到各区县分公司召开黄山片区经营工作会议，进行工作研讨，提升经营管理能力。2013 年 3 月，黄山市分公司进行第三次人事制度改革，将 4 个部门经理、2 个部门副经理、12 个部门主管岗位面向全市各分公司进行公开竞聘，强化中层干部队伍的建设。

【数字电视】 成立用户发展领导小组，推进用户发展工作。从 2013 年 4 月开始，开展高清、互动及融合增值业务的“春季暑期金秋促销、置换卫星锅优惠入网促销、美好乡村高清宽带促销”等活动，走进广场，走入社区演示宣传，发展用户；5 月份，对黎阳镇、奕棋镇农网进行数字电视整转并关模，同时针对农村市场推出优惠的增值业务套餐，扩大用户规模；跟进美好乡村建设项目，与凤霞村签订高清电视及 E+TV 融合业务整体入网协议。全年共发放各类宣传彩页 8 万余份，截至 2013 年年底，2013 年数字电视用户新发展 5641 户，高清电视用户新增 2232 户，比上年年底增长 910%，自主宽带新增 2057 户，比同期增长 107%，互动用户新增 1014 户，较上年底增长 13.4%。新入网的集团用户有首康医院、元一柏庄、驿景酒店、水立方等 1639 个终端。

【客户服务】 坚持“以服务促发展”的服务理念，创新服务机制。2012 年制定和完善《营业厅服务考评考核办法》、《客服维护工作流程》、《首问负责制》等各项管理规章制度和一系列为客户服务的措施及项目。客户满意率达 99.8%。开展“每月服务之星、营销之星”评比活动。2013 年在全省营业厅检查评比中，黄山市分公司获得 99.6 分。呼叫中心 2013 年度共受理故障 16203 起，100% 满意处理，并积极处理用户来访及“市民热线”等反映的问题，用户回访满意率 99.5%。

【网络建设】 2013 年，完成 42 个新建小区及酒店的图纸设计、立项并实施线路布放，开通光节点 175 个，建设各种芯数光缆 60 公里，批复黄山片区 120 项工程，上报工程决算 55 项，验收审核全市工程决算项目 163 项。屯溪区范围内已全面完成双向网改造，实现无源到户，实现城乡一体化经营。分公司连续 4 次被省公司评为优秀工程管理、维护“先进单位”，2012 年度被市消费者协会授予“诚信单位”。

黄山市江南文化产业投资有限公司

【概况】 黄山市江南文化产业投资有限公司是国有独资公司，隶属区政府直接领导，2012 年 9 月 18 日成立，注册资本 1000 万元。公司内设行政部、财务部、工程部、市场部。

公司依法自主经营，对区政府授权经营的国有资产负有依法监管和保值增值的职责。公司以文化产业发展为主线，以产权管理为核心，以市场运作为手段，承担全区文化产业发展的资源整合、结构调整和战略投资任务。具体任务是：承担区国有文化资产、资源的优化配置，拓展传统文化产品市场，做强做大文化产业，实现国有资产保值增值；按市场化原则，运用多种融资工具，拓展文化、旅游产业投融资渠道，构建自主经营、自筹还贷、自负盈亏的新型投融资平台；以外边溪项目地块一期开发建设为启动区，推进文化产业聚集区及文化产业精品工程重大项目建设，整合、延伸传统文化产业链，改造、提升传统文化特色街区（古村落）。

外边溪入口

【外边溪摄影村（阳湖记忆）项目】 项目位于屯溪区阳湖镇外边溪，范围北至南滨江路、东至明远电力、西至芦村路、南至屯溪二中，占地面积约3.8公顷。建设内容包括：历史街区保护，环境整治改善，文化业态引导布局，休闲旅游环境营建等，对外边溪历史建筑在其建筑原址进行原样修缮和复原，并在后期工程中对四条历史街巷进行改造提升，恢复原有街巷肌理和格局，重现外边溪历史风貌。外边溪是清末和民国时期“屯绿”的主要交易和仓储基地之一，是除屯溪老街外仅存的古建筑相对密集的区域，清代及民国期间的历史建筑有31幢。项目入选科技部2012年国家科技支撑计划项目课题《徽州传统聚落营建与技术挖掘和传承关键技术研究及示范》，并获得2012年安徽省现代服务业引导资金等支持。被列入黄山市百佳摄影点建设和摄影产业发展项目、黄山市2012年百个亮点项目。获2013年度安徽省文化强省专项资金和徽派建筑保护与传承建设项目资金等支持。

【外边溪摄影村（阳湖记忆）项目建设】 2012年1月，屯溪区成立外边溪摄影村“阳湖记忆”项目建设领导组（下设办公室），5月，委托市建筑设计研究院设计；9月，由江南文化产业投资有限公司投资建设，11月，项目正式动工。项目进行公开招标，市建工集团有限公司为项目建设单位，市建设监理有限公司为项目监理单位。2012年完成项目发改委立项、规划红线图出具、土地预审、环评预审，一期沿江古建及外边溪30、32号修缮工程动工建设。2013年，累计完成10幢历史建筑的修缮或复原重建；完成3条街巷的管线埋设工作。

（方亦萍）

屯溪八景之一　新安怀古

在离“程朱阙里”不远，楼群魔幻般越长越高越长越大的地方，涵盖黄山自然美景与徽州千年人杰的照壁和朱熹手书“新安大好山水”摩崖石刻，静静面对着日夜东流的新安江，屹立巅峰高入云天的孙王阁，沐浴星云与日月星辰为伴。几千年历史兴衰浓缩于咫尺之地，这方水土曾经的鼎盛与辉煌留给后人无尽感慨与兴叹。

人口和计划生育工作

【概况】 1972年2月成立屯溪镇计划生育委员会，下设办公室负责日常工作。1979年改为独立机构屯溪市计划生育办公室，1984年11月成立屯溪市计划生育委员会，1988年改为屯溪区计划生育委员会，2002年更名为屯溪区人口和计划生育委员会，是区政府管理人口和计划生育工作的职能部门。内设办公室、综合业务科、流动人口管理科3个职能科室，在职人员13人。2012年—2013年，全区人口计生工作连续位居全市综合考评第一。2012年，城市和流动人口计生工作获全省主城区第四名。2013年，城市和流动人口计生工作获省计生领导组表彰。

【人口情况】 2012年，全区管理总人口为191359人，新出生人口为1821人，其中男孩910人、女孩911人。全区人口出生率9.48‰，人口自然增长率为7.8‰。出生人口政策符合率97.8%，出生人口性别比99.89。

2013年，全区管理总人口为192130人，新出生人口为1677人，其中男孩877人、女孩800人。全区人口出生率8.76‰，人口自然增长率为6.32‰。出生人口政策符合率95.83%，出生人口性别比109.63。

【计生管理】 农村计生工作管理 2012年，深化“村（居）为主”“网格化管理”工作机制，规范运用信息平台，推行双向协议管理，村（居）计生工作信息化管理覆盖面达80%以上。开展国家和省级依法行政示范镇（街道）创建活动，屯光镇、阳湖镇、黎阳镇、新潭镇获市级“阳光计生”示范镇称号、5个镇均获市级计划生育“村为主”示范镇称号。黎阳镇黎阳社区获“第三批全国人口和计划生育基层群众自治示范村”。2013年，新建尤溪社区、傍霞村、三充村、新潭村、江村5个农村幸福生活E站。屯光镇获全省计划生育依法行政示范镇，5个镇继续保持市级计划生育“村为主”示范镇称号。新潭镇，竹林村获“第四批全国人口和计划生育基层群众自治示范村”。

城区计生工作管理 2012年，启动荷花池社区、珠塘社区城市生活“E站”多个综合服务平台，促进计生工作从单一管理向公共服务转变，向生产、生活、生育多元化服务转变，实现城市居民和流动人口计划生育公共服务均

等化。2013年新建上新社区、徽山路社区城市生活E站，

【计生服务】 开展免费孕前优生健康检查，2012年，共完成240对目标人群的健康检查工作。启动区计生服务站新大楼建设。强化技术服务质量控制，全年未出现一例医疗技术事故。推进服务机构标准化建设，42个农村片村（居）服务室达到标准化建设目标。

2013年，更新新安公园、尤溪社区等6个生育文化园，全区计生宣传阵地进一步完善。继续做好区计生服务站新大楼建设。实施免费为流动人口提供国家规定的计生基本免费服务项目，拓宽避孕药具免费发放渠道。向流动人口计生家庭发放慰问金80余万元。

区委领导检查计生工作

【计生奖励】 2012年，出台《屯溪区建立完善人口和计划生育利益导向机制实施办法》，发放城市下岗无业居民和农村居民独保费、改制企业退休职工奖励、放弃二孩奖励共计294.81万元，发放计生民生区级资金（含提标扩面）12.7万元，代缴独生子女家庭和农村二女绝育家庭的社会养老保险55.48万元。计生奖特扶民生工程考核连续四年获得全市第一。

2013年，修改《屯溪区进一步完善人口

区人口计生委到基层开展计生技术服务

和计划生育利益导向机制实施办法》，全区发放城市下岗无业居民和农村居民独保费、改制企业退休职工奖励、放弃二孩奖励共计240万余元，区级发放计生民生资金（含提标扩面）67.05万元。

【生育关怀】 2012年，利用省人口基金平台，开展生育关怀行动，做好扶贫帮困工作。向60户计生困难家庭发放慰问金，25名计生困难家庭大学生、25户重大疾病特困计生家庭及时得到资助或救助。为全区102户特殊家庭购买意外伤害保险。全年共有9012户家庭参加各类计生保险，理赔案例212件。全区5个镇均被评为全市计生系列保险工作先进镇。

2013年，利用省人口基金平台，开展“生育关怀·幸福家庭”活动，做好特扶家庭关怀试点工作，向30户特殊家庭免费发送老人手机，动员20名中小学生与失独老人“亲情结对”，向60户计生困难家庭、27名计生困难家庭大学生、30户重大疾病特困计生家庭发放资助金和救助金14.68万元，使计生贫困家庭及时得到资助或救助。为全区226户特殊家庭购买意外伤害保险。全年共有10569户家庭参加各类计生保险，理赔案例235件，提供赔付金30余万元。5个镇均被评为全市计生系列保险工作先进镇。

（许顺龙）

民　政

【概况】 1949年5月屯溪市人民政府成立后，设社会科管理民政事务。1954年9月改设民政科，1961年设市民政局。1971年9月成立民政劳动局革命领导小组。1977年3月，分设为民政局、劳动局（两个机构，一套班子）。1979年2月，民政局、劳动局正式分设。1988年改称屯溪区民政局。区民政局是区政府主管社会行政事务的一个职能部门，承担着全区的救灾救济、城乡最低生活保障、城乡困难群众重大疾病救助、基层政权建设、区划地名管理、双拥、优抚、退役士兵安置、婚姻登记、儿童收养登记、社团登记、民办非企业单位登记、社会救助、殡葬管理、老龄工作等职能。民政局下设办公室、救灾救济社会福利科、基层政权建设区划地名科、社会事务管理科（区民间组织管理工作领导小组办公室）、优抚安置科（“双拥”办公室）5个职能科室，在岗21人。下属事业单位有区城镇居民最低生活保障管理中心、区军队离退休干部休养所、区社会福利院、区福利厂、区殡葬管理中心、区社区信息服务中心6个。

【城乡低保和医疗救助】 2012年，全区城乡低保户5060户9229人，建立低保业务应用管理网络信息系统。2012年11月1日起城市低保标准由320元/月，提高到355元/月，年增长率达11%；农村低保标准由1680元/年（140元/月）提高到1848元/年（或154元/月），年增长率达10%。全区有4079户7508人享受城市居民最低生活保障，累计发放9.1万人次城市低保金2241.1万元，月人均城市低保补差水平为250.1元；全区有981户1721人享受农村居民最低生活保障，累计发放2.04万人次农村低保金327.5万元，月人均农村低保补差水平为146.5元。

2013年，制定出台《屯溪区城乡居民最低生活保障工作操作规程》，2013年11月份城市低保标准由355元/月，提高到400元/月，年增长率达11%；农村低保标准由1848元/年（154元/月）提高到2400元/年（200元/月），年增长率达30%。全区有3773户6771人享受城市居民最低生活保障，累计发放8.5万人次城市低保金2083.35万元，月人均城市低保补

区委书记李高峰（左）慰问驻屯部队

差水平为245元；有1034户1769人享受农村居民最低生活保障，累计发放农村低保金409.8万元，月人均农村低保补差水平为195.2元。

2012年，医疗救助15072人次，支付资金430.8万元。2013年，完成医疗救助15008人次，支付资金333.9万元。

【双拥优抚工作】 2012年，开展“元旦”“春节”“八一”走访慰问驻军和重点优抚对象，区“四大班子”领导慰问重点优抚对象232人、慰问驻军单位16个，发放慰问款20.27万元。296名优抚对象兑现优待金227万元。为628名优抚对象发放抚恤、定补款300万元。“元旦、春节”期间，给458名优抚对象发放一次性生活补贴17万元。658名优抚对象数据进行更新。全区共审核、审批134名60周岁农村籍退役士兵享受老年生活补助，年发放补助款9万元。440名重点优抚对象发放医疗门诊补助14.6万

元。屯溪区被授予全国“双拥模范城”称号。

2013年，开展“元旦”“春节”“八一”走访慰问驻军和重点优抚对象，全区全年共慰问驻军单位21个，重点优抚对象200余人，发放慰问款17余万元。兑现300户优抚对象优待金250万元。全区零散烈士墓集中管理，5月28日将3座零散烈士墓迁移至黄山市烈士墓园集中管理（茅山茶场）。3座烈士墓迁移共支付4.65万余元。组织198人参试退役人员健康体检，支付健康体检费9万余元。发放670名优抚对象抚恤定补款320万余元。330名重点优抚对象发放医疗补助12.26万元。屯溪区被中共安徽省委、安徽省人民政府、安徽省军区授予“双拥模范城”称号。

【退役士兵安置】 2012年，全区共接收退役士兵72人，其中：农村退役士兵16人，城镇退役士兵50人（含特招1人、直招2人），转业士官6人。自主就业19人（农村退役士兵16人、特招1人、直招2人）、自谋职业47人、安置就业6人，财政累计支出467.8069万元。主办创业培训9期，技能培训2期，培训退役士兵72名。联办退役士兵专场招聘会1场。

2013年，全区共接收退役士兵63人，自主就业18人，自谋职业40人，通过推荐或参加统考录取作安置就业5人，另推荐岗位10个。组织参加市、区职业教育培训共2次，退役士兵专题招聘会1场。累计发放一次性自主就业补助、自谋职业补助和待安排工作期间生活补助费404.01万元。

【城乡社区建设】 2012年，总投入6400万元，计划建设精品社区服务中心10个，建筑面积20560平方米。其中，新建6个（稽灵山社区、社屋前社区、湖边社区、草市社区、黎阳街社区、龙山社区），拆除重建2个（上新社区、水心亭社区），扩建2个（珠塘社区、徽山路社区）。珠塘、徽山路、龙山、上新、水心亭、湖边6个社区已于12月底前完成项目建设。社屋前社区服务中心建设项目，完成二层216平方米的社区信息服务大厅建设，配工作人员6名。12月1日开通便民服务热线2581890，打造集行政管理、社会事务、便民服务为一体的社区信息服务网络。

区长胡黎明（中）慰问敬老院老人

2013年，续建和完善精品社区基础设施，完成草市、稽灵山、黎阳街3个精品社区服务中心建设。精品社区服务中心依据服务、活动、办公三大功能需求，按“1+9+特色”模式进行功能布局（“1”就是社区党委、社区居委会办公场所；“9”就是便民服务中心、综治维稳中心、劳动就业培训中心、计生服务中心、卫生服务中心、党员活动中心、文体活动中心、老年日间照料中心和绿色超市；“特色”即增设民情绿色通道、城市生活E站等特色服务项目。）打造社区“五分钟服务圈”。

【社区管理】 2012年，完成城市社区布点调整，城市社区由13个增加到20个，20个城市社区全部完成全省第二届“两委”统一换届。面向社会公开招聘40名社区专职工作人员（其中：社区党务工作者岗位10名，社区综合岗位30名），于9月29日统一分配到各社区。同时，择优录用46名撤销的城中村原“两委”干部为社区专职工作者。

2013年，开展第二次全国和谐社区建设示范单位创建活动。编纂“中国特色社区建设理论与实践创新丛书”屯溪区社区建设与实务。社区建设综合考评获全市第一名。贯彻落实《屯溪区关于加强社区工作者人才队伍建设的实施意见》，发放社区专职工作人员职称津贴，8人获助理社会工作师资格证，1人获社会工作师资格证。

【村务公开民主管理】 2012年，开展村务公开民主管理“标准化管理单位和示范村”、“勤廉示范村”创建活动；村（居）务公开民主管理工作季度督查。

2013年，指导各镇深入开展村务公开民主管理工作，积极推进凤霞、朱村、三充、东关、云村5个美好乡村建设，新建朱村、三充、东关、云村4个农村社区服务中心。组织开展2013年村（居）务公开民主管理工作季度督查，并及时通报督查情况。

【救灾救济】 2012年，全区共接收上级下拨救灾资金163.2万元，全区使用救灾资金175万元，全部一卡制发放到户；发放救灾大米1.5万公斤，食用油2000瓶（2.5升），棉被350床，羽绒服350件；共审核审批临时救助人员25人，发放救助资金31300元。申报阳湖镇柏山社区为全国综合减灾示范社区。

2013年，全年共接收上级救灾款170万元，下发救灾资金165万元，全部一卡制发放到户。发放救灾物资大米1.5万公斤、油2000瓶、棉被400床、羽绒服400件、羊毛裤400条，共计35.52万元。并对冬春困难群众“七保”工作进行部署，确保他们安全温暖过冬。2013年9月，区民政、监察、财政、审计4家单位组成联合检查组，对2012年—2013年救灾款物管理使用情况进行联合检查。

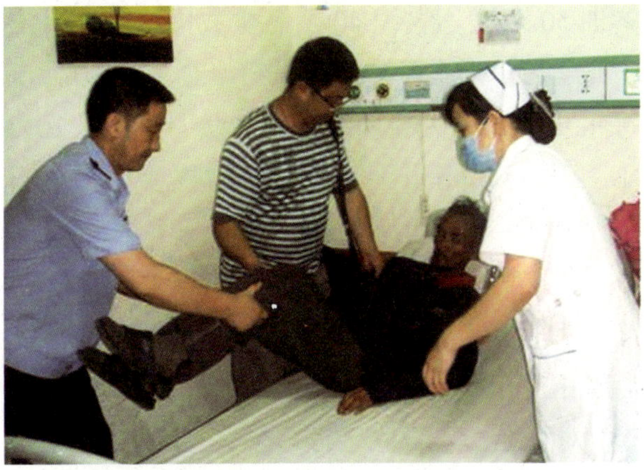

老街救助服务点救助流浪乞讨者

完善流浪乞讨人员救助管理制度。全区新设立9个救助服务点、20个救助咨询点，根据救助对象实际需求，提供生活救助、医疗救治、教育矫治、返乡救助等救助服务。屯溪区被确定为城市贫困家庭及社会救助服务人员调查区，完成2013年“中国城乡困难家庭社会政策支持系统建设”入户调查问卷工作。出台《屯溪区困难群众临时生活救助实施办法》，2013年救助168名困难群众，发放资金29.66万元。

【社会福利工作】 五保供养，2012年末全区五保对象共41人，其中集中供养22人，分散供养19人，累计发放五保供养金18.52万元。发放孤儿生活费10.9万元。救助流浪乞讨人员送院医治，安置事实无人抚养儿童1名。

2013年11月份起五保集中供养标准提高到每人每年4840元，分散供养标准提高到每人每年3150元。截至2013年年末，全区五保对象35人，其中集中供养18人、分散供养17人，集中供养率为51.4%，全年累计发放供养资金14.76万元。2013年，发放孤儿基本生活费20人次，机构供养孤儿每月1000元，散居孤儿（含事实无人抚养儿童）每月600元。

【老龄工作】 重视社会养老体系建设，落实社会福利从救济型转向普惠制政策，从2012年7月份起全区执行高龄老人生活补贴制度。截至2012年年末，全区享受高龄老人生活补贴的共有723人，其中80~89周岁的有465人、

90~99周岁的有254人、100周岁以上的有4人，累计发放金额48.66万元。截至2013年年末，全区享受高龄老人生活补贴的共有872人，其中80~89周岁的有527人、90~99周岁的有340人、100周岁以上的有5人，全年累计发放金额119.23万元。加大对社会养老机构的扶持力度。全区新建6个社区老年人日间照料中心，投入43.4万元。

【婚姻登记】 2012年，办理结婚登记1838对，离婚登记390对，补办结婚登记190对；收养登记12例，登记合格率均为100%。开展为民服务创先争优活动，婚姻登记处被省民政厅命名为全省民政系统为民服务创先争优活动“优质服务品牌”窗口单位。

2013年，共办理结婚登记1808对，离婚登记468对，补办结婚登记337对；收养登记11例，登记合格率均为100%。开展为民服务创先争优活动，通过国家3A级婚姻登记机关验收。

【社会组织管理】 2012年全区办理社会组织登记3家，其中社会团体1家，民办非企业单位2家。开展社会团体和民办非企业单位年检工作。2013年全区办理社会组织登记2家，其中民办非企业单位2家。

【区划地名工作】 2012年，完成《屯溪区行政区划图》《黄山市屯溪区城区图》策划、编制、校对、制作；完成城市社区布点（调整）方案图；审核上报8家开发商地名申报工作，完善地名数据库建设。初步完成屯溪政区及下辖9个政区《大典》编纂初稿。

2013年，完成本政区及下辖屯光、黎阳、阳湖、新潭、奕棋、昱东、昱中、昱西、老街9个政区《大典》编纂定审稿。审核上报11家开发商（单位）地名申报工作，发放190个门牌号码；重新安装地名数据库系统，进一步完善地名数据库建设。

【殡葬管理】 2012年继续执行农村殡葬遗体火化五项基本减免，减免567户4.6万元。对全区7个农村公益性公墓开展年检。

2013年继续执行农村殡葬遗体火化五项基本减免，减免528户4.3万元。完成全区7个公益性公墓的年检工作。2013年4月出台《屯溪区加强殡葬基本公共服务实施办法》，明确规定自2013年4月18日起，对具有本区户籍、去世后遗体实行火化的城乡低保对象、五保对象、城市孤老，在遗体接运、冷藏存放、火化、骨灰寄存四项基本公共服务方面实现相应减免，共减免69户4.18元。

（洪美仙）

民族 宗教

【概况】 1953年4月设立屯溪市民族宗教事务处，1956年撤销，由统一战线工作部负责宗教工作。1959年宗教工作陷于停顿，工作机构由此消失。1980年9月成立屯溪市民族宗教事务科，1998年6月改设为屯溪区民族宗教局。截至2013年底屯溪区有25个少数民族776人。

【民族工作】 每年安排3万元用于发展少数民族生产。2013年举办少数民族实用培训班，参训50余人。组织40余名少数民族群众外出考察学习。向上争取项目扶持资金20余万元。每年9月开展民族团结进步宣传月活动。2013年12月昱东街道上新社区被省民委评为全省“民族团结进步示范社区”称号。

【宗教管理】 定期对宗教场所的建筑安全、斋堂卫生、消防设施、电源电路等方面进行检查，对存在的安全隐患进行排查。在龙山寺（每年三次）观音庙会，天主教、基督教圣诞节、伊斯兰教开斋节等宗教场所举行重大活动时，提前介入，加强管理，确保活动安全。2012年、2013年由区财政分别拨款1.7万余元、1.8万余元用于缴纳区宗教教职人员社保。2013年9月，屯溪基督教代表马建华牧师当选中国基督教协会第七届常务委员会委员。屯溪区清真寺住持黄诚仆阿訇被评为“第二届全国创建和谐寺观教堂先进个人”。

【宗教界慈善活动】 龙山寺资助3位贫困大学生4700元，为区福利院送去250斤大米，40斤面条，10壶食用油，还有各类点心。基督教堂资助1名大学生，每年2000元（资助3年）；为3位到屯溪学习厨艺的西非黑人捐赠3500元的物品；为信徒开展义诊活动，探访生病的信徒等。天主教堂筹集20900元，资助10名贫困大学生、1名贫困高中生和数名山区贫困儿童。

【鬲山寺获批重建】 2012年4月，鬲山寺获省宗教局批准，同意恢复建设。9月26日，屯溪鬲山禅寺复建项目正式奠基。市委副书记程迎峰，省民委（宗教局）巡视员曹承锋，副市长路海燕，市政协副主席、市委统战部部长杨震，市政协副主席汪潇溪，区委书记李高峰，区人大常委会主任徐灶米，区政协主席张旦星，安徽省佛教协会副会长释圆藏等出席奠基仪式并为鬲山禅寺奠基培土。2013年5月20日鬲山寺建设破土动工，12月底大雄宝殿封顶。

区委书记李高峰（左二）到鬲山寺重建工地视察

（王信光）

程子谦两建屯溪桥

明代中叶以前，屯溪、黎阳因江水相隔，往来仅靠撑船或者搭建临时木桥。嘉靖十五年（1536），隆阜人戴时亮创建屯溪石桥，方便了行人和运输。康熙十五年（1676）洪水冲垮石桥，率口人程子谦疏财重义，出资重修，建了两年时间，花费640万贯。康熙三十五（1696）年四月发洪水，镇海桥再次冲坍。程子谦深深自责，“桥之不固，吾之过也”，第二年秋又独资重建，更注重建筑质量。遗憾的是，工程未竣工就去世了。其子程岳承父遗愿，加大工程投资，匠石之费几倍。重建完工后，珠里人陈昶青请浙江秀才朱彝尊作《重修屯溪桥记》，刻碑立于桥上。此后桥虽历经修葺，但再也没有出现整体坍塌的情况，且每次重修，都力图保持原有风貌。屯溪石桥与三江水色以及两岸街市、华山风光形成清代休宁海阳八景之一的“屯浦归帆”，惹得文人墨客饱览秀丽景色之余，抒情歌咏，留下许多优美诗篇。

镇（街）概览

屯光镇

【概况】 屯光镇地处黄山市中心城区东大门。镇域内拥有国家4A级重点风景名胜区—花山谜窟、“程朱阙里”历史文化遗址、中国珠算鼻祖程大位故居、程氏三宅等众多自然与人文景观，是全省“最佳旅游乡镇”和全市“综合十强镇、动态十佳镇”之一，上榜2014“全国重点镇”名单。屯光镇原为率口乡，1958年改屯光公社，1983年改为屯光乡，1992年与篁墩乡合并置屯光镇。2012年，辖8个社区、9个村委会，镇域面积42平方公里，户籍总数5250户，总人口21600人。2013年，因区划调整，上新、前园、阜上和安东4个城市社区划归昱东和昱中街道管理。现辖4个社区、9个村委会。镇域面积33平方公里，户籍总数5800户，总人口22450人。

【经济发展】 2012年，实现农村经济总收入24.6亿元。增长11.8%；国、地两税收入分别完成2605.9万元和6373.9万元；固定资产投资17.26亿元，增长33.6%；农村人均纯收入10963元，增长21.3%；规模以上工业总产值2.56亿元，增长25.2%。美好乡村建设全面启动。投资1000万元，精心打造340亩篁墩苗木基地及尤溪山庄、醉温泉等4个绿色质量提升点，建成7公里森林长廊。留村农事体验园在上海成功签约。总投资585万元的瑶源、银塘两座小（二）型水库除险加固工程全面完工。“一卡通”发放32项涉农资金786.7万元。新增1个专业合作社。森林防火、防汛、重大动物疫病及农作物病虫害防治工作成效显著。全年完成工业技改投入4545万元，振州电子被认定为国家高新技术企业。成功举办“第五届中国黄山国际温泉文化节”。

2013年，全年实现农村经济总收入22.2亿元，增长10.1%；国、地两税收入分别完成3019万元和3250万元；固定资产投资25.9亿元；农民人均纯收入12553元，增长15.3%；规模以上工业总产值2.79亿元，增长8.7%。云村、留村入选第一批市级“一村一品”特色专业示范村。新增2家专业合作社。投资4423万元，完成“千万亩森林增长工程”建设，栽植各类苗木674亩，建成森林长廊7公里。振州电子获“市第三批前沿技术创新团队”称号，电子产品在国内首家通过德国VED认证并被认定为省级高新技术产品。成功举办“第六届中国黄山国际温泉文化节”，醉温泉旅游景点获服务业安徽名牌称号。

【项目与投资】 2012年，引进云峰酒店等24个项目（亿元以上项目1个），到位区外资金10亿元，增长17.2%。全年共向上争取项目8个，获得各类项目补助资金540万元。完善重点项目奖惩考核办法，落实“八个一”、“日巡查周调度”和“插旗亮牌”项目推进机制。省“861”计划项目——新徽天地完成投资10.4亿元，占投资计划的104.3%；市“十大工程”完成投资12亿元，同比增长9%；区“十大工程”完成投资25.5亿元，同比增长28.1%。

2013年，引进41个项目，全年累计到位区外资金（含续建）12.07亿元，光明堂、皖成投资、瑞吉汽车、分检中心等项目成功入驻。留村新农村建设世行贷款项目获批，湖边电器大市场成功对外招租。落实“八个一”、“日巡查周调度”和“插旗亮牌”项目推进机制，省“861”计划项目——新徽天地完成投资8.86亿元，占投资计划的110.8%；市、区“十大工程”分别完成投资13.6亿元、34.8亿元，同比增长13%和36%。

【城镇建设】 2012年，围绕新安江综合开发工程建设，推进上草市、大众、仙人洞南路等地块拆迁征地工作，全年完成拆迁528户16.5万平方米，征地817亩。投入资金800万元完成慈张线沿线及花山路沿线309幢非徽派建筑改徽工作，羊角坞、南溪南改徽成为全市样板。南溪南垃圾中转站建成。强力推进“四大整治”，改善主要交通干线及景区景点周边环境。屯光镇及阜上社区获第二届黄山市文明村镇称号。投资3030万元，推进尤溪、瑶里花园、泉源坞二期补增地块287亩657户的安置区建设工作。

2013年，全年完成拆迁75户21222平方米，征地380亩，启动新区快速路篁墩段征地前期准备工作。审批保留村庄危旧房改造53幢。云村美好乡村建设清理乱搭乱建158处3455平方米、乱堆乱放129处，清理沟渠2500米，改徽116幢、拆旧建新42幢，完成主干道拓宽及6条支路硬化，完成830米村内文化墙建设，雨污水管网等公建设施完工。实施新安江流域综合治理，落实镇村两级“河长制”。南溪南压缩式垃圾中转站启用，新建九龙山垃圾收集池，添置环卫运输车4辆、清运车45辆，实现“户集、村收、镇清”模式。投入2000余万元，完成篁花公路、沿江472幢非徽派建筑改徽工作。溪东花园安置区建成，220户村民乔迁新居。

【民生工程】 2012年，全年投入民生工程资金1556万元。农村271户490人、城市543户786人纳入低保范畴。发放城乡大病救助金1431人次58万元。总投资463万元的富礼、浯村安全饮水工程竣工验收，受益群众2700人。9件村级公益事业“一事一议”工程竣工。新农合参合人数10463人，参合率103.5%，8423人享受新农合补助资金321.7万元，受益率80.5%。41户140名贫困人口实现脱贫。

2013年，“一卡制”发放农村居民最低生活保障金、城乡困难群众医疗救助、失地农民养老保险等30项惠农资金953.11万元。小练坞道路延伸段硬化等8项村级公益事业“一事一议”工程及留下路、南溪南村中道路硬化工程完工。完成小夷坞安置区路灯亮化工程。五保户集中供养3人，分散供养7人，办理城镇居民医疗保险参保6668人，参加城乡居民社会养老保险9690人，全镇符合条件的60岁以上老人养老金发放实现全覆盖。新农合参合率104.56%，14354人次享受补偿，受益率达到136.43%，补偿资金370.75万元。

【社会事业】 2012年，率先启动改居村集体资产股份制改革试点，社屋前经济合作社成为全省首家社区股份经济合作社。完成社屋前、湖边、草市等7个城市社区“两委”换届选举工作。全面落实计生工作责任制和奖励扶助制度。发放农村计划生育家庭奖扶、特扶资金215户26万元、放弃再生育奖励金4.6万元、独生子女保健费45万元。进村入户为5000人开展生殖健康普查普治。开展科普宣传培训和送科技下乡活动。投入教育经费310万元，开工建设镇中心幼儿园、尤溪小学。获全市“优秀基层武装部”、市级年度“征兵先进单位”称号。

2013年，完成云村、上草市、下草市、篁墩、富礼、浯村、南溪南、汊沙、留村等9个村集体资产股份制改革工作。精品社区建设湖边和草市社区大楼主体完工。150户269人贫困人口稳定脱贫。为5800人开展生殖健康普查普治。全镇新出生人口297人，政策符合率96%，期内长效节育措施落实率100%。尤溪社区计生生活E站列入全市规范化建设单位。教育投入713万元，尤溪小学基本建成。强化档案管理，镇政府获省档案工作目标管理一级先进单位称号，12个村（居）获省二级先进单位称号。

【平安建设】 2012年，坚持从源头上预防和化解社会矛盾，认真开展“六五”普法活动，成功调处农民工讨薪等各类矛盾纠纷141起。推进农村技防联网和治安保险工作，1042户实现技防联网。做好开门接访、带案下访和矛盾纠纷排查调处工作，化解省、市交办疑难信访事项6件。全年未发生一起重特大安全事故、森林火情和人员伤亡。

2013年，成功调处农民工讨薪等各类矛盾纠纷142起，化解市交办疑难信访事项10件。农村治安保险参保2644户。有效应对“6·27”特大洪灾，获市级“2013年抗洪抢险救灾先进

屯光镇2012年—2013年主要经济社会指标表

表4　　单位：平方公里、人、万元、个、吨、亩、元、%、‰

项目（单位）	2012年	2013年
面积	42	33
人口	21600	22450
地区生产总值		
第一产业增加值		
第二产业增加值		
第三产产业增加值		
财政收入	8980	6269
财政支出	2450	2040
民生工程投资额		
全社会固定资产投资总额	172638	258953
工业总产值	25659	27890
规模以上工业企业数	7	7
规模以上工业增加值	6610	7059
农业总产值	12181	12990
粮食总产量	2794	2652
植树造林面积	90	360
招商引资	102460	120700
农民人均纯收入	10963	12553
森林覆盖率	54.30	55
人口自然增长率	4	4

集体”称号。加强对山场、塘库、地质灾害点、在建项目的安全监测，督促整改安全隐患10处。全年未发生一起重特大安全事故。

【自身建设】 2012年，开展“保持党的纯洁性、迎接党的十八大”等主题实践活动，推行“首问负责、全程代理、终身服务”，强化服务意识。办理区人大代表及政协委员议案、建议、意见和批评15件，镇人大代表建议46件，满意率100%。受理市民连线、区长热线等反映事项153件，落实率100%。推进“阳光村务工程”，农村集体“三资”全部实行电算化和网络化管理。完善“四议三公开”民主决策机制和以村务监督委员会为主体的民主监督机制。

2013年，严格落实中央“八项规定”和省、市、区委关于改进作风、密切联系群众的各项规定，强化作风整治，制定镇机关干部和村（居）干部管理考核办法，实行周例会、重点工作月通报等制度，健全督查和奖惩机制，对1名违纪村干部进行免职处理。强力推进“阳光村务工程”，完善“四议三公开”民主决策机制和以村务监督委员会为主体的民主监督机制。受理市民连线、区长热线等反映事项139件，落实率100%。

（丁晓翔）

黎阳镇

【概况】 黎阳镇位于屯溪区的西部，自古就是皖浙赣边陲商业中心和新安江的码头重镇，有“明清的屯溪，唐宋的黎阳”之说。镇内拥有镇海桥、黎阳商街、戴震藏书楼、龙山寺、鬲山林泉等人文景点，还有吊狮、地戏、龙舟、黎阳仗鼓、隆阜台阁等徽州传统民间艺术，其中黎阳仗鼓、隆阜台阁被收入安徽省非物质文化遗产名录。黎阳，古称犁阳，东汉建安十三年（208年）至南朝陈天嘉三年（562年）为黎阳县治。后几经变更，于1987年划归屯溪为黎阳乡。1992年2月，黎阳、隆阜、枧忠3乡合并建立黎阳镇。现辖隆阜一、隆阜二、三门呈、高枧、凤霞、闵口、新江、傍霞8个村，龙山、隆阜三、隆阜四3个社区，镇域面积22.89平方公里，2013年年末总人口为13779人。为黄山市小城镇综合改革试点镇、安徽省小城镇综合改革中心镇、国家级小城镇综合改革试点镇，省扩权强镇试点镇，获全省优秀旅游乡镇、省“实施妇女儿童发展纲要”先进集体、全市“综合十强镇”“动态十佳镇”“乡镇财政收入考核台阶奖”等称号，2013年获“全国基层团建示范镇”称号。

【经济发展】 2012年实现“两税”收入11598.9万元，同比增长6.2%，其中。国税完成3160.8万元，同比增长12.7%；地税完成8438.1万元，同比增长4%。全镇9户规模以上工业企业完成工业总产值6.7亿元，比上年增长18.3%。帮助必利塑业协调助保金贷款300万，做好龙成科技规上企业申报工作。完成闵口苗木基地、黎阳故邸、龙山花园、黎阳小镇丹桂轩绿色质量提升工程，新建世博园林苗木基地约300余亩。完成高枧三八塘大坝加固除险和高枧、隆阜二村、傍霞村当家塘清淤。完成新江、傍霞自来水总管道跨率水河安装工程。新江无公害蔬菜基地被安徽省科协命名为省级农村科普示范基地。投资6300万元的黎阳故邸基本建成，翠林大酒店升级改造完成并营业。鬲山禅寺复建工程成功获批。黎阳商街基本建成，万贯洲市场加快建设。

2013年完成两税收入10112.1万元，其中，国税完成3248.6万元，地税完成6863.5万元。税收完成任务数和增幅均列五个镇第二位，连续3年突破亿元大关。规模以上工业增加值完成19902万元，同比增长16.6 %。固定资产投资总额完成295240万元，同比增长30.3%。两项指标增幅均居五镇之首。社会消费品零售总额实现10124.3万元，增长4.7%。

【项目建设】 2012年，引进奤山佛文化、“依云红郡”等23个项目，到位资金1.49亿元；续建项目到位资金9.91亿元。黎阳商街于5月1日正式开街营业，万贯家园西组团、黎山苑安置区交付使用，龙山安置区全面竣工，龙山实验小学、龙山幼儿园投入使用，完成奤山寺场地平整，华莲池、奤山揽桥和游步道建设。黎阳商街、龙山花园两个项目跻身全市最佳观摩点行列。

2013年，新签项目33个，到位资金2.36亿元，续建项目到位资金10亿元。投资12亿元的黄山河马文化产业园于9月份签约。10月份引进浙江商家对镇域外的红星路1318地块成功摘牌。区“十大工程”全年完成投资29.48亿元，同比增长5.2%。文峰桥建成通车，奤山市民开心菜园建成运营。总投资3亿元的文峰鑫苑项目2013年底前开盘。

【城乡建设】 2012年，完成西区二号路地块约5000平方米的拆迁任务，完成徽文化艺术长廊、梅地亚湿地公园、西区二号路、高职院校、棚户区建设、市第二人民医院重建、奤山市民开心菜园、奤山佛文化主庙区6个地块650余亩征地任务。全年共依法拆除违法建筑87处、5578平方米。按照“改徽、保徽、建徽”的总体要求，以镇政府所在地为中心，以迎宾大道隆阜片和合铜高速高枧段为主线，结合龙山安置区三门呈地块，共计投入800余万元，完成“改徽”工程259幢。投入94万元，完成凤霞、高枧、闵口等8个村的道路硬化、路灯安装、休闲广场等公益事业的建设。硬化道路2600米，安装路灯19盏。

2013年，完成下阜山、南方百合约35000平方米的拆迁任务，完成油汀河改造、奤山桥拓宽、奤山寺等地块300余亩征地任务。做好龙山安置区、隆凤安置区的分房工作，共交付使用800余套。全年依法拆除违法建筑62处、2048平方米。推进村庄环境风貌整治，完成新江、凤霞、闵口、高枧改徽建徽162幢，完成危房改造464户。龙山路、黎新路路基工程完工。凤霞美好乡村建设基本完成，共拆除偏房58户、114处，面积4560.86平方米，拆除后规整新建20处、1094平方米，净减少94处、3466.8平方米。建设围村路570米并黑化，铺设雨污水管网3700米、强弱电下地，日处理量80吨的太阳能微动力污水处理设施建成运转。完成水口林、停车场、公交车站、公厕等设施建设，对村庄拆除规整出的空闲地和农户庭院内外进行补绿，共完成桂花、香樟、杨梅、红叶石楠等树种栽种8000余株。凤霞村跻身全国“美丽乡村”创建试点。新江村新农村建设世行贷款项目获批并顺利启动。

按照“全覆盖”和“宜绿则绿”的要求，以合铜黄高速沿线为重点，结合创建森林长廊，完成千万亩森林增长工程人工造林280亩、退耕还林补植补造279亩。新建新江、高枧苗木基地面积300亩，改造提升永腾苗木基地、闵口苗木基地、机场大道苗木基地480亩。建设位于屯婺路香茗酒店至奤山大道路口的两侧森林长廊，全长约2.5公里，利用公路两侧可视范围内的边坡、边沟，见缝插绿，分别种植梅花、桂花、竹子、香樟等4万余株。2013年创建凤霞村、万贯家园省级森林村庄2个，绿色质量提升点12个。现有林培育1000亩，义务植树5.6万株。

完成新江蔬菜示范基地100亩钢管大棚改造。投入30余万元完成高枧村三八大塘排灌渠的硬化和开心菜园上边枧塘的新建，实施三门呈村前山塘内外坡加固培厚、溢洪道扩建、底涵修建以及新江外冲塘大坝渗漏处理、溢洪道加宽等工程。硬化农村道路5100余米。隆阜一村、隆阜二村、高枧村、凤霞村、闵口村、傍霞村6个村完成村（居）股份制改革工作，其中隆阜二村在全区率先完成。

【民生工程】 2012年，城乡低保“提标扩面”，享受低保948人，月领低保金156394元。全年实施医疗救助941人次，救助金额360587元。城乡居民社会养老保险工作位居全区前列，累计发放养老金1314023.01元。提前完成续保工作，续保率达100%。开展就业培训，为1296名下岗失业人员办理《就业失业人员登记证》。投入5万余元新建公共电子阅览室，配备11台电脑及54寸液晶电视机；13个村（居）农家书屋实现“三统一”，举办各类文艺演出10余次。投资1500万元的龙山小学和投资350万元的龙山幼儿园建成并投入使用。全年完成新农合参保人员8092人，参合率达到100%。

2013年，享受低保695户1176人，月领低保金253893元。农村五保户供养资金、救灾款、重度贫困残疾人生活特别补助等均及时按标准发放到位。全年实施城乡医疗救助1296人次，救助金额362853元。一卡制发放冬令与春荒救灾款18.5万元。到户累计发放养老金约400万元，连续三年超额完成城乡居民医疗保险任务。开展各项就业培训，为490名下岗失业人员办理“就业失业人员登记证”，其中143人签订就业合同，实现本地就业。涉农资金累计发放700.6万元，新型合作医疗参合率达101%。投资50.1万元在隆阜一村、隆阜二村、凤霞村、新江村等7个村（居）开展“一事一议”公益事业项目。龙山社区日间照料中心投入使用，凤霞村委会被评为市“敬老文明号”。

【社会事业】 2012年，先后投入10余万元，建设多处活动场所、生育文化园和宣传栏。以“5·29”计生协活动为契机，为20户贫困家庭发放慰问金。落实农村计生家庭奖扶工作，新增奖扶对象160人、特扶对象5人。对放弃二孩52户家庭一次性奖励5.1万元，发放独生子女保健费约224378元。投资50万元建成视忠片压缩式垃圾中转站并投入使用。镇域范围内的生活垃圾达到日产日清，“村收集、镇处理、市转运”的清扫保洁网络形成。注重军民共建、文化共享。抓好民兵干部队伍建设，多次完成急难险重等任务，出动民兵达300余人次，完成5名新兵征集任务。实施城市社区布局调整，将黎阳、黎山、黎新社区合并为龙山社区，并完成社区“两委”选举工作。5个改居村股改工作完成。开展“六五”普法工作，凤霞村被评为省级“民主法治示范村”；开展矛盾纠纷大排查大调处活动，调解疑难复杂案件42起；强化刑事解教人员和社区矫正对象的监管和帮扶。全年接待和办理群众信访案件20余起。

2013年，全镇总计出生142人，政策符合率达97%。落实独保费、放弃二孩生育、奖（特）扶、四项手术补贴、计生家庭子女录取本科补助等奖励1673人，累计发放金额64.416万元。通过整合社会资源，打造傍霞村幸福生活E站，完善农村社区服务功能。举办“廉政文化月月演暨中秋纳凉晚会”、黎阳镇中老年歌舞联欢会等各类文艺演出8场，指导各村（居）组建广场舞健身队，综合文化站、公共电子阅览室免费对外开放。排查各类矛盾纠纷97起，调处率100%，成功率98%。社区矫正对象18人，两劳回归21人，无一人漏管脱管，无一人重新

黎阳仗鼓传承

犯罪。司法所被省司法厅评为“先进司法所”。做好新安江流域的综合治理和村容村貌整治工作，共投入100余万元、5000余人次，分别对横江河、率水河、占川河安装拦截网共260余米。创新保洁机制，与部分村（居）签订环境卫生承包协议书，率水、横江两大河流的水体景观不断改善。加强人民武装和双拥工作，发放优待金25万元。加强乡镇实体化“大团委”建设，9月份被评为“全国农村基层团建示范乡镇”。档案工作被评为2013年度省级先进单位。农民篮球队获全区、全市“美好乡村”篮球赛第一名，获全省第五届“美好乡村”农民篮球赛总决赛二等奖。

【队伍建设】 2012年，开展“保持党的纯洁性，迎接党的十八大”主题教育实践活动。政府班子和政府职能部门以黎阳崛起为使命，自觉加强理论学习，不断提高服务农村工作的能力水平。加强从政道德建设，规范政务、财务公开和工程项目招投标。

2013年，落实中央“八项规定”和省、市、区委关于改进作风、密切联系群众的各项规定，着力建设创新、廉洁、法治政府。推进民主法制建设，完善政府议事和决策制度，严格执行“三重一大”事项决策机制和“四议三公开”制度。深化村务公开，加强对招投标管理、财务审计等工作的监督检查，村级便民服务中心建设全覆盖。同时，加大反腐倡廉建设，坚持

黎阳镇2012–2013年主要经济社会指标表

表5　　单位：平方公里、人、万元、个、吨、亩、元、%、‰

项目　（单位）	2012	2013
面积	22.89	22.89
人口	13739	13779
地区生产总值（屯溪区）		
第一产业增加值		
第二产业增加值		
第三产业增加值		
财政收入	11500	10112.1
财政支出	3680	3030
民生工程投资额（一事一议）	93.4	50
全社会固定资产投资总额	190600	295240
工业总产值（规上）	66563	78585
规模以上工业企业数	9	9
规模以上工业增加值	17068.6	19902
农业总产值	9887	10530
粮食总产量	1203	1159
植树造林面积	330	300
招商引资	114593	122844
农民人均纯收入	10963	12443
森林覆盖率	33	34
人口自然增长率	4.99	2.45

勤俭节约，反对铺张浪费。严格依法行政，严格控制“三公”经费支出，真正做到为民务实，清正廉洁。

（朱功谊）

阳湖镇

【概况】 阳湖，原名洋湖，20世纪30年代初始设阳湖乡，1952年冬设立阳湖镇，1957年改阳湖乡，1958年为屯光人民公社第二大队。1961年建立阳湖人民公社，1983年改为阳湖乡，1992年2月改为阳湖镇，辖阳湖、洽阳、宂山、黄口、宂溪、三充、紫阜7个村和稽灵山社区。阳湖镇位于屯溪区南部，镇域面积19.77平方公里。下辖宂溪、紫阜、三充3个村，阳湖、洽阳、宂山、黄口4个农村社区，稽灵山、柏山2个城市社区，截至2013年末总户数8168户，人口26895人，其中非农业人口23038人。先后被评为第二次全国经济普查先进集体、省十一五计划生育技术服务优质乡镇、全省政务公开示范点，柏山社区获市创先争优先进基层党组织、全国综合减灾示范社区等。

【经济发展】 2012年，全镇生产总值10.41亿元，比2011年增长8.5%；第一、二、三产业增加值共计10418元，增长26%。财政收入13521万元，增长11.2%；规模以上工业增加值2.52亿元，增长29%；引进内资13.25亿元，增长10%；固定资产投资21.43亿元，增长54.2%；农民人均纯收入10967元，增长18.8%。农业总产值2845.8吨，其中林、牧、渔业产值，分别为1030.8吨、1694吨、121吨。粮食作物播种面积149.5公顷、总产量1044吨，油菜籽播种面积30.2公顷、总产量45吨。

2013年，生产总值10.95亿元，比2012年增长5.9 %；第一、二、三产业增加值共计12902元，增长23.84%；财政收入10169万元，下降24.8%；规模以上工业增加值2.2亿元，增长18%；引进内资14亿元，增长4%；全社会固定资产投资27.04亿元，增长29.2%；粮食作物播种面积151.5公顷、总产量1030.8吨，油菜籽播种面积30.75公顷、总产量44吨。农民人均纯收入12568元，增长15.09%。

【招商引资】 2012年，全年累计完成续建项目到位资金9.37亿元，占年计划的104.1%。新引进区外投资项目28个，累计完成到位资金1.496亿元，其中投资超过千万元的项目3个。

2013年，全年到位资金14亿元，其中续建项目到位资金10.84亿元，占年计划的108.4%；新签项目16个，到位资金3.17亿元，占年计划的79.2%。投资额超一千万元的项目有4个，中铁四局置业（黄山）有限公司投资额达1.9亿元。

【项目建设】 2012年，按照区委、区政府强力推进江南新城建设，重点打造“一桥、七路、两片、三区”的目标要求，10个市“十大工程”项目完成投资24.65亿元，完成任务数的115.7%。22个区“十大工程”项目投资34.61亿元，完成任务数的101%。

2013年，9个市“十大工程”项目完成投资24.06亿元，超任务18.5个百分点；44个区“十大工程”项目完成投资42.05亿元，其中重点城建项目元一大观、御泉湾、景辉国际、优山美地等均超额完成年初目标任务。

【城乡建设】 2012年，挂牌成立阳湖、宂山、洽阳、黄口4个股份经济合作社，实现“资产变股权、村民当股东”。完成退耕还林补植、补造面积223亩、森林抚育1922亩。完成帅鑫园区、洽阳山小区、御泉湾二期以及高速公路三号路口的绿色质量提升改造工程，成功申报阳湖社区、洽阳社区为市级生态村。开展创建园林式绿化小区评选工作，岸上蓝山小区、御泉湾小区、阳光绿水小区和洽阳南苑安置区成为市级园林式绿化单位（小区）参选小区。推进重点村庄环境风貌整治工作，对兖溪村、兖山社区，特别是徽杭高速三号出口处进行村庄美化整治，完成改徽建徽157幢。全年拆除违章建筑133处、5941平方米，其中强制拆除57处、1856平方米，协助拆除52处、3213平方米，群众自拆24处、872平方米。

2013年，稽灵山公园被增为市“百佳摄影点”。阳湖社区获黄山市“村集体经济发展先进村”称号；三充村依托毛竹产业，获黄山市首批“一村一品”特色专业产业村、黄山市乡村旅游“五统一”示范村等称号。完成村集体资产股份制改革，挂牌成立紫阜、兖溪、三充3个股份经济合作社。阳湖西片区旧城改造启动，建设怡阳花园、稽灵小区安置区。文峰桥建成通车，紫阜桥拓宽工程有序推进，白石路、珮琅西路延伸段建设启动，珮琅河沿线84幢房屋改徽任务完成。开展“四大整治”，完善村居保洁网络和出户垃圾袋（桶）装化建设。落实“河长制”，对照“江面清、岸线洁”标准，抓好新安江干支流的综合整治。加大违法建设打击力度，全年共拆除违章建筑63处、1761平方米。完成三充村美好乡村建设工作。完成溪山苗木基地、三充苗木基地、徽杭高速“绿色长廊”共200余亩“千万亩森林增长工程”，开展“森林城镇”和三充村“森林村庄”的创建工作。

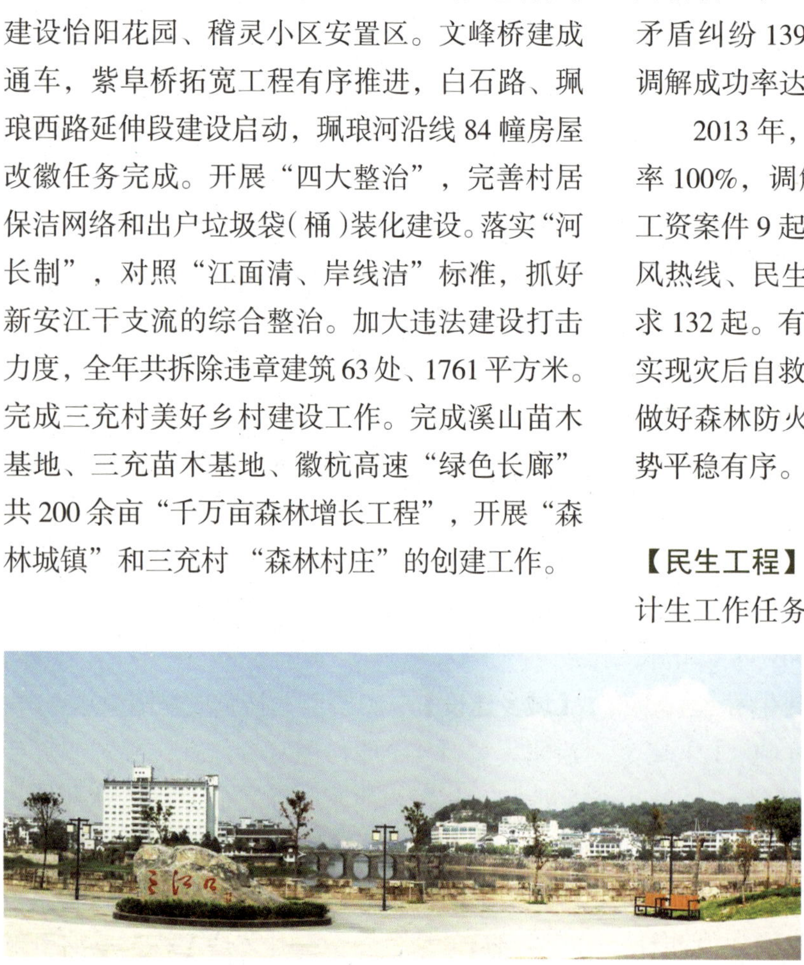

百姓休闲新去处—三江口公园

【社会事业】 2012年，投资400余万元的江南幼儿园建成开园。启用镇公共电子阅览室，新农村建设档案工作通过省二级验收。发放投入农村文化建设补助资金10万元。村务、财务公开全面推进，兖山社区获安徽省“村务公开民主管理示范村”称号。兑现各类计生惠民资金21.9万元。全年无重大食品药品安全事件。

2013年建成阳湖镇公共电子阅览室。阳湖社区卫生服务中心设有2个社区卫生服务站，辖3个村卫生室。2013年全镇：道路改造建设总共5.8公里；村居8186户改水任务完成；新农合参保人数4594人；计生民生工程奖特扶人数281人，金额22.61万元。

【社会管理】 2012年，开展“安全生产宣传月活动”和“打非治违专项行动”，共排查出矛盾纠纷139件，矛盾纠纷调处率为100%，调解成功率达98%。

2013年，排查各类矛盾纠纷178件，调处率100%，调解成功率98%。办结拖欠农民工工资案件9起，清欠工资75万元。处理政风行风热线、民生热线、网络渠道等反映的民生诉求132起。有效应对“6·27”特大洪灾，全面实现灾后自救。组建全区首支镇级专职消防队，做好森林防火、防汛抗旱等工作。安全生产形势平稳有序。

【民生工程】 2012年，完成区计生委下达的计生工作任务，兑现各类计生惠民资金20.7万元。建成稽灵山、黄口2处农家书屋，投资500余万元建设镇中心幼儿园。稽灵山景区12月份正式对公众开放。办理就业援助1054人，城乡医疗保险3305人，新型农民合作医疗保险3785人，组织再就业培训及各类招聘10期、600余人次，协助创业人员办理小额贷款 84 万元。累计参加失地农民养老保险人数为 8090 人，适龄发放养老保险金额 102 万元。累计参加城乡居民养老保险人数 11388 人，适龄发放养老保险金额 68 万元，续保率达到 99.3%。全年发放各项民政类救助资金 373 万元。投资完成兖溪大石塘除险加固工程、三充排水渠衬砌工程、兖溪长塘除险加固工程、兖溪红泥砂塘除险加固工程、紫阜塘尾和兖山光谷亭塘东清淤工程。投资 183.5 万元完成紫阜村上街、下街、长湖头组和武蓉组以及许家棚自然村的安全饮水工程，解决 494 户、1581 名村民的安全饮水问题。加大新型农民培训和新型农民创业培训力度，举办 4 期培训班，培训人次约 300 余人。全力做好农业保险工作，全镇共参保油菜面积 461 亩，水稻参保面积 1161 亩，参保率均为 100%。完成 5 户农机购置补贴，涉及补贴金额 5 万元，带动农民投资 30 万元。

2013 年，全镇累计参加城乡居民养老保险 4589 人，参保覆盖率 98%，养老金发放率 100%；参加失地农民养老保险 935 人，累计发放 17.55 万元；参加新型农村合作医疗保险 3769 人，参保率 98.56%；参加城镇医疗保险 7034 人，超额完成任务。办理就业援助 61 人，组织再就业培训及各类招聘 10 期、600 余人次，协助创业人员办理小额贷款 187 万元。全

阳湖镇 2012–2013 年主要经济社会指标表

表 6　　单位：平方公里、人、万元、个、吨、亩、元、%、‰

项目（单位）	2012 年	2013 年
面积	19.77	19.77
人口	8238	8341
地区生产总值	104100	109500
第一产业增加值		
第二产业增加值		
第三产产业增加值		
财政收入	13520	10169
财政支出		
民生工程投资额		
全社会固定资产投资总额	214300	270389
规模以上工业产值	97072	84146
农业总产值	8958	9566
粮食总产量	1044	1031
植树造林面积		
招商引资	131500	140092
农民人均纯收入	10967	12568
森林覆盖率		
人口自然增长率		

年发放各项民政类救助资金379.9万元。完成珮琅段治理、紫阜中山塘除险加固、三充村中低产田改造、兖溪村引塘排灌沟整治等工程。投资270万元完成三充村农村安全饮水工程。组织参与新型农民和农民创业培训共5期、300余人次。油菜参保面积461亩，水稻参保面积1161亩，参保率均为100%。“一事一议”财政奖补金额15余万元。投入扶贫资金20余万元，帮扶50户贫困户、98人。投入危房改造资金91万元，对207幢危房进行重建或修缮改造。

（王泽炜）

新潭镇

【概况】 新潭原名新屯（屯溪方言“潭”、“屯”同音），新中国成立后始名新潭。1992年1月，梅林乡、新潭乡并为新潭乡。2002年撤新潭乡，建新潭镇。新潭镇位于屯溪西北部，镇域面积32平方公里（其中农田和旱地各1万亩，山场和水面2万余亩），境内有横江、霞塘河、仙林河、下庄河、言充河、资源溪等大小河流6条。境内膨润土资源丰富。下辖新潭、汗山桥、东关、上资、梅林、仙林、竹林7个村和华资社区，17个党支部。辖区户籍人口近1万人、党员507名、流动人口2100人。获“第二届安徽省创建文明村镇工作先进镇”和“黄山市第二届文明乡镇”称号。

【经济发展】 2012年，完成国、地两税收入6447.1万元（其中，国税收入完成2242.3万元，地税收入完成4204.8万元），同比增长25%。工业投资完成2.28亿元，同比增长483.8%。4家规上工业企业实现总产值2.2亿元。中皇制药获“安徽省民营科技企业”称号。东晶光电项目一期基本建设完成。农村经济总收入实现5.6亿元，农民人均纯收入达到10061元，同比分别增长14%、18.8%。

2013年，完成两税收入3714.7万元（其中，国税收入1701.5万元，地税收入2013.2万元）。规模以上工业总产值实现2.74亿元，同比增长13.1%。农村经济总收入5.8亿元，农民人均纯收入11469元，同比分别增长4.9%、15.1%。

【城乡建设】 2012年，完成“新安江上游综合开发”175亩土地的征用，投入近200万元完成齐云大道沿线“梅林苗木基地”建设。镇政务服务中心建成投入使用。投入260万元实施电力改造，完成“齐云大道三期安置区”电改。总投资800万元的东林路开工建设。推进控违拆违工作，依法拆除各类违章建筑52处2083平方米。投入105万元完成“资源溪水毁修复”、“言充河疏浚”以及8个塘库整修等水利工程。全年退耕还林补植补造228亩，封山育林3755亩，森林抚育1420亩，打造生物防火隔离带1.1公里，无重大森林火灾发生，新建绿色质量提升点3个，绿化苗木基地400亩，发放补助资金32万元。动防工作各项防疫率及参保率均达100%。

2013年，东关村美好乡村建设强力推进，累计投入资金1700余万元，完成房屋改徽151幢，村庄主干道亮化4500米，雨污水管网及村庄环道铺设5100米，自来水安装296户，村级公共服务中心主体工程封顶。完成2万亩森林资源规划设计调查，建设森林长廊6公里，创建森林村庄2个，打造绿色质量提升点6个。实施国家级公益林管护896亩、省级公益林管护6247亩，发放各类林业补助资金37.5万元。投入588.8万元完成东关农业综合开发二期、仙林道路水毁修复、上资资源溪护岸水毁修复等工程。实施农村危旧房改造81幢，规范农民建房41户。东林路路基全线贯通。结合争创省级文明村镇，全年投入资金100余万元，加强横江干流水草治理，实施村级卫生保洁和重点河流水面打捞以及加强非法采砂监管工作，“三线三边”环境整治取得阶段性进展。

【招商引资】 2012年，全年新上和新引进项目19个（其中注册型企业4家），科丰油茶、元丰膨润土、山田大酒店等相继签约入驻，新签到位区外资金超过1.1亿元。实际利用外资300万美元，占任务数的107%。同时，盘活空置楼宇，开展二次招商，吉百利家具广场、盛世齐云大酒店等正式运营。

2013年，新引进项目9个，到位资金7900万元，13个续建外来投资项目到位资金7.01亿元。

【项目建设】 2012年，全年共实施“十大工程”项目22个，完成投资14.2亿元，同比增长23.48%，全社会固定资产投资完成11.69亿元，同比增长32%。桃源居商务会所、千亩油茶基地等建设完成，黄山远景城、齐云雅苑、新潭之家等项目建设加快推进。

2013年，实施“十大工程”项目29个，完成投资19.2亿元，同比增长34.2%，占全年任务数的106%。完成全社会固定资产投资17.99亿元，同比增长4.3%。新增规模以上工业企业1家。东晶光电一期建成投产，并获评全市经济社会发展观摩会“最佳观摩点”。齐云雅苑、东林路、世博园林、黄山远景城等项目建设快速推进。同时，积极服务市重点工程“新安江上游综合治理”项目建设，完成房屋拆迁3.8万平方米，土地征收442亩。新二路、横一路项目区拆迁工作全面启动。

【民生工程】 2012年，“一卡制”累计发放各项强农惠农资金454.9万元。发放城乡低保补助金517人101.1万元，五保供养资金3人1.06万元，库区后期移民扶持资金638人38.28万元，大病救助资金625人41万元，重度残疾补助76人5.02万元，计生奖扶特扶对象扶助金92人9.85万元。投入540万元完成“东关农发项目”一期工程建设。投入42.3万元实施“一事一议”财政奖补项目7个。投入近30万元完成“东关上坦至金山”、“上资村庄主干道”共1700米损毁道路修复。投入260万元完成共计1600平方米的“新潭中心幼儿园扩建”和“梅林中心幼儿园”建设。17名贫困精神病患者得到救治。7461人参加新型农村合作医疗，参合率达到100%。政策性农业保险参保率、理赔率均为100%。推进农村危旧房改造，实施危房改建9户。

2013年，“一卡通”累计发放32项涉农补贴资金498.1万元。发放低保金88万元，库区后期移民扶持资金37.6万元，大病救助资金17万元，贫困残疾人特别救助6.4万元，计生奖扶特扶对象奖励扶助金20.2万元。开展农民工技能培训200人次。17名贫困精神病患者得到救治。4名白内障患者获得免费复明手术。92对农村夫妇享受国家免费孕前优生检查。拨付1.2万元五保供养资金。农业政策性保险理赔3.7万元。城乡居民养老保险参保率96%。新农合参合率达到116.9%。新建“农村幸福生活E站”1座、设立“新农村信息化综合服务站”1处。新潭中心幼儿园扩建项目和梅林中心幼儿园投入使用。新潭镇综合文化站免费对外开放。新建农民体育健身广场1个。

【社会事业】 2012年，全年共排查调处各类

梅林苗木基地

矛盾纠纷和不稳定因素82起，办结信访件14件次，“华资社区股份制改革”完成，“农村技防联防”工作同步推进，全年无任何安全生产责任事故发生。教育投入527万元。人口计生工作走在全区前列。组织参加市、区多项文艺汇演，有线电视数字转换顺利推进。开展“七保”及拥军优属、救灾救济、劳动就业保障等工作。完成征兵工作及民兵预备役建设。

2013年，全年化解各类矛盾纠纷68人次，办理信访件18件次，受理劳资纠纷4起，清欠农民工工资340余万元。投入近400万元，完成梅林、竹林、汗山桥3个安置区电改工作。依法拆除各类违章搭建80处4095平方米。开展食品安全专项整治、安全生产及森林防火责任制落实，全年无食品安全、森林火灾和安全生产责任事故发生。人口计生工作保持全区领先位次。实施“六五”普法，推进公民道德建设，1人入选“中国好人”榜，1人入选“黄山市首届道德模范”。

【村集体资产股份制改革】 2012-2013年，按照“农民市民化、资金资产化、村民股东化、管理规范化”的思路，进行集体资产股份制改革。截至2013年年底，全镇1个社区7个村股改工作全部完成。共量化集体资产4316.07万元，量化股权90186股，共有股东9187名，平均每

新潭镇2012-2013年主要经济社会指标表

表7　　单位：平方公里、人、万元、个、吨、亩、元、%、‰

项目（单位）	2012年	2013年
面积	34	34
人口	9690	9753
地区生产总值		
第一产业增加值	6050	6471
第二产业增加值	6092	7277
第三产产业增加值		
财政收入	6447	3715
财政支出	1640	1194
民生工程投资额		
全社会固定资产投资总额	120964	179901
规模以上工业产值	22066	27420
农业总产值	11384	12173
粮食总产量	3018	3028
植树造林面积		
招商引资	72400	42624
农民人均纯收入	10061	11469
森林覆盖率		
人口自然增长率		

股股值478元。8个村居共有股东代表人数为285人、董事会成员为31人、监事会成员为24人。建立董事会办公室、财务部、经济发展部等内部管理机构。

（吴明华）

奕棋镇

【概况】 奕棋又称奕淇，为“叶徐”的谐音字。1958年由休宁划归屯溪。1961年建立奕棋人民公社，1984年改为奕棋乡，1992年，奕棋乡、蟾川乡合并建奕棋乡。2002年1月，撤奕棋乡建立奕棋镇。奕棋镇位居屯溪区西部，面积30.2平方公里，黄山机场、黄山高尔夫度假区、黄山九龙低碳经济园区等坐落于境内。膨润土等非金属矿和建筑石材、砂石资源丰富。农历二月初八的占川庙会已有数百年历史。奕棋镇下辖徐村、奕棋、博村、林塘、查塘、江村、占川、瑶干、朱村9个村，43个村民小组，共10836人。全镇耕地面积10185亩，其中水田7956亩。粮食以水稻为主，主要经济作物是蔬菜、蓝莓、杨梅等，是一个以蔬菜、粮食生产为主体的农业区。另有茶园1324亩，林地6504亩。

【工业经济】 2012年，全年两税收入达6760万元，同比增长23.8%；招商引资实际到位资金9.1亿元。工业投资全年累计完成投资5.6亿元，同比增长19.7%。规上工业总产值完成7.2亿元，同比增长18.3%。拓达科技二期、派尼尔二期、薄荷药业二期建成投产。实现规模以上工业增加值1.87亿元，同比增长30.3%。工业投资累计完成5.6亿元，同比增长,19.5%。黄山泵业“2S系列双螺杆泵研发”小组获评黄山市前沿技术创新团队。派尼尔科技发展有限公司获“安徽省民营科技企业”称号。

2013年，全年两税收入达8385万元，同比增长24%；招商引资实际到位资金9.4亿元。工业投资全年累计完成投资3.4亿元。规上工业总产值完成8.4亿元，同比增长10.8%。实现规模以上工业增加值2.16亿元，同比增长9.7%。一品有机茶二期2000平方米厂房基本建成。黄山泵业投入2000万元资金完成技术改造并正式投产。拓达科技被认定为国家高新技术企业，黄山泵业跻身省级创新型试点企业，并获批设立安徽省博士后科研工作站，其公司研发的“三螺杆泵”与黄山派尼尔科技发展有限公司的“低压预装式变电站”、黄山泰客轨道电气有限公司的“新型接线装置”均获省级高新技术产品。

【农村经济】 2012年，全年利用136万元专项资金，新建奕棋村、徐村蔬菜大棚200亩，实施徐村、江村350亩蔬菜基地巩固提升工程。完成瑶干片600亩高标准蔬菜基地土地流转工作。新建占川江村片、下林塘片及查塘片苗木基地建设，新增苗木基地总面积600亩。九龙园林蓝莓园建成标准化示范基地500亩。

2013年，新增高标准蔬菜基地300多亩。博村蓝莓专业合作社、奕棋镇志宏蔬菜专业合作社获评市级示范合作社。朱村通过省级森林村庄验收。村集体资产股份制改革基本完成，村集体经营性收入达182.10万元，同比增长55.9%。

【城乡建设】 2012年，全年投资3600万元完成博村安置区二期134套安置房建设、风翔山庄一期32幢、林塘安置区二期6幢统建房建设及朱村7幢安置房建设和附属设施建设。启动朱村美好乡村建设，对96处不符合村庄规划进行拆除或规整。投资400余万元完成合铜黄高速两侧环境风貌整治及164幢房屋改徽工作。投入1000余万元完成占川河段整治、重点塘库除险加固、高铁建设区域道路修复（含灌溉渠）等工程。投资2000余万元实施江村、瑶干村、查塘村、占川村4个村土地整治项目。

2013年，全年交付安置房40户8691.3平方米。完成凤翔山庄二、三期1.03万平方米安置房建设。新建村级公路6.2公里，全长2.6公里的瑶林公路路基全面贯通。投资550万元完成占川河博村段500米护岸整治和占川隐塘口桥维修加固。投资200万元完成马鞍山水库除险加固工程。

【社会事业】 2012年，政策性农业保险进一步稳点扩面，及时做好勘查、定损、理赔。城乡居民养老保险续保率及新型农村合作医疗参保率分别为99.4%和99.6%。组织各村开展"三清"工作，加大占川河保洁力度。朱村党支部书记朱五十当选"中国好人"。

2013年，"一卡制"发放农村居民最低生活保障金、城乡困难群众医疗救助、失地农民养老保险等34项惠农资金626万元。五保户集中供养4人，分散供养3人，办理城镇居民医疗保险参保185人，参加城乡居民社会养老保险7320人，续保率98%以上，全镇符合条件的60岁以上老人养老金发放实现全覆盖。新农合参合率100%，补偿资金370.75万元。

【人民生活】 2012年，全年共培训农民580余人次，累计转移农业劳动力300余人，51户103名贫困群众实现脱贫。农民人均收入达到9437元，同比增长18.1%。

2013年，进一步加大新型农民培训力度，全年培训农民2000余人次，为园区输送劳动力

奕棋镇2012–2013年主要经济社会指标表

表8　　单位：平方公里、人、万元、个、吨、亩、元、%、‰

项　目（单位）	2012年	2013年
面积	30.2	30.2
人口	10735	10834
地区生产总值		
第一产业增加值	6002	
第二产业增加值	18719.2	
第三产业增加值		
财政收入	6761	8386
财政支出	1336	1211
民生工程投资额		
全社会固定资产投资总额	82397	90010
工业总产值	74270	84436
规模以上工业企业数	13	15
规模以上工业增加值	19652	21559
农业总产值	11411	12176
粮食总产量	3600	3550
植树造林面积	390	500
招商引资	84420	90691
农民人均纯收入	9437	10710
森林覆盖率	19.7	

300余人。继续实施“一户一策”扶贫帮困，90户160名贫困群众实现脱贫。农民人均收入达到10710元，同比增长16.6%。

（叶　兵）

昱东街道

【概况】 1986年5月，设立昱东街道办事处，下辖荷花池、上新、水心亭、阜上4个社区。辖区明清时期属休宁县黎阳东乡，民国时、解放初为率口乡，1958年后为屯光人民公社、屯光乡属地，20世纪80年代后为市区。地处屯溪城区东部，东至天都大道，与屯光镇交接，西至仙人洞北路、黄山中路、前园南路，与昱中街道办事处相邻，南临浙江（新安江），北依铁路，与新潭镇交界，辖区总面积5.5平方公里。截至2013年底，常住人口30627人，流动人口8342人。

【组织建设】 2012年，对2011年度创先争优活动承诺事项落实情况进行“回头看”，868名党员干部结合2012年街道重点工作进行长期承诺、即时承诺。完成荷花池社区、上新社区、阜上社区和水心亭社区4个社区党委和居委会的换届工作。组建非公有制企业党组织41个（单独组建的6家，联合组建的35家），覆盖企业433户，党组织覆盖率和工作覆盖率达100%。2012年共发展新党员10名。开展走访和慰问社区困难党员活动，慰问物资共计约4000元。

2013年，建立健全党员承诺践诺评诺制度，开展“争创五星级党员力促四年大提升”主题活动，评选表彰10名五星级党员、8名优秀党务工作者、8个先进基层党支部、10个优秀共建单位、6个非公企业党组织。培养入党积极分子37名，发展新党员21名，转正11名。在社区建立“两代表一委员”工作室，由社区联络员定期联系代表委员开展进“社区工作日”活动。

【招商引资】 2012年，完成1.5亿元招商引资、固定资产投资6500万元任务。完成税源摸底工作，个体工商经营户1311户，个人经营用房租赁1482户，个人房产租赁户1284户。

2013年，共招商项目68个，招商引资完成2.2亿元，固定资产投资1.65亿元，占任务数的110%，向上争资220万元。完成街道税收任务205.5万元。

【文明创建】 2012年，完成迎接创建全国文明城市省暗访、全省区县文明创建排序暗访工作，组织5次集中整治荷花池新村，荷东新村、上新新村卫生死角、乱堆乱放、牛皮癣等。各社区均开展10余次“学雷锋，树新风”活动，3场道德讲坛，结合“我们的节日”组织志愿者慰问空巢老人、贫困户23次，评选出十大孝子程素贞，中国好人余紫嫣。共计拆除违章建设3处，计42平方米。

2013年，组织8次集中整治荷花池新村，荷东新村、上新新村、阜上新村卫生死角、乱堆乱放、牛皮癣、杂草等不符合文明创建要求的现象。重点整治云村路、云村安置区、雀山路、火车站等重点地段。各社区均开展10余次“学雷锋，树新风”活动，3场以上道德讲坛，结合我们的节日组织志愿者慰问空巢老人、贫困户29次。荷花池广场被列为黄山市第一个城市社区志愿者广场。共计拆除违章建设7处，计385平方米。完成金属公司地块和老汽车站地块拆迁工作。

【维稳工作】 2012年，辖区共产生各类不稳定因素18件，其中信访类5件，网络舆情1件，拖欠农民工工资1件，环境采光类1件，养老项目类1件，意外类3件，人身伤害类1件，拆迁类2件，社区建设类2件，区交办件1件。各社区5起信访类已妥善化解3起。13件不稳定因素已化解8件。未发生重大安全事故。

昱东街道 2012-2013 年主要经济社会指标表

表 9　　单位：平方公里、人、万元

项　目（单位）	2012 年	2013 年
面积	5	5.5
人口	3.36	3.06
全社会固定资产投资总额	6500	16500
招商引资	1500	2200
农民人均纯收入		

2013 年，共排查各类矛盾纠纷 50 件，及时调处化解 48 件，2 件经济类纠纷进入司法程序，妥善处置和化解 6 起较大不稳定因素，成功调解 1 起意外死亡事件。开展安全生产大检查大整治专项活动，共排查出隐患数 27 个，整改隐患数 26 个。对辖区 49 家 102 部电梯进行摸底，建立管理档案。对燃气集中场所共 84 户进行检查，发放安全温馨提示。

【社会事业】 2012 年，抓好计生“五个平台”建设，共审核处理信息 12581 条；开展安徽省全员与流动人口数据库质量提升和数据整合工作，进一步清理人口底数；对 386 名已婚育龄妇女进行生殖健康检查，5371 人次参加孕环检查；开展孕前优生健康检查工作，有 20 对符合生育条件的已婚育龄夫妇参加免费孕前优生健康检查，全年共发放奖特扶资金 39 万余元。完成城镇新增就业人员 749 人，完成下岗再就业 503 人，审核小额贷款 220 万元，完成城乡居民养老保险 372 人，城镇居民基本医疗保险 5086 人，就业困难人员实现再就业 113 人。享受低保累计 4068 户，7192 人，发放低保金 219.4236 万元。共为辖区特困户、困难户发放大米 2750 公斤、油 350 瓶、棉被 88 床、衣服 92 件，大病救助 970 人 25.7909 万元。发放 23 名部分军队“两参”退役人员生活补助 8.9862 万元、伤残抚恤金 34 人 34.7693 万元、优待金 23 人 24.8113 万元。争取资金 5 万元启动上新社区电子阅览室、农家书屋建设，开展各项活动 10 余次。

2013 年，完成街道、社区计生协换届工作；兑现落实计生各项奖扶政策，全年共发放奖扶资金 35 万余元。投资 30 万元的荷花池社区城市“E 站”（黄山市试点单位），通过省计生委评估验收并授牌。成立昱东街道劳动监察中队，城镇新增就业人员 870 人，下岗再就业 420 人，审核小额贷款 50 万元，完成城乡居民养老保险 378 人，城镇居民基本医疗保险 4068 人。发放低保 5790 户 2527019 元，大病救助 1041 人 331108 元；为 10 名残疾人申请安徽省残疾人机动轮椅车燃油补贴。为辖区 78 名重度残疾人办理贫困重度残疾人生活特别救助，每人每年 660 元，总计 51480 元。为 22 名精神残疾人办理药物补助，每人每年 500 元，总计 11000.00 元；争取资金 11 万元完成荷花池社区电子阅览室、农家书屋建设，开展各项活动 10 余次。承办屯溪区第十三届“昱城（邮储银行）杯”门球邀请赛。开展安徽省全民健康生活方式行动示范区创建工作。

（汪　宁）

昱中街道

【概况】 1978 年 4 月，成立东市街道办事处（以老街下马路为界设立东市、西市街道办事处）1986 年 5 月，将东市更名为中市，并另成立东市街道办事处。1988 年更名为昱中街道办事处。办事处办公地址原设在黄山中路26号，2003年6月，迁到长干西路新建巷34号。昱中街道东起前园南路、仙人洞路，南临新安江，西至新安北路，北到过境公路，管辖杨梅山、柏树街、跃进路、前园、徽山路5个社区居委会，辖区面积6.6平方公里，常住人口6.6万人，辖区内驻有70余家单位，商业网点4500个，大型影院1家，大型娱乐场所5家，中小学校4家。明清时期的程氏三宅、著名珠算鼻祖程大位纪念馆也居本辖区内。街道办事处内设有党政办、武装部、组工办、综治办、民政办、计生办、文明办(市容办)、就业和社会保障事务所等机构。现有工作人员21人，5个社区居委会工作人员共有46人，市容队员12人。

【国民经济和社会发展】 2012年，共招商引进项目46个，到位资金1.56亿元。编报项目12个，向上争资191万元。加大税收征收力度，对辖区个私经营户进行摸排清理，上户宣传税收政策，进行房产租赁税收的催缴工作，加大引进税收型企业力度，协引区外税收53万元。固定资产投资完成6500万元。完成昱中辖区内第一次服务业企业普查工作，录入基本单位1206家。

2013年，共引进招商项目38个，总投资2.1亿元。对上争取编报项目25个，争取资金220万元，完成固定资产投资2.4亿元，超目标任务31%。全年上缴区财政税收348.2万元，占4个街道总税收976.2万元的36%。

【基础设施建设】 2012年，共实施“三小改造”项目4个，投入资金600万元，并对尖山路和粮食加工厂宿舍、上塘路实行长效化管理，改变脏、乱、差局面。做好迎接省文明程度指数测评工作，发放宣传材料5000余份，挂宣传横幅20余条，发动志愿者500余人次，清除辖区卫生死角36处，牛皮癣5000余处。打造有社区特色的志愿服务队伍，开展各类活动约50余次，开展社区文化活动58次。

2013年，完成“三小”改造6处，投入资金近1000万元。拆除违章搭建12起。受理并上报3户居民房屋修缮申请。对7个地块进行绿色提升，新增绿化面积约1000平方米。

【基层组织建设】 2012年，对照职权，做好廉政风险防控点的查找工作，对29个大项，39个小项的工作职权拟定风险等级，其中定为低级的24项，定为中级的15项。制定相关工作职责和规章制度，规范权力运行，完善制约和监督机制。推进政务公开，对民生工程、民政低保、社会保障等工作定期进行公示，接受社会监督，共主动公开政府信息418条。

2013年，实施党建网格化建设，将辖区划为42片网格，选出108个网格长、659个楼栋长，设置网格联系电话和网格楼栋牌，公示便民服务电话和街道监督电话。开展走群众路线主题

昱中街道2012–2013年主要经济社会指标表

表10　　单位：平方公里、人、万元

项　目（单位）	2012年	2013年
面积	6.6	6.6
人口	6.6	6.6
全社会固定资产投资总额	6500	24000
招商引资	1560	2100
农民人均纯收入		

教育实践活动，街居干部共走访1022户，收集到意见和建议102条。组织全体街居干部专题学习中央八项规定以及中央、省、市、区纪委全会精神，加强廉政风险防范工作的督查和落实，不定期对涉及民生的工作进行督促检查。

【社会事业】 2012年，完成城市社区居委会换届选举工作，社区由原来的跃进路、杨梅山、柏树街3个社区增设至跃进路、前园、杨梅山、徽山路、柏树街5个社区。将徽山路社区打造成精品社区。完成街道社区计生协会换届工作。2012年统计年度内共出生294人，政策内288人，政策符合率97.96%，人口与计划生育统计准确率100%，期内出生和期内补救综合避孕率100%。开展民生工程宣传，充分利用LED电子显示屏、网站等网络媒体宣传民生政策，提高居民知晓率。开展困难群体救助工作，低保工作实行一线工作法，推行街、居会审，阳光操作，达到“应保尽保”和“动态管理”目标。

2013年，计划生育政策符合率98.2%，人口与计划生育统计准确率100%，期内出生和期内补救综合避孕率100%。对计生困难家庭帮扶慰问，为辖区1527户独生子女家庭发放独保费34.2万元。开展民生工作宣传，提高群众知晓率。按照精品社区“1+9+特色”的模式，建设徽山路社区老年人日间照料中心。组建昱中阳光社会工作服务社，为黄山市社会工作专业人才队伍建设现场会提供观摩点。

（吴燕　张春）

昱西街道

【概况】 昱西街道原名西市办事处。1949年屯溪解放后，建立西镇街政府。1957年，成立大桥街道办事处，辖黎中、黎康、西镇、新市、河街、珠塘6个居委会。1960年屯溪人民公社成立后，改为大桥管理区（1961年改称大桥人民公社，1965年6月撤销）。1978年5月，因城镇区划调整成立西市街道办事处，1988年，更名昱西街道办事处。1997年，将镇海桥以东的居委会划入老街街道办事处。昱西街道地处屯溪区西部，包括西镇街、黎阳水街、戴震路及周边区域，与黎阳镇、奕棋镇相邻，东至横江与老街街道办事处辖区交界，南至率水河，西至率水桥，北至隆阜。区域总面积约6平方公里，辖黎阳街、戴震路2个社区居委会，常住人口2.3万余人。

【经济发展】 2012–2013年引进招商引资企业（项目）共60个，完成3.1亿元的招商引资目标任务；完成500余万元的向上争资和1.4亿元的固定资产投资任务；完成招商引资项目编报20个。

【城乡建设】 2012–2013年完成黎阳老街拆迁扫尾工作任务，共5户1400平方米，完成现代实验学校扩建拆迁工作任务，共4户1000余平方米。拆除2起30余平方米的违章搭建。投资106万元完成横江新村“三小改造”工程。投入20余万元对黎阳新村、教师新村进行下水道、道路、绿化、亮化改造。在区住建委的支持下，投入30万元对调味品厂周边环境进行清理整治。投入约10余万元完成黎阳新村、横江新村、沙洲新村、昱西新村4个小区的增绿补绿工作。

【组织建设】 2012年，积极开展"保持党的纯洁性，迎接党的十八大"主题教育活动；完成社区两委换届选举工作；实施党建创新项目“温馨服务在昱西”，建立社区党员发展、教育、管理和服务机制。

2013年，街道成立非公企业和新社会组织工委，新建企业党支部5家。加强党支部和党员的服务意识，发挥资源优势为社区居民提供

昱西街道2012-2013年主要经济社会指标表

表11　　单位：平方公里、人、万元

项　目（单位）	2012年	2013年
面积	6	6
人口	2.3	2.32
全社会固定资产投资总额	6000	8150
招商引资	1500	1600
农民人均纯收入		

义诊、维修、文体等方面的服务活动。设立党代表工作室，在全街道推行“温馨服务在昱西”民情联络站建设，黎阳街社区的“党群共建服务站”、戴震路社区“党群连心站”，社区党建网格化管理、组团式服务，提高社区党组织社会管理能力和服务群众能力。

【社会事业】 2012-2013年，推行网格化管理，各社区完成全员信息化系统录入工作，打造便民服务体系；计生人口出生政策符合率100%，统计准确率100%，提供省计划生育检查合格样本点；城镇新增就业人数1402人，失业人员实现再就业764人，就业困难人员实现再就业334人，发放低保金240万元。2013年，居民医疗保险参保人数2487人，居民养老保险续保率达到80%以上，到龄人员发放达到100%，救助贫困重度残疾人54名，发放资金36642元；贫困重度残疾人用药人数15人，补助资金7500元；享受高龄补贴45人，每月发放8420元；大病救助人数410人次，救助金额47546元；廉租房租金补助122户，244人，计32万元；实房配租33户。

【精神文明建设】 2012-2013年，以屯溪区公民道德示范基地建设为载体，积极开展社会主义核心价值观宣传活动，涌现出全国孝亲敬老之星---好嫂娘李桂俭、黄山好人---助人为乐好医生高新民、靠打临工一生养育4个弃儿老人叶香仂等一批道德模范。

（宫锐民）

老街街道

【概况】 屯溪区老街街道办事处成立于1997年8月，辖区范围东起新安北路，西至华山路，南起滨江路，北至横江桥、过境路，面积约1.8平方公里。下设老街、五福街、珠塘3个社区居委会，辖区人口约2.2万人。辖区内的屯溪老街全长1273米，其中核心区长832米，宽5米—8米，包括一条直街、三条横街和十八条小巷，总面积0.213平方公里，常住居民2000余户、6500多人。1986年被安徽省政府确定为省级历史文化保护区。1995年3月被国家建设部列为国家级历史文化保护街区，2008年9月被文化部命名为国家文化产业示范基地，2009年6月被授予首批中国历史文化名街。

【经济发展】 2012年—2013年，引进招商引资企业（项目）共110个，完成3.5亿元的招商引资目标任务；完成1000万元对上争资和1.8亿元固定资产投资任务；完成招商引资项目编制26个。

【城乡建设】 2012年—2013年，老街保护区基础设施建设国债资金项目累计投资120万元，完成老街保护区破损石板更换工作；对珠塘巷、长春巷二期、延安路食品公司宿舍、枫林巷25号大院实施三小改造工程。完成道路改造9400平方米，绿化面积200多平方米，更换、维修路灯200多盏。

【社会事业】 2012年，实施珠塘精品社区建设项目，总投资约300万元，共六层，面积为2000平方米，按照“1+9+特色”的模式进行功能布局，打造居民服务一体化、信息平台数字化、居民活动经常化的一流多功能社区。该项目在2013年黄山市经济社会发展观摩会上获社会发展类优秀奖。

2012年—2013年，推行网格化管理，各社区完成全员信息化系统录入工作，打造便民服务体系；计生人口出生政策符合率100%，统计准确率100%，获全市计划生育工作优秀样板点奖；城镇新增就业人数1486人，失业人员实现再就业929人，就业困难人员实现再就业300人；发放低保金207万元。

【老街改造提升工程】 2012年—2013年，投资1亿元实施背街小巷改造项目。一马路13号危房改造成私人“来来来古玩会所”，年接待中外游客1万人次；李洪巷4号建成“徽舍”客栈，加入世界订房网站；改造青春巷“徽州非遗技艺展示街”项目；老街三马路32号按照建新如旧的原则重建，打造“老街古玩艺术珍宝展示馆”项目。投资1466万元实施“数字老街”项目，主要包括老街三维虚拟游和综合门户网站以及数据库的制作。“数字老街”监控系统于2012年9月27日运行，按“正街横街全覆盖，十八条巷把两端”要求，共安装监控探头68个。老街游客人数采集系统于2013年9月投入使用。

【自然灾害应急处理】 2012年6月14日上午，由于连续强降雨，老街街道珠塘社区所辖老虎山53号岩石裂缝扩大，威胁周边居民安全，老街街道第一时间向区主要领导汇报情况，区主要领导现场指挥，老街街道配合市、区两级有关单位应急处理，经会商后，决定采取挂网的方式进行应急防范，同时将居民41户103人转移到附近宾馆进行临时安置。

（涂　珂）

老街街道2012-2013年主要经济社会指标表

表12　　单位：平方公里、人、万元

项　目（单位）	2012年	2013年
面积	1.8	1.8
人口	2.2	2.2
全社会固定资产投资总额	8000	100000
招商引资	1500	1500
农民人均纯收入		

屯溪区组织机构领导干部名录

领导干部名录

（2012—2013 年）

■区　委

书　记：李高峰
副书记：胡黎明
　　　　叶建强（2012.1—2012.12）
　　　　江善良（2013.6—）
常　委：汪跃平 (—2012.12)
　　　　程绍毅（—2013.6）
　　　　朱乐华
　　　　胡梅元（女）
　　　　周永健
　　　　吴友训
　　　　时志远（挂职 2 年）
　　　　袁震宇
　　　　罗照奎（—2012.7）
　　　　沈洪潮（2012.7—）
　　　　江　健（2013.6—）

■区人大常务委员会

主　任：徐灶米
副主任：王国知
　　　　李坤念
　　　　王秀蓉（女）
　　　　许新生

■区人民政府

区　长：胡黎明
常务副区长：汪跃平（—2013.3）
　　　　　　吴友训（2013.6—）
副区长：吴友训（—2013.6）
　　　　袁震宇（2013.6—）
　　　　邢先梅（女）
　　　　邹剑海
　　　　汪长剑
　　　　王小明
　　　　陈志勇（2013.6—，挂职 2 年）

■政协屯溪区委员会

主　席：张旦星

副主席：李秀珠（女）
　　　　凌景生
　　　　戴玉英（女）
　　　　程　红（女）
　　　　傅颖兵（女）
秘书长：吴凤英（女）

■区纪律检查委员会

书　记：朱乐华
副书记：汪志安（—2013.10）
　　　　谢民生
　　　　宋　文(女，2013.10—)
常　委：宋　文（女，2013.8—）
　　　　汪建平（—2013.10）
　　　　李华峰
　　　　王国栋
　　　　汪　怡（女）
　　　　周和进（2013.10—）

区委工作部门及直属单位

■区委办公室

主　任：江　健（—2013.10）
　　　　潘武生（2013.10—）
副主任：胡发贵（—2013.10）
　　　　李卫中（2013.10—）
　　　　胡发强（—2012.12）
　　　　吕　腾（女，2012.2—）
　　　　刘厚松（2013.8—）
督查室主任：周志萍（女）
保密局局长：吕　腾（女，2012.2）

■区委区政府督察组

副组长：吴建明
　　　　张胜军
　　　　吴国宣（女，—2013.4）
　　　　江克军
　　　　李　明（2012.2—）
　　　　程国强（2012.2—）
　　　　沈新友（2013.5—）

■区委组织部

部　长：程绍毅（—2013.6）
　　　　胡梅元（女，2013.6—）
常务副部长：陈　荣
副部长：潘松宝
　　　　吴成红（—2013.10）
　　　　吴云峰（2013.5—）
　　　　王建屯（女，2013.10—）
　　　　汪志安（2013.10—）

■区委非公有制经济和社会组织工作委员会

书　记：王建屯（女，2013.10—）
专职副书记：陈　秀（女，2013.10—）

■区委宣传部

部　长：胡梅元（女，—2013.6）
　　　　江　健（2013.6—）
副部长：吴云生
　　　　陈金来（—2012.2）
　　　　程志明（2012.2—）
　　　　孙春明
区新闻宣传中心主任：方鹤影

■区精神文明建设指导委员会办公室

主　任：陈金来（—2012.2）
　　　　程志明（2012.2—）
副主任：张刚勇（—2012.8）
　　　　许　晶（女，2012.8—）

■区委统一战线工作部

部　长：凌景生（—2012.3）
　　　　戴玉英（女，2012.3—）
副部长：金跃鸣

杨晓峰（—2012.6）
汪天顺（2012.11—）

■区委政法委员会
书　记：周永健
副书记：余云峰（2012.10 挂职）
陈寿宝
陈志静（女，—2012.8）
叶佰富（2012.8—）
唐　静(女)

■区社会治安综合治理委员会办公室
主　任：陈志静（女，—2012.8）
叶佰富（2012.8—）

■区防范和处理邪教问题领导小组办公室
主　任：唐　静(女)

■区维护稳定工作领导小组办公室
主　任：唐　静(女)

■区委区政府信访局
局　长：胡发贵（—2013.10）
李卫中（2013.10—）
副局长：程秀春

■区直属机关工作委员会
书　记：王建屯（女，—2013.10）
胡发贵（2013.10—）
副书记：金小弟
陈　秀（女，—2013.10）
纪工委书记：胡排根

■区机构编制委员会办公室
主　任：陈　荣
副主任：方长华（女）

■区委区政府信息办公室
主　任：吕　腾（女，2012.11—）

■区美好乡村领导小组办公室
专职副主任：刘厚松（2013.8—）

■区委老干部局
局　长：吴云峰
副局长：朱晓静（女）
关工委办副主任：汪晓明

■区委台湾工作办公室
主　任：吴　军
副主任：李　敏（女）

■区委党史工作委员会办公室
主　任：陈国顺
副主任：吴文华（女）
李　明

区人大常委会机关及法院、检察院

■区人大常委会办公室
主　任：汪惠民
副主任：吴宝权
程米兰（女）

■区人大常委会研究室
主　任：吴宝权

■区人大常委会各工作委员会
人事代表选举工委：
主　任：张秋云（女，—2012.12）
吴　勇（2012.12—）
副主任：徐　速（女，2012.11-）
内务司法工委：
主　任：陶　红（女，—2012.2）

苏　丹（2012.2—）

财政经济工委：

主　任：叶耀明（2012.2—）

副主任：聂伟民

农业与农村工委：

主　任：蔡灶坤（2012.2—）

副主任：何亮明

科教文卫工委：

主　任：吴　勇（—2012.2）

张秋云（女，2012.2—）

副主任：王晨星（女）

■区人民法院

院　长：郑　刚(—2013.8)

副院长：朱继全（2013.8，代理院长）

陈二民（—2012.2）

程　婉（女）

鲍　勇（—2012.8）

周　青（2012.8—）

陈　兵（2012.8—）

■区人民检察院

检察长：吴大圣

副检察长：汪　蔷（女，—2012.8）

鲍　勇（2012.8—）

魏大海（—2012.8）

谢一鸣（2012.8—）

郑　建

区政府工作部门及直属单位

■区政府办公室

主　任：孙　强（—2013.10）

吴成红（2013.10—）

副主任：王荣华

赖红霞（女）

程志明（—2012.2）

范毅红（女，2012.2—）

孙荣根（2012.6—）

■区发展和改革委员会

主　任：陈素玲（女）

副主任：朱艳萍（女）

余智勇

■区教育局

局　长：胡健红（女）

党委书记：胡健红（女，—2013.10）

程　勇(2013.10—)

副局长：程　勇(2013.10—)

钱其位

毕咏梅（女）

凌丽荣（女）

■区科学技术局

局　长：程　红（女，—2012.2）

徐向红（女，2012.2—）

党组书记：汪华红

副局长：吴庆玺

张永革（女）

汪智忠

■区经济和信息化委员会

主　任：朱　力（女）

副主任：李智文

吴松波

■区监察局

局　长：汪志安（—2013.10）

谢民生（2013.10—）

副局长：颜景山

李华峰（2013.10—）

■区民政局

局　长：苏　丹（—2012.2）

蒋海威（2012.2—）

副局长：王善和

唐慧芳（女）

■区司法局

局　长：陈寿宝

副局长：季红全

朱月芳（女）

张发家（2013.8—）

■区财政局

局　长：高木火

副局长：范红娟（女，—2012.2）

韩玲明（女）

周　艳（女）

■区人力资源和社会保障局

局　长：潘松宝

副局长：朱孝琳（女）

汪薇薇（女）

胡红洲（—2012.6）

范正茂（2013.5—）

■区住房和城乡建设委员会

主　任：蒋海威（—2012.2）

陈金来（2012.2—）

副主任：高俊岭（—2012.2）

杜祖红

马伟军

王　炫

■区交通运输局

局　长：张一波

党委书记：李　明（—2012.2）

吴华民（2012.2—）

副局长：吴华民

张学伟

■区农业委员会

主　任：许新生（—2012.2）

张　震（2012.2—）

党委书记：汪建平（2013.10—）

党委副书记：周和进（—2013.10）

副主任：查艳霞（女）

凌丽云（女）

■区商务局

局　长：戴玉英（女，—2012.2）

范红娟（女，2012.2—）

副局长：吕伟英（女）

吕文艺（2012.6—）

■区卫生局

局　长：张　迅

党委副书记：程阿娟(女，—2013.8)

副局长：高小宁（女）

程利忠

张小标（—2012.2）

程云霞（女，2013.5—）

■区人口和计划生育委员会

主　任：方红雨

副主任：吴丽华（女）

洪建淑（女）

刘超灵（女）

■区审计局

局　长：吴新民

副局长：邵春华（女）

闪　耘（回族）

■区城市管理行政执法局
局　长：陈金来（—2012.2）
　　　　程志明（2012.2—）
副局长：鲍勤平（2012.6—）
　　　　翟　峰（2013.8—）

■区林业局
局　长：张　震（—2012.2）
　　　　曹丽权（2012.11—）
党组书记：徐老六
副局长：李海鹰（女）
　　　　黄寨新（2013.8—）

■区水利局
局　长：江　宏
副局长：王祖旭
　　　　李　祥

■区统计局
局　长：徐向红（女，—2012.2）
　　　　陶　颖（女，2012.11—）
副局长：陶　颖（女，—2012.11）
　　　　周建钢
　　　　巴惜余（2013.5—）

■区安全生产监督管理局
局　长：王龙泉
副局长：杨剑敏
　　　　闫　松（2013.10—）

■区文化广电新闻出版局
局　长：魏晓莉(女，2012.11—）
副局长：刘厚松（—2013.8）
　　　　鲍屯生（2013.10—）
　　　　汪　琳（女）
　　　　吴哲明

■区民族宗教事务局
局　长：黄继辉
副局长：王信光

■区政府法制办公室
主　任：李卫中（2012.11—2013.10）
副主任：凌小平（女）

■区政府外事侨务办公室
主　任：袁国娟（女）
副主任：余转好（女）
　　　　闫　松（—2012.8）
　　　　张刚勇（2012.8—）

■区旅游局
局　长：张　健
副局长：王社基
　　　　吴　虹（女）

■区体育局
局　长：胡其枝（—2012.6）
　　　　杨晓峰 (2012.6—)
副局长：崔友华（女）

■区档案局
局　长：许秋明
副局长：方　敏（女，—2013.9）
　　　　余利祥（—2013.10）

■区供销合作社
主　任：叶耀明（—2012.2）
　　　　胡红洲（2012.6—）
副主任：孙义贵
　　　　汪凤凰（女）

■区地方志编纂委员会办公室
主　任：鲍屯生（—2013.10）

副主任：何丽华（女）
胡继红（女，—2012.2）

■区粮食局
局　长：杨丽芳（女）
副局长：吕　健
汪军能

■区物价局
局　长：陆　青
副局长：詹丹丹（女）
李　炎（—2012.2）

■区农业机械管理局
局　长：蔡灶坤（—2012.2）
颜文斌（2012.11—）
副局长：颜文斌（—2012.11）
程荣发
闫　松（2012.8—2013.10）
汪建平（2013.10—）

■区委区政府接待处
处　长：赖红霞（女）
副处长：刘艳东（2013.5—）

■区招商局
局　长：王小兵
副局长：陈　慧（女）

■区委区政府机关事务管理局
局　长：王荣华
副局长：朱建涛
汪菁华（女，2012.8—）

区政协机关及民主党派、工商联

■区政协办公室
主　任：吴凤英（女）
副主任：苏玉琴（女，2012.2—）
徐志华（—2013.8）
胡新棠（2013.8—）

■区政协各专门委员会
提案委员会：
主　任：黄晋杰
经济科技委员会：
主　任：朱加良
副主任：唐干进
社会和法制委员会：
主　任：邓　伟（2012.2—）
副主任：胡继红（女，2012.2_）
教文卫体委员会：
主　任：赵谊翔（女）
副主任：沈爱萍（女）
文史资料委员会：
主　任：张小标（2012.2—）
副主任：程高峰
港澳台侨联络委员会
主　任：戴玉英（女）
副主任：张　帆（女）

■民革屯溪区总支
主　委：张国凤（女）

■民盟屯溪区总支
主　委：王秀蓉（女）

■民建屯溪区总支
主　委：吴云飞（女）

■民进屯溪区支部
主　委：赵谊翔（女）

■农工屯溪区总支
主　委：张　谧（女）

■致公党屯溪区支部
主　委：邢先梅（女）

■九三学社屯溪区支社
主　委：俞惠林

■区工商业联合会
主　席：余华卫
党组书记：金跃鸣
副主席：张国凤（女）
　　　　张　冰（女）

人民团体

■区总工会
主　席：程秉国
副主席：吴正利（—2013.5）
　　　　汪玉芳（女，—2013.5）
　　　　汪国安（2013.5—）

■共青团屯溪区委员会
书　记：汪　媛（女，2012.8—）
副书记：许　晶（女，—2012.8）
　　　　李　星
　　　　叶继发（2012.6 挂职一年）
　　　　江万满（2013.10 挂职一年）

■区妇女联合会
主　席：苏玉琴（女，—2012.2）
　　　　毛志英（女，2012.6—）
副主席：毛志英（女，—2012.6）
　　　　吴海燕（女，2012.11—）

■区科学技术协会
主　席：周西林
副主席：吴雪芬（女）
　　　　余新民

■区文学艺术界联合会
主　席：汪　琳（女）
副主席：程　鹰

■区残疾人联合会
理事长：汪海雷
副理事长：金克俭
　　　　　邵丽娟（女）

■九龙低碳经济园区管委会
党委书记：李高峰（—2012.10）
　　　　　吴友训（2012.10—）
第一副书记：胡黎明（—2012.10）
副书记：周永健（—2012.10）
主　任：胡黎明（—2012.10）
　　　　吴友训（2012.10—）
第一副主任：汪跃平（—2012.10）
副主任：邹剑海（2012.10—）
　　　　程　红（女，2012.3—）
综合处处长：宋　文（女，—2013.8）
　　　　　　潘武生（2013.8—）
经贸发展处处长：朱　力（女）
招商处处长：王小兵
投资管理处处长：汪春芳（女，2012.2—）
规划建设处处长：潘武生（—2013.8）

乡镇、街道

■屯光镇
镇党委：

书　记：王小明（—2012.12）
汪相俊（2012.12—）
副书记：吴伟刚（—2013.10）
余　巍（2013.10—）
胡发强（挂职，—2012.12）
程　勇（2012.12—）
王晓莉（女，挂职二年）
委　员：戴立群、施春敏（女，—2012.12）
汪双宝
严匡扶
李　琦、
翟　峰（—2013年8月）

镇人民政府：

镇　长：吴伟刚
副镇长：汪双宝、李　琦
陈　超（—2013年10月）

■黎阳镇

镇党委：

书　记：方　骅（—2013.9）
孙　强（2013.10—）
副书记：汪相俊（—2012.12）
胡发强（2012.12—）
方美金（女，—2012.11）
刘　靓（2012.12—）
委　员：何忠宝
吴　广
汪　辉
刘　靓
汤黎明
闫振国（2012.11—）
凌卫红（女，2013.10—）
冯家成（挂职，—2012.12）

镇人民政府：

镇　长：汪相俊（—2012.12）
副镇长：汪　辉
刘　靓（—2013.1）
邵　楠
郭士珍（2013.1—）
冯家成（挂职，—2012.12）

■阳湖镇

镇党委：

书　记：李卫东
副书记：张为民（—2013.10）
余　巍（—2013.11）
吴伟刚（2013.10—）
委　员：王艳霞（女）
汪建平
程仁利
吴顺建
蒋　波
张云龙
余利祥（2013.10—）

镇人民政府：

镇　长：张为民
副镇长：汪建平
程仁利
刘目保

■新潭镇

镇党委：

书　记：袁震宇
副书记：洪　洁（女）
徐新胜
委　员：胡新棠（—2013.8）
程阿娟（女，2013.8—）
程　勇（—2012.12）
康　平
柯小勇（2012.12—）
徐志华（2013.8—）
洪　跃
程　媛（女）
程云霞（女，—2013.5）

镇人民政府：

镇　长：洪　洁（女）

副镇长：程　勇（—2013.1）

康　平

柯小勇

汪立年（2013.1—）

■奕棋镇

镇党委：

书　记：王起高

副书记：张　毅

谢光辉

委　员：章云飞

柯柏奇

徐红斌

袁　进

钟文明（2012.2—2013.8）

柳展宏（2013.10—）

镇人民政府：

镇　长：张　毅

副镇长：徐红斌

胡　慧（女）

鲍曙光

■昱东街道

党工委：

书　记：邵国强

副书记：江小山（女）

徐　速（女，—2012.11）

余恒涛（女，2012.11—）

谢继标

委　员：李智武

蒋玉芳（女，—2012.6）

鲍勤平（—2012.6）

金　玮（女，2012.8—）

洪　亮（2012.8—）

办事处：

主　任：江小山（女）

副主任：李智武（2012.6—）

蒋玉芳（女，—2012.6）

鲍勤平（—2012.6）

金　玮（女，2012.8—）

■昱中街道

党工委：

书　记：胡庆华（女）

副书记：吴朝晖

甄　兵（2012.2—）

毕咏梅（女，挂职，2013.8—）

委　员：吴青云（女）

程　毅

吴　燕（女）

伍长春（—2013.10）、

吴云田（2013.10—）

办事处：

主　任：吴朝晖

副主任：吴青云（女）

黄　洁（女，—2013.10）

程晓芳（女，2013.11—）

■昱西街道

党工委：

书　记：程　勇（—2013.10）

副书记：汪天顺（—2012.11）

方美金（女，2012.11—）

吕　腾（女，—2012.2）

吴淑娟（女，2012.2—）

委　员：吴淑娟（女）

李宇红

郑长业

凌卫红（女，2013.5—2013.10）

韩志超（2012.8—）

办事处：

主　任：汪天顺（—2012.11）

方美金（女，2012.11—）
副主任：郑长业
凌卫红（女，2013.5—2013.10）
黄　洁（女，2013.10—）
陈　超（2013.10—）

余恒涛（女，—2012.11）
委　员：张红莉（女）
方　红（女，—2013.10）
金　玮（女，—2012.8）
张　涛（2012.8—）
李一敏（女，2013.5—）
钟文明（2013.8—）

■老街街道

党工委：
书　记：柯　彦（女）
副书记：姚三宝
陈向东

办事处：
主　任：姚三宝
副主任：张红莉（女）
方　红（女，—2013.10）

戴东原设计珠塘坝

华山岭、杨梅山间天然形成珠塘，雨季易发生洪灾，冲毁农田民居。清乾隆时，戴震在观音山脚为珠塘设计放水竖涵（俗称“塘印”），砌石为坝，高 3 丈，坝顶长 12 丈 9 尺，宽 6 丈 6 尺。有涵闸可蓄水或放水，坝下辟有水沟，直通新安江。平日涵门关闭，蓄水灌溉农田，遇有山洪，即开涵放水。农田不再受涝，街市也不再水淹。1965 年，越南民主共和国胡志明主席由董必武副主席陪同视察屯溪，闻知二百年前戴震为珠塘设计“塘印”，为民造福，称赞实在了不起。珠塘坝至今仍保留完好，这里水深幽静，山高坡陡，舟行其中，堪比巴山蜀水，旧有“珠塘鸥雨”胜景之誉。20 世纪华山岭至珠塘坝辟为戴震公园，成为游人垂钓、休憩场所。

大事记

2012年

【1月】

4日　屯溪区举行招商引资项目集体签约仪式，工程塑料新材料、怡合园生态农业、市民开心菜园、金逸国际电影城、上影国际电影城等8个项目集中签约，签约总投资额10.9亿元。

5日　中共屯溪区委五届二次全体（扩大）会议在区委区政府礼堂召开。

8日　黄山市城市社区建设考核组到屯溪区检查指导社区建设工作。

9日—12日　屯溪区政协十二届一次会议召开。

10日—13日　屯溪区十六届人大一次会议召开。

10日　中共黄山市委常委、市纪委书记汪学致率队来屯溪区考核2011年度党风廉政建设责任制工作情况。

14日　景徽国际项目开工，总投资5亿元，建筑面积10余万平方米，建设9栋22层以上的高层建筑。

15日　屯溪区启动以“促进规范用工，引导就地就业”为主题的2012年春风行动。

17日　屯溪区在阳湖镇兖山社区举办2012年度文化、科技、卫生“三下乡”活动。

22日（大年三十）　中共屯溪区委书记李高峰，区委副书记、区长胡黎明等到区政务中心、荷花池派出所和武器装备库，看望慰问坚守工作岗位的基层干警和干部职工。

23日（大年初一）　中共屯溪区委书记李高峰，区委副书记、区长胡黎明等来到徽州大道、新安江延伸段、荷花池小吃一条街、长亭巷、老街二马路、戴震路看望、慰问春节期间仍然在一线工作的环卫工人和市容队员。

29日　屯溪区召开“大干六十天 确保开门红”动员大会。

31日　中共安徽省委副书记、代省长李斌视察屯溪老街。

【2月】

3日　黄山市成功申报为国家级再生资源回收体系建设试点城市。

19日　黄山鼎奇链条传动项目正式投产，总投资5000万元，主要生产各种输送链及输瓶机配件。

20日　屯溪区新潭镇汗山桥龙凤舞龙队和南溪南舞狮队在全市“龙狮齐舞庆盛世”活动

中分别获得“最佳人气奖”和“最佳表演奖”。

27日 中共黄山市委常委、纪委书记汪学致率队到屯溪区调研基层党务公开工作。

29日 屯溪区召开区委中心组（扩大）理论学习会议，传达学习省“两会”及市委中心组理论学习会精神。

是日 屯溪区召开楼宇经济暨税源调查动员大会，标志全区开展楼宇经济调查摸底和个体税收税源调查工作正式启动。

【3月】

2日 屯溪区召开银企对接会，成功对接项目113个，对接资金23.48亿元，其中承诺贷款7.94亿元，意向贷款15.54亿元。中国工商银行、中国农业银行等7家银行分别与金太阳家具、新徽投资公司等7家企业签订合作协议。

7日 屯溪区召开庆祝“三八”国际劳动妇女节102周年表彰大会，黎阳镇、昱中街道妇联被评为“三八”红旗集体，潘霞、查建芬、吴瑞珍被评为“三八”红旗手，屯光镇尤溪社区妇代会等12个单位被评为妇女工作先进集体，江四女等7人被评为妇女工作先进个人。

11日 《屯溪新闻》在黄山电视台新闻综合频道（1套）开播，18：50播出，时长5分钟，22：50重播。每周日一期。

12日 中共安徽省委常委、宣传部长唐承沛一行到屯溪老街调研文化产业发展情况。

是日—14日 中共屯溪区委书记李高峰率队赴温州乐清市开展招商工作。

14日 中共安徽省委创先争优活动督查组组长、省总工会常务副主席李维勇率队到屯溪区督查指导创先争优工作。

20日 中共安徽省委第三巡视组组长成浩一行到屯溪区稽灵山、屯溪人民广场、众力实业、东城实验小学和黄山乐街等地视察经济社会发展情况。

23日 屯溪区召开区纪委五届二次全体会议，区长胡黎明主持会议，区委常委、纪委书记朱乐华作工作报告，区委书记李高峰讲话。

23日 屯溪区成立紧扣“六个一百”、推进“六个高潮”目标工作领导组。

25日 由安徽省中国旅行社黄山分社日本部与屯溪区青少年宫联合举办的中日友好青少年书法交流会在屯溪区举行。

28日 世界银行新农村建设项目预鉴别团以及安徽省发改委有关人员一行到屯溪区考察。

28日 杨业功纪念馆开工建设。

30日 黄山市暨屯溪区人社局在徽州大剧院广场举行“12333全国统一咨询日”活动启动仪式。

31日 屯溪区成立中心城区森林防火志愿者队伍，这是黄山市成立的首支森林防火志愿者队伍。

是月 安徽省水库移民局考评组考评屯溪区2011年度水库移民后期扶持项目实施情况。4个项目总投资55万元，受益人口5267人，受益移民459人。

【4月】

1日 中共屯溪区委书记李高峰率队到稽灵山、鬲山等处督查森林防火值守以及防火物资调集、准备情况，确保清明期间不发生一起火灾。

6日 屯溪区召开区委区政府工作部署暨“大干二季度，确保双过半”动员大会。

10日—12日 全国19支皮划艇队伍的近500名专业运动员，在新安江参加2012年全国皮划艇冠军赛暨皮划艇大奖赛。省政协副主席李宏塔、中国皮划艇协会副主席辛群英、市长宋国权、省体育局局长冯潮等出席开幕式。

12日 黄山市人大调研组一行到屯溪区调研《中华人民共和国食品安全法》实施情况。

13日 全市工业暨园区经济工作会议在屯溪区召开。屯溪区获2011年度工业经济综合考核第一名、工业发展速度先进区县和“园区提速增效工程”综合考核一等奖。

17日　屯溪区召开“十大工程”未开（复）工项目汇报会，集中分析项目未开（复）工原因，研究解决对策。

18日　屯溪区召开会议，总结2007-2011年度建议提案办理工作，表彰先进集体和先进工作者，部署2012年建议提案办理工作。

是日　屯溪区召开绿色质量和重点村镇环境风貌整治推进会。

21日　屯溪区邀请日本草莓种植专家到新潭镇长友草莓基地进行技术指导。

24日　屯溪区出现140.6毫米的大暴雨。

27日　屯溪区召开文明行业工作表彰大会，对全区创建文明行业先进单位、文明窗口和文明模范职工进行表彰。

【5月】

1日—3日　屯溪区9家商场、超市、餐饮企业共实现销售额1378.09万元，同比增长30.4%，其中大润发超市实现销售额149万元。

2日　屯溪区成立绿色提升高潮工作领导组。

3日　屯溪区召开纪念共青团成立90周年大会，表彰优秀团员、优秀团干、五四红旗团（总）支部、五四红旗团（工）委。

4日　经区常委会研究，同意成立区政府经济研究室，为区政府下属全额拨款事业单位，核定编制3名，设主任1名（副科）。

是日　为进一步规范房屋征收与补偿工作，屯溪区成立区房屋征收管理局，为区政府下属正科级全额拨款事业单位，编制5名，局长1名，副局长2名。

是日　为切实做好防震抗灾工作，屯溪区成立区地震办公室，为区住房和城乡建设委员会下属全额拨款事业单位，编制3名，设主任1名（副科）。

是日　屯溪区下发《关于进一步优化区镇农村经营管理体制的通知》，镇畜牧兽医站挂农经站牌子，各镇核定事业编制2名。

6日—8日　中共青海省委常委、省委秘书长王小青率青海省党政代表团到黄山市考察。其间考察了屯溪老街、新安江夜游项目。安徽省副省长花建慧，市委书记、市人大常委会主任王福宏等陪同考察。

8日　中共黄山市委书记、市人大常委会主任王福宏率队到屯溪区黄山国际中心、高山佛文化保护性恢复项目、阳湖外边溪，屯光镇南溪南村，调研重点建设情况。

8日—14日　屯溪区开展“民营企业招聘周”活动，共有24家民营企业提供空岗信息600余个，达成就业意向257人。

10日　兴昱大讲堂开讲。

是日　屯溪区召开区委中心组理论学习（扩大）会议，学习胡锦涛总书记在中纪委十七届七次全会上的讲话和省委书记张宝顺在省纪委九届二次全会上的讲话，并听取黄山市副市长袁维海作的《加强社会建设，创新社会管理》专题讲座。

13日　第21届海峡两岸珠心算通信赛暨黄山市第7届少儿珠心算比赛在大位小学举办。项皖、王俣珏分获幼儿组和小学组冠军。

是日　安徽省教育督导考核组到屯溪区抽查党政领导干部2011年度教育工作。

16日　中共黄山市委常委、纪委书记汪学致到元一柏庄项目调研建设进展情况。区委书记李高峰，区委副书记、区长胡黎明、区委常委、纪委书记朱乐华，副区长汪长剑陪同调研。

19日　以“携手建设创新型黄山”为主题的全市暨中心城区2012年科技活动周启动仪式在徽州大剧院举行。

是日　屯溪区妇联组织开展以“爱我家乡，体验徽文化”为主题的关爱留守儿童活动。

23日　屯溪区召开党风廉政建设责任制工

作领导小组会议。

23日–24日　安徽省农民负担执法督查组到屯溪区新潭镇检查减轻农民负担工作落实情况。

25日　中共黄山市委副书记、市长宋国权率队到屯溪区前园社区、跃进路社区、阜上社区和杨梅山社区等处调研中心城区社区建设。

26日　110千伏徽山输变电工程启动送电成功。110千伏徽山变电站是全市第一座建设在中心城区的变电站，第一座全室内安装方式的变电站。

29日　黄山市暨屯溪区启动“学习雷锋，做美德少年”网上签名寄语活动。

30日　黄山中天文化娱乐项目正式签约入驻黄山步行街。

是月　“屯绿”“黄山佬”“龙山园”“徽珍”等4件商标获2011年安徽省著名商标。

是月　屯溪区社会治安综合治理委员会更名为社会管理综合治理委员会。

是月　屯溪区徽墨制作技艺传承人汪培坤获中国非物质文化遗产保护中心颁发的首批“中华非物质文化遗产传承人薪传奖”。

【6月】

1日　九龙园区与屯溪农村合作银行正式签署助保金贷款业务合作协议，启动助保金贷款业务。

1日—3日　屯溪区组织黄山芳生茶业、屯溪实验茶场、黄山一品有机茶、黄山徽珍食品等企业参加在上海国际农展中心举行的第八届中国黄山茶叶暨名优农产品（上海）博览会。

3日　屯溪区举办计划生育困难家庭救助金暨新增奖扶和特扶对象奖扶金发放仪式，20位代表接受救助。

4日　安徽省卫生厅副厅长武琼宇一行5人到屯溪区阳湖社区卫生服务中心、奕棋镇卫生院和徐村卫生室，督查基层医改暨基本公共卫生服务工作。

4日—7日　“安徽产品甘肃行”在甘肃国际会展中心举行，屯溪区一品有机茶、金箭照明、新丝路纺织、广远光电4家企业参加。

5日　仙人洞南路改造项目征收工作动员大会召开。仙人洞南路改造项目房屋征收涉及居民783户、企业用房3家，总征收面积11.22万平方米。

7日　中共黄山市委书记、市人大常委会主任王福宏率队调研新安江上游（镇海桥—梅林桥）段综合治理项目。

15日　屯溪区召开保持党的纯洁性主题教育实践活动暨廉政风险防控工作动员大会。

19日　中共屯溪区委书记李高峰率队到溪东花园、怡阳小区、黎山苑安置区、龙山安置区等项目现场督查安置区建设情况。

20日　中共安徽省委常委、宣传部长曹征海到屯溪区调研宣传文化工作，视察屯溪老街，并深入三百砚斋、甘而可漆器创作室和万粹楼进行考察调研。

21日　中共屯溪区委书记李高峰，区委副书记、区长胡黎明率队到阳湖镇正街24号危房户、紫阜村危房户、屯光镇云村危房户、云村后头山等处检查全区危房和地质灾害点防治工作。

是日　屯溪区的镇海桥、南溪南村吴中明坊、吴蔚起坊、中共皖南特委机关旧址4处文物点被安徽省人民政府公布为第六批省级文物保护单位。

26日—27日　黄山良业阀门有限公司董事长项美根应全国阀门标准化技术委员会邀请，参加在德国柏林举行的国际标准化技术委员会ISO/TC 153/SC2（阀门驱动装置附件）第一届全体会议。

28日　屯溪区举行招商引资项目集体签约仪式，签约项目11个，总投资13.25亿元。

29日　屯溪区政府第一次全体会议暨廉政建设工作会议在区委区政府礼堂召开。

6月　黄山工业泵制造有限公司的“适用

于高温、高粘介质条件下的双吸双螺杆泵”跻身省重点新产品计划。

是月　屯溪乌龙茶科普示范基地被中国科协、财政部授予2012年基层科普行动计划先进单位。

是月　屯溪区建立居委会退养人员退养费自然增长机制，即参照企业退休职工基本养老金普调政策标准的100%增加社区居委会退养人员退养费。

是月　屯溪区提高优待金发放标准。农村和城镇义务兵家庭每户每年9149元，进藏义务兵每户每年18298元。

【7月】

1日　屯溪区开展“党员奉献日”捐赠活动。

5日—6日　安徽省人大常委会党组副书记、副主任臧世凯到黄山市调研经济社会发展与人大工作。其间，考察了新安江夜游项目。

6日　新安江流域综合治理项目贷款签约暨开工典礼在梅林大桥施工现场举行。

7日　屯溪区召开“冲刺三季度、全面超时序”大会战活动动员大会。

8日　332地质队棚户区改造项目开工仪式举行。

9日　黄山市民开心菜园暨市民中心正式开工建设，开心菜园项目占地688亩，总投资1.4亿元。

10日　屯溪区成立慢性病综合防治示范区创建工作领导小组，组长胡黎明。

14日　屯溪区召开区委中心组（扩大）理论学习会，传达学习市委书记王福宏的党课报告和全市政协工作会议精神，并书面印发了贺国强同志在加强基层党风廉政建设座谈会上的讲话。区委书记李高峰在会上作“在抓落实中保持党的先进性和纯洁性”党课报告。

19日　黄山市“两大试点”项目监督检查组到屯溪区检查国家服务业综合改革试点和新安江流域生态补偿机制试点项目2011年整改落实情况和2012年新开工项目建设情况。

7月中旬　屯溪区全面完成农家书屋建设。

25日　2012年民生工程建设项目万贯洲农贸市场正式开工建设，项目总投资1700万元，建筑面积5192平方米。

27日　屯溪区人武部新营院正式启用。新营院占地16亩，建筑面积3100平方米。

29日　屯溪区荷花池社区“城市生活e站”建成并对居民开放。

30日　利港集团与世界五星级酒店喜来登在黄山香茗酒店举行签约仪式，入驻黄山利港尚公馆项目。

31日　屯光镇社屋前股份经济合作社挂牌成立，为全省首家股份经济合作社。

7月　沈新潮任中共屯溪区委常委。

是月　屯溪大位小学被中国珠算心算协会批准为珠心算教育教学实验点。

是月　屯溪区被省“861”行动计划重点建设项目领导小组列为全省2011年实施“861”行动计划作出突出贡献市（县）。

【8月】

5日　中共黄山市委书记、市人大常委会主任王福宏率队检查新安江延伸段开发和新安江上游综合治理项目情况。

6日　安徽省司法厅巡视员张武一行到屯溪区调研指导全省“法律援助为民服务创先争优年”活动开展情况。

9日　韩国国立安东大学博物馆馆长任世权一行到戴震纪念馆参观。

15日　全国森林公安和森林防火政务信息培训班在屯溪区举行。国家林业局森林公安局副局长、国家森防指办公室副主任焦德发，安徽省林业厅党组成员、巡视员程鹏出席开班仪式并讲话。区委副书记，区长胡黎明到会致辞。

18日　中天台球动漫城项目正式投入运

营。项目总投资3000万元，由台球城和动漫城两部分组成。

19日 中共黄山市委书记、市人大常委会主任王福宏到率水桥黎阳片开发、珮琅河口滨水景观、稽灵山公园、怡阳安置小区、文峰桥调研城市规划和重点建设。

21日 屯溪区召开全区拆违控违和文明创建工作会议，区委书记李高峰主持并就抓好这两项工作提出具体要求。区委副书记、区长胡黎明参加会议并讲话。

21日—23日 由文化部办公厅、中国美术馆举办的主题为“青春芬芳”的全国文化系统青年书法美术作品展在中国美术馆展出，屯溪区文化馆姜少华参展的小楷作品《前后赤壁赋》被组委会评为优秀作品。

24日 屯溪区召开区委区政府综合考核工作汇报会，全面梳理2012年区委区政府各项考核工作，确保在全市综合考核中实现政府目标管理考核“保二争一”、其他考核争先进位。

31日 全国文化信息资源共享工程安徽省级分中心《安徽历史文化名人》摄制组一行到屯溪区，拍摄以清代著名哲学家、思想家戴震为主题的专题片。

8月 黄山优尚家具用品有限公司、黄山硕客家具有限公司通过国家审批，被纳入规模以上工业进行统计。

是月 屯溪区乌龙茶科普示范基地、屯溪区黎阳镇新江无公害蔬菜基地被安徽省科协命名为省级农村科普示范基地。

是月 昱城社区卫生服务中心被评选为省级示范社区卫生服务中心。

是月 屯溪区法院被命名为安徽省第三批“廉政文化建设进机关示范点”。

【9月】

3日 中共黄山市委副书记、市长宋国权来屯溪区调研。实地察看老街街道珠塘社区服务中心改造项目，还到昱东街道荷花池社区、区人民法院进行实地调研。市政府秘书长徐德书，区委书记李高峰，区委副书记、区长胡黎明陪同调研。

是日 屯溪区召开区委中心组（扩大）理论学习会，传达学习胡锦涛总书记“7·23”讲话、市委中心组理论学习会以及全市重点项目推进会精神。区委书记李高峰主持学习会并讲话。

5日 屯溪区安监局联合公安、消防等部门，对位于雀山路的一户非法仓储经营危险化学品经营户进行查处，现场查扣危险化学品5吨。

10日 （第28个教师节）中共屯溪区委书记李高峰，区委副书记、区长胡黎明率区四大班子领导深入各学校，看望慰问广大教师职工。

10日 屯溪区龙山实验小学举行揭牌仪式，区委书记李高峰、区委副书记、区长胡黎明出席。

12日 文峰桥架通仪式举行。文峰桥地处横江、率水和新安江的三江交汇口，全长249米，宽28米，双向四车道，总投资4223万元。工程于2011年11月29日开工。

15日 中共屯溪区委书记李高峰，区委副书记、区长胡黎明率屯溪区党政代表团到歙县考察学习。

17日 屯溪区召开2013年“八大提升”工作汇报会。区委书记李高峰主持并讲话。“八大提升”指的是城乡建设大提升、服务业发展大提升、招商工作大提升、园区发展大提升、农村发展大提升、环境大提升、社会管理工作大提升、党建工作大提升。

是日 以全国妇联书记处书记崔郁为组长的考察组一行，到屯溪老街考察“巾帼文明岗示范街”建设。

19日 屯溪区召开“十一”黄金周工作部署会。区委书记李高峰出席会议并讲话，强调要准确把握今年黄金周的新特点，扎实做好安全生产、“一控双拆”、文明创建、信访维稳、食品安全、森林防火等各项工作。

20日　赣浙闽皖四省八县（市、区）人大常委会第25次联席会议在屯溪区召开，与会人员参观中国徽州文化博物馆、花山谜窟、新安江延伸段等。

20日　屯溪区启动农民工工资支付情况专项检查活动。

21日　中共黄山市纪委检查组到屯溪区检查促进经济平稳较快发展措施落实情况。

22日　中共屯溪区委书记李高峰，区委副书记、区长胡黎明率屯溪区党政代表团到徽州区考察学习。

26日　屯溪鬲山禅寺复建项目奠基。

29日　屯溪区举办"欢度中秋喜迎国庆"茶话会。区委书记李高峰参加会议并发表讲话。区各民主党派、无党派人士、宗教界人士、企业界人士分别在会上作了交流发言。

是月　屯溪区政府采购服务中心首次对屯溪省级粮食储备库储存的3000吨储备粮轮换进行公开竞标。

【10月】

1日　中共黄山市委常委、政法委书记、市公安局局长舒志民来屯溪区信访接待大厅、阳湖镇、老街派出所和高速公路1号口，实地督查"十一"黄金周维稳工作部署情况。区委书记李高峰陪同督查。

10日　安徽省副省长谢广祥到屯溪区调研基层文化建设。

是日　屯溪区召开珮琅河景观设计方案评审会。

11日　屯溪区召开"决战四季度、实现新跨越"动员大会。

11日—12日　中共安徽省委常委、宣传部长曹征海到黄山市调研徽文化发展暨古民居保护利用工作。其间实地调研花山谜窟。

13日　屯溪区召开区委中心组理论学习（扩大）会议暨区美好乡村建设工作领导组会议。

是日　第二届黄山市新安江龙舟赛在新安江照壁怀古河段举行。共有来自广东、上海、辽宁、浙江等省市以及各区县、市直部门的21支龙舟队、500多名运动员参加。

17日　屯溪区齐云大道南侧东关路至梅林路地段拆迁指挥部成立。

18日　黄山耐特新能源项目举行开工仪式。项目总投资4亿元，主要从事研发、生产、销售新型贮能电池材料。

是日　中纪委驻国家人力资源社会保障部纪检组组长、党组成员袁彦鹏率国家人力资源社会保障部调研组到屯溪区社保经办大厅和柏树社区人力资源社会保障服务站开展调研。

20日　中共屯溪区委书记李高峰，区委副书记、区长胡黎明率屯溪区党政代表团赴黄山区考察学习。

23日—24日　中共屯溪区委书记李高峰率队赴浙江永康、金华开展招商工作。

27日　中共屯溪区委书记李高峰，区委副书记、区长胡黎明率屯溪区党政代表团到祁门县考察学习。

28日　中共黄山市委书记、市人大常委会主任王福宏率队到屯溪区南滨江花园，实地督查绿色质量提升行动和苗木基地建设，谋划推进千万亩森林增长工程。区委书记李高峰陪同督查。

30日　由省委政法委政治处副主任彭跃繁带队的中央及省级媒体记者一行来屯溪区开展"走政法基层 看和谐文化"集中采访活动。市委政法委副书记程曙光，区委书记李高峰，区委常委、宣传部长胡梅元，区委常委、政法委书记周永健陪同采访。

是月　屯溪区在全市率先完成新安江生态补偿试点2011年度项目，计7项，总投资3692万元。

【11月】

3日　屯溪区召开美好乡村建设和"千万

亩森林增长工程”工作动员大会。

是日　中共屯溪区委书记李高峰、区委副书记、区长胡黎明率屯溪区党政代表团到黟县考察学习。

5日　安徽省经信委党组副书记、副主任张德山带队到屯溪区工业泵、广远光电、锦江百浪及正在建设的日普、东晶光电等处，调研工业发展情况。

7日—11日　由文化部和安徽省人民政府主办，中国非遗保护中心、安徽省文化厅和黄山市人民政府承办的首届中国（黄山）非物质文化遗产传统技艺大展在湖边古村落举行。

8日　安徽省首家社会科学知识普及基地在屯溪戴震纪念馆正式挂牌。

9日　中共屯溪区委书记李高峰，区委副书记、区长胡黎明率屯溪区党政代表团到休宁县考察学习。

11日　第十六届中国黄山国际旅游节暨徽文化节、首届中国安徽旅游商品展示交易总汇在世纪广场举行。副省长花建慧等领导出席开幕式。

13日　农工党“同心”帮扶示范工程揭牌仪式在屯溪区黎阳镇卫生院举行。

18日　屯溪区在全国群众登山健身大会暨第八届中国黄山国际登山大会上获市内组女子团体第一名、男子团体第二名。

26日　屯溪区成立信访积案评查工作领导组，组长周永健。

是月　黄山良业阀门有限公司研制的阀门气动装置启闭转矩连续测试装置获2012年度安徽省高新技术产品认定证书。

是月　屯溪区胡开文墨厂的徽墨、黄山一品有机茶业有限公司的黄山贡菊、黄山王祖伟砚雕艺术馆所制作的砚雕作品等3件旅游商品入选全省首批100件安徽知名旅游商品。

是月　顺昌汽车电器有限公司sc-3防水型起动熄火控制器入选省科技厅2012年度第二批高新技术产品。

【12月】

3日　中科协考察团到屯溪区乌龙茶2工区、茶科所育苗基地考察科普惠农兴村计划实施情况。

6日　中共黄山市委书记、市人大常委会主任王福宏，市委副书记、市长宋国权率队到屯溪区元一大观、黎阳商街、珠塘社区服务中心、锦江百浪和龙山花园进行经济社会发展观摩。

9日　屯溪区召开区委五届五次全体（扩大）会议。10日-13日　屯溪区召开区政协十二届二次会议。

11日-14日　屯溪区召开区人大十六届二次会议。

17日　黄山容宇五金制品项目开工。项目由浙江宇恒控股集团投资，总投资2亿元。

27日　中共屯溪区委书记李高峰主持召开全区2013年“十大工程”“六个高潮”“六个一百”项目汇报会，谋划部署2013年重点项目建设工作。

是月　戴震纪念馆被评为全国优秀人文社会科学普及基地。

是月　屯溪区保障性安居工程获中央预算内投资560万元，实验茶厂棚户区改造项目获155万元，电器厂、汽配厂棚户区改造项目获205万元，新潭廉租房小区项目获200万元。

2013年

【1月】

1日—2日　屯溪区举办第一届“黄山希望杯”棋类比赛。

4日　中共屯溪区委书记李高峰冒雪深入黎阳镇新江蔬菜基地，指导防雪抗冻工作，要求各级各部门要形成抗雪救灾的强劲合力，力争把损失降到最低限度。区委常委、宣传部长胡梅元等陪同检查。

10日—14日　屯溪区教育局联合交警、安监、卫生、消防等部门对全区27所幼儿看护点进行全面排查。

11日　屯溪区召开区委中心组（扩大）理论学习会，传达学习市“两会”精神。区委书记李高峰主持会议，并强调要深入学习、深刻领会，以大干快上的实际行动深入贯彻市“两会”精神，确保实现“首月、首季开门红”。

13日　中共黄山市委书记王福宏到戴震公园实地调研群众反映的珠塘水体问题并就保护治理工作进行现场办公。

14日　中共黄山市委书记王福宏率队到梅林坝等施工现场检查新安江上游综合治理项目建设。

15日　黄山市暨屯溪区“生育关怀·大病救助”行动启动仪式在区委区政府礼堂举行。

15日–17日　中共屯溪区委书记李高峰，区委副书记、区长胡黎明带队到优山美地、元一大观、篁墩苗木基地、屯溪示范幼儿园、文峰桥、兴乐电缆等50多个重点项目工地，就加快推进重点项目建设进行现场办公。

17日　屯溪区召开“大干四十天、确保开门红”动员大会，迅速启动节后各项工作，号召全区上下紧盯目标，大干快上，掀起屯溪发展新高潮。

19日　屯溪区在黎阳镇凤霞村召开美好乡村建设现场会，中共屯溪区委书记李高峰，区委副书记、区长胡黎明到会并讲话。

20日　屯溪区召开区委中心组（扩大）理论学习会，传达学习习近平总书记在中纪委二次全会上的讲话，省十二届人大一次会议和省政协十一届一次会议精神，市委书记王福宏在1月30日市委常委扩大会议和2月16日全市领导干部大会上的讲话精神。

21日　屯溪区在区政务中心大厅举行爱心企业向特困群众献爱心捐赠仪式，30多个企业捐款30多万元。

25日　“数字老街”完成验收并上线运行。2011年10月，“数字老街”项目一期工程正式启动，投资约1466万元的一期工程，包括3D虚拟化网游、房屋字典、摄像头监控系统、电子购物系统等。

是月　屯溪区屯光镇中心小学教学楼工程项目获2012年度全省建设工程“黄山杯”奖项。

是月　屯溪区人民政府出台《屯溪区食品安全违法行为举报奖励暂行办法》，设立食品安全举报专项奖励资金10万元。

是月　屯溪区进行村集体资产股份制改革工作入选2012年度黄山市十大新闻。

是月　同德仁药店被列入安徽省第七批文物保护单位。

【2月】

1日—2日　屯溪区139户特困家庭获桑园小区廉租房。

7日　中共黄山市委书记王福宏到阜上农贸市场检查节日市场供应情况，看望慰问商贸、工商一线干部职工。

7–9日　全区普降大雪，部分山区暴雪，截止到9日最大积雪深度为8厘米。

18日　屯溪区在合铜黄高速沿线开展千万亩森林增长工程“植树造林周”义务植树大会战活动。

27日　中共屯溪区委副书记、区长胡黎明率队到阳湖记忆、文峰桥、东林路、瑶林路、鬲山市民开心菜园等10个项目施工现场，督查部分政府类项目开复工情况。

28日　屯溪区四大班子领导到中央商务区、西溪湾总部经济区、洽阳路南段、红星路、白石路、阳湖正街和外边溪，集体调研江南新城路网建设、布局规划调整工作。

28日—3月1日　国家发改委社会司司长

王威率皖南国际文化旅游示范区国家部委联合调研组一行实地考察黄山市一些文化旅游项目，参观屯溪老街。

是月　新安江滨水旅游景区被全国旅游景区质量等级评定委员会正式批准为国家AAAA级旅游景区。

【3月】

1日　屯溪区召开“落实十八大，力促大提升”工作部署大会，安排部署2013年全区组织、宣传、政法、统战和园区经济、服务业发展、城乡建设、“三农”工作、项目建设、发展环境、社会建设“七大提升”工作，动员全区上下进一步统一思想、认清形势，凝心聚力、扎实苦干，为确保实现“四年大提升”目标不懈努力。

2日　中共屯溪区委书记李高峰，区委副书记、区长胡黎明率队到三充村、溪山苗木基地、云村、篁墩苗木基地、东关村、查塘苗木基地、占川苗木基地、朱村、碧桂园苗木基地、凤霞村、高枧苗木基地及鬲山大道等地，督查美好乡村建设和“千万亩森林增长工程”工作。

3日　屯溪区召开区纪委五届三次全会

5日　中共安徽省委第三巡视组一行到屯溪区稽灵山、珮琅河口、元一精品小区、文峰桥、黎阳商街、日普电动车、东晶光电、龙山花园、鬲山市民开心菜园和鬲山遗址保护等项目点，视察经济社会发展情况。

8日　中共屯溪区委副书记、区长胡黎明率队到御泉湾、颐和观邸、元一大观、岸山蓝山等处，督查社会投资类项目开复工情况。

13日　中共黄山市委副书记、代市长任泽锋到屯溪区日普电动车、东晶光电、兴乐电缆、鬲山市民开心菜园和鬲山遗址保护项目、黎阳商街、文峰桥、稽灵山、珮琅河口、元一精品小区等项目点，调研经济社会发展情况。

21日　屯溪区召开中心组理论学习（扩大）会议，传达全国“两会”和中央领导、省委主要领导在安徽代表团讨论时的重要讲话精神以及王福宏书记在市委常委扩大会上的讲话精神，区委书记李高峰主持会议并讲话。

26日　中共安徽省委副书记孙金龙在市委副书记、代市长任泽锋，市委副书记、市人大常委会主任程迎峰陪同下，到屯溪区凤霞村调研美好乡村建设。孙金龙还实地考察了黎阳老街旧城改造工程。

28日　屯溪区召开2013年度建议提案办理工作部署会议，2012年区政府系统共承办代表建议130件、政协提案113件，办结率、见面率达100%，满意和基本满意率达99%以上。

是月　屯溪区2012年度特色农业保险理赔结束，全年共理赔13.2万元。

是月　屯溪区出台《2013年城镇居民基本医疗保险实施办法》，对2013年城镇居民基本医疗保险制度覆盖范围和待遇标准进行调整。

【4月】

1日　黄山——釜山直航包机开通。

3日　中共屯溪区委书记李高峰、区委副书记区长胡黎明率队到5个美好乡村建设试点村进行“三清”工作督查验收。

8日　屯溪区代表队在2013年“美丽黄山幸福健康”中国黄山万人登山休闲大会中，获男子组第1名、第3名、第6名，女子组第7和第15名。

11日　屯溪区召开“奋战二季度，实现双过半”动员大会。

12日　中共黄山市委书记王福宏到屯溪区调研民生工程市民开心菜园项目。

17日　黄山——青岛航线开通。

18日　屯溪区人民政府公布14处为第四批区级文物保护单位。

20日　2013年全区廉租住房实物配租分配仪式举行。77户低保家庭经过抽签，有74户拿到房号。

25日　屯溪区召开银企对接会，成功对接项目129个，共对接资金25.11亿元，其中承诺贷款14.89亿元，意向贷款10.22亿元。

是日　由国家教育部主办的2012—2013年度“留动中国——在华留学生阳光运动文化之旅”九州赛第四赛区比赛在黄山学院开幕。

是日　中共安徽省委常委、省委秘书长唐承沛一行到屯溪区黎阳镇凤霞村调研美好乡村建设，省纪委副书记车建军随同调研。

29日—5月1日　屯溪区共投入长途客运车辆1260部，输送旅客2.36万人次，旅游包车660部，加班车52部，农村客运班线248部，输送旅客8493人次，同比增长8.4%。

30日　屯溪区召开村集体资产股份制改革推进会，36个村“两委”主要负责人参加。

是月　屯溪区建立民生手机短信宣传平台。

是月　自2月起开展的“屯溪八景”评选活动结束，经过网络征集、专家评审和领导审定等环节，确定“谜窟探奇”“新安怀古”“华山思贤”“老街问市”“三江烟霞”“稽灵松涛”“龙山禅月”和“鬲山荷韵”为屯溪八景。

【5月】

1日　新黄山商业步行街C区开盘，均价4万元/平方米，最高售价6.2万元/平方米，成交量100%。

3日—5日　屯溪区组织蓝莓生态园、徽珍食品、众力食品、一品有机茶、龙山园茶叶、祁茗茶叶、芳生茶叶、徽行天下茶叶8个企业，参加在上海国际体操中心举行的第九届中国黄山茶叶暨名优农产品博览会，累计实现销售额27万余元，签订合同9个，签订意向农产品贸易协议1个。

8日　中共黄山市委书记王福宏来屯溪区调研重点工作，实地察看上草市拆迁地块、黎阳小镇项目、凤霞村美好乡村建设、中铁四局股份公司开发项目、御泉湾项目、怡阳安置小区项目等。

9日　中共屯溪区委书记李高峰率队到阳湖东路19号小区、红星路口、上新新村、仙人洞公寓、珠塘社区老年日间照料中心、教师新村等地调研中心城区“三小”改造及社区服务设施项目建设情况。

12日　第22届海峡两岸珠心算通信比赛暨黄山市屯溪区第八届少儿珠心算比赛在大位小学举办，陈欣、徐琦分获幼儿组和小学组冠军。

13日　屯溪区700余名志愿者参加“同饮一江水共护母亲河”活动。

14日　黄山市、屯溪区联合在昱中花园开展主题为“科学补碘、保护智力、成就梦想”的“防治碘缺乏病日”宣传咨询活动。

17日　屯溪区举行庆祝5·18国际博物馆日暨老街社区博物馆志愿者宣誓活动，老街社区博物馆正式启用。

18日　“黄山茶，别样香”2013年万人品茶暨广场茶文化系列活动在屯溪老街举行。

21日—27日　屯溪区人社局组织开展主题为“帮人才就业，促民企发展”的民营企业招聘周活动。17个民营企业提供各类岗位487个，签订就业意向328人，发放各类宣传资料3600余份。

22日　安徽省人口计生委副主任高俊文一行到新潭镇梅林村调研诚信计生工作。

23日　安徽省财政厅副巡视员、非税局局长李友兰一行到屯溪区调研财政工作情况。

24日　宣城市宣州区代表团一行到屯溪区考察新型城镇化和美好乡村建设工作。

25日　屯溪区召开招商引资推进会，动员全区上下进一步统一思想、明确目标、强化措施、真抓实干，再掀招商引资高潮。

29日　中共黄山市委副书记、代市长任泽锋到屯溪区专题调研服务业发展情况。

31日　黄山市首家社工机构—昱中阳光社

会工作服务社签约及挂牌，昱中街道办事处和黄山学院经济管理学院的双方代表签字。

是月　国家级歙砚传承人王祖伟砚作《田歌》入选百名中国工艺美术大师作品联展。王祖伟还应邀担任深圳市工艺美术文化创意研究院高级研究员。

是月　屯溪区基层社区正式启用金保工程居民医保系统。

是月　程大位故居被国务院列入第七批全国重点文物保护单位。

【6月】

1日　屯溪区青少年宫新址正式启用。

4日　屯溪区召开区委中心组（扩大）理论学习会，传达学习代省长王学军、省委副书记李锦斌在黄山市调研时的讲话精神和市委书记王福宏在5月31日市委中心组理论学习会上的讲话精神。

6日　屯溪区在昱中花园开展“文化遗产日”宣传、展示、展演活动。

是日　中共屯溪区委书记李高峰、区长胡黎明率队到兖山碣、许家棚、新建珮琅西路沿线、紫阜桥调研珮琅河综合治理项目。

8日　屯溪区召开党风廉政建设责任制工作领导小组会议，对全区2013年度惩防体系建设任务进行分解，并安排部署下一阶段工作任务。

15日　中共黄山市委副书记、市长任泽锋在区委书记李高峰、区长胡黎明的陪同下，到屯溪区荷花池社区、区妇幼保健站、珠塘社区、奕棋镇中心卫生院等地，调研民生工程建设。

22日　中共屯溪区委书记李高峰带队到盛德利汽配、兴乐电缆、东晶电子、日普电动车、金菱新材料、申格电子、容宇五金项目现场，督查九龙低碳经济园区项目建设。

25日　中共黄山市委督查组组长张开南，副市长吴文达一行来屯溪区篁墩苗木基地、江南新城绿色提升点、屯婺公路沿线及市民开心菜园，督查千万亩森林增长工程暨绿色质量提升工作。中共屯溪区委书记李高峰等陪同督查。

27日　出现189.8毫米的大暴雨。梦园村小区内涝，积水最深处达2米，受淹面积达3210米，进水住户达53户。中共屯溪区委书记李高峰率队到各内涝点、低洼处、水库等地，对全区防汛工作落实情况进行再督查。

29日　中共黄山市委书记王福宏来屯溪区新江蔬菜基地检查防汛和灾后恢复工作。

是月　屯溪建区以来首部志书——《屯溪区志》由方志出版社出版发行，志书分上下两册，共36章230万字。

是月　中共屯溪区委常委、组织部长程绍毅调离屯溪区。江善良任区委副书记，胡梅元任区委常委、组织部长，江健任区委常委、宣传部长。

【7月】

1日　屯溪区城镇职工和城镇居民医疗保险在全市范围实行“一卡通”。

是日　屯溪区调整最低工资标准，月工资由720元调整为930元。非全日制用工小时工资由7.5元调整为10元。

3日　安徽省经信委重点项目督查办到屯溪区开展2011–2012年度国家专项资金支持的重点项目督查工作，实地查看黄山工业泵、北川电子、昱江电器等企业。

4日　黄山新闻网一行记者10余人到屯溪区凤霞村、三充村开展“美好乡村在行动”专题采风活动。

9日　屯溪区召开“冲刺三季度，全面超时序”大会战动员大会，总结上半年工作及“奋战二季度，确保双过半”活动和部署“冲刺三季度，全面超时序”大会战活动。

10日　屯溪区召开区委中心组（扩大）理论学习会，传达学习习近平总书记在党的群众路线教育实践活动工作会议、中共中央政治局会议和全国组织工作会议上的讲话精神。

11日　中共屯溪区委书记李高峰率队到怡阳花园、御泉湾、元一柏庄、珮琅河综合治理工程、新徽天地、香茗豪庭大酒店和龙山安置区等地，督查中心城区部分拟建成项目建设情况。

12日　屯溪区召开防御超强台风“苏力”紧急会议。

22日—24日　屯溪区安监局组织开展烟花爆竹零售市场安全整治活动，共检查49个烟花爆竹经营（零售）单位，查处7个非法违法经营单位，取缔无证无照经营户5个。

24日　中共屯溪区委书记李高峰，区委副书记、区长胡黎明率屯溪区党政考察团赴黄山区学习美好乡村建设。

26日　全市社会工作专业人才队伍建设现场会在屯溪区昱中街道召开，实地参观昱中街道康乐老年公寓、柏树街社区阳光艺术团、书画社以及大位小学。

27日　中共屯溪区委书记李高峰、区委副书记、区长胡黎明率队到新安江屯光段、横江奕棋段、机场周边及鬲山桥南头东西两侧，督查改徽建徽工作。

31日　屯溪区社区志愿服务广场启动暨荷花池社区志愿服务广场揭牌仪式在荷花池公园举行。

是月　安徽省下达2013年巩固退耕还林成果任务计划，屯溪区获专项资金87.55万元。

是月　屯溪区全面推行使用金融社保卡，用于参保人员缴纳社会保险费及支付医疗费用刷卡即日结算后的费用。

是月　屯溪区降水量9.1毫米，仅略多于1988年。高温日数达21天，超过历史同期1倍。市气象台分别在1日、8日、17日、23日发布了高温黄色预警，24日预警级别提升为橙色。

是月　老街特色产业园通过省发改委审批，列入省级服务业集聚区。

是月　屯溪区全面启动“卫生清洁户”评选活动。

【8月】

8日—11日　2013年全国大众跆拳道锦标赛在黄山市体育馆举行，国内111支代表队的1300余名参赛。

9日　屯溪区召开现代服务业产业园概念性规划情况汇报会，听取黄山市规划设计院和安徽省经济研究院关于现代服务业产业园总体规划和产业规划征求意见稿。区委书记李高峰主持会议，区长胡黎明、区人大常委会主任徐灶米、区政协主席张旦星出席会议。区领导江善良、胡梅元、吴友训、邹剑海、汪长剑参加会议。

13日　皖能集团党委委员、董事、副总经理邱先浩，皖能集团战略策划部主任卢浩，省天然气公司总经理贾化斌一行到黎阳镇凤霞村实地考察美好乡村建设进展情况，并就后期产业发展合作等相关议题进行座谈。

是日　安徽省副省长梁卫国在市长任泽锋等市领导的陪同下到屯溪区检查指导抗旱工作。

13日—15日　中共屯溪区纪委、区财政局及区农委组成联合督查组，对全区农作物良种补贴项目实施情况开展督查。

15日　中共黄山市委常委、市政法委书记、市公安局局长舒志民到屯溪区上新社区和徽山路社区调研信访维稳工作。区委书记李高峰，区委副书记、区长胡黎明，区领导江善良、周永健等陪同调研。

是日　中共屯溪区委书记李高峰、区长胡黎明就横江综合治理工程部分房屋征收、奕棋片农村风貌整治有关工作进行专题调研。

15日　屯溪区召开区委中心组（扩大）理论学习会，学习习近平总书记在中央政治局常委会议上关于当前经济形势和经济工作的重要讲话精神、中共安徽省委《关于深入学习贯彻习近平总书记一系列重要讲话精神的通知》、市委书记王福宏在市委中心组理论学习会上的讲话精神。区委书记李高峰主持会议并就贯彻会议精神，做好当前工作提出要求。

17日　下午4时30分，屯溪区出现大雨并伴有龙卷风。

18日　中共屯溪区委书记李高峰，区长胡黎明率队赴屯溪实验茶场调研。

21日　中共屯溪区委书记李高峰、区长胡黎明率队督查鬲山市民开心菜园建设。

22日　中共屯溪区委书记李高峰、区长胡黎明到"阳湖记忆"项目现场，就加快项目建设进行现场办公。

24日　中共黄山市委书记王福宏赴屯溪区调研青少年宫、外边溪、鬲山市民开心菜园等项目。

27日　中共黄山市委书记王福宏赴中心城区江心洲广场、戴震公园、新安江上游综合治理工程梅林桥、篁墩滨江旅游文化服务综合体及花鸟市场建设现场，检查指导重点项目建设。市委督查组组长张开南，市委常委、副市长张文明等随同检查。中共屯溪区委书记李高峰、区长胡黎明参加。

31日　徽派景观桥——文峰桥正式通车，全长249米，宽28米，双向四车道。

是月　经实地测产验收，屯溪区奕棋镇朱村水稻高产创建示范片的水稻平均亩产达622公斤。

是月　屯溪区医保中心对辖区内35家定点药店开展专项检查。

是月　屯溪区报送的《省城来的鲁书记》党员教育电视片被中组部党员教育中心推荐为全国范围交流的党员教育电视片。

是月　安徽省人民政府正式批复成立黄山现代服务产业园。

是月　平均气温30.0℃和极端最高气温40.7℃，创历史同期纪录。

【9月】

1日　中共屯溪区委书记李高峰、区长胡黎明率队调研九龙园区，实地查看盛得利汽配、兴乐电缆、东晶电子、申格电子、金菱新材料、工业泵等项目的建设及生产情况。

5日—7日　全国人大常委、民盟中央副主席、中国作协副主席张平一行到黄山调研。期间，考察新安江公园、屯溪老街。

6日—7日　全国人大常委会副委员长吉炳轩率全国人大常委会执法检查组到黄山市开展《中华人民共和国气象法》执法检查。省人大常委会党组副书记、副主任臧世凯，市委书记王福宏等陪同检查。

7日　屯溪区开展河道清洁大会战活动，1000多名干部和青年志愿者集中清理新安江河面漂浮物、河道两岸垃圾。区委书记李高峰、区长胡黎明、区人大常委会主任徐灶米、区政协主席张旦星等四大班子领导参加活动。

8日　屯溪区举办"美好乡村杯"农民篮球赛，黎阳镇篮球一队摘冠。

9日　中国艺术研究院举行2013年外聘研究生导师聘任仪式。屯溪区甘而可、蒯正华2名国家级非遗传承人受聘为艺术硕士研究生导师。

11日　由国家卫生和计划生育委员会、中国人口宣传教育中心、《眺望》新闻周刊、中国社会科学院人口与劳动经济研究所联合举办的2013年中国家庭幸福感热点问题调查在昱东街道展开。

12日　下午，前国家主席胡锦涛走进屯溪老街。"

16日　屯溪区成立首届大学生村官团工委。

是日　屯溪区召开江南新城控规调整对接会，区委书记李高峰、区长胡黎明、区领导徐灶米、张旦星、江善良、汪长剑参加会议。市国土局、市规划局、市城投公司、市供电公司及区直有关部门负责人参加会议。

17日　黄山市中心城区“金九银十”消费促进月活动启动仪式在新黄山步行街广场举行。

18日　中共黄山市委第三督查组一行到屯溪区实地督查重点项目和招商引资工作。

20日　中央电视台新闻频道在新媒体平台上发起寻找“最美赏月地”征集活动揭晓，黄山新安江成为15处最佳赏月地之一。

23日　总投资12亿元的黄山河马文化产业园项目签约。黄山河马文化产业园项目由上海视金石动画有限公司投资，项目分5年建设。

26日　屯溪区召开2014年全区固定资产投资暨“十大工程”重点项目谋划会。区委书记李高峰、区长胡黎明要求，在确保顺利完成2013年固定资产投资任务的同时，要认真分析，提前谋划，科学安排2014年重点项目，切实发挥项目拉动经济发展的作用。

30日　中共黄山市委副书记张永、副市长吴文达、市政协副主席顾家雯来屯溪区花山谜窟、屯溪老街、黎阳商街、大润发超市、文峰桥、稽灵山公园等地，检查“十一”黄金周准备工作。区委书记李高峰，区委副书记、区长胡黎明陪同检查。

是月　黄山长友草莓种植有限公司承担的“高海拔冷凉气候草莓繁苗及无公害生产技术研究”项目被列为2013年度国家星火计划项目。

是月　由黄山市委宣传部、屯溪区文明办联合举办的“身边人讲身边事、身边人讲自己事、身边人教身边事”道德讲堂开讲。

【10月】

1日　中共黄山市委副书记、市长任泽锋来到中心城区丰华、阜上农贸市场，黄山百大和黄山大润发，检查了解粮油、肉类、蔬菜、日用百货等与广大人民群众生活密切相关的商品供应情况，看望慰问商业战线广大干部职工。

1日—7日　屯溪区接待游客80.12万人次，比上年增长25.5%。

9日　中共黄山市委常委、常务副市长许继伟带队到屯溪区黎阳镇垃圾中转站、屯溪实验茶厂等地，调研新安江生态补偿机制试点项目实施情况。区委书记李高峰，区长胡黎明，区委常委、常务副区长吴友训等陪同调研。

10日　屯溪区召开“决战四季度、实现大提升”动员大会。

16日　中共屯溪区委书记李高峰、区长胡黎明带队到阳湖镇三充村、屯光镇下草市、奕棋镇朱村等7个项目点，督查民生工程项目建设进展情况。

17日　安徽省驻浙江团工委组织的皖籍在浙青年企业家一行到屯溪区九龙园区和鬲山市民开心菜园进行实地考察。

18日　黄山市第二督查小组到屯溪区珮琅河河道治理工程、屯光镇富礼村、机场周边、奕棋镇朱村、黎阳镇垃圾中转站、凤霞生活污水处理设施建设等现场，督查美好乡村建设、改徽建徽和新安江流域综合治理等重点工作开展情况。

20日—21日　安徽省副省长花建慧到黄山市调研招商引资工作。其间，花建慧一行考察了黎阳in巷。

24日　安徽省考评组到屯溪区开展2013年城市和流动人口计划生育年终考评工作。

25日　2013年全国游泳锦标赛在黄山市游泳馆开幕。

30日—31日　全国人大常委会财经委副主任委员、浙江省原省长吕祖善率调研组到黄山市调研景区环境保护及污水、垃圾处理情况。其间，调研组一行先后到花山谜窟、屯溪老街等地调研。

【11月】

5日　前国家政协主席贾庆林来屯溪老街

考察，中共屯溪区委书记李高峰、区长胡黎明等陪同。

6日—8日　安徽省政协原副主席、老委员联谊会常务副会长郑牧民率省政协老委员联谊会一行到黄山市考察美好乡村建设及黎阳镇凤霞村。

8日　屯溪区首支镇级专职消防队在阳湖镇成立。

12日　中共屯溪区委书记李高峰、区长胡黎明率队赴昱中街道前园社区、屯光镇社屋前社区专题调研村级股改及社区拆并工作。

13日　中共黄山市委副书记、市长任泽锋到屯溪区阳湖镇怡阳花园、黎阳镇傍霞农村公路危桥改造项目实地督查民生工程及“七保”工作。

14日　安徽省团委实体化“大团委”调研组一行到屯溪区实地走访全国农村团建示范乡镇——黎阳镇。

15日　黄山茶校并入黄山职业技术学院动员大会召开。

是日　黄山市委督查组副组长李永权率队到屯溪区6个项目现场督查扶贫开发、重大交通项目、园区建设及“一控双拆”工作。

16日—19日　2013中国黄山房地产展示交易会在世纪广场举行。在世纪广场还举办“我眼中的家乡”市民摄影作品展和“百村千幢、百个亮点、百佳摄影点”建设成果及非物质文化遗产作品展。

17日　安徽第二届国际旅行商大会在屯举行。

18日　第十七届中国黄山国际旅游节暨徽文化节开幕。

是日　第六届中国黄山国际温泉文化旅游节举行。

是日　屯溪区召开区委中心组（扩大）理论学习会，传达学习习近平总书记在十八届三中全会上重要讲话精神、《中国共产党第八届中央委员会第三次全体会议公报》、《中共中央关于全面深化改革若干重大问题的决定》、习近平关于《中共中央关于全面深化改革若干重大问题的决定》（讨论稿）的说明。动员全区上下要把学习贯彻全会精神作为当前首要的政治任务，认真学习、深刻领会，并与抓好年前工作、谋划明年工作结合起来，奋力拼搏、克难而进，确保“四年大提升”圆满实现，为“五年大发展”奠定坚实基础。

21日　屯溪区法院经济开发区法庭人民调解工作室正式挂牌成立。

27日—28日　安徽省档案局省创建社会主义新农村档案工作示范区验收组对屯溪区创建工作开展预验收。

28日　安徽省网宣办副主任杨睿一行到屯溪区督查“文明上网”先进社区创建活动。

是月　黄山工业泵制造有限公司设立安徽省博士后科研工作站。

是月　屯溪区图书馆被列为国家一级公共图书馆。

是月　屯溪区黎阳镇凤霞村被列入国家农业部“美丽乡村”创建试点乡村名单。

【12月】

3日—6日　黄山工业泵制造有限公司的船用双螺杆泵和三螺杆泵参加在上海举行的2013年第17届中国国际海事技术学术会议和展览会。

7日　屯溪区青少年法制教育基地在区青少年宫正式揭牌，是黄山市首家青少年法制教育基地。

9日　黄山市、屯溪区在昱中花园举行纪念《统计法》颁布30周年暨第三次全国经济普查宣传月活动启动仪式。

10日　中共黄山市委书记王福宏率队到屯溪区示范幼儿园、文峰桥、东晶光电项目、离山市民开心菜园、黎阳小镇·万安门酒店群等进行2013年经济社会发展观摩。

15日　屯溪区启动全国第六次体育场地普查工作。

16日　屯溪区开展“共青团与人大代表、政协委员面对面”暨“两法两例”督查活动。

19日　屯溪区召开区委中心组（扩大）理论学习会，学习全国及省、市宣传思想工作会议精神，区委书记李高峰主持会议并讲话。

20日　中共屯溪区委书记李高峰率队到新屯五路、老屯五路、鬲山大桥、兖溪村、大源村、篁墩村、齐云大道和桃花岛等地，督查“三线三边”环境整治工作。

23日　中共黄山市委副书记、市长任泽锋到屯溪区黎阳镇凤霞村调研美好乡村建设。

24日　屯溪区召开党的十八届三中全会精神宣讲会，邀请市委宣讲团成员、市委党校综合教研室主任杨晓黎教授进行讲解。区委书记李高峰主持会议并提出要求。区委副书记、区长胡黎明，区领导徐灶米、张旦星、江善良等参加。

24日　屯溪区召开区委五届六次全体（扩大）会议。

是日　黄山市中融小额贷款股份有限公司在省股权托管交易中心成功挂牌，是全省第一家创新试点挂牌托管的小额贷款公司。

25日　屯溪区召开2014年重点工作和重点项目建设安排情况汇报会，专题研究部署重点项目建设和“两大会战”（江南新城建设大会战、现代服务业产业园建设大会战）等有关工作，确保开好局、起好步。区委书记李高峰主持，区长胡黎明、区领导徐灶米、张旦星、江善良等参加会议。

26日—27日　全国新农村建设档案工作示范区验收组对屯溪区创建全国社会主义新农村建设档案工作示范区进行验收。

是月　屯溪区在《安徽主体功能区规划》中被列入安徽省重点开发区域。

是月　徽珍牌笋尖在第十一届中国国际农产品（武汉）交易会上获金奖。

屯溪舞狮

屯溪人称舞狮也叫舞“地狮”。地狮之头用篾扎成其大如斗，张口能含珠吐火；狮衣用黄红两色麻布做成，长七尺有余；披毛用细麻制作，上下拂动甚是威风；颈下配有一圈小铜铃，叮当有声煞是悦耳。屯溪的地狮，由两人合舞，且有“文狮”、“武狮”之分；“文狮”以洽阳的最为灵巧，配合默契，形态温顺，细腻逼真，诙谐逗人，除一般动作外还有难度较大的下崽、吐球等技巧，“狮子郎”则头戴面具扮成笑和尚模样。“武狮”以溪滩的最为英武，神情刚毅，扬鬃嘶鸣，翻滕跳跃，动作矫健，并有踩梅花桩、蹿长条桌等高难动作，其“狮子郎”则是武士装束。一般与大狮同场共舞的还有两只小狮子。小狮为一人独舞，神态活泼可爱，常见的舞技有滚绣球、过山门、钻火圈、翻跟斗等等。除“文狮”、“武狮”外，屯溪的舞狮还有“火狮”出现。“火狮”的舞法类似地狮，但舞狮者不仅要掌握地狮表演的所有技巧，而且还要身怀绝技——喷火，当舞至高潮时，狮子突然腾空跃起，继而一声长啸，口喷烈焰，随之串串烟火飞上天空，一时间五彩缤纷，喝彩声此起彼伏。屯溪的舞狮一般用锣鼓、唢呐、竹笛伴奏，通常为活跃气氛，舞狮之前也有先舞上一回“云端”（纸灯）或耍弄一番刀枪剑棒的。

2012–2013 年屯溪区省级以上先进集体

表 13

级　别	单位名称	荣誉称号	授奖单位
国家级	区委组织部	电视专题片《破冰之路》“2013 年全国党员教育电视片观摩交流活动”评比三等奖	中共中央组织部
	区政法委	全国维护妇女儿童权益先进集体	中华全国妇女联合会
	区机关事务管理局	第一批节约型公共机构示范单位	国家机关事务管理局、国家发展和改革委员会、财政部
	区公安分局	全国“清剿火患”战役成绩突出县级公安局	公安部
	区公安分局	成效突出的基层科所队公安政务微博	公安部
	公安分局阳湖派出所	全国“清剿火患”战役成绩突出公安派出所	公安部
	公安分局屯光派出所	全国公安机关网上追逃专项督察“清网行动”成绩突出集体	公安部
	公安分局刑事侦查大队	全国公安机关执法示范单位	公安部
	区法院	全国法院“两评查”活动先进单位	最高人民法院
	区法院	2012 年度全国法院网络宣传先进单位	最高人民法院
	区司法局	全国司法业务用房建设工作先进建设单位	司法部计财装备司
	区卫生局	全国卫生信息化推进优秀奖	卫生部
	区爱卫会	全国爱国卫生先进集体	全国爱国卫生运动委员会
	屯溪区	“全国双拥模范城”	全国拥军优属拥政爱民工作领导小组、民政部、解放军总政部
	屯溪区婚姻登记处	国家 3A 级婚姻登记机关	民政部
	阳湖镇柏山社区	全国综合减灾示范社区	国家减灾救灾委员会、民政部
	黎阳镇黎阳社区	第三批全国人口和计划生育基层群众自治示范村（居）	国家人口计生委、中国计生协会

续表

级　别	单位名称	荣誉称号	授奖单位
国家级	黎阳镇团委	2013 年度全国农村基层团建示范乡镇	团中央农村青年工作部
	新潭镇	第一批全国人口和计划生育依法行政示范乡镇	国家人口计生委
	新潭镇梅林村	第二批全国人口和计划生育基层群众自治示范村（居）	国家人口计生委、中国计生协会
	昱东街道荷花池社区	全国科普示范社区	中国科协、财政部
	实验茶场乌龙茶基地	全国农村科普示范基地	中国科协、财政部
省级	屯溪区	2012 年度安徽省实施 861 行动计划做出突出贡献的前 30 位区县	省“861”行动计划重点建设项目领导小组
	屯溪区	2013 年度安徽省实施 861 行动计划做出突出贡献的市县人民政府	省“861”行动计划重点建设项目领导小组
	区发改委	2012 年全省发改系统先进集体	省发改委
	区机关事务管理局、黄山百大商厦有限公司	“2012 年度安徽省节能示范单位”	省发改委
	区妇联	省三八红旗集体	省妇联
	区残联	2011 年度全省残疾人工作先进单位称号	省残联
	公安分局刑事侦查大队	全省公安机关执法示范单位	省公安厅
	公安分局户政中心	全省公安机关居民身份证管理工作先进集体	省公安厅
	屯溪公安分局十八大安保办	党的十八大安全保卫工作成绩突出集体	省公安厅
	公安分局国保大队	一级公安国保大队	省公安厅
	公安分局老街派出所	全省优秀公安基层单位	省公安厅
	公安分局户政中心	2013 年度户政管理工作先进集体	省公安厅
	区法院	全省法院信息工作先进单位	省法院
	区法院	“全省优秀政法单位”	省委组织部、省委政法委
	区法院	全省司法公开示范法院	省法院
	区法院	全省法院新闻宣传工作先进集体	省法院
	区法院团支部	安徽省五四红旗团支部	省五四红旗团支部
	区司法局	全省司法行政系统信息工作先进单位	省司法厅
	安徽经盾律师事务所党支部	全省律师行业创先争优先进基层党组织	省司法厅
	屯溪区法律援助中心	全省法律援助便民服务示范窗口建设先进单位	省司法厅
	黎阳司法所	全省司法行政基层基础建设巩固提升年活动先进集体	省司法厅
	昱中司法所	全省司法行政基层基础建设巩固提升年活动先进集体	省司法厅
	区经信委	“2012 年度安徽省技术改造工作先进集体”	省经信委
	区审计局	安徽省档案工作目标管理省一级先进单位	省档案局
	区统计局	安徽省档案工作目标管理省一级先进单位	省档案局
	区人社局社会保险管理中心	安徽省档案工作目标管理省一级先进单位	省档案局
	区就业局	全省人社系统“2011-2013 年度优质服务窗口”	省人社厅
	区农机局安全监理站	全省农机监理系统先进单位	省农机局

续表

级 别	单位名称	荣誉称号	授奖单位
省级	区农技推广中心	2012 年度全省测土配方施肥先进集体	省农机局
	昱农蔬菜生产专业合作社	2013 年度省级农民专业合作社示范社	省供销社
	区种子管理站	全省种子管理系统先进单位	省农委
	一品茶叶专业合作社	省级农机专业合作社示范社	省农机局
	黄山蓝莓生态园、黄山现代茶叶科技示范园	2012—2013 年度安徽省农业科技示范园	省农委
	区商务局	2012 年度全省商务系统市场监测工作先进单位(优秀奖)	省商务厅
	区商务局	全省市场监测工作先进单位（特别奖）	省商务厅
	区供销社	2013 年度全省供销社系统综合考核先进县级社	省供销社
	区粮食局	“2008-2012 年全省粮食系统惩防体系建设先进单位”	省粮食局
	区粮食局	“2012 年度全省县级粮食行政机关政风行风建设优秀单位”	省粮食局
	区粮食局	2012 年度全省粮食流通监督检查工作先进单位	省粮食局
	区粮食局	第一批全省粮食流通监督检查示范单位	省粮食局
	区住建委	“安徽省住房城乡建设领域农民工维权工作先进集体”	省住建厅
	区城管执法局	全省政府法制和城市管理执法系统先进集体”	省人社厅、省法制办
	区教育局	“全省两基工作先进单位”	省教育厅
	区教育局	2012 年度县（市、区）党政领导干部履行教育职责督导考核优秀等次”	省委组织部、省政府教育督导委员会、省教育厅
	区教育局	2013 年度县（市、区）党政领导干部履行教育职责督导考核优秀等次”	省委组织部、省政府教育督导委员会、省教育厅
	大位小学少先队大队	“省优秀少先队大队”	省团委
	荷花池小学、黎阳街社区	“安徽省廉政文化建设示范点”	省纪委
	区疾病预防控制中心	2012 年度安徽省艾滋病检测实验室质量优秀等次	省卫生厅
	昱城社区卫生服务中心	省级示范社区卫生服务中心	省卫生厅
	区体育局	安徽省群众体育工作先进单位	省体育局
	区民政局	安徽省档案工作目标管理省一级先进单位	省档案局
	区福利院	全省“敬老文明号”	
	屯光镇财政分局	“2012 年度创建规范化乡镇财政所（分局）省级先进单位”	省财政厅
	黎阳镇凤霞村	省民主法治示范村	省司法厅、省民政厅
	阳湖镇统计站	全省统计系统先进集体和全市统计系统先进集体	省统计局
	新潭镇汗山桥村	全省第三批深化人口和计划生育村为主推进基层群众自治示范村	省人口计生委、省计生协
	奕棋镇财政所	创建规范化乡镇财政所（分局）省级先进单位	省财政厅
	奕棋镇博村党支部	2010—2012 年度全省“五个好”乡镇党委标兵和“五个好”村党组织标兵	省委组织部

续表

级　别	单位名称	荣誉称号	授奖单位
省级	昱东街道荷花池社区	“安徽省百佳农家书屋”	
	昱东街道上新社区	全省民族团结进步示范社区	省民委
	昱东街道上新社区	省级科普示范社区	省科协
	昱中街道先锋网	“全省优秀街道党建网站”	省委组织部
	杨梅山社区先锋网	“全省优秀社区党建网站”	省委组织部
	披云徽府菜馆有限公司党支部	全省首批优秀“双强六好”非公企业党组织	省委组织部
	老街社区党委	全省创先争优先进基层党组织	省委组织部
	屯溪实验茶场	安徽省档案工作目标管理省一级先进单位	省档案局
	屯光镇人民政府		
	黎阳镇人民政府		
	新潭镇人民政府		
	奕棋镇人民政府		
	昱东街道办事处		
	昱中街道办事处		
	昱西街道办事处		
	屯光镇篁墩村村民委员会		
	屯光镇湖边社区居民委员会	安徽省档案工作目标管理省二级先进单位	省档案局
	屯光镇上草市村村民委员会		
	屯光镇下草市村村民委员会		
	屯光镇留村村民委员会		
	屯光镇云村村民委员会		
	屯光镇富礼村村民委员会		
	屯光镇浯村村民委员会		
	屯光镇社屋前社区居民委员会		
	屯光镇尤溪社区居民委员会		
	屯光镇茶场社区居民委员会		
	屯光镇南溪南村民委员会		
	屯光镇汉沙村村民委员会		
	阳湖镇阳湖社区居民委员会		
	阳湖镇洽阳社区居民委员会		
	阳湖镇兖山社区居民委员会		
	阳湖镇兖溪村村民委员会		

续表

级 别	单位名称	荣誉称号	授奖单位
省级	阳湖镇紫阜村村民委员会	安徽省档案工作目标管理省二级先进单位	省档案局
	阳湖镇三充村村民委员会		
	阳湖镇黄口社区居民委员会		
	阳湖镇柏山社区居民委员会		
	阳湖镇稽灵山社区居民委员会		
	阳湖镇卫生院		
	黎阳镇三门呈村村民委员会		
	黎阳镇高枧村村民委员会		
	黎阳镇凤霞村村民委员会		
	黎阳镇傍霞村村民委员会		
	黎阳镇闵口村村民委员会		
	黎阳镇新江村村民委员会		
	黎阳镇隆阜一村村民委员会		
	黎阳镇隆阜二村村民委员会		
	黎阳镇隆三社区居民委员会		
	黎阳镇隆四社区居民委员会		
	新潭镇新潭村村民委员会		
	新潭镇梅林村村民委员会		
	新潭镇竹林村村民委员会		
	新潭镇仙林村村民委员会		
	新潭镇东关村村民委员会		
	新潭镇上资村村民委员会		
	新潭镇华资社区居民委员会		
	新潭镇汗山桥村村民委员会		
	新潭初级中学		
	奕棋镇奕棋村村民委员会		
	奕棋镇徐村村民委员会		
	奕棋镇朱村村民委员会		
	奕棋镇江村村民委员会		
	奕棋镇占川村村民委员会		
	奕棋镇瑶干村村民委员会		
	奕棋镇查塘村村民委员会		

续表

级　别	单位名称	荣誉称号	授奖单位
	昱东街道上新社区居委会	安徽省档案工作目标管理省二级先进单位	省档案局
	昱东街道阜上社区居委会		
	昱东街道水心亭社区居委会		
	昱东街道荷花池社区居委会		
	昱中街道柏树街社区居委会		
	昱中街道杨梅山社区居委会		
	昱中街道跃进路社区居委会		
	昱西街道戴震路社区居委会		
	昱西街道黎阳街社区		
	老街街道办事处		
	老街街道老街社区居委会		
	老街街道五福社区居委会		
	老街街道珠塘社区居委会		

2012-2013 年屯溪区省级以上先进个人

表 14

级　别	姓　名	荣誉称号	授奖单位
国家级	陈国华	2012 年度全国法院网络宣传先进个人	最高人民法院
	程金贵	全国优秀人民警察	国务院
	程素贞	“全国孝亲敬老之星”	全国老龄办、民政部、教育部、国家广电总局、共青团中央、全国妇联、全国总工会
	方锦慧	“全国新型农村和城镇居民社会养老保险工作先进个人”	人社部
	甘而可	“中国工艺美术大师”	国家经信委
	洪秋芬	2 月份助人为乐型中国好人	中国文明网
	黄璐	第七届全国小学英语教师教学基本功大赛一等奖	国家基础教育实验中心、外语教育研究中心、全国小学英语教师教学基本功大赛组委会
	江国强	“全国优秀商业企业家	中国商业企业管理协会
	江永安	全国“清剿火患”战役成绩突出个人	公安部
	李继多	“2013 年基层科普行动奖补个人	中国科协、财政部
	刘冠群	全国公安机关“打假行动”成绩突出个人	公安部
	施学前	全国工会优秀积极分子	全国总工会
	王俣珏	“全国优秀少先队员”	共青团中央、教育部、全国少工委

续表

级　别	姓　名	荣誉称号	授奖单位
国家级	杨剑敏	全国安全生产监管监察先进个人	国家安全监管总局、国家煤矿安监局
	朱五十	2012　年 1 月份“中国好人榜”（诚实守信类）	中国文明网
省级	曾鹤鹏	安徽省人社系统“为民服务标兵”	省人社厅
	蔡雪婷	全省司法行政系统优秀信息工作者	省司法厅
	查金祥	安徽省劳动模范	省政府
	陈寿宝	全省双百佳人民调解员	省司法厅
	操先春	全省双百佳人民调解员	省司法厅
	程毅	全省组织系统先进个人	省委组织部
	戴玉英	2011 年度全省市场监测工作先进个人	省商务厅
	甘而可	“安徽省工艺美术大师”	省经信委
	郭传峰	党的十八大安全保卫工作成绩突出个人	省公安厅
	韩燕	全省司法行政基层基础建设巩固提升年活动先进个人	省司法厅
	何平洲	“安徽省技术领军人才”	省委组织部、省人力资源和社会保障厅、省发展和改革委员会、省科学技术厅
	胡淑茹	2011 年度全省市场监测工作先进个人	省商务厅
	胡月红	2010–2012 年度全省残疾人就业工作先进个人	省残联
	季红全	全省“人民调解工作先进个人”	省司法厅
	柯彦	安徽省三八红旗手	省妇联
	李继多	安徽省劳动模范	省政府
	李胜利	安徽省先进工作者	省政府
	凌丽荣	“全省两基工作先进个人”	省教育厅
	刘军凯	“2012 年度安徽省技术改造工作先进个人”	省经信委
	刘小平	“2012 年度安徽省技术改造工作先进个人”	省经信委
	毛志英	安徽省三八红旗手	省妇联
	潘慧梅	2012 年度全省农机系统劳动竞赛农机化推进工程综合考评先进工作者	省农机局
	钱胜东	“安徽省美术名人”	省经信委
	沙清华	安徽省妇女创先争优先进个人	省妇联
	沈梦华	2013 年度全省农机系统劳动竞赛农机化推进工程综合考评先进个人	省农机局
	宋兵	全省公安机关居民身份证管理工作先进个人	省公安厅
	邵珣	全省公安机关 PGIS 平台示范建设先进个人	公安厅
	万晓蕾	“省优秀少先队辅导员”	团省委、省教育厅、省少工委
	汪少飞	“全省优秀侦查监督检察官”	省检察院

续表

级 别	姓 名	荣誉称号	授奖单位
省级	汪伟	“安徽省工艺美术大师”	省经信委
	汪永铭	安徽省基础教育课程改革先进个人”	省教育厅
	吴延声	全省“优秀人民调解员”	省司法厅
	徐红芳	安徽省第一届“优秀乡镇卫生院骨干医师”	省卫生厅
		安徽省第一届“优秀乡镇卫生院院长”	省卫生厅
	杨文	“安徽省美术名人”	省经信委
	朱方金	全省公安机关居民身份证管理工作先进个人	省公安厅
	张锐	2011 年度安徽省公安机关刑侦部门网上作战能手	省公安厅
	张纲	全省优秀刑警	省公安厅

屯溪八景之一　谜窟探奇

位于屯溪东郊新安江畔的花山古徽州石窟群，规模恢弘，气势壮观，分布密集，特色鲜明，被喻为“世界第九大奇观”。紧邻的天然石林，飞岩突兀，峭崖嶙峋，形态殊异，扑朔迷离，众多文人墨客曾于此吟诗言志，挥毫抒怀，留下大量含义隽永、技艺精湛的摩崖石刻。石窟之谜叫人称奇，石刻气韵，百代流传。

程大位故居

程大位故居坐落屯溪区前园渠东5号（今大位路），始建于明代正德年间（1506 ~ 1521），建筑面积540平方米。主楼维新堂坐北朝南，为三开间一脊两堂二层砖木结构楼房。西侧祀祖楼倚主楼而建，为三开间二层楼房。入口处就势建有宾园，园内有仿古回廊、草坪及花圃。1986年，为纪念程氏逝世380周年，中国珠算协会在此举行纪念活动和学术讨论会，屯溪市人民政府特将故居修葺一新，9月18日正式对外开放。故居底层设瞻仰堂，内置程大位塑像，左右厢壁悬挂程氏“师生问难”、“遨游吴楚”、“丈量步车”、“覃思于率水之上”等10幅生平丹青，另有生前书房、卧室。二楼辟作陈列室，置有程大位画像、生平简介，还有周恩来题词照片、赵朴初为陈云拨珠演算题照诗及当代数学家苏步青、江泽涵、王元、龚升等人题词、匾额。2013年5月，程大位故居被列入国家级重点文物保护单位。

屯溪区 2012 年国民经济和社会发展统计公报

2012 年，全区人民在区委、区政府的坚强领导下，坚持以科学发展观为指导，紧紧围绕加快建设国际旅游城市“首善之区”这一奋斗目标，紧扣加快转变经济发展方式这一主线，强力推进转型发展、开放发展、绿色发展、和谐发展，有效应对宏观形势复杂多变的严峻挑战，经济实现平稳较快发展，民生状况不断改善，各项社会事业取得新进步。

一. 综合

初步核算，全年生产总值（GDP）86.24 亿元，按可比价计算，比 2011 年增长 9.9%，其中：第一产业增加值 2.93 亿元，增长 3.6%；第二产业增加值 34.63 亿元，增长 11.8%；第三产业增加值 48.68 亿元，增长 12.6%。

屯溪区(属地)生产总值 56.28 亿元，比 2011 年增长 13.3%。分产业看：第一产业增加值 2.93 亿元，增长 3.6%；第二产业增加值 21.04 亿元，增长 15.8%；第三产业增加值 32.31 亿元，增长 12.6%。三次产业比重由 2011

表 15

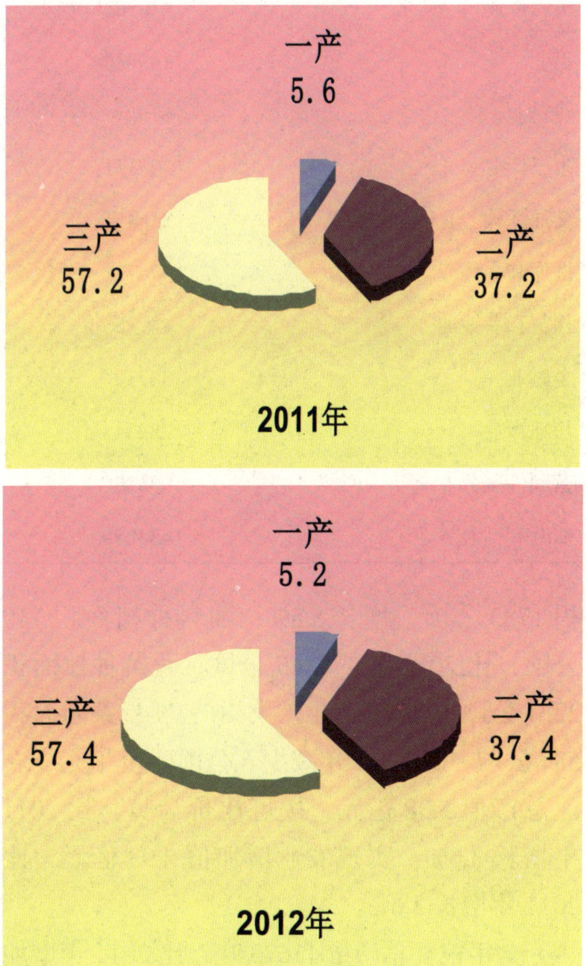

年的5.6 ∶ 37.2 ∶ 57.2变化为5.2 ∶ 37.4 ∶ 57.4，其中工业增加值占GDP的比重为26.5%，比上年提高0.7个百分点。

年末全区从业人员11.09万人，比上年减少1.15万人。其中，城镇单位从业人数9682人，私营单位从业人数1183人。城镇登记失业人员740人，城镇登记失业率为3.82%。

表16

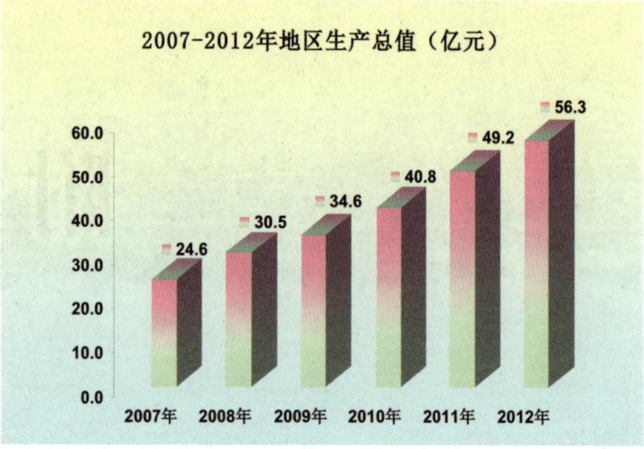

注：为原屯溪区属地统计口径

二. 农业

全年农作物总播种面积5117公顷，比2011年增加46公顷。其中：粮食作物种植面积1783公顷，增长5.5%；油料种植面积749公顷，比2011年扩大17公顷；蔬菜种植面积2231公顷，比2011年扩大26公顷；茶园面积587公顷，比2011年减少6公顷。全年完成农业总产值5.38亿元，按可比价计算，比2011年增长3.6%；实现农业增加值2.93亿元，比2011年增长3.6%。

全年粮食总产量11670吨，比2011年增加556吨，增长5%；油料产量1329吨，比2011年增长14.1%；蔬菜产量57484吨，比2011年增长1.8%；茶叶产量566吨，比2011年增长1.1%。

年末全区生猪存栏35013头，比2011年下降0.03%；全年生猪出栏75139头，增长4%。肉类总产量7590吨，增长2.7%，其中，猪牛羊肉产量6564吨，增长2.9%；禽蛋产量1746吨，

2012年屯溪地区生产总值及其增长速度表

表17　　单位：万元

指　标	绝对数	比上年增长%
地区生产总值	562839	13.3
第一产业	29346	3.6
第二产业	210362	15.8
工业	149034	19.4
建筑业	61328	7.6
第三产业	323131	12.6
交通运输、仓储和邮政业	21645	6.6
批发和零售业	47872	11.7
住宿和餐饮业	44725	11.3
金融业	38770	20.7
房地产业	28234	10.7
营利性服务业	98559	14.0
非营利性服务业	43325	9.3

增长 15.1%，水产品产量 1019 吨，下降 1.5%。

年末全区农业机械总动力 3.46 万千瓦，比 2011 年增长 9.1%。全年化肥施用量（折纯量）2231 吨，比 2011 年增长 2.3%。农村用电量 2325 万千瓦，比 2011 年增长 8.3%，有效灌溉面积 1882 公顷，比 2011 年增长 12%。

三. 工业和建筑业

全年规模以上工业增加值 14.3 亿元，比 2011 年增长 19.3%。其中屯溪区（属地）工业增加值 8.41 亿元，比上年增长 26.6%。

表 18

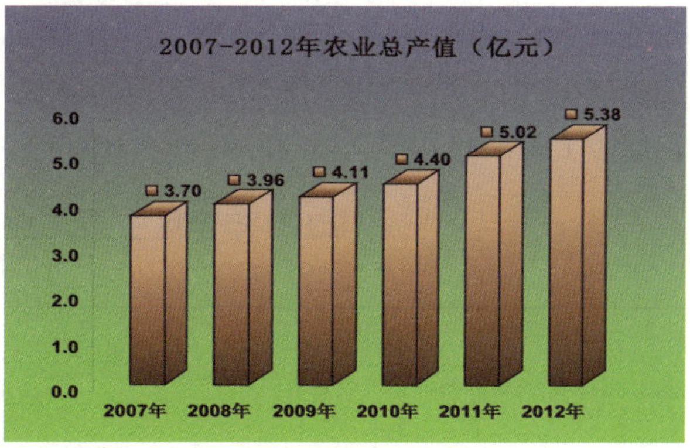

注：为原屯溪区属地统计口径

2012 年全区主要农产品产量及其增长速度表

表 19　　单位：吨

产品名称	绝对数	比上年增长 %
粮 食	11670	5.0
油 料	1329	14.1
其中：花 生	24	—
油菜籽	1302	14.6
蔬 菜	57484	1.8
水 果	4542	14.4
茶 叶	566	1.1
糖 料	165	1.2

分轻重工业看，轻工业完成 3.81 亿元，比 2011 年增长 21.2%；重工业完成 4.6 亿元，比 2011 年增长 31.4%。分企业经济类型看：国有企业完成 2214 万元，增长 19.6；集体企业完成 1554 万元，下降 23.5%；股份合作企业完成 1235 万元，下降 8.2%；港、澳、台商投资企业完成 6041 万元，增长 7.4%；股份制企业生产较快增长，完成 6.17 亿元，增长 33.7%。

全区：规模以上工业企业工业销售产值（当年价格）31.3 亿元，比 2011 年增长 21.7%；工业产销率 94.7%，比 2011 年回落 3 个百分点。全年规模工业主营业务收入 27.6 亿元，增长 1.4%，实现利税总额 1.09 亿元，比 2011 年下降 16.8%，其中利润总额 5276 万元，比 2011 年下降 34.4%。全年亏损企业 3 家，亏损金额 3338 万元，比 2011 年增长 628.8%。

全年 45 家建筑业企业（单位），完成建筑

表 20

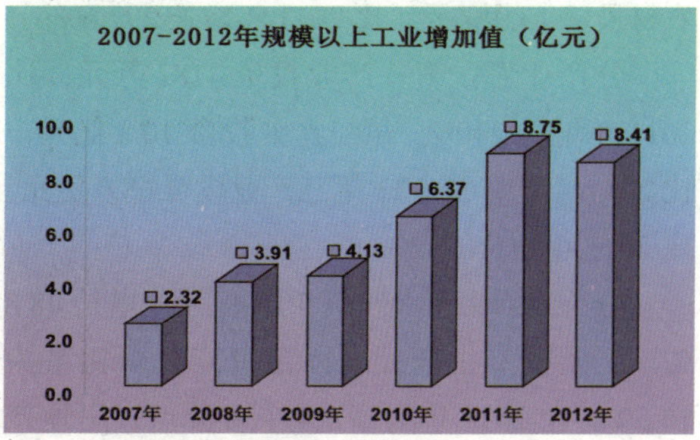

注：为原屯溪区属地统计口径

业总产值34.6亿元，比2011年增长11.8%，建筑业增加值14.9亿元，增长5.7%。房屋建筑施工面积272.2万平方米，比2011年下降4.6%；房屋竣工面积117.4万平方米，下降3.1%。

四. 固定资产投资

全年固定资产投资142.2亿元，比2011年增长15.9%，其中屯溪区（属地）完成固定资产投资79.8亿元，比上年增长32.9%。其中：城镇投资65.9亿元，比2011年增长16.5%；农村投资13.9亿元，比2011年增长297.6%。

分产业看：第一产业投资4182万元，比2011年增长240%，第二产业投资10.8亿元，比2011年下降32.6%；第三产业投资68.6亿元，比2011年增长56.2%。

分行业看：工业投资10.8亿元，增长48.8%，工业投资占全社会固定资产投资比重为13.5%，比2011年提高1.4个百分点；房地产开发投资41.9亿元，比2011年增长45.9%。

2012年全区主要工业产品产量及其增长速度表

表21　　单位：吨、万件、立方米、条、台、面、对千米、万只

产品名称	绝对数	比上年增长%
精制茶	5944	23.0
棉纱	1102	-14.7
服装	16.26	-47.7
人造板	24189	1.7
涂料	5177	11.3
中成药	395.9	-8.5
橡胶轮胎外胎	38580	17.1
塑料制品	1121	-7.4
商品混泥土	227410	6.2
泵	6491	-10.7
阀门	525	4.4
高压开关板	357	35.7
低压开关板	3529	-12.9
通信及电子网络用电缆	177308	-31.0
电光源	966	36.3
光电子器件	23871	81.6
汽车仪器仪表	491741	24.8

表22

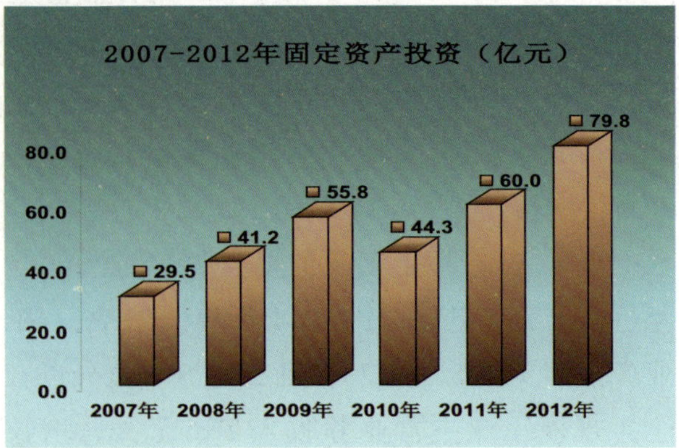

注：为原屯溪区属地统计口径

全年商品房销售面积 31.8 万平方米，比 2011 年增长 12.2%，其中住宅 28.8 万平方米，增长 13.7%；商品房销售额 16.5 亿元，增长 5.4%，其中住宅销售额 13.9 亿元，增长 1.9%；商品房平均销售价格 5198 元 / 平方米，比 2011 年下降 6%，其中住宅平均销售价格 4829 元 / 平方米，下降 10.4%。

从施工项目看，全年在建施工项目（不含房地产）76 个，其中 49 个新开工项目，完成投资 26.5 亿元，比 2011 年增长 200.6%。共安排省“861”行动计划项目 34 项，当年完成投资 39.7 亿元，占年计划 142.6%。新开工建设申格电子、金菱数码、 盛元 · 优山美地商业广场等一批重大项目；黄山鼎奇链传动、熙城国际大酒店、民航黄山旅游度假区等一批工程已建成。安排市“十大工程”项目 53 项，完成投资 66 亿元，占年计划 112.8%；区“十大工程”项目 176 项，完成投资 121 亿元，比 2011 年增长 31.1%。

五. 国内贸易

全年社会消费品零售总额 59.2 亿元，比 2011 年增长 18.2%。按消费形态分，商品零售 49.3 亿元，增长 22.6%；餐饮收入 7.2 亿元，增长 13.3% 。按单位规模分，限额以上企业零售额 41 亿元，增长 39%；限额以下企业零售额 17.6 亿元，增长 9%。

表 23

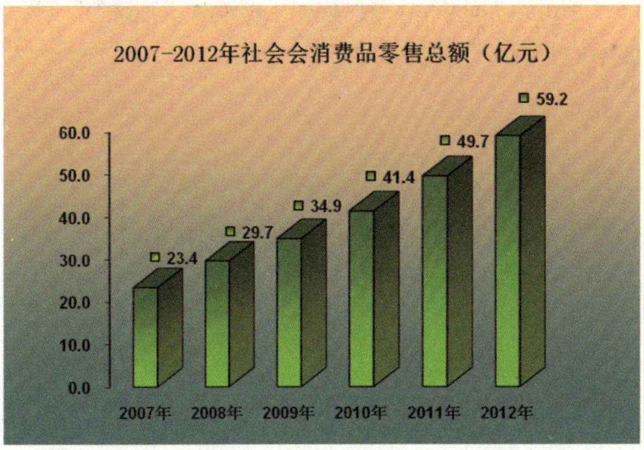

六. 对外经济和旅游

全年外贸进出口总额 7111 万美元，比 2011 年增长 46.9%。其中出口 5622 万美元，增长 32.9%；进口 1489 万美元，增长 144.1%。主要出口商品看，茶叶出口 1096 万美元，比 2011 年增长 13.4%；电子产品出口 442 万美元，比上年下降 29.7%；服饰 621 出口万美元，下降 28.1%，家具出口 635.8 万美元。全年新签订外商投资项目 2 个，合同利用外资 22 万美元，实际利用外资 3379 万美元，比 2011 年增长 31.3%。

全年共接待海内外游客 720.8 万人次，比 2011 年增长 21%，其中接待入境旅额 34.1 万次，比 2011 年增长 25.7%，国内旅游人数 686.7 万人次，比 2011 年增长 20.8 %。

全年旅游总收入 80.5 亿元，增比 2011 年长 20.6%，其中国际旅游外汇收入 15328 万美

表 24

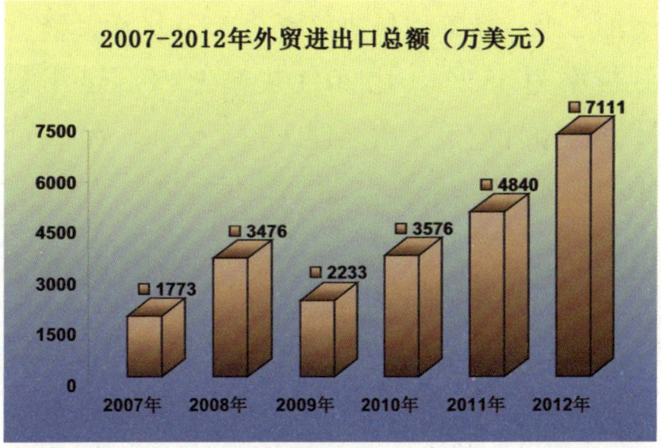

表 25

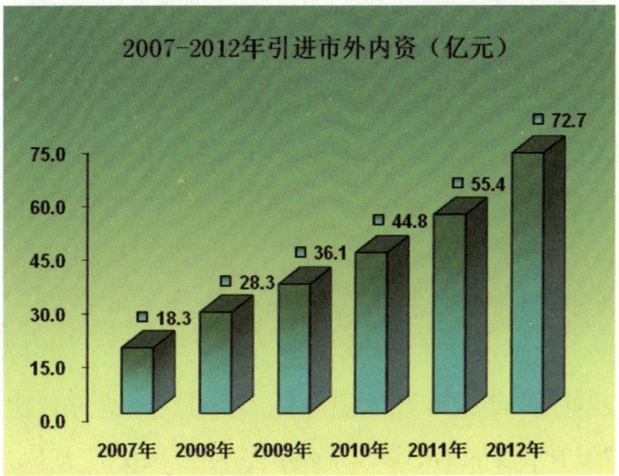

表 26

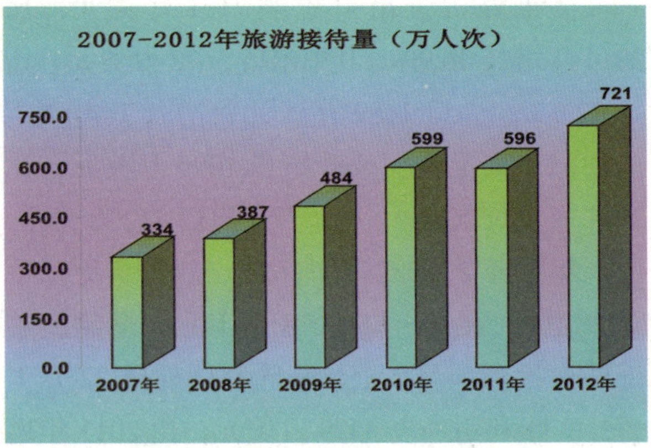

元，比 2011 年增长 29.1%，国内旅游收入 70.8 亿元，比 2011 年增长 19.3%。2012 年新安江滨水旅游景区（即：新安江延伸段）被全国旅游景区质量等级评定委员会正式批准为国家 4A 级旅游景区。

全年新签订市外（合同）项目 123 个，比 2011 年增加 58 个，其中工业项目 11 个，与 2011 年持平；亿元以上项目 13 个，比 2011 年增加 2 个；新签项目协议资金 55.9 亿元，资金到位率为 45.2%，比 2011 提高 1.2%。全年实际到位市外内资（含续建）72.7 亿元，比 2011 年增长 31.1%。

七．交通和邮电

全年交通运输、仓储和邮政业增加值 2.17 亿元，比 2011 年增长 6.8%。年末公路总里程 174.2 公里，其中高速公路 15 公里，二级公路 28.1 公里，三级公路 18.2 公里。年末民用汽车拥有量 26895 辆，比 2011 年减少 1258 辆，其中私人汽车 15999 辆，比 2011 年增加 2676；公路营运汽车 3543 辆，其中客运汽车 1062 辆，货运汽车 2481 辆。

全年邮电业务总量 7.6 亿元，比 2011 年增长 11%。其中，电信业务总量 7.34 亿元，增长 10.6%；邮政业务总量 2637 万元，增长 22.4%。年末本地固定电话用户 11.59 万户，比 2011 年增加 1886 户；移动电话用户 26.67 万户，比 2011 年增加 1.03 万户。年末互联网宽带接入用户 5.7 万户，比上年减少 3731 户。

八．财政、金融

全区公共财政收入 8.54 亿元，比 2011 年增长 25.4%，其中地方财政收入 6.4 亿元，增长 29.3%。在地方财政收入中，税收收入完成 4.34 亿元，增长 23.4%；非税收入完成 2.06 亿元，增长 43.9%，非税收入对地方财政收入增长的贡献率为 43.3%。在全部财政收入中，增值税完成 1.3 亿元，增长 21.1%，营业税 2.29 亿元，增长 17%，所得税 1.5 亿元，增长 20.5%。税收收入占一般预算收入比重为 75.9%。全年财政支出 11.3 亿元，比 2011 年增长 37.2%。其中，一般公共服务支出 2.27 亿元，增长 35%；民生支出 7.93 亿元，占财政支出的比重为 70.4%，比 2011 年增长 58.9%，在民生支出中，科学技术支出 1993 万元，增长 41%；文化体育与传媒支出 1610 万元，增长 38.8%；节能环保支出 1830 万元，增长 169.1%；医疗卫生支出 6924 万元，增长 10.3%；城乡社区事务支出 9411 万元，增长 191.2%；农林水利事务支出 1.04 亿元，增长 39.2%；住房保障支出 1.42 亿元，增长 205.9%；社会保障和就业支出 1.45 亿元，增长 5.9%。

年末全区金融机构各项存款余额（人民币口径）257.4 亿元，比 2011 年增加 36.1 亿元，

表 27

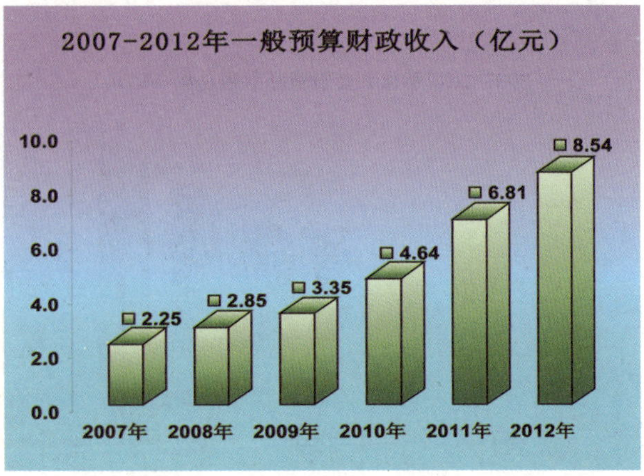

增长16.3%；其中单位存款145.1亿元，增长16%，城乡居民储蓄存款103.4亿元，增长18.1%。金融机构各项贷款余额176.1亿元，比上年末增加17.8亿元，增长11.3%。其中，短期贷款余额40.8亿元，增长16.4%，中长期贷款余额130.5亿元，增长6.9%，中长期贷款中个人贷款余额44.6亿元。

九．教育和科学技术

年末全区拥有各类学校61所，其中普通中学14所（初中7所），小学17所，幼儿园29所，特殊教育1所。共拥有专任教师1868人，其中，高中353人，初中487人，小学621人，幼儿园382人，特殊教育25人。

全年教育经费支出8744万元，比2011年增长48.8%；拨付义保经费441万元，继续落实城乡义务教育经费保障政策，免除城乡义务教育阶段学生学杂费，向农村义务教育阶段学生免费提供国家课程教科书，补助义务教育阶段家庭经济困难寄宿生生活费。继续投入1150万元，对各级各类公办中小学校教学用房、学生宿舍和食堂等三类重点校舍进行加固或重建，完成加固重建工程4197平方米，其中加固面积3700平方米，重建面积497平方米。

全年用于研究与试验发展经费2661万元，比上年增加463万元，增长21.1%，研发经费支出占GDP的比重为0.47%，比2011年提高0.02个百分点。全年专利申请量292件，其中发明专利申请67件，实用新型专利申请183件，外观设计42件。全年专利权量106件，其中发明专利9件，实用新型专利64件，外观设计专利33件。2012年我区被省认定的高新技术产品达5个，顺昌汽车电器有限公司研制的“SC–3防水型起动熄火控制器”，被评为安徽省第二批高新技术产品，黄山良业阀门有限公司研制的“阀门气动装置启闭转矩连续测试装置”荣获安徽省高新技术产品认定证书。黄山泰客轨道电气有限公司和黄山拓达科技有限公司被评为安徽省第二批高新技术培育企业。

2012年全区各类教育发展情况表

表28　　　　单位：人

指　标	招生数	在校学生数	毕业生数	升（入）学率（%）
高中	2055	6085	1935	—
初中	2438	7184	2698	128.2
小学	1899	11878	2054	118.7
幼儿园	1657	6697	2067	100.0
特殊教育	17	125	17	—

十．文化、卫生

全年共投入43万元资金，全面完成9家“农家书屋”和5家公共文化信息化建设任务，逐步解决农民群众“买书难、借书难、看书难”的问题，形成覆盖城乡的公共文化服务和数字信息化服务网络。全年新增省级文物保护单位4处。目前全区现有各级文物保护单位共28处，其中国家级1处、省级6处、市级17处、区级4处；已经公布的各级非物质文化遗产12项。全区共有乡镇综合文化站5个，群众业余演出团（队）11个，全年组织各类群众文化活动21次。2012年对区图书馆、文化馆和博物馆进行升级改造，改造后的图书馆为1620平方米的三层建筑，使图书馆业务用房面积扩大3倍；改造后的新文化馆建筑面积达到2300平方米，是原文化馆面积的近5倍。2012年区图书馆书籍总藏量达10.8万册，全年发放借书证723个，图书总流通量达1231.6万人次。

年末全区共有医疗卫生机构118个，其中医院13个，卫生院5个，社区卫生服务中心（站）12个，农村卫生室35个（乡卫生院建设点25个，私人办9个）。全区卫生技术人员2644人，其中执业（助理）医师764人，注册护师、护士1311人，乡村医生25人。医疗卫生机构拥有病床位2075张，其中医院1886张。全年医疗卫生机构共诊疗129923人次。参加新型农村合作医疗的农业人口40371人，参合率为104.86%。全年5岁以下儿童死亡6人，死亡率为3.4‰；产妇住院分娩率为100%。

十一．人口、人民生活和社会保障

全年出生人口1911人，其中女性954人，人口出生率为10.9‰，比2011年上升1.99个千分点；全年死亡人口1639人，其中女性757人，死亡率为9.35‰，比2011年上升4.11个千分点；自然增长272人，自然增长率为1.55‰，比2011年下降2.12个千分点。年末户籍总户数59429户，比2011年增加1371户。户籍总人口175241人，比2011年减少141人，人口自然净增率为下降0.8‰；其中城镇人口为136741人，比2011年减少235人；农业人口为38500人，比上年增加94人。

全年城镇居民人均可支配收入21208元，比2011年增加2539元，增长13.6%。人均消费性支出14458元，增长10%，其中食品支出5734元，增长10.4%；衣着支出1446元，下降2%；居住支出1243元，下降4.1%；医疗保健支出886元，下降10.8%。城镇居民家庭恩格尔系数为39.7%，比2011年上升0.2个百分点。

全年农村居民人均纯收入10558元，比2011年增加1409元，增长15.4%。人均生活消费支出9579元，比2011年增长9.6%，其中，食品支出4163元，增长24.6%。农村居民家庭恩格尔系数为43.5%，比2011年上升5.3个百分点。农民文化娱乐消费占生活费的比重为7%，比2011年下降了3.3个百分点。农村居民人均拥有住房面积61.1平方米，比2011年减少5.5平方米。

年末全区参加城镇基本养老、医疗保险职工人数分别为38416人和19832人。参加失业保险人数为9389人，为233名失业人员发放了不同期限失业保险金。参加工伤、生育保险人数分别为10120人和9820人。

年末城镇居民7508人得到政府最低生活保障，保障金额为2241万元，月人均补差246元；农村居民1721人得到政府最低生活保障，保障金额327.5万元，月人均补差160元。43人农村居民享受政府五保救济，共发放救济款15.8万元。年末全区各类收养性单位拥有床位200张，收养各类人员65人。

表29

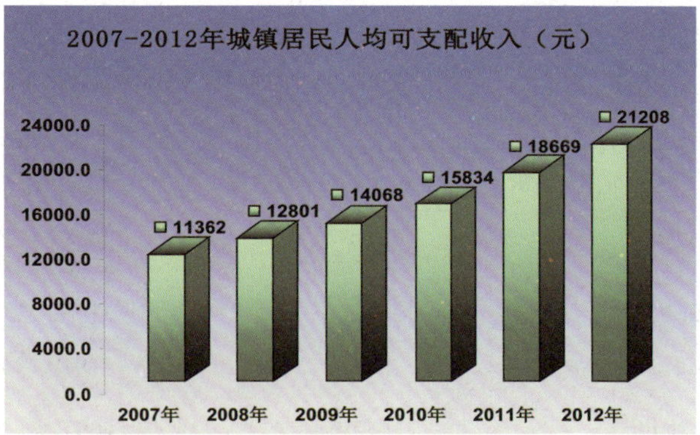

表30

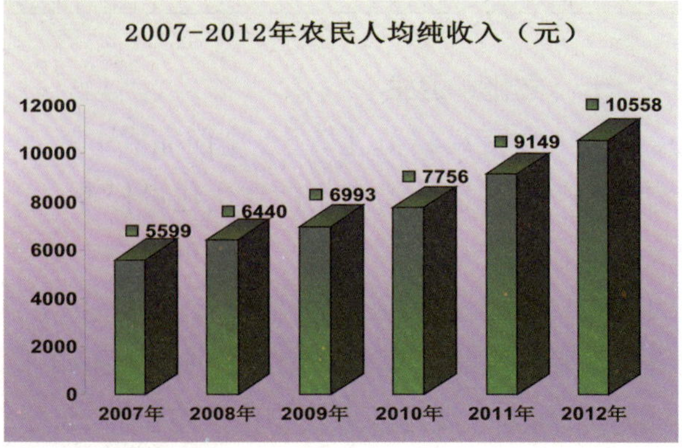

2012年末全区人口数及其构成表

表31　　　　单位：户、人

指　标	年末数	比　重%
年末总户数	59429	—
其中，城镇居民户数	46394	78.1
农村户数	13035	21.9
年末户籍人口	175241	—
其中：城镇	136741	78.0
乡村	38500	22.0
其中：0–18岁	28527	16.3
18–35岁	42668	24.3
35–60岁	74825	42.7
60岁及以上	29221	16.7

十二. 资源、环境保护和社会治安

全年节能环境保护支出1830万元，比上年增长169.1%，其中投入污染防治1741万元，增长176.3%。年末全区水资源量为2.98亿立方米。当年人工造林面积117公顷，实有封山育林面积1152公顷，林木绿化率为39.2%；年末森林面积达5319.6公顷，森林覆盖率为38.16%。活立木总蓄积量22.6万立方米，森林蓄积量21.7万立方米。

全年公安机关受理治安案件6105起，比上年减少534起，查处5891起，查处率为96.5%，比上年提高4.2个百分点。全年刑事案件立案1853件，比上年减少3件。

十三. 城市建设和民生工程

民生工程惠及全区20余万城乡居民。28项省、市民生工程计划总投资1.89亿元，实际完成2.29亿元，占计划120.9%。同时实施一批区级民生工程，累计财政投入7.93亿元，占公共财政支出比重达70.4%。高质量完成了20个小街小巷小区综合改造，改造道路面积32645平方米，排水管道改造11362米，绿化面积2538平方米。扎实推进保障性住房建设，开工建设城镇保障性安居工程住房4448套，基本建成1920套，其中怡阳小区、稽灵山小区等8个安置区，建成安置房1551套、21.52万平方米。全年救治贫困晚期血吸虫病病人99人，结核病人33人，有968名重度残疾人享受到生活特别救助；613名农村孕产妇享受住院分娩补助；2960人享受免费婚检，免费为儿童免疫接种42524针次；30例贫困白内障患者施行免费复明手术。

注：1. 本公报内的地区生产总值、各产业增加值绝对数按当年价格计算，增长速度按可比价格计算。

2. 人口数据为公安户籍人口，民生工程各项指标均由区民生办提供。

屯溪区 2013 年国民经济和社会发展统计公报

2013 年，全区人民在区委、区政府的坚强领导下，坚持以科学发展观为指导，牢牢把握“稳中求进”的工作总基调，全力以赴稳增长、调结构、促改革、惠民生，全区经济社会继续保持平稳较快发展，城乡面貌显著提升，民生状况持续改善，各项社会事业协调发展。

一．综合

年末总户数 60376 户，比 2012 年增加 947 户；户籍总人口 176537 人，比 2012 年增加 1296 人，其中城镇人口 137526 人，占总人口比重为 77.9%，比 2012 年年末下降 0.1 个百分点。全年：出生人口 1891 人，出生率为 10.75‰；死亡人口 871 为，死亡率为 4.95‰，自然增长率为 5.8‰。城镇化率 89.6%，比 2012 年提高 6 个百分点。

国民经济平稳增长。全年地区生产总值（GDP）94.2 亿元，按可比价计算，比 2012 年增长 8.1%。分产业看：第一产业增加值 3.09 亿元，增长 2.7%；第二产业增加值 37.6 亿元，增长 10%；第三产业增加值 53.5 亿元，增长 7.1%。三次产业结构由上年 3.4 ∶ 40.1 ∶ 56.5 调整为 3.3 ∶ 39.9 ∶ 56.8，其中第三产业比重提高 0.3 个百分点、工业增加值占 GDP 比重由 2012 年的 22.8% 提高到 23.6%。

年末全区从业人员 11.8 万人，比 2012 年增加 0.73 万人，增长 6.6%，其中第一产业从业人员 0.94 万人，比 2012 年下降 1.1%；第二产业从业人员 2.41 万人，增长 5.5%；第三产业从业人员 8.47 万人，增长 7.8%。年末实有城镇登记失业人员 744 人，城镇登记失业率为 3.7%。

财政收入稳定增长。全年全区公共财政收

表 32

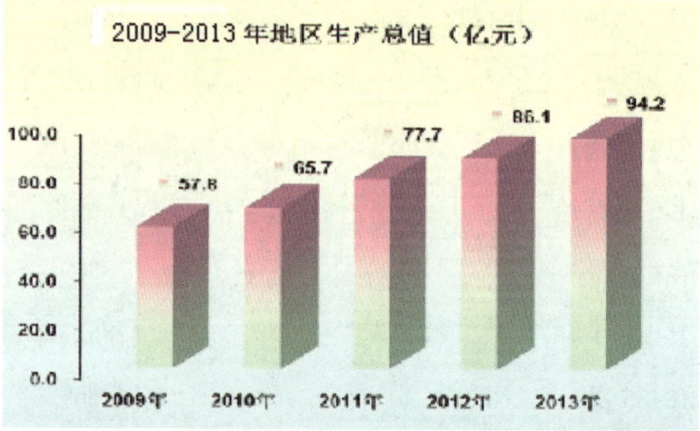

表 33

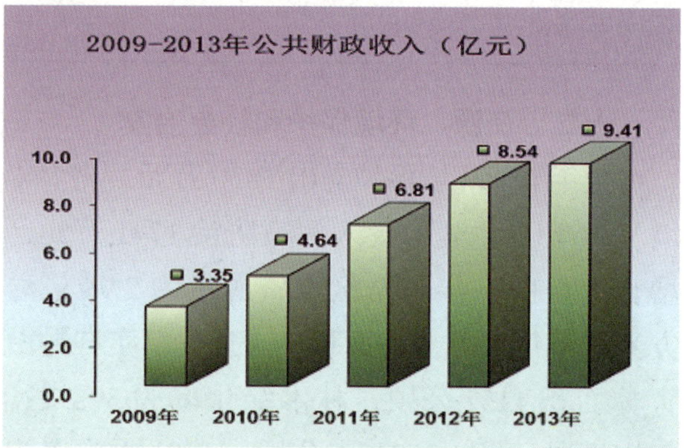

入 9.41 亿元，比 2012 年增加 8712 万元，增长 10.2%。其中地方财政收入 7.41 亿元，增长 15.9%。在地方财政收入中，税收收入完成 5 亿元，增长 15.5%；非税收入完成 2.4 亿元，增长 16.6%。税收收入占一般预算收入比重为 74.5%。全年财政支出 11.1 亿元，比 2012 年下降 1.2%。其中，民生支出 8.23 亿元，占财政支出的比重为 73.9%，比 2012 年提高 7.5 个百分点。在民生支出中，社会保障和就业增长 5.4%，科学技术支出增长 12%，医疗卫生支出增长 12.9%，节能环保支出增长 36.9%，城乡社区事务支出增长 175.1%。

二．农业

全年农作物总播种面积 5098 公顷，比

2013 年末全区人口数及其构成表

表 34　　单位：户、人、%

指 标	单 位	年末数	比 重
年末总户数	户	60376	——
年末户籍人口	人	176537	100
其中：城镇	人	137526	77.9
乡 村	人	39011	22.1
其中：0-18 岁以下	人	28816	16.3
18-35 岁	人	40980	23.2
35-60 岁	人	75732	42.9
60 岁及以上	人	31009	17.6

2013 年全区生产总值及其增长速度表

表 35　　单位：万元、%

指 标	绝对数	比上年增长
地区生产总值	942279	8.1
第一产业	30896	2.7
第二产业	376134	10
工 业	222569	13.9
建筑业	155944	4.5
第三产业	535249	7.1
交通运输、仓储和邮政业	24250	10.2
批发和零售业	51998	9.2
住宿和餐饮业	48726	7.2
金融业	59759	3.5
房地产业	75365	9.5
其他服务业	275152	7.8

2012 年减少 19 公顷。其中：粮食作物种植面积 1758 公顷，减少 25 公顷，同比下降 1.4%；油料种植面积 767 公顷，增加 18 公顷；蔬菜种植面积 2247 公顷，增加 16 公顷。全年完成农业总产值 5.53 亿元，按可比价计算，比 2012 年增长 2.7%；实现农业增加值 3.13 亿元，比 2012 年增长 2.7%。

全年粮食总产量 11420 吨，比 2012 年减少 250 吨，减产 2.1%。其中，夏粮 33 吨，增加 3 吨，增产 10%；秋粮 11387 吨，减少 253 吨，减产 2.2%。油料产量 1395 吨，比 2012 年增长 5%；蔬菜产量 57806 吨，增长 0.6%；茶叶产量 558 吨，下降 1.4%，水果产量 1621 吨，下降 2.2%。

年末全区生猪存栏 32961 头，比 2012 年减少2052头，下降5.9%生猪出栏75022头，减少117头，下降0.2%。全年肉类总产量7705吨，比上年增长1.5%；禽蛋产量1701吨，比2012年下降2.6%；水产品产量1017吨，比上年下降0.2%。

年末全区农业机械总动力3.52万千瓦，比2012年增长1.7%。全年化肥施用量（折纯量）2223吨，下降0.4%。农村用电量2283万千瓦时，下降1.8%，有效灌溉面积1800公顷，比2012年下降4.4%。

表36

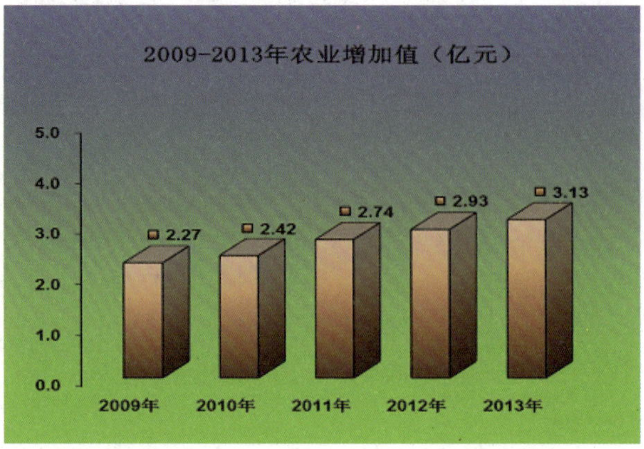

2013年全区主要农产品产量及其增长速度表

表37　　单位：吨、%

产品名称	绝对数	比上年增长
粮 食	11420	-2.1
油 料	1395	5
其中：花 生	23	-4.2
油菜籽	1370	5.2
蔬 菜	57806	0.6
水 果	1621	-2.2
茶 叶	558	-1.4
糖 料	103	-37.6
豆类	402	34.4

三．工业和建筑业

年末全区规模以上工业企业94户，比2012年净增6户，全年规模以上工业增加值16.8亿元，比2012年增长14.8%。其中轻工业增加值完成10亿元，增长22.2%；重工业完成6.75亿元，增长5.7%；国有企业完成3206万元，下降0.5%；股份合作企业完成1922万元，增长46.1%；外商及港澳台商投资企业完成1.35亿元，增长24.4%。

全区规模以上工业总产值66.4亿元，比2012年增长20.2%，工业销售产值（当年价格）63.1亿元，增长21.2%，主营业务收入61.4亿元，增长32.3%，利税总额6.61亿元，

表38

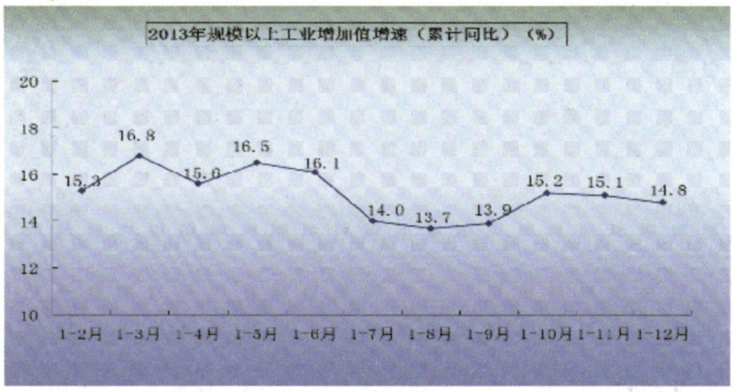

增长57.4%，其中创利润总额4.5亿元，增长53.2%。全年亏损企业9家，亏损企业亏损总额680.1万元。

全年42家资质内建筑业企业（单位），期末从业人员19876人，完成建筑业总产值37.98

亿元，比上年增长9.7%，建筑业增加值15.59亿元，增长4.5%。建筑企业利税总额16.86亿元，增长3.8%。房屋建筑施工面积288.8万平方米，比2012年增加17万平方米；房屋竣工面积154.3万平方米，比上年增加36.6万平方米。

四．固定资产投资

全年固定资产投资171.2亿元，比2012年增长20.4%。其中城镇投资141亿元，增长13.2%；农村投资30.2亿元，增长70.9%。分产业看，第一产业投资1.29亿元，增长209.1%，

2013年全区主要工业产品产量及其增长速度表

表39　　单位：吨、万米、万件、立方米、条、台、千瓦、万只、完平方米、%

产品名称	绝对数	比上年增长
精制茶	5179	-12.9
纱	7233	7.9
布	7951	22.2
蚕丝被	1.55	全增
服装	5812.5	3.1
人造板	25056	3.6
涂料	8077	-11.4
中成药	848.1	39.2
橡胶轮胎外胎	42052	9
塑料制品	4205.6	29.1
商品混泥土	250000	9.9
泵	7089	-6.7
阀门	472	-10.1
高压开关板	475	33.1
低压开关板	3973	12.6
太阳能电池	25517	627.4
电光源	3484	87.4
光电子器件	108171	5.4
汽车仪器仪表	724758	47.4
电子元件	341.4	-24.6
金属紧固件	3346	19
钢化玻璃	101.28	37.4
金属切削机床	719	-13.6
家具	202.5	27.9
蚕丝及交织机织物	69.5	13.9

第二产业投资22.1亿元，下降15.5%；第三产业投资147.8亿元，增长27.8%。分行业看，工业投资22.1亿元，下降15.5 %，其中制造业下降18.5%，电力、燃气及水的生产供应增长50.7%。

全年房地产开发投资完成70.2亿元，比2012年增长1.6%。施工房屋面积343.8万平方米，增长24.1%，其中商品住宅施工面积237.8万平方米，比2012年增加37.1万平方米。全年竣工房屋面积30万平方米，增长41.7%，其中商品住宅竣工面积20.69万平方米，比2012年增加7.3万平方米。全年商品房销售面积51.5万平方米，增长14.8%，其中住宅43.3万平方米，增长4.7%;商品房销售额27.7亿元，增长20.3%，其中住宅销售额21.57亿元，增长10%；商品房平均销售价格5383元/平方米，比2012年增长4.8%，其中住宅平均销售价格4983元/平方米，增长5.1%。

全年共安排省“861”行动计划项目25项，当年完成投资38.3亿元，占年计划131.6%。新开工建设容宇五金、阳湖记忆、瑞泰金庭酒店、奥的斯新能源等一批重大项目；优尚家居、世博园林基地、鬲山市民开心菜园等一批工程已建成。60项市“十大工程”重点项目完成投资76.3亿元，占年计划104.3%，；204个区“十大工程”项目，完成投资151亿元，比上年增长25%。

五．国内贸易

全年社会消费品零售总额67亿元，比2012年增长14.3%。按经营地统计，城镇消费品零售额64.2亿元，增长13.9%；乡村消费品零售额2.8亿元，增长11.9%。按消费形态统计，商品零售56亿元，增长13.8 %；餐饮收入11亿元，增长13.6%。按单位规模分，限额以上企业零售额47亿元，增长16.2%；限额以下企业零售额19.82亿元，增长8.7%。按行业统计分，批发零售业55.8亿元，住宿餐饮业11.2亿元。

表40

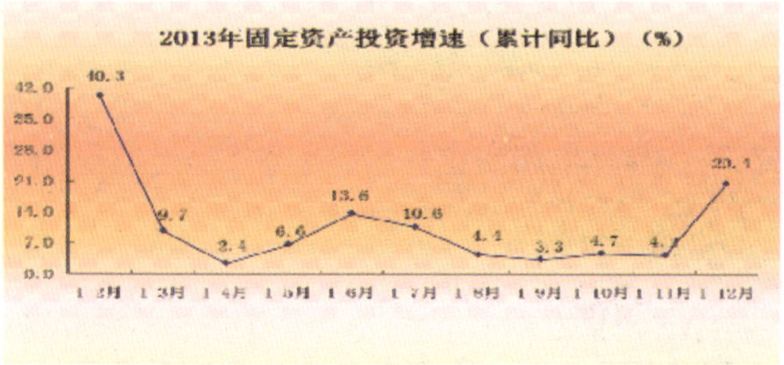

六．对外经济

全年外贸进出口总额9603万美元，比2012年增长35%。其中出口8998万美元，增长60.1%；进口605万美元，下降59.4 %。主要出口商品看，茶叶出口1392.4万美元，增

表41

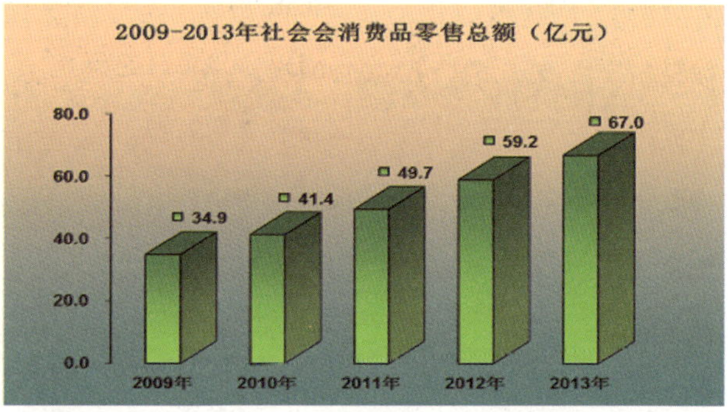

表42

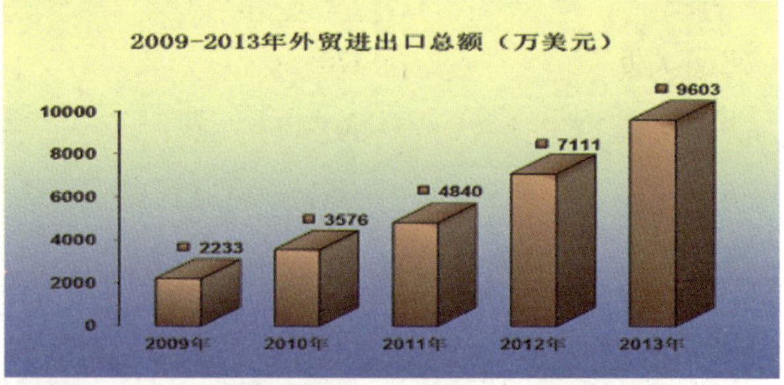

表43

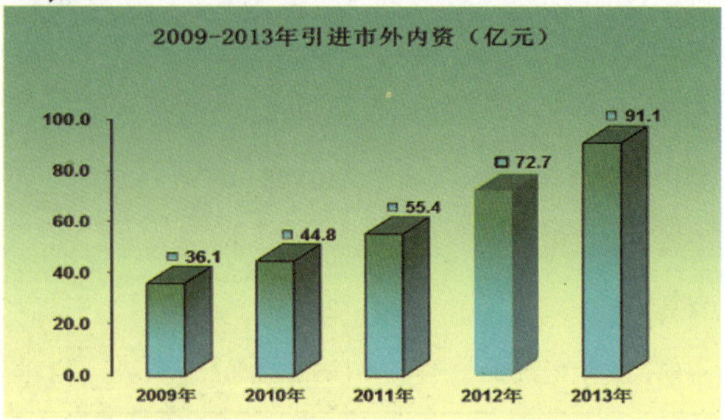

长27.1%；电子产品出口30.1万美元，增长1092.8%；纺织服装出口198.8万美元，增长24%。全年新签订外商投资项目2个，合同利用外资1000万美元，实际利用外资4184万美元，增长23.8%。

全年新签订市外（合同）项目129个，比2012年增加15个，其中工业项目14个，比2012年增加5个；亿元以上项目26个，比2012年增加8个；新签项目协议资金75亿元，资金到位率为38.9%，比2012年提高1个百分点。全年实际到位市外内资（含续建）91.1亿元，比2012年增长25.4%。

七．交通、邮电和旅游

全年交通运输、仓储和邮政业增加值2.42亿元，比2012年增长10.2%。年末境内铁路里程12，公路总里程188公里，其中高速公路18公里，一级公路20公里，二级公路27公里，三级公路19公里，四级公路103公里。年末民用汽车拥有量29677辆，比2012年增加2782辆，其中载客汽车23979辆，载货汽车4737辆，私人汽车16703辆，摩托车5641辆，农用运输车23辆，其他类型车621辆。公路营运汽车拥有量5779辆，其中客运汽车1410辆，载货汽车4369辆。客运量总计793.5万人次，其中铁路96.1万人次，公路694.7万人次，水运2.7万人次；货运量总计1372.6万吨，其中公路1366.7万吨，铁路5.9万吨。

全年邮政业务总量2236.6万元，比2012年下降15.2%。年末固定电话用户7.15万户，比2012年减少4.4万户；移动电话用户29.5万户，比2012年增加2.9万户，其中3G电话用户11.6万户，比2012年增加5万户。年末互联网宽带接入用户6.9万户，比2012年增加1.17万户。

全年共接待国内外游客746万人次，比2012年增长3.5%，其中入境旅游人数38.04万

表44

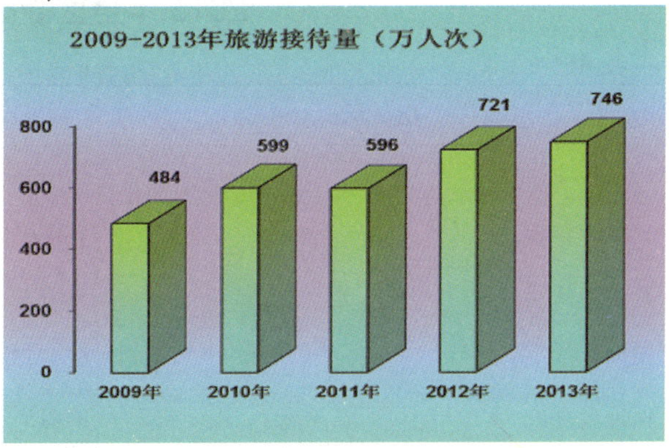

次，增长11.5%；国内游客708万人次，增长3.1%。全年旅游总收入83.8亿元，增长4.1%，其中旅游外汇收入1.66亿美元，增长8.3%；国内旅游收入73.5亿元，增长3.9%。

八．金融

年末全区金融机构各项存款余额（人民币口径，下同）278.1亿元，比2012年末增加20.7亿元，增长8%；其中单位存款150亿元，增长3.4%；个人存款122.5亿元，增长15.3%；居民储蓄存款余额118.1亿元，增长14.2%。金融机构各项贷款余额180.9亿元，比2012年末增加4.8亿元，增长2.7%。其中，短期贷款余额45.5亿元，增长11.4%，中长期贷款余额130.1亿元，下降0.3%，中长期贷款中个人贷款余额47.6亿元，增长6.7%。

九．人民生活和社会保障

城乡居民收入继续增加。全年城镇居民人均可支配收入23359元，比2012年增加2151元，增长10.1%。其中工薪收入15907元，转移性收入7158元、经营净收入1746元、财产性收入328元。人均消费性支出10788元，其中人均食品支出4414元，占人均消费性支出比重为40.9%，比2012年提高1.2个百分点。衣着支出1209元、居住支出1012元、交通和通讯支出1553元、教育文化娱乐服务支出1428元、

2013年全区金融机构存贷款情况表

表45　　　　单位：万元、%

指　标	年末余额	比上年增长
一、各项存款	2781354	8.0
1.单位存款	1500032	3.4
其中：活期存款	504522	-21.9
定期存款	656215	37.8
保证金存款	91415	24.7
2.个人存款	1225398	15.3
其中，储蓄存款	1180754	14.2
3.财政性存款	41268	-13.2
4.临时性存款	4266	70.6
5.其他存款	10212	-1.8
二、各项贷款	1809361	2.7
1.短期贷款	454936	11.4
（1）个人贷款及透支	128904	18.9
其中：个人消费贷款	37304	49.8
（2）单位普通贷款及透支	307465	11.9
其中：经营贷款	304765	12.5
2.中长期贷款	1301320	-0.3
（1）个人贷款	475739	6.7
其中：个人消费贷款	406171	6.7
（2）单位普通贷款	811007	-3.7
其中：经营贷款	28336	-38.4
3.票据融资	51708	9.4

医疗保健支出253元。

农村居民人均纯收入11859元，比2012年增加1301元，增长13.7%。其中工资性收入8524元，家庭经营性收入2523元，转移性收入800元，财产性收入12元。农村人均住房面积64.2平方米，比上年增加3.1平方米。

年末全区参加城镇基本养老、医疗保险职工人数为29438人和22384人，分别比2012年增长1.2%和12.9%。参加失业保险人数为

表46

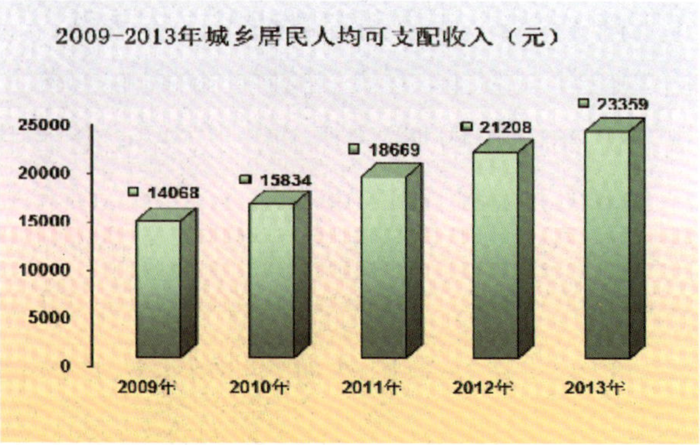

表 47

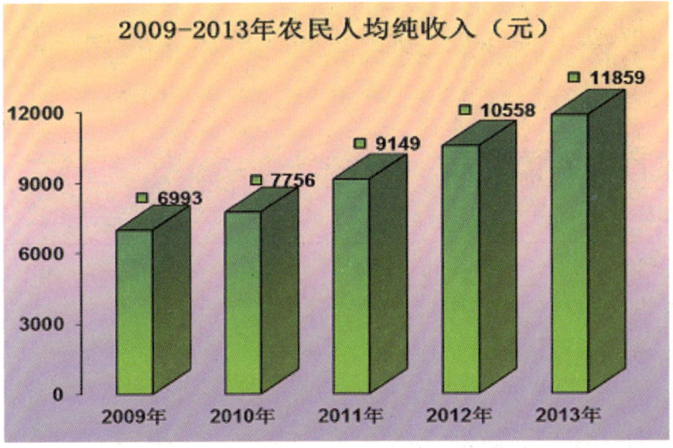

10281 人，增长 9.5%。全年为 386 名失业人员发放了不同期限失业保险金。全区参加工伤、生育保险人数分别为 11810 人和 10953 人，分别比上年增长 16.7% 和 11.5%。参加农村养老保险人数 35822 人，同比下降 8%。新型农村合作医疗参合人数 40371 人，参合率达 104.86%，享受补偿受益 50215 人次，基金支出补偿款 1500.45 万元。

十．教育、科学技术和文化

年末全区拥有各类学校 72 所，其中普通高等学校 2 所，中等专业学校 3 所、普通中学 14 所（高中 7 所、初中 7 所）、职业中学 3 所，普通小学 16 所、幼儿园 33 所、特殊教育 1 所。共有专任教师 2976 人，其中，普通高校 867 人，中等专业学校 97 人，普通中学 856 人（高中 361 人、初中 495 人），职业中学 80 人，小学 634 人，幼儿园 401 人，特殊教育 23 人。

全年落实教育经费支出 5142 万元，着力改善办学条件，解决中心城区入公办幼儿园难等问题。继续落实城乡义务教育经费保障政策，为 9486 名城乡义务教育阶段学生免除学杂费，继续向农村义务教育阶段学生免费提供国家课程教科书，并将《新华字典》纳入国家免费提供课程教科范畴，全年落实补助经费 395 万元，其中农村 219 万元。

全年专利申请量 312 件，其中发明专利申请 54 件、实用新型专利申请 197 件、外观设计 61 件。全年专利授权量 196 件，其中发明专利 16 件，实用新型专利 145 件，外观设计专利 35 件。全年规模以上工业法人企业有 R&D 活动的 24 家，从业人员 406 人，其中办有科技机构 21 家，机构从业人员数 282 人。全年规模以上企业新产品开发项目 135 项，开发经费支出 7635 万元，新产品产值 5.42 亿元，销售收入 5.3 亿元。黄山拓达科技有限公司、工业泵分别被认定为国家高新技术企业和省创新型试点企业，金箭照明、拓达科技被认定为省民营科技企业，派尼尔科技被认定为市级创新型试点企业。黄山良业阀门有限公司和黄山工业泵制造有限公司已被确定为黄山市专利示范企业。

文化事业繁荣发展。全区共有群众业余演出团（队）11 个，组织农村文艺演出 460 场，农村电影放映 750 场。全年对 1 图书馆、1 文化馆、3 个博物馆和 5 个文化站实行免费开放，共接待群众 52 万人次。图书馆经提升改造后升格为国家一级公共图书馆，馆内总藏量达 171.2 万册，其中图书 170.7 万册，报刊 0.5 万册。全年对农家书屋更新出版物 7521 册、音像制品 1449 盘。新增 2 项省级非遗项目，市级非遗传习基地、市级非遗项目、区级非遗项目各 1 个；

体育事业蓬勃发展。全区拥有体育场地 251 个，总面积达 233.4 万平方米，用地面积为 374.1 万平方米，人均面积 11.1 平方米。场地分布按系统分，体育系统 22 个，面积为 2.23 万平方米；教育系统 76 个，面积为 17.2 万平方米；高等院校 22 个，面积为 3.86 万平方米；镇 58 个，面积为 204.2 万平方米；街道有 35 个，面积为 7671 平方米。全年开展农民体育活动 366 场，参加全民健身活动人数达 6 万人。

十一．卫生和社会服务

年末共有医疗卫生机构 127 个，其中医院 14 个、卫生院 5 个、门诊部 7 个、疾控中心 2 个、妇幼保健（站）所 2 个、社区卫生服务中心(站)11个、农村卫生室37个(其中村办2个,乡卫生院建设点24个,联合办8个、其他3个)。全区共有卫生机构人员3375人,其中卫生技术人员2895人,执业(助理)医师808人(其中执业医师758人)、注册护士1468人、乡村医生22人。卫生机构拥有病床位2088张,其中医院1906张、卫生院57张。全年医疗卫生机构共诊疗122.49万人次。全年5岁以下儿童死亡10人,死亡率为5.87‰,婴儿死亡率4.11‰。孕产妇保健覆盖率97.2%,产妇住院分娩率为100%。

年末全区各类收养性单位2个,拥有床位380张,收养救助各类人员170人,其中老人155人,小孩15人。全区城镇居民共有3773户6771人享受政府最低生活保障,保障金额达2083.7万元,月人均补差256.4元;农村居民有1034户1769人享受最低生活保障,保障金额为409.8万元,月人均补差193元。农村五保救济供养35人,全年共发放五保救济款14.76万元。发放农村医疗救助4963人次77.65万元。发放农村临时救助100人18.36万元。提高被征地农民保障水平,发放符合领取条件被征地农民养老保险金5176人1072.89万元,发放率100%,做到应发尽发。全年新型农民培训人数682人,实现城镇新增就业人数5900人。

2013年全区各类教育发展情况表

表48

单位:人、%

指　标	招生数	在校学生数	毕业生数	升(入)学率(%)
普通高等学校	6033	18926	4319	
中等专业学校	697	2426	935	
普通中学	4076	12919	4338	
其中,高中	1703	5780	2005	
初 中	2373	7139	2333	120.42
职业中学	192	1044	537	
普通小学	2219	12404	2062	117.36
幼儿园	2231	6516	2078	100
特殊教育	22	107	28	—

十二、环境、资源和社会治安

全年日照时数1931.7小时,年平均气温17.4摄氏度,年降水量1647.9毫米。全区拥有水资源总量2.34亿立方米,其中,地下水资源量0.35亿立方米。全年用水总量0.471亿立方米,其中居民生活用水0.129亿立方米、工业用水0.125亿立方米、城镇公共用水0.104亿立方米。全年节能环境保护财政支出2506万元,比上年增长36.9%,其中投入污染防治1439万元。

年末耕地面积1661公顷,茶园面积438公顷,果园面积221公顷,内陆水域养殖面积142公顷。当年封山育林面积1640公顷,人工造林面积96公顷,林木绿化率为39.4%。年末拥有森林面积(有林地面积)4691公顷,森林覆盖率为38.37%。年末全区活立木总蓄积量23.76立方米,森林蓄积量22.72万立方米。

全年公安机关受理治安案件7251起,比上年增加1146起,查处7047起,查处率为97.2%,比上年提高0.7个百分点。全年刑事案件立案1867件,比上年增加14件;民事案件收案数1966件，比上年增加346件。全年共发生道路交通事故309起，比上年增加6起，其中死亡17人，受伤378人，经济损失折款96.3万元。

十三．城市建设和民生工程

城乡面貌显著提升。全年新开工建设城镇保障性安居工程住房1614套，其中公租房建成500套，城市棚户区改造建成1114套。首座跨新安江南北的仿古徽派廊桥文峰桥正式通车。投入1.2亿元全面完成5个中心村美好乡村公共服务体系建设，凤霞村跻身全国“美好乡村”创建试点。积极开展“千万亩森林增长工程”和绿色质量提升行动，创建森林村庄、森林城镇、森林城市，共完成绿色质量提升点49处，共有1个森林城镇和10个森林村庄通过市级检查验收。全年完成改徽建徽1354幢，古民居维修保护35幢，改造农村危房2050户，新建精品社区11个。投资1241万元对中心城区40个“三小”改造工程，共改造路面2.8万平方米，下水管网雨污分流改造雨水管道6651米，改造排水沟200米，改造污水管道4872米；新增绿化面积3250平方米；安装路灯设施121套。

民生保障能力不断加强。全年民生支出8.23亿元，占全财政支出比重达73.9%，比上年提高7.5个百分点。全区30项省、市民生工程累计投入资金3.26亿元，其中区级配套资金5031万元。解决了6个村6400人饮水安全问题，救治贫困晚期血吸虫病病人90人，结核病人32人，艾滋病人10人。1256名重度残疾人享受到生活特别救助；578名农村孕产妇享受住院分娩补助；2838人享受免费婚检，免费为儿童免疫接种44746针次；为30例贫困白内障患者施行免费复明手术。

注：1. 本公报内的地区生产总值及各产业增加值绝对数按当年价格计算，增长速度按可比价格计算。

2. 2011年国家统计制度改革，规模以上工业统计范围为年主营业务收入2000万元及以上的企业，固定资产投资统计范围为计划总投资500万元及以上项目和房地产。

屯溪八景之一　鬲山荷韵

率水南岸的鬲山古木参天，池水清冽，幽静迷人。登顶远眺，整座山城尽收眼底，千百年风雨沧桑、世事沉浮，瞬间涌到眼前，忽又荡涤开去。山间荷塘里红花绿叶映衬蓝天白云，如同一幅画；一株株残荷倒映水底，又像一首诗。因为有这莲叶荷花的神韵，始建于唐正在恢弘重现的鬲山寺，雄伟中将加进几分柔美，博大中会添出几分清新。

2012-2013 年屯溪区文物保护单位名单表

表 49

年 度	类 别	级 别	名 称	年 代	地 点
2012	古建筑	省保	吴中明坊（明） 吴蔚起坊（清）	明－清	屯溪区屯光镇南溪南村村口
	古建筑	省保	屯溪老大桥	明	屯溪区西镇街街口
	近现代重要史迹及代表性建筑	省保	中共皖南特委旧址	近现代	屯溪区老街 69 号
	古建筑	省保	同德仁药店	清—民国	屯溪老街 206 号
	古建筑	市保	东湖桥	民国	屯溪区新塘镇
	古建筑	市保	戴震纪念馆	民国	屯溪老街立新巷 1 号
	古建筑	市保	茂槐堂	清—民国	屯溪老街 129 号
	古建筑	市保	老街古建筑群	清—民国	屯溪老街
2013	古建筑	区保	尤溪村老渡口亭	明	屯溪区屯光镇
	古建筑	区保	珠塘坝	清	屯溪戴震公园内
	古建筑	区保	瑶干周孝侯庙	清	屯溪区奕棋镇马鞍山
	古建筑	区保	隆阜七房厅 4 号、8 号民居	清	屯溪区黎阳镇隆阜村
	古建筑	区保	隆阜正街一号渡口	清	屯溪区黎阳镇隆阜村
	古建筑	区保	隆阜正街二号渡口	清	屯溪区黎阳镇隆阜村
	近现代重要史迹及代表性建筑	区保	老街海底巷 1 号 -2 民居	中华民国	屯溪区老街街道
	近现代重要史迹及代表性建筑	区保	老街还淳巷 19 号民居	中华民国	屯溪区老街街道
	近现代重要史迹及代表性建筑	区保	老街永新巷 8 号民居	中华民国	屯溪区老街街道
	近现代重要史迹及代表性建筑	区保	老街李洪巷 3 号民居	中华民国	屯溪区老街街道
	近现代重要史迹及代表性建筑	区保	老街李洪巷 7 号民居	中华民国	屯溪区老街街道
	近现代重要史迹及代表性建筑	区保	老街梧岗巷 29 号民居	中华民国	屯溪区老街街道
	近现代重要史迹及代表性建筑	区保	老街梧岗巷 31 号民居	中华民国	屯溪区老街街道
	近现代重要史迹及代表性建筑	区保	胡开文墨厂	1956 年	屯溪老虎山路 5 号

2012-2013 年屯溪区非物质文化遗产名录表

表 50

年 度	级 别	项 目	名 录
2013 年	国家级	程大位珠算法	入选人类非物质文化遗产名录（联合国教科文组织授予）
2013	省 级	徽州顶市酥制作技艺	入选安徽省非物质文化遗产名录
		徽州烧饼制作技艺	入选安徽省非物质文化遗产名录
2012	市 级	徽州寸金糖制作技艺	入选黄山市非物质文化遗产名录

2012—2013 年屯溪区非物质文化代表性传承人名单表

表 51

年　度	级　别	人　物	项　目
2012	国家级	蒯正华	徽州三雕（木雕）
		王祖伟	歙砚制作技艺
		汪素秋（女）	程大位珠算法
	市级	程佑富	徽州三雕（石雕）
		程长进	徽州三雕（石雕）
		程华进	徽州三雕（石雕）
		孙承奇	徽墨制作技艺
		丁晓军	歙砚制作技艺
		方　韶	歙砚制作技艺
		方日生	歙砚制作技艺
		方召喜	歙砚制作技艺
		朱　岱	歙砚制作技艺
		孙　雪	歙砚制作技艺
		李红旗	歙砚制作技艺
		洪玉良	歙砚制作技艺
		潘小萌（女）	歙砚制作技艺
		章国华	徽州漆器髹饰技艺
		范宝芳（女）	程大位珠算法
		杨　达	徽州毛笔制作技艺
		周小勇	徽州篆刻
		钟少华	徽　菜
		俞日华	徽州竹编
		程金顺	徽州竹编
		奚希敏	徽州根雕
		方丽萍（女）	徽州竹雕
		汪　伟	徽州竹雕
		胡建华	徽州顶市酥制作技艺
		程积如	徽州顶市酥制作技艺
		吴美霞（女）	徽州挞馃制作技艺
		程桂菊（女）	徽州寸金糖制作技艺

2012—2013 年屯溪区安徽名牌产品企业名单表

表 52

企业名称	项目名称
黄山工业泵制造有限公司	Hsby 牌三螺杆泵、双螺杆泵
黄山市新徽旅游发展有限公司	旅游景点
黄山市一楼实业有限公司	餐馆服务

2012—2013 年屯溪区黄山名牌产品企业名单表

表 53

年　度	企业名称	项目名称
2013 年	黄山金箭照明科技有限公司	JINJIAN 牌面光源 LED 照明灯具
	黄山市广远光电科技有限公司	光明堂牌固定式灯具
2012 年	黄山市昱江电器有限公司	摩托车组合仪表 摩托车油量传感器
	黄山众力实业发展有限公司	糕点
	黄山金竹竹业有限公司	竹胶板
	黄山拓达科技有限公司	真空机组
	黄山派尼尔电子公司	派尼尔
	黄山福缘旅行社	旅游服务
	安徽省屯溪实验茶场	黄山乌龙茶

戴震纪念馆

戴震纪念馆是省、市两级爱国主义教育基地。1982 年在黄山市屯溪隆阜街成立，其前身为戴震后裔于 1924 年（戴震诞辰 200 周年纪念日）创办的戴氏私立东原图书馆，后经改、扩建更名为戴震纪念馆。2003 年迁至屯溪老街立新巷 1 号，现馆占地面积 420 余平方米，建筑面积 600 多平方米，是一栋典型的清代徽派民居，也是我国唯一一所陈列和收藏戴震学术贡献、生平事迹和研究成果的纪念馆。

戴震，字东原，生于公元 1724 年，卒于公元 1777 年，40 岁中举，51 岁被召为《四库全书》纂修官。戴震是我国清代著名的考据学家、自然科学家、哲学家和启蒙思想家，天文、数学、经学、历算、地理、方志、音韵、训诂无不精通，堪称乾嘉时代皖派考据大师、代表人物。尤其是他的“体民之情，遂民之欲”的“理欲统一”哲学思想，启导了十九世纪的曙光，成为我国早期启蒙思想的先驱。

关于加快推进现代服务业发展的实施意见

屯发〔2012〕5号

各镇党委、政府，各街道党工委、办事处，区直各单位：

"十二五"时期，服务业面临着前所未有的发展动力和有利环境。省委、省政府，市委、市政府将服务业发展提到了前所未有的高度。为加快我区服务业发展，根据省政府《关于加快发展服务业的若干意见》（皖政〔2009〕118号）、《关于印发进一步支持服务业加快发展若干政策的通知》（皖政〔2011〕109号）和市委、市政府《关于加快推进国家服务业综合改革试点的决定》（黄字〔2011〕10号），结合我区实际，提出如下实施意见。

一、指导思想

坚持以邓小平理论和"三个代表"重要思想为指导，深入贯彻落实科学发展观，以加快建设现代国际旅游城市"首善之区"为目标，以加快转变服务业发展方式为主线，创新现代商贸、旅游观光、文化产业"三位一体"的服务业发展模式，创新现代信息技术改造传统服务业途径和方法，创新加快服务业发展的载体和平台，创新服务业发展的体制机制和政策环境，进一步"做优三产"，积极探索符合屯溪发展实际、富有特色、充满活力的服务业改革和发展之路，全面提升服务业发展水平，促进全区经济社会又好又快发展。

二、发展目标

到2015年，全区以商贸、旅游、文化为重点的服务业增加值比2010年翻一番以上；服务业固定资产投资占全社会固定资产投资比重达到70%以上；服务业从业人员占全社会从业人员的比重达到55%以上；服务业占全区生产总值比重达到55%；经济社会全面、协调、可持续发展，社会文明程度和人民群众幸福指数显著提高。

三、主要任务

（一）打造黄山市国家服务业综合改革试点示范区

认真贯彻落实中央、省、市有关文件精神，积极开展服务业综合改革试点工作。发挥区位优势，坚持特色发展，积极推进商贸服务业改造升级，着力加快休闲旅游项目建设，大力发展文化娱乐产业，加快培育新兴服务产业，努力把屯溪打造成为区域特色鲜明、主导产业突出、服务功能完善、辐射带动能力强的黄山市国家服务业综合改革试点示范区。

（二）打造三个中心

1. 商贸物流中心。加快发展商贸服务业，以培育主城区现代商贸服务中心为目标，建设一批特色鲜明、品牌效益明显的现代商贸中心，提高商业集聚度，提升服务业水平。积极发展城东商业中心、江南新城商贸中心、江南中央商务区，建成黎阳商业街。大力发展特色商业，加大培育徽菜美食休闲街、徽菜文化传习基地，积极推动"传统商贸"向"品质商贸""现代商贸"转型。以大型购物中心、综合超市、货仓式商场为招商重点，大力引进知名品牌企业，建设高档、新型商贸业态。积极发展连锁、加盟、代理、配送业务，完善信息管理系统建设，全面提升商贸企业信息化应用水平。加快法国欧尚大卖场、深华时代广场等五场建设。完善城市商业服务，按照《黄山市中心城区商业网点规划》，健全商业网点设施，把屯溪区打造成区域性商贸中心。加快推进合兴来物流等现代物流项目建设，发展都市配送型物流，提升物流现代化水平，使屯溪成为辐射皖南周边地区的物流配送中心。支持指导“万村千乡市场工程”承办企业加强配送中心建设。

2. 旅游集散中心。以皖南国际旅游文化示范区建设为契机，围绕旅游发展“六要素”，布局“两点、一线、一环”旅游空间构架，大力实施旅游综合开发提升工程，加速屯溪旅游转型升级。依托屯溪老街、花山谜窟、醉温泉等旅游资源，不断丰富旅游新业态。挖掘观光旅游与文化的结合点，扩大旅游文化产业链，发展以旅游景点为依托的文化观光产业。发展以收获农产品为内容的采摘旅游、以劳动实践为内容的农事体验旅游，加快建设留村农事体验园、红旗茶事体验园、九龙园林蓝莓园、九龙山现代旅游休闲农业示范园、市民开心菜园等精品园区，做强一批集生产、观光与休闲养生为一体的现代农业示范园。“十二五”末，全区旅游接待量年均增长20%，旅游总收入年均增长25.7%；全区A级以上景区景点达10个以上，旅行社达40家以上。

3. 休闲娱乐中心。充分利用区位优势，加快旅游基础设施建设，不断完善购物、休闲、娱乐等旅游服务功能，使之成为黄山市旅游的集聚区和核心区。重点抓好黄山元一大观、新徽天地等重点休闲娱乐项目建设。加快推进黄山元一大观全景剧院、上影国际电影城等项目建设，使其成为极具活力及人气的旅游休闲娱乐场所。加大五星级酒店建设力度，加快熙城国际大酒店、艾美国际大酒店、元一希尔顿酒店、颐和观邸大酒店建设。引进国际著名酒店品牌和管理公司，促进酒店业升级。积极培育打造一批百佳摄影点，加快阳湖记忆外边溪摄影村、南溪南摄影点、鬲山摄影点建设。

（三）建设四个区域

1. 老街服务业集聚区。坚持古徽风貌保护和新型业态升级并举，提升老街片区综合服务集聚功能。编制完成屯溪老街服务业集聚区规划，全方位、高起点、系统化进行规划管理，重点发展文物古玩和旅游商品交易、夜间休闲、文化体验和特色餐饮娱乐项目，提升老街特色街区品位，不断丰富屯溪老街服务功能。在全面完成三条特色街打造的基础上，继续推进屯溪老街业态转型升级，加快建设数字老街信息化工程，打造一马路啤酒一条街，改造背街小巷及周边区域，大力推进滨江路综合改造，建设沿江景观步道、亲水平台和滨江商业街，重现滨江古河街、古码头、古商埠，恢复屯溪老桥古风貌，努力把屯溪老街建设成具有鲜明地域特色和浓郁徽文化氛围的复合型文化商业街。

2. 主城商贸服务区。围绕打造主城区商贸服务中心目标，加快发展商贸服务业。建设城东商业中心，加大国内外品牌连锁超市和知名流通企业的引进力度，提升城市品位。加强商贸物流基础设施建设。积极发展专业市场和区域性市场，合理布局超市、便利店。布局沿江商贸商务、休闲娱乐等建筑群，形成滨江商贸经济发展轴。大力发展金融保险服务和产品。

3. 江南总部经济区。按照拉开城市框架、提升城市品位、彰显城市特色的要求，加快江南新城建设。力求把江南片区打造成城市新区的经典之作，成为屯溪区政治、经济、文化中心。完善江南新城高端商务设施体系，培育总部经济发展基地，创造发展总部经济的基础条件。启动建设江南新城中央商务区项目，加快元一柏庄、颐和观邸、景徽国际等重点项目建设。加快新安大道西片区拆迁进度，规划建设三江口地段，引进国内外投资者开发建设中央商务区、酒店群和休闲娱乐场馆，形成三江口总部经济中心。

4. 西部旅游休闲区。以城郊休闲旅游与商贸文化相结合的方式加快黎阳片区建设。推进黎阳小镇、香茗中心建设步伐，黎阳小镇国际商贸旅游服务中心初具规模。依托鬲山佛文化资源，高起点、高品位开发建设鬲山旅游综合开发项目，深度挖掘佛文化内涵，建成佛文化新景点。积极打造精品农事体验游基地，使佛文化旅游与农事体验游深度结合，丰富旅游内涵。

四. 保障措施

（一）创新服务业管理体制。坚持把推进综合改革、加快服务业发展作为转变经济发展方式、保持经济社会平稳较快发展的重大任务，作为实现全面转型、加速崛起、富民强区的战略重点摆在突出位置，建立健全反应灵敏、协调有力、运行高效的组织领导体系和工作机制。区委、区政府成立屯溪区国家服务业综合改革试点工作领导组，全面加强对服务业综合改革的领导，同时设立服务业领导组办公室，负责试点工作日常组织协调和推进工作。

（二）加大服务业政策扶持。认真研究省市加快服务业发展的政策措施，在服务业项目建设、重点企业发展和品牌打造上积极争取服务业贷款贴息、经费补助和奖励，确保每年投入服务业建设资金1000万元以上。强化服务业金融支持。建立完善融资管理体制，密切政、银、企关系，优化金融生态环境。大力发展农村银行、村镇银行、小额贷款公司、融资性担保公司等地方金融机构和新型机构，增强地方投融资能力。支持符合条件的服务业企业上市融资，拓宽资金渠道。

（三）加强服务业统计考核。主动适应服务业发展需要，研究服务业统计调查方法，为科学指导服务业发展提供基础依据。制定服务业发展综合考核实施办法，把服务业综合改革发展纳入区直有关部门目标责任制考核体系，作为领导干部年度考核的重要内容，确保试点工作扎实有效推进。

（四）加强服务业宣传工作。充分利用报刊、广播电视、网络等新闻媒体，宣传服务业在国民经济中重要地位和加快发展服务业的重大意义，宣传服务业发展中好的做法和典型经验，努力营造良好的服务业发展氛围。

中共黄山市屯溪区委
黄山市屯溪区人民政府
2012年3月14日

关于加快培育和发展战略性新兴产业的实施意见

屯发〔2012〕6号

各镇党委、政府，各街道党工委、办事处，区直各单位：

加快培育和发展战略性新兴产业是党中央、国务院的重大战略决策，是省委、省政府推动产业升级、加快转变经济发展方式、实现跨越发展的重大举措，是我区加快建成现代国际旅游城市“首善之区”的重大突破口。为积极把握机遇，深入贯彻落实省委、省政府《关于加快培育和发展战略性新兴产业的意见》（皖发〔2010〕29号）和市委、市政府《关于加快培育和发展战略性新兴产业的实施意见》（黄字〔2011〕20号），结合我区实际提出如下实施意见。

一. 总体要求

（一）指导思想

深入贯彻落实科学发展观，切实把加快培育和发展战略性新兴产业放在推进产业结构升级和经济发展方式转变的突出位置，以骨干企业为主体，以重大项目为主要抓手，以技术和人才为支撑，加快自主创新步伐，全面提升产业核心竞争力，加快推进优势产业改造升级，大力培育战略性新兴产业，力争经过五年努力，使战略性新兴产业成为全区主导产业和支柱产业。

（二）基本原则

1. 整合资源，形成合力。在充分发挥市场主导作用的同时，加强政策引导，优化发展环境，形成加快发展战略性新兴产业的强大合力。

2. 明确重点，集中突破。根据国家、省、市政策导向，围绕建设现代国际旅游城市“首善之区”目标，结合区“十二五”规划，选准主攻方向，明确发展重点，在发展现代服务业和节能环保产业上率先取得突破。

3. 开放合作，加快发展。在加快科技成果转化、着力培育中小科技型企业的同时，瞄准重点领域的国内外领军企业和关键技术，加大招商引资和技术人才引进力度，实现跨越式发展。

4. 项目支撑，集约发展。坚持实施项目带动战略，切实抓好一批大项目、好项目。围绕引进战略投资、应用高新技术和延伸产业链三个关键环节，推进新兴产业向规模化、集群化、高端化方向发展。

（三）发展目标

“十二五”期间重点发展现代服务业、节能环保产业，加快培育生物、新材料、电子信息、高端装备制造、新能源、新能源汽车等八大战略性新兴产业。确保“十二五”末我区战略性新兴产业增加值翻一番以上，服务业占全区生产总值比重达到55%；战略性新兴产业工业产值占全部工业产值比重达到40%以上；开工建设20个亿元以上重大项目，培育形成5个年销售收入5亿元以上重点企业，战略性新兴产业成为全区经济增长的重要支撑力量。

二、产业重点

（一）现代服务业。紧紧围绕建设现代国际旅游城市“首善之区”目标，以全面实施国家服务业综合改革试点和建设皖南国际旅游文化示范区为契机，大力发展现代服务业，努力推动商贸、旅游、文化“三位一体”融合发展。创新现代信息技术改造传统服务业途径和方法，创新服务业发展的体制机制和政策环境，将服务业打造成为战略性支柱产业。进一步“做优三产”，积极探索符合屯溪发展实际、富有特色、充满活力的服务业改革和发展之路，把屯溪建设成为全市商贸物流中心、旅游集散中心和休闲娱乐中心。

（二）生物产业。以中皇制药、天目薄荷药业、双宝科技、蓝莓生态园公司等企业为依托，重点发展生物制药、现代中药、生物制造和生物农业。生物制药优先发展各类新药、特色原料药等；现代中药优先发展中药新品种、动植物提取物、中药保健品等；生物农业优先发展生物育种、绿色农用生物制品等。

（三）新材料产业。以兴乐电缆、宝华(黄山)新材料、金菱数码、鑫汇实业、金竹竹业等企业为依托，重点发展复合材料节能输电导线、超高压阻燃环保型交联电缆及特种电缆、中油防腐涂料、高档环保新型装饰纸、高强度汽车地板、火车地板等产品。

（四）电子信息产业。以东晶电子、北川电子、安特普、虔荣线缆等企业为依托，重点发展LED外延片、芯片液晶显示器件、特种显示模块和组件、智能家电模糊控制产品、特种线缆、光纤光缆、电子元器件、光电开关等。加快运用高新技术和先进技术改造传统产业。

（五）高端装备制造产业。以工业泵、诚誉工业泵、良业阀门、鼎奇链传动、必利塑业和拓达科技为依托，大力发展泵、螺杆泵、智能电力阀门等产品。加快推进信息化与工业化的融合，使装备制造业向上游高端核心技术研发延伸，拓展以技术研发、关键零部件为核心的价值链，争取引进一批对我区装备制造技术水平有重大提升作用的关键合作项目。

（六）节能环保产业。以广远光电、锦江百浪、万德福电子、金箭照明等企业为依托，大力发展LED照明和绿色照明产业，重点推进企业技术改造和规模扩张，形成节能环保照明产业集群。积极发展建筑节能、新能源利用、空气、水资源净化等节能环保装备。

（七）新能源产业。积极发展硅基太阳能电池及组件、薄膜太阳能电池及组件、大容量储能电池、节能电容器等。加快推进农作物秸秆利用，发展生物质能源。

（八）新能源汽车产业。以日普、绿巨能、顺昌电器等为依托，重点发展电动汽车电机及汽车控制系统关键零部件。加强大中小企业之间协作配套，尽快培育一批参与国产化分工的“专、精、特”专业化零部件生产企业。

三．主要措施

（一）强化规划引导作用。组织编制战略性新兴产业发展规划，明确产业发展定位，优化产业布局，提高规划的科学性、指导性和可操作性。加强政策引导，合理配置人才、资金、土地等各类要素。引导社会资源投向，集中力量培育新兴产业，加快产业集聚发展。

（二）全力推进项目建设。“十二五”期间，实施战略性新兴产业亿元以上重大项目20个，总投资260亿元以上。积极推进已进入省战略性新兴产业项目库的项目前期工作或建设进度，尽快新开工一批重大项目。加快建设日普产业园、兴乐产业园、东晶产业园等重大项目。加强项目谋划，建立完善区级战略性新兴产业项目库并实行动态管理。

（三）加大政策扶持力度。完善金融支持战略性新兴产业发展激励政策，积极引导金融机构加大对战略性新兴产业的支持。深化政银企合作，发挥好银企对接会功能。优先支持符合条件的新兴产业骨干企业通过上市、发行企业债券等方式筹集资金。积极争取省、市战略性新兴产业引导资金和风险投资基金。从今年起，区财政每年安排工业企业发展引导资金500万元，支持重点企业发展。

（四）加快平台建设。按照“山水林城、天地人和”的理念和“城市化、精品化、生态型、花园式”的要求，倾力打造特色鲜明的低碳经济示范园区。坚持“低碳、绿色、环保、高端”的产业定位，提高企业入园标准。对园区内低迷企业实施“腾笼换鸟”或“二次招商”，引进一批战略性新兴产业重大项目和龙头企业，优先申报计划用地。引导有条件企业向战略性新兴产业转型升级。对新兴产业有重大带动作用的战略性项目，实行“一事一议”、“一企一策”。

（五）推进产业择优招商。明确招商目标，健全招商机构，创新招商方法，开展产业招商和“补链式”专业招商，有针对性地引进符合我区发展规划、附加值高、经济效益好的项目及其配套产业项目。

（六）强化人才资源支撑。树立人才优先发展的战略理念，鼓励企业实行股权、期权、技术入股等多种形式的激励机制。以战略性新兴产业重大项目为载体，大力引进和培养一批国内一流水平的科技领军人才和高级管理人才。加强人才培养和培训，鼓励企业与高等院校、科研院所合作联盟。创新人才选拔和使用机制，促进各类人才向战略新兴产业集聚。

四．组织保障

（一）加强组织领导，建立工作机构。成立区战略性新兴产业发展领导小组，统筹协调战略性新兴产业发展重大战略和扶持政策，着力解决重大问题，推进落实重大项目。领导小组办公室设在区发改委，负责日常组织、协调、督查、调度和推进工作。

（二）整合创新资源，提升创新能力。以

骨干企业为依托，努力建立一批支撑战略性新兴产业发展的企业技术中心和工程技术研究中心。加强战略性新兴产业公共技术研发和服务体系建设，完善公共创新、科技成果转化交易、产品检验检测等支撑平台的服务功能。

（三）加强园区建设，营造良好环境。进一步加快九龙低碳经济园区、帅鑫园区基础设施建设，积极构筑招商引资和承接产业转移的优势平台，加快新兴产业向园区集聚。加强效能建设，为新兴产业发展提供优质、高效、便捷的服务。

（四）落实工作责任，加强评估考核。切实把培育和发展战略性新兴产业摆上重要议事日程，并作为“一把手”工程强力推进。领导小组办公室要会同有关部门建立新兴产业统计指标监测体系，每年年初分解目标任务，将各有关单位推进战略性新兴产业发展情况纳入考核体系，定期对新兴产业发展情况和重大项目进展情况进行调度和通报，年底考核兑现奖惩。

中共黄山市屯溪区委
黄山市屯溪区人民政府
2012 年 3 月 14 日

关于进一步做好企业用工服务的意见

屯发〔2012〕8 号

各镇党委、政府，各街道党工委、办事处，区直有关单位：

为进一步做好企业用工服务，优化投资创业就业结构，加快劳动力资源就地就近转移就业，构建和谐用工环境，促进经济发展。结合我区实际，现就做好企业用工服务提出如下意见：

一．目标任务

围绕九龙低碳经济园区产业发展和企业用工需求，重点引导返乡务工人员、失地农民、高校毕业生、下岗失业人员以及就业困难群体就近就业。同时根据企业不同层次用工需求，积极从区外人力资源丰富的地区引进一批劳动力到园区工作。全区力争全年转移劳动力到企业工作 3000 人以上，其中每个镇转移劳动力不少于 500 人，每个街道不少于 150 人，最大限度缓解企业用工短缺的状况。

二．强化领导，明确责任

各镇、街道、区直相关单位要将服务企业用工作为促进工业经济发展、促进就业、增加城乡居民收入的重要举措，摆上重要议事日程，切实加强领导，调整和充实企业用工服务领导组，指导和协调企业用工服务工作。区人社局要充分发挥牵头作用，重点抓好人力资源库建设、用工信息发布、岗位对接、技能培训以及就业政策落实等工作；园区管委会各处要加强对企业用工需求的监测，及时提供用工需求信息，组织企业参加各类用工招聘活动；区农委及区人社局要围绕企业用工开展技能培训；各镇、街道要积极引导本辖区的适龄劳动力转变就业观念，动员他们就近就业，并负责所属企业用工服务工作。其他相关部门要根据各自的优势和职能做好企业用工服务工作。要建立企业用工服务部门联席会议制度，定期召开联席会议，研究和协调解决企业用工服务方面的困难和问题，逐步建立健全企业用工服务的长效机制。

三．进一步加强基层公共就业服务体系建设

以镇、街道、社区人力资源社会保障事务

所（服务站）为重点，强化公共就业服务，各镇从事专职的就业服务人员一般不少于 2 人，1 万人以上的社区不少于 2 人，区镇两级财政要将公共就业服务经费纳入财政预算，足额予以保障。2012 年要在全区各村建立人力资源社会保障服务平台，村级要有专职或兼职人员，初步形成区、镇(街道)、村（社区）三级公共就业服务网络，建立覆盖城乡的公共就业服务信息网络，实现就业信息互联互通，方便求职者及时就地了解就业信息。各级公共就业服务机构要为各类群体就业提供免费职业介绍、职业指导、信息服务、政策咨询、就业失业登记等各项服务。要加强区域间劳务协作，探索在劳动力资源丰富地区建立招工办事处或聘请劳动力信息员制度，做到人力资源信息、用工信息互通共享。充分发挥区人力资源市场的作用，定期不定期举办企业用工招聘会，为企业用工和求职者就业搭建良好的服务平台。

四．进一步加大职业培训力度

根据企业需求，整合全区各类培训资源，有针对性地实施培训工作。坚持把“量身裁衣、按需施训”作为开展技能培训的着眼点，积极鼓励辖区内下岗失业人员、高校毕业生和返乡农民工参加高技能人才培训、创业培训、就业技能培训。大力开展“订单培训”、“定向培训”、“品牌培训”和“项目培训”。在提升培训人员素质的同时，积极落实培训补贴，努力提高培训后的就业率。积极探索镇、村、企及校企共建模式，认真按照上级进一步加强各种职业技能培训工作的要求，全方位、多层次地加快各种职业技能培训，提升培训质量。积极引导各类劳动力接受职业教育，鼓励企业对新招收的员工开展岗前培训和提升培训。通过“定向、委托、联合”等多种形式拓宽就业渠道，畅通岗位信息。同时，促进重点用工企业与镇、村建立互助友好关系，为定向输送人力资源创造条件。

五．进一步加大政策扶持力度

(一) 对商贸企业、服务型企业(除广告业、房屋中介、典当、桑拿、按摩、氧吧外）、劳动就业服务企业中的加工型企业和街道社区具有加工性质的小型企业实体，若当年新招用持《就业失业登记证》（注明“企业吸纳税收政策”）人员，即吸纳国有企业下岗失业人员、国有企业关闭破产需要安置的人员、国有企业所办集体企业下岗职工、享受最低生活保障且失业 1 年以上的城镇其他登记失业人员，并与其签订 1 年以上期限劳动合同且依法缴纳社会保险费的， 3 年内可按实际招用人数予以定额依次扣减营业税、城市维护建设税、教育费附加和企业所得税优惠，同时企业可享受社保补贴。

（二）对符合条件的劳动密集型小企业，小额担保贷款额度在 200 万元以内、贷款期限在 2 年以下的，由财政部门按照中国人民银行公布的贷款基准利率的 50% 给予贴息，逾期或展期形成的利息不予贴息。

（三）对就业见习企业吸纳的见习满 6—12 个月的离校未就业高校毕业生，由见习企业先行垫付见习期间每人每月不低于 1000 元的生活补助，同时，区政府将根据见习人数按照每人每月不低于 500 元的标准给予企业就业见习补贴（由企业向人力资源和社会保障局申请）。

（四）对企业吸纳的从事公益性岗位且签订 1 年以上劳动合同并缴纳社会保险费的就业困难人员，政府将按有关文件精神在相应期限内给予每人每月 225 元的公益性岗位补贴（最长享受期限为三年）。

（五）对进入园区并签订劳动合同 6 个月以上的农民工进行就业技能培训。经培训合格，颁发培训合格证书和职业资格证书，并按所学工种（项目）补贴标准给予企业或个人培训补贴。

（六）对外来务工人员子女符合在屯就读条件的，可享受与本地区同等入学待遇。

六. 建立企业用工服务激励机制

（一）各镇（街道）、村（社区）、所（站）、中介机构或个人，凡介绍劳动力进入园区工作并签订劳动合同分别满一年或满六个月的，经就业服务管理部门核实确认后，分别给予一次性职业介绍奖励补贴 200 元 / 人、120 元 / 人；

（二）鼓励中介机构、培训机构以及社会团体等从区外引进劳动力在我区企业工作。对一次性引进 30 人以上、50 人以上、100 人以上并签订六个月以上劳动合同的，分别再给予奖励 5000 元、1 万元、2 万元的奖励；

（三）鼓励各镇、各街道、区直各单位帮助企业招工，招工人数经确认后可与招商引资任务相挂钩，每招录 1 人可视同完成 10 万元招商引资任务；

（四）对重大项目（企业）招工奖励，经区委、区政府研究同意，可采取“一企一议”的办法进行奖励；

（五）将企业用工服务工作列入区委、区政府对各镇、各街道和区直有关单位的考核目标，实行考评奖励机制。年终评出企业用工服务先进单位，分设一、二、三等奖若干名，一等奖奖励 5 万元，二等奖奖励 3 万元，三等奖奖励 2 万元。（考核办法另行制订）。

七. 加大宣传力度，创造良好的用工环境

宣传部门要利用各种媒体多种形式广泛宣传企业优势、用工待遇和各项用工优惠政策，鼓励广大外出务工人员、农村富余劳动力、城镇下岗失业人员、大中专院（技）校毕业生转变就业观念，积极投身家乡建设。区经信委要引导企业不断提高企业职工的工资与待遇，改善工作条件和环境，培植企业文化，使企业能够吸引人、留住人。区人社局要加强劳动监察执法，维护务工人员的合法权益，促进劳动关系和谐。各招商引资责任单位要将“招商与招工”统筹安排，将企业用工服务作为招商项目落地后续跟踪服务的重要内容，主动深入企业帮助协调解决企业用工问题，筑构良好的用工环境。

中共黄山市屯溪区委
黄山市屯溪区人民政府
2012 年 3 月 23 日

中共屯溪区委 屯溪区人民政府
关于全面推进美好乡村建设的实施意见

屯发〔2012〕19 号

各镇党委、各街道党工委、区直各单位党组织：

为扎实推进美好乡村建设，根据省委、省政府《关于全面推进美好乡村建设的决定》、《安徽省美好乡村建设规划（2012—2020 年）》以及市委、市政府《关于全面推进美好乡村建设的实施意见》精神，结合我区实际，制定以下实施方案。

一. 指导思想

深入贯彻落实科学发展观，按照中央提出的“生产发展、生活富裕、乡风文明、村容整洁、管理民主”的总要求，以统筹城乡经济社会发展为方略，以增加农民收入、提升农民生活品质为核心，以村庄建设、环境整治、农田整治和保护乡村自然资源、文化遗产、民风民俗为重点，加快转变发展方式，加强生态环境和徽文化保护，协调推进产业发展和社会管理，努力打造富有屯溪特色、宜居宜业宜游的农民幸福生活美好家园。

二. 工作思路

坚持“全面铺开、重点突破、示范引路、年度达标”，在统筹推进古村保护型、优质生态型、产业带动型、异地安置型、综合提升型、扶贫示范型等六种类型美好乡村建设的基础上，因地制宜，分类指导，重点建设优质生态型、产业带动型、异地安置型三种类型美好乡村，大力培育中心村、整治自然村、提升特色村。

三. 目标任务

（一）总体目标

1. 生态宜居村庄美。村庄规划科学合理，农民住房实用美观，中心村道路、电力、供排水、信息网络等基础设施配套完善，垃圾污水得到有效处理，村容村貌整洁有序，人居环境明显优化。

2. 兴业富民生活美。产业特色鲜明，现代农业产业体系基本形成，农业产业化水平大幅提升，农民就业创业空间不断拓展，收入水平大幅提高，农村公共事业加快发展，初步实现城乡基本公共服务均等化。

3. 文明和谐乡风美。村民自治机制不断完善，村规民约基本健全，乡村特色文化得到传承发展，村民精神风貌积极向上，生活方式文明健康，社会保持和谐稳定，农民生活幸福美满。

（二）建设任务

根据省、市统一部署，从2013年开始到2016年，计划利用4年时间，完成16个村庄的美好乡村建设，分别是：2013年，建设屯光镇云村，黎阳镇凤霞村，新潭镇东关村，阳湖镇三充村，奕棋镇朱村；2014年，建设屯光镇留村，黎阳镇新江村，新潭镇仙林村，奕棋镇林塘村；2015年，建设黎阳镇傍霞村，新潭镇上资村，奕棋镇奕棋村、徐村；2016年，建设奕棋镇查塘村、瑶干村、占川村。同时，对64个自然村开展村庄环境综合整治，2016年全面完成。

四. 工作重点

始终坚持“以人为本、农民主体，城乡一体、统筹发展，规划引领、示范带动，生态优先、彰显特色，因地制宜、分类指导，整体谋划、合力推进”等六个原则，全面推进“村庄建设工程、环境整治工程、兴业富民工程、土地整治工程、管理创新工程”等五大工程，紧紧围绕“清理拆除、新建改造”的总体要求，着力抓好以下重点工作：

（一）坚持规划引领。把科学编制规划尤其是中心村规划作为美好乡村建设的头等大事来抓，精心选择资质优、水平高、经验足、市情熟的设计队伍，抓紧编制村庄布点规划和中心村建设规划，科学确定中心村和需要保留的自然村，并与千万亩森林增长工程、农村产业发展、基础设施、公共事业、土地整治和地质灾害防治等专项规划相衔接，与城镇规划体系相衔接，切实做到先规划后建设、不规划不建设。村庄布点规划和中心村建设规划于2012年底前完成。村庄布点规划经区人大审议通过后实施，中心村建设规划在充分听取群众意见的基础上，经村民代表大会表决通过后实施。实行最严格的耕地保护制度，防止中心村建设占用基本农田，严禁在村庄规划点外新建住房，引导农民到中心村集中居住。坚持高起点规划、高标准建设，整体推进基础设施建设和公共服务配套，着力打造一批功能完备、设施齐全、环境优美的新型农村社区。

（二）完善基础设施。加快农村公共服务基础设施建设。在抓好区镇道路改造、村路提升延伸的同时，重点推进中心村水、电、路、气、通信等基础设施建设，全面解决饮水安全问题，垃圾污水处理设施覆盖全体村民，扎实推进村内主干道路硬化和公共场所亮化，规范农民建房，实施新一轮农村电网改造升级工程，实现广电网、电信网、互联网通村到户。加快农业基础设施建设。突出抓好一批打基础、利长远的农业综合开发、重点水利工程和农田基本建设项目的实施，继续实施病险塘库除险加固工程，积极推进小流域和水土流失综合治理，大力开展塘库扩挖、沟渠清淤、小型排灌泵站更新改造以及灌溉机井工程建设，加大河道沟塘整治疏浚力度，推进田、水、路、渠综合配套建设，切实改善农业生产条件和提高农业综合生产能力。加快农村商品流通基础设施建设。加大农村商业网点建设力度，拓展商贸流通便民服务范围，健全农机下乡、家电下乡等售后服务网络，大力发展农超对接、连锁经营、乡村物流和农产品批发市场，促进农村消费升级。

（三）整治村容村貌。加快实施农村清洁工程，逐步建立“户集、村收、镇运、市处理”的农村垃圾处理模式，积极探索符合本地实际的低成本、高效率的污水处理模式，确保垃圾、污水得到有效整治。围绕农民群众日常生活起居，深入开展“一节”（节水器具推广使用）、“两园”（小果园、小竹园）、“三清”（清乱堆乱放、清乱搭乱建、清库塘沟渠）、“四改”（改徽、改厨、改厕、改水）、“五林”（围村林、护路护堤林、庭院林、水口林、游憩林）、“六化”（道路硬化、村庄绿化、路灯亮化、环境美化、乡村香化、公共设施配套化）建设，确保村容整洁、环境清新、秩序井然。将重点村镇环境风貌整治高潮不断引向深入，着力抓好控违拆违、违建处理、改徽建徽、环境整治四项重点工作，对规划中确定拆除的猪圈、牛栏、厕所、院墙及其他建筑物必须拆除到位，对腾出的土地，除部分采取有偿方式用于公益性服务基础设施及统一规划宅基地安置使用外，在土地使用权不发生转变的基础上大力发展“五林两园”。

（四）强化产业支撑。坚持农业内部挖潜和拓展外部增收空间相结合，按照“因地制宜、发挥优势、突出重点、注重特色”原则，围绕果蔬业、花卉苗木业、茶业和都市休闲农业，积极推进农业结构调整，深入开展“一村一品”工程，着力做精一产。认真实施“菜篮子”工程，巩固发展新江村、徐村、傍霞村、奕棋村无公害蔬菜基地，加快鬲山市民开心菜园建设，培育“鬲山”牌放心菜，到2016年无公害“放心菜”基地达到3000亩。结合万村千乡市场工程，推进农社对接、农超对接、直采配送等多种形式的农产品营销模式。全面实施千万亩森林增长工程，重点围绕“五线”（合铜黄高速、徽杭高速、黄祁景高速、京福高铁、慈张线），并向“三区”（鬲山周边西部旅游休闲区、花山谜窟周边农事体验休闲区、城市建成区）延伸，着力打造屯溪“绿谷”。在朱村、占川村、瑶干村、江村、东关村、留村、新江村等地，大力发展花卉苗木业，加快建设苗木基地，积极创建森林村庄、森林长廊，努力构建中心城区绿色屏障。着力发展都市休闲农业，利用独特区位优势和优质生态环境，促进凤霞村、三充村、云村、上资村、留村等地发展城郊休闲产业。围绕九龙低碳经济园区建设，推进林塘村、查塘村劳务经济和商贸服务业发展。支持专业合作组织发展，到2016年建立和完善16个农民专业合作社。

（五）壮大集体经济。清理登记村集体现有土地、厂房、校舍、水库等存量资产资源，并通过承包、租赁等方式盘活开发。有条件的村组建股份经济合作社，参与市场经营。实施土地整理，村集体对耕地进行集中流转，鼓励龙头企业和专业合作社开展规模经营。提高村内空闲地和村边土地利用率，按照村庄建设规划，有偿安排农村宅基地。大力发展乡村旅游，充分发挥自然资源丰富、乡土文化浓郁的优势，积极开发“农家乐”、生态休闲等旅游项目，不断壮大农村集体经济实力，力争到2016年底，全区所有的村集体经营性收入达10万元以上、集体经济收入达50万元以上，80%的村集体经济收入达100万元以上。

（六）提升公共服务水平。致力解决广大农民需求最迫切的基础教育、公共卫生、就业服务、公共文化、社会保障均等化等问题，更好地满足农民群众日益增长的物质文化需求，全面提升广大农民的生活水平和幸福指数。在借鉴“1+8”社区综合服务模式的基础上，因地制宜配置基本公共服务和基础设施，积极设立集管理、服务、教育、活动等功能为一体的标准化农村社区综合服务中心，提高基本公共服务水平。实施学前教育三年行动计划，建成5所镇级幼儿园，扩大占川小学规模。开展农村留守儿童关爱工作，高标准建设校内留守儿童之家，配齐图书、文体器材。加强村卫生室一体化管理，实现基本医疗、公共卫生行政村全覆盖。加快农村公交站亭建设，改善沿线村民候车环境。构筑“新网工程”网络，建设5个农资网点、14个日用消费品网点和一个再生资源网点。发挥已建的5个乡镇综合文化站、69个农家书屋的服务功能和发展空间，挖掘、扶植“一村一品”文化活动项目，建成11个村级全民健身广场。

（七）创新社会管理。健全村民自治机制，围绕提升农村基本公共服务，健全村民会议和村民代表会议、村务公开、村民议事、村级财务管理等村民自治组织及民主管理各项制度，加强党员议事会、村务监督委员会等组织建设，依法保障农民在美好乡村建设中的知情权、参与权、管理权和监督权，不断提高农民自我管理、自我服务、自我发展的水平。因地制宜健全村规民约，发挥其在规范村民行为上的约束作用。加强农村社会治安综合治理，大力开展法制宣传，教育农民树立法制观念，做到知法懂法，依法办事，合理表达个人诉求，维护农村社会和谐稳定。切实加强村庄规划建设管理，明确村级组织在村庄内部基础设施建设与维护的责任，动员村民参与环境保洁、文体设施、卫生服务中心等村内公共设施的管理维护，逐步形成镇村分级负责、村日常管理为主、农民群众人人参与的工作格局。

（八）树立文明乡风。加大乡村传统民俗、传统艺术等徽州非物质文化的传承、保护和发掘力度，有效发挥优秀传统文化在乡风文明建设上的积极作用。创建文明村镇，评选“十星级文明户”，大力选树和宣传农村“讲文明、树新风”的先进典型和先进事迹，教育引导农民移风易俗，破除陈规陋习，文明婚丧嫁娶。切实增强农民环保意识、卫生意识和文明行为意识，倡导科学、健康、文明的生活方式。组织开展关爱空巢老人、留守妇女、留守儿童以及扶贫帮困、法律援助等农村志愿服务活动。充分发挥现有农村文体设施作用，培训文体活动骨干，组建文艺队伍，利用重要节日和农闲时段，开展贴近农业生产、贴近农村实际、贴近农民生活的形式多样的文化娱乐活动。经常性组织开展“三下乡”活动，丰富农民精神文化生活。广泛开展文化、技能、科技、法律等各类培训，全力培育有文化、懂技术、会经营、守法律的新型农民。

（九）加强农村基层组织建设。以学习宣传贯彻党的“十八大”精神为主线，引导广大农村党员在美好乡村建设中建功立业。切实加强农村基层党组织建设，努力实现创先争优常态化、长效化，深化和拓展基层党建“动车组”工程，认真开展“强基固本、素质提升、先锋在线、城乡共建”四大行动，以党旗引领美好乡村建设。有针对性加强镇、村两级干部培训，选派区、镇干部驻村指导，成立党员突击队，建立健全联户长制度。创新农村党的基层组织设置形式，组建城乡基层联合党组织。加强农村党风廉政建设，推进“阳光村务工程”，切实加强村级“三资”管理，及时纠正损害农民利益的突出问题，严肃查处涉农违纪违法案件，努力创造经得起历史检验，让农民群众满意的工作业绩。

五. 保障措施

（一）强化组织领导。成立区美好乡村建设领导小组，由区委书记任组长，区长任第一副组长，区委副书记任常务副组长，区委办、区政府办等有关区直部门负责人及各镇党委书记为领导小组成员。领导组下设办公室，由区委副书记兼任办公室主任，区政府常务副区长兼任办公室常务副主任。组建常设机构“区美好乡村建设办公室”，具体负责美好乡村建设综合协调、督查考核和日常工作。成立规划建设和土地整治、资金整合、产业发展、公共事业发展、基层组织和乡风文明建设 5 个工作组，并从区直有关部门抽调干部集中办公。各镇分别成立相应机构。

（二）加大资金投入。按照“省市争取、区镇配套、村民自筹”的办法，遵循“安排一部分、挤出一部分、争取一部分、整合一部分”的思路，拓宽美好乡村建设的投资渠道。区级财政每年安排专项资金并逐年递增，同时按照“渠道不变、用途不变、各记其功、形成合力”原则，整合土地整理、村庄整治、危房改造和农村清洁工程等涉农资金捆绑使用，提高资金使用效益。立足“可批、可谈、可实施”，抓紧谋划和编制项目，并依托项目对上争取和对外招商。完善村民“一事一议”制度，加大财政奖补力度，引导农民群众自筹资金，投工投劳，自主开展农村公益性建设。鼓励党政机关、人民团体、企事业单位和社会各界与村建立结对共建机制，支持社会投资参与美好乡村建设，形成多元化、多层次、多渠道的投融资机制。

（三）凝聚工作合力。美好乡村建设是一项系统工程，需要各级各部门密切配合，探索建立区、镇、村、农民各负其责、统筹推进的工作机制。领导组办公室要根据美好乡村建设规划和年度目标任务，建立科学合理的考核评价体系，并牵头抓好全区美好乡村建设的整体谋划、督查考核和日常工作；各工作组和成员单位要结合各自职责，制定具体的工作方案和实施细则，切实履行好工作指导和督促检查等职能。各镇要结合实际，具体负责镇域内纳入目标任务的美好乡村建设；村“两委”成员及中共党员要发挥示范带头作用，主动筹资投劳，带领农民共同改变农村面貌、建设美好家园。工作中，必须牢固树立群众观点，把政府主导和农民主体有机统一起来，切实维护农民利益，特别是以土地为核心的财产权益。对美好乡村建设中涉及到的政策制定、规划编制、建设选点等重要事项，都要认真、充分地听取农民意见，由农民做主、让农民决策，充分调动广大农民积极性和主动性，鼓励和引导他们用自己的双手改善生产生活环境。

（四）注重工作衔接。美好乡村建设要与新农村建设“千村百镇”示范工程、千万亩森林增长工程、农村土地整治整村推进、农村危房改造、农村清洁工程、农村环境连片整治、农业综合开发和扶贫开发、国家服务业综合改革试点、新安江流域生态补偿机制试点、百佳摄影点、百个亮点、绿色质量提升行动、关键区域控制工程、重点村镇环境风貌整治、世行贷款新农村建设等重大决策部署相衔接，使各项工作互为补充、相得益彰。

（五）加强业务培训。结合学习贯彻党的十八大精神，采取专题培训、现场观摩、座谈交流、外出考察等方式加强对镇、村两级干部的培训，重点举办好镇党委书记、镇长、分管负责人、乡村规划建设专职人员、村“两委”主要负责人等专题培训班，不断增强镇、村干部带领农民群众推进美好乡村建设的能力和本领。

（六）深入舆论宣传。组织干部进村入户，

深入一线，通过悬挂标语、横幅、广播及召开村民代表会、党员议事会等形式多样、生动活泼、群众喜闻乐见的活动，大张旗鼓地宣传美好乡村建设的建设内容和重大意义，让农民群众真心支持并积极投身美好乡村建设，真正发挥他们在建设中的主体作用。大力宣传工作中涌现出来的好典型、好做法、好经验，促进各地相互学习、相互借鉴。

（七）加强机制创新。坚持“八个一”工作机制、“日巡查周调度”制，建立健全上下联动的责任机制、多元支撑的投入机制、依靠群众的动力机制、科学合理的考核机制，探索建立自上而下的包保机制、比学赶超的竞争机制和以奖代补的激励机制，确保各项任务落到实处。

（八）严格督查考核。区委区政府督查组、区美好乡村建设领导小组办公室要加强调度，定期督查工作进展情况，做到每周一督查、每月一通报。根据美好乡村建设规划和建设标准，建立健全考核评价体系，将美好乡村建设纳入区委、区政府对各镇的目标管理考核，作为评价镇党政班子政绩、干部选拔任用、干部福利待遇及村“两委”成员工资报酬的重要依据，作为拨付以奖代补资金的主要依据。通过科学运用考核结果，促进美好乡村建设在全区形成你追我赶、竞相发展的良好局面。

中共黄山市屯溪区委
黄山市屯溪区人民政府
2012 年 11 月 8 日

关于印发屯溪区科学技术奖励实施办法的通知

屯政〔2012〕46 号

各镇人民政府，各街道办事处，区直有关单位：

《屯溪区科学技术奖励实施办法》已经区政府第十一次常务会议审议通过，现印发给你们，请认真遵照执行。

2012 年 10 月 16 日

屯溪区科学技术奖励实施办法

第一章 总 则

第一条 为奖励在推动我区科学技术进步工作中做出突出贡献的科学技术人员和组织，调动广大科技工作者的积极性和创造性，加速我区科技进步和社会发展，根据《国家科学技术奖励条例》（国务院令第 265 号）、《安徽省科学技术奖励办法》（省人民政府第 136 号令）、《黄山市科学技术奖励办法》（市人民政府第 21 号令）的规定，结合我区实际，制定本办法。

第二条 黄山市屯溪区人民政府（以下简称区政府）设立屯溪区科学技术奖（以下简称区科技奖）。

第三条 本办法适用于在我区辖区内的科学研究与开发、科技应用与推广，或者属于我区为第一完成单位以及完成人与区外合作研究开发的科研成果。

第四条 区科技奖贯彻尊重知识、尊重人才的方针，促进科技成果转化和高新技术产业化，加速“科教兴区，人才强区”战略的实施。

第五条 区科技奖的申报、评审和授奖，

实行公开、公平、公正的原则，不受任何组织或个人的干涉。

第六条　区科学技术行政部门（以下简称区科技局）负责区科技奖评审的组织工作。

第七条　区政府设立区科技奖评审委员会，负责区科技奖的评审工作。区科技奖评审委员会由区政府分管领导、区发改委、教育局、经信委、卫生局、财政局、农业委、文广新局等有关部门负责人以及有关方面的专家和学者等组成，人员名单由区科技局提出，报区政府批准。区科技奖评审委员会根据工作需要可以下设工业、农业以及社会发展等若干学科（专业）评审组。

第二章　区科技奖申报条件及程序

第八条　区科技奖授予在科学研究、技术创新与开发、推广应用先进科学技术成果以及实现高新技术产业化、完成重大科学技术工程、计划、项目等方面做出突出贡献的下列公民和组织。

一．在科学研究和技术开发活动中，完成具有重大科学技术创新和较大市场价值的新产品、新技术、新工艺、新材料、新设计和生物新品种，同时具备下列条件：

1．区内首创；

2．区内同行业领先水平；

3．经过实践证明具有显著经济效益、社会效益或生态效益。

二．在引进消化吸收、推广、应用已有的科学技术成果工作中，做出重大贡献并取得显著经济效益、社会效益或生态效益的。

三．在重大工程建设、重大设备研制和企业技术改革中，采用新技术、新工艺做出重大贡献并取得显著经济效益或社会效益的。

四．在实施社会公益项目中，长期从事科学技术基础性工作和社会公益性科学技术性事业，经过实践检验，创造显著社会效益的。

第九条 区科技奖候选项目由下列单位推荐：

1．镇人民政府、街道办事处。

2．区政府各有关组成部门及其直属机构。

3．经区科技局认定的符合规定资格条件的其他单位。

第十条 对取得重大科学技术成果，为我区经济和社会发展作出特殊贡献的，经区科技奖评审委员会提名，报区政府批准，可授予屯溪区科学技术特殊贡献奖，特殊贡献奖每次授奖仅限一个（可以空缺）。

第十一条 区科技奖设一等奖、二等奖、三等奖三个等级。每次授奖总数不超过十五项，其中，一等奖不超过两项，二等奖不超过四项，三等奖不超过九项，各奖项均可以不足或空缺。

第三章　区科技奖评审和授予

第十二条　区科技奖由区政府颁发证书及奖金。奖金数额标准：特殊贡献奖十万元、一等奖六万元、二等奖四万元、三等奖二万元，奖励经费和评审的有关费用由区财政安排列支。

第十三条 区科技奖每两年评审一次。

第十四条　申报区科技奖的项目须经过科技成果评价和成果登记，填写由区科技局印制的统一格式的申报书，并提供各种有关材料。

第十五条 各学科（专业）评审组根据推荐材料负责各学科（专业）范围内的区科技奖的初评工作，推荐时，应当填写由区科技局统一印制的推荐申报书，并提供真实、可靠的评价材料后，向评审委员会提出获奖入选和奖励等级的建议。

第十六条　区科技奖评审委员会对各学科（专业）评审组初评结果进行综合评审，评出拟奖项目、等级及人选。

第十七条　区科技奖接受社会监督，实行公示制度，对评出的拟奖项目进行网上公示，十五天内无异议的，报区政府批准授奖。

第十八条　任何单位或者个人对拟授奖项目、人员、获奖单位持有异议的，应当在区科技奖评审结果公示期内以书面形式向区科技局提出，逾期且无正当理由的，不予受理；获奖单位或个人对授奖等级提出异议的，不予受理。

第十九条 区科技局在接到异议材料后，对异议内容进行审查，应当并通知推荐的单位对异议进行答复。异议在公告期内处理完毕的，按正常程序参加本次评奖。不能在公告期内处理完毕的，不纳入本次授奖范围。

第二十条 区科技奖获得者的事迹记入其本人档案，作为考核、晋升、评定职称的重要依据。

第二十一条 科技奖的奖金，按贡献大小合理分配。几个单位共同完成的获奖项目，由牵头单位领取奖金，并由所有完成单位共同商定分配。

第四章 法律责任

第二十二条 推荐和评定获奖项目，应当实事求是，严肃认真。

第二十三条 对剽窃、侵夺他人成果的，由区科技局报区政府核定后撤销奖励，并追回证书和奖金；构成犯罪的，依法追究刑事责任。

第二十四条 申报单位或者个人提供虚假数据、材料、协助他人骗取科技奖的，根据有关规定追究相关人员责任；构成犯罪的，依法追究刑事责任。

第二十五条 参与科技奖评审活动和有关工作的人员在评审活动中弄虚作假、徇私舞弊的依法追究相关人员的责任；构成犯罪的，依法追究刑事责任。

第五章 附 则

第二十六条 区科技奖的评审规则由区科技局制定，同时依据本办法制定评奖实施细则。

第二十七条 本实施办法由区科技局负责解释。

第二十八条 本实施办法自2012年10月16日起施行，有效期至2017年10月16日止。原《屯溪区科学技术奖励实施办法》（屯政〔2006〕20号）同时废止。

关于印发编制2011—2020年屯溪区妇女发展纲要和屯溪区儿童发展纲要工作方案的通知

屯政办〔2012〕48号

区政府妇儿工委各成员单位：

《黄山市妇女发展纲要（2011-2020年）》和《黄山市儿童发展纲要（2011-2020年）》已经黄政秘〔2012〕42号发布实施。为确保我区新一轮妇女儿童发展纲要编制工作的顺利进行，经区政府同意，现将《编制2011—2020年屯溪区妇女儿童发展纲要工作方案》印发给你们，请认真遵照执行。

2012年7月19日

编制2011-2020年屯溪区妇女发展纲要和屯溪区儿童发展纲要工作方案

根据市政府妇女儿童工作委员会的要求以及区政府妇女儿童工作委员会（以下简称区妇儿工委）的部署，现就编制2011—2020年《屯溪区妇女发展纲要》和《屯溪区儿童发展纲要》（以下简称新两纲）制定如下工作方案：

一．基本思路、指标要求和编写原则

（一）基本思路

坚持以人为本，推进妇女儿童事业与经济社会和谐发展。贯彻落实男女平等基本国策，消除一切形式的性别歧视，提高妇女社会地位，推动妇女平等依法行使民主权利，平等参与经济社会发展，平等享有改革发展成果，促进妇女事业与经济社会同步发展。坚持儿童优先原则，以优先保护、平等发展、普惠福利为主线，建立完善儿童健康成长服务体系，提高儿童整体素质，提升儿童福利水平，促进儿童全面发展。

（二）指标要求

1. 突出优先发展的领域和着重发展的重点；五年中期和十年终期目标值达到全市妇女儿童发展平均水平。

2. 充分考虑我区经济社会现状和发展趋势，关注城市化进程中妇女儿童的发展。

3. 充分考虑妇女儿童发展的需求和政府资源配置能力的一致性与目标值的确定性。

4. 坚持政府主导，社会参与。既要着力解决妇女儿童发展中存在的主要问题，又要建立长效机制，将妇女儿童的生存、保护和发展权利纳入政策、法规机制。

（三）编写原则

1. 坚持上下对接的原则。既要与《黄山市2011—2020年妇女儿童发展纲要》和指标相对接，又要结合我区妇女儿童发展和经济社会发展的实际。

2. 坚持与法律、法规、政策相一致的原则。要与我区经济和社会发展“十二五”规划相衔接，与保护妇女儿童合法权益的法律、法规相一致。

3. 坚持中长期与长期规划相结合的原则。既要提出五年中长期目标值的设定，又要提出十年终期目标值的预设。

4. 坚持妇女发展纲要与儿童发展纲要间的特殊性和系统性相结合的原则。既要体现两个纲要中妇女、儿童不同群体个性特点和指标设置的个性特点，又要考虑两个规划间同指标各阶段性目标值设定的统筹兼顾和一致性。

5. 坚持科学、全面、可操作性原则。指标、内容的设置既要坚持科学性、全面性、长远性，又要具有针对性、指导性和可操作性。

二．基本框架和重点发展领域的设置

（一）基本框架

新两纲的基本框架设置为：前言；指导思想和基本原则；总目标；发展领域、主要目标和策略措施；组织与实施；监测与评估等六部分。

（二）重点发展领域

新妇女发展纲要按7个优先发展领域设置：妇女与健康、妇女与教育、妇女与经济、妇女参与决策和管理、妇女与社会保障、妇女与环境、妇女与法律，共设置了57项主要指标，82项策略措施。

新儿童发展纲要按6个优先发展领域设置：儿童与健康、儿童与教育、儿童与福利、儿童与社会环境、儿童与安全、儿童与法律保护，共设置了56项主要指标，68项策略措施。

三．任务分解

区妇儿工委办公室牵头负责妇女儿童发展纲要编制的组织、协调工作；区发改委牵头负责对编制工作的指导和与全区国民经济和社会发展“十二五”规划相衔接；区统计局牵头负责指标体系的制定；区妇儿工委各成员单位和有关职能单位负责编制本领域的妇女和儿童发展主要指标和支持性指标（包括量化指标、非量化指标）。

（一）妇女发展纲要

1. 妇女与健康主要目标及其策略措施（略）。

责任部门：屯溪工商分局、市质监局直属分局、区财政局、区卫生局、区人口计生委、区体育局、区民宗局、区残联。

2. 妇女与教育主要目标及其策略措施（略）。

责任部门：区委组织部、区教育局、区民政局、区财政局、区人社局、区农委、区总工会、团区委、区妇联、区科协、区残联。

3. 妇女与经济主要目标及其策略措施(略)。

责任部门：屯溪工商分局、区经信委、区财政局、区人社局、区农委、区卫生局、区人口计生委、区林业局、区总工会、团区委、区妇联、区科协、区残联。

4. 妇女与决策管理主要目标及其策略措施(略)。

责任部门：区委组织部、区民政局、区财政局。

5. 妇女与社会保障主要目标及其策略措施(略)。

责任部门：区民政局、区财政局、区人社局、区卫生局、区人口计生委、区总工会、区妇联、区残联。

6. 妇女与环境主要目标及其策略措施(略)。

责任部门：区委宣传部、区民政局、区住建委、区农委、区卫生局、区林业局、区水利局、区文广新局、区科协、区妇联。

7. 妇女与法律主要目标及其策略措施(略)。

责任部门：区委宣传部、区法院、屯溪公安分局、区民政局、区司法局、区政府法制办、区妇联。

（二）儿童发展纲要

1. 儿童与健康主要目标及其策略措施(略)。

责任部门：屯溪工商分局、市质监局直属分局、区教育局、区财政局、区卫生局、区人口计生委、区体育局、区残联。

2. 儿童与教育主要目标及其策略措施(略)。

责任部门：区教育局、区财政局、区科协、团区委、区妇联、区残联。

3. 儿童与福利主要目标及其策略措施(略)。

责任部门：屯溪公安分局、区教育局、区民政局、区司法局、区财政局、区人社局、区卫生局、区妇联、区残联。

4. 儿童与社会环境主要目标及其策略措施(略)。

责任部门：区委宣传部、屯溪公安分局、屯溪工商分局、区教育局、区民政局、区司法局、区财政局、区住建委、区农委、区卫生局、区文广新局、团区委、区妇联、区科协。

5. 儿童与安全主要目标及其策略措施(略)。

责任部门：区委宣传部、区法院、屯溪公安分局、屯溪工商分局、市质监局直属分局、区教育局、区民政局、司法局、区交运局、区政府法制办、区食药局。

6. 儿童与法律保护主要目标及其策略措施(略)。

责任部门：区委宣传部、区法院、屯溪公安分局、区教育局、区民政局、区司法局、区人社局、区人口计生委、区政府法制办、团区委、区妇联。

四. 组织保障

区成立屯溪区2011—2020年妇女儿童发展纲要编制工作领导小组(另行发文)，负责组织、领导编制工作，研究决定、部署编制工作等重大事宜。组长由区政府分管副区长担任，区委办、政府办和妇联主要领导任副组长，区有关职能部门分管领导为成员，并由各成员单位确定专人作为编制工作联络员。领导小组下设办公室，负责编制的日常工作，办公室设在区妇联，办公室主任由毛志英兼任。领导小组办公室聘请有关领域专家组成专家顾问组，对各类重大问题进行研究和咨询，并对新两规文本(初稿)进行评估、论证。

五. 主要工作节点

（一）领导小组各成员单位完成本系统涉及纲要内容的初稿起草工作，报领导小组办公室(2012年7月22日前)。

（二）采取各种形式，广泛征求意见，完成初稿的修改完善工作(2012年7月25日前)。

（三）召开领导小组扩大会，对新两纲初稿进行研讨、评审(2012年7月27前)。

（四）形成正式送审稿，提交领导小组全体会议审议（2012年7月28前）。

（五）将新两纲报送区政府常务会议审批、公布（2012年7月31前）。

关于印发屯溪区被征地农民就业培训和基本养老保险实施办法的通知

屯政〔2013〕6号

各镇人民政府，各街道办事处，区政府各部门、各直属机构：

《屯溪区被征地农民就业培训和基本养老保险实施办法》已经区政府第15次常务会议审议通过，现印发给你们，请遵照执行。

黄山市屯溪区人民政府

市人社局　市国土局

2013年1月31日

屯溪区被征地农民就业培训和基本养老险实施办法

第一条　为加强屯溪区被征地农民的就业培训，切实保障被征地农民的基本生活，维护被征地农民的合法权益，根据《国务院关于深化改革严格土地管理的决定》（国发〔2004〕28号）和《安徽省人民政府关于做好被征地农民就业和社会保障工作指导意见》（皖政〔2005〕63号）等有关规定，结合本区实际，制定本办法。

第二条　被征地农民就业培训及参加基本养老保险的范围和对象。

（一）范围：屯溪区范围内，经依法批准征地后，不具备基本生产生活条件或人均耕地面积不足零点三亩（以承包户为单位）、在农村集体经济组织范围内自愿调剂后不再占用农用地且政府无法给予异地移民安置的农民（含村改居居民）。

（二）对象：征地基准日时年满十六周岁的被征地农民（含现役义务兵、在校大中专学生）。

（三）征地基准日界定：在规划区范围内，2007年7月31日以前征地的，安置基准日为2007年8月1日；2007年8月1日以后征地的，以国务院、省政府批准之日或国土部门与集体经济组织签订征地补偿协议之日为征地安置基准日。

第三条　屯溪区人力资源和社会保障局（以下简称“区人社局”）是全区被征地农民就业培训和基本养老保险的主管部门。各镇人民政府、区农委、区住房和城乡建设委员等区直有关单位应当配合区人社局做好实施工作。

第四条　鼓励被征地农民向城镇转移。

（一）符合条件的被征地农民可以办理农转非户口，公安机关要本着就近、属地办理原则，及时为其办理手续，办理机关不得收取任何费用。

（二）被征地农民办理农转非后，在就业、社会保障、就学、居住等方面，与本区城镇居民享有同等权利。

第五条　积极做好被征地农民安置就业和培训工作。

（一）将符合条件的被征地农民纳入城镇就业体系，拓宽就业门路，积极开发公益型岗位，多形式、多渠道安置被征地农民就业。

（二）积极争取从国家征收的建设用地中，留出一定的土地作为安置预留地，创办服务性市场项目，吸纳被征地农民就业。用地单位要把适合被征地农民就业的工作岗位，优先安排给被征地农民。

（三）鼓励被征地农民自谋职业或自主创业，发展个体私营经济。

（四）积极为被征地农民纳入再就业服务体系，提供免费的职业技能培训、就业政策咨询、用工信息、职业指导和职业介绍等服务。区农委、区人社局要有计划、有步骤地组织被征地农民参加“阳光工程”职业技能培训及就业培训，提高他们的就业技能和就业竞争能力；积极向他们提供就业援助和创业指导。

（五）被征地农民就业培训经费由区财政安排专项资金。

第六条　被征地农民基本养老保障工作具体对象确定的程序为：1. 被征地农民个人申请；2. 经属地村民委员会讨论通过，由村民委员会填写花名册并附征地协议；3. 经属地镇人民政府审查通过后并向社会公示三十日；4. 公示无异议的，由属地镇人民政府统一上报市国土资源局、区农委、屯溪公安分局及区人社局审核通过；5. 报区人民政府确定；6. 由属地镇人民政府统一到区社会保险管理中心（以下简称区社保中心）办理参保手续；7. 发放《被征地农民养老保险补贴卡》。

第七条　建立被征地农民基本养老保险资金个人账户。坚持自愿原则，建立基本养老保险个人账户。个人账户缴费标准设三个档次，即 A 档六千五百元、B 档九千元、C 档一万三千五百元。参保的被征地农民应当在公示后一百八十天日内自愿选择其中一档，采取一次性缴费方式，在属地镇人民政府人力资源社会保障事务所办理参保手续，由区社保中心建立个人账户，逾期不予办理。个人账户建立后，不得更改缴费标准。

第八条　被征地农民享受基本养老保险的条件和标准。

（一）享受条件：男年满六十周岁、女年满五十五周岁，且符合本办法第二条规定的被征地农民按月享受基本养老保险待遇。

（二）享受标准：未建立基本养老保险资金个人账户、达到享受条件的被征地农民，凭《被征地农民养老保险补贴卡》领取每人每月一百六十元基础养老保险金（2013 年 1 月 1 日开始执行）；已建立基本养老保险资金个人账户、达到享受条件的被征地农民，其养老保险金根据所选档次分别为：A 档每人每月二百一十元、B 档每人每月二百三十元、C 档每人每月二百七十元。

（三）发放方式：由区社保中心、各镇镇人民政府人力资源社会保障事务所共同负责，采取社会化发放方式按月发放。

第九条　被征地农民基本养老保险资金的筹措。

（一）参保人员的个人账户资金，由被征地农民按选定的缴费标准缴纳。镇人民政府人力资源社会保障事务所负责收缴至区财政养老基金专户。

（二）被征地农民选择建立基本养老保险资金个人账户的，有条件的村，可适当从集体留存的土地补偿费和村集体经济款中列支部分予以补助。

（三）基本养老保险资金的政府出资部分从国有土地有偿使用收入中列支。

（四）个人账户基金不足部分由区、镇财政负责。

第十条　被征地农民基本养老保险资金的支付。

（一）被征地农民基本养老保险资金的政府出资部分，在被征土地依法批准后三个月内足额划转至区财政养老基金专户。区人社局负责按月发放。

（二）被征地农民享受基本养老保险待遇后，其基础养老保险金之外部分按月从其个人账户中支付，个人账户资金不足时，从补助金中支付。

（三）被征地农民死亡后，其基本养老保险金个人账户中的本息余额（按银行同期城乡居民一年期储蓄存款利率计息，其中当年缴纳的按银行同期城乡居民活期储蓄存款利率计息），一次性支付给法定继承人或指定受益人。

第十一条　加强对被征地农民基本养老保险资金个人账户的管理。

（一）被征地农民基本养老保险资金实行收支两条线管理，由区财政局负责资金的管理和拨付。个人缴费资金和政府补助金实行分帐管理。

（二）被征地农民在按月享受基本养老保险待遇期间死亡的，其遗属必须在三十日内到区社保中心办理有关保险中止手续。

（三）被征地农民基本养老保险资金不计征税、费。

（四）对冒领基本养老保险金行为的，依法予以处罚。

第十二条　被征地农民参加基养老保险后，达到符合参加城镇职工基本养老保险条件且又参加城镇职工基本养老保险的，本保险终止，并一次性退还其参加的被征地农民基本养老保险资金个人账户本息。

第十三条　区社保中心在办理被征地农民基本养老保险业务时，不得从基本养老保险资金中提取任何费用，所需人员、工作经费列入财政预算。

第十四条　伪造证件或者利用其他手段多领、冒领养老金的，由区人社部门负责追回；被征地农民就业培训和基本养老保险工作人员违反本办法造成基金损失、弄虚作假、徇私舞弊、截留挪用的单位直接负责的主管人员和其他直接责任人员依法给予行政处分；构成犯罪的，依法追究刑事责任。

第十五条　本办法由区人社局负责解释。

第十六条　本办法自2013年1月1日起施行。2008年12月16日发布的《关于印发屯溪区被征地农民就业和基本养老保险暂行办法的通知》（屯政〔2008〕8号）同时废止。

屯溪区人民政府办公室关于印发屯溪区促进外贸进出口奖励实施办法的通知

屯政办〔2013〕26号

区财政局、区商务局：

《屯溪区促进外贸进出口奖励办法》已经区政府第23次常务会议研究同意，现印发给你们，请遵照执行。

2013年9月30日

屯溪区促进外贸进出口奖励办法

第一条 为扩大我区外贸进出口规模，大力培育企业做大做强，促进进出口稳增长。根据国家、省和市有关促进外贸进出口的政策规定，结合我区实际，制定本办法。

第二条 本办法适用于本区区属外贸进出口企业，所涉奖励金额均为人民币。

第三条 黄山市屯溪区商务局是《屯溪区促进外贸进出口奖励办法》（以下简称《奖励办法》）的实施机关。

第四条 凡生产型企业自营出口（按海关统计），年自营出口达300万美元且增幅在25%以上的奖励1万元；自营出口达500万美元且增幅在 20% 以上的奖励 3 万元；自营出口达 1000 万美元且增幅在 15% 以上的奖励 8 万元；自营出口达 2000 万美元且增幅在 15% 以上的奖励 20 万元。凡贸易型企业（一般贸易）年出口 500 万美元且增幅在 50% 以上的奖励 3 万元；出口 1000 万美元且增幅在 35% 以上奖励 8 万元；出口 2000 万美元且增幅在 30% 以上奖励 15 万元；出口 3000 万美元且增幅 25% 以上奖励 20 万元。进出口超 5000 万美元企业采取“一事一议”办法奖励。

第五条 对发生进出口额超上年实绩的企业，增量部分除省、市级奖励外，区政府另按每美元奖 0.02 元的比例奖励企业（其中：贸易型企业须连续 3 年发生出口实绩）；凡新获外贸自营备案权且当年发生实绩的企业，或自营进出口实现零突破的企业，一次性给予奖励 2000 元。

第六条 为了指导和鼓励企业创立品牌，凡获得“中国名牌出口商品”称号的，每个品牌奖励所获企业 5 万元；获得“安徽省名牌出口商品”称号的，每个品牌奖励所获企业 3 万元。

第七条 对参加市政府和国家、省、市商务部门组织参加的全国性展销会每个展位补贴 5000 元，省级展销会每个展位补贴 4000 元，重点境外展销会给予展位费 40% 的补贴。

第八条 对于外贸企业各类管理体系认证、质量体系认证等，按认证费的 30% 给予补贴，最高不超过 5 万元；对在境外注册商标的企业，每注册一枚商标（不同标示）给予 1 万元补贴。

第九条 为加大外贸进出口企业的支持力度，改善我区外贸进出口结构，对年度进出口额达 300 万美元以上并且总量排名前 3 位的生产型企业分别给予 3 万元、2 万元和 1 万元一次性奖励。

第十条 为了鼓励企业积极“走出去”，对境内企业赴境外设立分公司（办事处）并取得实绩的，一次性奖励人民币 2 万元。

第十一条 对经区政府批准的市场采购贸易企业按每美元奖 0.03 元的比例补贴给企业。

第十二条 以上条款按照就高不重复奖励的原则执行。

第十三条 符合奖励条件的企业于应与次年 1 月底前向区商务局提出申请，由区商务局会同区财政局对企业进出口完成情况进行审核并提出具体的奖励建议，报区政府批准后在次年一季度前予以兑现。

第十四条 本办法由区商务局负责解释。

第十五条 本办法自 2013 年 10 月 1 日开始执行，原《屯溪区促进外贸进出口奖励办法》（屯政办〔2012〕65 号）同时废止。

中共皖南特委机关旧址

旧址坐落在屯溪老街 69 号，为砖木结构二层楼房，占地面积 156 平方米。原为“合记春号”中药店。1933 年冬，中共闽浙赣省委为开辟皖南新苏区，派省总工会秘书长李杰三到屯溪，秘密建立中共皖南特委，特委机关设在店内。此后一年多时间里，皖南特委先后建立 7 个中心县委和 23 个县、区委，并一度代管浙西工作委员会。领导皖南人民开展革命斗争，发动柯村、金竹、际村、金家村等多起农民暴动，并在柯村建立皖南苏维埃政府。后由于形势恶化，转到休宁郭公山一带开展游击战。为了让后人铭记历史，1987 年中共屯溪市委和市人民政府对旧址进行修复，并设展览馆，10 月 4 日正式对外开放。2012 年 6 月旧址被列为省级重点文物保护单位。

索 引

说 明

本索引采用主题分析索引法，按索引词首字母汉语拼音字母顺序排列，同声母的字按声调、同音字按笔画顺序排列，若首字相同则按第二字音序排列，以此类推。索引词后的阿拉伯数字表示该词所在页码，数字后的英文字母a、b、c分别表示该页文字的左、中、右栏。

C

D

E

H

J

K

L

M

N

P

Q

R

S

T

W

X

Y

Z